불평등의 경제학

불평등의 경제학

1판 1쇄 | 2010년 3월 2일
1판 4쇄 | 2013년 3월 8일
2판 1쇄 | 2015년 2월 28일
2판 2쇄 | 2017년 2월 28일
3판 1쇄 | 2018년 8월 28일

지은이 | 이정우

펴낸이 | 정민용
편집장 | 안중철
편집 | 강소영, 윤상훈, 이진실, 최미정

펴낸 곳 | 후마니타스(주)
등록 | 2002년 2월 19일 제300-2003-108호
주소 | 서울 마포구 양화로 6길 19(서교동) 3층
전화 | 편집_02.739.9929/9930 영업_02.722.9960 팩스_0505.333.9960

블로그 | humabook.blog.me
S N S | humanitasbook
이메일 | humanitasbooks@gmail.com

인쇄 | 천일_031.955.8083 제본 | 일진_031.908.1407

값 23,000원

ⓒ 이정우 2010
ISBN 978-89-6437-110-7 03320

이 도서의 국립중앙도서관 출판시도서목록(CIP)은 e-CIP 홈페이지(http://www.nl.go.kr/ecip)에서 이용하실 수 있습니다.
(CIP제어번호: CIP2010000624)

불평등의 경제학

이정우 지음

후마니타스

차례

서문 10

1장 서론
1. 평등과 효율: 두 마리의 토끼 14
   불평등의 의미 | 불평등 논의 시 주의점
2. 소득분포의 특징 20
3. 펜의 난쟁이의 행렬 24
4. 분배적 정의 27
   공정 분배란? | 롤즈의 분배적 정의 | 롤즈 이론의 평가
5. 불평등의 경제학의 학설사적 배경 33
6. 불평등의 경제학의 연구 과제와 이 책의 구성 38

2장 소득분배의 개념과 측정
1. 소득의 개념 42
   경제력 지표로서의 소득 | 이론적 소득과 현실적 소득
2. 소득 기간과 생애 주기 49
   소득 측정 기간의 문제 | 연령 구조와 파글린 지니
3. 소득 단위와 환산 척도 55
   소득 측정 단위 | 환산 척도
4. 물가와 불평등 57
5. 소득 불평등 측정 지표 60
   N분위 분배율 | 파레토 계수 | 대수 분산 또는 대수 표준편차 | 변동(변이)계수
   타일 지수 | 지니계수 | 앳킨슨 지수
6. 양극화 지표 78
   양극화 지표의 필요성 | ER 지수 | 울프슨 지수

3장 교육과 불평등

1. 교육과 소득의 상관관계 89
2. 인간자본 이론 91
   인간자본 이론의 배경과 내용 | 민서의 학교교육 및 훈련 모델
   베커의 교육과 소득분배 모델 | 인간자본 이론의 평가
3. 선별 가설 104
   선별 가설의 내용 | 직무 경쟁 모델 | 선별 가설의 실증 | 선별 가설의 평가
4. 급진파의 시각 112
   급진파 교육론의 배경 | 급진파 교육론의 내용 | 급진파의 현실관과 대안
5. 후발성의 가설 116
   후발성 교육 가설 | 후발성 교육과 분배
6. 한국의 교육과 불평등 119

4장 노동시장구조와 불평등

1. 노동시장 연구의 새 경향 127
2. 내부노동시장론 129
   내부노동시장의 의의 | 내부노동시장의 성립 배경 | 내부노동시장과 직무 구조
3. 이중 노동시장 137
   1차 노동시장과 2차 노동시장 | 시장 분화의 요인
4. 급진파의 분단 노동시장론 140
5. 분단 노동시장의 실증 연구 143
6. 라이트의 계급론적 소득분배 분석 146
   라이트의 계급 모델 | 라이트의 실증 분석
7. 한국의 분단 노동시장 150
   이효수의 분단 노동시장론 | 분단 노동시장으로서의 비정규직

5장 노동조합과 불평등

1. 노동조합 연구의 중요성 160
2. 노동조합의 상대적 임금 효과 161
   파급효과, 위협 효과, 사기 효과, 수요 효과 | 노조의 임금 효과의 실증 연구
3. 노동조합과 임금 불평등 165
4. 노동조합의 임금 표준화 전략 168
5. 노조의 분배 효과의 실증: 프리먼과 메도프의 연구 170
   프리먼과 메도프의 노동조합관 | 노조의 분배 효과의 실증 연구
6. 노동조합과 상대적 분배율 175
7. 한국 노동조합의 임금 효과 178
   상대적 임금 효과 | 임금 평준화 효과

6장 그 밖의 분배 이론: 상속, 능력, 생애 주기, 선택, 우연

1. 상속 가설 184
   상속과 소득분배 | 상속의 실증 연구
2. 능력과 불평등 190
   능력과 소득과의 관계 | 피구의 역설 | 능력 가설의 논쟁점
3. 생애 주기 가설 196
4. 개인 선택과 소득분배 198
5. 우연 이론 202
6. 종합적 모델 204
   그릴리케스의 모델 | 젱크스의 모델

7장 차별의 경제학

1. 차별 문제의 중요성 210
2. 여성의 경제적 종속의 세 측면 213
   노동시장 이전의 차별 | 노동시장 차별 | 가사 노동

3. 성차별의 경제 이론 218
   주류경제학의 여러 가설 | 맑스학파의 제 가설
4. 외국의 차별 금지 정책 228
   미국의 남녀 고용 평등 정책 | 적극적 차별시정조치 | 역차별의 문제
   한국의 적극적 차별시정조치 | 비등 가치 | 차별 금지 정책의 효과
5. 한국의 고용 및 임금 차별 237
   실증 연구 | 한국 기업의 차별적 고용 관행 | 양성평등 정책

8장 부의 불평등

1. 부의 자료와 조사 방법 248
   부의 조사 방법 | 부의 측정 시 유의 사항
2. 선진 자본주의국가의 부의 불평등 254
   영국의 부의 불평등 | 미국의 부의 불평등 | 부의 불평등의 국제 비교
3. 부의 집중의 원인 260
   생애 주기 가설 | 자수성가 | 상속과 부의 이전
4. 상속이냐 자수성가냐? 266
5. 부의 재분배 정책 268
   부의 소유에 대한 과세 | 부의 이전에 대한 과세 | 그 밖의 정책
6. 한국의 부의 분배 271
   한국의 실증 연구

보론 토지와 불평등

1. 한국의 토지문제 278
2. 토지 공개념의 핵심은 보유세 282
3. 정책의 생명은 일관성 287

9장 상대적 분배율

1. 상대적 분배율의 이론 294
   리카도의 계급 분석 | 헨리 조지의 사상 | 신고전학파의 한계생산력설 | 맑스의 잉여가치설
   한국의 잉여가치율 | 칼레츠키의 독점도 모델 | 포스트 케인지언의 모델
2. 상대적 분배율의 실증 연구 317
   보울리의 법칙 | 크래비스의 방법 | 상대적 분배율의 국제 비교 | 한국의 상대적 분배율

10장 빈곤

1. 빈곤의 개념 327
   절대적 빈곤 | 상대적 빈곤 | 센의 빈곤 개념 | 주관적 빈곤 | 정책적 빈곤 개념
2. 빈곤의 측정 343
   현실적 측정의 한계 | 전통적 빈곤 측정 방법 | 센의 빈곤 지표
3. 세계의 빈곤 347
   제3세계의 빈곤 | 선진국의 빈곤
4. 한국의 빈곤 351
   한국 빈곤의 역사 | 빈민들의 생활수준 | 한국의 빈곤선 검토 | 빈곤의 규모와 추이
   빈곤의 원인 | 빈곤 문화와 '하위 계급'의 문제 | 한국 빈곤의 기본 성격
5. 한국의 빈곤 정책: 국민기초생활보장제도 369
   국민기초생활보장제도의 내용 | 기초생활보장제도의 성과와 한계

11장 소득재분배와 복지국가

1. 소득재분배의 필요성 375
2. 소득재분배의 이론 376
   공리주의적 재분배 이론 | 파레토최적 재분배 이론 | 보험원리의 재분배 이론
3. 소득재분배의 정책 수단 382
   조세에 의한 소득재분배 | 재정지출에 의한 소득재분배
4. 복지국가론 394
   복지국가의 이념 | 복지국가의 전개 과정 | 복지국가 위기론

5. 세계화와 복지국가 400
6. 한국의 소득재분배 406
   한국 조세의 재분배 효과 | 한국 재정의 재분배 효과 | 한국 사회보장 수준의 국제 비교

12장 세계의 소득분배

1. 세계의 소득 불평등 419
   세계적 소득 불평등의 특징 | 국제 비교의 문제점 | 세계적 소득 불평등의 실증 연구
2. 세계화와 불평등 425
3. 선진 자본주의의 소득분배 432
   주요 국제 비교 연구 결과 | 룩셈부르크소득연구 결과 | OECD 국제 불평등 비교 연구
4. 사회주의의 계급 구조와 불평등 446
   구소련의 계급 구조와 사회 이동성 | 경영자와 노동자 | 구소련의 소득분배 | 중국의 소득분배
5. 제3세계의 소득분배 457
   성장과 분배 | 쿠즈네츠의 역U자 가설 | 역U자 가설에 대한 반론: 토마 피케티의 『21세기 자본』
   피케티의 대안 | 불평등이 성장에 미치는 영향 | 새로운 대안과 한계

13장 한국의 불평등

1. 한국의 불평등을 어떻게 볼 것인가? 478
2. 한국 소득 불평등의 실상 479
   소득 실태 조사 자료의 문제 | 소득분배 개선론 | 소득분배 악화론
   경제 위기와 소득분배 | 소득세 자료에 의한 불평등 추계 | 국제 비교와 상대적 형평론
3. 한국적 불평등의 성격 496
4. 한국의 분배 정책 방향 502
5. 성장이냐 분배냐? 507
   편향된 사고방식: 시장 맹신과 성장 만능 | 경제학계의 성장/분배 논쟁
   온 나라가 성장 만능주의에 빠져 | 성장 만능주의의 결과 | 정상적 나라로 가자

찾아보기 518

서문

이 책의 뿌리인『소득분배론』(1991)이 출판된 지 20년이 다 되었다. 지난 20년 강산이 두 번 바뀔 동안 세상은 더 많이 바뀌었다. 세계경제와 한국 경제에 지각변동이 일어났다. 사회주의 체제가 종말을 고했고, 자본주의 체제 내부에서 국제 경쟁이 날로 치열해지고 있다. '국경 없는 경제'라는 말이 유행어가 되었고, 바야흐로 세계화가 시대의 대세라 해도 과언이 아니다. 과거에는 '하늘 아래 왕의 땅이 아닌 곳이 없다'普天之下 莫非王土고 하더니 지금은 '하늘 아래 세계화의 충격이 미치지 않는 곳이 없다'라고 해야 할 것 같다. 세계화는 때로는 경제성장을 가져오기도 하지만, 때로는 양극화라는 바람직하지 못한 결과를 가져오기도 한다.

세계화 못지않게 불평등, 양극화에 영향을 미치는 요소가 정보화와 지식사회의 도래다. 소위 '정보격차'Digital Divide라 해서 지식, 정보를 가진 사람과 갖지 못한 사람 사이의 격차와 불평등은 점차 커지고 있다. 그리하여 지금 우리가 살고 있는 세계화, 정보화의 시대는 경쟁, 시장, 규제 완화가 유행어가 되고 있고, 하루하루가 다를 정도로 숨 가쁘게 변화해 가고 있지만, 동시에 이 시대는 불평등 심화, 양극화, 차별, 배제의 시대이기도 하다.

세계 여러 나라에서 세계화, 정보화, 구조 변동과 더불어 소득 양극화, 빈곤, 노동시장 유연화, 비정규직화 등 여러 변화가 나타나고 있다. 소련, 중국 등 구 사회주의권에서 시장체제를 도입함에 따라 상당한 경제성장에 성공하고 있긴 하지만 그와 동시에 빈부격차 심화라는 과거 사회주의 체제에서는 볼 수 없었던 반갑지 않은 손님이 찾아왔다. 미국, 영국, 일본 등 선진국에서도 불평등 심화, 양극화, 고용 불안정이라는 문제가 발생하고 있다. 이들 나라에서 보수 정권이 연이어 정권을 내놓게 된 가장 큰 이유도 바로 여기에 있다.

한편 눈을 국내로 돌려 보면 한국 경제는 많은 나라의 부러움을 사던 장기간의 고도성장 끝에 최근에 와서는 저투자, 저성장, 청년 실업 증가, 일자리 창출의 어려움, 비정규직의 만연, 노사분규, 중소기업의 경색, 자영업의 피폐 등 치유하기 어려운 각종 질병을 동시에 앓고 있다. 경제가 죽은 것도 아닌데, 걸핏하면 경제를 살려야 한다는 목소리가 들리는 걸 보면 경제가 어렵긴 어려운가 보다. 특히 양극화 문제는 가장 시급히 치유해야 할 중병이다.

최근 여론조사에서 한국 경제의 최대 문제가 무어냐고 물어보면 양극화라는 대답이 항상 상위를 차지한다. 지난 20년간 한국에서 경제적 양극화, 불평등, 빈곤 등의 문제에 대한 사회적 관심은 엄청나게 늘어나 지금은 거의 폭발적 수준에 가깝다. 우리 사회 구석구석에서 불평등, 양극화, 차별, 배제의 문제가 봇물처럼 터져 나오고 있어서 우리나라는 마치 천하대란의 형국이라 해도 지나친 말이 아니다. 우리가 오랜 세월 경제성장에만 관심을 쏟고 분배 문제를 도외시해 온 대가를 톡톡히 치르고 있다고나 할까.

그만큼 불평등, 양극화가 중요한 문제로 떠오르고 있지만 국내에서 이 문제를 논의하는 현실은 구태의연하고 답답하기 짝이 없다. 성장이냐 분배냐 하는 논쟁이 가끔 벌어지긴 하지만 객관적으로 논의되기보다는 다분히 이념적·감정적으로 흘러 논의다운 논의가 되지 못하는 경우가 많다. 또 어떤 논자는 성장-분배 논쟁 자체를 불필요하고 무의미한 시간 낭비 정도로 치부해버리기도 하는데, 이런 사람들은 분배 문제의 중요성 자체를 인정하지 않으려는 경우가 많다. 성장-분배 문제는 결코 피해 갈 수 없으며, 결코 사소한 문제가 아니다. 사실 우리가 살아가는 데 이만큼 중요한 문제가 또 어디 있으랴.

우리나라에는 1960년대 개발독재 시절부터 먼저 파이를 키운 뒤 나중에 갈라 먹자고 하는 이른바 '선성장 후분배'先成長後分配의 철학이 워낙 뿌리 깊게 자리 잡고 있다. 문제는 40년간 성장에 매진해 왔으면서도 좀처럼 분배에 관심을 돌릴 기색이 보이지 않는다는 점이다. 혹시 '선성장 후분배'가 아니고 '선성장 무분배'先成長無分配가 아닌지? 워낙 성장지상주의가 지배하는 나라이다 보니 분배는 흔히 무시되고 있고, 분배 강조=좌파로 몰아세우는 야만적인 반공주의 유산이 여전히 남아 있다. 분배 문제를 둘러싼 보수파들의 색깔 씌우기 공세는 참여정부 시절에 절정에 달한 것으로 보인다.

성장이 중요한 거야 삼척동자라도 아는 상식이다. 성장은 물론 중요하지만 분배도 무시해서는 안 된다고 이야기하기만 해도 바로 성장을 무시한다고 제멋대로 해석해 버리고, 심지어 좌파로 몰아가는 극단적 사고방식을 가진 사람이 우리나라 학계, 언론계. 관계, 재계의 꼭대기에 너무 많다. 이런 나라가 지구상의 문명국에 또 있을까? 우리나라가 상당히 높아진 소득수준에도 불구하고 여전히 선진국이 못 되는 가장 큰 이유는 지배계급의 역사의식 부족과 성장 지상주의 매몰 탓이 크다고 생각한다. 이 책을 쓴 가장 큰 이유는 이런 풍조를 조금이라도 바꾸어 보고 싶어서다.

이번에 책을 새로 쓰면서 특히 주의를 기울인 부분은 4장에서 비정규직의 증가 현상, 8장에서 부동산 문제, 10장에서 빈곤 문제, 11장에서 세계화와 복지국가 문제, 12장에서 세계화와 불평등 문제, 13장에서 성장이냐, 분배냐 논쟁 등이다. 그 밖의 장들도 모두 조금씩 고쳐 쓰고 최신 정보를 담으려고 노력했다. 이렇게 하여 각 장마다 최근 논의나 새로운 쟁점을 추가해 책이 그런대로 모습을 갖추긴 했지만 아직 만족스런 단계에 이르렀다고 보기는 어렵다. 책의 개선을 위해 앞으로 계속 노력할 수밖에 없을 것이며, 독자들의 기탄없는 비판과 질정을 바라마지 않는다.

책을 쓰는 과정에서 경북대학교 대학원 출신의 김성환, 안병룡, 전용석, 최바울 군과 대학원 재학 중인 윤정희 군은 자료 수집, 아이디어 제공, 그리고 집필에 많은 도움을 주었다. 또한 책의 편집, 교정 작업으로 책의 내용을 개선해 준 후마니타스 출판사 편집부와, 이 책의 개정 작업을 서둘러야 한다며 게으른 저자를 끊임없이 독려(혹은 강압?)해 온 아내의 도움도 컸다. 이들의 도움이 없었더라면 이 책은 세상에 나오지 못했을 것이므로 이 자리를 빌어서 고마움을 전하고 싶다.

2010년 봄의 문턱에
대구 복현伏賢 언덕에서 팔공산八公山을 바라보며
이정우

1장

서론

"왕후장상(王侯將相)의 씨가 어디 따로 있느냐?"
_ B.C. 208년 진(秦)나라 민중반란 두목 진승(陳勝)의 연설에서

"아담이 밭 갈고, 이브가 베 짤 때, 귀족이 어디 있었느냐?"
_ 1381년 영국 와트 타일러 농민 반란의 지도자인 존 볼 목사가
블랙히스에서 한 연설에서

왜 어떤 사람은 부유하고 어떤 사람은 가난한가? 불평등의 경제학은 이 문제를 탐구하고, 불평등을 줄이기 위한 정책을 연구하는 경제학의 한 분야다. 책 전체의 서론인 이 장에서는 불평등의 경제학을 공부하는 데 필요한 몇 가지 기초 개념을 설명할 것이다. 소득의 불평등이란 무엇이며 그것을 논의할 때 주의할 점은 무엇인가? 현실의 소득분포는 어떤 모양과 성질을 갖고 있는가? 그리고 다소 철학적 논의가 되겠지만 공정 분배 소正分配란 무엇인가? 불평등의 경제학이란 분야는 어떤 학설사적 배경을 갖고 있는가? 등의 문제 등을 다루고 난 뒤 끝으로 불평등의 경제학의 연구 과제와 이 책의 구성을 안내할 것이다. 이와 같이 이 장은 꽤나 어려워 보이는 주제를 담고 있어서 본의 아니게도 본론보다 더 어려울지도 모르겠으나 어쨌든 불평등의 경제학을 공부하기 위한 기초가 되므로 독자들은 반드시 읽어 두기 바란다. 그리고 혹시 이해가 되지 않는 부분이 있더라도 조금도 실망할 필요 없이 다음 장으로 넘어가도 무방하다. 왜냐하면 이 책을 읽어 가는 과정에서 대부분 이해가 될 것이기 때문이다.

1. 평등과 효율: 두 마리의 토끼

이 책에서 다룰 주제는 소득 또는 부 wealth의 불평등 문제다. 이 문제는 경제학의 역사만큼이나 오랜 주제로, 이를 놓고 수많은 경제학자가 고민해 왔다. 아니 경제학의 역사 이전부터 혹은 고대 철학자들과 중세 신학자들도 이 문제를 놓고 끊임없이 궁리하고 고민했던 것이 사실이다. 지금도 평등이나 형평의 문제는 우리의 일상생활에서 늘 부딪히고 있을 뿐 아니라 각종 정책 토론에서 직접적 혹은 간접적으로 문제의 핵심을 이루는 경우가 많다.

경제 원론을 공부할 때 우리는, 경제의 평등 equality과 효율 efficiency은 둘 다 훌륭한 목표지만 마치 두 마리의 토끼와 같아서 두 가지를 한꺼번에 획득하기는 어렵다는 것을 배운다. 둘 사이에는 하나를 얻으면 다른 하나를 잃는 전형적인 교환 관계 trade-off가 성립한다는 것이다. 마치 인플레이션 inflation과 실업 사이의 관계와 비슷하다고나 할까? 현실적으로 평등과 효율이란 두 마리의 토끼를 잡을 묘방이 있다면 그것이 최선이 될 것이고, 아마 경제학자들은 할 일이 많이 줄어들지도 모른다. 경제학자들이 할 일이 없어서 모두 실업자가 되는 이런 세계는 아마 나머지 사람들에게는 알기 쉬운 간단명료한 세상이 될 텐데, 현실은 그리 간단하지 않아서 이 두 가지가 모순되는 것이 다반사이니 경제학자들이 실업자가 되는 사태는 좀처럼 일어날 것 같지 않다.

이 문제에 대해서는 대체로 평등을 중시하는 입장과 효율을 중시하는 입장을 뚜렷이 구별할 수 있는 경우가 있는가 하면, 그 두 가지의 교환 관계가 아주 복잡하게 얽혀 얼핏 문제의 본질이 드러나지 않는 경우도 많다. 사회주의 붕괴 이후로 무엇이 진보이고 무엇이 보수인지 때로는 혼란스럽긴 하지만 아주 용감하게 개략적으로 이야기한다면 대체로 진보적 입장에 서 있는 사람들은 평등을 중시하는 경향이 있고, 보수적 입장에 서 있는 사람들은 효율을 중시하는 경향이 있다. 이 문제에 대해서 미국의 경제학자 아서 오쿤Arthur Okun은 다음과 같이 말한다. "존 롤즈John Rawls는 분명하고 뚜렷한 해답을 준다. '평등에 우선권을 주라.' 이와 마찬가지로 밀턴 프리드먼Milton Friedman도 그가 항상 그러하듯이 역시 분명하고 뚜렷한 해답을 준다. '효율에 우선권을 주라.' 그러나 나의 대답은 분명하지가 못하다"(오쿤 1980, 139). 롤즈는 평등에 우선권을 주고, 프리드먼은 효율에 우선권을 주는 데 비해 오쿤 자신의 입장은 중간에 있다는 뜻이다. 사람에 따라 이런 사고방식의 차이는 각자의 가치관, 세계관의 차이에서 오는 것이며, 양극단의 주장은 반드시 어느 한쪽이 전적으로 옳다기보다는 약간씩 일리가 있는 경우가 많다.

물론 보수적 입장에 서 있는 사람이라고 해서 모두 평등 문제에 관심이 없는 것은 아니다. 예를 들어 19세기 말 영국 경제학의 대부였던 앨프리드 마셜Alfred Marshall이 케임브리지 대학교 경제학 교수 취임기념 강연에서 이야기한 '차가운 머리, 따뜻한 심장'cool head, but warm heart이란 표현은 오랜 세월에 걸쳐 경제학도들에게 감동을 주고 있는데, 이 말은 경제학도에게는 효율과 평등이 함께 중요한 목표라는 뜻으로 해석할 수 있다. 또한 마셜의 뒤를 이어 동 대학의 경제학 교수에 취임한 피구A. C. Pigou 역시 교수 취임 강연장을 가득 채운 학생들을 보면서 경제학을 배우는 목적을 여럿 나열했는데, 그중에서 '동부 런던East End의 빈민촌에 사는 사람들의 비참한 생활을 개선하기 위해 경제학을 공부한다면 그것이 가장 바람

1장 서론 15

직한 태도'라고 역설한 감동적인 대목은, 보수적 입장에 서 있다고 평가받는 경제학자들조차 불평등과 고통에서 인간을 해방하는 것을 경제학의 중심적 연구 과제로 삼고 있음을 분명히 보여 주는 좋은 사례라 할 것이다.

좀 더 평등한 세상을 실현하려 한 선구자는 역사적으로 많지만 우리의 관심을 경제학에 국한해서 볼 때 인간과 인간 사이의 경제적 불평등을 문제로 삼고 평등한 세상을 실현하려고 한 경제학자로서는 역시 칼 맑스Karl Marx를 으뜸으로 꼽아야 할 것이다. 그는 자신이 런던에 살면서 목격한 산업혁명 시기 영국 자본주의의 병폐 — 착취, 빈곤, 불평등, 인간 소외, 부패 등 — 가 너무나 컸기 때문에 이 비인간적 체제를 철폐하고 착취와 불평등이 없는 좀 더 인간적인 세계, 즉 사회주의를 꿈꿨다. 그럼 맑스가 꿈꾼 이상적 사회에서는 소득이 어떻게 분배될까?

맑스는 자본주의의 경제적 분석에 평생을 바쳤기 때문에 정작 자신이 이상향으로 간주했던 사회주의의 미래상에 대해서는 그다지 구체적으로 설계하지 못했다. 그가 제시한 사회주의의 모습은 여기저기 간단한 글이나 신문 기사 따위에 흩어져서 단편적으로 나타나지만 그래도 가장 체계적으로 서술한 내용을 찾자면 그것은 『고타강령비판』Kritik des Gothaer Programms(1871)에서 발견할 수 있다. 여기서 그는 미래 이상 사회에서의 분배 원칙을 이야기하면서 소위 낮은 단계의 사회주의에서는 '능력에 따라 일하고, 일한 데 따라 분배 받는다'From each according to his abilities, to each according to his work, 그리고 좀 더 높은 단계의 사회주의에 가면 생산력이 높아지고 좀 더 풍요해져서 분배의 원리도 달라지는데, 이때는 '능력에 따라 일하고, 필요에 따라 분배 받는다'From each according to his abilities, to each according to his needs는 유명한 명제를 제시했다.

맑스가 말한 낮은 단계와 높은 단계의 사회주의를 후일 레닌이 각각 사회주의, 공산주의로 고쳐 부른 것은 널리 알려진 사실이지만 사회주의든 공산주의든 이와 같은 분배 원리는 대단히 이상적으로 보이긴 해도 막상 현실에 적용하려면 아무래도 여러 가지 무리가 따를 수밖에 없다. 뒤의 12장에서 보게 되듯이 혁명 후 소련 등 사회주의국가에서 실제로 적용된 소득분배의 원칙은 이런 이상적 원칙과는 거리가 먼 것이었다. 그들의 분배 방식이 자본주의에 비해서는 상대적으로 평등했던 것이 사실이지만, 지나친 평등주의egalitarianism가 가져온 경제적 효율의 손실이라는 부작용이 너무 커 결국 사회주의가 붕괴되는 주요 원인이 된 상황을 볼 때 효율과 평등이란 두 마리의 토끼는 여간해서 잡기 어려운 경제학의 난제難題라 하지 않을 수 없다. 아마 인류가 살아가는 한 이 두 가지를 어떻게 조화시키느냐 하는 문제는 영원한 숙제로 남을 것이다.

이제 사회주의 체제가 그 자체의 모순에 의해 스스로 붕괴하면서 자본주의는 사회주의와의 오랜 경쟁에서 체제상의 우월성을 증명한 승리한 체제로 떠올랐다. 미국의 정치학자 프랜시스 후쿠야마Francis Fukuyama는 이런 현상을 가리키면서 성급하게도 '역사의 종언'을 주장하기도 했다. 그러나 자본주의 체제의 효율성이 곧 모든 경제문제의 해결을 보장해 주는 것은 아니므로 좀 더 인간적인 이상 사회를 건설하려는 인간의 노력은 결코 멈추지 않을 것이다. 사회주의 몰락 이후에는 시장과 경쟁이면 어디든 만능이라는 사고방식이 팽배해지면서 적자생존, 약육강식의 논리가 작게는 회사, 학교에서, 크게는 국가 간 경쟁 차원에서 관철되고 있는 삭막한 세상에 우리는 살고 있다.

그러나 자본주의의 승리가 곧 구속받지 않는 시장 원리의 작용을 의미하는 것도 아니며, 무제한의 경쟁이 반드시 효율을 보장해 주는 것도 아니다. 더구나 2008년 미국에서 터진 금융 위기는 자본주의 시장경제라고 해서 반드시 만능은 아니며, 실은 제대로 제어되지 않을 때는 지극히 취약하고 불안정한 체제에 불과하다는 것을 만천하에 보여 주었다. 앞으로 올 바람직한 자본주의 체제의 모습에 대해서는 지금 백가쟁명 식으로 논의가 분분하지만 그것이 어떤 것이든 관계없이 효율과 평등의 조화는 모든 경제체제의 궁극적 목표가 될 수밖에 없다. 지금과 같은 경쟁과 효율이 지배하는 세계일수록 더욱 약자에 대한 관심과 배려가 필요해지는 것이며, 우리는 항상 효율을 추구하면서도 인간의 평등, 사회적 연대連帶, solidarity라는 가치를 끊임없이 생각하지 않으면 안 된다.

불평등의 의미

그럼 불평등의 개념부터 이야기하기로 하자. 과연 경제적 불평등이란 무엇을 의미하는가?

영국의 경제학자 바우어P. T. Bauer와 프레스트A. R. Prest는 불평등inequality이란 개념이 두 가지 의미를 갖고 있다고 말한다(Bauer and Prest 1973). 단순히 소득이나 부의 차이가 있다는 객관적 사실을 의미하는 한 가지와, 소득이나 부의 차이와 더불어 그것이 공평하지 않다는 어떤 윤리적 판단이 가미된 뜻 한 가지다.

불평등의 경제학 분야에서 세계적 대가라고 할 수 있는 영국의 경제학자 앤서니 앳킨슨Anthony B. Atkinson은 바우어와 프레스트가 말하는 첫 번째 의미일 경우에는 격차difference, 분산dispersion, 집중concentration 등의 용어를 쓰고, 두 번째 의미로 쓸 때는 전자와 구별하기 위해 불평등inequality이라는 용어를 쓰고 있다(Atkinson 1971). 즉, 그는 다른 면에서 비슷한 사람들 사이에 소득격차가 있을 때를 불평등이라고 부른다.

그러나 현실적으로 이런 구별을 한다는 것은 대단히 어려운 것이 사실이다. 우리가 경제적 불평등 문제를 논의할 때 자기도 모르는 사이에 어떤 종류의 가치판단이 들어와 있는 경우가 드물지 않다. 이런 일은 일상적 대화나 매스컴뿐만 아니라 전문가의 연구나 토론에서도 비일비재한 것이 현실이다. 이 책에서는 혼란을 피하기 위해 불평등을 격차나 집중과 같은 용어로 사용하기로 한다.

그러므로 약간의 뉘앙스가 다른 것 이외에는 그 의미에서 별다른 차이가 없는 용어로 소득 불평등, 소득격차, 소득 집중 등의 표현을 혼용하게 될 것이다. 바꾸어 말하면 이 책에서 쓰는 불평등이란 말은 바우어와 프레스트가 말하는 첫 번째 의미의 격차를 말함은 물론 때로는 두 번째의 가치판단이 가미된 의미로도 쓰일 것이다. 어느 때 가치판단이 들어갔는지 안 들어갔는지는 필자도 자신 있게 식별하기 어렵다는 것을 미리 말해 두고자 한다.

불평등 논의 시 주의점

우리가 불평등을 논의할 때 주의해야 할 점이 몇 가지 있다. 단순히 소득이나 부의 격차가 있다고 해서 곧 불평등하다든가 불공평하다고 말하기 어려운 복잡한 사정이 개입되어 있는 경우가 현실적으로 많이 존재하기 때문이다.

첫째, 필요needs의 차이: 소득이 같더라도 나이, 가족 수, 건강 등의 요인에 따라 어떤 가구는 다른 가구에 비해 필요가 더 클 수 있다. 가족 수가 많을수록 그 집의 씀씀이가 많은 것은 당연하며, 집안에 장기 진료를 요하는 환자가 있는 경우 역시 많은 지출이 소요될 것이다. 이런 필요의 차이가 있을 때는 가구 간에 동일한 소득이 있는 것보다 오히려 소득에 차등이 있는 것이 더 공평하다고 볼 수도 있다.

둘째, 기호嗜好와 선택: 직업을 선택할 때 예컨대 보수는 높지만 위험이 큰 직업이 있고 반대로 보수는 낮은 대신 안전한 직업이 있다. 이럴 때 발생하는 직업 간 금전적 격차는 불평등한 것이긴 하지만 반드시 불공평하다고 말하기는 어렵고 오히려 금전 이외의 다른 격차를 상쇄시켜 주는 공평한 면이 있는 것이 사실이다. 이런 격차를 가리켜 아담 스미스Adam Smith는 균등화 격차均等化隔差, equalizing differences, 보상 격차compensating differences라고 부른다.

또 다른 예로 개인이 젊어서 번 소득을 갖고 저축을 많이 할 수도 있고 소비를 많이 할 수도 있는데, 얼마나 열심히 저축했느냐에 따라 은퇴 후 소득, 부의 차이가 생기는 것은 오히려 당연하다. 이것 역시 개인 선택의 결과인 것이지 이런 결과를 가리켜 불공평하다고 보기는 어렵다.

셋째, 연령과 생애 주기life-cycle: 야구 선수들은 고액의 연봉을 받고 있는데, 그 대신 돈을 벌 수 있는 기간이 짧다. 투수 송진우 선수처럼 2009년 봄 현재 43세의 나이에 국내 최초로 3천 이닝을 던진 나이든 선수도 있긴 하지만 이는 아주 예외적인 경우이며, 대체로는 30대 후반이 되면 더 이상 경기를 하기 어렵다. 반대로 사무실에서 일하는 많은 월급쟁이들은 야구 선수에 비해 비록 보수는 낮지만 오랜 기간 안정적으로 일할 수 있다는 이점이 있다. 이럴 때 한 해의 소득을 보면 양자 사이에 분명히 큰 소득 불평등이 있지만 이를 가리켜 반드시 불공평하다고는 할 수 없다.

넷째, 기회와 결과: 기회의 평등이 중요한가 아니면 결과의 평등이 중요한가 하는 문제가 있을 수 있다. 한 예로, 전자는 달리기를 할 때 출발하기 이전의 상황에만 관심을 가져 경기자들이 동시에 같은 조건으로 출발하는 것을 중시한다. 그 대신 결과의 평등에 관심이 있는 사람은 출발 이후의 여러 가지 요인까지도 고려하게 된다. 후자의 경우에는, 예를 들어 달리다가 넘어진 사람을 어떻게 하느냐 하는 '우연'이란 요인도 고려할 만한 요소가 될 수 있다.

　대체로 프리드먼과 같은 자유주의자들은 기회의 평등만 보장해 주면 나머지는 시장의 경쟁에 맡기는 것이 좋다고 생각한다. 그 반면, 평등주의자들은 결과의 평등에까지 관심을 두는 경향이 있다. 예를 들어 과거 사회주의에서는 정부가 결과의 평등까지 신경을 쓴 셈이고, 따라서 경제 전체의 효율이 훼손되어 체제의 붕괴가 왔다고 보는 사고방식도 있다. 특히 한국의 보수파들은 기회의 평등은 좋으나 결과의 평등은 결코 추구해서는 안 되는 잘못된 목표인 것처럼 생각하는 경향이 있으나 이는 근거 없는 편견에 불과하다. 모든 선진국에서 기회의 평등을 추구함과 더불어 어느 정도는 결과의 평등에도 신경을 쓰고 있으며, 그것이 바로 복지국가welfare state의 본질이다.

　이와 같이 불평등을 논의한다는 것은 매우 어려운 문제임에 틀림없다. 그리하여 소득분배를 논의할 때는 두 가지의 상반된 위험이 도사리고 있다고 노벨 경제학상을 받은 인도 출신의 경제학자 아마르티아 센Amartya K. Sen은 지적한다(Sen 1973). 하나는 불평등 논의에 따르는 여러 가지 난점을 지적하면서 이 문제가 너무 복잡하고 어려우니까 나도 모르겠다는 식으로 허무주의虛無主義나 불가지론不可知論에 빠질 위험이다. 또 다른 하나의 위험은 이런저런 논의가 귀찮으니까 '무조건 평등주의'를 주장할 위험이다. 전자는 지나친 보수주의로 흘러 결과적으로 현실의 불평등을 방치할 위험이 크고, 후자는 반대로 지나친 평등주의로 흘러 섣불리 과격한 정책을 도입함으로써 부작용을 낳을 위험이 크다고 하겠다. 경제적 불평등 문제를 생각할 때는 이와 같은 양쪽의 위험을 항상 경계할 필요가 있다.

2. 소득분포의 특징

　나라와 시대에 따라 소득분포는 다르게 나타나지만 일반적으로 소득분포가 가지는 몇 가지 특징이 있다. 첫째, 최고 소득 계층과 최하층 사이에 매우 큰 소득격차가 있다는 점이다. 예를 들어, 통계청이 발표한 2000년 현재 한국 소득분배의 통계자료(『한국의 사회지표』

2004)를 보면 소득 계층으로 따져서 소득 인구 중 최고 10분위는 최저 10분위보다 약 13배의 소득이 있는 것으로 나와 있다(2장 〈표 2-4〉 참조). 여기서 최고 10분위란 우리나라의 가구를 소득 크기순으로 나열해 10등분했을 때 가장 높은 10분의 1에 해당하는 가구를 의미하며, 최저 10분위란 반대로 가장 가난한 10분의 1의 가구를 의미한다. 이와 같이 우리나라의 가구를 10분위로 쪼개어서 나온 값인데도 이 정도로 큰 빈부 격차가 있으므로 예를 들어 100분위로 해 최고와 최저 계층 사이의 소득격차를 구해 보면 몇 십 배 또는 몇 백 배의 차이가 생길 것이다.

둘째, 소득분포에서 대부분의 사람은 중간 계층에 집중하며, 상층으로 꼬리가 긴 모양의 비대칭적 분포를 하고 있다. 소득을 가지고 도수 분포도를 그리면 대체로 〈그림 1.1〉과 같은 모양이 된다.

여기서 횡축은 소득을 표시하고, 종축은 각 계층의 소득을 가진 사람들의 도수度數, frequency를 퍼센트로 나타낸다. 0에 가까운 아주 낮은 소득으로는 사람이 살 수 없으므로 거기에는 도수가 거의 0이고, 어느 정도 소득수준에 이르러야 비로소 도수가 나타난다. 여기서 시작해서 소득이 증가할수록 도수는 급속히 상승한다. 그림에서 보듯이 그래프의 꼭대기는 도수가 가장 많다는 뜻이고, 이는 가장 많은 사람들이 밀집되어 있는 소득수준을 뜻한다. 이 소득을 최빈값最頻値, mode이라고 하며, 그림에서는 A의 소득이다. 최빈값을 지나고 나면 곡선은 하강하는데 하강 속도는 상승에 비해 훨씬 느리다.

중위값median은 전체 인구 중에서 한가운데 위치하는 사람의 소득을 의미하며, 그림에서는 B이다. B의 소득 이하를 가진 사람이 전체 인구의 50%이고, B 이상의 소득을 가진 사람도 50%이다. 따라서 중위값은 바로 이 집단의 한 가운데 위치하는, 말하자면 가장 보통 사람의 소득을 뜻한다.

평균값mean은 C인데 중위값보다 높다. 바꾸어 말하면 평균 이하의 소득을 가진 사람이 인구의 절반을 훨씬 넘는다. 평균이 중위값보다 높은 이유는 곡선이 오른쪽으로 비대칭이기 때문인데, 이것은 아무리 고소득층으로 올라가더라도 사람이 존재한다는 것을 반영하며 이들 고소득층은 비록 소수이지만 일기당천一騎當千으로 평균 소득을 끌어올린다. 소수지만 끝없이 높은 소득을 가진 사람들이 존재한다는 사실이 바로 중위 소득median income보다

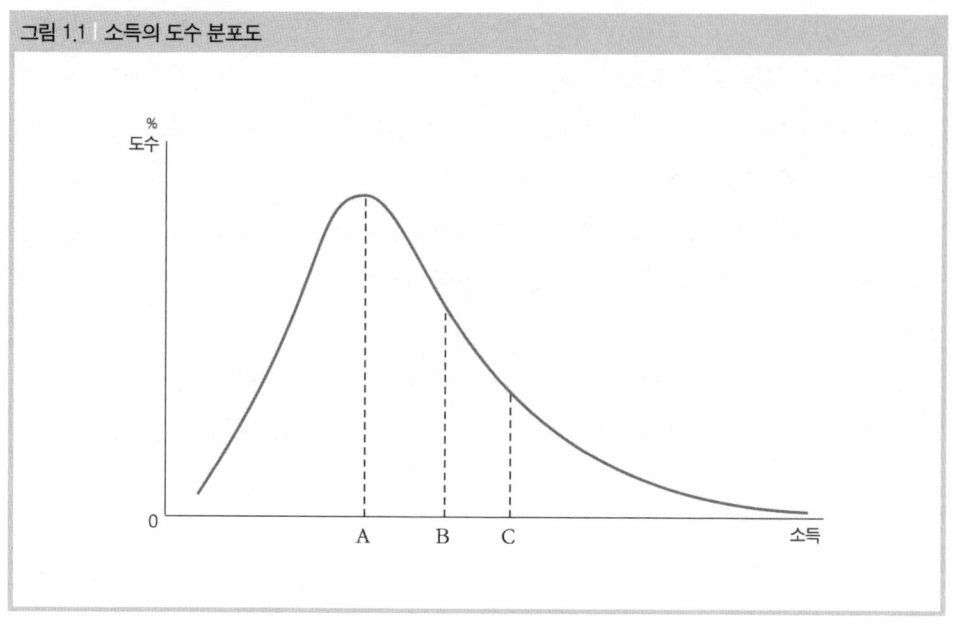

그림 1.1 소득의 도수 분포도

평균 소득을 높이는 원인이다.

여기서 우리나라의 1인당 국민소득에 대해서 잠깐 보고 지나가기로 하자. 1995년 정부는 우리나라의 1인당 GDP가 드디어 1만 달러를 돌파했다며 대대적으로 선전했다. 그러다 1997년 말에 닥친 외환 위기로 원화의 환율이 크게 오르는 바람에 달러 표시로 1인당 GNP는 6천 달러대로 곤두박질쳤고, 2002년에 다시 1만 달러를 회복했다고 발표했다. 좀 더 최근에 와서는 2007년 말에 드디어 1인당 국민소득이 2만 달러를 돌파했다고 자축 분위기였는데, 2008년 세계적 금융 위기의 여파로 원화 환율이 크게 오르는 바람에 다시 국민소득이 1만 9천 달러로 하락해 버렸다.

어쨌든 2만 달러라는 것은 좀처럼 실감나지 않는 높은 소득인데, 어떤 사람은 정부 통계의 신빙성을 의심하기조차 한다. 그런데 이 액수는 어디까지나 평균 소득을 뜻하며, 실제로 1인당 2만 달러 즉, 4인 가구로 쳐서 8만 달러라면 1년 소득이 1억 원이 넘는다는 뜻인데, 이런 고소득을 가진 가구는 우리 주위에 그리 흔하지 않다. 수치와 현실 사이에 이런

부자들은 얼마나 부유한가?

흔히 부자를 백만장자, 억만장자라고 부른다. 10억(billion) 달러 이상의 순자산을 가진 사람을 억만장자(billionaire)라고 부르는데, 전 세계에 억만장자가 대략 1천5백 명 정도 존재한다. 1백만(million) 달러를 가진 백만장자(millionaire)와 억만장자는 천양지차가 있다. "착한 요정이 당신에게 1초에 1달러를 준다고 가정해 보자. 1백만 달러를 모으는 데는 11일이 걸리지만 10억 달러를 모으는 데는 32년이 걸린다. 백만장자와 억만장자가 하루에 1천 달러씩 소비한다고 가정해 보자. 1백만 달러를 탕진하는 데는 3년도 걸리지 않는데, 10억 달러를 탕진하는 데는 2천7백 년이 걸린다"(Milanovich 2016).

『포브스』(Forbes)가 매년 발표하는 세계 최고부자들의 2017년 현재 재산을 보면 1위는 빌 게이츠 860억 달러, 2위는 워런 버핏 760억 달러다. 3위는 아마존 회장 제프 베조스가 730억 달러의 재산을 갖고 있다. 도널드 트럼프 미국 대통령은 35억 달러의 재산으로 544위에 올라 있다. 한국인 중에는 이건희 삼성그룹 회장이 150억 달러의 재산을 가져 세계 68위에 올라 있고, 아들 이재용은 60억 달러로 239위에 올랐으나 삼성의 경영권 승계 문제, 최순실에 대한 뇌물 사건으로 감옥을 들락거리고 있다. 정몽구 현대자동차 회장은 49억 달러로 334위에 위치해 있다.

죽어서도 계속해서 돈을 많이 버는 사람들도 있다. 미국의 전설적 가수 엘비스 프레슬리는 2017년 한 해 동안 3천5백만 달러를 벌었고, 만화 "스누피"의 작가 찰스 슐츠도 3천8백만 달러를 벌었다. 과학자 아인슈타인도 1천만 달러를 벌었다.

한편, 돈을 많이 버는 것도 중요하지만 어떻게 벌었는지도 중요하다. 전 세계에 4억 부가 팔린 『해리 포터』의 작가 조앤 롤링은 불과 10여 년 전만 해도 허름한 아파트에서 주당 70파운드의 정부 보조금을 받아서 딸 하나를 혼자 겨우 키우며 분유 살 돈도 없이 가난에 시달리고 있었다. 글을 쓸 장소가 없어서 여러 카페를 전전하며 눈치를 보다가 결국 집 부근의 카페 The Elephant House에서 정착해서 글을 썼는데, 그 이유는 카페 주인이 차 한 잔만 주문하고 하루 종일 머물러도 전혀 개의치 않았기 때문이라고 한다. 지금 롤링은 엘리자베스 영국 여왕보다 많은 10억 달러의 재산을 보유하고 있다. 그녀는 빈곤 퇴치와 자선 사업에 열심히 기부를 하고 있어서 재산의 감소 속도는 매우 빠르다. 롤링은 "나는 절망의 벼랑에 서 있었다. 만일 그런 경험이 없었다면 『해리 포터』는 탄생하지 못했을 것이다"라고 말했다.

멕시코의 호아킨 구스만 로에라도 부자 서열에 이름을 올렸는데, 그는 미국에 코카인을 공급하는 마약업자다. 일본의 최고 부자 서열에는 슬롯머신 업체인 산쿄의 창업자 부스지마 구니오가 들어가 있다. 우리나라에서도 로또 열풍이 불면서 몇 년 전에 한 사람이 470억 원이라는 거금을 당첨 받았는데, 돈 버는 방법도 매우 다양함을 알 수 있다.

괴리가 생기는 이유는 크게 두 가지다. 하나는 소득의 개념상의 문제로, 우리가 일상생활에서 말하는 소득이란 것은 개인소득 또는 가처분소득을 뜻하는데 이것은 원래 GDP 혹은 GNP에서 여러 가지를 빼고 남은 개념이기 때문에 액수 차이가 날 수밖에 없다는 것이다.

또 다른 하나의 이유는 소득분포의 비대칭적 성질로 인해 사실 평균 소득 이하에 속하는 가구가 절반을 훨씬 넘는다는 데서 찾을 수 있다. 즉, 위에서 보았듯이 평균 소득은 그 사회의 평균적 생활수준을 반영하는 것이 아니라 일부 고소득층의 영향을 받아 상당히 높게 나타날 수 있다는 것이다. 그러므로 평균 소득보다는, 예를 들어 중위 소득 같은 것이 '보통 사람'의 소득을 더 정확히 반영하는 개념이 될 수 있다.

저소득에는 어느 정도의 육체적·사회적 한계가 있기 때문에 일정 한도 이하로는 떨어질 수 없는 성질이 있다. 그 반면 고소득 쪽으로는 아무런 한계가 없고, 특히 자본주의에서는 개인이 자유로이 무한한 소득을 추구하는 것이 허용되고 있으므로 얼마든지 높은 소득이 발생할 수 있다. 이것이 〈그림 1.1〉에서 보듯이 오른쪽으로 비대칭적인 소득분포도를 가져오는 것이다. 사실 이 곡선의 오른쪽 끝은 이 책에 다 그릴 수가 없어서 중단된 상태임을 유의하기 바란다. 이 그림을 최고 소득자까지 나오도록 그리려면 사실 오른쪽으로 수십, 수백 페이지의 공간이 필요하기 때문에 도저히 다 그릴 수가 없는 것이다.

3. 펜의 난쟁이의 행렬

네덜란드의 경제학자 얀 펜Jan Pen은 『소득분배』 Income Distribution(1971)란 책에서 현실의 소득 불평등을 아주 사실적으로 묘사하는 재미있는 방법을 제시했다. 그는 하나의 가상적인 행렬을 연출했는데, 이 행렬에는 소득을 가진 모든 개인이 출연한다. 이 가장행렬의 특징은 출연하는 사람들의 키가 그 사람의 소득에 비례한다는 점이다. 그리스신화에 나오는 괴물 프로크루스테스[1]가 사람들의 키를 각자의 소득에 비례해 늘이거나 줄여 놓았다고 가정하자. 그러면 평균 소득을 가진 사람은 성인의 평균 신장(약 1.7m)으로 이 행렬에 나타나고, 평

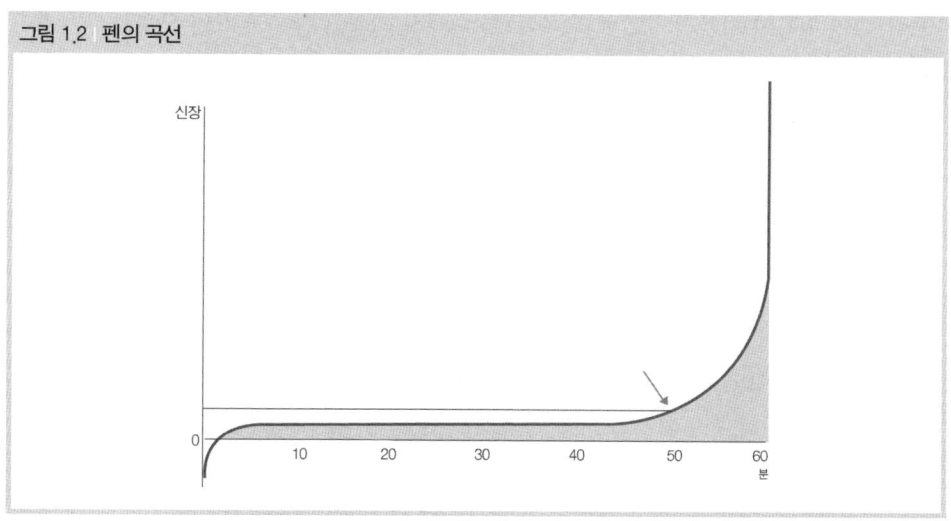

그림 1.2 펜의 곡선

균 이하의 사람은 그보다 작은 키로, 평균 소득 이상의 사람은 큰 키로 출연한다. 그리하여 각자의 키는 자신의 소득을 반영하게 되고, 키의 순서대로 지나가는 가장행렬이 한 시간 동안 계속된다고 상상해 보자. 단 이 행렬은 영국에서 벌어지고 있다고 가정한다. 펜은 이 행렬을 난쟁이(와 소수의 거인)의 행렬이라고 이름 붙이고 있다.

맨 먼저 나타나는 사람은 땅 속에 머리를 파묻고 거꾸로 나타나는데 이 사람은 마이너스의 소득을 가진 파산한 사업가다. 그 다음에는 파트타임으로 몇 시간 일하는 주부, 신문 배달 소년 등 소인국 사람들이 출현한다. 이런 사람들이 5분 정도 계속해서 지나간다. 한참 뒤에 등장하는 사람들도 아직 키가 1미터가 채 안 되는 난쟁이들인데 이들은 연금으로 생활하는 노인, 실업자, 장사가 안 되는 가게 주인, 아무도 재주를 알아주지 않는 천재 화가 등 다양한 직업을 갖고 있다. 그 다음에는 1미터가 조금 넘는 청소부, 지하철 집표원 등 저임금 노동자들이 출현하는데, 재미있는 것은 여기서도 역시 신사 나라인 영국답게 '여성 먼

---

1 프로크루스테스(Procrustes): 길가는 사람을 자기 침대에 맞추어 보고 키가 침대보다 큰 사람은 발을 자르고, 키가 모자라는 사람은 침대 길이까지 늘어서 죽였다고 함. '프로크루스테스의 침대'라 하면 보통 주객전도(主客顚倒)라는 뜻으로 쓰임.

저'lady first의 원칙이 지켜진다고 펜은 이야기한다. 즉, 여성이 남성에 비해 상대적으로 저임금이 많다는 뜻이다.

시간이 흐르고, 매우 완만히 키가 커진다. 그러나 계속해서 난쟁이들만 나오고 정상적인 키를 가진 사람들은 좀처럼 나올 기색이 보이지 않는다. 물론 키는 조금씩 커지지만 아주 서서히 커질 뿐이다. 이제 기술을 가진 생산직도 나오고 사무직 노동자들도 지나간다. 만일 행렬이 시작한 지 30분 정도 지나서 이제는 평균 신장을 가진 사람이 나오겠지라고 당신이 예상했다면 그 예상은 전혀 빗나간다. 45분이 지나서도 평균 신장은 나오지 않는다. 정확히 말한다면 48분이 지난 뒤, 다른 말로 하면 행렬이 끝나기 겨우 12분이 남았을 때 비로소 성인의 표준적 신장을 가진, 즉 평균 소득을 가진 사람이 나타난다. 이것은 중위소득(30분 후 출현)에 비해 평균 소득이 얼마나 높은가를 잘 보여 주며, 바꾸어 말하면 평균 소득은 그 사회의 중위 소득 즉, '보통 사람'의 소득과는 큰 괴리가 있음을 시사해 준다.

평균 소득이 지나가고 나면 키는 급속도로 커진다. 마지막 6분을 남겨 두고, 즉 소득 순위로 최고 10%에 해당하는 사람들이 나타나는데 이들은 2미터 가까운 키를 가진 교장, 대졸 사원 등이다. 그 후 키는 빠르게 상승하며, 그리 성공하지 못한 변호사, 대령, 국영기업의 기술자들의 키가 5미터 정도다. 마지막 1분을 남기고 8미터의 대학교수가 등장하며, 대기업의 중역은 9미터, 고등법원 판사는 12미터. 수입이 좋은 회계사, 의사, 변호사들이 출현하기 시작하는데 이들의 키는 거의 20미터다.

마지막 몇 십 초는 정말로 굉장한 거인들이 등장한다. 이들은 주로 대기업 중역들이고 약간은 왕족이다. 필립공의 키는 거의 60미터에 달하고 석유회사 셸Shell의 전무는 110미터에 달한다. 이들은 고소득이긴 하지만 그래도 아직은 봉급 받는 사람들이고 미터 단위로 키를 잴 수 있다. 그러나 행렬의 맨 마지막에 등장하는 사람들은 머리가 구름 위에 있기 때문에 마일로 측정해야 한다. 이들은 대부분 재산을 물려받은 부자들이다. 사형수를 주인공으로 한 〈고향의 푸른 잔디〉The Green Greeen Grass of Home란 불후의 명곡을 부른 영국 가수 톰 존스Thomas Jones Woodward는 워낙 세계적 명성이 높아서 나중에 여왕으로부터 귀족 작위를 받았는데, 그는 1마일(=1.6km)의 키를 자랑하며 나타난다. 드디어 행렬의 맨 마지막을 장식하는 사람은 구름 위에 있는 석유왕 폴 게티Paul Getty다. 아무도 그의 키를 모르지만 적어도

10마일은 될 것이고 어쩌면 20마일이 될지도 모른다. 이 행렬의 특징은 세 가지로 정리할 수 있다. 첫째, 평균 신장을 가진 사람이 아주 늦게 나타난다. 바꾸어 말하면 이것은 평균 이하의 소득을 가진 사람이 인구의 절반을 훨씬 넘는다는 뜻인데, 그 이유는 행렬의 끝에 나오는 고소득층이 평균 소득을 끌어올리는 역할을 하기 때문이다.

둘째, 이 행렬의 첫머리 부분은 그 사회의 극빈층인데 이들은 특별한 사회적 관심과 정책을 필요로 하는 계층이다. 여기에는 마이너스의 소득을 가진 사람부터 근로 능력이 없는 장애자, 노인, 저임금 노동자들이 포함된다.

셋째, 이 행렬은 처음에는 아주 완만히 키가 커지기 때문에 그 차이를 눈으로 감지하기 어려울 정도이지만, 끝으로 갈수록 가속적으로 빠른 변화가 나타나는데 특히 마지막 1분은 현기증을 일으킬 정도로 키가 쑥쑥 커진다. 이들의 직업은 주로 관리직, 전문직이 많고 그들의 소득은 높은 봉급의 형태를 띠지만 특히 마지막 순간은 거의 재산소득財産所得(이자, 이윤)으로 이뤄진다. 맨 뒤로 갈수록 이윤이 결정적인 몫을 차지하게 된다.

이와 같은 특징을 갖는 펜의 행렬이 〈그림 1.2〉이다. 여기서 가로축은 0에서부터 60분까지의 시간을 표시하고, 세로축은 소득을 나타낸다. 처음에는 마이너스의 소득에서 시작해 아주 완만히 소득이 증가하며, 평균은 30분보다 훨씬 뒤에 나타남을 알 수 있다. 마지막에는 대단히 빠른 속도로 소득이 증가하고 있다. 이 그림은 소득분배의 특징을 하나의 그림으로 나타낼 수 있는 아주 편리한 도구로서 〈그림 1.1〉의 도수 분포도 만큼 자주 쓰이지는 않지만 가끔 편리한 분석 도구로 사용되고 있다.

4. 분배적 정의

공정 분배란?

소득분배의 상태를 논함에 있어 어떤 분배가 공정하다 공정하지 못하다고 말하기 위해서는 판단의 기준이 필요하다. 이런 기준은 규범적인 것이어서 사람마다 다르며 의견의 일치를 보기 힘들다. 분배의 공정성 개념은 주로 분배적 정의란 무엇인가라는 의문에 답하는 방식으로 접근되어 왔다. 정의에 대한 대부분의 이론은 공동체의 구조에 적용될 때 그 핵심에 분배적 정의 개념이 놓여 있다고 말할 수 있다.

이런 정의 개념의 분배적 측면을 최초로 부각시킨 사람은 아리스토텔레스였다. "아리스토텔레스는 평등을 산술적 평등과 비례적 평등으로 구분했는데, 전자는 모든 사람이 평등한 권리를 누리는 것을 말하며, 후자는 권리와 보상이 공적에 비례해 분배되는 것을 말한다"(이재율 1995, 224). 그에게 있어서 분배적 정의는 비례적 평등으로 '각자에게 각자의 것을 주어야 한다'는 입장, 즉 사회적 기여에 비례하는 분배가 정의로운 분배라는 입장을 취하고 있었다.

분배적 정의의 개념을 형성하고 있는 요소로는 첫째, 자기 몫에 대한 정당한 권리, 둘째, 평등성과 공평성, 셋째, 받을 만한 자격 요건의 세 가지로 요약할 수 있을 것이다. 그리고 이들 세 가지 요소를 보는 관점에 따라 분배적 정의에 대한 사상도 전통적 평등성equality에 가장 중요성을 부여하는 평등주의가 있는가 하면, 둘째로는 개인의 자유나 권리가 무엇보다 우선한다는 자유주의libertarianism, 셋째로는 사회 전체 후생의 관점에서 정의를 파악하는 공리주의utilitarianism 등으로 나뉜다. 20세기 말 존 롤즈의 분배적 정의론이 학계의 주목을 받은 바 있는데 아래에서는 롤즈의 정의론을 통해 분배적 정의 개념을 설명하고자 한다.[2]

롤즈의 분배적 정의

하버드 대학교의 철학 교수 존 롤즈는 명저로 알려진 『정의론』A Theory of Justice(1971)에서 아주 참신한 정의론을 제시함으로써 20세기 철학의 최고 업적, 혹은 이마누엘 칸트Immanuel Kant 이후 최고의 업적이란 평가를 받기도 한다. 롤즈는 물론 사회적 불평등이 존재한다는 것도

---

[2] 롤즈 이론을 비롯한 분배적 정의(分配的 正義) 논의는 이재율(1995)과 Sandel(2009)을 많이 참고했다.

인식하고 있었지만 주로 소득과 부의 분배적 측면에 관심을 집중했다. 롤즈의 정의관은 전통적인 칸트의 정의관과 약간 비슷한 성향도 지니지만 나름대로의 특색 때문에 뚜렷이 무엇이라고 분류하기는 어렵다. 그의 이론 중에서 중요한 부분을 차지하는 '최소치최대화 원칙'最小値 最大化 原則, maximin principle의 관점에서 보면 그의 정의론은 기본적으로 평등주의의 경향을 띠고 있으나, 그와 동시에 개인의 자유는 예외적인 경우를 제외하고는 결코 제약될 수 없다고 주장함으로써 자유주의적인 측면도 강하게 부각된다. 공리주의는 일반적인 도덕성 설명의 부적절함 때문에 비판받고 있지만 롤즈의 정의론의 한 구성 요소로 사용되었다. 이렇게 본다면 롤즈의 정의론은 자유주의, 평등주의, 공리주의의 세 요소를 종합한 하나의 이론 체계를 완성한 셈이다.

롤즈의 정의론이 불평등의 경제학에서 관심의 초점이 되는 이유는 현실의 분배 문제에 대한 대안을 제시하고 있기 때문이다. 어쨌든 오늘날 분배적 정의를 둘러싼 논의에서 롤즈의 영향은 지대하다.

롤즈는 자신의 정의론을 '공정으로서의 정의'justice as fairness로 규정하고, 분석의 기본 가정으로 '원초적 상황'原初的 狀況, original position과 사회계약social contract을 설정한다. 여기서 공정의 의미는 어떠한 원칙도 수립되어 있지 않은 원초적 상황에서 사람들이 기본적 합의에 도달해 가는 과정이 공정하다는 것을 의미한다. 원초적 상황이라고 하는 것은 사회의 각 구성원이 장래 사회에서의 자신의 위치가 어떠할지 모르고, 심지어는 자신의 능력이나 지능, 성격이 어떤지도 모르는 철저한 '무지無知의 베일'veil of ignorance에 싸인 가상적 사회 상황을 의미한다. 이런 상황에서 사회 구성원들은 앞으로 사회의 기본 구조가 될 원칙을 결정하게 되는데, 이런 사회계약 과정을 통해서 선택된 원칙은 공정한 합의로 볼 수 있을 것이다. 롤즈의 정의론을 '공정으로서의 정의'라고 부르는 이유도 바로 이런 과정에서의 정의를 의미하기 때문이다.

이와 같이 원초적 상황에서 사회계약을 통해 설정되는 정의의 원칙은 다음과 같이 두 개의 원칙으로 요약될 수 있다고 롤즈는 말한다.

제1원칙: 각 개인은 다른 사람들의 자유와 양립할 수 있는 범위 내에서 가장 광범위한 기본적 자유를 가질 평등한 권리를 갖는다.

제2원칙: 사회적·경제적 불평등은 근본적으로 용인되지 않으나 다만 예외적으로 다음의 두 가지 조건이 성립할 때에만 정당화될 수 있다. ① 그 불평등이 그 사회에서 가장 불우한 처지에 있는 사람the most disadvantaged에게 이익이 될 것. ② 모든 사람에게 공정한 기회가 주어진다는 조건하에서만 직위position, 직책office의 불평등이 존재할 것.

롤즈는 첫째 원칙을 둘째 원칙보다 중요시하는데 이것은 자유가 모든 사회적·경제적 평등에 우선한다는 것을 의미한다. 또한 이런 것은 롤즈의 자유주의적 성향을 나타내는 것이라고 볼 수 있다. 두 번째 원칙의 ①을 특히 '차등差等의 원칙'difference principle이라고 부른다. 여기서 차등은 다른 어떤 사람보다도 경제적으로나 사회적으로 혜택을 받지 못한 자, 가장 가난한 사람에게 이익이 되도록 하는, 즉 최소치최대화maximin로의 사회구조상의 변화를 의미한다. 즉 일정한 조건의 충족을 전제로 할 때 완전 평등보다 어느 정도의 불평등이 선호됨을 나타낸다. 하지만 현실적으로 이런 불평등이 존재하는가 하는 문제점이 있다. 이에 대해 롤즈는 차등이 어떤 특정한 개인과 결부된 것이 아니라 직위, 직책에 대해 주어져야 하며 이런 직위나 직책에 대해 공정한 기회를 가져야 한다고 설명함으로써 낙관적인 태도를 취하는데, 두 번째 원칙의 ②를 가리켜 '공정 기회의 원칙'이라고 부른다.

롤즈 이론의 평가

롤즈의 이론이 제시된 뒤 철학, 사회학, 정치학, 경제학 등 인문·사회과학 전반에 걸쳐서 광범위한 토론이 일어났다. 이 이론만큼 학계의 주목을 받고 많은 토론을 거친 이론도 얼마 없을 것이다. 숱한 검토를 거친 끝에 롤즈가 말하는 분배적 정의는 다음과 같은 몇 가지 문제점을 가지는 것으로 평가되고 있다.

첫째, 원초적 상황에 대한 가정인데, 롤즈는 원초적 상황에서 가상적 인물이 충분히 '합리적'이기 때문에 사회계약에 도달할 수 있는 것으로 보고 있다. 그러나 극도로 제한된 정보하에서 나타나는 계약이 반드시 합리적이라고 볼 수 없다는 비판이 있다. 다음에 충분한 정보가 주어졌을 때도 여전히 그 원칙이 합리적이라는 보장이 없다는 것이다. 또한 원초적 상황에서 각자는 자신의 계급, 지위, 재산, 능력, 지능, 힘, 인생 계획, 심리 등 어느 것도 모르는 상태에 있기 때문에 완전히 동일한 인간이 되는 셈이며, 동일한 사람들이 모여 동일한 합의에 도달하는 롤즈의 설명은 동어반복에 지나지 않는다는 비판이 있다. 또 다른 사람은 롤즈가 상정하는 인간은 피와 살이 있는 인간이 아니라 시공을 초월한 한 장의 백지白紙와 같다고 비판한다.

둘째, 롤즈가 생각하는 인간형은 대단히 욕심이 많아서 자유, 권력, 소득, 부 등 이른바 주요 사회재主要社會財, primary social goods를 아무리 많이 가져도 더 많이 가지기를 원하는 사람으로 묘사되어 있다. 그는 이웃에 대해 관심이 없고, 동정심이 없는 것으로 가정되고 있는데 이는 인간에 대한 대단히 자의적 가정이다. 이렇게 가정하는 것보다는 차라리 이웃의 불행에 연민을 느낄 수 있는 인간을 가정함으로써 오히려 인위적 가정 없이 더 자연스럽게 평등주의적 원칙에 도달할 수 있을 것이란 비판이 있다.

셋째, 좀 더 높은 생활의 목적을 충족시키는 수단으로 여러 가지 주요 사회재를 가정하고 있지만 이처럼 목적과 수단을 구분하는 것이 때로는 쉽지 않다. 어떤 사람의 경우에는 부의 축적이 오히려 목적이 되고 있는 경우도 있다. 그리고 여러 가지의 주요 사회재가 있고 여러 사람의 이해관계가 다양할 때 그 각각의 가중치를 어떻게 정하는가 하는 문제가 생긴다. 롤즈는 그 사회의 가장 불우한 처지에 있는 사람이 여러 주요 사회재의 중요성의 가중치를 정하면 된다고 하는데, 그 사람조차 '무지의 베일'에 싸여 자신의 생활수준이 어떤지를 모르는 상황에서 어떻게 가중치를 정할 수 있을지 확실치 않다.

넷째, 최소치최대화에 대해서도 그것이 지나치게 소극적인 인간을 가정하고 있다는 비판이 제기된다. 롤즈는 무지의 베일에 싸인 개인은 저절로 최소치최대화란 합의에 도달할 것으로 보는데, 이것은 사람들의 관심이 오로지 최악의 사태를 피하는 데 있을 뿐, 좀 더 적극적으로 이득을 얻을 기회에 끌리는 일은 없다는 뜻이다. 이것은 너무나 위험 회피적 인간이며, 아무리 그런 성향의 사람이라도 때로는 약간의 모험, 즉 그렇게 크게 잃는 것은 아니라는 보장하에서 한번 도박을 해보는 심리로 약간의 사회적 불평등을 용인하는 원칙에 합의할 가능성도 있는데, 이를 전적으로 배제하고 있는 것은 지나치지 않느냐는 비판이다.

다섯째, 최소치최대화의 방법으로 도달한 평등의 개념이 모호하다. 롤즈는 최소치최대화를 정의의 원리로 보고 정의의 요구 사항은 절대적이고 타협할 수 없는 것으로 보고 있다. 단, 차등의 원칙에서는 가장 불우한 처지에 있는 사람에게 혜택이 된다면 평등에서 이탈하는 것을 허용하고 있다. 그러나 인간의 이기심의 측면에서 볼 때 타협이 가능한 것이 오히려 일반적이라고 할 수 있지 않을까?

여섯째, 차등의 원칙에 대한 비판이 많이 제기되고 있다. 이 원칙은 평등을 근본적 가치로 보기 때문에 현실적으로 몇 가지 무리한 주장을 제시한다. 예를 들면 롤즈는 인간의 능력과 노력은 자연적·사회적 우연의 소산이므로 부와 소득의 분배가 그런 요인의 영향을 받으면 안 된다고 주장하는데, 이것은 개인의 소유권을 지나치게 제한하는 것이 아니냐는 비판이 있다. 그리고 차등 원칙은 개인의 특수한 사정에 따른 필요^{needs}의 차이를 별로 고려하지 않는다는 비판도 있다.

일곱째, 롤즈의 정의론은 사람들의 합의, 즉 일종의 사회계약에 바탕을 두고 있으나 합의가 반드시 공정한 결과를 가져오지는 않는다는 비판이 있다. 마이클 샌델$^{Michael\ J.\ Sandel}$은 그 예로서 1787년 제정된 미국 헌법을 든다(샌델 2010, 201). 이 헌법은 당시 필라델피아 대의원들의 합의와 각 주^{州}의 동의를 얻은 것이지만 그 내용 중에는 노예제를 인정하는 오점을 안고 있었다. 당시 제헌의회에는 흑인이 한 명도 포함되지 않았으며, 여성 역시 한 세기가 지나서야 비로소 투표권이 주어졌다. 또 극단적인 경우이긴 하지만 샌델은 시카고에서 혼자 사는 할머니가 고장난 변기를 수리하는 데 5만 달러의 계약을 맺은 예를 든다(샌델 2010, 204). 이 못된 수리업자는 사기죄로 체포되었는데, 샌델은 이 예를 들면서 계약에 동의했다고 해서 그 합의가 공정하다는 보장이 없고, 합의만으로 도덕적 의무가 저절로 생기는 것은 아니라고 주장함으로써 롤즈 정의론의 한계를 밝히고 있다.

이상에서 살펴본 바와 같이 롤즈의 분배적 정의는 크고 작은 여러 문제점을 갖고 있는 것이 사실이지만 자유주의와 평등주의의 요구를 함께 수용하는 분배 정의 개념을 정립하려고 시도했다는 점은 높이 평가할 만하다. 롤즈 이론에 비판적인 샌델도 "롤즈의 정의론이 궁극적으로 성공하든 실패하든, 그 이론은 미국 정치철학이 아직 내놓지 못한, 좀 더 평등한 사회를 옹호하는 가장 설득력 있는 주장임에 분명하다(샌델 2010, 231)고 인정하고 있다.

어쨌든 롤즈의 정의론은 현실의 세계에 대한 낙관적인 전망과 더불어 모든 개인에게 평등한 자유가 보장되면서 동시에 모두에게 이득이 돌아갈 수 있는 사회적 구조의 청사진을 제공하고 있다는 점에서 많은 사람들에게 관심의 대상이 되고 있는 것이 사실이다. 롤즈의 이론은 그 영향력이 비단 철학 분야에 그치지 않고 인문·사회과학 전반에 널리 미친다고 할 수 있기 때문에 경제학을 공부하는 사람도 그 기본적 논의는 반드시 이해할 필요가 있으며, 특히 불평등의 경제학을 공부하려면 그 필요성이 더욱 크다고 하겠다.

5. 불평등의 경제학의 학설사적 배경

이 책에서 다루게 될 소득분배 이론의 배경에 경제학의 어떤 흐름이 있었는지를 이해하는 것이 도움이 될 것이다. 물론 고대나 중세에도 분배에 관한 논의가 없었던 것은 아니지만 체계를 갖춘 불평등의 경제학은 대체로 고전학파로부터 시작한다고 보아도 무방할 것이다. 19세기 초 고전파경제학古典派經濟學에서 쌍벽을 이루고 있던 데이비드 리카도 David Ricardo 와 토머스 맬서스 Thomas Malthus 는 가치, 지대 등 경제학의 여러 가지 문제를 놓고 대립된 견해를 갖고 있어서 자주 첨예한 논쟁을 벌이곤 했는데, 분배 문제에 대한 입장도 상당히 달랐다. 경제학의 주요 연구 과제에 대해 맬서스는 "정치경제학은 부의 본질과 원인에 관한 연구"라는 입장을 취함으로써 아담 스미스의 학문적 전통을 그대로 따르고 있었던 데 비해, 리카도는 "정치경제학은 주로 생산물의 사회 계급 사이의 분배의 법칙에 관한 연구"라고 생각하고 있었다.

뒤의 9장에서 다루게 되겠지만 리카도의 주요 관심사는 사회적 생산물이 지주, 자본가, 노동자의 3대 계급에 어떻게 분배되는가 하는 것이었고, 그 자신이 지주이면서도 지주계급이 불로소득不勞所得, unearned income 을 버는 데 대해 이론적으로 맹렬한 공격을 퍼부었다. 실제로 유명한 경제학자 중에서 스스로 큰돈을 번 사람은 리카도와 존 메이너드 케인즈 John Maynard Keynes 두 사람 정도인데, 둘 다 주식 투자에 성공해서 큰돈을 번 것으로 알려져 있다. 리카도는 자본주의의 발달과 더불어 지주계급에 돌아가는 지대의 몫이 점차 커지는 대신 자본가의 자본축적이 위축되어 사회의 발전이 저해될 것으로 생각해 자본주의의 장래를 매우 어둡게 내다보고 있었다. 이와 같이 리카도에게는 계급 간의 분배 문제가 자본주의 분석의 핵심에 놓여 있는 과제였다. 사실 주요한 경제학자 중에서 분배 문제를 경제학의 중심적 과제라고 생각했던 사람은 리카도 이전에는 별로 없었고 리카도 이후로도 오랫동안 분배 문제는 경제학의 중심적 위치에서 벗어나 있었다.

리카도 이후 경제학은 좌파 쪽으로는 맑스경제학으로 발전했고, 우파 쪽으로는 신고전파경제학新古典派經濟學으로 발전해 오늘에 이르고 있다. 후술하는 바와 같이 맑스경제학은 자본주의 체제를 그 본질상 불평등과 착취를 수반하는 체제로 비판하고 있음에도 불구하고 의외로 분배 이론은 그렇게 발달시키지 못했다. 역설적으로 들릴지 모르나 맑스경제학은 계급이나 착취를 너무 중시한 나머지 소득분배나 불평등 같은 것을 비본질적인 외피外皮로 간주해 오히려 소홀히 한 면이 있을지도 모른다. 맑스경제학이 분배 문제에 대해 새로운 이론을 발전시키기 시작한 것도 비교적 최근의 일이라고 볼 수 있다.

한편 신고전파경제학은 고전학파의 뒤를 이어 19세기 후반 학계의 정통적 위치로 성장하게 된다. 사상적인 면에서 볼 때 19세기 후반 맑시즘 등 급진적 사상들이 속출해 자본주의 체제를 비판하는 데 위협을 느낀 보수파가 체제 옹호의 필요성을 강하게 느끼고 발전시킨 이론이 신고전파경제학이라고 할 수 있다. 따라서 신고전파 이론 체계는 현실에 존재하는 자본주의 체제를 본질적으로 긍정, 옹호하는 입장에 서있었다. 균형equilibrium이나 안정stability과 같은 수학적 개념이 도입되는 것도 이런 세계관과 무관하지 않다. 신고전파는 사상적으로 맑스경제학에 대항해 자본주의를 옹호하는 입장에 서있었기 때문에 분배 이론에서도 이런 특징이 잘 나타난다. 즉, 고전파가 사용하던 계급이란 용어 자체가 폐기되고, 계급이 노동, 자본, 토지, 기타 여러 생산요소의 소유자로 대체되었다. 여기서 각 생산요소는 서로 동격에 서게 되고, 한 계급이 다른 계급을 착취한다든가 하는 일은 상상조차 할 수 없다. 단지 어떤 사람은 노동이라는 생산요소를 많이 가질 뿐이고 또 어떤 사람은 자본이라는 생산요소를 많이 소유하고 있다는 점 이외에는 다른 차이가 없다. 또한 노동자도 일부 자본이라는 생산요소를 소유할 수 있고, 자본가도 노동을 가질 수 있다고 본다. 이와 같이 신고전파경제학은 모든 생산요소가 동격이고, 모든 집단이 평등한 세상을 그리고 있다.

신고전파경제학에서는 생산요소 시장에 완전경쟁이 성립한다고 하는 가정하에, 각 요소는 그 한계생산성의 크기만큼 가격을 받게 되고 따라서 이것은 각 요소가 한계적으로 생산에 기여한 몫만큼 분배받는다는 것을 의미하기 때문에, 자본주의 하의 분배는 공평한 것이라는 정책적 함축을 갖게 된다. 여기서 신고전파경제학은 고전파에서 말하는 분배를 둘러싼 계급 간의 이해 대립의 가능성을 부정하며 계급 간 조화의 세계를 연출하게 되는 것이다. 이런 의미에서 영국의 경제학자 로널드 미크^{Ronald L. Meek}는, 신고전파경제학^{neo-classical economics}이 본질적으로 고전파경제학을 계승한 것이 아니라 오히려 고전파경제학의 이론적 본질을 왜곡시키고 있으므로 반反고전파경제학^{anti-classical economics}으로 불러야 옳다고 주장하기도 했다(Meek 1967).

1930년대까지 경제학의 정통적 지위를 고수하던 신고전파경제학은 대공황에 직면해 그 이론적 취약점이 드러나면서 케인즈에 의해 통렬한 비판을 받게 된다. 1936년 케인즈의 『일반이론』^{The General Theory of Employment, Interest and Money}이 출간되면서 경제학계에 소위 '케인즈 혁명'이라고 하는 것이 일어나고, 경제학은 이제 소비, 투자, 국민소득, 고용 등의 분석에 치중하게 되는데 이것을 오늘날은 거시경제학이라고 부른다. 종전의 신고전파경제학이 주로 미시경제학 중심이라고 한다면 케인즈 경제학은 주로 거시경제 현상의 분석에 초점을 맞추고 있다고 할 수 있다.

케인즈 경제학에서 분배 이론은 과거 고전파나 신고전파경제학에서 만큼의 비중을 차지하지 않는다. 케인즈 자신은 분배 문제에 관심이 많았으며 특히 『일반이론』에 몇 년 앞서 나온 『화폐론』^{A Treatise on Money}(1930)에서 소득분배에 관한 이론을 전개한 바도 있으나, 『일반이론』에서는 대공황이라고 하는 당시의 급박한 시대적 상황에 대처하기 위해서 단기적 고용과 유효수요의 문제를 분석하는 데 치중한 나머지, 분배 문제를 다룰 여유가 없었다. 케인즈 이후의 케인즈 경제학에서는 그런 경향을 이어 받아 고용, 소득, 물가 등의 문제를 주로 다루게 되고, 분배 문제는 분석의 전면에 나타나지 않게 되었다.

제2차 세계대전 이후 정통파경제학의 흐름은 거시경제를 주로 다루는 케인즈 경제학과 미시경제에 강점을 가지는 신고전파경제학이 통합되어 소위 신고전파종합^{新古典派綜合, neo-classical synthesis}, 혹은 신신고전학파경제학^{neo-neoclassical economics}이란 이름으로 발전해 왔다.

여기서 미시경제학, 거시경제학, 화폐 이론, 재정학, 국제경제학, 성장 이론 등은 눈부신 발전을 거듭해 왔으나 분배 이론만은 과거의 신고전파 이론 이외에 이렇다 할 발전이 없었다. 분배 문제 자체가 정통파경제학의 주요 연구 과제도 아니었거니와 기껏해야 부차적 관심사밖에 되지 못했던 것이 사실이다.

영국 경제학의 거장이자 케인즈의 수제자였던 조앤 로빈슨Joan Robinson여사는 1972년 미국 경제학회 주최의 "경제 이론의 제2의 위기"란 제목의 유명한 연설에서 정통파경제학의 무용성無用性을 통렬하게 비판한 바 있다. 여기서 제2라 함은 로빈슨 자신의 생애에서 두 번째 맞는 위기라는 뜻이다. 첫째 위기는 1930년대 대공황이었는데, 케인즈의 새로운 이론 체계가 등장해 해결해 주었으나 지금 새로 맞고 있는 제2의 위기는 아직 해결되지 못하고 있다는 것이다. 로빈슨은 주류 경제학인 신고전파경제학을 통틀어 무능하다고 비판하는 근거로, 환경이나 성장의 질, 군비 지출의 문제 따위에 속수무책일 뿐 아니라 현실의 소득 불평등 문제가 이렇게 심각한데도 불구하고 이렇다 할 분배 이론조차 없다는 사실을 제시했다. 이런 상황을 로빈슨은 경제 이론의 일대 위기로 진단했던 것이다.

그러나 경제학계의 이런 상황은 1970년대 이후 어느 정도 달라지기 시작했다. 경제학계에서 분배 문제에 대한 관심이 부활하기 시작한 것이 대체로 1970년대부터라고 할 수 있는데 그 배경이 된 것은 주로 다음의 세 가지 사건이다. 첫째, 자본 논쟁資本論爭, capital controversy을 들 수 있다. 이 논쟁은 영국의 케임브리지 대학교와 미국의 MIT(매사추세츠 주 케임브리지 시에 위치함) 사이의 논쟁이기 때문에 케임브리지-케임브리지 논쟁이라고 부르기도 한다. 논쟁의 발단은 방금 이야기했던 영국의 로빈슨이 1950년대부터 신고전파경제학에서 사용하는 '자본'의 개념에 대해 의문을 제기하면서 시작되어 점차 신고전파의 생산함수, 성장 이론, 자본 이론, 분배 이론, 가치론에 이르기까지 확장되었다. 이 논쟁을 통해서 신고전파경제학에 이론적으로 심각한 문제점이 있다는 것이 밝혀졌지만, 정통파경제학자들의 체면이 다소 손상되었을 뿐 그 정도로 정통파경제학이 무너지지는 않았다. 이 논쟁은 1970년대에 이르러 별로 뚜렷한 결말 없이 시들해져 버렸지만 어쨌든 이를 통해 신고전파의 분배 이론에 대해 강력한 의문이 제기되었고 그것을 대체할 만한 영국 쪽의 포스트 케인지언 경제학post-Keynesian economics의 분배 이론이 등장하기도 하는 등 분배 이론의 발전을 자극한 것은 사실이다(좀 더 상세한 것은 9장에 있는 포스트 케인지언 이론 참조).

둘째, 미국에서의 급진파 경제학急進派經濟學, radical economics의 등장을 들 수 있다. 미국이 1960년대 베트남전에 개입하면서 각 대학에서 반전운동이 격렬하게 일어나고, 지금까지 옹호되어 왔던 미국식 자유주의에 대한 강한 회의가 지식인, 청년 사이에 급속히 확산되기 시작했다. 사회과학계에서 과거 그냥 진리로 받아들이고 있던 정통적인 경제학, 정치학, 사회학에 대해 반기를 드는 소장학자들이 출현하고 이들은 급진적 사회과학 이론을 새로 정립해 나가기 시작했다. 경제학계에서도 이들 소장학자들은 비록 일류 대학에서 추방되기는 했지만 전국에 흩어져 왕성한 연구 활동을 계속하고 있다. 이들은 '급진정치경제학회'란 학회를 만들어 『급진정치경제학회지』Review of Radical Political Economics를 계간으로 발간하고 있다.

이들의 이론은 맑스경제학에 기초를 두고 있지만 반드시 그것을 교조적으로 따르는 것은 아니고 현대자본주의의 실정에 맞게 창조적으로 이론을 정립해 가려는 참신한 시도를 보이고 있다. 예를 들어 그들은 구소련에 대해 진정한 사회주의가 아니라는 이유로 시종 비판적인 입장을 견지함으로써 정통파 맑시즘과는 거리를 두었다. 그들이 주로 관심을 가지는 연구 주제는 자본주의 기업 내부의 위계질서, 다국적기업, 군비 지출의 문제, 환경문제, 인종 문제, 여성 문제 등 다양하지만 소득 불평등과 빈곤이란 문제도 주요 관심사 속에 포함된다.

위의 두 가지 요인은 선진국 내부의 이론적 관심의 변화에 관한 이야기라고 할 수 있다. 세 번째 요인은 1970년대 이후 제3세계의 빈곤과 소득 불평등 문제에 대해 세계은행World Bank이나 국제노동기구ILO: International Labour Organization 등에서 깊은 관심을 갖게 되었다는 점이다. 원래 1960년대는 유엔UN이 정한 '개발의 10년'The Development Decade이었고, 이 기간 동안 제3세계에 대해 종전보다 많은 원조와 투자가 집중되었다. 그리고 제3세계 각국이 경제개발계획을 수립하는 등 경제성장 또는 전에 상당한 정열을 쏟은 것도 바로 이 시기였다. 그러나 사후에 이 시기를 평가해 본 결과 많은 후진국에서 어느 정도 경제성장을 가져오는 데는 성공했으나 최하층에 속하는 극빈층의 상황은 거의 개선되지 못했고, 소득 불평등은 오히려 악화한 사례가 적지 않음이 드러났다. 말하자면 소수의 가진 자들에게 더 큰 부가 집중되는 현상이 일어났던 것이다.

이에 종전의 성장 일변도成長一邊倒의 개발 전략에 대한 반성이 일어나고, 소득분배의 개선과 빈민의 처지 개선에 좀 더 관심을 돌리지 않으면 안 된다는 인식이 세계은행과 국제노동기구를 중심으로 확산되기 시작했다. 이에 따라 이들 국제기구의 적극적 후원하에 후진국의 분배 통계를 정비하고, 새로운 측정 방법을 개발하고, 새로운 이론을 모색하는가 하면, 소득분배를 개선하고 빈곤에서 탈출하기 위한 각종 정책을 개발하는 등 분배 문제에 관한 활발한 연구가 이뤄지게 되었다. 이리하여 소득분배에 관한 수많은 실증적·이론적 연구가 1970년대 이후 쏟아져 나오게 되었다.

여기서 주로 다룬 문제는 종래 경제학의 주요 관심사였던 기능적 소득분배functional distribution of income의 문제, 즉 상대적 요소 분배분의 문제가 아니라 소득 계층 사이의 빈부 격차의 문제 — 계층별 소득분배階層別 所得分配, size distribution of income 혹은 인적 소득분배人的 所得分配, personal distribution of income — 였다. 이 문제는 과거에는 몇몇 통계적 연구자를 제외하고는 경제학자의 관심을 별로 끌지 못하던 주제였으나 최근에 와서는 오히려 소득분배 연구의 중심이라고 해도 과언이 아닐 정도로 급성장하고 있는 분야다. 다른 이유도 더 있겠지만 대체로 이상의 세 가지 사건이 1970년대 이후 소득분배 연구가 경제학에서 다시 부활한 계기가 되었다고 할 수 있다.

6. 불평등의 경제학의 연구 과제와 이 책의 구성

방금 언급한 바와 같이, 최근에 와서는 기능적機能的 분배보다 인적人的 분배에 더 큰 관심이 집중되는 추세다. 이 책에서도 이런 추세를 따라 주로 후자를 다루려고 한다. 전자에 대해서는 9장 상대적 분배율이란 제목으로 한 장만 할애할 것이다. 많은 경제 원론이나 미시경제학 교과서에서 전자에 치중하고 있으므로 이 책에서는 후자를 더 비중 있게 다룰 것이다. 불평등의 경제학의 외국 교과서에도 다양한 서술 경향이 있다. 예컨대 마틴 브론펜브레너Martin Bronfenbrenner의 『소득분배론』Income Distribution Theory(1971)이나 해리 존슨Harry G.

Johnson의 『소득분배론』 Theory of Income Distribution(1972)은 주로 전자의 기능적 분배를 다루고 있다. 그 대신 영국의 앤서니 앳킨슨의 『불평등의 경제학』 The Economics of Inequality(1983)은 주로 인적 분배를 다루고 있다. 양쪽을 비교적 비슷한 비중으로 다루고 있는 교과서로는 해럴드 라이돌 Harold Lydall 의 『소득분배론』 A Theory of Income Distribution(1979)이 있다.

이 책은 앳킨슨 교과서의 형식을 많이 따오고 있지만 내용에서는 가급적 나름대로의 특징을 살리려고 노력했다. 그 특징으로서는 분배 이론 부분의 보강, 급진파 또는 좌파 이론의 소개, 차별의 경제학, 제3세계와 사회주의의 분배, 한국의 분배 등의 주제를 도입하는 한편 앳킨슨의 교과서가 보여 주는 영미 편중의 경향을 피하고 각 장마다 한국의 사례를 많이 인용하고자 노력했다. 그러나 필자의 의도가 어느 정도 성공했는지는 독자의 판단에 맡길 수밖에 없다.

불평등의 경제학이 주로 다뤄야 할 연구 주제는 대개 다음과 같으며 이 책에서는 다음과 같은 구성으로 이들 문제를 다루고 있다.

첫째, 소득과 부는 실제 얼마나 불평등한가 하는 측정測定의 문제다. 이것은 소득과 부의 개념, 측정, 자료의 검토, 불평등도의 추계, 빈곤의 추계 등의 문제인데 어떻게 보면 상당히 따분한 면도 없지 않으나 결국은 이런 실증적 연구가 분배 이론과 정책의 바탕이 되므로 역시 대단히 중요한 연구 과제라 하지 않을 수 없다. 이것은 이 책에서 2, 8, 10, 12, 13장의 과제다.

둘째, 불평등의 설명이다. 인간자본, 가족 배경, 능력, 노동시장구조, 노동조합의 역할, 교섭력, 정치, 사회적 영향력 등 지금까지 제시된 가설만 해도 수없이 많다. 그러나 뒤에서 보는 바와 같이 기존의 어느 가설이나 설명력에는 한계가 있다. 이 주제는 주로 3~9장에서 다룰 것이다.

셋째, 소득이나 부의 분배 및 재분배를 둘러싼 정책 문제가 있다. 불평등이나 빈곤의 원인을 어느 정도 규명했을 때 그 다음 오는 과제는 정책적으로 어떻게 불평등을 축소할 수 있고 거기에 어떤 부작용이 따를 수 있느냐의 문제다. 여기서 다룰 주제는 조세정책, 최저임금제, 남녀평등, 사회보장, 복지국가, 빈곤 정책 등인데 이 책에서는 주로 7, 8, 10, 11장에서 이 문제를 취급할 것이다.

참고문헌

김창선. 1990. 『분배의 정치경제학』. 동아출판사.
송병낙. 1983. 『경제성장과 분배』. 박영사.
오쿤, 아서 M. 1980. 『평등과 효율』. 이영선 옮김. 현상과 인식.
이재율. 1995. 『경제윤리』. 민음사.
이준구. 1992. 『소득분배의 이론과 현실』 제2판. 다산출판사.
황진영. 2008. 『불평등과 경제활동』. 산문출판.

Arthur, John and William H Shaw. 1978. *Justice and Economic Distribution*. Prentice-Hall.
Atkinson, Anthony B. 1971. *The Economics of Inequality*. 2nd ed. Oxford University Press.
_____. 2015. *Inequality: What Can be Done?*[장경덕 역, 『불평등을 넘어: 정의를 위해 무엇을 할 것인가?』. 장경덕 옮김. 글항아리. 2015].
Bauer, P. T. and A. R. Prest. 1973. "Income Differences and Inequalities." *Moorgate and Wall Street*.
Brown, Henry Phelps. 1988. *Egalitarianism and the Generation of Inequality*. Oxford University Press.
Meek, Ronald L. 1967. *Economics and Ideology: Studies in the Development of Economic Thought*. Chapman & Hall.
Pen, Jan. 1971. *Income Distribution*. Penguin.
Phelps, E. S. ed. 1975. *Economic Justice: Selected Readings*. Penguin.
Rawls, John. 1971. *A Theory of Justice*. Harvard University Press[『정의론』. 황경식 옮김. 이학사. 2003].
Sandel, Michael J. 2009. *Justice: What's the Right Thing To Do?* Farrar, Straus and Giroux[『정의란 무엇인가?』. 이창신 옮김. 김영사. 2010].
Sen, A. K. 1973. *On Economic Inequality*. Oxford University Press.
Stiglitz, Joseph. 2012. *The Price of Inequality*, Norton[『불평등의 대가: 분열된 사회는 왜 위험한가?』. 이순희 옮김. 열린책들. 2013].
Sutcliffe, Bob. 2001. *100 Ways of Seeing an Unequal World*. Zed Books[『불평등한 세계를 바라보는 123가지 방법』. 박길성·윤상우 옮김. 문화디자인. 2003].
Wilkinson, Richard G. and Kate Pickett. 2010. *The Spirit Level*. Penguin Books[『평등이 답이다』. 전재웅 옮김. 이후. 2012].
Wolff, Edward Nathan. 1997. *Economics of Poverty, Inequality, and Discrimination*. South-Western College Publishing.

2장

소득분배의 개념과 측정

"모든 동물은 평등하다.
그러나 어떤 동물은 더 평등하다."
_ 조지 오웰, 「동물농장」

이 장에서는 소득분배를 분석하는 데 기초가 되는 몇 가지 개념과 측정 방법, 불평등 지표不平等指標의 문제 등을 다루기로 한다. 먼저 소득이란 무엇인가 하는 가장 기초적인 문제부터 시작해, 소득의 측정 기간을 어떻게 잡을 것인가 하는 문제, 그리고 연령 구조, 소득 단위와 그에 따르는 환산 척도換算尺度 문제를 설명한 뒤 대표적으로 사용되는 소득분배의 불평등 지표를 소개하는 것이 이 장의 주요 내용이 될 것이다. 이 장의 내용은 다른 장에 비해 수학적·기술적 측면이 많아서 다소 지루한 면도 있으나 이것은 현실의 소득분배를 파악하기 위한 측정 수단이 되므로 반드시 이해하고 넘어갈 필요가 있다. 비유하자면 의사들이 환자들을 진찰하기 위해서는 청진기나 혈압계의 사용법을 익혀야 하는 것과 마찬가지로 경제학을 공부하는 사람들은 소득과 부의 개념, 불평등 지표 등을 정확히 이해할 필요가 있다.

1. 소득의 개념

경제력 지표로서의 소득

어떤 사람의 경제적 지위 또는 경제력을 나타내는 지표로 대개 소득所得, 소비消費, 부富의 세 가지를 생각할 수 있다. 이 중에서 소득과 소비는 일정 기간 동안의 흐름을 나타낸 지표이므로 유량流量, flow이라고 할 수 있고, 부wealth, asset는 일정 시점에서의 액수를 나타내므로 저량貯量, stock이라고 할 수 있다. 소득은 다시 세전 소득稅前所得, pre-tax income과 세후 소득稅後所得, post-tax income 으로 나눠 생각할 수 있다.

소득, 소비, 부의 관계는 다음의 〈그림 2.1〉을 통해 이해할 수 있을 것이다. 지금 어떤 사람의 소득은 그 해의 근로소득earned income(노동소득이라고도 함), 투자 소득, 이전소득移轉所得, transfer income, 자본 수취(상속, 증여, 선물 ······) 등으로 이뤄지며, 이것이 세전 소득이 된다. 투자 소득은 이자, 이윤, 배당, 지대, 임대료 등을 가리키며, 다른 말로 재산소득property income 또는 자본소득capital income 이라고 부르기도 한다. 이전소득이란 생산 활동에 대한 대가가 아

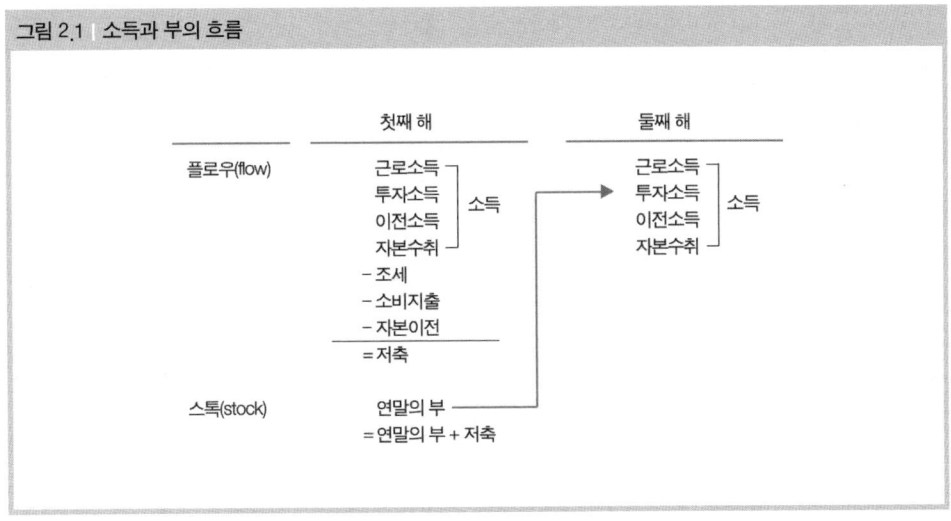

그림 2.1 | 소득과 부의 흐름

니라 공짜로 받은 소득으로서 예를 들면 사회보장적 급부 등을 포함한다. 세전 소득에서 소득세 등 개인이 내는 세금을 공제하고 나면 세후 소득이 나온다. 여기서 소비지출을 할 수 있기 때문에 이것을 가처분소득^{可處分所得}, disposable income이라고 부르기도 한다. 세후 소득에서 소비지출을 빼고 나면 그 해의 저축이 남는다. 저축은 부를 증가시키는 역할을 하게 되므로 특정 연도의 연초에 갖고 있던 부에 1년 동안의 저축액을 합하면 당해 연도 연말의 부^富가 된다. 저축이 플러스면 물론 부가 증가할 것이고, 저축이 마이너스인 경우, 즉 소비가 소득을 능가한 경우에는 부가 감소할 것이다. 이렇게 결정된 연말의 부의 스톡은 다음 해의 투자 소득의 크기를 좌우할 것이다.

소득, 소비, 부 사이에 존재하는 이런 상호 관계에 대해서는 다음과 같이 생각하면 아마 이해하기 쉬울 것이다. 20세기 전반기에 유명했던 시카고 대학교의 경제학자 헨리 사이먼스^{Henry Simons}는 소득을 다음과 같이 정의했다.

소득 = 소비 + 재산권의 가치 변동
 　　 = 소비 + 두 시점 간의 경제력의 순증가^{純增加}

여기서 재산권의 가치 변동이란 저축으로 이해하면 될 것이다. 또는 결국 이것과 같은 의미가 되지만 이를 조금 달리 표현해, 사이먼스는 소득을 "개인이 자기의 부의 가치를 변화시키지 않고 소비할 수 있는 권리"라고 정의한다. 이 정의에 따르면 소득과 소비는 명확히 구분되는 별개의 개념, 혹은 상호 대척적인 개념이 아니라 오히려 소득은 결국 잠재적으로 소비할 수 있는 힘으로 정의되는 상호 비슷한 개념이 됨을 알 수 있다.

그러면 경제력의 지표로 소득과 소비 중 어느 쪽이 더 타당할까? 양자의 차이를 보기 위해 세후 소득과 소비를 비교해 보자. 이 경우에 소득과 소비의 차이는 결국 저축과 자본이전(=증여, 상속)에 귀착하는데, 만일 우리가 어떤 사람의 생애 전체를 놓고 봤을 때 저축이 0이라고 가정한다면, 즉 저축이란 소비를 장래로 연기하는 것에 불과하며 생애의 순저축純貯蓄, net savings은 없다고 가정한다면 결국 증여나 상속이 양자 사이의 차이로 남게 된다. 그런데 증여나 상속은 자신이 소비하는 것은 아니지만 거기에는 다른 사람에 대한 약간의 영향력, 지배력control이 발생한다고 봄이 합당할 것이다. 따라서 경제력의 지표로서 소득이 옳으냐 소비가 옳으냐 하는 문제는 결국 우리가 증여나 상속으로 인해 발생하는 어떤 지배력을 그 사람의 경제력에 감안해 주느냐 않느냐의 문제로 귀착함을 알 수 있다.

우리 주위에는 소득이나 부는 크지만 평생 최소한의 소비만 하고 살아가는 구두쇠도 있다. 예를 들어 스크루지(찰스 디킨즈의 소설『크리스마스 캐럴』에 나오는 인물)와 같은 구두쇠 부자의 경우 이 사람이 부유한가 아니면 가난한가 하는 것은 가치판단의 문제로서 자신 있게 대답하기가 어렵다. 또한 소비를 계산할 때 개인의 소비지출만 볼 것인가, 아니면 공동 소비도 포함할 것인가 하는 문제가 있다. 예컨대 공원이나 대중교통 같은 것이 거의 무료로 공급된다고 하면 개인 소비가 낮더라도 개인의 경제력은 그보다 높은 것으로 보아야 한다. 미국의 제도학파경제학자로서 세계적으로 명성을 얻었던 존 갤브레이스John K. Galbraith가 그의 책『미국의 자본주의』The American Capitalism에서 '풍요 속의 빈곤'poverty amidst plenty이라는 표현을 써 한때 유행어가 되었는데, 그것은 미국 자본주의하에서 개인의 소비는 성장, 번영하지만 그 대신 공동으로 소비되는 재화에 대한 투자가 아주 빈약하다는 사실을 비판한 것이다. 반대로 구사회주의국가들의 경우 개인적 소비는 자본주의 국가들에 비해 형편없이 열악했지만 공공적으로 소비되는 재화들이 거의 무료에 가까울 정도로 값이 쌌다는 점을

표 2.1 | 소득·소비·부의 비교

경제력 수단	영향력	flow/stock
세전 소득	잠재적 소비, 위신	flow
세후 소득	잠재적 소비	flow
소비지출	실제 소비	flow
부	지배력, 잠재적 소비, 위신	stock

감안할 필요가 있다.

다른 것에 비해 우리가 특별히 신경을 쓰지 않으면 안 되는 특정 상품의 소비가 있다. 예컨대 의식주, 교육, 의료 등이 그런 것인데 이런 것들은 다른 사치적 재화에 비해 특별히 더 중요하고, 소득에 관계없이 만인에게 기본적으로 최소한은 분배될 필요가 있다. 이런 것들을 통틀어 기본 수요基本需要, basic needs라고 부른다. 예컨대 미국의 노벨 경제학상 수상자인 예일 대학교의 제임스 토빈James Tobin 교수는 이런 기본 수요를 충족시키는 것이 빈곤 정책에서 아주 중요하다는 것을 강조했다(Tobin 1970). 소득이나 부보다도 훨씬 우리 실생활에서 피부에 와닿는 이런 기본적 재화는 소득수준에 관계없이 모든 사람에게 최소한의 공급이 보장되지 않으면 안 된다는 뜻이다. 이런 접근 방법을 가리켜 '구체적 평등주의'specific egalitarianism라고 부르기도 한다.

역시 경제력의 측정 지표의 대표는 부, 소비가 아니고 소득이라 해도 좋은데, 소득을 경제력의 지표로 파악하는 경우 세전 소득과 세후 소득 중 어느 것이 더 적합한가 하는 문제가 있다. 후자는 소비력消費力의 좀 더 정확한 지표라고 할 수 있는 반면에 전자는 지위나 사회적 존경의 측정 수단이 된다. 예컨대 국세청에서 발표하는 소득세 납부 순위는 그 사람의 사회적 위신을 보여 주는 측면이 있음을 쉽게 이해할 수 있다.

부의 경우 그 형태에 따라 경제력이나 지배력이 다르다. 현금이나 은행예금은 소극적 형태의 부라고 할 수 있고, 주식은 작은 비중을 가지고도 회사에 대해 상당한 지배력을 행사할 수 있다. 우리나라에서는 특히 토지, 건물, 주택의 영향력이 크다. 이상의 논의를 요약하면 〈표 2.1〉과 같다.

이론적 소득과 현실적 소득

위에서 든 세 가지 지표 중에서도 가장 자주 쓰이는 개념은 역시 소득이며, 각국에서 비교적 구하기 쉬운 것이 소득 통계다. 이에 비해 부富의 통계는 상대적으로 얻기 어렵고, 소비의 분배를 비교하는 경우도 그리 많지 않다. 그러므로 경제력을 나타내는 대표적 지표는 소득이라 말해도 좋고, 실제로 소득이 가장 자주 사용되는 지표이기도 하다. 그런데 실제로 사용되는 소득의 개념과 이론적 소득 개념 사이에는 약간의 차이가 있는 것에 유의할 필요가 있다. 위에서 정의한 헨리 사이먼스의 이론적 소득 개념이 현실의 소득 통계에 그대로 나타나지는 않는데 이론적 소득과 현실적 소득의 주요한 차이점으로서는 아래의 네 가지를 들 수 있다.

첫째, 이론적으로는 소득으로 간주해야 함에도 불구하고 실제로는 각국의 소득 통계에서 제외되는 소득 항목으로 자본이득capital gains 또는 자본손실capital losses이 있다. 예컨대 주식을 보유한 사람이 주식가격의 등락을 통해 돈을 벌거나 잃을 수 있는데 이것은 자본이득 또는 손실이 된다. 우리나라의 경우에 이것보다 더 중요한 항목은 토지 가격의 앙등으로 인한 막대한 자본이득이다. 우리 주위에는 아파트 하나 잘 사서 수억 원을 번 행운아들을 종종 볼 수 있다. 그러나 이 사람들의 자본이득은 좀처럼 소득으로도 파악되지 않는다. 우리나라에서는 막대한 자본이득이 소득으로 포착되지 않고, 제대로 과세되지도 않고 있다.

둘째, 부가 급여附加給與, fringe benefits를 들 수 있다. 부가 급여란 회사에서 제공하는 각종의 현물급여인데 예를 들면 회사 식당에서의 저렴한 식사, 연료, 통근 버스, 자동차, 별장, 아파트 등 다양한 종류가 있다. 예를 들어 국내 기업 중에는 구내식당에서 양질의 점심 식사를 500원에 사먹을 수 있는 곳이 있는데, 이는 일종의 부가 급여라 할 수 있다. 각국에서 부가 급여는 수적·양적으로 점차 증가하는 경향이 있다. 왜냐하면 이것은 회사에서나 피용자 개인의 입장에서나 소득세를 피하면서 실질적으로 급여를 올리는 수단이 되므로 누이 좋고 매부 좋은 방식이기 때문이다. 다만 이것이 과도하면 새로운 불평등으로 등장할 소지도 있다.

진정한 소득은 이런 부가 급여를 현금으로 환산해 현금 소득에 합산해 주어야 하는데,

문제는 어떤 부가 급여는 시장 판매가 불가능해 현금 가치 환산이 어려운 경우가 있다는 점이다. 예를 들어 해외 출장을 가는 경우, 보기에 따라서는 멋진 유급휴가로 생각할 수도 있지만 자주 해외에 나가야 하는 회사 중역重役의 경우 오히려 고역일 수도 있는 것이다.

셋째, 자가 생산自家生産이 있다. 이것은 작게는 집 뒷마당에서 조그만 채소밭을 가꾼다든가 하는 것에서부터 크게는 제법 대규모의 자가 생산까지도 생각할 수 있는데 특히 농가의 경우에 이것이 큰 비중을 차지한다. 이 문제는 경제 발전 수준이 다른 나라의 소득을 비교할 때 특히 유의하지 않으면 안 된다. 후진국일수록 농업의 비중이 높고 따라서 상당한 비중을 차지하는 자가 생산이 소득에 파악되지 않음으로써 소득이 과소평가될 가능성이 있다. 따라서 우리가 선후진국의 생활수준을 비교할 때 눈에 보이는 명목소득만을 놓고 그대로 비교해서는 안 되는 이유가 여기에 있다. 마찬가지 이유로 주부들의 가사 노동의 가치도 소득으로 파악하는 것이 논리적으로 옳지만 실제로는 소득으로 간주되지 않고 있다. 경제학자가 지금까지 고용하고 있던 가정부와 결혼을 하게 되면 국민소득이 줄어든다는 유명한 우스갯소리는 소득 통계의 이런 맹점을 풍자하는 것이다.

넷째, 귀속 임대료歸屬賃貸料, imputed rent의 문제다. 자기 집을 소유한 사람의 경우 집세를 물고 있지 않지만 자기가 자기한테 집세를 내고 있다고 보고 귀속 임대료를 소득으로 간주하는 것이 이론적으로는 타당하다. 동시에 이 액수는 주거비 명목의 소비지출로 포착되어야 한다. 자기 오른쪽 호주머니에서 집세를 내서 그 돈이 왼쪽 호주머니로 들어간다고 보면 된다. 이렇게 해야 세 들어 살고 있는 사람의 소득, 소비와 동격의 비교가 가능하다. 그러나 실제로는 이런 계산이 번거롭기 때문에 자가 소유자의 경우에는 귀속 임대료를 소득, 소비로 간주하지 않고 대개는 소득, 소비 양쪽에서 누락하고 있다. 따라서 귀속 임대료 크기만큼 이론적 소득과 현실적 소득이 괴리를 보이게 된다. 집세만큼 중요한 비중을 차지하는 것은 아니지만 마찬가지 이유로 자동차나 내구소비재의 경우도 구입하지 않고 빌려 쓸 수 있기 때문에 그 임대료만큼의 소득, 소비가 동시에 발생하고 있다고 간주함이 이론적으로는 타당하지만 실제는 그렇게 하지 않는다.

그러면 한국과 OECD 각국이 실제 사용하고 있는 소득 분류를 비교해 보기로 하자. 현실적으로 각국이 채택하고 있는 소득 분류와 통계 방식에는 약간씩 차이가 있어서 국가 간

표 2.2 통계청과 OECD의 소득 분류 비교

통계청			OECD				
소득	비경상 소득	경조 소득 폐품 매각 대금 기타	–				
	경상 소득	근로소득	wage and salary income	1차 소득 primary income	시장 소득 market income	총소득 gross income	가처분 소득 disposable income = 총소득 – 사회보장 부담금 – 소득세
		사업·부업 소득	gross self-employment income				
		재산소득	realized property income				
		이전 소득 — 사적	occupational pensions + other cash income	–			
		이전 소득 — 공적	social insurance + cash transfers + social assistance	–	–		
가계 지출	비소비 지출	공적 연금	사회보장 부담금 (social security contributions)				
		사회보험					
		조세	소득세(direct taxes)				
			재산세, 토지세, 자동차세, 면허세 등				
		기타 비소비지출	–				
	소비지출		–				

자료: 통계청 『가구소비실태조사』(2000, 2001), OECD(1995), 박찬용(2003).

의 소득 크기나 소득 불평등을 비교할 경우에는 소득의 정의와 분류상의 차이를 고려해야 한다. 〈표 2.2〉는 우리나라의 소득 분류와 OECD의 소득 분류 간에도 상당한 차이가 있음을 보여 주고 있다. 우리나라 통계청에서는 소득을 경상 소득經常所得과 비경상 소득으로 분류하지만, OECD의 경우는 비경상 소득이라는 항목이 존재하지 않는다. 그리고 통계청의 경우 근로소득, 사업소득business income, 재산소득 그리고 사적 이전소득과 공적 이전소득을 모두 합해 경상 소득으로 분류하고 있지만, 반면에 OECD는 이보다 세분화되어 있다. OECD의 총소득gross income은 통계청의 경상 소득과 거의 일치한다고 볼 수 있으며, OECD의 가처분소득은 통계청의 소득에서 사회보장social security 부담금과 소득세를 제외한 소득과 일치한다. OECD의 소득 분류를 보면 1차 소득primary income이 있는데 이는 근로소득, 사업 및 부업 소득, 재산소득을 포함하고 있으나 일체의 이전소득은 제외된다. 1차 소득에 사적 이전소득을 합한 것이 시장 소득market income이다. 여기서 사적 이전소득은 정기적으로 반복되는 개인 간의 이전소득으로, 예를 들면 부양비나 양육비 등 현금으로 지급되는 정기적인 소득을 의미한다.

그런데 우리나라에서 소득 불평등도를 계산할 때 이용하는 소득 자료는 경상 소득 또는 그냥 소득이지만, OECD의 경우는 시장 소득과 가처분소득을 이용해 소득 불평등도를 계산하므로 우리나라의 소득 불평등도와 비교할 때에는 어느 소득으로 계산한 것인지 확인할 필요가 있다.

이처럼 국가 간 소득에 대한 정의와 자료가 다양하고 정의상 차이점을 모두 제거할 수 없기 때문에 국제적으로 동일한 소득 자료를 갖고 소득 불평등을 비교하는 것은 사실상 불가능에 가깝다. 따라서 이런 국가 간 소득 정의상의 차이점들이 불평등도 추정 결과에 영향을 준다는 점을 잘 이해할 필요가 있다. 국제 비교를 위해 주로 사용하는 소득의 정의는 가처분소득이며, 때로는 공적 이전소득의 수취 및 조세 납부 이전소득의 불평등을 파악하기 위해 시장 소득을 사용하기도 한다.

2. 소득 기간과 생애 주기

소득 측정 기간의 문제

소득을 파악할 때 그 기간을 어떻게 잡느냐 하는 문제가 생긴다. 소득 기간은 보통 월月 소득이 얼마인가로 파악하는 경우가 많지만 때에 따라 짧게는 일당日當, 주급週給으로 측정하기도 하고, 길게는 연봉年俸, 10년decade의 소득, 혹은 평생 소득平生所得, lifetime income에 이르기까지 아주 다양하며 이 중 어느 것을 선택하느냐에 따라 실질적인 차이가 발생할 수 있다.

일반적으로 말하면 소득 기간이 짧을수록 소득의 변동이 큰 경향이 있다. 이것을 이해하기 위해 가상적으로 개인의 1주일 소득이 주사위를 던져 나오는 값에 따라 무작위적無作爲的, random으로 결정되는 실험적 상황을 한번 생각해 보자. 예를 들어 1이 나오면 10만 원, 2가 나오면 20만 원, …… 6이 나오면 60만 원으로 이번 주의 소득이 결정된다고 가정하자. 그러면 어느 한 주의 소득분배를 보면 10만 원에서 60만 원까지 골고루 분포하면서 평균은 35만 원 근처가 될 것이고, 최저소득과 최고소득 사이에는 1 대 6이란 큰 격차가 나타날 것이다. 그러나 이 실험을 매주 반복해 가면 1개월, 즉 4주의 소득에는 훨씬 작은 소득격차가 나타날 것이다. 월평균 소득 140만 원(35×4=140) 근처에 많은 사람들이 모여 있는 대칭적 분포가 나타나며, 아마 이제는 1 대 6의 소득격차는 거의 찾아보기 어려울 것이다. 한 달의 소득격차가 1 대 6이 되는 것은 1을 던진 사람이 네 번 계속해서 1을 던지고, 6을 던진 사람이 계속해서 네 번을 던지는 경우에 한해서 가능한데 이것은 확률적으로 아주 희박하다. 또한 이 실험을 한 달이 아니라 1년 동안 계속한다고 생각하면, 소득분포도의 모양은 사람들 대부분의 소득이 거의 평균 소득 근처에 밀집해서 거의 불평등을 찾아보기 어려운 분포를 나타낼 것이다. 이 가상적 실험에서 기간을 늘릴수록 소득분배의 불평등이 작아질 것이라는 것은 명백하다. 따라서 우리는 소득 기간을 길게 잡을수록 소득이 평준화된다는 사실을 알 수 있다.

이것은 시카고 대학교의 밀턴 프리드먼이 정립한 항상소득恒常所得, permanent income 가설에서 현재 소득을 항상소득과 일시소득一時所得, transitory income의 합계로 보는 사고방식을 연상시킨다. 이 가설은 소비가 현재 소득보다는 항상소득의 함수라고 간주하는데, 그 이유는 사람들이 소비를 결정할 때 눈앞의 소득만 보는 게 아니라 장기적 소득을 고려해서 의사결정을 한다고 보기 때문이다. 현재 소득이 낮은 사람 중에는 항상소득은 그보다 높지만 일시소득이 낮아서 그렇게 된 사람이 꽤 많이 포함되어 있다고 간주할 수 있으며, 반대로 현재 소득이 아주 높은 사람 중에는 일시소득이 높은 사람(예컨대 복권 당첨자)이 포함되어 있을 것이라고 보는 것이다.

그리하여 시카고학파에서는 소득 불평등이 매년 소득 통계를 갖고 계산했을 때만큼 높지는 않다고 생각하는 경향이 있다. 항상소득을 계산할 수 있다고 가정하면 그것의 불평등은 현재소득의 불평등만큼 크지는 않을 것이란 뜻이다. 왜냐하면 항상소득은 소득의 단기적 변동이 상쇄되고 난 다음의 소득이므로 항상소득의 불평등은 현재소득의 불평등보다 작게 나타날 것이라고 예상할 수 있기 때문이다. 이런 이유로 소득 기간을 길게 잡을수록 소득 불평등이 낮게 나타날 것이라고 기대된다.

현실로 돌아와 생각해볼 때 과연 소득 기간이 길어질수록 불평등은 감소할 것인가? 아마 그럴 것이다. 그러나 위의 가상적 주사위 실험만큼 평준화가 이뤄지지는 않는다. 왜냐하면 사람들의 소득은 완전히 확률적으로 결정되는 것이 아니고 이번 달에 고소득인 사람은 다음 달에도 역시 고소득일 가능성이 높기 때문이다. 직업 중에서 다수를 차지하는 월급쟁이들을 생각해보면 이번 달의 소득과 다음 달의 소득은 같고, 올해 소득은 내년의 소득과 거의 같다. 따라서 현실의 소득 불평등이 항상소득의 불평등에 비해 과장되어 있다고 보는 시카고학파의 관점은 약간의 일리가 있으나 설득력이 대단히 큰 것은 아니다. 그럼에도 불구하고 기간이 길게 잡을수록 어느 정도 소득 평준화가 이뤄진다는 것은 틀림없는 사실이다.

그러면 기간이 길어질 때 단기적 소득 변동을 어느 정도 완화시킬 수 있는가? 우리는 기간이 길수록 소득분배의 불평등이 낮아질 가능성이 있다는 점에 유의해야 하지만 그 차이를 너무 크게 생각할 필요는 없다. 다만 우리의 목적에 따라 채택하는 기간이 달라질 필요가 있을 것이다. 예컨대 빈곤을 측정할 때는 주週 소득이 적당할 것이다. 왜냐하면 빈곤은 소득이 일시적으로 부족하더라도 생사가 왔다 갔다 할 수 있는 문제이므로 기간을 길게 잡을 여유가 없기 때문이다. 그 대신 소득분배를 파악할 때는 일반적으로 연年 소득이 적당한 것으로 보고 있다.

평생 소득을 알 수 있다면 소득분배의 측정에 큰 도움이 될 수 있다. 이것은 연간 소득의 단점을 극복할 수 있고, 시카고학파의 항상소득에 가까운 개념이 될 것이다. 연간 소득의 문제점을 이해하기 위해 다음과 같은 가상적 사회를 생각해 보자. 이 사회에서 모든 사람의 노동소득勞動所得, earnings(근로소득이라고도 부름)은 균등하고 일하는 기간도 같다. 다만 일하고 있는 젊은 사람과 늙어서 은퇴한 사람 사이에서 소득 불평등이 눈에 띈다. 그런데 누구든지 나이를 먹는다는 것을 생각하면 실제로 모든 사람의 평생 소득은 완전히 일치하며,

평생 소득으로 불평등 지표를 계산한다면 이 사회는 완전한 평등사회다. 그러나 현실의 소득(연간 소득)으로 계산한다면 상당한 불평등(노인과 젊은 사람 사이에)이 존재하는 것으로 파악될 것이다. 이런 가상적 예는 우리에게 소득분배를 파악할 때 가급적 긴 기간을 잡아서 측정할 필요가 있다는 점을 일깨워 준다. 이론적으로 평생 소득을 계산하는 공식은 다음과 같다.

평생 소득의 할인된 현재 가치

$$= 근로소득 t_0 + \frac{근로소득 t_1 + 상속 \cdot 증여}{1+r} + \frac{근로소득 t_2 + 상속 \cdot 증여}{(1+r)^2} + \cdots$$

여기서 t_0는 금년, t_1는 내년, t_2는 2년 후를 의미하며, r은 이자율이다. 이 공식은 장래의 소득을 현재 가치로 환산하기 위해서는 n년 뒤의 소득은 $(1+r)^n$으로 할인한 뒤에 합산해야 함을 보여 주고 있다. 단, 여기서 이자율 r의 크기는 소득 계층과 무관한 것이 아니고 대체로 부자일수록 r이 낮고 따라서 그 점에서 유리한 위치에 선다는 점에 유의할 필요가 있다.

평생 소득은 이론적으로는 매력이 있지만 실제로는 자료 수집이 대단히 곤란해 그런 자료를 가지고 있는 나라는 아주 드물다. 솔토우^{L. Soltow}가 노르웨이의 한 도시의 1928~50년에 걸친 조세 자료를 통해 소득을 조사한 것이 있는데, 예상했던 바와 같이 22년 동안의 소득 불평등이 단일 연도에 비해 훨씬 낮게 나타났다. 또한 프랑수아 부르귀농^{Francois Bourguignon}과 크리스티앙 모리슨^{Christian Morrison}이 프랑스의 연금 자료를 가지고 장기 소득을 추정한 바에 따르면 30년간 노동소득의 불평등을 매년의 불평등도와 비교했을 때 전자가 후자의 약 80~90% 정도로 나타났다. 이런 사례들은 평생 소득 내지 장기 소득의 불평등이 단기소득의 불평등에 비해 낮다는 것을 보여 준다.

우리가 시간을 한평생보다 더 연장한, 아주 긴 기간을 생각한다면 여러 세대로까지 시야를 확장할 수 있을 것이다. 이것은 바로 세대 간 이동성^{世代間 移動性, inter-generational mobility}의 문제다. 이것은 어떤 집안을 찾아 여러 세대로 내려가면서 소득이 어떻게 달라지는가를 관찰하는 것이다. 이것을 왕조적王朝的 관점dynastic view에서의 연구라고 한다. 이런 연구는 필연적으로 자료의 제약이 심하고 따라서 실제 연구 사례도 지극히 희소하다. 앳킨슨 등에 의해 시도된 아주 희귀한 한 연구에 의하면, 1950년 벤자민 라운트리Benjamin S. Rowntree가 제3차 빈곤 연구를 위해 인터뷰했던 요크 시의 가족(이 책 제10장 빈곤 참조)을 이들이 다시 추적해 조사한 결과 부자간의 노동소득에 상당히 높은 상관관계가 나타났다(Atkinson, Maynard and Trinder 1983). 이 상관관계는 아버지와 아들 사이에서 보인 키身長의 상관관계에 버금갈 만큼 높게 나타났다고 한다. 라운트리의 빈곤 연구가 갖는 역사적 의의를 생각하면 이 후속 연구 역시 큰 의미를 갖는 연구로 높이 평가할 만하다.

연령 구조와 파글린 지니

우리가 평생 소득이나 장기 소득과 관련해 생각해야 할 요소는 연령이다. 어떤 나라의 한 해의 소득 불평등도는, 몇 개의 연령 집단으로 나누어 그 연령 집단 내부의 불평등도와 연령 간의 불평등으로 분해해 생각할 수 있다. 마찬가지로 불평등의 변화도 그 사회의 연령 구조의 변화와 연령 집단 내부의 불평등의 변화로 분해해 생각할 수 있을 것이다. 이런 아이디어를 정식화한 것이 모턴 파글린Morton Paglin의 연구다. 파글린은 1975년에 경제학에서 최고 권위를 자랑하는 『아메리칸 이코노믹 리뷰』American Economic Review에 발표한 한 연구에서, 불평등의 변화를 연령 구조의 변화와 연령 집단 내부의 불평등의 변화로 분해할 수 있다고 보았으며, 우리가 흔히 쓰는 지니계수Gini ratio는 이 두 개가 합쳐진 것으로 해석했다(Paglin 1975). 이 중에서 연령 구조에서 발생하는 불평등은 진정한 불평등이 아니라고 해석할 때(왜냐하면 누구든지 나이를 먹기 때문에) 지니계수에서 이것을 뺀 것이 진정한 불평등의 지표가 될 것이라고 파글린은 생각했다. 즉, 지니계수(파글린은 이것을 로렌즈 지니Lorenz Gini라고 부름) 속에는 연령 구조 간의 소득 불평등을 보여 주는 지니계수(이것을 연령 지니age Gini라고 부름)가 포함되어 있고, 이것을 뺀 값이 진정한 불평등을 나타내는 지니계수(이것을 파글린 지니

Paglin Gini라고 부름)가 된다는 것이다. 이런 방식으로 1972년 미국의 소득 불평등의 지니계수를 분해한 결과를 수량적으로 나타내면 다음과 같다.

로렌즈 지니	0.359
– 연령 지니	– 0.125
파글린 지니	0.234

즉, 통상적인 지니계수는 0.359이지만 이 중에는 연령 간 소득 불평등을 나타내는 지니계수 0.125가 포함되어 있는데 이 부분은 진정한 의미의 불평등이 아니므로 빼버리면 진정한 지니계수(파글린 지니)는 0.234가 된다는 것이다. 나아가서 파글린은 제2차 세계대전 이후의 미국의 소득분배 추세를 볼 때 지니계수로 나타낸 미국의 소득 불평등도는 거의 불변이지만 이 시기에 연령 지니가 상승한 것(즉, 연령 간 소득격차의 확대)을 감안한다면 실제 진정한 불평등의 지표인 파글린 지니는 23%나 감소한 셈이라고 주장했다. 이런 논리에 기반을 두고 파글린은 미국의 전후 소득 불평등이 거의 불변이라는 통설에 대해 반기를 들고 실제로는 불평등이 감소해 왔다는 대담한 주장을 내놓았다. 이것을 근거로 파글린은 미국의 소득재분배 정책도 재고하지 않으면 안 된다고 과감히 주장했다. 이 연구 결과는 미국의 재분배 정책, 복지 정책에 대한 근본적인 재검토를 요구하는 함의를 가졌기 때문에 종래 미국의 소득재분배 정책을 비판해 오던 보수파에는 희소식이었고, 이를 옹호해 오던 진보파에는 청천벽력 같은 결과였다.

이와 같은 파글린의 충격적 연구가 나오자 이것은 워낙 중요한 정책적 함의를 가진 민감한 주제인 만큼 수많은 경제학자들이 이 가설의 검증에 참가했고, 얼마 지나지 않아 여러 사람에 의해 파글린의 오류가 발견되었다. 실증적으로 볼 때 파글린의 가설이 옳다면 당연히 미국의 전후 시기에 연령 집단 내부의 불평등은 감소했어야 옳을 것이다. 그러나 실제로 미국의 전후 소득 불평등을 연령 집단별로 쪼개어 볼 때 축소 현상이 발견되지 않는다. 수학적인 관점에서 보더라도 파글린이 지니계수를 연령 간 및 연령 내부로 분해할 때 두 가지 항목만 생각했지 두 항목 사이의 곱의 항interaction term을 무시했다는 오류도 지적되었다. 이리하여 파글린의 시도는 그 참신성과 직관적 호소력에도 불구하고 엄밀한 가설로서 성립하지 않는다는 것이 밝혀져 하나의 해프닝으로 끝나고 말았다.

3. 소득 단위와 환산 척도

소득 측정 단위

다음은 소득을 측정하는 단위의 문제를 생각해 보자. 소득 측정의 단위에는 대체로 개인 individuals, 가족 families, 가구 households의 세 가지가 있다. 여기서 개인 단위라 함은 성인 한 사람 한 사람을 소득 단위로 보는 것으로서 가족 관계를 일절 무시한다. 가족 관계를 고려한 단위로는 가족과 가구가 있다. 가족과 가구의 구분은 동양적 사고방식으로는 언뜻 이해가 되지 않는 부분이 있다. 가족은 우리 표현을 빌자면 핵가족에 가까운 개념으로서 부모와 미성년 자녀로 이뤄지는 데 비해, 가구는 가족을 포함하는 좀 더 광의의 개념인데, 한 집에 같이 살고 있는 조부모와 성년이 된 자녀, 친척이 아니면서 한 집에 같이 사는 사람까지 합한 개념이다. 이 중 어느 단위를 가지고 소득을 측정하느냐에 따라 소득 불평등이 다르게 나타날 수 있다. 개인 중에는 소득을 전혀 못 버는 사람이 많이 있기 때문에 개인 단위로 측정하면 소득 불평등이 높게 나타날 것이라는 점은 금방 이해가 간다. 개인 단위보다는 가족이나 가구 단위로 측정할 때 소득 불평등이 낮게 나타나는 것은 당연한데, 일반적으로 가족보다는 가구 단위로 계산할 때 불평등이 더 낮아지는 경향이 있다.

예를 들어 콜 W. D. Cole과 엇팅 J. E. G. Utting이 1957년에 영국 케임브리지셔 Cambridgeshire의 주민 소득을 조사한 바에 의하면 최고 10%의 소득 계층에 돌아가는 소득의 몫이 개인 단위로는 37%이지만 가구 단위로는 25%로 나타났다(Cole and Utting 1962). 또한 미국의 모르간 J. N. Morgan이 1965년에 미국의 빈곤을 조사한 것을 보면 빈곤선 貧困線, poverty line 이하의 인구가 가족 단위로는 48%나 되는 데 비해 가구 단위로는 39%밖에 안 되는 것으로 나타나고 있다(Morgan 1974). 그러나 불평등도가 개인, 가족, 가구 단위에 따라 이런 순서로 나타난다는 것은 일반적 경향일 뿐이고 실제로는 반드시 그렇게 나타나지 않을 수도 있다.

환산 척도

그 다음은 가족의 수에 따른 필요needs의 차이를 어떻게 감안할 것인지 하는 문제를 생각해 보자. 개인으로 소득 단위를 잡을 때에는 이런 문제가 없으나 가족이나 가구의 경우에는 사람 수를 고려하지 않으면 안 된다. 예를 들어 A란 가족의 소득이 B 가족보다 많다 하더라도 A의 가족 수가 많으면 경제적 후생이란 측면에서는 오히려 A가 B보다 못할 수 있다. 그러므로 단순한 가구소득보다는 가족 수를 감안한 가구소득을 알 필요가 있다. 예를 들어 가구소득을 사람 수로 나누어 1인당 소득을 계산할 수 있고, 이것으로 후생의 비교나 불평등도를 계산할 수도 있다.

그러나 물론 사람 수가 많으면 많을수록 필요가 많을 것이고 좀 더 큰 지출이 필요하겠지만 반드시 사람 수에 비례해 필요가 증가하는 것은 아니다. 소비지출에는 소위 '규모의 경제'economies of scale라고 하는 것이 작용하기 때문에 사람 수가 두 배가 된다고 해서 지출이 두 배가 되지는 않는다. 예를 들어, 주거의 경우 한 사람이 있으나 둘이 있으나 방이 한 개만 있으면 사는 데 지장이 없다. 흔히 하는 말로 식사 중에 손님이 왔을 때 숟가락만 하나 더 놓으면 밥을 먹을 수 있다는 말도 소비에서의 규모의 경제를 말한다. 그리고 성별과 연령에 따라 필요가 다르고 어린이의 경우 어른보다 필요가 작기 때문에 어른의 필요를 1로 보았을 때 어린이 한 명의 필요를 얼마로 보는 것이 옳은가 하는 문제가 생긴다.

이런 문제를 해결하기 위해 경제학자들이 고안한 것이 바로 환산 척도換算尺度, equivalence scales다. 〈표 2.3〉은 1인 가구의 기본적 필요를 100이라 보았을 때 가구원 수의 증가에 따라 필요 수준이 어떻게 증가하는지를 보여 준다. 이 표에 의하면, 대체로 1인 가구에 비해서 2인 가구는 필요 수준이 2배가 아니라 대략 1.5배 정도이고, 4인 가구의 필요 수준은 4배가 아니라 2배 정도라는 사실을 알 수 있다. 한국의 경우 부유층은 독일, 미국, OECD 등

표 2.3 환산 척도 계산의 사례

	가구원 수					
	1	2	3	4	5	6인 이상
독일	100	147.8	173.9	190.1	201.0	199.4
미국	100	149.2	181.1	198.5	201.5	199.5
OECD	100	141.4	173.2	200.0	223.6	244.9
한국(1996)	100	140.5	173.8	208.1	226.7	249.4
한국(2000)	100	159.2	222.6	272.7	308.7	330.4
부유층	100	136.8	171.2	201.9	212.5	210.6
중산층	100	150.6	196.8	236.3	274.1	309.4
빈곤층	100	192.2	304.8	390.5	458.7	477.7
수급권자 선정 기준[1]	100	165.6	227.8	286.5	325.8	367.6

주: 1)은 국민기초생활보장법상의 수급권자를 의미함.
자료: 김진욱(2003, 50)에서 재인용.

과 거의 비슷한 '규모의 경제' 효과가 있는 반면 중산층과 빈곤층은 그 효과가 상대적으로 작다는 것을 알 수 있다.

4. 물가와 불평등

물가 상승은 소득분배에 영향을 미칠 수 있다. 경제학에서는 오래전부터, 인플레이션이 고정 소득을 가진 사람, 예를 들어 연금 생활자나 비교적 임금이 일정한 노동자들에게 불리하게 소득을 재분배한다는 것을 가르치고 있다. 그런데 이것만 보고 곧 인플레이션이 국민경제 전체의 소득 불평등을 증가시킨다고 말해서는 안 된다. 인플레이션이 있을 때는 대체로 호경기이고, 저소득층이 일자리를 찾기 쉬운 시절이므로 가난한 사람들이 살기 좋은 면도 있다. 따라서 인플레이션이 소득분배에 어떤 영향을 주느냐 하는 문제는 선험적으로는 확실하지 않고 실증적으로 분석해야 알 수 있는 문제다. 다수의 실업자가 발생하는 불황기에는 고소득층, 전문직은 일자리를 유지하기가 비교적 쉽지만 기술과 지식이 부족한 저소득층부터 먼저 해고되는 경향이 있으므로 불황기가 오히려 저소득층에게는 불리한 시기일 수 있다. 이렇게 본다면 인플레이션과 불황은 다 같이 저소득층에게 타격을 줄 수 있는 경제적 질병인데 어느 경우에 더 소득분배가 나빠질지는 실증적으로 분석해 봐야 알 수 있지 선험적으로는 알 수 없는 문제다.

인플레이션과 실업 중 어느 쪽이 소득분배에 더 나쁜 영향을 미치는가를 분석한 결과를 보면, 일반적으로 실업은 명백히 저소득층의 소득 몫을 감소시키기 때문에 불평등을 심화시킨다는 것이 영국, 미국에 대한 실증 연구에서 밝혀지고 있으나, 인플레이션의 경우는 그 효과가 훨씬 애매모호하다. 인플레이션은 실업에 비해 소득분배에 미치는 영향이 작을 뿐 아니라 때로는 오히려 분배를 개선시킨다는 결과도 나타나고 있다. 인플레이션이 소득분배에 미치는 영향은 나라와 시기에 따라 달라질 수 있으며, 앞으로 좀 더 분석해야 할 과제라고 할 수 있다.

인플레이션은 모든 물가와 임금을 비롯한 각 생산요소의 가격이 다투어 올라가는 경쟁의 장場으로 파악할 수 있으며, 이때 다른 요소 가격에 비해 빠른 속도로 가격이 상승하는 생산요소가 있다면 그 소유주는 이득을 볼 것이고, 그 반대의 경우는 손해를 볼 것이다. 이렇게 본다면 인플레이션은 분명히 사회적 경쟁의 성격을 갖게 되며, 인플레이션을 퇴치할 수단으로서 각 생산요소 간에 가격 경쟁을 자제하는 일종의 사회적 합의라는 처방이 나올 수 있다. 정부가 시장에 개입해 사회집단 간에 소득 및 가격 상승을 자제하는 합의를 유도해냄으로써 인플레이션을 해결하려는 정책을 가리켜 임금—물가 가이드라인wage-price guidelines, 소득정책所得政策, incomes policy, 혹은 사회계약이라 부른다.

인플레이션이 일어날 때 저소득층이 주로 구매하는 상품과 고소득층이 주로 구매하는 상품 중 어느 쪽이 더 많이 가격이 오르는가 하는 문제도 소득분배와 관련이 있다. 인플레이션은 일반적인 물가수준의 상승인 동시에 상품에 따라 가격 상승의 정도가 다르기 때문에 필연적으로 상대가격相對價格의 변동을 수반하는데, 상대가격의 변동이 저소득층과 고소득층 사이의 소득분배에 영향을 미치게 된다. 예를 들어 석유 가격이 인상되면 대단히 많은 종류의 상품 가격의 연쇄적 인상을 가져오는데, 그 결과가 저소득층과 고소득층 중 누구에게 상대적으로 유리한가 불리한가 하는 문제를 생각해 볼 수 있다. 유가 상승은 부유층과 저소득층에 상이한 영향을 미칠 것임은 확실하나 다수 상품 가격의 연쇄 상승 과정이 워낙 복잡하므로 그 효과를 정확히 분석하기란 매우 어렵다.

전체 물가수준을 떠나서 지역 간에도 물가에 차이가 있고 이것이 소득분배에 영향을 줄 수 있다. 예를 들어, 오래전 자료이지만 미국의 경우 1974년 전국 도시 평균 물가를 100으로 했을 때 텍사스 오스틴의 물가지수는 88, 세인트루이스는 96, 시카고는 104, 샌프란시스코와 보스턴은 108, 알라스카의 앵커리지는 149로 나타났다. 이 정도로 지역 간 물가의 차이가 큰데도 불구하고 우리가 소득분배를 분석할 때 지역 간 물가의 차이를 무시하고 명목소득만을 따진다면 큰 맹점이 발생함을 알 수 있다.

한국에서도 지역 간 물가에 차이가 있겠지만 이런 통계를 찾기는 쉽지 않다. 우리나라의 경우 노동자들이 밀집한 주거지역이나 울산과 같은 신흥 공업 도시에서 대체로 물건 값이 비싸다는 소문이 있으나 아직 실증적 연구를 통해 확인되지는 않았다. 다만 『중앙일보』에서 오래전에 전국 74개 도시의 삶의 질을 비교하기 위해서 쇠고기, 콩나물, 상추, 두부 등 14개 식품의 장바구니 물가를 조사한 것이 있어서 약간 참고를 할 수 있다(『중앙일보』 1995/01/09). 단순히 14개 식품만 보았을 때 가장 싼 도시는 경북 점촌이고, 가장 비싼 도시는 경남 진해로 드러났는데, 둘 사이에는 100대 164라는 꽤 큰 차이가 나타났다. 장차 이것을 확대해 좀 더 많은 품목을 조사해 보면 흥미 있는 결과를 얻을 수 있을 것이다.

한편 상이한 소득 계층 간에도 물가가 다를 수 있다. 미국에서는 흑인이 백인보다 더 높은 집세를 물고 있다는 연구가 있고, 빈민층이 부유층보다 더 비싼 가격을 주고 물건을 사는 경향이 있다는 보고도 있다. 한편으로 생각하면 빈민들은 부유층에 비해 값싼 곳을 찾아 여러 군데를 다닐 시간적 여유가 있다는 점에서 더 싸게 물건을 구입할 가능성이 있을 것처럼 보이지만 실은 그렇지 않다. 오히려 빈민들은 예산 제약 때문에 대량 구입이 불가능하므로 할인의 혜택을 받지 못해 더 비싸게 구입할 가능성도 있다. 또한 미국의 빈민들은 대체로 도시 한복판에 살고 부유층은 교외의 안락한 동네에 큰 집을 짓고 사는 경향이 있다. 도시 한복판의 소규모 슈퍼마켓에서 파는 물건 값은 교외의 거대한 슈퍼마켓의 물건 값에 비해 훨씬 비싸다. 또한 빈민들의 경우 교육 수준이 낮기 때문에 합리적 구매 행동에 제약이 있을 것이란 주장도 있다. 실증 결과를 보면 미국에서는 실제로 빈민들이 부자들보다 비싸게 물건을 구입하고 있다는 사례연구가 나와 있다. 앞으로 한국에서도 이런 연구를 해볼 필요가 있다.

5. 소득 불평등 측정 지표

소득 불평등이 시간의 흐름에 따라 어떻게 변동하는가를 추적하거나 혹은 나라와 나라 사이의 소득분배를 비교할 때 측정할 척도가 있어야 하는데 이런 목적으로 사용되는 도구를 가리켜 불평등 지표不平等指標라고 한다. 이것은 주로 수학적·통계학적 내용이지만 이 책에서는 너무 기술적 측면에는 깊이 들어가지 않고, 가급적 이들 지표들이 갖는 사회적·경제적 의미를 중심으로 알기 쉽게 설명해 보려고 한다.

N분위 분배율

흔히 쓰는 불평등 지표 중에는 예를 들어 최저 20% 혹은 최고 10%의 소득 계층이 차지하는 소득의 비중이 있다. 이것은 소득의 크기대로 사람들의 서열을 매긴 다음 제일 소득이 낮은 쪽으로 가령 20%를 끊는다든가, 제일 높은 쪽으로 10%를 끊어서 그 집단이 가지는 소득의 비중이 전체 소득의 몇 퍼센트인가를 보는 것이다. 20%씩 끊은 것을 5분위 분배율, 10%씩 끊은 것을 10분위 분배율이라고 한다. 때로는 이들 비중 사이의 비율, 예컨대 최고 20%의 소득 비중과 최저 20%의 소득 비중 사이의 배수도 불평등 자료로 더러 사용된다.

이런 값은 소득분배에 대해 유용한 정보를 제공해 주는 것임에 틀림없으나 다만 하나의 숫자로 나타낼 수 없다는 점에서 간편성이 떨어진다. 5분위 분배율을 알려면 숫자가 5개 필요하고, 10분위 분배율은 10개의 숫자로 나타난다. 그러나 이런 지표의 유용성을 결코

표 2.4 | 한국의 소득 계층별 소득분포 (1965~2000년)

10분위	1965	1970	1976	1980	1985	1988	1993	1996	2000
1/10분위	1.32	2.78	1.84	1.57	2.50	2.81	2.75	2.75	2.17
2/10분위	4.43	4.56	3.86	3.52	4.37	4.58	4.72	4.92	4.05
3/10분위	6.47	5.81	4.93	4.86	5.48	5.65	5.95	6.20	5.37
4/10분위	7.12	6.48	6.22	6.11	6.47	6.64	7.00	7.29	6.61
5/10분위	7.21	7.63	7.07	7.33	7.47	7.60	8.08	8.32	7.70
6/10분위	8.32	8.71	8.34	8.63	8.73	8.67	9.27	9.45	8.94
7/10분위	11.32	10.24	9.91	10.21	10.10	10.01	10.57	10.68	10.40
8/10분위	12.00	12.17	12.49	12.38	11.97	11.80	12.37	12.37	12.20
9/10분위	16.03	16.21	17.84	15.93	15.10	14.62	15.04	14.84	14.96
10/10분위	25.78	25.41	27.50	29.46	27.62	27.62	24.25	23.17	27.59
하위40%	19.34	19.63	16.85	16.06	17.71	19.68	20.42	21.16	18.20
상위20%	41.81	41.62	45.34	45.39	43.71	42.24	39.29	38.01	42.55
10분위 분배율	0.463	0.472	0.372	0.354	0.405	0.466	0.520	0.557	0.428
지니계수	0.344	0.332	0.391	0.389	0.345	0.336	0.310	0.295	0.352

자료: 이정우·황성현(1998); 통계청(2004).

과소평가해서는 안 된다. 아래에서는 불평등 지표 중 하나의 숫자로 나타낼 수 있는 지표(단일 지표) 몇 가지를 소개하려 하지만 반드시 이런 지표가 더 낫다는 의미는 아니고, 다만 하나의 숫자로 나타나므로 간편해서 자주 쓰고 있다는 의미일 뿐이다. 10분위나 5분위 분배율 등의 지표도 이들 단일 지표와 아울러 보완적으로 사용할 만한 좋은 지표다.

〈표 2.4〉는 10분위 분배율이 어떤 것인지를 예시하기 위해 인용한 한국의 소득 계층별 소득분배 자료다. 이 표에서 1965, 1970, 1976년은 각종 통계를 이용해 경제학자들이 추계한 값을 나타내며, 1980년 이후의 값은 통계청이 전국적 소득 조사를 실시해 그 결과를 『한국의 사회지표』에 싣고 있었는데 2000년 이후에는 이 조사가 중단되었다. 1965년에서 2000년 사이에 우리나라 전체의 소득분배 상황을 10분위별로 나눠 볼 수가 있는데, 예컨대 2000년의 경우 최하 10%의 소득 계층은 전체 소득의 2.17%만 차지하고 있는 반면 최고 10%의 소득 계층은 전체 소득의 27.59%를 차지함을 알 수 있다. 이처럼 10분위 분배율은 각각의 10분위별 소득분배분에 관한 정보를 우리에게 제공해 준다. 이 표의 하단에 단

일 지표로 나타낸 10분위 분배율은 일반적으로 많이 사용하는 다음 공식으로 계산한 것이다. 이 값이 높을수록 소득분배는 평등하며, 낮을수록 불평등하다.

$$10분위\ 분배율 = \frac{하위\ 40\%\ 소득분배분}{상위\ 20\%\ 소득분배분}$$

파레토 계수

후생경제학에 나오는 '파레토최적'Pareto optimum이란 개념으로 유명한 이탈리아의 대표적 신고전학파 경제학자 빌프레도 파레토Vilfredo Pareto는 1897년에 쓴 책『경제학 강의』Cours D'économie Politique에서 각국의 소득분배가 다음과 같은 일정한 분포를 보일 것이라고 추정했다.

$$N = AY^{-\alpha}$$

여기서 Y는 소득을 나타내고, N은 Y 이상의 소득을 가진 사람의 숫자이다. 대수를 취해 이 식을 변형하면 $\log N = \log A - \alpha \log Y$로 쓸 수 있다.

이것을 그림으로 나타내면 〈그림 2.2〉와 같이 가로축은 $\log Y$, 세로축은 $\log N$으로 해 소득분포 상태를 나타낼 수 있는데 여기서 α의 절대치가 클수록 직선의 기울기가 가파르고, 그 나라의 소득분배는 평등하다. 그 이유는 α가 클수록 고소득층에 속하는 사람 수가 급속히 줄어든다는 것을 뜻하며, 따라서 소득분배는 평등한 것이다. 물론 α가 작을수록 그림의 기울기가 평평하며, 이는 끝없이 고소득층이 존재한다는 뜻이므로 소득분배는 불평등하다. α를 파레토 계수라고 하며 하나의 불평등 지표로 사용할 수 있다.

파레토는 α의 값에 관심을 집중했다. 파레토는 당시 자료 입수가 가능한 다양한 시대, 다양한 나라의 자료를 검토했으나 신기하게도 대부분의 경우 α가 1.5에서 1.7 사이에 몰려 있다는 것을 발견하고, 자신이 물리학의 만유인력의 파라미터에 해당할 정도의 중요성을 가진 어떤 경제학적 상수를 발견했다고 생각했다. 이것은 '파레토의 법칙'으로 이름이 붙여

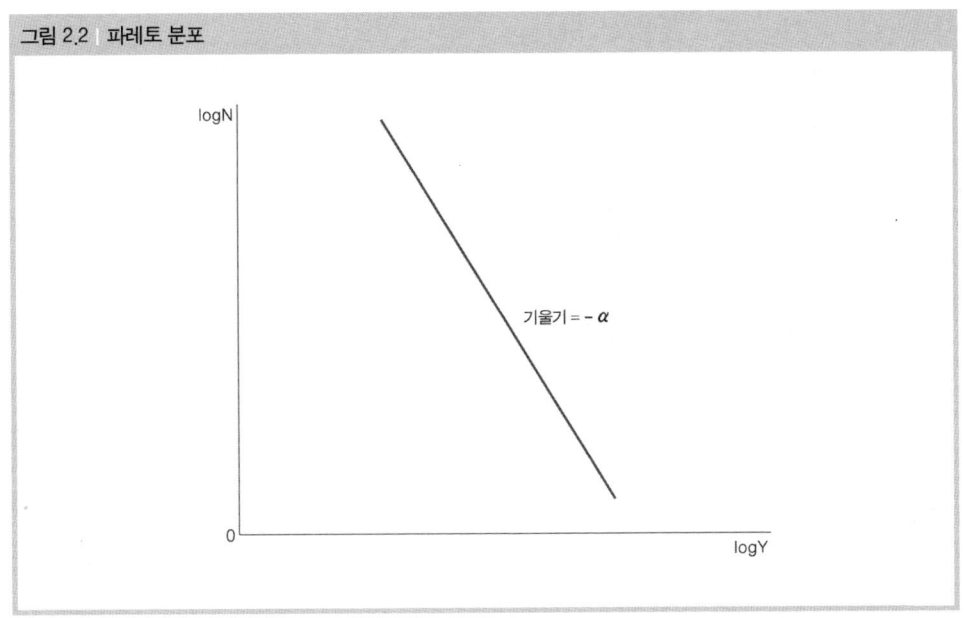

그림 2.2 | 파레토 분포

졌다. 그러나 그 후 많은 나라에서 나온 소득분배 자료는 α가 상수가 아니란 점을 보여 주고 있다. 따라서 파레토의 법칙도 성립한다고 보기 어렵다.

파레토의 추종자였던 미국의 수학자 데이비스$^{H.\ T.\ Davis}$는 한 걸음 더 나아가 파레토의 법칙을 사회 안정의 조건으로 생각해 스스로 '역사의 수학적 해석'이란 거창한 이름을 붙였다. 칼 맑스의 유물사관^{唯物史觀}을 '역사의 경제적 해석'이라고 부르는데 그에 대항하는 새로운 역사관을 제시하겠다는 의도가 엿보인다. 그에 의하면 α가 1.5보다 훨씬 높은 경우에는 특수 능력에 대한 보상이 불가능할 정도로 지나치게 소득 평준화가 이뤄진 것을 의미하므로 상류층, 우파의 불만이 커져 기득권층의 쿠데타가 일어날 것이고, α가 1.5보다 현저히 하락하면 이는 소득분배가 너무 불평등해 하류층, 좌파가 들고 일어나 프롤레타리아혁명이 발생할 것이라고 주장했다. 그는 혁명이 일어날 위험수위를 $\alpha=1.3$이라고 믿고 있었다. 이런 기발한 가설을 증명하기 위해 데이비스는 유럽 여러 나라의 사례를 인용했다. 역사를 하나의 숫자로 해석한다는 것은 아주 보기 드문 기발한 착상임에는 틀림없으나 지금 와서 보면 그의 주장은 별로 설득력이 없다.

지금은 α가 일정하다고 믿는 사람은 거의 없으며, 파레토 법칙은 지지자를 찾을 수 없다. 또한 파레토 분배는 일정 소득 이상의 소득을 가진 사람의 숫자는 계속 줄어든다고 가정하고 있기 때문에 종 모양의 소득분포도와 맞지 않는다. 말하자면 소득의 최빈값最頻値 왼쪽에 있는 부분, 즉 최저 소득에서 시작해서 최빈값까지 도수가 상승하는 부분은 전혀 설명해 주지 못하는 치명적 약점이 있다. 그 대신 상당한 고소득층의 분배에 대해서는 꽤 부합하는 면이 있다. 파레토 법칙은 소득분배를 설명하는 데는 명백히 한계가 있지만 경제학에서 하나의 재미있는 에피소드로 남아 있다.

대수 분산 또는 대수 표준편차

다음에는 대수 분산對數分散, log variance 또는 대수 표준편차對數標準偏差, log standard deviation라는 지표를 보기로 하자. 대수 분산의 공식은 다음과 같다.

$$V = \frac{1}{n}\sum_{i=1}^{n}(\log Y_i - \frac{1}{n}\sum_{i=1}^{n}\log Y_i)^2$$

즉, 각 사람의 소득에 대수를 취한 뒤 그 분산을 계산한 값이다(이 값에 $\sqrt{\ }$를 취한 값, 즉 평방근平方根을 대수 표준편차라고 한다). 대수 분산은 다음과 같은 특징을 지닌다. 첫째, 소득에 log를 취했기 때문에 소득이 낮아질수록 그에 적용되는 가중치가 상대적으로 커지고 따라서 저소득층의 소득에 매우 민감히 반응하는 성질이 있다. 똑같이 1,000원이 이전된다고 치더라도 소득이 10만 원인 사람으로부터 9만 원인 사람으로 재분배되느냐 아니면 100만 원의 소득자에게서 99만 원의 소득자에게 재분배되느냐 하는 것이 의미가 다르다고 볼 수 있다. 이 경우 전자의 재분배가 후자보다 사회적으로 더 절실하고 중요한 의미가 있다고 간주할 수 있는데 대수 분산은 다행히 이런 조건을 충족시킬 수 있다.

둘째, 모든 소득이 같은 비율로 변화하는 데 대해 전혀 영향을 받지 않는다. 다른 표현을 쓴다면 이 지표는 소득의 측정 단위가 무엇이건 영향을 받지 않으며unit free, 평균 소득의 변화에 대해 무관한 성질을 갖는다. 말하자면 우리나라의 소득을 원화로 계산하든 달러로 표시하든 대수 분산의 값은 똑같으며, 모든 사람의 소득이 밤새 일제히 두 배가 되더라도 이 지표의 값은 불변이라는 뜻이다. 이 성질은 불평등 지표가 갖추어야 할 기본적 조건 중의 하나다.

셋째, 이 지표는 쉽게 분해分解, decomposition될 수 있는 성질이 있다. 예를 들어 전체 소득 불평등을 남녀별, 직업별, 연령별로 분해할 필요가 가끔 생긴다. 예컨대 전체의 소득 불평등이 남자 사이의 불평등, 여자 사이의 불평등, 남녀 간의 소득격차 중 어디서 주로 발생하는가 하는 문제를 분석하려고 할 때 대수 분산은 이런 목적을 위해 불평등을 쉽게 분해할 수 있다는 것이 하나의 장점이다.

그러나 대수 분산이 가지는 가장 큰 결점은 피구-달톤의 이전 원칙移轉原則, transfer principle을 충족시키지 못한다는 것이다. 이전 원칙이란 경제학자 피구와 달톤H. Dalton이 제시한 하나의 원칙으로, 만일 고소득자로부터 저소득자로 소득이 조금이라도 이전되면 불평등은 반드시 감소한 것으로 볼 수 있으므로 불평등 지표의 값은 반드시 하락해야 한다는 것이다. 이 원칙을 충족시키지 않는다면 나중에 설명할 로렌즈 곡선이 두 개 있을 때 안쪽에 있는 곡선이 분명히 불평등도가 낮음에도 불구하고 대수 분산의 값은 더 높게 나올 가능성이 있고 이것은 불평등 지수로서 큰 약점이라고 하지 않을 수 없다. 그리하여 대수 분산은 계산의 간편성과 분해 가능성 같은 좋은 성질을 갖고 있음에도 불구하고 이전 원칙을 충족시켜 주지 못하는 약점이 있어서 그렇게 많이 쓰이지는 않는다.

변동(변이)계수

대수 분산의 결점을 보완한 것으로 변동계수變動係數 또는 변이계수變異係數, coefficient of variation라는 지표가 있다. 변동계수 C는 표준편차 σ를 평균 μ으로 나눈 값으로 쉽게 계산할 수 있다는 장점이 있다. 손에 쥐는 간단한 전자계산기만 있어도 변동계수를 계산해 낼 수가 있다.

$$C = \frac{\sigma}{\mu}$$

변동계수의 값은 0(균등한 분배 상태)에서 $\sqrt{n}-1$(한 사람이 모든 소득을 차지하는 극단적인 경우) 사이의 값을 가지며 대수 분산이 불평등 지표로서 갖는 문제점인 피구-달톤의 이전 원칙을 위배한다는 문제점이 변동계수에서는 해결된다. 이 지표 역시 소득 단위와는 무관하다는 점unit free이 장점이다. 한 가지 유의할 점은 변동계수는 모든 소득에 대해 산술적으로 같은 비중을 두기 때문에 대수 분산과 비교한다면 상대적으로 고소득층에 큰 가중치를 두게 된다고 할 수 있다.

타일 지수

경제학자 헨리 타일Henri Theil은 정보이론의 엔트로피entropy란 개념으로부터 다음과 같이 정의되는 하나의 재미있는 불평등 지표를 도출했다. 이것을 타일 지수(T)라고 한다.

$$T = \log N - H(x)$$
$$= \sum x_i \cdot \log N \cdot x_i$$

단, N은 사람 수, x_i는 i번째 사람의 소득 몫, 즉, 전체 소득 중에서 i번째 사람의 소득이 차지하는 비중이다. 타일 지수가 취할 수 있는 값의 범위는 0에서 $\log N$ 사이가 된다. $\log N$이란 값 자체는 인구의 증가와 더불어 커지므로 이 지수의 범위는 일정한 의미가 없고, 바로 이 점이 하나의 약점이다. 타일 지수는 소득이 부자에게서 빈자에게로 재분배될 때 T는 감소하므로 피구-달톤의 조건을 충족시키고 있다.

특히 이 지수는 몇 개의 집단으로 나누어 불평등을 쪼개어 분석할 때 아주 편리한 이점

정보이론과 타일 지수

이 부분은 반드시 읽을 필요는 없으나 타일 지수의 수학적 유도 과정에 흥미가 있는 독자는 한번 읽어 보기 바란다.

지금 어떤 사건이 일어날 확률을 x라고 할 때 그 사건이 가지는 정보 가치(情報價値) $h(x)$는 그 사건이 일어날 확률 x의 감소함수라고 볼 수 있다. 이것은 일어날 가능성이 아주 희박한 사건이 일어날수록 그 사건은 더 큰 흥미를 불러일으킨다는 뜻으로 해석하면 될 것이다. 예를 들어 개가 사람을 물었다고 하는 사건은 흔히 있을 수 있는 일이어서 정보 가치가 별로 없다. 그러나 사람이 개를 물었다면 이것은 신문에 날 만한 일대 사건이다. 이런 정보 가치의 성질을 만족시키는 하나의 함수를 예로 든다면

$$h(X) = \log\left(\frac{1}{x}\right)$$

과 같은 함수를 생각할 수 있다. 지금 1, 2, ⋯, N까지의 가능한 사건이 있을 때, 그 각 사건이 발생할 확률을 $x_1, x_2, \cdots, x_n$이라고 하면 $x_i \geq 0$이고, $\Sigma x_i = 1$이 될 것이다. 이런 상황의 엔트로피, 즉 기대정보 내용은 각 사건의 정보내용에 각각의 확률을 가중치로 곱해 합산한 값이 될 것이다. 즉, 엔트로피의 값 $H(x)$는 다음과 같이 주어질 것이다.

$$H(x) = \sum_{i=1}^{N} x_i \cdot h(x_i)$$
$$= \sum_{i=1}^{N} x_i \cdot \log\left(\frac{1}{x_i}\right)$$

이때 N개의 확률이 모두 똑같이 $x_i = 1/N$일 때 엔트로피 $H(x)$는 극대가 됨을 알 수 있다. 여기서 우리가 x_i를 개인 i에게 돌아가는 소득의 몫이라고 간주하면 이것은 일종의 평등지표로 이용될 수 있음을 알게 된다. x_i가 모두 $1/N$일 때 $H(x)$는 최대치 $\log N$이 된다. 만일 엔트로피 $H(x)$를 최대치 $\log N$에서 빼면 일종의 불평등 지수를 얻게 되는데 이것을 타일 지수라고 부른다. 따라서 타일 지수 T는 일종의 불평등 지수로서 다음과 같이 정의된다.

$$T = \log N - H(x)$$
$$= \sum x_i \cdot \log N \cdot x_i$$

을 가지고 있어서 여러 집단 간의 소득 불평등의 분해decomposition 분석에 자주 쓰이고 있다. 그러나 이 지수는 직관적 설득력이 약하고, 상당히 자의적인 지표라는 비판을 면하기 어렵다. 그러나 어쨌든 자연과학에서 사용되는 엔트로피란 개념을 이용해 불평등의 지표를 만들었다는 점에서 흥미 있는 시도라고 할 수 있다.

지니계수

소득 불평등을 나타내는 지표에는 위에서 본대로 여러 가지가 있지만 역시 가장 대표적인 불평등 지표는 지니계수Gini ratio, Gini coefficient다. 이것은 이탈리아 통계학자 코라도 지니Corrado Gini가 제안한 지표로서 소득 불평등의 분석에 가장 많이 사용되고 있다. 이 지표는 로렌즈 곡선과 밀접한 관련이 있다. 로렌즈 곡선은 사람들을 소득의 크기대로 순서를 매긴 뒤, 낮은 소득을 가진 사람부터 시작해서 횡축에서 인구를 누적해 가고, 종축에서는 그들의 소득을 누적해 감으로써 그려진 하나의 곡선이다.

〈그림 2.3〉에서 로렌즈 곡선은 원점 O에서 출발해 가장 가난한 사람이 먼저 나오고 맨 마지막에 최고의 부자가 나타남으로써 점 O′에서 곡선이 끝난다. 로렌즈 곡선에서 예컨대 점 B는 앞의 〈표 2.5〉에서 본 것처럼 한국의 2000년 소득분배에서 최저 20%의 소득 계층이 전체 소득의 겨우 6.2%밖에 차지하지 않고 있음을 보여 준다. 이와 같이 10분위 분배율을 알면 거기서 로렌즈 곡선을 유도해 낼 수 있다. 로렌즈 곡선이 대각선에 가까울수록 소득분배는 평등하고 대각선에서 멀리 떨어져 있을수록 불평등하다.

현실적으로는 있을 수 없으나 극단적으로 소득분배가 평등해 만일 모든 사람의 소득이 균등한 경우에는 로렌즈 곡선은 대각선OO′과 일치하게 되는데 이것을 완전 평등선이라고 부른다. 이 경우에는 하위 10%의 인구는 소득의 10%를 갖고, 하위 40%의 인구는 소득의 40%를 갖는다. 반대의 극단으로 대단히 큰 부자가 있어 혼자서 국민소득 전부를 가지고 나머지 사람의 소득은 모두 0인 경우에는 로렌즈 곡선이 가도 가도 수평선이다가 마지막 부자에게 왔을 때 비로소 100%의 소득을 소유하므로 로렌즈 곡선이 직각선 OAO′이 되는

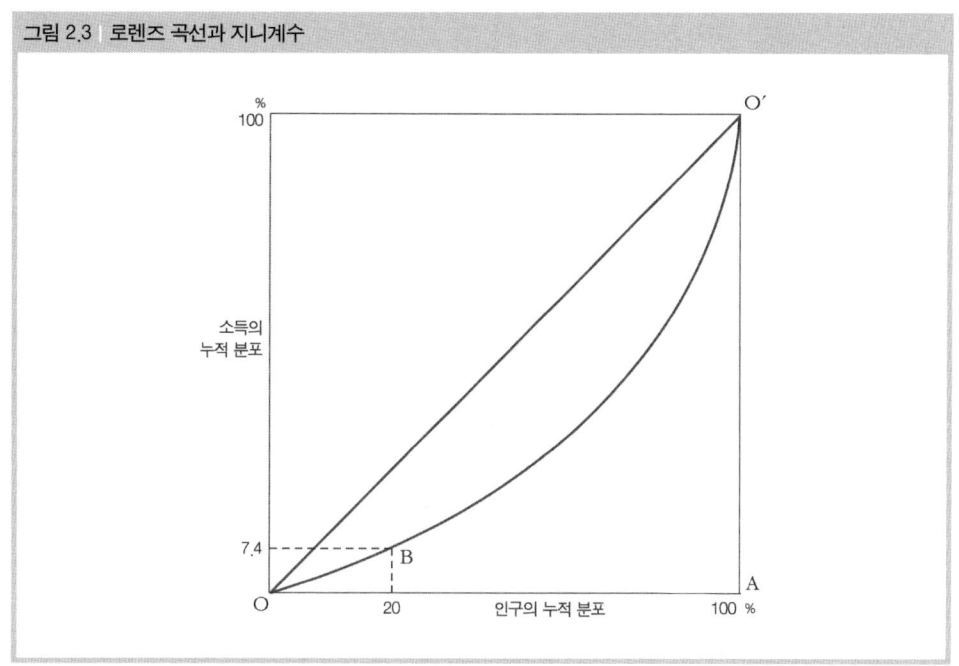

그림 2.3 | 로렌츠 곡선과 지니계수

데 이것을 완전 불평등선이라고 한다. 완전 평등선과 완전 불평등선이란 양극단은 현실적으로 있을 수 없고, 현실적으로 로렌츠 곡선은 이 양극단의 중간에 위치하는 곡선의 모양을 취한다.

여기서 초승달 모양의 OBO'의 면적을 삼각형 OAO'의 면적으로 나눈 값이 바로 지니계수다. 로렌츠 곡선이 완전 평등선에 가까울수록 지니계수의 값은 작아지고, 완전 불평등선에 가까이 위치할수록 지니계수는 커진다. 이론적으로 지니계수가 취할 수 있는 값의 범위는 0(완전 평등선의 경우)과 1(완전 불평등선의 경우) 사이지만 현실적으로 각국의 소득분배 통계를 보면 지니계수는 아무리 불평등한 나라라도 0.6을 넘는 경우는 거의 없고 아주 평등한 나라에서도 0.2 밑으로 내려가지는 않는다. 지니계수가 0.5가 넘는 나라는 과거에 브라질, 케냐, 중동의 산유국 등이 있었다. 반대로 소득분배가 아주 평등한 나라로는 스웨덴 등 북유럽 국가들과 구 사회주의국가에서는 0.2~0.3의 지니계수를 찾아볼 수 있다. 그러므

그림 2.4 | 로렌즈 곡선상의 불평등 비교 I

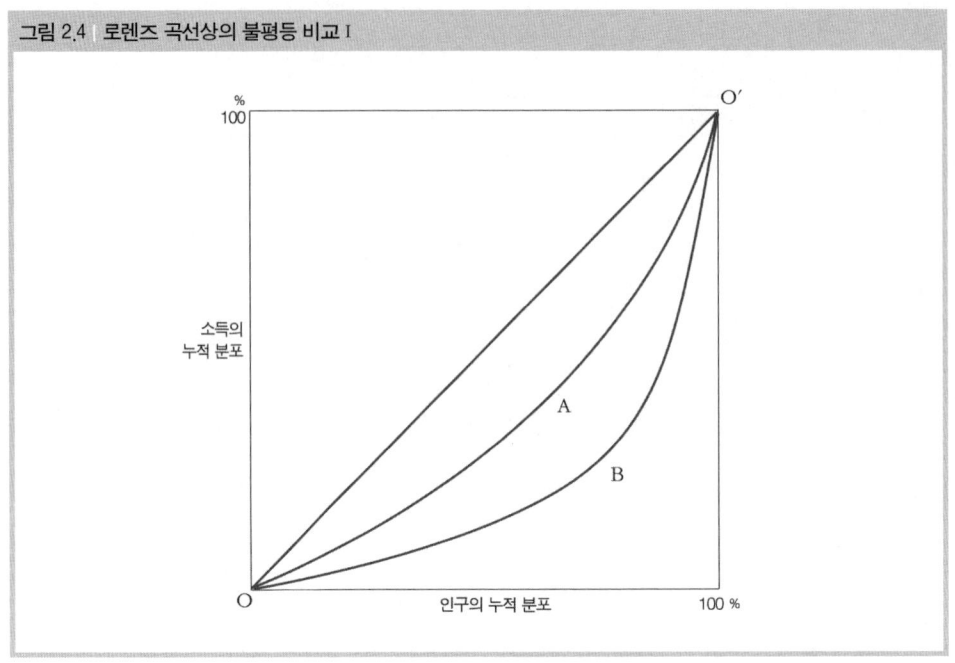

로 지니계수의 수학적인 범위는 0과 1 사이지만 현실적인 지니계수의 범위는 0.2~0.6이라고 보아도 좋다.

로렌즈 곡선은 두 집단 간의 소득 불평등을 비교할 때 아주 편리하다. 예를 들어 두 나라의 소득분배 자료가 주어질 때, 혹은 한 나라 안에서 서로 다른 두 시점의 소득분배를 비교하는 데 로렌즈 곡선은 편리하게 사용할 수 있으며, 그 해석은 직관적 호소력을 가진다. 〈그림 2.4〉에서 두 나라(혹은 두 시점)의 소득분배가 각각 OAO′과 OBO′라고 하면 A나라(시점)가 B나라(시점)보다 소득분배가 평등하다는 것을 금방 알 수 있다. 이때 지니계수를 계산하면 물론 A가 B보다 낮은 값을 갖는데, 우리는 구태여 지니계수를 계산할 필요 없이 그림만 보더라도 A, B의 불평등을 비교할 수 있다.

그러나 만일 로렌즈 곡선이 〈그림 2.5〉와 같이 서로 교차하는 경우에는 문제가 좀 복잡하다. 이제 직관적 관찰만으로는 어느 쪽이 더 평등한지를 알 수 없다. 이때 지니계수를 알

그림 2.5 | 로렌즈 곡선상의 불평등 비교 II

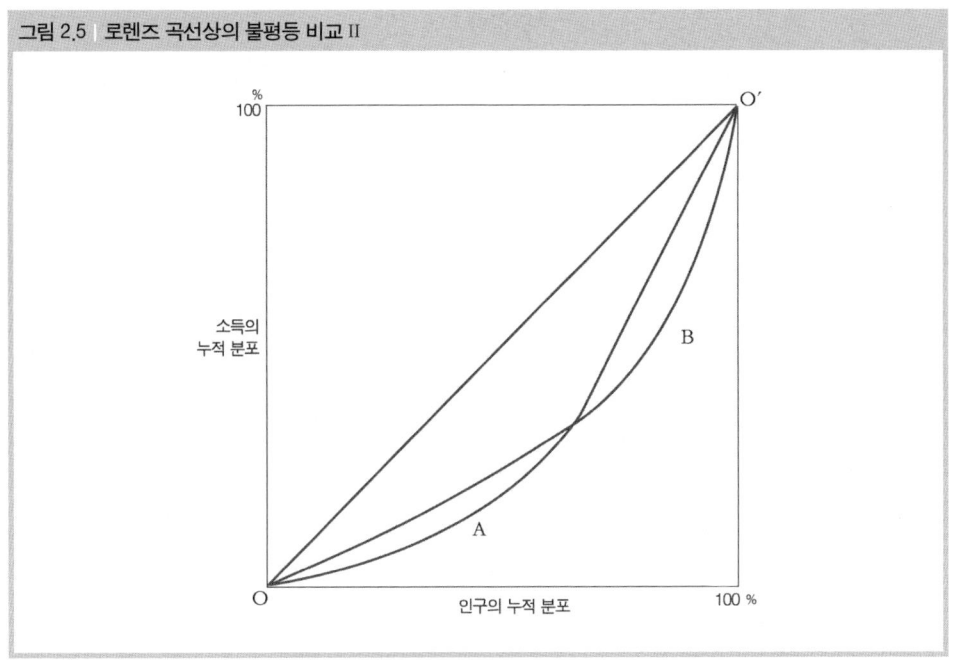

수 있다면 물론 비교는 가능하다. 예를 들어 A의 지니계수는 0.35이고 B는 0.36일 때 과연 A가 B보다 확실히 더 평등하다고 말할 수 있을까? 로렌즈 곡선이 교차하지 않으면서 지니계수가 이런 값을 취한다면 확실히 그렇게 말할 수 있을 것이다. 그러나 로렌즈 곡선이 교차하는 경우에는 반드시 그렇게 이야기할 수 없다. 지금 A의 지니계수가 B보다 낮긴 하지만 관점에 따라서는 오히려 B쪽이 더 평등하다고 말할 가능성을 배제할 수 없다. 그 이유는 다음과 같이 설명될 수 있다.

지금 저소득층의 몫에 관심을 갖고 관찰하면 A국의 저소득층(예컨대 최저 20%)의 소득 몫이 B보다 적다는 것을 알 수 있다. 따라서 저소득층의 몫으로 평가한다면 두 나라의 소득분배는 A보다 B가 더 평등하다고 말해도 좋다. 그러나 결론을 내리기 전에 고소득층의 몫을 한번 보기로 하자. 우리가 고소득층(예컨대 최고 20%의 소득 계층)의 몫을 보면 A쪽이 B보다 적다는 것을 알 수 있다. 이것은 누적 분포 80%까지의 소득 몫이 A가 B보다 크다는 것을 통해 알 수 있다. 따라서 고소득층에 지나치게 큰 몫의 소득이 돌아가지 않는 것을 평등하다고 본다면 B보다는 A가 더 평등한 나라다. 그러면 A와 B 중에서 어느 쪽이 더 불평등한가의 문제는 우리가 다양한 소득 계층 중에서 저소득층과 고소득층의 어느 쪽에 관심을 가지고 보느냐에 달려 있다.

어떤 사람이 저소득층에 많은 소득이 돌아가는 것이 평등한 것이라고 보는 가치관을 가지고 있다면 그는 A보다 B가 더 평등하다고 생각할 것이다. 그러나 고소득층에의 소득 집중이 가급적 덜 심한 것이 평등한 소득분배라고 생각하는 다른 사람의 눈에는 A가 B보다 더 평등한 것이 된다. 이와 같이 로렌즈 곡선이 교차하는 경우에는 반드시 어느 쪽이 더 평등하다고 일관성 있게 이야기할 수가 없고, 이는 결국 가치판단의 문제로 귀착한다. 이렇게 본다면 로렌즈 곡선이 교차하는 경우에는 지니계수의 값이 0.35라고 해서 반드시 0.36인 나라보다 더 평등하다고 이야기하기는 어렵고 그런 비교를 한다는 것은 일정한 가치관(지니계수에 전제되어 있는) 위에서 나온 하나의 판단일 뿐이다. 다른 가치관에 입각한다면 다른 결론에 도달할지도 모른다.

수학적으로 표현할 때 지니계수의 공식은 여러 가지 형식이 있지만 그중 하나를 들면 아래와 같다. 임의의 개인 i, j에 대해 지니계수 G는,

$$G = \frac{1}{2n^2\mu} \cdot \sum_{i=1}^{n} \cdot \sum_{j=1}^{n} |Y_i - Y_j|$$

단, n은 사람 수, Y_i는 개인 i의 소득, μ는 평균 소득이다.

여기서 지니계수는 모든 사람의 소득에 대해 짝을 만들어 일일이 비교해 그 차액을 평균 소득 μ로 나누어 만든 지표라는 것을 알 수 있고, 이 점이 지니계수의 장점이기도 하다. 이것은 사회후생 함수社會厚生函數, social welfare function를 가지고 이야기하자면 임의의 두 사람의 소득을 비교했을 때 소득이 낮은 쪽은 그 소득격차로 인해 불만이 생기게 된다고 보고, 가능한 한 그 불만의 크기가 작을수록 사회 후생이 커진다는 함축을 가진다. 만일 부자에게서 빈자에게로 소득 이전이 이뤄진다면 위의 식에서 $|Y_i - Y_j|$의 값이 감소할 것이고 소득

이 낮은 사람의 불만이 줄어들 것이다. 따라서 지니계수도 당연히 낮아진다. 그러므로 지니계수는 앞서 말한 피구-달톤의 이전 원칙을 만족시킨다는 것을 알 수 있다. 그리고 지니계수는 소득 측정 단위와 무관하다는 조건unit free도 충족시킨다.

지니계수를 위와 다르게 표현한 또 하나의 공식을 보면,

$$G = 1 + \frac{1}{n} - (\frac{2}{n^2\mu})(Y_1 + 2Y_2 + \cdots + nY_n)$$

단, $Y_1 \geq Y_2 \geq \cdots \geq Y_n$

여기서 지니계수를 해석하자면 결국 각자의 소득을 순서를 매긴 뒤 그 크기의 서열대로 가중치를 주어 계산한 것임을 알 수 있다. 위에서 보았듯이 대수 분산에서는 저소득층일수록 큰 가중치를 가지며 변동계수에서는 모든 소득이 균등한 가중치를 가지는 것에 비해, 지니계수는 소득의 크기에는 관계없이 그 서열에 따라 가중치가 결정되는 하나의 독특한 사회후생 함수를 전제로 한다. 이것은 일종의 가치판단이며, 반드시 이런 식으로 가중치를 주어야 한다는 어떤 선험적 이유는 없다.

그러므로 지니계수 역시 하나의 사회후생 함수를 전제로 한 불평등 지표이며, 그런 가치 전제 위에서만 타당한 하나의 지표일 뿐이지 그 자체가 신성불가침한 의미를 갖는 것은 아니라는 사실을 인식하는 것이 중요하다. 그러므로 지니계수가 크다고 해서 반드시 소득분배가 불평등하다고 판단하기는 어렵다. 앞에서 본 바와 같이 로렌즈 곡선이 교차하지 않는 경우에는 지니계수가 분배의 불평등을 확실히 말해 주지만 교차하는 경우에는 일정한 가치판단을 전제하지 않고는 불평등의 순서를 매길 수 없다.

결국 지니계수도 일정한 가치판단을 암묵적으로 전제한 하나의 불평등 지표이며 이것은 사실 지니계수뿐만 아니라 앞에서 소개한 모든 불평등 지표의 공통적 성질이다. 대수 분산이나 변동계수나 모두 그 공식 속에는 어떤 일정한 가치판단이 함축되어 있다. 따라서 어떤 지표를 선택하느냐에 따라 불평등의 판단이 달라질 수 있다. 예를 들어 변동계수로는 A가 B보다 평등한 것으로 나타나지만 지니계수로는 그 판단이 역전된다든가 하는 일이 얼

마든지 일어날 수 있다. 그러므로 두 나라 또는 두 시점의 불평등을 비교할 때는 가능한 한 여러 가지의 불평등 지표를 갖고 비교할 필요가 있으며, 그 지표들이 같은 결과를 보여 주면 결론이 확실하지만 만일 서로 다른 결과를 보여 줄 때는 매우 신중한 판단이 요구되는 것이다. 이와 같이 불평등 지표가 갖는 가치판단 문제를 정식으로 취급한 새로운 지표가 나왔으니 바로 앳킨슨 지수다.

앳킨슨 지수

방금 본 바와 같이 어떤 불평등 지표도 일정한 가치판단을 암묵적으로 전제하고 있다는 점에 착안해 새로운 불평등 지표를 제안한 사람이 바로 앳킨슨이다. 영국의 경제학자로서 특히 소득분배 연구에 많은 업적을 남긴 앳킨슨은 사회후생 함수에 기초해 새로운 불평등 지표를 도출했다. 그는 불평등도의 지수를 산출함에 있어 각 지수는 상이한 사회후생 함수를 가지고 있으며 이 후생 함수의 성질에 따라 지수의 의미가 달라질 수 있음을 지적했다. 따라서 불평등 지수를 산출하기 전에 먼저 사회후생 함수를 명시적으로 도출하는 것이 바람직하다고 주장한다.

앳킨슨은 지수의 산출에 있어 균분대등소득^{均分對等所得}, equally distributed equivalent level of income Y_e 이라는 개념을 도입한다. 이것은 다음과 같이 유도된다. 지금 어떤 사회후생 함수가 있다고 가정하자. 현재의 불평등한 분배 상태에서 얻어지는 어떤 사회 후생 수준이 있을 것이다. 실제로 그런 일은 없지만 만일 소득분배가 만인에게 완전히 균등하다고 가정한다면 지금보다 낮은 어떤 수준의 소득만 있어도 지금 얻고 있는 것과 같은 수준의 사회 후생이 얻어질 수 있다고 생각할 수 있다. 이 가상적 평균 소득 수준은 분명히 현재의 불평등 분배 하의 평균 소득보다 낮은 수준일 것인데 이 소득을 가리켜 균분대등소득이라고 부른다. 즉, 현재의 평균 소득보다 낮은 값이면서 만일 균등하게 소득이 분배되고 있다면 동일한 사회 후생 수준을 가져다줄 소득수준을 의미한다. 그 사회의 소득분배가 불평등하면 할수록 현실의 평균 소득 μ와 Y_e 사이에 차이가 크게 나타날 것이므로 여기에 착안해 하나의 불평등 지표를 도출할 수 있다. 이리하여 앳킨슨 지수 I는 다음과 같이 나타낼 수 있다.

$$I = 1 - \frac{Y_e}{\mu}$$

만약 소득이 완전히 평등하게 분배되어 있다면 균분대등소득 Y_e와 현실의 평균 소득 μ 간에는 차이가 없을 것이므로 I는 0의 값을 가질 것이다. 반대의 극단으로 소득분배가 극도로 불평등하게 되어 있다면 Y_e는 0에 가까울 것이므로 I는 1의 값을 가질 것이다. 지니계수가 0과 1 사이의 값을 취하듯이 앳킨슨 지수 I도 0과 1사이의 어떤 값을 취한다. 예를 들어, I=0.35라고 할 때 이것은 소득이 균등하게 분배된다면 현재 국민소득 중 1-0.35, 즉 65%의 소득만 가지고도 현재와 동일한 수준의 사회 후생을 달성할 수 있다는 것을 의미한다. 앳킨슨은 사회후생 함수가 몇 가지 수학적 성질을 갖는다고 가정한 뒤 I를 다음과 같이 고쳐 쓴다.

$$I = 1 - \left[\sum_{i=1}^{n} \left(\frac{Y_i}{Y}\right)^{1-\epsilon} f_i\right]^{\frac{1}{(1-\epsilon)}}$$

여기서 Y_i는 i번째 소득 계층에 속하는 사람들의 소득이며, Y는 평균 소득, f_i는 i번째 소득 계층에 속하는 사람들이 전체 인구에서 차지하는 비율을 의미한다. 파라미터 ϵ은 소득분배의 불평등에 대해 어떤 사회가 부여하는 가중치라고 할 수 있다. ϵ은 사회후생 함수에 의해 주어지는 파라미터로서 그 사회 구성원들이 소득의 평등(혹은 저소득층의 처지)에 대해 관심이 클수록 ϵ은 높아진다. ϵ의 값은 0(소득분배에 관해서 사회가 전혀 무관심함을 의미)에서 무한대(앞과 정반대로 사회의 관심이 온통 최저 소득 집단에만 쏠림을 의미) 사이의 값을 가진다. 무한대의 값을 갖게 되는 후자의 경우는 1장에서 살펴본 철학자 존 롤즈의 정의의 이론에서 말하는 '최소치최대화'와 맥락을 같이한다.

기존의 다른 불평등 지표는 하나의 어떤 암묵적 가치관에 따라 일정한 사회후생 함수를 전제하고 하나의 지수를 도출해 내는 데 비해 앳킨슨 지수가 가지는 특기할 만한 장점은

표 2.5 | 앳킨슨 지수 I

ε	영국	독일
0.1	0.021	0.020
0.5	0.100	0.107
1.0	0.194	0.229
2.0	0.350	0.472

자료: Atkinson(1983, 57).

사회의 가치관 여하에 따라 ε의 값을 다르게 가정할 수 있고, 그에 따라 상이한 값의 불평등 지수가 나올 수 있다는 점이다. 이렇게 본다면 기존의 다른 불평등 지수나 앳킨슨 지수나 어떤 사회후생 함수를 전제함은 마찬가지이나, 전자가 일정한 하나의 가치판단을 그것도 암묵적으로 전제하고 있는 데 비해 후자는 가치판단을 융통성 있게 조정할 수도 있을 뿐 아니라 가치판단을 명시적으로 드러낸다는 점에서 차이가 있음을 알 수 있다.

참고로 앳킨슨 지수 I를 가지고 영국과 독일의 소득 불평등도를 비교해 놓은 결과를 보면 〈표 2.5〉와 같다. 이 표를 보면 ε이 0.1일 때는 영국이 독일보다 불평등하지만 ε이 0.1에서 0.5 사이에서 영국과 서독의 불평등 순서가 역전되어 영국이 상대적으로 더 평등한 나라가 된다. 앳킨슨 지수에서는 ε이 커질수록 빈자의 중요성(가중치)이 커짐을 의미하는데 이런 역전 현상이 일어나는 것은 결국 영국에서 독일에 비해 빈자에게 돌아가는 소득 몫이 크다는 것을 반영하고 있다.

예를 들어, ε이 2.0일 때 영국의 $I=0.35$의 의미는 무엇인가? 그것은 앞의 균분대등소득 Y_e의 논의를 상기할 때 만약 영국의 소득이 균등 분배 된다면 현재 국민소득의 65%만 가지고도 동일한 수준의 사회 후생을 달성할 수 있다는 것을 의미한다. ε이 커질수록 영국과 독일의 I의 값이 커지고 있는 데 유의하기 바란다. 이것은 ε이 클수록 분배에 관한 사회적 관심이 높다는 것을 의미하며, 이럴수록 지금보다 적은 소득을 갖고도 골고루 나누어 가짐으로써 지금과 같은 사회적 후생social welfare 수준에 도달할 가능성이 있다는 것을 나타낸다.

이와 같이 앳킨슨 지수는 기존의 불평등 지표들이 암묵적으로 어떤 특정한 사회후생 함수의 전제 위에 성립하고 있음에 비해 명시적으로 그것을 가정한다는 점에서 유력한 장점

오쿤의 새는 물통

파라미터 ε 의 성질을 확실히 이해하기 위해, 다음과 같이 '새는 물통'(leaky bucket)이란 이름의 가상적 실험을 생각해 보자(Okun 1975). 지금 부자(富者)가 빈자(貧者)에게 1원을 이전한다고 가정하자. 그런데 이전과정에서 중간에 새나가는 부분이 있어서 결국은 빈자 손에 들어가는 것은 x 뿐이고, $1-x$ 는 도중에 잃어버린다고 가정하자. 이때 사람들의 가치관에 따라서 어떤 사람은 x 가 조금만 남더라도 이런 이전은 할 만한 가치가 있다고 생각할 것이고, 평등보다는 효율에 관심이 있는 또 다른 사람은 도중에 새나가는 물이 아까워서 이런 이전 자체를 반대할 것이다. 미국의 경제학자 아서 오쿤은 다음과 같이 말하고 있다.

"밀턴 프리드먼과 달리 나는 구멍 난 물통 실험에서 누출이 10%나 20%라면 소득재분배를 열광적으로 계속할 것이다. 또 롤즈와는 달리 99%의 누출의 경우에는 즉시 소득재분배를 그만둘 것이다. 내가 만들어 낸 이 부자연스러운 경기를 부득이 계속해야만 한다면 나는 60% 누출을 보일 때까지만 소득재분배를 계속할 것이다"(오쿤 1980, 141).

오쿤은 자신의 가치관을 분명히 60%라는 숫자로써 밝히고 있는데, 이런 예는 경제학에서 참으로 드문 일이다. 독자 여러분은 이런 실험에서 어느 선까지 물통에서 물이 새는 것을 참을 수 있겠는가? 소득의 이전이 용인될 수 있는 x 의 값은 사람들의 가치관에 따라 달라질 것인데 x 와 ε 사이에는 다음과 같은 관계가 성립한다.

$$\frac{1}{x} = 2^{\varepsilon}$$

1) 불평등 또는 빈자의 처지에 전혀 무관심하면 x>1, ε <0.5
2) 불평등 또는 빈자의 처지에 조금이라도 관심 있으면 x<1, ε >0.5
3) 1)과 2)의 경계선에 있는 중립적 사람이면 x = 1 따라서 ε =0.5

여기서 불평등에 대한 관심이 클수록 x 는 작아도 좋고, 따라서 ε 은 커진다. 오쿤의 경우에는 $x=0.4$ 이므로 ε =1.25가 되며, 평등 문제에 상당히 관심이 크다는 것을 알 수 있다. 2)는 극단의 경우로서 존 롤즈의 최소치최대화의 원리를 따르면 x 는 0에 무한히 접근하고, ε 은 무한대에 접근한다. 이처럼 파라미터 ε 은 불평등에 대한 사회의 관심 정도에 따라 달라진다.

을 가지고 있다. 그러나 그 대신 단점도 있으니 첫째, ε의 값에 따라 상이한 값이 나올 수 있다는 점에서 기존의 단일 지표에 비해 계산이 번거롭다는 점, 둘째, 오스트레일리아의 경제학자 나낙 카콰니Nanak Kakwanii가 지적하듯 사회후생 함수의 설정이 너무 제한적이라는 점 등의 한계가 있는 것이 지적되고 있다. 그러나 어쨌든 앳킨슨 지수의 직관적 설득력은 상당히 큰 것으로 평가받는다.

6. 양극화 지표

최근 우리나라에서는 양극화bi-polarization 논의가 활발하다. 소득의 양극화, 대기업과 중소기업 사이의 양극화, 수도권과 지방의 양극화 등 양극화가 거의 유행어처럼 쓰인다. 과거에는 빈부 격차의 심화, 소득분배의 악화라는 말이 자주 쓰였다면 요즘은 소득의 양극화라는 표현이 더 자주 등장한다. 소득 양극화 현상에 대한 관심은 세계적으로도 비교적 최근의 현상이다. 미국에서는 1980년대부터 중산층 소멸, 소득분배의 양극화에 대한 연구가 나오기 시작했다. 한국에서는 1997년 외환 위기 이후 이런 표현이 자주 언론에 등장했고, 몇 년 전부터는 정부에서도 양극화에 관심을 갖고 해결책을 모색 중이다.

양극화 지표의 필요성

양극화 지수가 필요한 이유는 지니계수와 같은 불평등 지표가 갖는 문제점 때문이다. 양극화를 심화시키는 소득 변화가 발생할 경우 우리가 위에서 본 불평등 지표상으로는 오히려 불평등이 개선되는 역설적 결과가 나타날 수 있다. 이는 불평등 지표가 피구-달톤의 원칙을 만족해야 하기 때문이다. 위에서 본 바와 같이 피구-달톤의 원칙은 고소득층에서 저소득층으로 소득 이전이 있으면 불평등은 반드시 감소해야 한다는 지극히 상식에 부합하는

그림 2.6 | 균일 소득분포

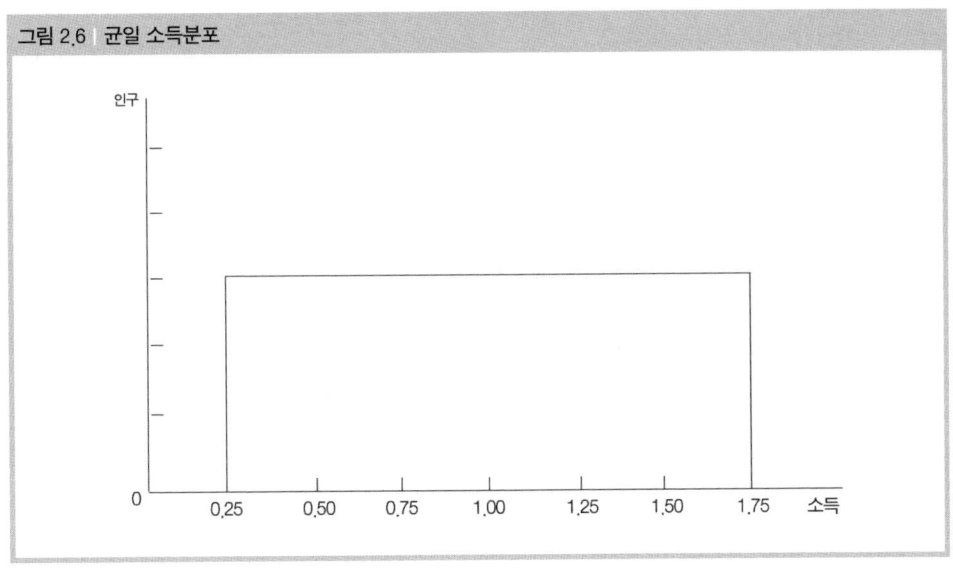

원칙이다. 지니계수는 불평등 지표의 하나로서 피구-달톤의 원칙을 충족시킨다. 문제는 피구-달톤의 원칙을 따르는 소득 변화가 양극화를 심화시킬 수 있다는 데 있다. 결과적으로 양극화로 소득분배에 대한 불만이 커지더라도 지표로 파악한 불평등은 오히려 줄어드는 역설적 상황이 발생할 수 있는 것이다.

불평등을 해소하기 위해 상위 계층에서 하위 계층으로 소득 이전을 했을 때 오히려 양극화를 초래하는 경우가 있을 수 있다. 예를 들어 소득 계층이 6개로 나뉘어 있으며 각 계층의 인구는 모두 균일 분포$^{\text{uniform distribution}}$라고 가정하자. 〈그림 2.6〉에서 보듯이 소득수준이 0.25부터 1.75까지 있고 0.25~0.50(최하층), 0.50~0.75(하층), 0.75~1.00(중하층), 1.00~1.25(중상층), 1.25~1.50(상층), 1.50~1.75(최상층) 순으로 소득 계층이 균일하게 분포된 특수한 상황을 생각해 보자.

지금 중하층에서 최하층으로, 최상층에서 중상층으로 소득을 일부 이전한다고 하자. 중하층에서 최하층으로 소득을 이전시키되 중하층과 최하층 간의 소득 차의 절반인 0.25를 이전시켜 보자. 이 경우 소득이 감소한 중하층과 소득이 증가한 최하층은 둘 다 소득 0.50~

그림 2.7 양극화와 소득 불평등 간의 관계

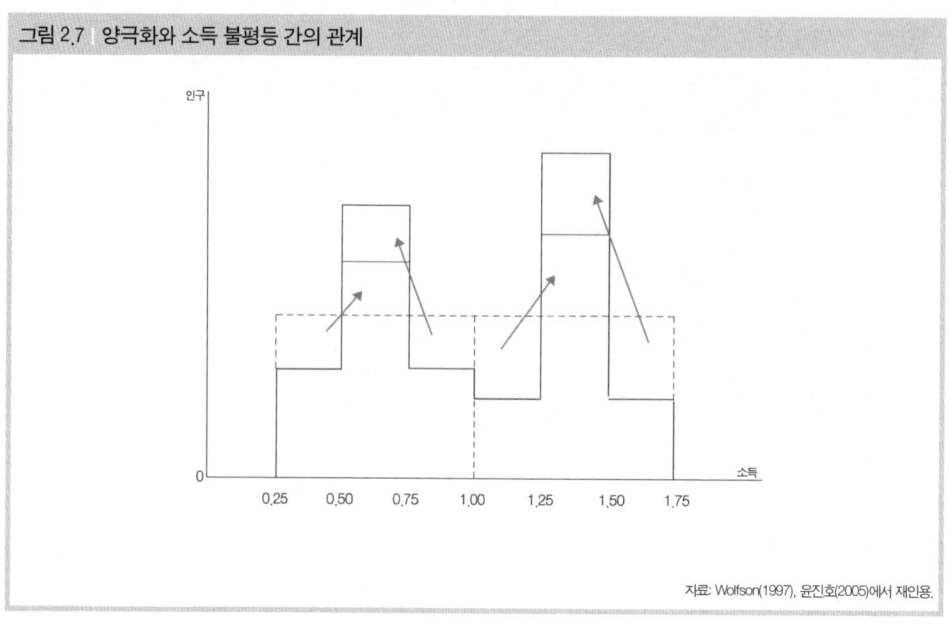

자료: Wolfson(1997), 윤진호(2005)에서 재인용.

0.75의 중하층으로 이동하게 된다. 마찬가지로 최상층에서 중상층으로 이들 두 계층의 소득 차의 절반인 0.25를 이전한다고 가정하자. 이 경우 소득이 감소한 최상층과 그만큼 소득이 늘어난 중상층은 1.25~1.50의 소득에 해당하는 상층으로 이동하게 된다. 이와 같은 소득 이전을 '평균을 유지하는 이전'mean-preserving transfer이라고 한다.

이제 이런 소득재분배의 최종 결과는 〈그림 2.7〉에 나타나 있다. 즉, 원래 완전히 균일 분포를 보이던 소득분배는 쌍봉 분포twin-peaks distribution로 변했다. 결과적으로 중산층이 소멸하고 양극화가 심화되었다. 그러나 균일 분포에서 쌍봉 분포로 변화할 때 로렌츠 곡선이 45°선에 좀 더 가까워지게 되며, 지니계수는 감소하게 된다는 문제점이 있다. 즉, 소득분배의 양극화와 소득분배의 개선이라는 일견 모순되어 보이는 현상이 동시에 일어날 수 있다는 것이다. 여기서 우리는 불평등 지표 이외에 양극화 지표가 필요함을 알 수 있다.

일반적으로 쌍봉 분포는 균일 분포보다 평등한 분포로 알려져 있다. 이는 쌍봉 분포가 균일 분포에서 출발해서 평균을 일정하게 유지하면서 소득을 재분배함으로써 유도될 수 있기 때문인데, 이 경우 로렌즈 곡선은 45°선에 좀 더 가까워진다. 그러나 쌍봉 분포는 균일 분포보다 더 양극화된 분포임에 틀림없다.

이 예는 다소 극단적으로 보일지 모르지만 상당한 정책적 시사점을 갖는다. 즉, 소득 파악이 충분치 못할 경우 정부의 조세를 통한 소득 이전 정책이 양극화를 해소하기보다는 오히려 양극화를 심화시킬 가능성을 보여 주기 때문이다.

최근 많은 연구자들이 여러 나라의 소득분포 자료를 이용해 과연 소득 불평등과 양극화 사이에 어떠한 관계가 있는지를 연구하고 있는데, 항상 그런 것은 아니고 예외도 있으나 일반적으로 소득 불평등의 심화와 양극화는 같은 방향으로 움직이는 경우가 많지만 그 정도에서는 상당한 차이가 있는 것으로 나타나고 있다.

양극화 지표는 단지 소득뿐만 아니라 다양한 분야에 응용되고 있는데 고용의 양극화, 자산의 양극화, 노동시장의 양극화, 지역 간 양극화, 세계경제의 양극화 등 다양한 연구에 적용되고 있다. 아래에서는 대표적 양극화 지표인 ER[Esteban & Ray] 지수와 울프슨[Wolfson] 지수를 간단히 소개하기로 한다.[3]

ER 지수

양극화[bi-polarization]는 사전적 의미로 "중간 부분이 해체되면서 양극단으로 모이는 현상"이라고 풀이할 수 있다. 이는 원래 정치학, 사회학 등에서 많이 사용해 온 개념으로서 내부적 동질성을 가진 상호 이질적 집단(예컨대 흑인/백인) 간의 거리가 늘어나 양극단으로 몰리는 현상(투표 행위, 사회적 행태 등) 및 그에 따른 정치적·사회적 문제를 말하는 것이었다.

에스테반[J. M. Esteban]에 의하면 원래 양극화 가설은 칼 맑스가 제기했다고 한다. 즉 자본주의사회가 노동자와 자본가계급으로 나뉘면서 한편으로는 자본가들에 의한 축적의 진행, 다른 한편으로는 노동자의 궁핍화가 동시에 진행되어 결국 자본주의 붕괴로 귀결된다는

---

[3] 이하 양극화 지표에 대한 설명은 윤진호(2005)와 최희갑(2002)에 크게 의존하고 있다.

것이 맑스의 유명한 궁핍화 가설immiserization hypothesis이다. 그 뒤 사회학, 정치학에서는 양극화 가설이 자주 논의되어 왔으나 경제학에서 소득분배의 불평등과 구별되는 의미에서의 양극화 문제가 본격적으로 제기된 것은 그다지 오랜 일은 아니다. 1980년대 중반 이후 미국에서 소득분배가 악화되고 중산층이 소멸되고 있다는 일련의 주장이 제기되면서 경제학에서도 양극화에 대한 관심이 커지기 시작했다.

'양극화'는 주로 중산층 소멸 현상과 빈곤의 증대에 대한 관심으로부터 출발한 개념으로서 종전의 일반적인 소득분배의 불평등 심화와는 다른 개념과 문제의식을 가지며 측정 수단 및 정책 대응도 다르다. 즉 소득분배의 불평등이 전체 인구의 소득분포를 대상으로 한 개념이라면 소득 양극화는 인구의 특정 계층(예컨대 양극단)에서 나타나는 소득분포 밀도의 집중 현상local density에 좀 더 초점을 맞춘 것이다. 따라서 소득분배의 불평등 심화와 양극화는 반드시 같은 방향으로 움직이는 것은 아니다.

이와 같은 소득 불평등과 양극화 간의 관계를 에스테반과 레이D. Ray는 이질화/동질화alienation/identification 간의 관계로 설명한다(Esteban and Ray 1994). 즉 일반적으로 보면 소득의 양극화는 밀집된 극으로 모인 소득 계층 내부에서의 동질화와 양극단 소득 계층 간의 외부적 이질화를 동시에 포함하고 있으며 따라서 소득분배의 평등화와 불평등화를 동시에 포함하고 있다. 만약 내부적 동질화가 외부적 이질화보다 더 강력한 경우 양극화에도 불구하고 전체 소득분배는 더 평준화된 것으로 나타날 것이다. 이처럼 소득분배는 전체 소득 계층의 분배 문제인 데 비해 양극화는 중산층 몰락과 양극단으로의 이동 문제이므로 동일한 개념으로 볼 수는 없다. 에스테반과 레이는 이런 이질화/동질화 개념을 이용해 양극화를 측정할 수 있는 지표(ER 지수)를 만들었는데 밀집된 집단 내부의 동질화의 정도(이는 주로 집단 내의 밀집도로 표시된다)와 집단 간의 이질화의 정도(소득격차)를 이용한 것이다.

에스테반과 레이는 특정 계층 안에서 구성원 간의 동질성이 커지거나 서로 다른 계층에 속한 구성원 간의 소외감이 커질 경우 양극화가 심화된다고 가정했다. 이런 가정을 충족시키는 양극화 함수는 다음과 같이 유도된다.

$$ER(\pi,y)= \sum_{i=1}^{n}\sum_{j=1}^{m} \pi_i \pi_j T(I(\pi_i),a(\delta(y_i,y_j)))$$

여기서 $I= I(\pi_i)$는 개인 i가 자신의 계층에 대해서 느끼는 동질성의 정도를 나타내며, $a(\delta(y_i,y_j))$(단, $\delta(y_i,y_j)=|y_i-y_j|$)는 개인 i가 개인 j에 대해 느끼는 소외감을 나타내는데, 소외감의 크기는 두 사람 사이의 소득격차에 달려 있다고 가정된다. 다른 사람에 비해 소득을 적게 가질수록 더 큰 소외감을 갖는다고 가정하는 것은 합당해 보인다. 한편 $T(I,a)$는 개인 i가 개인 j에 대해 느끼는 유효 적대감effective antagonism으로 정의된다. 즉, 이 사회의 양극화는 동질성과 소외감의 함수로 정의되는 유효 적대감의 총계로 정의되는 것이다.

에스테반과 레이는 이렇게 정의된 양극화 함수에 몇 가지 공리를 추가함으로써 양극화 함수를 측정 가능한 형태로 유도해 냈다. 에스테반과 레이의 양극화 지표는 다음과 같이 계산된다.

$$ER = A\sum_{i=1}^{K}\sum_{j=1}^{K}\pi_i\pi_j\pi_i^a|y_i-y_j|$$

여기서 K는 소득 계층의 수이며 A는 정규화 지수다(상세한 사항은 Esteban and Ray 1994 참조).

울프슨 지수

한편 울프슨의 양극화 지수는 양극화를 직관적으로 정의하고 자신들이 제안한 공리 체계를 만족하는 양극화 함수를 유도한 에스테반과 레이와 달리 양극화를 중산층의 소멸로 파악하고 있다(Wolfson 1994). 즉, 울프슨의 양극화 지수는 중산층middle class을 중위 소득을 가진 인구 계층으로 규정하고 중위 소득으로부터의 소득의 분산 정도가 클수록, 즉 중위 소득을 기준으로 중위 소득과 여타 계층의 소득의 차이가 커질수록 소득의 양극화가 커진다

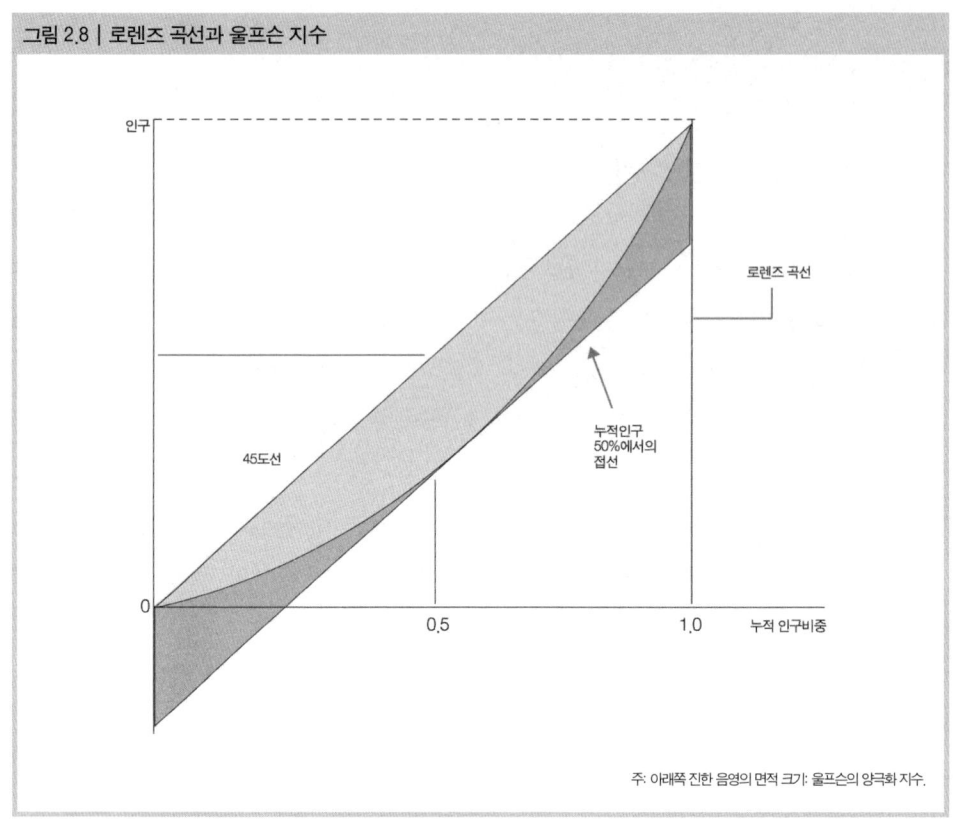

그림 2.8 | 로렌즈 곡선과 울프슨 지수

주: 아래쪽 진한 음영의 면적 크기: 울프슨의 양극화 지수.

고 정의하고 있다.

울프슨은 양극화 지수를 소득수준에 따른 누적 인구 분포로부터 도출하고 있다. 울프슨 지수는 복잡한 도출 과정을 통해 도출되지만 차라리 로렌즈 곡선을 통해 간단히 설명된다.

유도 과정은 복잡하므로 생략하고, 결론만을 이야기한다면 울프슨 지수는 로렌즈 곡선의 50%의 누적 인구수에서의 접선과 로렌즈 곡선 사이의 면적에 해당한다.[4] 이 경우 접선

---

[4] 울프슨의 양극화 지수는 $W=4\times(T-Gini\times 0.5)/(중위 소득/평균 소득)$으로 계산되는데 여기서 T는 로렌즈 곡선의 50%의 누적 인구수에서의 접선과 45°선 사이의 면적이며 Gini×0.5는 중위 소득으로 소득을 변환할 경우 45°선과 로렌즈 곡선 사이의 면적에 해당한다.

의 위치에 따라 중산층의 비중과 면적, 즉 양극화의 정도가 결정된다는 점에 주목할 필요가 있다. 즉, 접선이 높아질수록, 즉 중산층의 비중이 커질수록 위 면적은 감소하고 양극화 지수는 감소하며, 접선이 낮아질수록, 즉 중산층의 비중이 감소할수록 위 면적은 감소하고 양극화 지수는 감소한다.

울프슨의 양극화 지표를 수식으로 쓰면 다음과 같다.

$$P = \frac{2(2T - Gini)}{mtan}$$

이때 P는 양극화 지표, T는 로렌츠 곡선 그림에서 45° 대각선과 양축 사이의 삼각형 면적, $Gini$는 대각선과 로렌츠 곡선 사이의 면적, $mtan$은 중앙값^{median}에서의 로렌츠 곡선과 45° 대각선 사이의 수직거리다. 나중에 에스테반은 자신의 모델을 확장해 울프슨 지수가 ER 지수의 특수한 경우에 해당함을 보이기도 했다.

참고문헌

김용기 외. 2006.『소득양극화의 현황과 원인』. 삼성경제연구소.

김진욱. 2003. "계층별 등등화 소비단위."『공공경제』제8권 2호.

류정순·이상우. 2003. "최근 4년(1999-2002)동안 한국의 도시빈곤규모 변화." 이정우·현진권 외.『소득분배와 사회복지』. 서울사회경제연구소.

박찬용·강석훈·김태완. 2002.『소득분배와 빈곤동향 및 변화요인 분석』. 한국보건사회연구원. 연구보고서 2002-12.

박찬용. 2003. "한국의 이전소득과 직접세의 소득 불평등도 축소 효과 분석."『공공경제』제8권 1호.

오쿤, 아서. 1980.『평등과 효율』. 이영선 옮김. 현상과 인식.

윤진호. 2005. "소득 양극화의 원인과 정책대응 방향." 서울사회경제연구소.『한국 경제: 세계화, 구조 조정, 양극화를 넘어』. 한울.

이정우·이성림. 2001. "경제 위기와 빈부 격차: 1997년 위기 전후의 소득분배와 빈곤."『국제경제연구』제7권 2호.

이정우·황성현. 1998. "한국의 분배 문제: 현황, 문제점과 정책 방향."『KDI정책연구』제20권 1/2호. 한국개발연구원.

이준구. 1992.『소득분배의 이론과 현실』제2판. 다산출판사.

최희갑. 2002. "외환 위기와 소득분배의 양극화."『국제경제연구』제8권 2호.

青木昌彦. 1979.『分配理論』. 筑摩書房.

石川經夫. 1990.『所得と富』. 東京大學出版部.

Atkinson, A. B., A. K. Maynard and D. G. Trinder. 1983. *Parents and Children: Incomes in Two Generations*. Heinemann.

Atkinson, Anthony B. 1983. *The Economics of Inequality* 2nd ed. Oxford University Press.

Bronfenbrenner, Martin. 1971. *Income Distribution Theory*. Aldine.

Cole, W. D. and J. E. G. Utting. 1962. *The Economic Circumstances of Old People*. Codicote Press,.

Esteban, J. M. and D. Ray. 1994. "On the Measurement of Polarisation." *Econometrica* vol. 62 no. 4.

Kakwani, Nanak C. 1980. *Income Inequality and Poverty*. Oxford University Press.

Morgan, J. N. 1974. *Five Thousand American Families*. University of Michigan Press.

OECD. 1995. "Income Distribution in OECD Countries." prepared by Anthony B, Atikinson, Lee Rainwater and Timothy M. Smeeding. *OECD Social Policy Studies* no. 18. OECD.

Paglin, Morton. 1975. "The Measurement and Trend of Inequality: A Basic Revision." *American Economic Review* vol. 65.

Pareto, Vilfredo. 1896/7. *Cours D'économie Politique*. Lausanne, Switzerland.

Sen, Amartya K. 1973. *On Economic Inequality*. Oxford University Press.

Tobin, James. 1970. "On Limiting the Domain of Inequality." *Journal of Law and Economics* vol. 13.

Wolfson, M. C. 1994. "Conceptual Issues in Normative Measurement: When Inequalities Diverge." *American Economic Review* vol. 84 no. 2.

Wolfson, M. C. 1997. "Divergent Inequalities: Theory and Empirical Results." *Review of Income and Wealth* vol. 43 no. 4.

3장

교육과 불평등

"한 사람이 받는 교육의 방향이
그 사람의 미래 인생을 결정한다."
_ 플라톤, 「공화국」

왜 교육 수준이 높은 사람일수록 소득이 높을까? 독자들은 이 질문을 마치 왜 대학생은 초등학생보다 키가 클까? 하는 질문만큼 당연한 것을 묻는 바보 같은 질문으로 생각할지도 모르겠다. 우리는 학력에 따른 소득격차가 광범위하게 존재하는 현실에 너무나 익숙해져 있기 때문에 그 이유에 대해서는 별로 의문 없이 당연한 사실로 받아들이고 있다. 물론 학력이 높을수록 소득이 높다는 현상은 세계 각국에서 공통적으로 발견된다. 이런 현상은 자본주의와 사회주의를 막론하고 성립하고 있는 것 같다. 또한 학력별 소득격차는 선진국이든 후진국이든 마찬가지로 나타나는데 그 정도에 있어서 대체로 후진국이 선진국보다 더 심한 경향이 있다. 특히 아프리카에서는 대학 졸업생의 숫자가 적고, 따라서 수요와 공급의 원리에 따라 대학 졸업생이 받는 소득 프리미엄은 대단히 크다. 이런 경향은 한국도 예외가 아니어서 우리나라의 학력에 따른 소득격차는 매우 크다. 이 장에서는 소득 불평등을 설명하는 여러 가설 중에서 우선 교육과 관련된 몇몇 가설을 검토해 보기로 하자. 다만 여기서 말하는 소득은 광의의 소득이 아니고 노동소득임을 유의하기 바란다.

1. 교육과 소득의 상관관계

교육과 소득의 상관관계는 이론적으로 중요한 문제일 뿐 아니라 정책적으로도 함축하는 바가 많다. 첫째는 교육과 소득분배의 관계다. 교육이 확대됨에 따라 소득분배가 개선되는가의 여부에 대해서는 확실한 이론적 결론이 아직 없으며 실증적 연구도 의견의 일치를 보지 못하고 있다. 횡단면 자료cross-section data에 의한 분석에 따르면 대체로 그 나라의 교육 수준이 높을수록 소득분배는 평등한 경향이 있고, 교육의 분포가 평등할수록 역시 소득분배도 평등하다는 연구가 있다. 그 반면 남미 여러 나라의 분석을 보면 교육의 확대가 오히려 소득 불평등을 심화시켰다는 정반대의 주장도 있다.

둘째로 교육-소득 관계는 경제성장의 원천이 무엇인가를 밝히는 데에서도 중요한 역할을 한다. 에드워드 데니슨Edward Denison이 개발한 방식인 '성장 회계'成長會計, growth accounting

에서는 경제성장의 원천을 노동, 자본 등의 몇 가지 요소로 환원시킬 때 설명이 불가능한 잔여 부분이 꽤 크게 나타나고 있는데, 이 중 상당한 부분을 교육이 설명해 줄 수 있다고 주장한다.

셋째, 교육-소득의 상관관계는 특히 후진국에서 중요한 문제가 되고 있는 고등교육자의 실업失業 문제와 관련해서 중요한 의미를 가진다. 이들 고등실업자의 문제는 후진국에 있어 엄청난 자원의 낭비일 뿐 아니라 심각한 사회문제로 대두되고 있다.

이들 중요한 세 가지 문제 — 소득분배, 경제성장 및 고용 — 에서 교육의 역할을 어떻게 볼 것인가 하는 것은 대단히 중요한 연구 과제다. 특히 한국과 같이 예로부터 교육을 숭상해 왔고, 부존자원이 빈약해 교육입국敎育立國의 기치를 내걸고 있는 나라에서는 이 문제가 더욱 중요하다고 할 것이다. 예를 들어 우리나라는 지속적으로 대학 정원을 확대해 고졸생의 대학 진학률은 한국이 세계에서 제일 높다. 이런 대학 정원 확대가 한국의 경제성장에는 어떤 영향을 미칠 것이며 소득 불평등은 과연 개선될까? 이로 인해 대량의 고등 룸펜이 배출되는 것은 아닐까? 그리고 거의 결사적이라고 불러야 할 정도로 치열한 우리나라의 대학 입시 경쟁과 재수생의 문제, 그로 인한 중고등학교, 초등학교에 이르기까지의 교육의 왜곡 등 해결해야 할 교육 문제가 한두 가지가 아니다. 교육 문제에 관해서라면 우리나라 사람치고 고민하지 않는 사람이 없고, 일가견을 갖고 있지 않은 사람이 없을 정도이며, 교육제도의 개혁을 둘러싸고 끝없는 논쟁과 시행착오가 반복되고 있다.

이런 문제들을 해결해 나가는 데에는 무엇보다 교육에 대한 기본 시각을 정립하는 것이 기초가 된다. 그런 의미에서 이 장에서는 교육과 소득의 상관관계를 둘러싼 몇 가지 주요 견해를 검토해 보기로 하자. 왜 학력이 높을수록 소득이 높은가 하는 문제에 대해서는 기본적으로 몇 가지 대립되는 접근 방법이 있다. 본론에서는 먼저 가장 정통적인 입장에 서 있는 인간자본 이론을 요약하고 그 문제점을 지적할 것이다. 다음에는 교육의 선별 기능을 강조하는 입장과 급진파 경제학의 교육에 대한 시각을 차례로 검토, 대비하고자 한다. 이들 세 가지 이론은 교육의 성격, 역할에 관한 일반적 가설이지만 후발성의 특수성을 강조하는 로널드 도어Ronald Dore의 견해도 이 문제와 직접 관련을 가지기 때문에 여기에서 검토하는 것이 좋을 것으로 생각한다. 그러므로 본론의 주요 내용은 교육과 소득의 상관관계에 관한 세 가지 일반적 가설과 도어의 후발성 가설을 검토하는 것이 될 것이다.

2. 인간자본 이론

인간자본 이론의 배경과 내용

인간자본人間資本, human capital 이론은 1960년을 전후해서 미국 시카고 대학의 시어도어 슐츠Theodore W. Schultz와 게리 베커Gary S. Becker, 콜롬비아 대학의 제이콥 민서Jacob Mincer 등 소위 시카고학파에 속하는 경제학자들에 의해 발전된 이론이다. 근대적 인간자본 이론의 선구적 제창자로서 나중에 노벨 경제학상을 수상한 슐츠는 1950~60년대에 인간자본 이론을 개척했는데, 그에 의하면 교육, 건강 및 이주移住에 대한 직접적인 지출, 교육과 훈련으로 인해 포기된 소득, 기능과 지식의 향상을 위한 여가 시간의 사용 등을 인간자본에 대한 투자로 파악한다. 즉 교육과 훈련 등에 대한 투자지출에 의해 형성되어 인간에게 구체화된 지식 및 기능을 인간자본으로 보는 것이다. 결국 인간자본은 인간에 체화體化되어 생산 활동과 소비 활동에서 유용한 서비스를 제공하는 일련의 생산적인 힘이라고 정의할 수 있다. 학교교육schooling을 통한 지식과 기술의 습득, 직업훈련을 통한 기능의 습득, 직장에서의 근무경력을 통한 전문지식의 습득 등은 인간자본의 대표적인 예다.

 이처럼 인간자본 이론은 교육을 인간자본에 대한 일종의 투자로 보는 것이 다른 이론과 구별되는 특징이다. 인간자본에 대한 투자라고 볼 수 있는 훈련이나 건강, 이주 등과 마찬가지로 교육도 사람들의 생산성을 높이는 역할을 하므로 교육받은 사람은 받지 않은 사람에 비해 높은 소득을 받게 된다는 것이다. 옛날 맹자의 어머니가 아들을 위해 세 번씩 이사를 다닌 일화(맹모삼천지교孟母三遷之敎)도 이런 관점에서 본다면 인간자본에 대한 투자로 해석할 수 있을 것이다. 인간자본 이론에서는 교육이 사람들의 인지능력認知能力, cognitive ability을 높이거나 또는 구체적으로 지식이나 기능을 습득시킴으로써 나중에 작업장에서의 노동자의 생산성을 높인다고 본다. 즉 고학력 → 고생산성 → 고소득이라는 구조적 메커니즘을 통해 학교교육이 소득에 영향을 미친다고 보는 것이다. 이 이론에 따르면 학력이 높을수록 소득이 높은 것은 인간자본에 좀 더 많은 투자를 한 데 대한 수익으로 설명되어 이와 같은 소득의 격차는 충분히 정당화될 수 있는 일종의 보상 격차의 성질을 갖는다.

사실 인간자본 이론의 맹아萌芽는 아담 스미스까지 거슬러 올라갈 수 있다. 스미스는 『국부론』國富論, Wealth of Nations(1776)에서 교육받은 사람은 그 기간 동안 투자를 한 데 대해 보상을 받는 것이 당연하다는 견해를 피력하고 있다. 이것은 그가 말하는 순이익 균등純利益均等의 가설과 부합하는 것이다. 즉, 경쟁적인 노동시장에서 직무job에 따라 숙련이나 위험, 안락함, 사회적 지위 등 여러 가지 비금전적 이득의 차이가 있을 때 그 차이를 보상해 주기 위해서는 불리한 직무의 금전적 이득, 즉 소득이 높아지게 된다는 것이다. 여기서 좀 더 높은 교육을 요하는 직무, 예컨대 의사는 오랜 교육을 받았기 때문에 교육 기간만큼 금전적·시간적 비용을 지불한 데 대해 보상받는 것이 당연하다는 논리가 성립하게 된다.

이 논리에 따르면 극단적인 예가 될지 모르나, 의사의 소득이 청소부보다 높은 것은 사실이지만 양자 사이의 교육, 훈련의 차이를 감안한다면 두 직업 사이의 순이익은 균등하다는 주장이 나올 수 있다. 이때 의사가 받는 고소득은 장시간의 교육이라는 불리함을 상쇄시키는 균등화 격차에 불과하다. 말하자면 비금전적 이득의 차이를 금전적 이득의 차이로 보상해 줌으로써 전체적으로 직업 간의 순이익은 차이가 없다는 설명이다. 여기에는 당연히 이런 식의 소득 불평등은 정당화될 수 있다는 시사가 포함되어 있는 것이다.

그러나 19세기에 와서 존 스튜어트 밀John Stuart Mill이나 케언즈J. E. Cairnes 등의 경제학자들이 스미스의 순이익 균등의 가설의 현실적 타당성에 의문을 제기했고, 이들은 대신 비非경쟁 집단non-competing groups의 가설을 제시했다. 이 가설에 의하면 노동시장은 단일 시장이 성립하는 것이 아니라 서로 경쟁하지 않는 여러 집단이 존재하고, 동일 집단 사이에서 경쟁이 일어난다.

예컨대 의사와 청소부는 서로 다른 집단에 속하므로 순이익이 같아질 이유가 없다는 것이다. 금전적 이득 이외에 안락함, 청결성, 사회적 지위, 위험 등 어떤 요인을 보더라도 의사와 청소부 사이의 소득이 순이익을 같게 만든다고는 보기 어려운 것이 사실이다. 그 대

경제학자 슐츠의 양심

인간자본 이론을 발전시킨 공로를 인정받아 1979년 노벨 경제학상을 수상한 시어도어 슐츠는 젊은 시절 아이오와 주립대학교 경제학 교수로 재직하고 있었다. 같은 대학의 어느 교수가 연구 논문을 발표했는데, 버터와 마가린의 성분과 그 경제성을 비교하는 것이었다. 이 논문의 결론은 종합적으로 고려할 때 버터보다는 마가린이 경제적으로 낫다는 것이었다. 이런 논문이 발표되자 아이오와 주정부가 발칵 뒤집혔다. 왜냐하면 아이오와 주는 농업, 축산업이 핵심 산업인데, 주 정부에서 봉급을 받는 교수가 주 정부의 수입에 해를 끼칠 연구를 했다는 것이었다. 그 교수는 징계에 회부되어 결국 해직되고 말았다. 지금 생각하면 어처구니없는 일이지만 1940년대만 해도 미국의 학문의 자유 수준은 이처럼 낮았던 모양이다. 이런 부당한 인사 조처에 대해서 같은 학과에 있던 슐츠는 당사자도 아니면서 항의의 뜻으로 사표를 던졌다. 남의 일을 자기 일처럼 여기고 이처럼 자기를 희생하는 사람은 많지 않다. 그 뒤 슐츠는 시카고 대학교로 옮겨갔고, 거기서 노벨 경제학상을 수상했다. 아이오와 주립대로서는 아깝게도 미래의 노벨상 수상자를 한 명 놓친 셈이다.

신 의사는 의사끼리 경쟁을 하고, 거기에 순이익 균등의 경향이 있을 것이다. 예를 들어 월급을 받는 의사의 경우 시골로 갈수록 봉급이 높아지는 경향이 있는데, 이는 도시의 좋은 교육적·문화적 환경을 보상해 주기 위한 보상 격차라 할 수 있다. 청소부 사이에서도 직장에 따라 이런 균등화 격차가 발생할 것이다. 그러나 의사와 청소부가 함께 경쟁을 하는 일은 없다.

이런 비경쟁 집단의 이론을 계승, 발전시킨 것이 다음 장에서 보게 될 노동시장 분단勞動市場分斷, labor market segmentation의 이론이며, 현재 인간자본 이론과 쌍벽을 이루고 있다. 18세기 말 아담 스미스가 제시했던 균등화 격차 혹은 보상 격차의 이론을 200년 뒤에 발전시킨 것이 인간자본 이론이라 한다면, 19세기 밀과 케언즈가 아담 스미스에 대항하기 위해 내놓은 비경쟁 집단의 이론을 20세기 말에 발전시킨 것이 노동시장 분단 이론이다. 이렇게 볼 때, 소득격차라는 하나의 주제를 놓고 200년에 걸쳐 큰 두 개의 사상이 변주를 계속해 나가면서 대립하는 것은 학계에서 대단히 드물고도 흥미 있는 사건이라 하지 않을 수 없다.

민서의 학교교육 및 훈련 모델

좀 더 구체적으로 들어가서 인간자본 이론을 정식화한 모델 중에 민서의 학교교육schooling 모델을 간략히 정리해 보자. 우선 분석의 단순화를 위해 몇 가지 가정을 전제할 필요가 있다. 첫째, 노동시장은 경쟁적이며 실업은 없다. 둘째, 교육받는 기간(s년) 동안 소득을 벌지 못하며, 그런 기회비용을 제외하고는 교육의 직접 비용은 없다. 셋째, 교육 받기를 원하는 사람은 자본시장에서 누구든지 r의 이자율로 자금을 차입할 수 있다. 넷째, 교육 기간(s)에 관계없이 모두 같은 햇수만큼 일한다. 다섯째, 각 직업은 서로 다른 수준의 학교교육을 요한다는 것 이외에 모든 점에서 비금전적 이득의 차이는 없다. 이런 가정에 입각한다면 s년의 추가적인 교육을 받은 사람의 소득(E_s)의 할인된 현재 가치는 교육을 받지 않은 사람의 소득 E_o와 같아져야 한다. 즉

$$E_s = E_o(1+r)^s \qquad (1)$$

양변에 대수를 취하고 근사치를 구하면 다음의 관계식을 얻는다.

$$\log E_s \simeq \log E_o + rs \qquad (2)$$

이 식이 노동소득 함수勞動所得函數, earnings function의 기본 방정식이다. 인간자본 투자와 (노동)소득 간의 관계를 나타내는 것이 바로 이 식인데, 이것을 교육투자 모델로 보아도 좋다. 인간자본 이론에서는 이 분석 수단을 사용해서 소득격차와 소득분배를 설명하고 있다. 인간자본 이론은 인간자본 형성으로 예상되는 장래의 수익이 인간자본 투자에 소요된 직접 비용과 기회비용을 충분히 보상하고도 남을 것을 기대하고, 소득과 인간자본 투자량 사이

에 플러스의 상관관계가 있음을 보여 주며, 소득의 격차를 인간자본의 투자량을 가지고 설명한다.

즉 위에서 든 여러 가지 강한 가정에서 출발한다면 소득의 격차는 사람들이 받은 교육의 차이에 기인하지만 각자는 그만한 투자를 한 대가를 받는 것이 되므로 각 개인의 평생 소득의 할인된 현재 가치는 교육 수준에 관계없이 모두 같아진다. 이런 불평등은 충분히 합리화될 수 있는 성질이며 매년의 소득이 차이가 있을지 몰라도 평생 소득은 모두 같기 때문에 엄밀히 말한다면 소득의 불평등은 존재하지 않는 것과 마찬가지가 된다. 이런 함축은 시카고학파의 항상소득 가설과 일맥상통하는 것으로서 자본주의 체제에서의 경제적 불평등은 사실 눈에 보이는 것만큼 크지는 않다고 보는 시카고학파의 체제 긍정적 세계관에 잘 부합하는 것이라고 할 수 있다.

그러면 실증적 연구에 나타난 인간자본 이론의 설명력은 어느 정도일까? 인간자본 이론에 근거를 둔 실증적 연구는 세계 각국에서 수없이 쏟아져 나왔기 때문에 한마디로 대답하기는 곤란하다. 민서는 분석의 초기 단계에서 단순한 학교교육 모델을 통해 학교교육만을 인간자본축적에 큰 영향을 주는 변수로 간주해 학력을 노동소득 격차의 기본적인 원인으로 생각했다. 그러나 학교교육이 노동소득의 격차를 설명하는 힘은 예상 외로 낮아서 7%에 불과한 것으로 나타났다. 민서의 유명한 연구를 보면 위의 식 (2)를 1959년 미국의 백인 남성의 소득격차를 설명하는 데 적용했을 때 결정 계수는 7%에 지나지 않았다. 즉, 교육년수의 차이가 소득의 차이를 설명하는 힘이 7%밖에 안 되었다는 말이다.

모델의 설명력을 높이기 위해서는 나이나 경력을 고려해야 할 필요가 있다. 왜냐하면 고학력자는 평균적으로 나이가 적은 경향이 있으며, 따라서 연령을 고려하지 않을 때 젊은 고학력자와 나이 많은 저학력자의 소득에 큰 차이가 없게 나타날 것이고, 이것이 학교교육이라는 변수의 설명력을 낮게 만들 것이기 때문이다. 여기에 민서는 학교교육 이외의 중요한 인간자본 투자라고 할 수 있는 현장 훈련現場訓鍊, on the job training을 추가함으로써 모델의 설명력이 훨씬 올라감을 보이고 있다. 그는 정규교육과 현장 훈련을 포함하는 인간자본 투자의 차이가 현존하는 근로소득 격차의 약 3분의 1 정도를 설명할 수 있다는 실증 결과를 제시했다.

과연 3분의 1이란 값이 큰가 작은가 하는 것은 확실히 판단할 수 있는 문제가 아니다. 관점에 따라서는 소득격차의 3분의 1이나 설명할 수 있는 매우 유용한 모델로 볼 수도 있을 것이고, 반대로 소득격차의 3분의 2를 설명할 수 없는 무용한 이론이라고 할 수도 있기 때문이다. 사실 이 이론을 제대로 검증하려면 평생 소득에 관한 자료가 있어야 하지만 이런 자료는 얻기가 매우 어렵다. 대부분의 검증은 한 해의 횡단면 자료에 의존하고 있는 실정인데 이런 자료를 가지고는 이론의 만족할 만한 검증을 기대하기가 어려운 것이 사실이다.

어쨌든 위의 간단한 모델은 인간자본 이론의 골자를 보여 주는 것이지만 실제 이 이론이 성립하기 위해서는 위에서 열거한 여러 가지 강한 가정이 꼭 필요한 것은 결코 아니다. 위의 모델을 현실에 좀 더 접근시키기 위해서는 당초의 제한적 가정을 얼마든지 완화시킬 수 있다. 예컨대 학력에 따라서 실업률의 차이가 있음을 인정한다든가 교육에 드는 등록금, 책값 등의 직접 비용을 고려할 수도 있고, 또한 반대로 장학금 따위를 고려할 수도 있다. 그리고 비금전적 이득의 차이도 감안할 수도 있다. 예컨대 현금 급여 이외에 추가적으로 지급되는 부가 급여를 고려했을 때 인간자본 모델의 설명력이 더 높아진다는 연구도 있다. 또한 교육의 양뿐만 아니라 질을 고려함으로써 모델을 확충시킬 수도 있다.

베커의 교육과 소득분배 모델

인간자본 이론에서 중심적 역할을 수행한다고 할 수 있는 교육 모델은 인간자본의 공급 측면만을 강조하고 있기 때문에 개인의 능력의 차이를 무시하고 있으며, 가정 배경에 따라서 교육의 기회가 균등하지 못한 점을 간과하고 있다는 두 가지 주요한 비판을 받았다. 그리하여 인간자본 이론가들 중 베커는 이런 비판에 답하기 위해 인간자본의 공급 측면과 수요 측면을 동시에 고려해 인간자본에 대한 수요 및 공급곡선이라는 분석 수단을 가지고 적정 인간자본 투자량, 수익률 및 소득 결정을 분석하는 좀 더 정교한 모델을 제시했다.

〈그림 3.1〉에서 인간자본에 대한 개인의 수요는 인간자본의 형성에 따른 예상 수익과 개인의 능력에 의해서 결정되고, 한계수익률을 나타내는 수요곡선은 우하향하는데, 이는

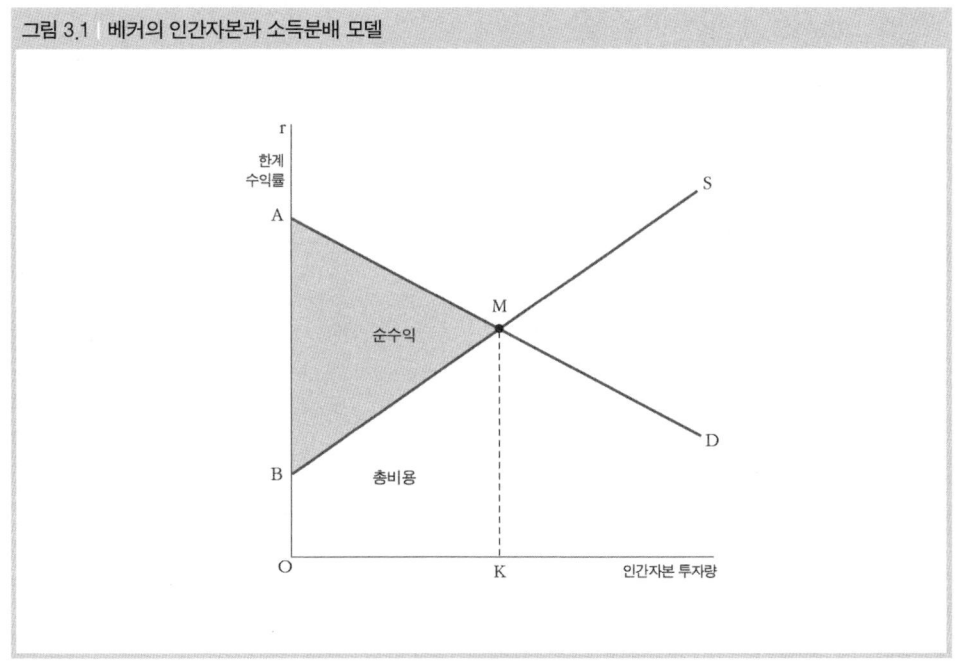

그림 3.1 베커의 인간자본과 소득분배 모델

인간에게 체화(體化, embodied)되는 인간자본은 정신적·육체적인 능력의 한계로 인해 한계수익률이 체감하기 때문이다. 한편 인간자본 투자의 한계비용을 나타내는 공급곡선은 우상향의 기울기를 가지며 인간자본 투자에 필요한 비용과 가족 배경, 기회 등 자금 차입의 비용의 차이를 반영한다.

각 개인의 입장에서는 한계수익이 한계비용을 상회하는 한 인간자본에 대한 투자를 확대할 것이기 때문에 한계수익과 한계비용이 일치하는 수준, 즉 수요곡선과 공급곡선이 교차하는 점에서 최적량 OK의 인간자본 투자가 이뤄지게 된다. 어떤 사람의 인간자본 투자에 대한 총수익은 수요곡선의 아래에 있는 사다리꼴 OAMK의 면적으로 표시되며, 총비용은 공급곡선의 아랫부분의 사다리꼴 OBMK의 면적으로 표시된다. 따라서 인간자본 투자의 순수익은 총수익에서 총비용을 뺀 차액인 삼각형 ABM의 면적으로 나타난다. 그러므로 소득분배는 인간자본에 대한 수요곡선과 공급곡선의 모양과 분포 및 두 곡선 간의 상관관

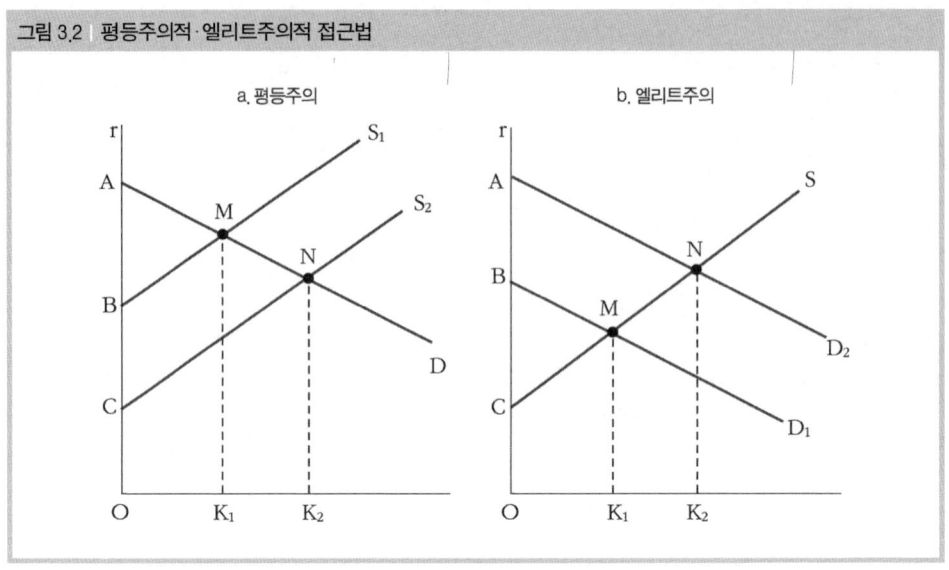

그림 3.2 | 평등주의적·엘리트주의적 접근법

계에 따라 달라진다.

한걸음 더 나아가 베커는 인간자본에 대한 수요 및 공급 조건에 따라 '평등주의적 접근 방법'egalitarian approach과 '엘리트주의적 접근 방법'elite approach으로 나누어 설명한다.

첫째, 평등주의적 접근 방법은 모든 사람의 타고난 능력은 비슷하므로 같은 양의 인간자본 투자로부터 기대할 수 있는 수익도 비슷하다고 본다. 따라서 수요 조건이 모든 사람에게 동일하기 때문에 노동소득의 불평등은 투자 자금의 조달 기회 면에서의 차이, 즉 공급 조건의 차이에 의해 야기된다고 본다. 즉, 부유한 사람은 상대적으로 유리한 조건으로 인간자본에 대한 투자 재원을 조달할 수 있으므로 부유한 사람의 공급곡선은 가난한 사람의 공급곡선보다 아래쪽에 위치하게 된다.

〈그림 3.2〉의 (a)에서 S_1은 가난한 사람의 공급곡선을, S_2는 부유한 사람의 공급곡선을 나타내고 있다. 그러나 수요 조건은 모든 사람에게 동일하기 때문에 공통의 수요곡선을 갖게 된다. 여기서 가난한 사람은 OK_1만큼 투자해 ABM의 면적만큼 노동소득을 얻게 되고, 부유한 사람은 OK_2만큼 투자해 ACN의 면적만큼 소득을 얻게 되므로 공급 조건이 유리한

사람은 인적 자본에 대한 투자를 많이 해 높은 소득을 얻게 된다. 이런 소득의 불평등은 결국 공급 조건의 차이에서 오는 것이므로 이를 줄이기 위해서는 교육 기회의 균등, 자본시장에서의 접근 기회access의 확대 등을 보장해야 한다는 정책적 함축이 도출된다.

둘째, 엘리트주의적 접근 방법에서는 투자 기회 측면에서의 공급 조건은 모든 사람에게 동일하지만 수요 조건, 즉 동일하게 투자해 수익을 얻을 수 있는 능력 면의 차이 때문에 소득분배의 불평등이 야기된다고 본다. 능력이 우수한 사람은 같은 금액의 인간자본 투자로부터 더 높은 수익을 올리기 때문에 이런 사람의 수요곡선은 능력이 적은 사람의 수요곡선보다도 더 높은 곳에 위치하게 된다.

〈그림 3.2〉의 (b)에서 D_2는 능력이 우수한 사람의 수요곡선이며, D_1은 능력이 열등한 사람의 수요곡선이다. 그러나 사람들에게 주어진 기회, 즉 인간자본 투자의 공급 조건은 모든 사람에게 동일하다고 보기 때문에 두 사람 모두 공통의 공급곡선을 갖게 된다. 능력이 열등한 사람은 OK_1만큼 투자해 BCM의 소득을 얻게 되며, 능력이 우수한 사람은 OK_2만큼 투자해 ACN의 소득을 얻게 된다. 이와 같은 엘리트주의적 접근 방법에 의하면 소득의 불평등은 사람들의 타고난 능력의 차이에서 오는 것이기 때문에 뾰족한 정책 대안이 없다는 것을 알 수 있고, 따라서 현실의 불평등을 인정하는 경향에 흐르기 쉽다.

이상에서는 능력이나 기회의 한쪽이 주어지고, 다른 한쪽만 차이가 있는 경우를 다뤘으나 다음에서는 모델을 좀 더 확장해 능력과 기회가 동시에 변수가 되는 좀 더 일반적인 접근 방법을 살펴보기로 하자. 이 접근 방법은 인간자본에 대한 수요 조건과 공급 조건이 개인별로 다를 뿐만 아니라 두 가지 조건은 상호 의존성이 높기 때문에 소득분배의 불평등도는 결국 능력과 기회 사이에 어떤 상관관계가 있는가에 달려 있다고 본다.

〈그림 3.3〉(a)에서 부유한 집의 자녀일수록 능력도 더 있다고 가정하면, 즉 능력과 기회가 플러스의 상관관계를 가진다고 가정한다면 부유하고도 유능한 사람은 N에서 수요와 공급이 균형을 이루게 되고 이때 AFN만큼의 소득을 얻는다. 가난하면서 능력이 떨어지는 사람은 M에서 균형을 찾게 되고, BEM만큼의 소득을 얻는다. 이와 같이 양자 사이에는 인간자본 투자의 크기에서 차이가 날 뿐 아니라 그 차이보다 훨씬 큰 엄청난 소득 불평등이 발생하게 된다.

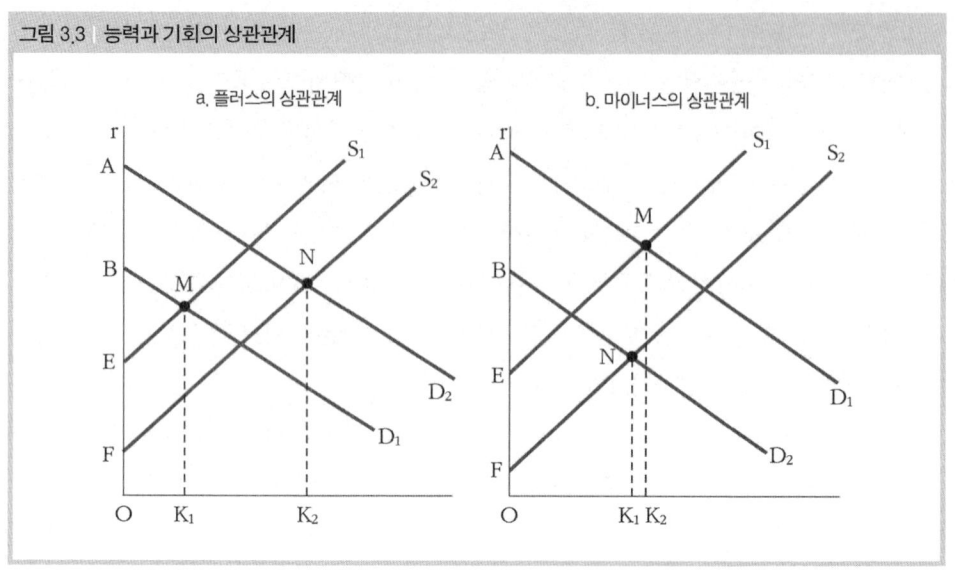

그림 3.3 능력과 기회의 상관관계

이번에는 반대로 능력과 기회가 마이너스의 상관관계를 가지는 경우를 생각해 보자. 즉, 가난한 집 자녀가 유능하고, 부유한 집의 자녀가 무능한 경우다. 이때 전자는 〈그림 3.3〉 (b)의 M에서 수급이 균형을 이루게 되고, 소득의 크기는 AEM이다. 반대로 부유하면서 무능한 사람은 N에서 균형을 이루고, BFN의 소득을 얻는다. 이때 두 사람의 인간자본 투자의 크기는 비슷해지고, 소득도 큰 차이가 없어서 소득 불평등은 아주 낮게 나타날 것이다.

역시 인간자본 이론가 중의 한 사람인 배리 치스윅Barry R. Chiswick은 일반적으로 능력과 기회는 플러스의 상관관계를 가질 것이라고 추측한다(Chiswick 1977). 그 이유는 첫째, 평균적으로 부모의 능력이 자녀에게 유전된다고 가정할 때 고소득층 가구의 자녀들이 저소득층 가구의 자녀들보다 능력이 우수할 가능성이 높다. 둘째, 부잣집에서는 어릴 때부터 각종 조기교육을 하기 때문에 자녀의 능력이 우수해질 가능성이 크다. 셋째, 유능한 학생이 장학금을 받을 가능성이 많다. 따라서 공급 조건과 수요 조건 간에는 플러스의 상관관계가 있다고 보는 것이다. 만약 양자 간에 플러스의 상관관계가 있다고 하면 〈그림 3.3〉의

(a)에서 보는 바와 같이 인간자본 투자가 증가함에 따라 근로소득의 불평등은 더욱 심화할 것이다.

즉, 교육에 대한 기회균등이 보장되지 않아서 수요 조건과 공급 조건 간의 플러스의 상관관계가 크면 클수록 인간자본에 대한 투자가 소득분배의 불평등을 조장하게 된다. 이 점에서 역시 기회균등의 보장이 소득 불평등의 개선을 위해 필요한 정책이 된다.

이런 베커의 모델은 인간자본 이론이 개인 간의 능력과 기회의 차이를 무시하고 있다는 최대의 약점을 보완하면서 인간자본 이론이 이들 두 가지 요소까지 포괄하는 일반적 이론이 될 수 있다는 것을 보이기 위해 만들어진 정교한 방법임에 틀림없다. 그러나 이 정도의 모델로 이들 요소의 중요성을 충분히 감안했다고 보기에는 아직 부족하다고 하지 않을 수 없다. 예를 들어 기회의 불평등이 단지 자금 차입상의 이자율의 차이 정도로 끝나지 않고 아예 진학을 가로막는 경우도 우리는 흔히 볼 수 있지 않은가?

인간자본 이론의 평가

인간자본 이론은 비록 부분적이긴 하지만 소득의 불평등을 설명하는 데 상당한 성과를 거둔 것이 사실이다. 그리고 모델 자체가 간단한 수식으로 되어 있어서 기본적인 가정을 조금씩 수정, 가감함으로써 모델을 자유로이 조작할 수 있는 가능성이 매우 크다. 모델의 조작 가능성이 크다는 장점이 수많은 연구자들에게 풍부한 연구 테마를 제공해 왔다는 점, 그리고 경제학계에서 시카고학파의 전반적인 지위가 상승했다는 점 등의 요인에 힘입어 인간자본 이론은 아주 짧은 시간에 하나의 지배적 학설의 위치에 서게 되었다. 그러나 이 이론에 대해서는 많은 비판이 제기되고 있는 것도 사실이다.

첫째, 인간자본이라는 개념 자체에 대한 근본적인 비판이다. 미국의 급진파 경제학자인 새뮤얼 보울스Samuel Bowles와 허버트 긴티스Herbert Gintis는, 인간자본 이론은 자본제적 생산을 대등한 여러 생산요소의 결합에 의해 이뤄지는 것처럼 묘사함으로써 자본가와 노동자 사이의 계급 관계를 무시하고 있다는 점을 지적하고 있다(Bowles and Gintis 1975). 이들에 의하면 인간자본 이론은 모든 생산요소를 자본으로 환원시키고 노동자도 자본가로 변신시킴으로써 자본주의의 속성인 착취와 불평등을 은폐하고 자본주의 체제의 현상 status quo을 유지하려는 보수적 이데올로기에 불과하다는 것이다.

둘째, 노동의 공급 측면만을 중시한 나머지, 수요 측면을 무시하고 있다는 비판이다. 하워드 와텔 Howard Wachtel과 벳치 C. Betsy는 인간자본의 크기가 같더라도 노동시장구조나 산업, 지역, 기타 수요적 요인의 차이에 따라 얼마든지 다른 보수가 지급될 수 있다는 점을 지적하고, 이것을 실증적 자료로 뒷받침했다(Wachtel and Betsy 1972). 소득 결정에서 중요한 것은 누가 인간자본에 얼마나 투자했느냐 하는 것보다는 노동시장구조 내지 직무 구조 job structure라고 보는 것이 이들의 입장인데, 이것은 특히 분단 노동시장의 이론에서 제기되는 비판으로 이것에 관해서는 4장에서 다루게 될 것이다.

셋째, 노동시장에서의 차별을 충분히 설명하지 못한다. 미국의 흑인은 같은 교육을 받아도 백인보다 교육의 수익률이 낮은 경향이 있다. 또한 일반적으로 여성의 교육투자 수익률은 남성에 비해 낮은 것으로 나타나고 있다. 이와 같은 인종차별, 성차별을 분석하기 위해서는 인간자본 이론으로는 불충분하며 역사적·제도적·사회적 여러 요인을 고려하지 않으면 안 된다.

넷째, 개인 간의 능력 차이로 인한 소득의 차이를 설명할 수 없다. 대체로 능력이 많은 사람이 학력도 높은 경향이 있다는 것을 인정한다면, 능력을 무시하고 교육과 소득 사이의 관계를 설명하는 것은 그만큼 교육의 영향을 과대평가하는 셈이 된다. 원래 에드워드 데니슨과 베커는 이런 요인으로 인해 교육투자의 수익률이 3분의 1 정도 과대평가되어 있을 것으로 추측했으나 그 후의 연구는 그런 상향편이 上向偏倚, upward bias가 실제로는 그것보다 훨씬 작다는 것을 보여 주고 있다. 그러나 이런 종류의 연구에서 나타나는 문제는 항상 지능지수 IQ나 시험 점수에 의해 능력을 측정할 수 있느냐 하는 점이다.

다섯째, 사회·경제적 배경 socio-economic background이 소득에 미치는 영향을 무시한 점에서 인간자본 이론은 교육의 영향을 과대평가하고 있다. 급진파 경제학자 보울스에 의하면 교육이 소득에 미치는 영향이 상당히 큰 것은 사실이지만 이것은 외양에 불과하고, 실제로는 그 배후에 사회·경제적 배경이 중요한 역할을 하는 것으로 본다. 그가 실증적 자료를 써서 이 가설을 검증한 결과 교육이 소득에 미치는 영향은 꽤 크지만, 이 모델에 사회·경제적 배경을 추가하면 교육 자체의 설명력은 원래 설명력의 60% 이하로 떨어진다고 한다. 그리고 사회·경제적 배경은 소득 불평등의 13%를 설명하는데, 교육이란 변수를 추가해 보았자 설명력은 2.1%밖에 더 증가하지 않기 때문에 소득의 결정에 있어 교육보다는 사회·경제적 배경이 더 중요한 요인이라고 주장한다.

인도 출신의 경제학자 자그디쉬 바그와티Jagdish Bhagwati는 인도의 예를 들어 인간자본 이론에 대해 반론을 제기하며 사회·경제적 배경의 중요성을 강조했다. 그에 의하면 교육투자의 수익률은 중립적인 것이 아니라 계급 사이에 차이가 있으며, 특히 후진국에서는 자본시장이 불완전해 교육 자금의 차입 비용에서 가난한 사람들이 불리하다는 것이다. 뿐만 아니라 공부에만 전념할 수 있는 부잣집 아이들과는 달리 가난한 집 아이들은 집안일을 거들어야 하는 경우가 많기 때문에 교육을 받지 않는다고 가정할 때 얻을 수 있을 가상적 수익, 즉 교육의 기회비용이 더 높게 된다. 그리고 그는 현재 대학 교육에 투입되고 있는 막대한 국가 보조는 대중의 희생 위에서 소수의 엘리트에게만 이익을 준다는 점을 들어 신랄하게 비판하고 있다.

여섯째, 인간자본 이론은 교육이 사람들의 인지능력을 증진시킴으로써 생산성을 높인다고 가정하고 있는데 이 가정은 옳지 않다는 허버트 긴티스의 비판이 있다. 긴티스는 교육은 인식능력보다는 참을성, 복종, 사교성, 기율 등 작업장에 적합한 성격을 형성시킴으로써 노동자의 생산성을 높이는 측면이 더 중요하다는 것을 실증적 연구를 통해 밝히고 있다. 이런 결과에 기초해 그는 인간자본 이론을 비판할 뿐 아니라 나아가서는 개인의 성격이나 취미는 외생적으로 주어진다고 보는 신고전파 이론의 기본적 전제 자체를 공격하고 있다.

끝으로 인간자본 이론은 환경적 요인, 제도적 요인, 가정에서의 유아기 투자 또는 양육 방법의 차이를 무시하고 있다는 비판도 있다. 이상에서 본 바와 같이 인간자본 이론은 어느 정도 설득력이 있는 것은 사실이지만 분명히 한계를 가진다. 만일 이 이론이 전적으로 옳다면 우리 주위에 아들을 중학교까지 보내는 것이 유리할까 아니면 대학교까지 보내는 것이 좋을까 하는 문제를 놓고 계산기를 두드려가면서 심사숙고하는 백만장자가 적어도

한 명쯤은 있어야 하지 않을까? 이런 사람이 없다는 사실은 교육으로 인해 얻는 이익이 인간자본 투자에 대한 합당한 보상이라고 보는 인간자본 이론의 관점에 중대한 허점이 있다는 것을 그대로 보여 주는 것이다.

3. 선별 가설

선별 가설의 내용

교육을 통해 사람들의 지식이나 기술이 증진되고 따라서 생산성이 높아진다고 보는 것이 인간자본 이론이라고 한다면 선별選別, screening 가설에서는 교육이 사람들의 능력을 제고시키는 기능은 없고 다만 능력이 있는 사람을 가려내는 역할을 한다고 본다. 이 가설은 선별 screening, 신호 signal, 체filter, 학위주의學位主義, degreeism, credentialism 등의 여러 가지 이름으로 불리고 있다. 우리나라에서는 오래전부터 '간판 따러 학교 간다'는 말이 있는데 이것은 선별 가설의 주장과 일맥상통하는 면이 있다. 선별 가설은 인간자본 이론에 대한 유력한 반론 중 하나로서 1970년대에 와서 새로 등장한 이론이다. 이 이론을 가장 엄밀하게 정식화한 것은 미국의 경제학자 케네스 애로우 Kenneth J. Arrow의 모델이지만, 여기서는 좀 더 알기 쉬운 마이클 스펜스 Michael Spence의 직무 신호職務信號, job signalling 모델을 통해 선별 가설을 간략히 소개하기로 한다.

대부분의 노동시장에서 고용주가 노동자를 채용하는 단계에서는 아직 그 사람의 생산 능력이 어느 정도인지를 잘 알 수 없는 것이 보통이다. 이것은 노동시장의 정보가 불완전하다는 뜻이며 정보이론의 용어를 빌리자면 고용주와 피용자 사이에 정보의 비非대칭성(노동자는 자신의 능력, 또는 생산성을 잘 알지만 고용주는 그것을 모른다)이 존재한다고 할 수 있다. 그런 의미에서 노동자를 채용한다는 것은 일종의 불확실성 하의 투자 행위라고 볼 수 있다. 채용을 함에 있어 고용주는 노동자에 관해 두 가지 유형의 특징을 관찰하게 되는데 그것은 지표^index와 신호다. 지표란 성별, 인종, 나이 따위와 같이 개인이 의도적으로 바꿀 수 없는 성질을 가지고 있는 데 반해, 신호는 교육이나 건강과 같이 개인이 비용을 들여 투자할 수 있고 바꿀 수 있는 성질을 가진다.

고용주는 다년간의 경험을 통해 축적한 통계적 정보에 기초해 어떤 지표나 신호를 가진 사람은 대개 어느 정도의 생산능력을 가질 것이라고 하는 조건부 기대치를 가지고 있다. 이 기대치에 기초해 고용주는 노동자의 채용 여부와 초봉初俸으로 제시할 소득을 결정하는데, 이 기대치는 물론 불변은 아니고 매년 새로 노동자들을 채용하고 그들이 일하는 성과를 관찰해 감에 따라 실수나 오판이 발견되면 끊임없이 수정되어 간다. 이렇게 수정된 기대치는 다음 해의 채용과 초봉에 영향을 주게 될 것이다.

노동자의 입장에서 볼 때 지표는 주어진 것이니 어쩔 수 없지만 신호에 대해서는 경우에 따라서 투자하는 것이 유리할 수 있다. 고용주들이 학력이 높은 노동자일수록 유능하고 생산성이 높을 것이라고 기대한다면 그에 대해서는 기꺼이 높은 보수를 지불하려 할 것이다. 이때 교육은 지식을 제공하거나 생산성을 높인다기보다는 원래 유능한 사람을 선별해 내는 기능을 수행할 뿐이다. 즉 유능한 사람일수록 오랜 기간에 걸친 각종 시험을 무사히 통과해 학교를 마칠 확률이 높을 것이라고 생각하는 것이다. 이 가설에 따르면 교육을 통한 선별이 없는 경우에는 모든 노동자에게 똑같은 평균 소득이 지불되겠지만 선별이 있는 경우에는 생산성에 따라 소득의 격차가 생기게 된다. 여기서 유능한 사람은 자신의 생산성에 상응하는 소득을 벌기 위해 자신의 높은 생산성을 고용주에게 알릴 필요가 있으며, 그러기 위해서는 교육이라는 신호를 비용을 들여서라도 사는 것이 유리한 것이다. 이와 같은 교육의 선별 기능이 작용하기 위해서는 교육의 비용과 개인의 능력과는 마이너스의 상관관계를 가진다는 가정이 반드시 필요하다. 만일 이 가정이 없다면 능력에 관계없이 모든 사람이 좀 더 많은 교육을 받으려 할 것이고 결과적으로 교육에 관한 한 똑같은 신호를 보내게 될 것이기 때문이다.

이와 같이 선별 가설은 교육을 보는 관점이 인간자본 이론과 전혀 다르다. 인간자본 이론에 입각하면 교육은 개인적으로나 사회적으로나 생산적이며 바람직한 투자다. 그러나 선별 가설에 의하면 교육의 역할은 반드시 바람직한 것은 아니다. 유능한 노동자의 입장에서 보면 교육은 소득을 높이는 유리한 방편이 되지만 반대로 무능한 노동자의 경우에는 오히려 소득을 평균 이하로 낮추는 결과밖에 가져오지 않는다. 고용주의 입장에서 보면 선별이 있건 없건 생산량이나 이윤은 변화가 없고 다만 무능한 노동자에게서 유능한 노동자에게로 소득을 재분배해 줄 뿐이다. 그런데 사회적인 관점에서 보면 교육은 하등 생산성을 높이지 못하고 사회 전체의 소득도 증대시키지 않고 다만 자원을 낭비하는 것에 지나지 않는다는 함축을 가진다. 이와 같이 학력이 생산성을 높이지도 않으면서 지위와 소득의 결정에 큰 영향력을 행사하는 사회를 학력 사회credential society라고 부른다. 교육이 생산성을 높이지 않고 단순히 선별 작용을 통해 개인적으로 높은 소득을 가져다줄 뿐이라면 교육투자의 사적 수익률은 높으나 사회적 수익률은 아주 낮을 것이고 사회적으로 교육에 대한 과잉투자가 존재하는 셈이 된다.

직무 경쟁 모델

선별 가설과 유사한 모델로서 직무 경쟁職務競爭, job competition 모델이 있다. 이것은 나중에 『제로섬 사회』The Zero-sum Society(1980)란 저서를 써서 유명해진 미국 MIT 대학의 레스터 서로우Lester C. Thurow에 의해 1970년대 초에 제시된 모델인데, 신고전파의 노동시장 이론을 비판하면서 나타난 하나의 대안적 가설이다. 서로우는 신고전파의 노동시장 이론은 노동자들이 임금을 놓고 서로 경쟁하는 상태, 즉 임금 경쟁wage competition을 가정하고 있으나 이것은 현실과 부합하지 않는 것으로 본다. 실제로 기업에 입사하기를 원하는 지원자가 "나를 뽑아주면 다른 사람들보다 훨씬 적은 봉급을 받고도 일하겠다"는 식으로 이야기하는 사람은 없지 않은가. 서로우에 의하면 현실의 노동시장에서 임금 경쟁은 거의 없고 실제로는 대개 기업 측이 제공하는 직무job를 놓고 노동자들이 서로 일자리를 다투는 경쟁이 일어난다고 가정한다. 여기서 임금은 미리 정해져 있으며, 그 일자리를 얻기 위해서 다른 사람보다 좀 더 낮은 임금을 감수하겠다고 제의하는 노동자는 찾아보기 어렵다. 노동자들은 임금을 갖고 경쟁하는 게 아니라 다른 수단을 통해 직무를 놓고 경쟁하게 된다는 것이다.

어떤 직무에 지원하는 여러 명의 노동자가 있을 때 이것을 서로우는 '노동의 행렬'labor queue이라고 부르며 고용주의 입장에서는 어떤 사람을 선발하는가 하는 문제가 생긴다. 여기서 주요 선발 기준이 되는 것은 그 사람을 채용했을 때 앞으로 훈련 가능성trainability 여부, 그리고 어느 정도의 훈련 비용이 들 것인가 하는 것이 된다. 고용주는 채용 단계에서는 노동자의 숙련 정도나 장래 소요될 훈련 비용을 잘 알 수가 없다. 이때 장래의 훈련 비용을 암시해 주는 하나의 정보가 되는 것이 그 사람의 교육 수준이다. 서로우에 의하면 학교교육은 그 자체 생산성을 높이는 것은 아니며, 노동자의 생산성은 오로지 현장 훈련에 의해 결정되는데, 학교교육을 받은 사람일수록 훈련이 용이하고 따라서 훈련 비용이 절약되는 차이가 있다는 것이다. 고용주는 그런 이유로 고학력자를 선호하게 된다. 서로우는 다음과 같이 말한다.

> "사람들이 직무를 구하는 대신에 직무가 사람 ― 적당한 사람 ― 을 구한다. 교육의 역할은 기능을 양성하고 따라서 생산성 증대와 고임금을 노동자에게 부여하는 것이 아니다. 오히려 교육은 노동자의 '훈련 가능성'을 증명하고 그 증명서에 기초해 노동자에게 일정한 지위를 주게 만드는 것이다" (Thurow 1972, 68).

이런 관점에서 본다면 가능한 한 좀 더 많은 교육을 받는 사람이 노동시장에서의 채용에 유리해지고, 따라서 사람들의 교육에 대한 수요는 과잉이 되기 쉽다. 사회의 전반적 교육 수준이 상승하면서 역시 학력에 따라 채용을 결정하는 패턴이 유지된다면 바람직하지 못한 새로운 현상이 나타나게 된다. 즉, 사회의 고급 직종은 우선 대졸자로 채워질 것이고, 그 다음 서열의 직종은 과거에는 고졸자가 맡았었는데, 이제는 대졸자가 그 일을 차지하게 되고, 과거 중졸자가 하던 일을 이제는 고졸자가 맡는 등 전반적 하향 이동 현상이 생기게 된다. 이것을 추돌追突, bumping 모델이라고 한다. 즉, 대졸자가 고졸자를 밀어내고, 고졸자는 중졸자를 밀어내는 식으로 연쇄 추돌이 일어나는 것이다. 이 모델의 성질은 고속도로에서 자동차가 여러 대 달릴 때 맨 뒤의 차가 앞의 차에 부딪쳐 연쇄 추돌이 일어나는 상황과 유사한 성격이 있다.

여기서는 사회 전반적인 과잉 교육 over-education 이 일어나 자원의 낭비가 심할 뿐 아니라 아무리 교육이 확대되더라도 학력 간 불평등은 해소되지 않는다. 인간자본 이론에서는 교육의 확대가 고학력자의 공급을 증가시키고, 따라서 그들의 상대적 희소가치를 낮추어 소득분배를 평준화시킬 가능성이 있다고 보는 데 반해, 추돌 모델에서는 교육이 확대되어도 소득 평준화는 일어나지 않는 것으로 상정한다. 교육의 확대는 고학력자가 저학력자의 영역을 침범해 몰아내는 결과를 가져올 뿐이고, 사회적 자원 낭비와 학력 간 불평등의 지속은 피할 수 없다는 것이다. 우리나라와 같은 학력 사회에서는, 이미 세계에서 유례를 찾아볼 수 없을 정도로 엄청난 고학력화 추세가 계속되어 과잉 교육과 추돌 현상이 여기저기서 일어나고 있다. 그러면서도 학력 간 소득격차는 줄어들지 않고 있어서 추돌 모델과 상당히 부합하는 면을 보여 주고 있다.

직무 경쟁 모델에서 개인의 소득은 그가 '노동의 행렬'에서 차지하는 상대적 위치와 직무의 분포에 의해 결정된다. 직무의 공급을 결정하는 것은, 서로우에 의하면, 첫째, 직무를 낳는 기술혁신의 성격, 둘째, 노동조합, 임금격차의 전통 등 임금 결정에서의 '사회학적 요인', 셋째, 고용자와 피고용자 사이의 훈련 비용 분담 태도의 세 가지 요인이다.

이상이 직무 경쟁 모델의 요약인데 서로우는 교육을 선별 장치로 본다는 점에서 선별 가설과 비슷한 입장에 서있지만 선별되는 것이 개인의 능력이 아니라 직무의 훈련 가능성이란 점에서 선별 가설과는 차이가 있다. 선별 가설에서는 어떤 개인이 미리 정해진 능력을 갖고 노동시장에 나타난다고 보는 반면, 직무 경쟁 모델에서는 노동시장에는 아직 특정한 기능이 존재하지 않는 것으로 보는 것이다. 이와 같이 직무 경쟁 가설은 선별 가설과 상당한 유사성을 가지나 선별 가설만큼 이론적 엄밀성을 갖추지는 못했다. 그러나 선별 가설보다 약간 일찍 나온 하나의 선구적 모델로서의 가치는 높이 평가할 만하다.

선별 가설의 실증

선별 가설은 이론적으로 매우 참신한 면이 있고 상당히 직관적인 설득력을 갖고 있는 것이 사실이지만, 실제로 통계자료를 써서 이 가설을 입증한다는 것은 여간 어려운 작업이 아니다. 지금까지 몇 편의 실증적 연구가 나왔지만 그 결과는 찬반양론으로 갈라져 뚜렷한 결론을 내리기가 어렵다. 폴 타우브만Paul J. Taubman과 테렌스 웨일즈Terence J. Wales는 교육을 통한 선별이 작용한다면 학력이 낮은 사람들은 소득이 낮은 직업에 몰리는 경향이 있을 것이라는 점에 착안해 이 가설을 검증하려고 시도했다(Taubman and Wales 1973). 즉 직업별로 소득 함수를 추정하고 각자는 자기의 학력과 능력에 비추어 가장 소득이 높은 직업을 선택한다는 가정하에 예상되는 직업별 노동자의 수를 계산할 수 있다. 이렇게 해 학력별로 예상되는 직업의 분포가 얻어지는데 이것을 실제의 분포와 비교함으로써 위의 가설을 검증할 수 있다.

  이렇게 비교한 결과 고졸자들은 대졸자에 비해 소득이 낮은 직업에 현저하게 몰려있다는 것이 판명되었고 이것은 선별 가설의 타당성을 뒷받침해 주는 증거라고 그들은 해석했다. 나아가서 그들은 교육이 선별의 기능을 하는 이상 학력 간 소득격차는 교육이 가지는 진정한 생산성 효과보다 과대평가되고 있는 것이며 교육의 사회적 수익은 학력 간 소득격차의 3분의 1 내지 2분의 1 정도밖에는 되지 않을 것이라고 추측했다.

  타우브만과 웨일즈의 증명은 꽤 교묘한 방법이었지만 곧 리처드 레이야드Richard Layard와 조지 사차로풀로스George Psacharopoulos의 비판을 받았다(Layard and Psacharopoulos 1974). 비판의 요지는, 학력이 낮은 사람 중 일부는 고소득의 직업에 채용되고 나머지는 채용되지 않은 이유가, 학력은 비슷할지 모르나 타우브만과 웨일즈가 정의한 능력 이외의 어떤 다른 능력의 차이가 고용주에게 판별되었기 때문일 가능성이 있다는 것이다. 나아가서 레이야드와 사차로풀로스는 선별 가설을 실증 분석을 통해 비판하고 있다.

  첫째, 교육년수보다는 학위를 땄다고 하는 사실이 개인의 능력에 대한 더 확실한 신호가 될 것이므로 만일 선별 가설이 옳다면 학교 졸업자는 중퇴자보다 교육에 대한 수익률이 높을 것이다. 그러나 그들의 실증 분석에서는 중퇴자의 수익률이 졸업자보다 높은 것으로 나타났기 때문에 선별 가설과는 부합하지 않는다. 둘째, 선별 가설이 맞는다면 설사 채용 시에는 노동자의 능력이 미지수이므로 학력을 기준으로 보수를 정한다고 해도 시간이 지나고 직장에서의 경력이 쌓여감에 따라 차차 개인의 능력이 드러날 것이다. 그렇다면 학력이 소득에 주는 영향은 채용 초기에 가장 크고 시간이 지남에 따라 차차 줄어들 것이라고 예상할 수 있다. 그러나 레이야드와 사차로풀로스의 실증 분석에 따르면, 실제는 오히려 학력의 영향이 시간이 갈수록 더 커지는 경향이 발견되었으므로 선별 가설을 지지하기가 어렵다는 것이다.

에이브러햄 하스펠Abraham E. Haspel은 타우브만과 웨일즈와 같은 분석 방법과 자료를 이용하되, 비금전적 요인도 고려한 포괄적인 소득의 개념을 이용해 선별 가설을 검증했다(Haspel 1978). 그런데 이 경우에는 타우브만과 웨일즈의 결론과는 반대로 선별 가설과 부합하지 않는 여러 증거가 나타나고 있는 것이 주목할 만하다.

한편 회사에서 새로 노동자를 뽑을 때 교육년수가 채용 여부를 결정하는 데는 참고가 되지만 초봉을 결정하는 데는 충분한 정보를 제공하지 못한다는 리우Pak-Wai Liu와 웡Yue-Chim Wong의 견해가 있다(Liu and Wong 1982). 리우와 웡의 가설에서는 회사 측에서 제시하는 초봉의 수준은 졸업장이나 합격증 따위의 증명서에 의존한다. 두 사람은 싱가포르의 제조업 노동자들의 표본에서 이 가설을 검증해 보았는데 결과는 국가고시의 합격증, 그중에서도 특히 대졸 시험의 합격증이 소득을 높이는 경향이 있음을 보여 줌으로써 선별 가설을 지지하고 있다.

전혀 다른 접근 방법으로는 케네스 월핀Kenneth I. Wolpin의 연구를 들 수 있다(Wolpin 1977). 그는 어떤 이유로든 채용 시에 자신의 생산성을 드러내 보일 필요가 적은 사람은 그만큼 교육에 신경을 적게 쓸 것이라는 가설을 제시하고 있다. 바꿔 말하면 선별을 거치지 않는 노동자들은 선별을 거치는 노동자들보다 평균적으로 학력이 낮을 것이라는 것이다. 그는 이 가설을 검증하기 위해 선별이 필요 없는 자영업자들과 선별이 필요한 봉급생활자들의 평균 교육년수를 비교했는데, 전자가 후자보다 별로 낮지 않기 때문에 선별 가설은 의심스럽다고 본다.

선별 가설의 평가

이와 같이 선별 가설에 대한 실증적 연구는 찬반양론으로 갈라져 있어서 좀 더 확실한 검증은 앞으로 좀 더 많은 연구를 필요로 한다고 할 수 있다. 이론적인 측면에서 보면 선별 가설은 정통적인 인간자본 이론에 대해 참신한 비판을 제기하고, 교육의 역할에 대한 흥미 있는 시각을 제공했다는 점에서 그 의의가 크다. 그러나 선별 가설도 역시 몇 가지 문제점을 갖고 있다.

첫째, 사람의 능력을 그냥 주어진 것으로 보는 것은 옳지 않다. 선별 가설에서는 인간의 능력은 계발될 필요는 없고 다만 발견될 필요가 있을 뿐이라고 보는데, 이는 너무 지나친 생각이다.

둘째, 교육이 전혀 생산성을 높이지 않는다고 보는 것도 무리가 있다. 교육 중에서도 특히 전문·직업교육은 분명히 생산성과 관련이 있다고 봐야 할 것이다. 문학이나 고전이라면 몰라도 기계공학이나 경영학이 생산에 유용한 지식을 제공하지 않는다고 보는 것은 어폐가 있다.

셋째, 생산에 있어 외부성을 고려할 필요가 있다. 즉 교육을 받은 사람은 그 자신의 생산성을 높이지는 않는다고 하더라도 주위의 교육 받지 않은 사람에게 자극을 줌으로써 간접적으로 생산성을 높이는 효과가 있을지도 모른다. 설사 이런 효과는 거의 없다고 하더라도 적어도 교육을 통해 다른 보완적 생산요소인 자본재의 생산성은 높아질 가능성이 크다. 또한 미국의 농업 부문에서 대학 교육을 받은 사람일수록 기술혁신을 더 잘 수행하는 경향이 있다는 피니스 웰치 Finis Welch의 연구도 있다(Welch 1970). 그리고 민서의 연구에서 나타난 것처럼 교육을 많이 받은 사람일수록 현장 훈련을 더 잘 받는 경향이 있다고 한다면 이것 역시 교육이 가져오는 간접적인 생산성의 효과라고 볼 수 있지 않겠는가.

넷째, 교육이 정말로 생산성은 증대시키지 않고 사람을 선별하는 기능밖에 없다면 그것은 자원의 엄청난 낭비를 의미한다. 피터 와일스 Peter J. Wiles도 지적했듯이(Wiles 1974) 적은 비용을 들여 하루 종일 시험을 치르게 함으로써 얼마든지 능력 있는 사람을 찾아낼 수 있지 않을까? 또는 회사에서 직접 시험을 치지 않더라도 그런 역할을 대행해 주고 수수료를 받는 사설 기관이 생길 만한데 실제로는 그렇지 않다는 것은 역시 교육이 선별 기능 이외에 다른 중요한 생산적 기능을 가지고 있다는 증거로 보아야 하지 않을까?

4. 급진파의 시각

급진파 교육론의 배경

인간자본 이론은 교육의 기능을 적극 긍정하는 입장이고, 소극적 긍정 내지 소극적 부정의 입장에 서는 것이 선별 가설이라고 한다면 급진파 경제학은 적극적 부정의 입장에 선다. 교육에 대한 급진파의 분석은 1970년대 초 당시 미국 하버드 대학교에 있던 소장少壯경제학자인 보울스와 긴티스를 중심으로 해 전개되기 시작했는데, 그들의 연구 성과는 『자본주의 미국의 교육』 Schooling in Capitalist America(1976)이란 통렬한 비판서로 나타났다. 급진파경제학이 1960년대 미국에서 등장한 배경으로는 베트남전의 확대와 미국 국내의 반전 분위기의 고양, 흑인 운동과 여성해방운동의 강세도 들 수 있지만, 그 밖에 1960년대 민주당 정부에 의해 추진된 여러 가지 진보주의적liberal 정책이 예상했던 만큼 성과를 거두지 못한 데 대한 반성을 들지 않을 수 없다.

예를 들어 1965년 존슨Lyndon B. Johnson 대통령이 선언한 '빈곤과의 전쟁'The War on Poverty에서는 각종 사회보장제도의 확충과 더불어 교육의 확대가 빈곤을 퇴치하기 위한 중요한 정책 수단으로 부각되고 있었다. 이런 정책은 다분히 1960년대 초 이후 등장한 인간자본 이론의 영향을 크게 받은 것으로 볼 수 있다. 그리하여 1960년대를 통해 전반적인 교육의 확대와 평준화, 직업훈련 등이 정부의 지원하에 적극적으로 추진되었다. 이런 교육 혁신은 인간자본 이론의 입장에 따르면 경제성장, 빈곤의 감소, 소득분배의 평준화 등의 긍정적 효과를 가져올 것으로 기대된다. 그러나 결과적으로 빈곤은 좀처럼 줄어들지 않았고 소득분배는 사실상 불변인 것으로 나타났다. 이것은 무언가 정통적인 교육 이론에 잘못이 있는 것이 아닐까 하는 의문을 일으키게 하기에 충분했다. 이런 배경 속에서 소장학자들을 중심으로 해 교육에 대한 새로운 비판적 시각이 형성되기 시작했다.

급진파 교육론의 내용

교육을 보는 급진파의 기본적인 시각은 자본주의 체제의 사회·경제구조, 또는 계급 구조가 교육의 성격과 기능을 좌우한다는 것이다. 이들에 의하면 무엇보다도 자본주의 하의 교육은 불평등한 계급 구조의 반영이다. 동시에 교육은 계급 구조를 재생산하는 역할을 수행한다. 보울스와 긴티스는 역사적으로 볼 때 19세기 말에 미국의 대중 교육이 급속도로 확산된 그 자체가 미국의 자본주의의 발달과 공장제 생산의 확대에 기인한다고 본다. 즉 당시의 대중 교육 확산은 유럽에서 건너온 다수 빈민들의 주도에 의한 아래로부터의 요구에 의해 이뤄진 것이 아니고 오히려 그들의 반대를 무릅쓰고 강제로 부과된 성질의 것이었다. 이것은 급속히 늘어나는 여러 공장에서 상부의 명령에 잘 복종하고 기율이 서있는 대량의 임금노동자를 양성해 낼 필요가 있던 자본가의 요구에 부응한 것이었다. 즉, 미국의 대중 교육은 출발부터 자본가들의 이해관계에 따라 발생했다는 주장이다.

 자본주의적 분업은 본질적으로 위계적位階的, 관료주의적官僚主義的 직무 구조를 특징으로 하며 특히 20세기에 들어와 대기업이 급성장함에 따라 이런 경향은 더욱 두드러졌다. 이와 같은 작업장의 성격은 고스란히 교육에도 반영되어 학교 내부의 조직과 인간관계가 위계적·관료주의적으로 된다. 뿐만 아니라 교육은 장차 작업장의 위계질서에 잘 적응하고 명령에 순순히 복종할 수 있도록 일찍부터 학생들을 훈련시키는 역할을 맡는다. 따라서 교육의 주요 목적은 학생들의 인식능력을 제고시키는 데 있는 것이 아니라 작업장에 적합한 심성이나 사회적 태도를 양성하는 데 있다고 하는 것이다.

 부모의 작업장에서의 경험이 자식들의 가정교육에 반영되어 그것이 계급 구조를 세대간에 이전시키는 동화작용同化作用을 하는 것과 마찬가지로 학교교육에도 그런 측면이 다분히 있다. 고등학교까지는 학생들에게 교과목의 선택권이 없고, 수업 방식도 학생들의 수동적 태도를 요구하며, 지각, 조퇴를 엄격히 통제하는 등 교내의 기율도 매우 엄한 데 비해 일단 대학에 입학하면 교과목 선택권도 주어지고, 수업 분위기도 학생들의 적극적 참여와 창의를 존중해 주며, 학생들에 대한 기율의 강요가 거의 없다시피 할 정도의 자유를 허용하는 이유는 무엇일까? 다른 이유도 있겠지만 그것은 고졸자는 위계적 직무 구조의 하층에 들어가 상관의 명령을 받으며 일할 사람들이고, 대졸자는 상층에서 이들을 지휘, 감독할 사람들이기 때문에 학교교육에서 벌써 그런 훈련의 차이가 나타난다고 이들은 설명한다.

교육이 자본주의의 계급 구조를 재생산하는 또 다른 경로는 그것이 노동자들을 분할 지배divide and rule하는 수단이 된다는 것이다. 즉 인종이나 성별과 마찬가지로 교육은 노동자계급을 분단화해 단결을 방해하는 수단이 될 수 있다는 것이다. 이것과 관련해 교육이 수행하는 또 하나의 기능은 불평등을 합리화하는 것이다. 자본주의 하의 경제적 불평등은 기본적으로 유산계급과 무산계급 사이에서 발생하는 것인데, 교육은 이것을 은폐하는 수단이 되고 있다는 것이다. 부잣집 아들이 부모를 잘 만나서 잘 산다는 것은 정당화하기가 어렵지만 교육을 많이 받았기 때문에 소득이 높다는 것은 훨씬 쉽게 정당화될 수 있기 때문이다. 그러나 사실 교육은 그런 명분을 제공해 줄 뿐이고 불평등의 밑바닥에는 계급 대립이라는 근본 원인이 있다. 그런 의미에서 교육을 받아서 소득이 높아진다고 주장하는 인간자본 이론은 현실의 불평등과 착취를 은폐하고 미화하는 이데올로기에 불과하다는 비판을 받게 된다.

보울스와 긴티스는 한걸음 더 나아가서 흔히 이용되는 지능지수 검사에 대해서도 같은 이유로 공격의 화살을 퍼붓고 있다. 즉 지능지수 점수와 경제적 성공 사이에는 플러스의 상관관계가 발견되기 때문에 마치 높은 지능지수가 경제적 성공을 가져오는 것과 같은 인상을 주기 쉽다. 그러나 사람들의 사회·경제적 배경을 고려하고 나면 두 개의 변수 사이에는 거의 상관관계가 없어지기 때문에 높은 지능지수가 경제적 성공의 원인이라고는 할 수 없다. 그럼에도 불구하고 실제로 지능지수는 자본주의의 불평등한 계급 구조를 합리화하는 데 편리한 도구로 이용되고 있다는 것이 이들의 주장이다.

결국 급진파의 관점에서 볼 때 자본주의사회에서 소득의 불평등을 가져오는 것은 근본적으로 불평등한 계급 구조 또는 사회·경제적 배경의 차이다. 교육이 높은 소득을 가져다

주는 것처럼 보이지만 실제로는 교육이 계급 구조를 반영하고 있기 때문에 나타나는 현상일 뿐이다. 따라서 왜 학력이 높을수록 소득이 높은가 하는 질문에 대한 급진파의 해답은 명백하다. 그것은 학력이 높은 사람은 사회·경제적 배경이 남보다 우월하기 때문이지 교육 그 자체가 소득을 높이는 것은 아니라고 하는 것이다.

급진파의 현실관과 대안

그 증거로 그들은 여러 가지 자료를 제시하고 있다. 위에서 인용한 보울스의 연구를 보면 첫째, 사회·경제적 배경이 교육에 미치는 영향이 매우 크다. 둘째, 교육이 소득에 주는 영향은 사회·경제적 배경을 고려하면 무시할 만큼 작다. 셋째, 계급에 따라 교육에 대한 대가代價가 다르게 나타난다. 예컨대 미국의 급진파 사회학자인 에릭 라이트Eric O. Wright의 연구에 의하면 경영자와 노동자의 교육투자의 수익률을 비교할 때 후자가 훨씬 낮게 나타난다고 한다(Wright 1979). 이런 결과는 인간자본 이론의 명제와는 양립하기 어렵다.

    교육제도의 개혁 문제에 대해서도 보울스와 긴티스는 정통파적 사고방식과는 아주 다른 견해를 제시하고 있다. 즉 교육 기회의 균등화는 사회·경제적 평등의 실현 없이는 달성되지 않을 것이며, 교육개혁은 그 자체로서는 성공할 수 없고 반드시 사회 개혁을 그 선결조건으로 한다는 것이다. 이들의 관점에 의하면 교육개혁을 목표로 하는 자유주의적 대안은 사실은 본말本末이 거꾸로 되어 있다는 것이다. 왜냐하면 교육제도의 모순은 자본주의의 사회·경제적 모순의 반영에 불과하기 때문이다.

    보울스는 미국이라고 하는 자본주의의 중심부에서 교육의 역할을 분석한 뒤 같은 관점을 주변부 자본주의周邊部 資本主義로 확대해 적용하고 있다. 주변부는 자본주의적 생산양식과 전前자본주의적 생산양식이 공존하고 있고 여기에서의 교육의 성격은 중심부와 차이가 있다고 본다. 주변부에서의 교육의 기능은 첫째, 두 가지 생산양식 사이의 노동의 흐름을 규제하는 것, 둘째, 자본주의 생산양식에서의 노동생산성을 높이는 것, 셋째, 노동자와 농민 사이의 연대 의식의 형성을 막는 것, 넷째, 전통적 엘리트의 정치적 기반을 약화시키는 것

등이다.

주변부의 국가는 자본가의 이해관계를 충분히 반영해 교육의 역할을 이런 방향으로 규정하게 되고, 교육이 발전이나 평등에 끼치는 영향 따위에는 관심이 없다는 것이다. 그리고 중심부와는 반대로 주변부에서는 대중 교육의 보급이 아주 느린데 그 주요한 이유는 주변부에서의 교육의 과잉 보급은 자본가의 이해와 충돌하기 때문이라는 것이다. 이런 분석은 자본주의하에서의 교육의 역할은 주로 자본가계급의 이익을 옹호한다는 점에서는 공통이지만 중심부나 주변부에서의 경제구조의 차이가 교육의 차이를 가져올 수 있음을 보여 준다고 하겠다.

5. 후발성의 가설

후발성 교육 가설

경제 발전을 시작하는 단계가 늦은 나라일수록 일정한 특징이 나타난다는 것이 후발성後發性, late development의 가설이다. 이것은 미국의 경제사가 알렉산더 거셴크론Alexander Gerschenkron이 1960년대에 발전시킨 가설인데, 선발공업국인 영국에 비해 뒤늦게 공업화를 개시한 독일, 프랑스, 러시아, 일본 등의 나라에서 그 후진성의 정도에 따라 어떻게 서로 다른 발전 패턴이 나타나고 있는가 하는 분석에 기초를 두고 있다. 영국의 사회학자인 로널드 도어는 이 가설을 교육이라는 문제에 적용해 『학위병學位病』The Diploma Disease: Education, Qualification, and Development(1976)이란 매우 흥미 있는 저서를 내놓았다. 그는 영국을 고전적인 발전의 경우로 보고 후진국으로서의 일본, 그리고 더 더딘 후진국으로서 스리랑카와 케냐의 교육제도, 교육의 성격, 기능 등을 비교하고 있는데 우리의 주제인 교육과 소득의 상관관계에 대해서도 시사하는 바가 많다.

로널드 도어는 영국과 일본의 교육 차이를 다음과 같이 대조하고 있다. 첫째, 영국에서는 초등교육의 보급이 아주 느린 속도로 이뤄졌는데 비해 일본에서는 훨씬 빨랐다. 둘째, 영국에서는 초등교육의 보급이 공업화가 한참 진행되고 난 뒤에 시작했는데 일본에서는 공업화가 시작하기도 전에 이미 완료되었다. 셋째, 영국에서는 초등교육의 보급에서 차지하는 정부의 역할이 미미했는 데 반해 일본에서는 정부가 주도적이었다. 넷째, 영국에서는 근대적 교육이 전통적 교육의 연장으로서 나타났는 데 비해 일본에서는 양자 사이에 전혀 연결이 없었다. 다섯째, 영국에서는 20세기 중반까지도 취업에 있어 교육의 역할이 미미했는 데 비해 일본에서는 일찍부터 학력이 중요한 역할을 해왔다. 여섯째, 따라서 영국에서는 고등교육에 대한 수요가 서서히 증가해 온 것과 대조적으로 일본에서는 교육 수요가 급성장했다. 도어는 이 밖에도 여러 가지 양국의 차이점을 열거하고 있다.

이와 같은 차이가 나타난 원인으로서 도어는 일본에서의 유교의 중요성과 전통적으로 관리가 기업가보다 우위에 서는 풍토 등의 문화적 요인도 인정하지만 무엇보다 후발성의 요인을 강조하고 있다. 첫째, 시험을 통해 관리를 채용하는 제도를 선진국에서 수입했다. 둘째, 선진국에 비해 대기업이 일본 공업화의 주역이 되었다는 사실이 교육을 중요하게 만들었다. 셋째, 외국의 기술과 제도를 수입해 급속한 근대화를 추진함에 따라 학교교육이 중시되었다. 넷째, 영국과는 달리 일본에서는 근대화 과정에서 지배계급의 단절이 나타났다. 그리하여 영국식의 귀족, 엘리트를 위한 특수학교는 나타나지 않고 모든 인재를 동원해 단기간에 부국강병富國强兵을 실현할 목적으로 정부가 의도적으로 대중 교육을 강화했다.

스리랑카에서는 일본보다 후발성의 특징이 한층 더 두드러지게 나타난다. 학위가 취직의 수단이 되는 경향은 더 일찍, 더 철저히 나타났다. 그리고 초등교육보다 중등 및 대학 교육이 더 빨리 성장하고 있다. 교육의 내용은 시험 중심으로 되어 있어 시험에서 덜 중요한 과목은 무시된다. 스리랑카에서 교육이 어느 정도 중요성을 갖는가 하는 것은, 1971년 4월의 청년 폭동의 주요 원인이 교육제도의 실패에 있었다는 사실에서 극적으로 드러난다.

여러 나라의 비교를 통해 도어가 내리는 결론은 다음의 세 가지 명제로 요약될 수 있다. 첫째, 어떤 나라가 늦게 발전을 시작할수록 졸업장이 취직하는 데 널리 이용된다. 둘째, 늦게 발전하는 나라일수록 학위 인플레이션의 속도가 빠르다. 셋째, 늦게 발전할수록 진정한 교육 대신 시험 위주의 교육으로 흐르는 경향이 있다.

이와 같은 후진국의 교육 병폐를 도어는 학위병이라고 이름 붙이고 있다. 이 병이 발생하는 경로는 다음과 같다. 후진국에서는 중소기업보다 대기업이나 국가가 공업화를 주도하는 경향이 있다는 것은 이미 거셴크론이 잘 지적하고 있다. 대기업이나 국가는 공통적으로 관료주의적 조직을 갖고 있으며 여기에서는 취직이나 승진, 봉급의 결정에서 학위가 매우 중요한 역할을 한다. 그리고 후진국에서는 선진 기술과 전통 기술 사이에 큰 기술 갭이 존재하고 이것이 근대 부문과 전근대 부문 사이에 보수나 근로조건에서 큰 격차를 가져온다. 근대 부문에 취직을 하기 위해서는 외국의 기술을 소화할 수 있는 교육을 받았다는 것이 필수적인 조건이며 그것을 외관상으로 증명해 주는 것이 바로 학위이다.

후발성 교육과 분배

이 장의 주제인 교육과 소득과의 관계에 대해서도 도어는 후발성의 가설에 입각해 시사적인 논의를 전개하고 있다. 그는 학력과 소득을 연결하는 무려 10가지나 되는 메커니즘을 열거하고 있는데 그중에는 인간자본 이론, 선별 가설, 급진적 이론도 포함되어 있다. 도어는 이 세 가지 이론을 모두 비판하고 있는데, 그 이유는 학력과 소득 사이의 플러스의 상관관계를 어느 한 요인 — 인간자본, 능력 또는 사회·경제적 배경 — 에 의해 설명하면서 그런 메커니즘이 각 국에서 보편적으로 성립한다고 전제하는 것은 옳지 않다는 것이다. 바꾸어 말하면 동일한 메커니즘이라도 그 나라의 발전 정도에 따라 그 작용은 달라질 수 있다는 것이다. 예를 들어 10개의 메커니즘 중의 하나인 정신적 능력$^{mental\ ability}$을 보더라도 거기에는 여러 가지 차원의 능력이 있다. 선진국에서는 교육이 추리력이라든가 분류 능력, 상상력, 창의력 따위를 주로 양성하는 데 비해 후진국에서는 교육이 주로 암기력의 개발에만 치중하고 있다. 즉 교육이 극도로 형식화되어 배운 것을 암기해 시험지에 옮겨 적는 것으로 개인의 능력을 평가하는 것이다.

이와 같이 후진국의 교육이 시험 위주의 형식적인 것으로 전락한 이유는 후발성과 밀접한 관련이 있다고 볼 수 있다. 첫째, 실업률이 높고 근대/전근대 부문 사이의 소득격차가 워낙 크기 때문에 시험 성적이나 학위가 개인에게는 사활이 걸린 문제가 된다. 둘째, 학교에서 배우는 서구 문화가 후진국의 전통문화와는 너무 거리가 멀기 때문에 교육이 형식화된다. 셋째, 후진국의 학교는 가난해서 유능한 교사나 도서, 시설 등이 부족하기 때문에 자연히 교육은 주입식이 될 수밖에 없다. 넷째, 선진국의 학교는 순수 학문의 오랜 전통이 있는 데 반해 후진국의 학교는 출발 때부터 취직 수단의 성격을 가진다.

이렇게 볼 때 도어의 입장은 인간자본 이론이든 선별 이론이든 또는 급진적 이론이든 언제 어디서나 성립하는 이론은 없으며 그 나라의 후발성의 정도에 따라 학력과 소득의 상관관계도 서로 다른 의미를 가지게 된다고 주장하는 것이다.

6. 한국의 교육과 불평등

학력이 높을수록 소득이 높다는 현상에 대해서는 관점에 따라 여러 가지 설명이 가능하다. 인간자본 이론에 따르면 교육은 지식이나 기술을 전수함으로써 사람들의 생산성을 높이고 따라서 소득이 높아진다고 본다. 선별 이론은 교육이 생산성을 증대하는 효과를 부정하며 교육은 다만 유능한 사람을 걸러 내는 체filter의 역할을 한다고 본다. 여기서 학력이 높은 사람이 소득이 높은 것은 교육 때문이 아니고 원래 능력의 차이가 있기 때문이며 교육은 그저 신호로서 기능할 뿐이다. 급진파에서는 교육은 자본주의 계급 구조의 반영인 동시에 그것을 재생산하고 합리화하는 체제 유지적 기능을 한다고 본다. 학력과 소득의 상관관계가 나타나는 근본 원인은 교육 때문이 아니라 그 기초에 있는 사회·경제적 배경의 차이에 있다고 보는 것이다. 이와 같이 볼 때 소득 불평등의 원인에 관한 세 가지 가설의 입장 차이는 명백하다. 인간자본 이론은 그것을 주로 교육의 차이에서 찾자는 것이고, 선별 가설은 능력을 중시하는 입장인 데 비해, 급진파는 사회·경제적 배경을 가장 중요한 변수로 간주하는 것이다.

후발성의 가설에 의하면 어떤 나라가 늦게 발전할수록 취직을 하는 데 학위가 중요하며 학위 인플레이션이 나타날 뿐 아니라 교육의 내용도 시험 위주의 형식적인 것으로 흐르는 경향이 있다고 한다. 그리고 위의 세 가지 가설의 타당성도 그 나라의 후발성의 정도에 따라 달라진다고 주장한다. 교육에는 분명히 이 세 가지 가설 — 인간자본 이론, 선별 가설, 급진적 이론 — 이 주장하는 측면이 모두 부분적으로 포함되어 있는 것이 사실이다. 다만 상대적 비중에 있어서 교육의 어떤 측면이 두드러지게 나타나느냐 하는 문제는 그 나라의 문화적 전통, 정치·사회적 구조, 계급 관계 등의 요인과 더불어 도어가 주장하듯이 후발성의 정도도 중요한 변수로 작용하는 것으로 보아야 할 것이다.

한국의 경우에도 학력에 따른 소득의 격차는 매우 크다. 학력별 소득격차는 1970년대 중반에 정점에 도달한 뒤 점차 줄어들었지만 1990년대 중반 이후 다시 확대되는 추세를 보인다. 그리하여 아직도 대졸과 고졸 사이에는 상당히 큰 소득격차가 있다. 아마 한국에서 그보다 더 중요한 문제는 교육이 철들 무렵부터 무덤에 이르기까지 사람들의 교우 관계, 결혼, 직장 생활, 사회적 지위 등 인생의 중요한 국면을 거의 좌우하다시피 하고 있다는 사실이다. 옛날의 한국이 반상班常에 기초한 신분 사회라면 현재의 한국은 학벌에 기초한 신분 사회가 아닐까 하는 생각조차 들 정도로 한국에서 학력이 가지는 위력은 대단하다(김부태 1995; 강준만 2009).

그 결과 대학에 가느냐 못 가느냐 하는 것이 한 사람의 인생의 성패를 좌우할 정도로 중요성을 갖고 있다고 해도 과언이 아니다. 고등학교 학생들은 시험 성적을 올리기 위해 젊은 시절에 당연히 누려야 할 모든 즐거움과 낭만, 교양과 자유를 포기하고 새벽부터 밤중까지 1년 365일 거의 노예적 삶을 강요당하고 있다. 그것도 부족해서 수많은 청소년들이 재수, 삼수라는 고통에 가득 찬 시간을 보내고 있다. 이것은 개인뿐 아니라 국가적으로도 엄청난 손실이다. 대학에 가려는 학생들의 노력은 거의 필사적이라고 해야 할 정도이고, 실제로 성적과 경쟁이 주는 스트레스를 이기지 못해 많은 청소년들이 정신적으로 방황하거나 심지어 자살의 길에 이르고 있음은 안타깝기 그지없다. 이렇게 결사적으로 공부해야 하는 나라는 아마 한국, 일본, 타이완을 제외하고는 세계적으로 찾아 볼 수 없을 것이다. 더구나 한국의 입시병은 그 증세가 일본, 타이완을 능가하는 것 같다.

학교교육은 오로지 상급학교 진학에만 초점이 맞춰져 있고, 인간교육, 참교육은 아예

'3불 정책' 논란

한국 대학 입시에는 3불 정책(三不政策)이란 게 있다. 대학이 입시에서 해서는 안 되는 세 가지를 뜻하는데, 기여 입학제, 고등학교 서열제, 대학별 고사가 그것이다. 3불이 생긴 지는 오래 되었는데, 논란이 끊임없다. 시장과 경쟁의 원리를 신봉하는 사람들은 '3불 정책'이 자유경쟁을 방해하는 잘못된 제도라고 비판한다. 심지어 좌파 정책이라고 비판하기도 한다. 과연 그런가?

기여 입학제는 큰돈을 낸 학생을 합격시켜 주는 제도로서 다른 나라에 없는 제도다. 조상이 기부금을 냈거나 사회적 기여가 있을 때 그 후손이 입학에서 우대되는 경우는 있지만 돈을 내고 입학을 흥정하는 천박한 제도를 가진 나라는 없다. 유일한 예외가 있다면 일본의 일부 사립 의과대학에 기여 입학제가 있을 뿐이다. 노골적으로 '돈으로 입학을 사는' 불공평한 제도는 아예 논의 대상조차 되지 않는다.

고등학교 서열제와 대학별 고사는 논의할 가치가 있다. 외국에서는 과거 졸업생들의 성적을 감안해서 특정 고등학교 출신이 유리하게, 혹은 불리하게 대우 받는 경우가 있다. 그러나 이것은 선배들의 성적에 따라 후배들이 불공평하게 차별을 받을 수 있기 때문에 문제가 있다.

대학별 고사는 어떤가? 이것도 다른 나라에서 찾아보기 어렵다. 고등학교 성적, SAT 같은 자격 고사, 수필, 교사들의 의견, 사회봉사 등을 종합해서 입학을 결정하지 대학에서 다시 시험을 치는 경우는 보기 어렵고, 불필요한 시간과 자원의 낭비다. 현재 시행 중인 대학별 논술 고사, 심층면접 따위도 사실 불필요하고 과외를 부추길 뿐이므로 폐지함이 옳다. 장차 대학별 고사를 허용하면 과외가 엄청나게 늘어날 것이라는 것은 불을 보듯 뻔하다.

이렇게 본다면 3불은 보기에는 부자연스럽지만 사실 폐지해야 할 뚜렷한 이유는 없고 폐지하면 지금보다 문제가 더 커질 것이다. 그럼에도 불구하고 시장 원리주의자들이 줄기차게 3불을 공격하는 것은 이데올로기적 공세의 성격이 짙다.

한국의 1류 대학들은 3불을 폐지하고 입학시험의 자율을 달라고 늘 요구한다. 그들이 3불을 폐지하고 대학별 고사를 하겠다는 진짜 이유는 혹시 특목고 출신과 부잣집 자녀들을 많이 뽑겠다는 저의가 아닌지? 1류 대학들은 이런 의심을 살 만한 이기적 행동을 많이 보여 왔다.

1류 대학들의 '입시 이기주의'야말로 한국의 입시 지옥을 지속시키는 근본 원인이다. 이제는 학생들과 학부모들을 무한 고통에서 해방시켜 줄 때도 되지 않았는가. 1류 대학들이 성적은 좀 낮아도 시골에서 티 없이 자란 잠재력 있는 인재들도 받아들이겠다는 열린 자세를 갖는 게 무엇보다 중요하다. 그런 의미에서 몇 년 전 서울대학교가 시작한 지역균형선발제는 긍정적인 평가를 받고 있다. 최근 각 대학에 입학 사정관제가 도입되어 점수 한 두 점 차이가 아니라 아이들의 잠재력을 보고 뽑을 길이 열린 것도 하나의 희망이다. 이런 희망의 싹을 잘 키워 나갈 필요가 있다.

관심 밖이다. 창의성의 교육과 학생의 개성은 철저히 무시되고 있다. 지금 많은 선진국들이 교육개혁을 추진 중이며, 지식 기반 사회로 향하고 있는 21세기는 창의적 인간의 두뇌 싸움에 의해 국가 간 경쟁이 좌우된다고들 하는데 한국은 언제까지 주입식 교육, 답이 하나밖에 없는 문제 풀이로 일관할 것인지? 시도별, 학교별, 학급별, 교사별, 학생별로 매달 성적이 즉시 컴퓨터에 의해 분석되고 그것에 따라 교육감, 교장, 교사, 학생이 평가되고 있으니 교사, 학생들은 더욱 더 큰 압박을 받을 수밖에 없다. 이것을 문명의 발달이라고 불러야 할지 비인간화의 극치라고 해야 할지?

학교뿐만이 아니다. 학교의 바깥에서 유아 시절부터 강요되다시피 하는 각종 학원과 과외 교습은 지금까지 한국의 성장 산업이었고, 그 산업에 이처럼 많은 고급 인력과 시간이 낭비되고 있는 나라도 아마 세계적으로 유례를 찾기 어려울 것이다. 한국교육개발원이 추정한 바에 따르면 2003년 한 해 동안 국민의 사교육비私敎育費 지출은 13조 6천억 원에 달해 교육부 예산 24조 9천억 원의 54.8%에 이르는 것으로 나타났는데, 문제는 실제 사교육비 규모는 이 추정치를 훨씬 능가할 것이라는 점이다(한국교육개발원 2003). 그리고 2007년 자료를 가지고 OECD에서 발표한 통계를 보면 한국의 교육비 지출은 GDP 대비 7.2%로서 OECD 평균 5.8%보다 높게 나타났는데, 그중 공교육비는 4.3%로서 OECD 평균 5.0%보다 낮은 대신 사교육비는 2.9%로서 OECD 평균 0.3%의 거의 10배 수준으로 나타났다(OECD 2009). 이것은 한국의 과외비 지출이 다른 나라에 비해 얼마나 큰가를 잘 보여 주는 자료이다. 한국의 과외 과잉 현상을 어떻게 설명하느냐 하는 것은 대단히 중요한 연구 과제지만 그 근본 원인은 역시 한국에서 학력이 가져오는 사회·경제적 불평등이 지나치게 큰 데서 찾을 수 있지 않을까 한다.

근본적으로 교육의 사회·경제적 계층화 효과가 존재하는 한 교육에 대한 과잉 수요는 막기 어렵고, 한국처럼 과잉 수요가 극심한 경우에는 교육개혁이 결코 쉽지 않다. 이럴 경우 교육개혁은 교육 그 자체를 아무리 수술하더라도 성공하기 어렵고, 교육 바깥쪽의 개혁, 즉 사회·경제적 불평등에 대한 개혁이 있고서야 비로소 가능할 것이다. 정부가 지금까지 한 해가 멀다 하고 새로운 교육개혁안을 내놓고 있는데도 불구하고 지금까지 우리의 교육이 개선되기는커녕 오히려 후퇴 일로를 걸어온 게 아닌가 하는 의심이 드는 것도 바로 여기에서 그 연유를 찾을 수 있을 것이다.

따라서 우리는 한편으로는 사회·경제적 불평등을 축소하는 개혁에 박차를 가함과 더불어 교육 자체도 좀 더 민주적이고 평등한 방향으로 개혁해 국민의 오랜 염원인 참교육을 이 땅에서 실현해 학생들로 하여금 배움 자체가 즐거운 일이 되도록 하고, 또 배우지 못한 사람도 나름대로 사회에 기여하면서 인간 대접 받는 세상을 만들어야 할 것이다. 우리나라가 21세기에 선진국이 되느냐 못 되느냐 하는 관건이 바로 여기에 있다고 할 수 있다.

참고문헌

강준만. 2009. 『입시전쟁잔혹사』. 인물과 사상사.

김부태. 1995. 『한국 학력 사회론』. 내일을 여는 책.

김신일. 1986. 『교육사회학』. 교육과학사.

배무기. 1979. "교육투자와 소득분배" 주학중 엮음. 『한국의 소득분배와 결정 요인』(상권). 한국개발연구원.

이규환·강순원 엮음. 1984. 『자본주의사회의 교육』. 창작과 비평사.

이정우. 2001. "교육개혁, 무엇이 잘못되었나?" 『창작과 비평』 111호(봄호).

이혜영 외. 1990. 『교육이란 무엇인가?』. 한길사.

한국교육개발원. 2003. "사교육 문제에 대한 대책: 공교육 교육력 강화를 중심으로." 공청회자료집(11.28).

Becker, Gary. 1964. *Human Capital*. NBER.

Bowles, Samuel and Herbert Gintis. 1975. *Schooling in Capitalist America*. Basic Books[『자본주의와 학교교육』. 이규환 옮김. 사계절. 1986].

Chiswick, Barry R. 1977. *Human Resources and Income Distribution: Issues and Policies*. Norton.

Dore, Ronald. 1976. *The Diploma Disease: Education, Qualification, and Development*. University of California.

Freeman, Richard B. 1980. *The Overeducated American*. Academic Press.

Haspel, Abraham E. 1978. "The Questionable Role of Higher Education as an Occupational Screening Device." *Higher Education* Aug.

Layard, Richard and George Psacharopoulos. 1974. "The Screening Hypothesis and theReturns to Education." *Journal of Political Economy* Sep.

Liu, Pak-Wai and Yue-Chim Wong. 1982. "Educational Screening by Certificates: An Empirical Test." *Economic Inquiry* Jan.

Mincer, Jacob. 1974. *Schooling, Experience and Earnings*. Columbia University Press.

OECD. 2009. *OECD Factbook*.

Taubman, Paul J. and Terence J. Wales. 1973. "Higher Education, Mental Ability, and Screening." *Journal of Political Economy* vol. 81 no. 1.

Thurow, Lester C. 1972. "Education and Economic Equality." *Public Interest*, Summer.

_____. 1975. *Generating Inequality*. Basic Books.

Wachtel, Howard and C. Betsy. 1972. "Employment at Low Wages." *Review of Economics and Statistics* vol. 54.

Welch, Finis. 1970. "Education in Production." *Journal of Political Economy* vol. 78 no. 1.

Wiles, Peter J. 1974. "The Correlation between Education and Earnings: The External-Tes-Not-Content Hypothesis." *Higher Education* Feb.

Wolpin, Kenneth I. 1977. "Education and Screening." *American Economic Review* Dec.

Wright, Eric O. 1979. *Class Structure and Income Determination*. Academic Press.

4장

노동시장구조와 불평등

"노동이 즐거움이면 인생은 기쁨이요,
노동이 의무이면 인생은 노예다."
_ 막심 고리키

이 장에서는 노동시장에서 발생하는 소득 불평등에 관한 여러 이론을 소개하기로 한다. 여기에서 소득은 재산소득을 제외한 노동소득을 뜻한다는 점을 유의하기 바란다. 바로 앞장에서 살펴본 인간자본 이론이 노동의 공급 측면을 강조하는 이론이라고 한다면, 여기서는 이와 반대되는 입장으로 노동의 수요 측면에서 발생하는 문제를 접근한 제도학파적 또는 급진적 이론을 다루게 된다. 대체로 인간자본 이론은 개인 선택의 중요성을 강조하므로 현실의 소득 불평등도 상당 부분 각자가 스스로 선택한 결과로 보는 경향이 있다. 그 반면 이 장에서 고찰할 여러 이론은 불평등의 원인을 개인의 책임보다는 시장구조, 기업 내 직무 구조, 계급 구조와 같은 제도적·구조적 요인에서 찾는 경향이 있다. 따라서 소득분배 문제에 대해 인간자본 이론가들은 아무래도 현실 긍정적·보수적이기 쉬운 데 비해 이 장에서 소개할 이론은 대체로 개혁적 또는 급진적 입장에 서있다는 차이가 있다.

1. 노동시장 연구의 새 경향

개인적 특성personal characteristics — 교육, 훈련, 성별, 연령, 능력 등 — 이 같은 사람이라도 소득에 큰 차이가 있는 경우를 자주 볼 수 있다. 그 이유는 소득이나 다른 변수의 측정상의 오차일 수도 있고, 일시적 소득 변동 또는 식별할 수 없는 어떤 요인의 작용일 수도 있다. 인간자본 이론은 개인적 특성이라고 하는 노동 공급 측 요인에만 주의를 기울이고 있지만 실제로 개인의 노동소득을 알기 위해서는 노동 수요 측의 요인을 파악하는 것이 상당히 중요하다.

노동시장의 수요 측 요인의 중요성을 강조하는 연구로는 왓텔과 벳치에 의한 미국의 저임금 분석을 들 수 있다(Wachtel and Betsey 1972). 미국의 풀타임full-time 노동자들의 개인 특성(교육, 경력, 인종, 성, 나이, 결혼)을 고려한 뒤 남는 소득의 격차를 노동 수요적 요인(직업/산업, 지역, 도시 크기, 노조)으로 설명했을 때 이들 요인이 모두 유의성을 가지는 것으로 나타났다. 같은 개인적 특성을 가진 노동자가 산업에 따라 4,700달러부터 6,100달러까지 버는 것으로 나타남으로써 수요 측 요인이 공급 측 못지않게 중요한 임금 결정 요인이라는 것이 이들의 주장이다.

앨버트 리즈Albert Rees와 조지 슐츠George P. Schultz에 의한 미국 시카고 노동시장 연구에서도, 사업체 변수(지역, 산업, 노조, 규모)가 개인적 특성보다 근로소득을 더 잘 설명하며, 특히 블루칼라의 경우 더욱 그러하다고 밝히고 있다(Rees and Schultz 1970). 영국에서도 메이휴 K. Mayhew의 연구에 의하면 1972년 리스터Leicester 시에서 기계 제작 회사 10곳에서 일하는 비숙련공이 받는 임금의 범위를 조사한 결과 회사별로 광범위한 임금격차가 있는 것으로 드러났다. 이런 몇 가지 연구 결과는 노동자의 개인 특성보다 노동시장 변수, 또는 기업체 변수가 소득 결정에서 중요함을 시사하고 있다.

따라서 우리는 노동시장의 구조를 잘 이해하지 않으면 안 된다. 근대경제학의 시조인 아담 스미스는 노동시장에서 경쟁을 통해 보수가 균등화하는 경향이 있을 것이라고 예측했으나 현실적으로는 그렇지 않은 사례가 많다. 노동시장은 단일 시장이며 여기서는 시장 원리에 따라 자유경쟁이 이뤄진다고 상정하는 전통적 노동시장론을 비판하는 새로운 이론들이 1970년대부터 경제학에서 등장하기 시작했는데, 이것은 1960년대를 풍미한 인간자본 이론에 대한 반론의 성격을 띠며 나타났다. 이런 여러 가지 이론을 통틀어 분단 노동시장分斷勞動市場, segmented labor market, stratified labor market 이론이라고 하며 이것은 비단 경제학의 영역에 그치지 않고, 정치학, 사회학 등 현대 사회과학에서 활발하게 연구가 이뤄지는 최신 분야로 등장하고 있다.

분단 노동시장 이론에 의하면 노동시장은 신고전파경제학에서 가정하듯 연속적이고 경쟁적인 단일 시장이 아니다. 현실적으로 상이한 속성을 가진 노동자들은 서로 분단된 상태의 상이한 노동시장에 속하며, 상호 간 이동이나 교류가 거의 단절된 상태에 있다. 각 노동시장에서 성립하는 임금이나 근로조건에도 현저한 차이가 존재한다. 나아가서 이 이론에 의하면 노동시장의 분단이야말로 빈곤과 소득 불평등이 항구적으로 존재하는 주요 원인이다. 즉 분단 노동시장론은 노동시장의 분단으로 인해 기업 및 산업 간의 임금격차가 지속되고, 소득 불평등의 원천은 노동시장구조와 기업 내부의 불평등한 직무 구조에서 찾을 수 있다는 시각을 갖고 있다.

이런 사고방식을 정통파적 인간자본 이론과 비교한다면 다음과 같은 비유가 가능하다. 지금 어떤 달리기 시합이 있는데 거기서 1등 상금은 얼마, 2등 상금은 얼마 식으로 상금의 액수가 미리 정해져 있다고 하자. 이럴 때 달리기의 결과 나타나는 소득 불평등은 상금의 구조를 파악해야 이해가 되는 것이지 달리기 선수의 개인적 특성 — 그들의 교육, 연령, 훈련 정도 등 — 을 알아보았자 아무런 의미가 없을 것이 아닌가? 이와 같은 논리가 바로 소득의 결정에서 노동시장구조와 기업 내 직무 구조의 중요성을 강조하는 분단 노동시장 이론에서 제기되어 나온 것이다.

분단 시장 이론을 지지하는 학자들의 견해는 반드시 서로 일치하지는 않으나, 이들의 공통점은 19세기 경제학자 존 스튜어트 밀과 케언즈가 아담 스미스의 노동시장 이론에 의문을 제기하면서 제시한 비非경쟁 집단non-competing groups의 개념에서 원류를 찾을 수 있다. 동시에 이들이 맑스경제학과 제도학파의 영향을 강하게 받았다는 점을 지적할 필요가 있다. 분단 노동시장론은 크게 세 가지 유형으로 나눌 수 있다. 즉 내부노동시장론, 이중 노동시장론, 그리고 급진파의 이론이다.

2. 내부노동시장론

내부노동시장의 의의

내부노동시장內部勞動市場, internal labor market이란 하나의 기업 또는 사업장 내에서 형성되는 노동시장으로, 여기서는 노동의 가격(임금) 결정과 노동의 배분이 일련의 관리 규칙과 절차에 의해 지배된다. 내부노동시장은 대개 사업장 바깥에서 형성되는 외부노동시장external labor market과는 엄격히 구분되고 격리되어 있으며, 연속적으로 배열되어 있는 일련의 직무 구조로 특징 지워진다. 내부노동시장과 외부노동시장은 서로 분리되어 있고, 별개의 원리에 따라 운용되고 있다. 다만 두 시장을 연결하는 두 개의 통로가 있는데, 신규 채용자에 대한 입직구入職口, port of entry와 이직 통로가 그것이다. 내부노동시장에서는 임금, 승진 및 직무 배치 등이 외부노동시장의 영향을 거의 받지 않으며 기업 내부에서 미리 정해진 규칙과 절차에 따라 결정된다.

고용주는 기업 내에서 빈자리가 생기면 그 후임을 외부에서 구하기보다는 현재 기업 내에 고용되어 있는 노동자들 중 일부를 이동 혹은 승진시켜 매우는 것을 먼저 생각한다. 이것은 기업 내부의 노동자들의 사기를 높이는 데에 효과가 있을 뿐만 아니라, 고용주가 외부의 신규 채용자에 대해 알 수 있는 것보다 자체 내부에서 승진되는 노동자에 대해서는 이미 더 많은 정보를 갖고 있으므로 채용에 따른 불확실성을 줄일 수 있기 때문이다. 또한 작업장에서 노동은 보통 단독으로 하는 것이 아니고 팀 작업이 이뤄지게 되는데 여기서 작업 성과는 팀 내부의 인간관계가 결정적으로 중요하다. 외부에서 들어온 사람은 작업장의 분위기에 적응하기가 매우 어렵고 전체의 일의 흐름을 깨뜨릴 위험이 있다.

이와 같은 내부 고용 관행에 관한 초기의 예를 하나 들어 본다면 1907년 영국의 철도 사업에서 이미 다음과 같은 규정을 찾아볼 수 있다. "기관사는 주로 화부火夫에서 채용하고, 화부는 엔진 청소부에서 채용한다. 화물 담당 goods guard과 제동수制動手, brakeman는 주로 전철수轉轍手, shunters에서 채용한다." 미국에서도 20세기 초에 이미 경제의 상당 부분에서 내부노동시장이 형성된 것으로 알려져 있다. 이런 경향은 특히 철강, 석유, 화학 등 중화학공업 분야의 독점적 대기업에서 두드러지게 발견된다. 그러나 내부노동시장은 경제의 전 부문에 걸쳐 성립해 있는 것은 아니다. 뒤에서 보게 될 소위 '2차 노동시장'에서는 내부노동시장이 형성되어 있지 않아서 노동자들의 직무가 불안정하고 이직률離職率, quit rate이 매우 높은 것이 특징이다.

내부노동시장의 성립 배경

기업 내에 내부노동시장이 형성되기 위한 필요조건으로는 첫째, 기업 특수적 기능firm specific skills의 중요성, 둘째, 현장 훈련의 중요성, 셋째, 관습custom의 작용 등이다. 고용주는 자기

기업이 갖고 있는 특수한 기술과 현장 훈련의 중요성 때문에 노동이동이 적고 내부적으로 승진이 이뤄지는 내부노동시장을 개발하고자 하는 강한 유인을 갖게 된다. 마찬가지로 노동자들은 기업 내에서 장기적으로 근무함으로써 업무의 안정성과 승진 기회를 갖는 이득을 얻게 되므로 내부노동시장을 선호하게 된다. 노동조합의 입장에서도 조합원의 선임권先任權, seniority을 인정받음으로써 노동조합에 대한 노동자들의 지지와 애착을 얻을 수 있다는 점에서 내부노동시장을 반대할 이유가 없다. 이와 같이 기업 조직 내 다수의 구성원들이 내부노동시장의 형성에 동의할 수 있는 것이다.

기업 특수적 기능은 특정 기업에만 필요한 기업의 특수한 기능을 말한다. 보통 학교에서 배우는 지식을 일반적 지식, 기술general skills이라고 한다면 회사에서 필요로 하는 지식, 기술은 좀 더 구체적·현실적 성격을 띠고 있는데 이런 것을 통틀어 기업 특수적 기능이라고 한다. 어떤 특정 기업에는 그 기업의 환경에 익숙한 수많은 특수한 숙련 생산직과 반숙련 생산직이 존재한다. 이런 경우 일자리가 생길 때 그 자리는 외부노동시장에서 충원되기보다는 기업 내의 선임권을 기초로 해 자체 내에서 승진, 보충되는 것이 일반적이다.

채용에 있어 학교교육과 같은 일반적 훈련general training은 그리 중요치 않다. 생산직의 경우 현장에서 습득한 특수 기능은 대단히 중요하다. 고위 관리직에서도 학교교육을 응용하기 위해서는 현장 훈련을 거쳐야 한다. 학교교육은 훈련 가능성 또는 훈련 비용을 짐작케 하는 일종의 기준 역할을 할 뿐이다. 이 점은 앞의 3장에서 서로우의 직무 경쟁 모델을 통해 언급한 바 있다.

기업이 이런 특수적인 기능을 유지하기 위해서는 기업 내부의 노동력을 특별히 유지할 필요가 있다. 왜냐하면 이런 특수 기능에 대한 훈련 비용은 일반적으로 고용주가 부담하는 준고정비용準固定費用, quasi-fixed cost의 성격을 지니게 되어 특수 기능을 가진 노동자의 이직은 고용주에게 그만큼 손실을 가져다주기 때문이다.

한편 노동자도 자신의 기술이 특정 기업에서만 유용하고 똑같은 직종이 어디에나 존재하는 것이 아니며, 또한 다른 기업들도 마찬가지로 기업 내부 승진을 선호하기 때문에 다른 기업으로 이직하기가 쉽지 않다는 것을 알고 있다. 더구나 이동을 하면 오히려 불이익을 받을 가능성이 높다. 즉 한 기업에서 어느 정도의 직무 승진 단계를 오르다가 수요 변화

종신 고용의 위기와 '살아남은 자의 슬픔'

'종신 고용'은 '연공서열형 임금', '기업별 노조'와 더불어 제2차 세계대전 후 일본 경제의 기적을 가져온 '3종의 신기(神器)'로 불린다. '3종의 신기'란 원래 일본 천황이 신으로부터 하사받았다고 하는 거울, 칼, 구슬의 3대 보물로서 심지어 천황조차도 함부로 볼 수 없는 보물 중의 보물이다. 1960년대 일본에서는 텔레비전, 세탁기, 냉장고가 '3종의 신기'라 불리며, 선풍적인 인기를 누렸다. 그 뒤 일본 노동시장에서 독특한 세 가지 제도 — 종신 고용, 연공서열형 임금, 기업별 노조 — 를 일본 경제의 기적을 가져온 '3종의 신기'라 불렀다.

그러나 세상은 변하는 법이다. 2008년 미국에서 시작한 금융 위기가 세계를 깊은 불황에 몰아가면서 많은 것을 바꾸어 놓았다. 일본의 종신 고용 관행도 흔들리고 있다. 한번 회사에 취직하면 그 회사에 뼈를 묻는 종신 고용의 전통을 가진 일본에서조차 대량 해고가 일어나고 있다. 캐논은 경쟁 업체 소니가 대량 감원을 하던 1990년대 소위 '잃어버린 10년' 기간에도 한 명도 해고를 하지 않고 버티던 회사인데, 2009년에는 드디어 해고의 칼을 뽑아들었다. 도요타 자동차는 1999년 신용 평가 회사 무디스가 "종신 고용 제도를 유지하는 한 도요타의 장래는 어둡다"면서 신용 등급을 낮출 때에도 종신 고용 관행을 고수했지만 2009년에는 드디어 국내외에서 6천 명을 해고하기로 결정했다. 세계적 경제 위기를 맞아 일본 고유의 경영 관행인 종신 고용도 위기를 맞은 것으로 보인다.

종신 고용이라고는 하지만 대상자는 일본 대기업의 남자 노동자만 해당이 되었다. 또한 문자 그대로 종신 고용은 아니고, 50대 중반까지 고용을 보장해 주되 이후는 방계 중소기업으로 옮겨 낮은 보수를 받고 몇 년 더 일하는 것이 관행이었다. 그렇다 하더라도 서구의 관점에서 보면 일본의 고용 안정성은 매우 높음에 틀림없다.

장기 고용이 보장되면 노동자들이 장기적 시야를 갖고 회사에 필요한 기술을 연마하므로 생산성 향상이 빠르다는 장점이 있다. 일본 경제의 고생산성 비결이 종신 고용에 있다고 보는 것도 무리가 아니다. 반대로 해고를 남발하는 회사에서는 노사 간에 신뢰가 깨지고, 노동자들은 살아남기 위한 단기적·전략적 행동에 몰두하므로 장기적으로 오히려 생산성에 해로운 경우가 많다. 더구나 해고의 칼날에서 살아남은 노동자들은 쫓겨난 동료에 대한 미안함과 죄책감, 즉, '살아남은 자의 슬픔'에 빠져 인간관계가 나빠지며, 생산성이 지체되니 해고는 결코 능사가 아니다. 그래서 감원과 구조 조정을 남발하는 회사는 심각한 내부 갈등에 시달리는 경우가 비일비재하다. 어려울 때일수록 인간 존중의 경영 철학이 더욱 긴요하다.

물론 나는 알고 있다.
오직 운이 좋았던 덕택에
나는 그 많은 친구들보다 오래 살아남았다.
그러나 지난 밤 꿈속에서
이 친구들이 나에 대해 이야기하는 소리가 들려 왔다.
"강한 자는 살아남는다."
그러자 나는 자신이 미워졌다.

— 브레히트, 〈살아남은 자의 슬픔〉

에 의해 실직된 노동자는 다른 기업으로 똑같은 기술 수준과 수입을 얻어서 수평 이동하는 것이 어려울 뿐만 아니라, 또한 해고당한 노동자는 근무 기간 동안 획득해 놓은 여러 가지 금전적·비금전적 이득을 상실할 수도 있기 때문에 노동자들은 현재의 직무에 애착을 보이고, 웬만하면 직장을 바꾸지 않으려고 하게 된다.

현장 훈련도 상대적으로 저렴한 훈련 비용으로 하위 직무의 수행 과정에서 상위 직무의 기능이나 기술을 좀 더 쉽게 습득케 하는 속성을 지니고 있기 때문에 기업의 특수 기능과 밀접한 관련성을 지니면서 내부노동시장의 형성을 강화한다. 현장 훈련은 내부노동시장이 형성되어 있는 경우 비교적 용이하게 이뤄질 수 있다. 보통 고용계약은 그때그때 이뤄지지 않는다. 미국의 경제학자 로버트 홀Robert Hall의 연구에 의하면 미국 노동자들이 하나의 직무job를 평균 8년간 보유하는 것으로 나타났다(Hall 1982). 그들 중 4분의 1은 20년 이상 한 가지 직무를 보유한다고 한다. 이와 같은 고용의 장기 계약은 현장 훈련에 대단히 유리한 조건을 형성한다. 일본의 대기업에서와 같이 종신 고용終身雇傭, lifetime employment의 관행이 확립되어 있는 경우 이런 현장 훈련이 잘 이뤄진다는 장점이 있다.

기업 내의 관습은 과거의 관례에 크게 의존하는 일종의 불문율로서 노사 관계와 노동자

상호 간의 관계를 규율한다. 대개의 고용주들은 상위 직무에 빈자리가 생길 때 현재 기업 내에 있는 노동자들에게 먼저 기회를 제공하는 것을 유익한 인사 관례로 생각하고 있으며, 외부 노동자의 채용은 기업 내부의 노동자들의 의사를 타진해 본 연후에야 고려하게 된다. 실제로 대다수 사무직원과 간부 직원들이 이와 유사한 방식으로 직무 사다리job ladders를 올라가는 것을 쉽게 볼 수 있다. 또한 노동 현장에서의 관습은 내부노동시장의 고용 안정성을 위해 형성된 것이 많지만 거꾸로 관습이 내부노동시장을 한층 강화하는 작용을 하기도 한다.

내부노동시장과 직무 구조

내부노동시장은 다음과 같은 특징을 갖고 있다. 첫째, 임금 및 고용의 결정과 같은 노동시장의 기능은 일련의 기업 특수적이고 경직적인 관리 규칙에 의해 이뤄진다. 둘째, 내부노동시장으로의 진입은 일반적으로 최하위 직무 계층인 생산직과 일반 노동자 그리고 하위 관리층에서 존재하는 몇 개의 입직구에 한정되며, 내부노동시장에서의 나머지 직무들은 이미 내부노동시장에 참여해 있는 노동자들의 승진이나 배치전환 등으로 충원된다. 이런 내부 시장의 특징을 가상적으로 단순화한 사례로 나타내 보면 〈그림 4.1〉과 같다.

여기서 보는 바와 같이 상위직무는 승진에 의해 내부적으로 충원된다. 외부노동시장으로부터의 신규 노동자의 채용은 하위 직무에서만 이뤄지며 거의 모든 상위직은 하위직으로부터의 내부 승진에 의해 충원된다. 내부 승진은 직무평가job evaluation와 선임권에 의해 직무 사다리를 타고 이뤄진다. 이런 승진 단계의 직무들은 기업 내부 노동자들이 그 직무를 원하지 않는 경우에 한해 외부 시장의 노동자에게 개방되는 것이다. 세 번째 특징은 임금이 노동자에 대해서가 아니라 직무에 대해 규정되며, 어떤 특정 노동자의 임금은 그가 특정 직무에 배치됨으로써 결정된다는 것이다.

내부노동시장에서는 외부노동시장에 비해 상대적 고임금이 형성될 가능성이 있어서 임금격차를 일으키는 하나의 요인으로 작용할 소지가 있다. 또한 기업 내부의 임금 결정은

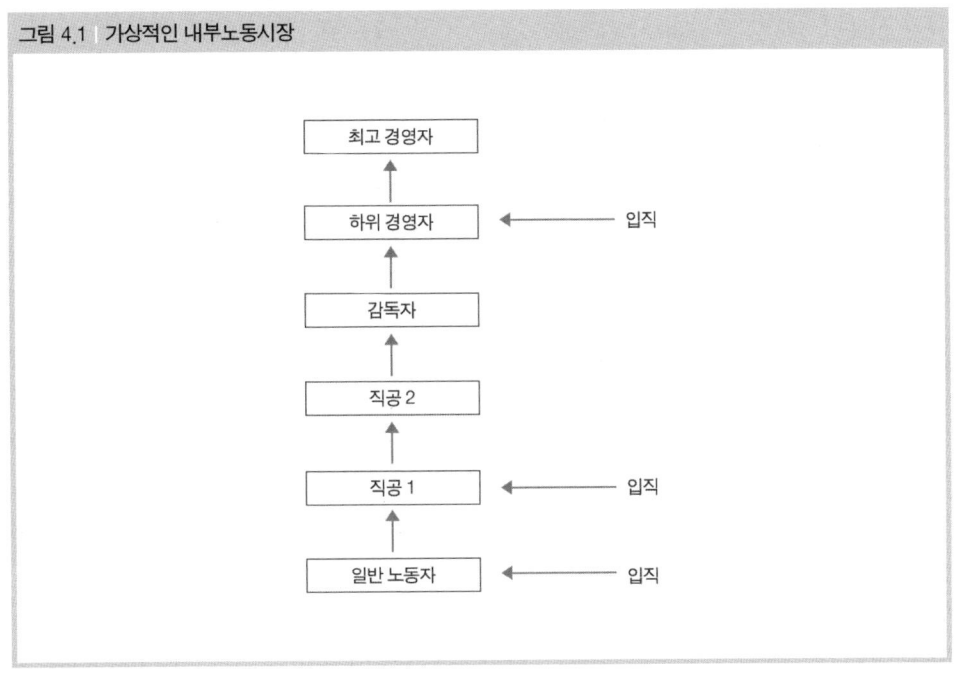

그림 4.1 | 가상적인 내부노동시장

외부노동시장과 격리되어 있으므로 노동의 수요적·공급적 요인보다 다른 요인, 예컨대 노동 통제의 용이함, 기업 내 위계질서의 유지, 관습 등이 작용할 여지가 크다. 내부노동시장에서의 임금은 교과서 식의 경쟁적 힘에 의해 결정되는 것이 아니라, 결정에 있어 상당한 융통성이 있다. 시장 경쟁은 다만 임금의 상하한上下限을 정해 줄 뿐이고 임금은 한계생산성과 일치할 필요가 없다. 특히 장기 고용하에서는 임금과 한계생산성이 일치할 필요가 더욱 없어진다. 내부노동시장에서의 임금은 상하한의 범위 안에서 노동 통제, 협상력, 관습 등 사회학적 요인에 의해 결정되는 경향이 있다.

기업 조직 내의 임금 결정에 대해서는 노벨 경제학상을 받은 미국의 허버트 사이먼 Herbert Simon이나 영국의 경제학자 라이돌이 일찍이 제시했던 모델이 약간의 설명력을 가질 것으로 보인다. 이들은 피라미드형의 위계질서를 가진 조직 내에서 상위 직위의 보수는 자기 부하 직원의 소득의 일정 배수倍數가 될 것이라고 가정한다. 이 배수를 a라 하고, 각 직급의 사람 수가 1, N, N^2,……의 피라미드식의 위계조직을 가정한다면 한 직급의 소득 $Y_i = aNY_{i-1}$이 성립한다. 즉, 한 직급의 소득은 바로 아래 직급 소득의 일정 배수로 나타난다. 이럴 때 임금 분포는 앞 장에서 보았던 파레토 분포를 취하게 된다. 실제로 고소득층의 소득분포는 파레토 분포와 비슷하게 나타나는 수가 있다. 그러나 고임금 소득자 중에는 의사, 변호사처럼 위계조직에서 일하지 않는 경우도 많아서 이 가설이 반드시 설득력을 가지는 것은 아니다. 만일 노동자의 대부분이 이런 조직에서 일한다고 가정하면 직무 구조와 임금은 기업의 생산조직에 상당히 의존할 것이다.

이처럼 내부노동시장에서는 고용과 임금이 동시에 결정되지 않고 분리되어 결정되며 서로 다른 원리에 의해 지배된다. 신고전파의 노동시장론에서는 노동의 수요와 공급에 의해 임금과 고용이 동시에 결정되지만, 내부노동시장론에서는 기업 내의 제도와 관행의 역할을 중요시한다. 따라서 기업 내부의 임금 및 고용을 결정하는 제도와 관행이 경직적이고 차별적일 때, 이런 기업 내 배치전환, 승진, 임금 결정에서의 차별에 의해 노동자들 사이에 임금격차가 발생하게 되는 것이다.

이상과 같은 내용을 지닌 내부노동시장은 노동자의 임금 결정, 배치전환, 훈련 등에 있어서 외부노동시장과는 달리 기업 내부에서 미리 정해진 관리 규칙과 절차에 의해 운영되고 있다는 점이 특히 중요한 의미를 지닌다. 내부노동시장은 외부노동시장으로부터 거의 단절되어 있기 때문에 이미 기업 내에 고용된 노동자들은 외부노동시장의 노동자들과의 직접적인 경쟁으로부터 보호되고, 임금이나 근로조건이 시장 기능에 의해서 정확히 결정되지 않고 어느 수준 이상으로 향상되기 때문에 내부 시장과 외부 시장 사이의 임금격차가 발생하고 소득분배의 불평등이 발생할 가능성도 있다. 내부노동시장은 특히 규모가 큰 독과점 기업에서 성립하는 경향이 있다.

3. 이중 노동시장

노동시장이 질적으로 상이한 두 개의 시장으로 분단되어 있다는 사실을 인식하고 내부 시장에 관한 개념을 확대해 이중 노동시장二重勞動市場, dual labor market 이론을 처음으로 이론화시킨 경제학자가 피터 되링거Peter B. Doeringer와 마이클 피오르Michael J. Piore이다. 그들은 노동시장을 서로 다른 원리에 의해 지배되는 1차 노동시장primary labor market과 2차 노동시장secondary labor market으로 나누고, 두 시장의 차이를 설명하는 결정적인 변수로 각 부문의 직무와 고용의 상대적인 안정성을 들고 있다.

이 가설이 성립하게 된 배경은 다음과 같다. 1960년대 중반 미국의 민주당 정부가 추진한 '위대한 사회'The Great Society와 '빈곤과의 전쟁' 등의 진보적인 프로그램의 내용 중에는 저임금 노동자와 빈민의 처지를 개선하기 위해 동원된 다양한 교육, 고용, 직업훈련, 빈민 구제 정책이 포함되고 있었는데 당초 예상했던 만큼의 성과를 거두지 못했다. 의욕적 정책 추진에도 불구하고 실업자는 별로 줄지 않았고, 소득 불평등도 축소되지 않았다. 되링거와 피오르는 이런 정책 실패의 원인을 분석하는 과정에서 이런 다양한 계획이 성과를 거두지 못한 것은 결국은 노동시장이 단일의 구조를 가진다고 보는 정통파적 사고방식에 문제가 있기 때문이라는 점을 발견했고, 그것을 대체할 새로운 분석틀로서 바로 이중 노동시장의 가설을 제시했다. 이 가설에 따르면 아무리 훌륭한 정부의 정책이 있어도 그 효과는 노동시장구조에 따라 다르게 나타나게 되며, 특히 2차 노동시장에서는 애당초 교육이나 훈련의 효과가 나타나기 어려운 구조를 안고 있다는 것이다.

1차 노동시장과 2차 노동시장

1차 노동시장은 이미 앞에서 언급한 내부노동시장 개념에 의해 특징 지워진다. 즉 1차 노동시장의 직무는 상대적으로 높은 임금, 양호한 근로조건, 다양한 내부 승진 기회, 고용의 안정성 등이 보장될 뿐만 아니라, 승진, 보수, 책임, 권한 및 지위 등이 경력과 함께 향상되고, 시장의 안정성은 강력한 노동조합에 의해 강화된다. 또한 이 부문의 노동자들은 대부분 저임금 노동자들이 집중되어 있는 2차 노동시장과는 대조적으로 높은 임금을 받는다.

이들에 의하면 2차 노동시장은 1차 노동시장과는 대조적으로 저임금, 낮은 부가 급여, 열악한 근로조건, 고용의 불안정성(높은 노동이동), 승진 기회의 결여 등을 특징으로 갖고 있다. 또한 현장 훈련의 기회가 거의 없으며 사적 이해관계가 개입될 여지가 많고 노동자와 감독자의 관계가 매우 개인적이다. 즉 1차 노동시장에 비해 노동자와 고용주와의 사적 관계가 강한 특징을 지니고 있으며, 여성, 소수민족, 연소 노동자, 도시 빈민층 등으로 구성되어 있고, 노동조합의 조직 수준이 낮다. 이런 관계로 작업 원칙이 가혹하고 변덕이 심하며 직무의 안정성은 매우 낮은 것이 보통이다.

또한 2차 노동시장에 종사하는 노동자들은 1차 노동시장의 노동자들에 비해 노동 이동률과 지각 및 결근율이 높고, 명령 불복종 및 불법행위 참가 등의 경향이 좀 더 빈번한 것이 특징이다. 규칙적인 생활에 익숙해 있지 않아서 시간관념이 약하고 불법적인 성향의 생활양식style of living에 젖어 있다는 것이다. 불법적인 성향의 생활양식은 1차 노동시장에는 부적합한 행태의 특성이기 때문에 2차 노동시장의 노동자들은 자연히 1차 시장에 접근하기가 어렵다. 또한 2차 노동시장에 종사하는 노동자들은 상대적으로 높은 실업률을 경험하며, 직업훈련을 받을 기회도 부족하고 노무관리상에 있어서도 적절한 취급을 못 받기 때문에 이런 직무에 종사하고 있는 노동자들은 그들이 갖고 있는 인간자본에 대해 낮은 보수를 받게 되어 임금이 상대적으로 낮을 수밖에 없는 것이다.

이렇게 노동시장을 1차 시장과 2차 시장으로 구분하는 의미는 두 시장 사이의 노동자의 이동이 제한적이고 서로 독립적이어서 각각 다른 조건에서 고용과 임금 등이 결정된다는 점에서 찾을 수 있다. 2차 노동시장에서는 경쟁이 치열하고 대부분 저임금 노동자들이 집중되어 있는 반면에 1차 노동시장은 2차 노동시장으로부터 격리, 보호될 뿐만 아니라 비교적 높은 보수를 받는 노동자들이 모여 있다.

시장 분화의 요인

되링거와 피오르의 관점에 의하면 1차와 2차 노동시장의 분화를 가져오는 요인은 제품 시장에서의 경쟁의 정도, 제품 수요의 안정성 여부, 생산 기술상의 특성 등이다. 1차 노동시장은 일반적으로 그 생산 제품이 독과점 시장에서 수요가 안정적인 데 비해 2차 노동시장은 그 제품이 경쟁적 시장에서 불안정한 수요를 가진 산업과 기업에서 형성되기 쉽다. 예컨대 미국의 독과점 산업의 하나인 궐련cigarette 제조업은 1차 노동시장에 속하는 반면, 비슷한 성질의 제품인 여송연cigar 제조업은 2차 노동시장에 속한다고 한다. 여송연 산업은 제품에 대한 수요가 적을 뿐 아니라 수요의 성격이 불규칙, 불안정해 내부노동시장이 성립되기 어렵고, 낮은 임금과 열악한 근로조건을 특징으로 하고 있다. 노동시장의 분화는 결국 제품 시장의 경쟁 조건과 기술적 조건에 의해 강한 영향을 받는다는 사실을 알 수 있다.

또한 되링거와 피오르는 노동시장에서 관습의 역할을 대단히 중요시한다. 임금격차에 있어 관습과 지위가 중요한데, 어떤 이유로든 일단 정해진 임금격차는 관습화하며 거기서 이탈하는 것은 불공평한 것으로 간주되는 경향이 있다는 것이다. 예를 들어 영국과 미국에서 경찰관과 소방관은 계속해서 비슷한 수준의 봉급을 받고 있다. 경찰관은 부족하고 소방관은 과잉인데도 불구하고 같은 봉급이 계속되는 것은 관습의 힘으로밖에는 해석할 길이 없다.

임금 결정에서의 관습의 힘에 관한 가장 고전적인 연구는 영국의 헨리 펠프스 브라운Henry Phelps Brown에 의한 영국 건설업의 조사가 손꼽힌다. 펠프스 브라운에 의하면 1412~1912년의 5세기 동안 석공石工의 보수가 14배 올랐는데 이 기간 동안 석공과 막노동자의 보수의 비율은 3 대 2를 유지해 왔다고 한다. 단, 20세기에 들어와 이 비율은 드디어 깨졌지만 어쨌든 이와 같이 유구한 세월 동안 상대적 임금이 불변을 유지했다는 것은 수요, 공급으로는 설명이 불가능하고, 관습의 힘으로 설명할 수밖에 없다.

노동시장에서 볼 수 있는 이런 독특한 현상은, 되링거와 피오르의 스승이었으며 미국 제도학파 노동경제학의 대가인 하버드 대학교 존 던롭John T. Dunlop이 제시한 임금 등고선賃金等高線, wage contour 이론을 연상시킨다. 임금 등고선의 이론에서는 비슷한 특성을 갖는 직무군

職務群, job clusters이 있다고 보고 비슷한 직무군에서는 비슷한 수준의 임금이 결정, 유지되며, 이런 현상은 노동시장의 수요, 공급의 조건 변화에도 별로 영향을 받지 않는다고 본다. 이 이론은 임금 결정에서 노동시장의 관습과 제도적·사회학적 요인을 중시하는 제도학파의 입장에 가깝다. 이와 같은 되링거, 피오르의 기술적·제도학파적 관점은 아래에서 보게 될 급진파의 계급 이론적 관점과는 차이가 있다고 할 수 있다.

되링거와 피오르의 가설이 나오자 그 후 다른 학자들도 노동시장 분단을 검증하기 위해 상이한 기준에 따라 노동시장을 분류하기도 했는데 하나의 예로서 미국의 배리 블루스톤 Barry Bluestone의 구분을 보면 다음과 같다. 블루스톤은 미국경제를 '3중 경제'tri-partite economy라고 정의했다. 첫째는 중심 경제core economy로서 이것은 내구재 제조업, 건설업, 석유산업 등으로 구성되는 국민경제의 핵심적인 분야를 말한다. 둘째는 주변 경제peripheral economy로서 농업, 비내구재 제조업, 소매업, 하급 전문직이 여기에 속한다. 셋째로는 비정규 경제irregular economy가 있는데 이것은 게토ghetto의 각종 경제활동, 잡업층의 활동, 도박, 마약 등 국민소득 통계에 파악되지 않는 각종 합법적·비합법적 활동을 포함한다.

4. 급진파의 분단 노동시장론

급진파 경제학은 분단 노동시장 이론 중에서도 자본주의경제체제에 대해 가장 명시적인 비판을 가하고 있으며 계급 간의 모순을 강조한다. 특히 자본에 의한 노동시장의 의도적인 분단화와 제도적인 힘을 강조해 노동시장의 분단화를 설명하는 이론이다. 미국의 급진파 경제학자 리처드 에드워즈Richard C. Edwards, 마이클 라이히Michael Reich, 데이비드 고든David M. Gordon이 공저한 『분단된 노동, 분할된 노동자』Segmented Work, Divided Workers(1982)란 책에서 노동시장 분단의 역사적 배경과 자본가와 노동자의 계급 대립을 특히 강조해 자본주의적 생산관계하에서 자본가계급이 노동자계급을 분할 지배하려는 전략으로 인해 노동시장이 분할되고 있다고 보고 있다. 즉, 독점 자본가들이 노동자들 사이에 계급의식이 싹트는 것을 저해하고 생산과정에 대한 노동 통제를 유지하기 위해 노동시장을 의도적으로 분단시켜 내부노동시장을 형성했다는 것이다.

특히 저자들이 노동시장의 역사적 발전 과정을 서술하는 대목에서 자본가들의 노동시장 전략과 니콜라이 콘드라티에프Nikolai Kondratieff의 장기파동長期波動, long cycle, long wave의 이론을 결부시키고 있는 것은 주목할 만하다. 이들에 의하면 50~60년의 주기를 가지는 장기파동이 19세기부터 나타나고 있는데, 장기적 경기 침체 국면에서 자본가들은 위기 타개의 방책으로 새로운 노동자 통제 전략을 마련하지 않을 수 없다. 노동시장의 역사적 발전 과정을 개관할 때 자본가가 노동자를 통제하는 3단계를 발견할 수 있는데 이 각 단계는 장기파동과 밀접한 관련이 있다. 1840년대 이후 공업화 과정에서 초기 프롤레타리아화, 즉 노동자계급의 형성이 진행되었고, 1890년대 이후에는 해리 브레이버만Harry Braverman이 말하는 노동의 동질화, 탈숙련화de-skilling가 진행되었다.

노동과정의 단순화, 동질화, 탈숙련화가 노동자계급의 연대와 단결을 용이하게 만들었고, 노동운동의 성격도 달라졌다. 19세기의 노동운동은 비교적 온건한 직업별 노조운동이 주류를 이뤘는 데 반해 20세기 들어오면서 과격한 산업별 노조운동이 주류를 이루게 된다. 노동조합에 참가하는 노동자들의 숫자도 과거 직업별 노조 때와는 비교가 안 될 정도로 팽창했고, 생산직 노동자들이 노동운동의 주력으로 등장하면서 운동의 노선 자체도 훨씬 과격해졌다. 이와 같이 노조 운동이 고양되자 자본가들은 위협을 느끼고, 제2차 세계대전 이후 새로운 노동 통제 전략을 구상하게 되는데, 그것이 바로 노동시장 분단이라는 것이다. 즉, 제2차 세계대전 이후 미국의 자본가들은 전전戰前에 경험했던 자본주의경제의 장기 침체 국면을 벗어날 하나의 전략으로 노동시장 분단을 통한 분할 지배 방식을 도입하게 되었고, 그 전략이 상당한 성과를 거둠으로써 전후 유례없는 장기 호황 국면을 맞았다는 것이다. 그러나 이 가설에 의하면 현재의 자본가들의 전략은 다시 장기 불황에 직면할 운명에 있고, 따라서 다시 어떤 새로운 전략으로 대체될 것이라는 시사를 던진다.

그렇다면 노동시장 분단 문제와 직결되는 직무 구조를 결정짓는 요인은 무엇인가? 신고전파경제학자들과 제도학파적 이중 노동시장론자들은 고용주들이 오로지 기술적 효율의 극대화라는 관점에서 노동을 조직하고 직무 구조를 설정한다고 본다. 이런 기술적 결정론과는 달리 급진파 경제학자들은 고용주들이 직무 구조를 설정할 때 단순히 기술적 효율 혹은 생산성만 고려하는 것이 아니라 자신들의 계급적 이익의 극대화도 함께 고려한다고 본다. 즉, 노동자들 간의 계급의식의 발전과 상호 단결을 가장 효율적으로 저지해 생산과정의 내부와 외부에서 노동자들에 대한 계급적 지배와 통제를 용이하게 할 수 있도록 노동조직 혹은 직무 구조를 설정한다는 것이다.

이처럼 급진파 분단 노동시장 이론가들은 계급 대립에 기초한 자본주의사회 기업 내부의 노동조직 체계 혹은 직무 구조는 단순히 기술적 측면에서만 이해될 수는 없고 자본가의 계급적 이해의 방어, 유지라는 측면에서도 이해되어야 한다고 본다. 노동자들의 집단적이고 조직적인 저항이 점증해 가는 객관적 상황에서 노동자들을 분할 지배하기 위해 자본가에 의해 인위적으로 설정된 기업 내부의 위계적 노동조직 체계가 노동시장 분단의 한 가지 중요한 요인이라는 것이다.

또한 급진파 이론가들은 독점 자본의 강화와 관료적 통제bureaucratic control의 결과로 노동시장의 분단이 나타났다고 본다. 즉 독점적 자본가들은 노동자들로 하여금 내부노동시장의 관료적 통제에 순응하고 최대한의 노동을 지출해 기업에 대한 충성심을 발휘하도록 하기 위해, 승진 체계를 확립하고 임금 유인 제도를 도입했으며 회사 내 복지 정책을 실시하는 등 온정주의적 복지 정책을 실시하기도 했다. 이런 기업의 각종 유인 정책은 노동자들 간의 경쟁을 격화시키고 생산 현장에서 노동자들의 경험을 상이하게 해 노동자들의 기업 내 정착성을 증대시킴으로써 노동시장의 분단을 강화시켰다는 것이다.

급진파 이론가들은 노동시장을 분단하는 또 다른 요인으로 제도적인 힘systematic forces을 들고 있다. 독점 자본주의하에서 자본축적이 진행되면 독점기업이 형성되어 상품 시장을 독점적으로 지배해 상품 수요를 안정적으로 확보하게 된다. 그러나 시장 독점력을 확보하지 못하고 독점기업의 주변에 있는 많은 경쟁적 주변 기업들은, 열세한 자본과 기술, 과도한 경쟁이나 계절적 요인 등으로 인해 시장 수요가 상대적으로 불안정하기 때문에 이윤율과 성장률이 매우 낮을 수밖에 없다. 결국 산업의 이중구조화에 대응해 노동시장의 이중구조화가 진전하게 되고, 상품 시장이 안정적인 독점 대기업은 노동 수요와 고용 관계를 안정적으로 유지할 수 있는 데 반해 주변 기업의 경우는 고용 관계가 불안정할 수밖에 없다는 것이다. 이런 측면은 위에서 보았듯이 되링거와 피오르가 강조한 바 있다.

지금까지 살펴본 바와 같이 급진파 이론가들은 자본가의 관료적 노동 통제와 제도적인 요인에 의해 노동시장이 분단되었다고 보고 있다. 노동시장이 구조적으로 분단되어 있다고 보기 때문에 노동시장의 구조를 근본적으로 변경시키지 않고서는 저소득, 빈곤, 실업, 차별 등을 전혀 해결할 수 없다고 본다.

이와 같은 분단 노동시장 이론에 대해서는 당연히 정통파경제학으로부터 비판이 제기되었다. 비판의 주요한 논점은 애당초 확연히 구분되는 노동시장이 존재하는가 하는 문제다. 그리고 노동시장이 설사 분단되어 있다 하더라도 분단이 시장의 경쟁을 통해 허물어지는 경향이 없이 과연 그렇게 강고한가 하는 것이다. 그밖에 이 가설은 아직 이론적으로 미완성인 점이 많이 남아 있다. 예를 들어 분단을 저지하는 반대의 힘, 예컨대 노동의 동질화 경향이라든가, 분단에 반대하는 노조의 역할을 무시하고 있다는 약점이 지적될 수 있다. 또한 자본가들의 경쟁이 분단에 어떤 영향을 주며, 분단이 노동자 의식에 미치는 영향은 무엇인가 하는 문제 등도 해명될 필요가 있다. 그리고 이런 분단은 미국에 고유한 현상인가 아니면 다른 나라에도 적용 가능한가 등 수많은 의문에 대해 이 이론은 답하지 않으면 안 된다.

5. 분단 노동시장의 실증 연구

노동시장이 분단되어 있는가의 여부는 결국 실증적 검증을 통해 그 진위를 판단할 수밖에 없다. 여기서 어떤 기준으로 2개 또는 3개 이상의 노동시장으로 나눌 것인가 하는 문제가 제기된다. 지금까지 나온 분단 노동시장의 이론은 각인각색의 기준으로 노동시장을 구분해 왔다(한국에서도 주로 사회학 쪽에서 이런 연구가 상당히 활발히 이뤄지고 있는데 한국에서의 연구 성과를 보려면 송호근(1990)을 참조하기 바란다.

연구자 중 어떤 사람은 인종이나 성별을 기준으로 삼았으며(흑백, 남녀), 어떤 경우에는 기업 규모(대기업/중소기업)가 기준이 되었다. 독점력의 유무가 구분의 기준이 되었는가 하면(독점 산업/경쟁 산업), 직업에 따른 구분도 시도되었다(1차/2차 노동시장). 기준이 어느 것이든 관계없이 공통적으로 부딪치는 문제는 과연 직무의 분포가 비연속적인 분포를 보이는가 하는 것이다. 예를 들어 임금이나 근로조건이란 면에서 직무의 분포를 그렸을 때 그것이 두 개 이상의 봉우리를 가지는가 하는 것이다. 이 점에서 정통파의 사고방식과 분단 노동시장의 관점이 대립된다. 전자는 직무가 결국 하나의 봉우리를 가진 분포를 보인다는 것이고, 후자는 아직 확실하게 반론을 제기하지 못하고 있다.

노동시장 분단의 실증 연구에서 어떤 연구자는 실업률의 인종별, 성별 차이에 주목했다. 미국의 실업률 통계를 보면 거의 예외 없이 다음과 같은 실업률의 차이가 존재한다. 즉, 실업률은 백인 남성이 가장 낮고, 그 다음이 백인 여성, 그리고 가장 높은 집단이 비백인 남성 및 비백인 여성의 순이다. 이것은 노동시장이 성별, 인종별로 분단되어 있다고 하는 하나의 증거로 채택할 수 있다. 이와 같은 실업률의 성별/인종별 차이를 이용해 일종의 분단 지수 分斷指數, segmentation index를 만들 수 있는데 이 지수는 다음과 같이 정의된다.

$$\text{분단 지수 } I = \frac{U_{nwm}}{U_{wm}} \cdot \frac{U_{wf}}{U_{wm}} \cdot \frac{U_{nwf}}{U_{wm}}$$

U는 실업률, 아래 첨자는 각각 w는 백인, nw는 비백인, m은 남성, f는 여성을 나타낸다. 이 지수는 결국 백인 남성의 실업률 U_{wm}에 대해 비백인 남성 U_{nwm}, 백인 여성 U_{wf}, 비백인 여성 U_{nwf}의 실업률이 상대적으로 어떻게 변동하느냐에 달려 있다. 실증적 연구를 보면 전후 미국에서 이 지수의 값은 상승해 왔다. 1949년에 이 지수의 값은 2.5였는데 1979년에는 8.8로 상승함으로써 노동시장에서 분단이 강화되어 왔다는 증거가 제시되고 있다.

노동시장 분단을 검증하는 또 다른 방법을 하나 소개하자면 미국 경제를 중심core과 주변periphery으로 양분해서 양자 사이의 임금, 근로조건을 비교하는 것이 있다. 여기서 중심이란 주로 독점 부문을, 주변이란 경쟁적 산업 부문을 의미한다. 1947~79년의 기간 동안의

그림 4.2 | 분단 노동시장에서의 소득 결정

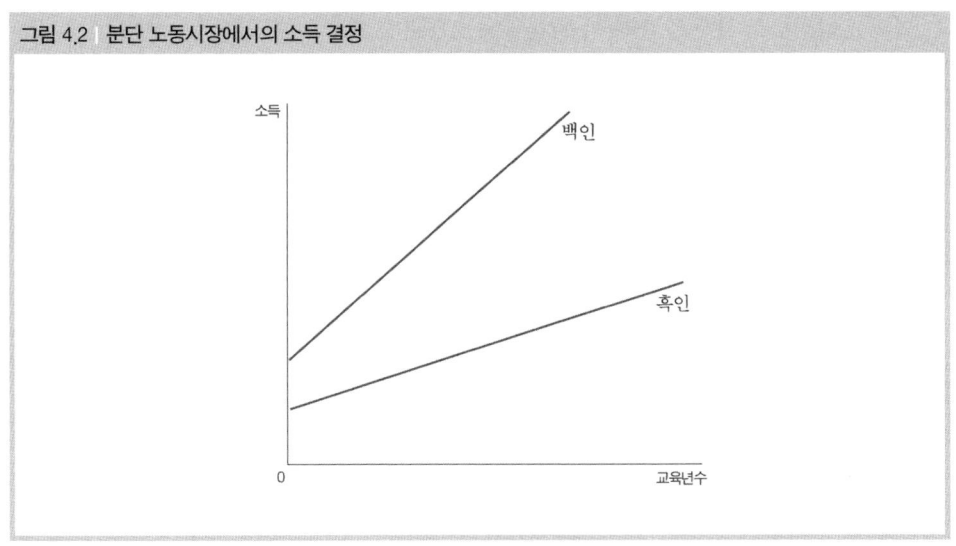

추세를 보면 주변에 비해 중심은 임금에서는 상대적으로 상승했고, 일시해고─時解雇, lay-off에서는 상대적으로 하락했다. 이 두 가지 증거는 중심과 주변의 상대적 격차가 이 기간 동안 확대되었음을 보여 준다.

노동시장 분단을 증명하기 위해 가장 많이 사용되는 방법은, 시장을 어떤 기준에 따라 두 개 이상으로 나누고 각 시장에서의 소득 결정 방식이 다르다는 것을 보이는 것이다. 예를 들어 인종별 노동시장이 분단되어 있는 것을 검증하려면 인간자본 이론에서 개발한 소득 함수(3장 참조)를 이용해 교육이 소득에 미치는 영향이 흑인과 백인 간에 어떻게 다른가를 보면 될 것이다.

〈그림 4.2〉에는 그런 연구에서 나타나는 흑백 간 소득 결정의 차이가 예시되는데, 백인에 비해 흑인 노동자는 교육에 대한 충분한 보상을 받지 못하고 있다(인간자본 이론식으로 말한다면 교육투자의 수익률이 낮다). 이와 동일한 방식의 검증을 남녀, 중심/주변, 1차/2차 노동시장 등에도 적용할 수 있다. 이런 방법은 최근 사회과학에서 유행하다시피 해서 맑시즘적 소득분배 분석에까지 이용되고 있다. 다음에서는 소득 결정에서 계급의 중요성을 강조하

는 입장인 라이트의 분석을 통해 이런 경향을 소개해 보기로 한다.

6. 라이트의 계급론적 소득분배 분석

미국의 급진파 사회학자인 에릭 라이트는 『계급 구조와 소득 결정』*Class Structure and Income Determination*(1979)이란 책에서 맑스 이론을 가지고 소득분배를 설명하는 하나의 분석틀을 제시했다. 그에 의하면 계급은 본질적으로 계층적gradational인 것이 아니고 관계적relational이다. 전자의 관점에 의하면 하층계급이란 상층계급이 갖고 있는 소득, 부, 교육, 지위 등을 적게 갖고 있는 양적 차이가 있을 뿐이다. 이것은 질적인 차이가 아니라 양적인 차이다. 이에 반해 관계적 관점에서 볼 때 하나의 계급은 반드시 다른 계급과의 구조적 사회관계 속에서 정의된다. 노동자계급은 자본주의의 사회관계 속에서 하나의 질적인 위치를 점하는 것으로 규정된다. 그리고 계급 관계는 시장 관계, 또는 교환 관계가 아니라 생산관계 속에서 규정된다는 점이 중요하다.

라이트의 계급 모델

생산관계 속에서 계급을 규정한다 할 때 거기에는 기술적 분업을 중시하는 입장이나 권위 관계를 강조하는 입장이 있으나, 라이트에 의하면 계급 관계의 본질은 착취搾取, exploitation에 있다고 한다. 착취란 지배계급이 피지배계급의 잉여노동을 전유專有, expropriation하는 것인데 여기에 맑스 계급 이론의 핵심이 있다고 라이트는 해석한다. 요컨대, "맑스 이론에서 계급은 착취적 성격을 갖는 생산의 사회적 관계 속에서 차지하는 하나의 위치"라고 정의된다. 라이트는 자본주의하에서 세 가지 계급이 존재한다고 파악한다. 자본가, 노동자, 프티부르주아다. 자본주의하에서 기본적 계급은 노동자와 자본가이지만 아직 잔존하고 있는 전자

표 4.1 | 기본적 계급 관계

	경제적 소유	점유	
	투자·축적 과정의 지배	물질적 생산수단의 지배	타인 노동력의 지배
부르주아	+	+	+
노동자	−	−	−
프티부르주아	+	+	−

자료: Wright(1979, 27).

본제적 소상품생산前資本制的 小商品生産에 종사하는 중간계급이 프티부르주아로서 이들은 노동자와 자본가의 중간적 성격을 가지고 있다. 이들 사이의 계급적 구분은 주로 경제적 소유 economic ownership와 점유possession에 의해 정해지는데 이를 요약하면 〈표 4.1〉과 같다.

여기서 경제적 소유란 법적인 소유와는 다른 개념으로서 주로 투자 및 축적 과정의 흐름에 대한 지배력 또는 무엇을 얼마나 생산할 것인가를 결정하는 힘을 의미한다. 점유란 두 가지로 구성되는데 하나는 물질적 생산수단에 대한 지배력, 즉 어떻게 생산하는가를 지배하는 힘을 뜻한다. 둘째는 생산과정에서의 권위 관계 또는 노동과정에서 타인의 노동을 지배하고 감독하는 힘을 의미한다. 이렇게 볼 때 자본주의경제는 이들 세 측면에서 모두 지배력을 가지는 부르주아 계급이 있고, 그와 반대로 세 측면에서 하나도 지배력을 갖지 못하는 노동자계급이 있다. 그리고 양 계급의 중간에는 축적 과정과 물질적 생산수단은 지배하지만 타인의 노동력을 지배하지 않는 프티부르주아 계급이 존재한다. 프티부르주아는 노동자와 자본가의 양대 계급의 성질을 약간씩 공유하며 양자의 중간적 위치에 서있는 것이 특징이다.

이들 세 계급 외에 이들의 중간에 모순적 위치contradictory locations에 서있는 계급이 더 있는데, 이들은 ① 노동자와 부르주아 중간에 있는 관리자, 감독, ② 부르주아와 프티부르주아 중간의 소고용주小雇傭主, ③ 노동자와 프티부르주아 중간에 있는 반자립적 피용자半自立的 被傭者, semi-autonomous employees 계급이다. 이와 같이 3대 계급과 계급 관계 속에서의 세 가지 모순적 위치를 포함하는 계급 구조를 미국의 실증 분석에 따라 나타낸 것이 〈그림 4.3〉이다.

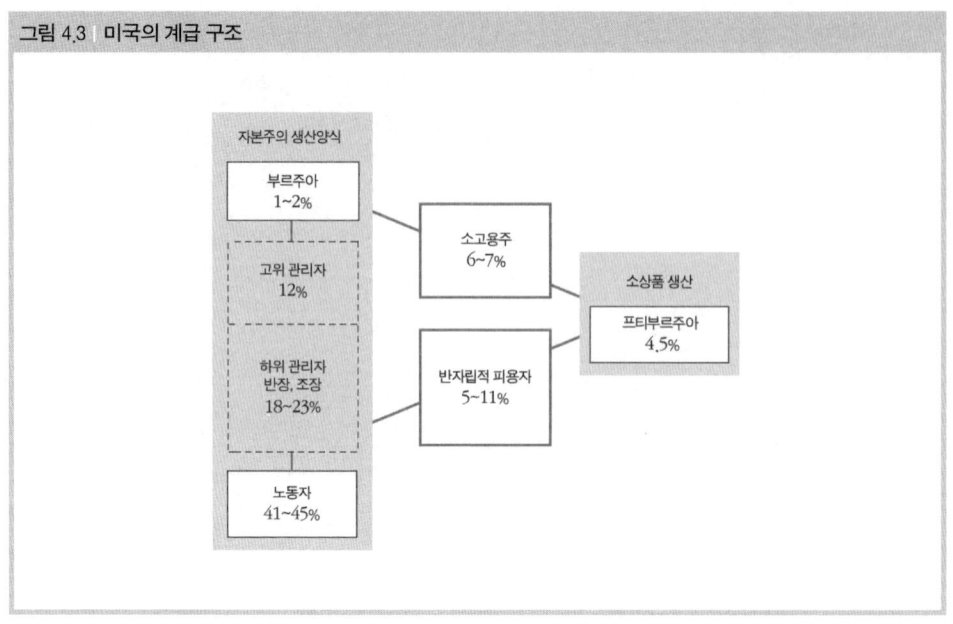

그림 4.3 | 미국의 계급 구조

3대 계급은 실선의 상자 속에 들어 있고 모순적 위치는 점선으로 표시되어 있다. 그리고 자본주의 생산양식과 전자본제적 소상품생산이 어떻게 공존하고 있는지도 주목하기 바란다. 여기에는 또한 현대 미국에서 각 계급이 인구에서 차지하는 비중이 나와 있다. 이 표에 의하면 노동자계급이 전체의 40%를 넘는 데 비해 자본가계급은 1%밖에 되지 않고, 프티부르주아가 5% 정도를 차지하고 있다. 그 대신 신중간계급新中間階級, new middle class이라고 할 수 있는 관리자들이 상당한 비중을 차지하고 있음을 알 수 있다.

라이트의 실증 분석

라이트는 맑스의 계급 이론을 현대에 맞게 정식화해 대단히 많은 가설을 이론적으로 도출해 낸 뒤 실증 분석의 단계에 가서 그것을 통계적으로 검증하는 작업을 벌이고 있다. 그가

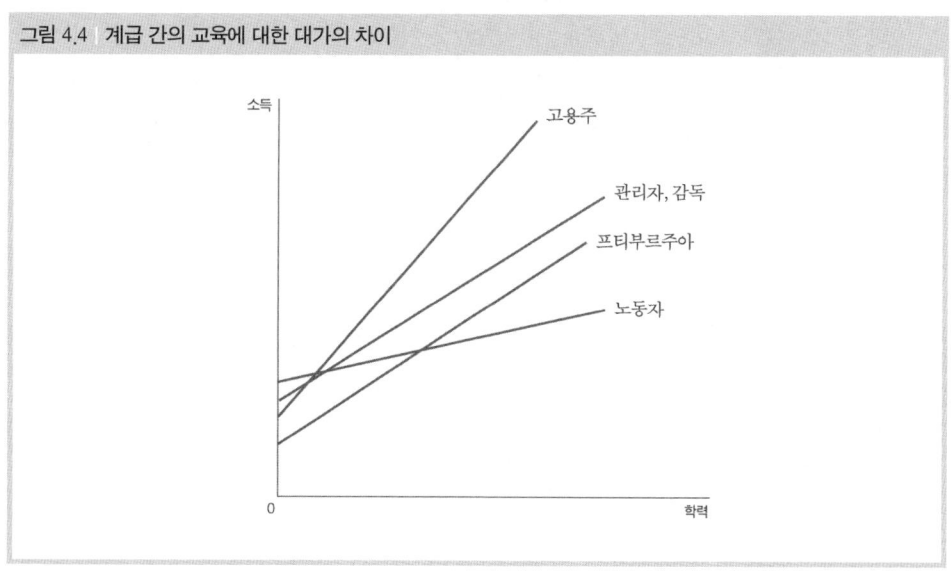

그림 4.4 | 계급 간의 교육에 대한 대가의 차이

도출하는 수많은 가설 중 가장 기본적인 것은 역시 개인이 계급 관계에서 차지하는 위치가 소득에 중대한 영향을 준다는 명제다. 그는 직업, 교육, 연령, 연공, 가족 배경 등 지금까지 소득 결정에 관여한다고 알려진 수많은 요인을 뛰어넘어 계급이 소득 결정에서 가장 중요한 역할을 한다는 것을 증명하기 위해 많은 노력을 기울이고 있다.

그는 다른 조건이 같다고 할지라도 계급이 다름에 따라 소득 결정에 현저한 차이가 발생한다는 것을, 일종의 소득 함수를 써서 통계적으로 증명하고 있다. 예컨대 교육이란 변수가 소득에 미치는 영향도 계급에 따라 상당한 차이가 있는데, 예외 없이 노동자계급의 경우 다른 계급에 비해 교육에 대한 대가가 가장 적게 돌아간다고 주장한다. 그것을 요약한 것이 〈그림 4.4〉이다. 여기서 노동자계급에 비해 프티부르주아나 관리자와 같은 중간계급이 교육의 대가를 더 많이 얻고 있는 것이 확인되며, 더구나 자본가계급의 경우에는 교육의 효과가 다른 어떤 계급에서보다 높게 나타나고 있다. 이런 현상은 계급적 설명을 도입하지 않고는 이해하기 어렵다는 것이 라이트의 주장이다.

이런 라이트의 접근 방법은 맑스학파에서 전통적으로 기피해 오던 실증적·통계적 방법을 동원했다는 점에서 하나의 새로운 시도로서 참신한 느낌을 준다. 사실 그가 사용한 분석 방법은 종래 좌파에서 비판하던 인간자본 이론에서 개발된 방법을 상당 부분 원용한 것이다. 그 점에서 라이트의 저작은 맑스 이론에 새로운 하나의 장을 개척한 것으로 볼 수 있다. 무슨 이론이든지 다 그렇겠지만 맑스 이론도 사실 추상적 이론에서만 머물러서는 안 되며, 끊임없이 현실과 대조, 검증하는 작업을 거치지 않으면 안 된다. 기술적인 측면에서 말하면 라이트의 분석 방법 중에는 통계적으로 다소 문제점이 있는 것으로 지적될 여지가 남아 있고, 라이트 자신도 이를 인정하고 있다. 이런 문제점은 앞으로 보완해 갈 필요가 있겠지만 어쨌든 라이트의 계급적 관점의 소득분배 분석은 앞으로 맑스 이론적 소득분배 연구의 발전을 위해 주목할 만한 업적이라고 평가해야 할 것이다.

7. 한국의 분단 노동시장

이상의 논의를 바탕으로 이제 한국의 분단 노동시장에 대한 분석을 보기로 하자. 아래에서는 이 분야에서 선구적 업적을 쌓아 온 이효수의 분단 노동시장론과 최근 한국에서 심각한 문제로 등장하고 있는 비정규직 문제를 다루기로 한다.

이효수의 분단 노동시장론

한국의 노동시장 분단에 대해서는 이효수의 분석이 대표적이다(이효수 1984; 이효수·류재술 1990). 그는 노동시장의 단층 구조斷層構造(그는 분단 대신 단층이란 용어를 쓰고 있다)를 형성하는 요인으로 직무의 구조 및 성격, 노동력의 이질성, 고용 관리 관행을 든다. 이들 세 가지 요인 사이의 유기적 관계에 의해 서로 영향을 주고받으면서 노동시장의 단층 구조가 형성, 유지, 강화된다는 것이다.

그는 한국의 여러 기업의 인사, 노무관리의 실제를 각 회사 인사 규정집과 담당자와의 인터뷰를 통해 깊이 있게 분석한 뒤 한국의 노동시장은 네 개의 단층으로 구성되어 있다고 결론내리고 있다. 이효수에 의하면 한국의 기업에서 신규 인력을 채용할 때 적용하는 가장 중요한 입직 기준으로는 학력, 성별, 연령, 혼인 상태 등이 있는데, 이 중에서 초임급^{初任給}을 정하는 것은 학력과 성별이지 연령과 혼인 여부는 아니라는 것이다. 그러므로 한국에서 노동시장의 단층을 구분하는 기준은 결국 학력과 성별이라고 보고 학력과 성별을 교차시켜 다음과 같은 네 가지 단층으로 구분하고 있다.

네 개의 단층은 하위 단층(자유 노동시장), 중하위 단층, 중상위 단층, 상위 단층이다. 하위 단층은 예를 들어 막노동과 같은 도시 잡업층으로 대표되는 조직되지 않은 노동시장을 말하며, 여기서는 승격과 승급의 기회가 일절 주어지지 않는다. 이 단층에서는 채용이나 고용 관리에 학력이 전혀 의미가 없다.

중하위 단층은 승급의 기회는 주어지나 승격의 기회는 거의 주어지지 않는 단층이며, 이것을 채우는 것은 중졸 이하 남자와 중·고졸 여자들이다. 중상위 단층은 승급의 기회가 주어지고, 하급 또는 중간 관리층으로의 승격의 기회도 주어지는 단층인데, 이것은 고졸 남자를 중심으로 전문대졸자와 대졸 여자들로 채워진다. 마지막으로 상위 단층은 승급은 물론 상위 관리직으로의 승격의 기회까지 주어지는 단층으로서 대졸 남자들이 이 단층의 주인공이다.

여기서 단층 구조는 학력과 성별의 교차에 의해 정해지지만 동시에 이것을 직무 구조로 파악한다면 하위 단층=자유 노동시장의 잡급직, 중하위 단층=주로 공원들로 이뤄지는 작업직, 중상위 단층=현장 감독 및 사무직, 상위 단층=관리직이라는 등식이 성립한다. 그런데 학력/성별이라는 노동력의 특질 기준과 직무 구조라는 두 개의 기준이 혼용되고 있어서 과연 이 둘 사이에 엄격한 일관성이 있는지 여부가 문제가 될 수 있다. 어쨌든 이효수는 이런 이론적 분류에 기초해 실증적으로 단층 노동시장의 명제를 증명하기 위해 이 장에서 설명한 것과 비슷한 회귀분석을 이용하고 있다. 다만 여기서 학력이 이미 단층 구분의 기준으로 들어와 있기 때문에 분단 노동시장론의 회귀분석에서 가장 중요한 변수인 학력이 들어올 수 없다는 점이 앞에서 본 〈그림 4.2〉나 〈그림 4.4〉와 다른 점이다. 그리하여 그는 단층 간의 임금 결정을 연령, 근속 년수, 기술 수준, 직종, 산업 등 여러 변수를 갖고 설명하는데, 그 결정 메커니즘이 단층 간에 상이하다는 것을 보이고 있다. 그리고 다른 조건이 같은 노동자라 할지라도 그가 어느 단층에 속하느냐에 따라 상위 단층은 중상위 단층에 비해 28%, 그리고 중상위 단층은 중하위 단층에 비해 20% 더 높은 임금을 받고 있다는 것을 보임으로써 한국의 노동시장이 엄연히 다른 단층으로 구분되고 있으며, 시장 차별이 존재한다고 주장한다(이효수·유재술 1990).

이효수의 모델은 기존의 분단 노동시장론에 의거하면서도 분단의 기준을 학력/성별의 교차로 잡고 있는 점이 독특하다. 위에서 본 바와 같이 지금까지 구미歐美의 논의에서 노동시장 분단의 기준으로 주로 사용된 것은 성별, 인종, 직무, 산업 등이고 학력은 사용된 적이 없다. 오히려 각각의 분단된 노동시장에서 학력을 비롯한 설명 변수가 임금을 결정하는 메커니즘이 상이하다는 것을 증명하는 데 실증 분석의 초점이 맞춰져 왔다. 그런데 이 모델은 학력 그 자체를 분단의 중요한 기준으로 잡고 있다는 점이 새로운데, 이것은 성차별이 심하면서 동시에 학력 사회의 성격이 강한 한국 사회의 독특한 성격을 노동시장 분석에 반영하려고 한 독창적 시도로 평가된다.

분단 노동시장으로서의 비정규직

1997년 외환위기 이후 한국 노동시장에서 가장 두드러지게 나타난 새로운 현상은 비정규직의 급증이다. 한국 비정규직의 문제는 규모의 방대성, 저임금과 차별, 비정규직 노동의 성격상 불리함으로 요약할 수 있다.

첫째, 통계청에서 추계한 바에 의하면 2016년 현재, 한국의 비정규직 노동자의 규모는 640만 명 수준이다. 〈표 4.2〉에서 보듯이 비정규직 규모는 2003년에 460만 명이었던 것과 비교하면 짧은 시간에 급증했음을 알 수 있다. 640만 명이란 규모는 전체 노동자의 3분의 1에 해당하는 매우 높은 숫자인데, 문제는 이 숫자조차 실제 비정규직의 규모를 과소평가하고 있다는 사실이다.

표 4.2 | 비정규직 추이 (단위: 천 명, 괄호 안은 %)

연도	노동사회연구소 추계	통계청 추계
2003	7,842 (55.4)	4,606 (32.6)
2004	8,156 (55.9)	5,394 (37.0)
2005	8,404 (56.1)	5,483 (36.6)
2006	8,446 (55.0)	5,457 (35.5)
2007	8,614 (54.2)	5,703 (35.9)
2008	8,397 (52.1)	5,445 (33.8)
2009	8,545 (51.9)	5,754 (34.9)
2010	8,592 (50.4)	5,685 (33.3)
2011	8,653 (49.4)	5,994 (34.2)
2012	8,476 (47.8)	5,911 (33.3)
2013	8,367 (45.9)	5,946 (32.6)
2014	8,522 (45.4)	6,077 (32.4)
2015	8,684 (45.0)	6,272 (32.5)
2016	8,737 (44.5)	6,444 (32.8)

자료: 김유선, "비정규직 규모와 실태." 한국노동사회연구소.

노동사회연구소에서 추계한 다른 결과를 보면 2016년 현재, 비정규직의 규모가 870만 명이고, 전체 노동자 중에서 차지하는 비중은 45%라고 한다(김유선). 정부 통계와 한국노동사회연구소의 추계 사이에 200만 명이 넘는 차이가 나는 이유는 정부 통계가 임시직과 일용직의 절반 정도를 정규직으로 분류하고 있기 때문이다. 즉, 정부 당국은 정규 임시직, 정규 일용직을 정규직에 분류하고 있는데, 정규라는 용어와 임시직, 일용직이란 용어가 함께 쓰이는 것은 '뜨거운 얼음' 비슷하게 형용 모순이다. 임시직과 일용직은 어떤 관점에서 보더라도 비정규직이지 정규직이라고 분류하기는 어렵다.

따라서 실제 우리나라 비정규직의 규모는 노동자 전체의 3분의 1 수준이 아니고, 2분의 1에 가깝다고 봐야 할 것이다. 최근 비정규직이 확산되는 경향은 세계 많은 나라에서 공통적으로 나타나고 있지만 우리나라는 그 규모와 증가 속도에서 거의 세계 최고 수준이라 해도 무방하다. 다만 2007년 참여정부에서 제정한 비정규직 보호 입법 이후 비정규직은 추세적으로 완만한 하강곡선을 확연히 보여 준다. 그렇다고 해서 이 법이 충분하다는 뜻은 아니고 앞으로 좀 더 철저한 비정규직 보호 입법이 필요하다는 것은 두말할 필요도 없다.

둘째, 비정규직이 받는 임금은 정규직에 비해 대단히 열악하다. 유럽에서는 비정규직이라 하더라도 시간당 임금에서는 정규직과 차이가 없는 경우가 많은데, 한국에서는 동일 직장에서 동일 노동에 종사하는 경우에도 임금에 큰 차이가 난다. 은행에서도 얼핏 복장으로는 구별이 안 되지만 정규직과 비정규직이 섞여서 일을 하고 있으며, 하는 일은 비슷한데도 임금에서 큰 차이가 난다. 자동차 공장에서도 외부인은 식별하기 어렵지만 그 내부에는 정규직과 비정규직이 섞여 있고, 비슷한 일을 하면서도 임금과 각종 처우에서 현격한 차이가 있다. 비정규직과 정규직의 전체 평균임금을 비교하면 대략 50%에 불과하고, 이 차이가 노동시간의 차이라든가 일의 내용의 차이에서 오는 게 아니므로 문제는 대단히 심각하다. 임금 이외의 보상으로서 사회보험 혜택을 보더라도 정규직은 대체로 사회보험(건강보험, 고용보험, 국민연금) 적용률이 80~90% 수준인 데 비해 비정규직의 적용률은 30%대에 머물고 있다(김유선 2008). 이 모든 것은 명백한 차별이며, '동일노동 동일임금'equal pay for equal work의 원칙을 위반하고 있는 것이다. 한 국가 안에 1류 시민과 2류 시민이 공존하는 게 아닌가 하는 근본적 의문을 제기하지 않을 수 없는 상황이다. 미국 흑인들은 1960년대 인권 투쟁 이전에는 버스 앞자리에 앉을 수 없었고, 식당, 공원의 출입도 자유롭지 못했다. 심지어 "흑인과 개는 출입 금지"라는 모멸적 팻말이 버젓이 붙어 있기도 했는데, 지금 한국의 비정규직 노동시장은 구시대 미국의 인종차별만큼은 아니지만 어쨌든 심각한 분단의 모습을 보이고 있어서 해결이 시급하다 하지 않을 수 없다.

셋째, 비정규직의 구성을 보더라도 한국은 문제가 많다. 한국 비정규직의 주종을 이루는 것은 한시적 노동자들이다. 이들이 비정규직 노동자 중 대략 60%를 차지한다. 그 대신 외국에서 비정규직의 주종을 이루는 시간제 노동자part-time workers는 한국에서는 원래 아주

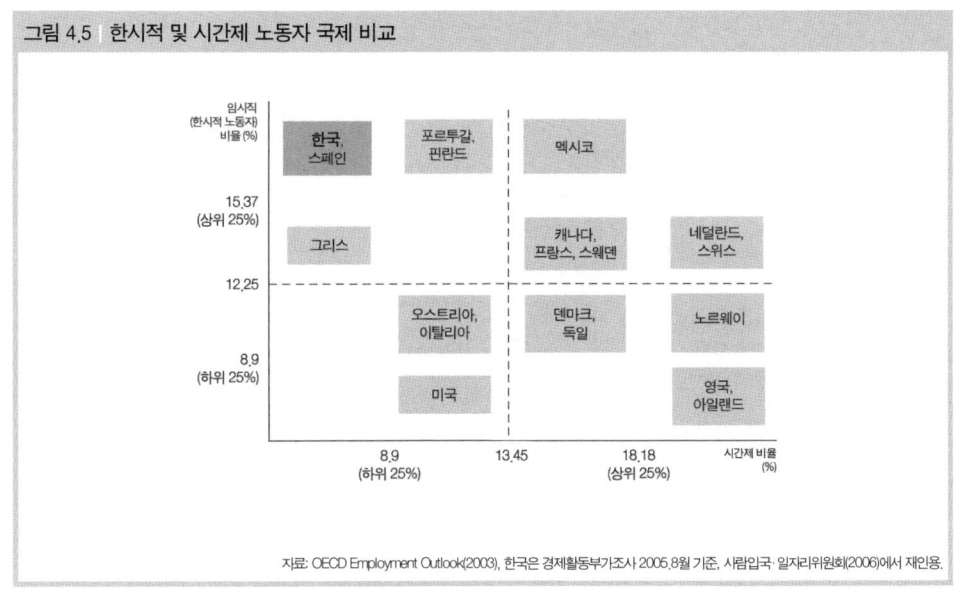

그림 4.5 | 한시적 및 시간제 노동자 국제 비교

자료: OECD Employment Outlook(2003), 한국은 경제활동부가조사 2005.8월 기준, 사람입국·일자리위원회(2006)에서 재인용.

드물었고, 최근 들어 증가 추세에 있긴 하지만 아직 12% 정도에 불과하다. 시간제 노동은 노동자 개인의 사정에 맞추어 일할 수 있기 때문에 여러 가지로 편리한 점이 많고, 많은 노동자가 원하는 노동 형태이기도 하다. 그런 점에서 시간제 노동이 주종을 이루는 선진국에서는 사실 비정규직 문제 자체가 그리 심각하지 않다. 그와는 달리 한국에서는 시간제 노동은 아주 적고, 노동자가 원하지 않는 한시적 노동이 주종을 이루고 있으므로 비정규직 문제가 그만큼 더 심각하다고 할 수 있다. 한국 노동시장의 비정규직 규모의 방대성과 더불어 그 구성이 노동자들에게 아주 불리하게 되어 있음을 알 수 있다. 〈그림 4.5〉는 비정규직의 구성이 나라마다 많이 차이가 나며, 한국은 특히 시간제 노동이 적고, 한시적 노동이 중심을 이루고 있는 나라라는 것을 잘 보여 준다.

한시적 노동자가 이처럼 급증해 왔다는 사실은 정규직 노동시장의 경직성으로 인해 기업이 정규직 일자리를 기피하고, 그 대신 한시적 고용으로 우회적인 유연화 전략을 추구하고 있는 게 아닌가 하는 암시를 준다. 한시적 노동자의 과도한 증가를 억제하기 위해서는 한시적 노동의 사용 억제보다는 정규직 노동시장의 유연화가 필요함을 시사한다. 비정규직 증가의 원인은 경제 환경 변화에 따른 불가피한 측면과 정규직 고용의 경직성을 우회하기 위한 전략적 선택, 전근대적 원·하청 관계 등 시장의 불공정성, 비정규직 친화적이지 못한 노동관련 법제의 부작용 등이 복합적으로 작용한 것으로 볼 수 있다. 기업이 비정규직을 사용하는 이유로는 흔히 ① 기업 환경의 불확실성에 대응하는 유연성 확보와 ② 비용 절감이 지적된다.

경제의 세계화가 진행될수록 개별 기업들은 경쟁의 강도와 경기순환의 불확실성이 증폭되는 환경에 직면하게 된다. 이에 따라 기업들은 그때그때 상황에 따라 노동력 규모를 자유롭게 축소 혹은 확대하기를 원하며, 법정 노동 기준과 복지 제공 의무를 가급적 회피함으로써 노동비용을 줄이려는 노력을 하게 된다. 최근의 정보 기술의 발달은 외부노동시장에서 즉시 조달한 노동에 대한 감독 능력을 강화함으로써 종래의 조직 위계적 노동 통제의 필요성을 약화시킨다. 다른 한편 세계 전반적 현상으로서 노동조합의 세력이 상대적으로 약화한 현실은 자본이 이런 시도에서 성공할 확률을 종래보다 높이고 있다.

비용 절감 논의는 제도경제학적 해석인 거래 비용 이론에서 찾을 수 있다. 한 사회의 경제 시스템은 올리버 윌리엄슨Oliver Williamson이 말하는 시장market이냐 위계hierarchy냐 하는 체계로 해석할 수 있는데, 노동을 기업 내부의 위계를 통해 조달하느냐 아니면 외부노동시장을 통해 조달하느냐 하는 문제는 어느 편이 거래 비용이 적게 드는가에 달려 있다. 인간자본human capital의 특수성이 존재하는 노동에 대해서는 가능한 한 거래를 내부화해 장기계약을 체결하는 것이 경영자와 노동자 양측의 기회주의적 행동을 줄이는 이점이 있다. 내부노동시장의 강화를 요구하는 인간자본 특수성은 달리 말하면 위에서 본 기업 특수적 기능이라 할 수 있다. 즉, 기업 특수적 기능의 수요는 내부노동시장의 강화를 초래하는 중요한 요인이며, 반대로 이런 수요가 줄어들수록 노동력 거래는 외부화되고 그 결과 단기적이고 불안정한 고용 형태가 보편화된다(장지연 외 2008).

참고문헌

김유선. 2008. "비정규직 남용과 차별 해소를 위한 과제." 서울사회경제연구소 편. 『한국경제: 빈부격차 심화되는가?』. 한울아카데미.
김형기. 1988. 『한국의 독점자본과 임노동』. 까치.
사람입국·일자리위원회. 2006. 『비정규직 실태 및 정책과제』. 제73회 국정과제회의 보고서.
송호근. 1990. 『노동과 불평등』. 나남.
이효수. 1984. 『노동시장구조론』. 법문사.
이효수·류재술. 1990. "단층별 임금함수 추정과 단층간 임금격차 분해." 『경제학연구』 6월. 한국경제학회.
장지연 외. 2008. 『고용유연화와 비정규고용』 4월. 한국노동연구원.
조우현·황수경. 2016. 『새로운 노동경제학』. 법문사.

Atkinson, Anthony B. 1983. *The Economics of Inequality*, 2nd ed. Oxford University Press.
Braverman, Harry. 1974. *Labor and Monopoly Capital*. Monthly Review Press(『임노동과 독점 자본』. 강남훈 옮김. 까치).
Doeringer, Peter B. and Michael J. Piore. 1971. *Internal Labor Markets and Manpower Analysis*. Lexington Books.
Edwards, Richard C. 1979. *Contested Terrain*. Basic Books.
Edwards, Richard, Michael Reich and David M. Gordon eds. 1975. *Labor Market Segmentation*. Heath.
Gordon, David M., Richard Edwards and Michael Reich. 1982. *Segmented Work, Divided Workers*. Cambridge.
Hall, Robert. 1982. "The Importance of Lifetime Jobs in the US Economy." *American Economic Review* vol. 72.
McNabb, Robert and Paul Ryan. 1990. "Segmented Labour Markets." David Sapsford and Z. Tzannatos eds. *Current Issues of Labour Economics*. Macmillan.
Rees, Albert and George P. Schultz. 1970. *Workers and Wages in an Urban Labor Market*. University of Chicago Press.
Taubman, Paul and Michael Wachter. 1986. "Segmented Labor Markets" D. Ashenfelter and R. Layard eds.

Handbook of Labor Economics vol 2. North-Holland.

Wachtel, H. M. and C. Betsey. 1972. "Employment at Low Wages." *Review of Economics and Statistics* vol. 54.

Wright, Eric O. 1979. *Class Structure and Income Determination.* Academic Press.

5장

노동조합과 불평등

"조직되지 않은 부문을 조직하라!" Organize the unorganized!
_ 1930년대 미국 탄광 노조 지도자 존 루이스

"기관총 없이는 탄광을 할 수 없다."
_ 미국 재벌 리처드 멜론의 1934년 6월 14일 미국 의회 증언에서

1. 노동조합 연구의 중요성

앞장의 주제와 연결되면서도 약간 다른 주제로 노동조합이 소득 불평등에 미치는 영향을 고찰해 보기로 하자. 제2차 세계대전 이전에는 여러 나라의 노조 가입률이 증가하는 추세였으며 제도학파경제학이 강세를 띠면서 노동조합의 연구도 활발했다. 그러나 제2차 세계대전이 끝난 뒤 각국의 노조 가입률이 하락하면서 노동조합에 관한 연구도 시들해졌던 것이 사실이다. 특히 1960년대 이후 인간자본 이론 연구가 강세를 보이면서 노조 연구는 현저히 감소했다. 그러나 1980년대에 와서 미국에서는 갑자기 노동조합 연구의 붐이 일어났는데 1980년 후에 이뤄진 노동조합 연구는 그 이전의 노동조합 연구를 모두 합한 것보다 많을 정도다. 한국의 학계에서도 이런 경향은 1987년 노동자 대항쟁 이후 나타나고 있으며, 앞으로 상당 기간 동안 이런 추세가 계속될 것으로 전망된다. 한국에서는 1987년 직후에는 한때 노조 가입률이 상승했고, 우여곡절은 있지만 노동운동이 발전하고 있으며 거기에 부응해 앞으로 노동조합에 관한 연구도 많이 나올 것으로 기대된다.

노동조합이 조합원의 임금을 상승시킨다는 것은 익히 알려진 사실이다. 그러나 노동조합이 소득 불평등에 미치는 영향에 관해서는 아직 의견의 일치가 없다. 노동조합이 노동의 고용을 감소시켜 노동자 전체에게 손해를 끼칠 뿐만 아니라 비조합원의 고용 기회를 제약함으로써 노동자계급의 소득분배 상태를 좀 더 더 불평등하게 한다는 견해가 있는가 하면, 그와 반대로 노동조합은 경영자의 임금 결정에 관한 자유재량권을 제한하고, 임금 표준화 賃金標準化, wage rate standardization 전략을 추진하기 때문에 동일한 직무를 수행하는 노동자 사이의 임금격차를 축소시킴으로써 노동자 간의 소득분배를 평등하게 한다는 주장도 있다.

노동조합이 임금에 영향을 미치고, 그것을 통해 소득 불평등에 영향을 미치는 경로는 다음과 같이 세 가지로 나눌 수 있다. 첫째, 노동조합이 조직 부문의 임금을 비조직 부문의 임금에 비해 상대적으로 높이는 소위 '상대적 임금 효과'가 있다. 둘째, 노동조합이 조직 부문 내의 또는 조직 부문 간의 각종 임금격차 또는 임금 분산을 축소시키는 '임금격차(임금 분산) 효과'가 있다. 셋째로는 조합의 상대적 임금 효과와 조합원의 상대적 이득이 비노조원의 임금 희생하에 획득되는지 아니면 이윤의 희생하에 획득되는지의 여부, 즉 노동조합이 소득이 상대적 분배율에 미치는 효과가 있다. 아래에서 이들 세 가지 문제에 관한 지금까지의 논의를 개관해 보자.

2. 노동조합의 상대적 임금 효과

노동조합이 조합원의 임금을 상승시킨다는 사실은 널리 인식되고 있다. 그런데 노동조합의 상대적 임금 효과를 파악하려면 노조가 있음으로 인해 비조직 부문의 임금이 어떤 영향을 받는가 하는 문제를 아울러 고려하지 않으면 안 된다. 노조가 비조직 부문의 임금에 미치는 효과는 서로 반대 방향으로 작용하는 두 가지 힘의 크기에 따라 달라질 수 있다. 비조직 부문의 임금을 떨어뜨리는 쪽으로 작용하는 것에는 파급효과가 있고, 반대쪽으로 작용하는 것에는 위협 효과, 사기 효과, 수요 효과가 있다.

파급효과, 위협 효과, 사기 효과, 수요 효과

파급효과波及效果, spillover effect는 노동조합이 조직됨으로써 임금이 인상되고, 그에 따라 조직 부문에서의 상대적 노동 수요가 감소하고 그 결과 일자리를 잃은 노동자들이 비조직 부문으로 이동함으로 말미암아 그쪽의 노동 공급을 증가시켜 비조직 부문의 임금을 하락시키는 효과를 말한다. 예컨대 노동조합이 조직되어 있지 않은 상태에서 경제의 한 부문에 노동조합이 조직되었다고 하자. 여기서 노동조합이 공급 독점력을 행사해 노조 조직 부문의 임금을 시장의 균형 임금보다 높은 수준으로 인상시키게 되면 조직 부문에서는 임금 상승에 반응해 노동에 대한 수요량이 감소하므로 결국 조직 부문의 고용은 감소하게 된다. 조직 부문에서 일자리를 잃은 노동자들은 달리 방도가 없으므로 비조직 부문으로 이동해 일자리를 구하게 될 것이고, 비조직 부문에서는 노동 공급의 증가로 인해 임금은 하락하고 고용은 증가할 것이다. 이런 과정에서 조직 부문에서 발생한 신규 실업자는 결국 비조직 부문에서 일자리를 찾게 된다. 실직되지 않은 조직 부문 노동자들의 임금은 노조의 세력 덕분에 인상되지만, 비조직 부문에서는 조직 부문에서의 노동이동에 따른 초과노동 공급이 발생해 기존의 비조직 노동자의 임금은 오히려 종전보다 더 하락하는 경향이 있다.

이와 같은 노조의 파급효과가 매우 강한 경우에는 노조가 이중 노동시장dual labor market을 형성하는 데 기여했다는 비판을 받게 된다. 조직 부문의 임금이 인상되면 비조합원은 임금이 낮고 안정성이 낮은 직무로 쫓겨나는 간접 효과가 있다. 즉, 비조합원들은 직무 안정성과 승진 기회가 낮은 2차 노동시장으로 내몰려 저임금으로 고용될 가능성이 더욱 커지게 된다. 이와 같이 노조가 있는 부문에는 1차 노동시장이, 그리고 노조가 결성되지 않은 부문에는 2차 노동시장이 형성될 가능성이 크다.

그러나 노동조합이 항상 비조직 노동자들의 임금을 하락시키는 것은 아니다. 노동조합의 상대적 임금 효과는 조직 부문의 임금 인상에 따른 비조직 부문의 사용자의 반응에 따라 달라질 수 있다. 즉, 노동조합은 위협 효과威脅效果, threat effect를 통해 비조직 부문의 사용자로 하여금 임금을 인상하게 할 수도 있다. 비조직 부문의 사용자는 노동조합이 노동비용을 증가시키고 경영 재량권을 제약하는 바람직하지 못한 조직으로 생각해 노동자들의 노동조합 조직을 싫어하는 경향이 있다. 그리하여 사용자는 비조직 노동자에게 임금 인상이라는 유인을 제공해 노동조합의 조직을 막으려고 노력할 가능성이 있다. 즉, 비조직 사업체가 조직 사업체에 비해 낮은 임금을 지불할 경우, 그것은 노동조합의 결성을 불러일으킬 가능성이 있기 때문에 비조직 사업체의 사용자는 이런 사태를 미연에 방지하기 위한 선제 행동으로서 노동자들의 임금수준을 미리 인상시켜 주는 것이 하나의 경영전략으로 채택될 수 있다는 것이다. 이와 같은 노동조합의 잠재적인 조직 위협에 의해서 비조직 부문의 노동자의 임금이 인상되는 효과를 위협 효과라 한다.

비조직 부문의 임금을 인상시키는 요인 중에는 사기 효과士氣效果, morale effect라고 불리는 것도 있다. 한쪽에서 노동조합이 결성되면 노조가 없는 다른 부문의 노동자들의 사기와 생산성을 떨어뜨릴 수 있다. 이때 비조직 부문에서 노동자들의 사기와 생산성을 올리는 한 방법으로 임금 인상을 택할 가능성이 있는데 이것을 사기 효과라고 한다.

또 다른 경로를 통해 비조직 부문의 임금이 인상될 수도 있다. 노동조합이 임금을 인상함에 따라 조직 부문의 생산비가 올라가고 따라서 가격이 인상된다고 하자. 그러면 이 부문의 생산물에 대한 수요가 감소하는 대신 아직 가격이 오르지 않은 비조직 부문의 생산물 쪽으로 수요가 이동할 것이다. 이와 같은 수요 이동을 통해 비조직 부문의 생산물 수요가 증가하면 그 부문의 노동 수요를 증가시킬 것이고, 결국 비조직 부문의 임금이 상승할 것이라는 것을 추론해 볼 수 있다. 이런 경로를 통해 노동조합의 임금 인상이 결국 비조직 부문의 임금 인상을 가져오는 것을 수요 효과需要效果, demand effect라고 한다.

노동조합이 조합원과 비조합원 사이의 상대적 임금에 미치는 영향은 결국 이 네 가지 효과 — 파급효과, 위협 효과, 사기 효과, 수요 효과 — 의 상대적 크기에 의해 결정된다고 할 수 있다. 만약 노동조합이 비조직 부문의 임금을 상승시키는 위협 효과, 사기 효과, 수요 효과의 합이 파급효과보다 크다면 조직 부문의 임금 인상이 비조합원의 임금수준도 함께 인상시키게 되기 때문에 조합원과 비조합원 사이의 임금격차는 줄어들고, 따라서 소득 불평등도 감소할 것이다. 반대로 노동조합이 비조직 부문 노동자의 임금을 하락시키는 파급효과가 위협 효과, 사기 효과, 수요 효과의 합보다도 더 크면, 조직 부문의 임금 인상이 비조직 부문의 임금을 조합원의 임금에 비해 상대적으로 하락시키게 되어 조합원과 비조합원 사이의 임금격차가 더 커지게 되고 소득 불평등은 커질 것이다. 노동조합이 비조직 부문의 임금을 하락시키거나 혹은 조직 부문의 임금 인상률보다도 비조직 부문의 임금 인상률이 낮은 경우에는 노동조합이 노동자계급 내부의 임금격차를 확대시켜 소득 불평등을 증대시킨다고 할 수 있다.

그런데 노동조합이 임금수준에 미치는 영향을 정확하게 파악하기 위해서는 조직 부문의 임금 W_u와 노조가 없다고 가정할 때 성립할 가상적인 균형 임금 W_o를 비교해야 한다. 그러나 가상적인 시장균형 임금은 관측이 불가능한 변수여서 W_u와 W_o를 비교하는 노동조합의 절대적 임금 효과absolute wage effect는 계측되지 않는다. 또한 비조직 부문의 임금 W_n을 가상적인 시장균형 임금 대신 사용해 절대적 임금 효과를 계측하는 데에도 또 다른 문제점이 있다. 왜냐하면 위에서 본 바와 같이 파급효과, 사기 효과, 위협 효과, 수요 효과 등을 통해서 조직 부문의 임금수준은 비조직 부문의 임금수준에 영향을 미치기 때문이다.

요컨대 가상적인 시장균형 임금의 관측이 불가능하고 조직 부문의 임금이 비조직 부문의 임금에 영향을 미치는 문제 등으로 노동조합의 절대적 임금 효과의 추계는 어렵다. 따라서 대개의 경우 조직 부문의 임금이 비조직 부문의 임금에 비해 상대적으로 얼마나 높은 수준에 있는가 하는 문제, 즉 노동조합의 상대적 임금 효과union relative wage effect를 추계함으로써 노동조합의 절대적 임금 효과에 대한 분석을 대체하고 있다. 노동조합의 상대적 임금 효과는 다음과 같이 표시할 수 있다.

$$\lambda = (W_u - W_n) / W_n$$

W_u=조직 부문의 임금, W_n=비조직 부문의 임금.

노조의 임금 효과의 실증 연구

결국 노동조합이 조합원과 비조합원 사이의 임금격차에 미치는 영향은 전술한 바와 같이 파급효과와 사기 효과, 위협 효과, 수요 효과 등의 상대적 크기에 의해 결정된다. 그러나 이들 효과는 상호 반대 방향으로 작용하기 때문에 이들이 소득분배에 미치는 순효과純效果가 어느 방향인지 선험적으로는 알 수 없으며 실증적인 연구를 통해 분석할 수밖에 없다.

이 분야에서 가장 선구적으로 연구 성과를 쌓아 온 시카고 대학교의 그레그 루이스Gregg Lewis는 미국 노동조합의 상대적 임금 효과를 추정해, 노동조합이 경제 전체에 있어서 조합원과 비조합원 간 상대적 임금격차에 10~15% 정도의 효과를 미친다는 것을 발견했다(〈표 5.1〉). 여기서 노조의 상대적 임금 효과는 경기변동과 밀접한 관련이 있다는 것도 주목할 만한 현상이다. 1930년대의 대공황 시에는 상대적 임금 효과가 25%에 달할 정도로 아주 크게 나타난 반면, 제2차 세계대전 직후의 호경기 때에는 반대로 5%에 미달할 정도로 아주 작게 나타나고 있다. 이것은 노동조합이 호경기 때 임금을 인상시키는 힘보다는 불경기 때 임금 인하에 저항하는 힘이 더 두드러진다는 사실을 우리에게 시사해 준다. 이는 경기가 좋아서 전반적으로 임금이 상승하는 시기에는 노조가 임금 상승을 더 부추기는 힘은 별

표 5.1 노동조합의 상대적 임금 효과 (단위: %)

	노동조합의 평균 조직률	조합원/ 비조합원	조합원/ 전체 노동자	비조합원/ 전체 노동자
1923~29	7~8	15~20	14~18	-1
1931~33	7~8	25	23	-1
1939~41	18~20	10~20	8~16	-4~-2
1945~49	24~27	0~5	0~1	-1~0
1957~58	27	10~15	7~11	-4~-3

자료: Lewis(1963,193).

로 없지만 불경기처럼 전반적으로 임금이 하락할 때는 완강하게 저항하는 힘이 있다는 뜻이다. 자동차에 비유하자면 노동조합은 자동차에서 액셀러레이터의 역할보다는 브레이크 역할에 더 특기가 있다고나 할까.

한편 루이스의 연구 이후 여러 경제학자들이 상이한 자료와 분석 방법을 이용해 상대적 임금 효과를 추정했다. 예컨대 스태포드F. P. Stafford, 마이클 보스킨Michael J. Boskin과 칸L. M. Kahn 등은 루이스의 추정치보다 더 큰 15~25%의 상대적 임금 효과를 추정한 바 있다(Stafford 1968).

3. 노동조합과 임금 불평등

노동조합과 임금 불평등에 관한 대부분의 실증 연구는 기타 조건이 비슷한 경우 노조/비노조 노동자들 간의 임금격차에 초점을 두고 있다. 노동조합이 있음으로 인해 임금격차가 존재한다면 이는 노동조합이 전체 노동소득 분배에 영향을 줄 수 있다는 것을 의미한다. 따라서 노동조합의 기능별 소득분배 및 계층별 소득분배에 대한 효과뿐만 아니라, 여러 사업체, 산업 및 노동시장의 집단 내부 및 집단 간의 임금 분산에 대한 효과를 고찰할 수 있다. 또한 임금 및 노동소득 불평등의 정도에서 조합/비조합 사이에 존재하는 차이를 관찰할 수 있다.

노동조합이 노동소득 분배에 영향을 줄 수 있는 경로는 여러 가지가 있다. 우선 노동조합이 임금 불평등에 영향을 주는 가능한 방법을 고찰하고, 그 다음 노동조합이 왜 여러 사업체 내부 및 사업장 간의 임금률을 표준화하려고 하는지, 그리고 임금 분배에 대한 실증연구를 살펴보기로 하자. 지금까지 나온 대부분의 실증 연구는 노동조합이 임금 분산도를 상당히 축소시킨다는 사실을 보고하고 있다.

과거부터 내려오는 노동조합에 대한 가장 신랄한 비판은 노동조합이 소득 불평등을 확대시킨다는 것이다. 즉, 조직 부문의 임금 인상이 파급효과를 유발해 비조직 부문 노동자들의 임금을 하락시킨다는 것이다. 그리고 노동조합은 다른 독점적 조직과 마찬가지로 시장의 자유경쟁을 제한하는 일종의 독점 조직이기 때문에 효율성을 저해하면서 소수의 이익을 도모하는 폐단이 있다는 것이다. 이것은 밀턴 프리드먼을 비롯한 시카고학파의 전통적·보수적 노동조합관이다.

예를 들어 고소득층인 의사나 비행기 조종사들이 노조를 조직해 보수를 인상시키면 소득분배를 불평등화하는 결과를 가져올 것이다. 밀턴 프리드먼은 노조가 원래 높은 소득을 벌고 있는 숙련공이나 전문가에게 더욱 큰 이익을 가져다줄 것이라고 본다. 왜냐하면 이들은 임금수준 자체는 높더라도 워낙 소수이므로 임금 총액에서 따진다면 비숙련 생산직에 비해 훨씬 작은 비중을 차지하게 되고, 따라서 기업 측의 노동 수요가 이들에 대해서는 비탄력적이어서 비교적 임금 인상이 용이하다는 것이다. 이것은 바로 19세기 말 신고전파경제학의 완성자인 마셜이 '비중요성의 중요성'The importance of being unimportant이라고 불렀던 바로 그 원리다. 즉, 기업 내에서 임금 총액 중 적은 비중을 차지하는 이들 소수의 고임금 직종일수록 임금 인상이 더 쉬우므로 노조가 있음으로 인해 오히려 소득 불평등이 커질 가능성이 있다는 것이다. 따라서 노동조합은 자원 배분의 왜곡과 더불어 이런 부작용을 가져온다고 보아 프리드먼은 노조에 반대하는 것이다.

그러나 일반적으로 노동조합은 평등주의적인 세력으로서 경제 전체적으로 소득 불평등을 축소시키는 역할을 한다는 주장이 과거부터 있었으며, 뒤에서 보게 되겠지만 이런 주장은 특히 최근에 와서 상당히 활발하게 제기되고 있다. 물론 노동조합이 비조합원 노동자들을 희생시키고 일부 조합원들만의 임금을 상승시킨다고 하는 독점 임금 효과가 존재하지 않는 것은 아니다. 그러나 이런 독점 임금 효과에 의한 불평등의 확대 효과는 불평등을 축소시키는 노동조합의 임금정책에 의해 상쇄된다. 노동조합이 불평등을 축소시키는 임금정책은 첫째, 노동조합이 동일 사업체 내부의 임금격차를 줄이려고 노력한다는 것, 둘째, 노동조합이 다른 사업체 간에도 동일노동 동일임금의 원칙을 관철시키려고 노력한다는 것, 셋째, 노동조합에 의한 블루칼라 노동자의 임금 인상 효과는 상대적으로 화이트칼라와 블루칼라 사이의 임금격차를 축소시킨다는 것 등이다. 이와 같이 노동조합은 노동자계급 내부의 소득분배를 평등하게 할 수도 있고 불평등하게 할 수도 있다. 노동조합은 모든 노동자들의 임금을 똑같은 비율로 상승시키지는 않으며, 노동조합의 임금 인상 효과는 실제로 노동자 사이의 인구학적 특성과 직종 및 업종에 따라 현저히 다르게 나타나는 것이 일반적이다.

노동조합이 임금 불평등을 증가 혹은 감소시키는 경로는 여러 가지가 있다. 노동조합의 주요 효과는 조합원들의 임금을 인상시키는 것이라고 가정해 보자. 조합원들이 평균임금 이하의 임금을 받고 있는 경우에는 노동조합이 각 사업체(혹은 산업, 직종 및 노동시장) 내부의 임금 불평등을 감소시킬 것이고, 또 반대로 조합원들이 평균 이상의 임금을 받고 있는 경우라면 임금 불평등을 증가시킬 것이다. 물론 노동조합의 임금 인상은 분석의 초점이 각 사업체에 있느냐 혹은 개별 노동시장에 있느냐에 따라 임금 불평등에 상이한 효과를 가질 것이다. 예컨대 고임금 사업체에서 평균 이하의 임금을 받고 있는 노동자들에게 영향을 주는 노동조합의 임금 인상은 한편으로는 사업체 내의 불평등을 줄이겠지만, 그러나 다른 한편 노동시장 내의 전체적 불평등은 오히려 증가시킬 것이다.

노동조합이 조직 사업체 내부의 임금 불평등과 조직 사업체 간의 임금 불평등을 감소시킨다 하더라도, 각 산업, 노동시장 및 경제 전체의 임금 불평등을 반드시 감소시킨다고 볼 수는 없을 것이다. 만약 비조직 부문이 크고 조직 부문은 작은 경우에 비조직 부문에 비해 임금수준은 높고 임금 분산도는 낮은 조직 부문에서의 임금 상승이 산업 내의 임금 불평등을 증가시킬 수도 있다. 만약 노동시장 내에서 조합원들이 평균 이상의 임금을 받고 있다면 노동조합이 조직 부문 내의 임금 불평등을 감소시키지만 전체 경제의 임금 불평등을 오히려 증가시킬 수도 있는 것이다. 마찬가지로 노조 조직률이 높은 노동시장과 낮은 노동시장 사이의 임금 분산도는 노조의 상대적 임금 효과에 따라서 증가 혹은 감소할 것이다. 노조의 임금정책은 역시 사업체 간의 비교 가능한 노동자들의 임금률을 표준화하려고 하기 때문에, 동일 산업 혹은 동일 생산물 시장 내에서 비교 가능한 조직노동자들 사이의 임금 분산도를 낮출 것이다. 이것은 노조의 임금 표준화 전략과 관련이 있다.

4. 노동조합의 임금 표준화 전략

노동조합이 기타 조건이 비슷한 노동자들 사이의 임금격차를 야기하는 경우에는 전체 임금 분산도를 증가시킬 것이다. 그러나 노동조합은 성별이나 연령과 같은 인구학적 특성이 같고 동일한 직무에 일하고 있는 노동자들에 대해서 임금 표준화 전략을 취하는 경우가 많고, 이에 따라 임금 분산을 감소시키게 된다. 노동조합의 임금 표준화 전략은 인구학적 속성과 직종이 같은 노동자들에게 기업으로 하여금 '동일노동 동일임금'을 지불하도록 요구하고, 경영자 측이 선별적으로 개개인의 임금을 결정하는 권리를 제한하는 것이다.

동일한 기능을 갖고 동일한 직무에 근무하는 노동자에 대한 경영자 측의 임금 지불 방식에는 두 가지가 있을 수 있다. 하나는 개별 임금률 방식인데 감독자가 작업의 성과를 노동자 개별적으로 평가해 개개인의 임금을 결정하는 방식이다. 다른 하나는 단일 임금률(표준 임금률) 방식으로서 일정하게 분류된 동일 직무를 맡는 노동자에게 동일한 임금을 지불하는 방식이다. 말하자면, 개별 임금률 방식은 임금을 노동자 개인에 결부시키는 방식이고, 표준 임금률 방식은 임금을 일정한 분류의 직무에 관련시키는 것이다.

사업체 내에서의 임금 표준화는 일반적으로 개별적인 보수율보다는 직무급 job rates으로 이뤄지고, 사업체 내에 한정된 수의 직무 등급 job classification이 존재한다. 각각의 직무 등급은 전형적으로 다양한 활동 범위 activities를 포함하지만, 동일한 직무 범주 내에서의 임금률 격차는 작고, 또 각각의 직무 범주 내에서는 일반적으로 연공年功에 기초를 둔 임금 계단

wage step의 숫자도 훨씬 적다. 이런 경우 임금률은 개인별 특성과 개별적인 업적에 의존하기보다는 직무에 의해 결정된다.

그러면 노동조합이 임금 표준화 전략을 추구하는 이유는 무엇일까? 첫째는 노동조합이 한계 노동자marginal workers들의 선호보다는 평균적인 노동자들의 선호에 더 일치하는 정책을 추구하는 정치적 조직체로서 대다수 노동자에게 이익이 되는 임금정책을 채택하기 때문이다. 이것은 노조 대의원이 노조원들의 표결을 통해 당선되기 때문에 한계적 노동자보다는 '중위 투표자'中位投票者, median voter의 의사를 존중하도록 되어 있기 때문이다.

둘째로 노동조합은 임금 결정 과정에서 경영자 측의 자의적인 임금 결정권을 줄이고, 좀 더 객관적으로 임금을 결정하도록 하기 위해 임금 표준화 전략을 선호한다. 기업에 대한 각 노동자의 공헌도를 객관적으로 측정하는 것은 대단히 어려울 뿐만 아니라 하나의 사실을 놓고 감독자의 자의적인 평가는 상당한 편차를 가질 수 있다. 노동조합은 '동일노동 동일임금'을 강하게 요구하는 정책을 추진함으로써 조합원들을 감독자의 자의적 임금 결정에 대한 불안으로부터 보호하려고 한다. 마찬가지로 노동자들은 자신의 분배상의 위상을 확실하게 모르는 경우라면 위험을 회피하고자 하는 속성상 아무래도 임금격차가 작은 쪽을 선호하게 된다. 이런 점은 노동자들의 생산성을 관찰하는 것이 어려운 경우나 혹은 감독자들의 업적 평가가 부당하고 자의적인 것으로 되기 쉬운 경우에 더욱 중요할 것이다.

이상과 같이 노동조합이 사업체 내의 임금을 표준화하는 경우 임금 불평등은 감소할 것이다. 표준화된 임금은 비슷한 연공을 갖는 노동자들에게 노동조합이 없는 경우에 성립할 임금보다 개별적인 편차를 적게 함으로써 임금 분산을 줄일 것이다.

셋째로 노조 사업체 연대의 필요성이 역시 사업체 간의 임금격차를 제한하는 요구로 귀착할 것이다. 노동조합은 노동자의 연대와 조직의 통일성을 위해 동일한 직무에 근무하는 노동자의 임금을 균일하게 하려 한다. 왜냐하면 한 직종에서 개인 간의 임금격차가 현저히 큰 경우에는 노동조합이 조직력을 계속 유지하기 어려울 것이기 때문이다. 노동조합은 동일한 속성을 갖고 있는 노동자에 대한 사업체 간의 임금격차를 축소시키기 위해 한 산업 또는 한 지역시장 내에서의 임금을 표준화하려는 임금정책을 추진한다. 이와 같이 기업 간의 임금 평준화를 추구하는 노동조합의 노력은 임금구조에 영향을 줄 수 있다.

일반적으로 경영자들은 노동자들 사이에 가급적 임금격차를 크게 유지하고 개인별로 보상을 차등화해 회사에 대한 충성심을 유발해 내려는 태도를 갖는다. 이에 대해서 단체협약은 직무(혹은 보수) 범주의 수를 제한하고, 임금률을 개인별로 설정하기보다는 주어진 직무에 대해 일괄적으로 설정하려고 노력한다. 따라서 노동조합이 조직된 사업체에서는 일반적으로 임금 결정에서 노조 가입 기간을 따지는 선임권과 같은 요소에 더 큰 비중을 두는 반면 차별화된 개별 평가에는 크게 의존하지 않는다. 단체협약에 적절히 규정될 수 있는 직무와 보수 계단의 수가 고용주들이 비조직 부문에서 개별 평가에 기초해 만든 계단 수보다 적기 때문에 그런 의미에서 노동조합은 임금 분산을 줄인다고 할 수 있을 것이다.

이와 같이 노동조합의 임금 표준화는 사업체 내부와 사업체 간의 임금 분산에 영향을 주는 주요 수단이 된다. 노동조합의 임금 표준화 전략에 의해 노동자의 임금은 균등화되는 경향이 나타날 것이고, 상대적으로 저임금 노동자의 임금이 고임금 노동자의 임금보다 더 빠른 속도로 상승할 것이다. 노동조합의 임금 효과가 일반적으로 저임금 노동자에게서 더 크다는 것은 임금을 상승시키는 방향으로 작용하는 노동자의 개별적 특성의 영향력이 조합 부문에서는 비교적 약하기 때문에 불평등도가 좀 더 축소된다는 것을 의미한다. 즉 학력, 연령, 직종 및 산업 등의 임금 결정 요인이 조직노동자에게 주는 영향은 미조직노동자에게 주는 영향만큼 크지 않기 때문에 조직노동자의 임금 분산은 작아지는 것이다. 그러나 동시에 저임금 노동자 집단 내에서 조직노동자와 미조직노동자 사이의 임금격차는 노조의 상대적 임금 효과로 인해 오히려 더 확대될 수 있다. 따라서 임금 분산에 대한 노동조합의 전체적인 효과는 선험적으로는 알 수 없고 결국 실증 연구를 통해서만 알 수 있다.

5. 노조의 분배 효과의 실증: 프리먼과 메도프의 연구

노동조합이 과연 불평등을 줄이는가 하는 문제에 대한 실증적인 연구 결과를 알아보기로 하자. 노동조합과 임금 분산에 관한 가장 포괄적인 연구 결과는 하버드 대학의 리처드 프리먼Richard B. Freeman과 제임스 메도프James L. Medoff가 쓴 『노동조합의 참모습』What Do Unions Do?(1984)이란 책에서 제시되고 있다. 이들은 종래의 시카고학파적 관점에서의 노동조합=독점이라는 시각을 대체할 만한 새로운 제도학파적 입장의 노조 이론을 제시하면서 그것을 실증적으로 뒷받침하고 있다. 이들을 가리켜 노동조합 연구에서의 하버드학파라고 부르기도 한다.

프리먼과 메도프의 노동조합관

과거에는 노동조합이 노동 공급을 독점해 시장 메커니즘에 대한 부작용을 가져온다고 보는 시카고학파적 관점이 우세했던 것이 사실이다. 이런 관점에 의하면 노조가 결성되면 조직 부문의 고용이 감소하고 실직자들이 다른 부문으로 이동하는 과정에서 사회적 비용이 발생한다. 그러나 자원 배분을 왜곡시키는 데에서 발생하는 이런 비용은 사실 양적으로 따지면 얼마 되지 않는다. 아마 GNP의 1%에 훨씬 미달할 것이다. 이런 자원 배분상의 비용보다 실제로 훨씬 큰 비용은 다른 데서 발생한다. 첫째, 노조가 있음으로 인해 생기는 여러 가지 규제와 규칙, 회의 비용 등이 생산성을 하락시킨다. 둘째, 파업strike으로 인한 생산성의 하락이 있다. 자원 배분의 왜곡에서 오는 비용보다는 이 두 가지 비용이 사실 더 크다. 하버드학파의 관점은 이것을 인정하되 노조가 가지는 플러스의 효과에 주목하는 것이다.

과거에는 노조가 가지고 있는 플러스의 측면으로 충격 효과shock effect라는 것이 논의되었다. 즉, 노조가 결성되면 나태한 경영자에게 충격을 주어 생산성을 증대시키는 효과가 있음을 의미하는 것이다. 그러나 이것은 단기적 효과에 그친다. 하버드학파의 새로운 주장은 좀 더 장기적인 긍정적 효과에 주목한다. 프리먼과 메도프는 한때 불균형 성장론으로 유명했던 미국의 경제학자 앨버트 허쉬만Albert O. Hirschman의 퇴장/발언退場/發言, exit/voice 모델을 노조에 적용해 노조를 기본적으로 발언voice의 수단으로 간주한다(Freeman and Medoff 1984).

즉, 노조는 노동자들의 불만이 있을 때 그것을 퇴장=사직이라는 형태가 아니라 좀 더 적극적 형식인 발언을 함으로써 노동자들의 불만을 처리하고, 궁극적으로는 회사에 대한 충성심을 가져와 생산성을 높이는 효과가 있을 뿐 아니라 임금 불평등의 축소에도 기여한다는 것이다. 퇴장exit은 기껏해야 한계적인 저임금 노동자marginal workers의 행동에 불과하지만 반대로 목소리voice는 평균적인(전체) 노동자median voters의 의견을 반영하는 수단이 된다는 것이다.

따라서 하버드학파는 노조가 여러 가지 긍정적 효과를 주는 것으로 간주한다. 노동자들의 고충苦衷, grievances을 효과적으로 처리해 회사에 대한 충성과 애착이 증가하고 노동자들 사이에 단결 및 사기 개선 효과도 생긴다. 이리하여 결과적으로 노동자들의 이직률을 감소시키고 장기근속 경향을 증가시킨다. 이것은 앞에서 언급한 바와 같이 현장 훈련에 유리하고 생산성을 높이는 효과를 가진다. 나아가 회사 내의 비능률slack이 감소하고, 효율성, 그중에서도 특히 하버드 대학의 경제학자 하비 라이벤슈타인Harvey Leibenstein이 강조하는 X-효율X-efficiency의 증가가 나타난다(Freeman and Medoff 1984에서 재인용). X-효율이란 자원 배분의 개선으로 나타나는 배분적 효율配分的 效率과 대비되는 개념으로서 주로 조직의 개선과 노동자의 심리적 압박, 자발적 참여 등의 효과로 이뤄지는 효율의 개선을 의미한다. 따라서 생산성 증가는 치열한 경쟁을 조장함으로써 나타날 수도 있으나 회사 내부의 평등화, 노동자의 협동, 노조의 결성 등으로도 회사 내 조직의 개선과 능률이 제고되고, 노동자들의 노력effort 증가가 나타날 수도 있는 것이다.

과거부터 노조가 생산성을 낮춘다는 주장이 있었다. 예컨대 노조가 생김으로써 휴식 시간coffee break이 길어지고, 회의 시간이 길어지며, 기업 측에서도 노동자들을 종전과 같이 강제로 작업시키기가 어렵다는 등의 이유로 생산성이 하락한다는 것이다. 그러나 하버드학파는 생산성 면에서도 최근 노조에 관한 긍정적 연구를 내놓고 있다. 예를 들어 노조가 결성되면 회사의 시설, 사내 복지를 일종의 공공재public goods로 인식해 존중하는 경향이 있고 노사 관계의 개선에도 도움이 된다는 것이다. 이런 관점에서 노조가 생산성을 증가시킨다는 킴 클라크Kim Clark와 찰스 브라운Charles Brown의 실증적 연구가 있다(Freeman and Medoff 1984에서 재인용).

하버드학파는 임금 불평등 문제에 대해서도 노조가 있음으로써 회사 내부의 임금격차

그림 5.1 | 조합과 비조합 부문의 생산직 노동자 내부의 임금 분포

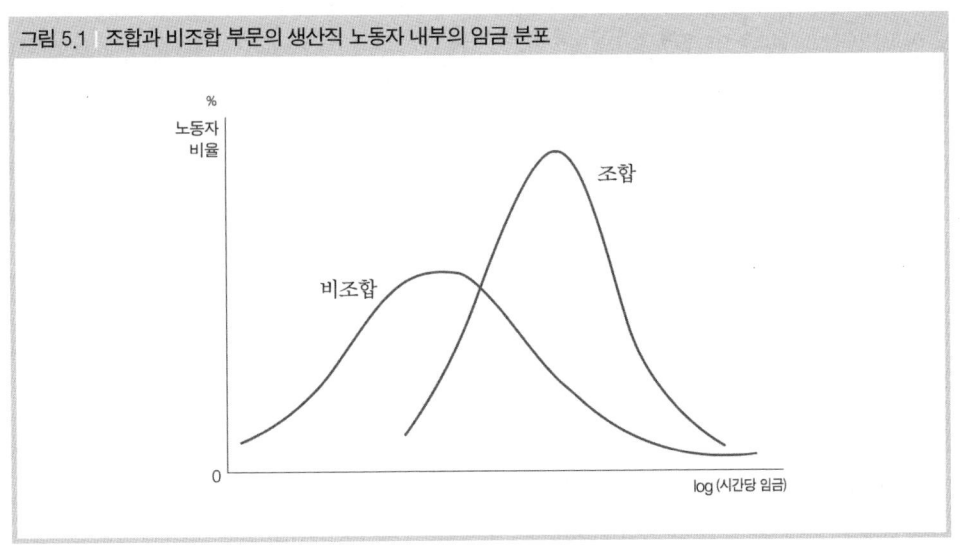

의 축소, 블루칼라 임금의 인상, 임금 표준화가 이뤄질 뿐 아니라 회사 간, 직업 간, 산업 간의 전반적 임금격차를 축소시키는 효과가 있다고 본다. 즉, 노조는 단순히 임금 인상 효과만 가지는 게 아니라 임금격차(불평등)의 축소 효과를 동시에 가지고 있다는 긍정적 평가를 내리고 있는 것이다.

노조의 분배 효과의 실증 연구

프리먼은 미국의 제조업 및 비제조업부문의 노조 가입 남성 노동자와 비조합 노동자 사이의 임금 분산에 관한 연구에서 노동조합이 낮은 임금 분산과 관계가 있다는 사실을 보여주었다. 〈그림 5.1〉은 조합과 비조합 생산직 노동자 간의 대수^{對數} 표시 임금 분포의 차이를 나타내고 있다. 조합 부문의 임금 분포가 비조합 쪽의 임금 분포보다 평균임금이 더 높고, 분산은 작다. 프리먼은 제조업과 비제조업의 조직노동자 간의 임금의 표준편차는 각각

표 5.2 | 노동조합이 소득 불평등에 미치는 효과

요인	불평등의 변화 비율 (%)
조직노동자 간의 불평등 축소	-2
생산직/비생산직의 임금격차 축소	-2
조합의 독점 임금 효과	1
노동조합의 순효과	-3

자료: Freeman and Medoff(1984, table, 5-3).

0.29와 0.35인 반면에 비조직노동자 간의 표준편차는 0.40과 0.45임을 제시하고 있다. 이런 연구 결과는 전반적으로 노동조합이 제조업과 비제조업의 생산직 노동자 내부의 임금 분산도를 상당히 감소시킨다는 유력한 증거를 제시하고 있는 것이다.

또한 프리먼은 화이트칼라(비생산직)와 블루칼라(생산직) 노동자 간의 상대적 임금격차에 대한 노동조합의 효과를 다음과 같이 분석했다. 일반적으로 평균적인 화이트칼라 노동자는 평균적인 블루칼라 노동자보다 임금수준이 높다. 따라서 화이트칼라와 블루칼라의 임금격차를 줄이는 것이라면 반드시 노동자 내부의 임금 불평등을 축소시킬 것으로 생각된다. 노동조합이 생산직 노동자들 사이에서 주로 조직되고, 또 사업체 내의 생산직 노동자들이 비생산직 노동자들에 비해 상대적으로 낮은 임금을 받고 있기 때문에 노동조합의 독점 임금 효과는 생산직과 비생산직 사이의 임금격차를 줄이고 임금 분산도를 낮출 것이다.

프리먼의 실증 연구에 의하면 노동조합은 생산직과 비생산직의 임금격차를 약 15% 정도 축소시킨다. 따라서 노동조합의 독점 임금 효과는 일반적으로 블루칼라의 조직노동자와 비조직노동자 사이의 불평등을 확대시키지만, 동시에 블루칼라와 화이트칼라 사이의 임금격차를 줄이고 불평등의 축소에 기여한다는 것을 알 수 있다.

노동조합이 근로소득에 미치는 총 효과를 알아보기 위해서는 한편으로는 앞에서 살펴본 임금 표준화를 통한 불평등 축소 효과와 생산직/비생산직의 임금격차 축소 효과를, 다른 한편으로는 노조가 있음으로 인해 발생하는 생산직 노동자의 조합원/비조합원 간의 임금격차 확대 효과를 합해 그 순효과(net effect)를 평가해야 한다. 〈표 5.2〉에서 이들 세 가지 효과를 합산해 보면 결국 노동조합은 임금 분산을 작게 하고 불평등을 3% 정도 줄인다는 것이 프리먼과 메도프의 결론이다.

결론적으로 현재의 노동조합 수준이 주어졌을 때 조합원과 조직 사업체 내의 임금 분산(노동소득 불평등)은 비조합원과 비조직 사업체 내의 임금 분산보다도 상당히 낮다는 것을 보여 주고 있다. 이와 같은 결론은 그 뒤 허쉬B. T. Hirsch의 연구에 의해서도 확인된 바 있다(Hirsch 1991). 허쉬는 노동조합이 소득분배상의 중상위 부분에 있는 노동자들의 비율을 증가시키기 때문에 소득 불평등을 상당히 축소시킨다고 주장했다.

6. 노동조합과 상대적 분배율

이제 노동조합이 소득 불평등에 미치는 경로 중 세 번째 주제인 상대적 분배율의 문제로 넘어가 보자. 노동조합은 노동과 자본의 상대적 소득 분배율에 어떤 영향을 미칠 것인가? 일반적으로 전통적인 생각은 노동조합이 상대적 분배율에 영향을 준다고 하더라도 그 영향이 작다는 것이다. 프리드먼 부부Milton Friedman and Rose Friedman는 "노조 지도자들이 항상 이윤의 희생하에 조합원의 임금을 더 높인다고 주장하지만, 이윤이 그것을 가능케 할 만큼 크지 않기 때문에 이것은 사실이 아니며, 노동조합이 조합원을 위해 얻는 이득은 주로 다른 노동자들의 희생에 의한 것이다"라는 주장을 펴고 있다.

또 해리 존슨과 피터 미즈코우스키Peter Mieszkowski는 소득분배에 관한 노동조합의 효과를 일반균형 접근법으로 분석해 조합 부문의 노동자들이 얻는 상대적 임금 효과는 대부분 자본소득(이윤)의 희생으로 얻어지는 것이 아니라 비조합원들의 희생으로 얻어진다는 것을 강력히 주장했다(Johnson and Mieszkowsk 1970). 이 주장의 논거는 조합 부문의 임금 상승과 고용 감소는 비조합 부문의 구직자를 증가시켜 비조합 부문의 임금을 오히려 하락시킨다는 것이다. 결국 이들의 주장은 조합 부문의 노동자들이 얻는 이득은 실제로 비조합 부문 노동자들의 희생하에 얻는 것이며, 자본소득(이윤)은 기껏해야 조금밖에 줄어들지 않는다는 것이다.

그러나 노동조합이 상대적 소득 분배율에 영향을 주지 않는다는 주장은 그대로 받아들이기가 어렵다. 노동조합 부문의 임금 인상이 반드시 비조합 부문의 임금을 하락시키는 것은 아니다. 여러 가지 실증 연구에서는 조합의 조직이 비조합 노동자의 임금에 미치는 효과는 대부분 플러스이면서 유의有意한 영향을 가진다는 것이 보고되고 있다. 그 대신 노동조합운동이 기업과 산업의 이윤을 감소시키며, 노동조합운동과 관련된 이윤의 감소는 노조가 인상시킨 임금 상승분과 거의 비슷하다는 연구 결과도 나와 있다.

물론 이윤이 총소득에서 차지하는 몫이 작고, 또 조합이 조직되어 있는 기업과 조직되어 있지 않는 기업 간의 한계 투자 수익률이 비슷해야 하기 때문에, 노동조합이 자본의 희생하에 높은 임금을 획득할 수 있는 가능성에는 한계가 있을 것이다. 그러나 한 실증 연구는 노동조합이 기업과 산업의 이윤율을 감소시킨다는 것을 보여 주고 있다. 폴 부스Pauls B. Voos와 로렌스 미셸Lawrence Mishell의 추정에 의하면, 노조운동과 관련된 이윤의 감소는 노동조합의 임금 효과로 증가된 임금액의 증가분과 비슷하다는 결과가 제시되고 있다(Voos and Mishel 1986). 요컨대 노동과 자본의 상대적 분배분에 아무런 효과를 갖지 않는다는 전통적인 견해는 최근 도전받고 있음을 알 수 있다.

노조의 힘이 영국의 이윤 압박을 가져왔다는 주장이 영국의 좌파 경제학자들에 의해 제기된 것도 흥미가 있다. 앤드루 글린Andrew Glyn과 밥 섯클리프Bob Sutcliffe는 이윤 압박profit squeeze의 가설을 제시했는데(Glyn and Sutcliffe 1972), 이것은 제2차 세계대전 이후 영국 경제가 한편으로는 국내에서 강력한 노동조합의 요구에 의한 임금 인상의 압력과 다른 한편 국제적으로는 경쟁의 심화로 인한 가격 인상이 한계에 부딪힌 상황에서 이윤 마진이 축소하고, 자본축적이 쇠퇴하는 현상이 나타났다고 분석했다.

그러나 지금까지 노동조합이 소득 분배율에 미치는 효과에 관한 직접적인 증거는 거의 없으며, 학계의 의견도 일치하지 않고 있다. 예를 들어 레빈슨C. Levinson은 노동조합이 노동 분배율(노동소득 분배율)을 증가시킨다고 주장한 반면, 데니슨과 심러Norman Simler 등은 노동조합이 노동 분배율에 아무런 유의有意한 효과를 주지 않는다고 주장했다(Denison and Simler 1966). 노조의 세력을 나타내는 가장 대표적인 지표는 아마 노조 가입률이 될 것인데

플레이셔^B. Fleisher에 의하면 미국에서 노조 가입률이 높아진 시기는 1910~19년, 1930~39년, 1939~48년의 세 차례였으며, 이 가운데 노동 분배율이 증가한 것은 1930년대뿐이었다고 한다. 그에 의하면 노조 가입률과 노동 분배율이 장기적으로 함께 상승해 왔다는 사실을 제외하고는 양자 사이에 별다른 상관관계가 보이지 않는다는 것이다.

이 문제에 대한 다른 하나의 중요한 실증적 문헌으로는 펠프스 브라운의 연구가 있다. 그에 의하면 영국에서 제1차 세계대전 이전 20년간 노조 가입률이 상승했음에도 불구하고 노동 분배율은 거의 증가가 없었다고 한다. 그 대신 미국에서는 1920년대와 1930년대의 불황기에 임금 인하에 저항하는 데에는 노조가 비교적 성공적이었다는 것이다. 그리하여 펠프스 브라운은 노동조합이 임금을 인상시켜 이윤 분배율을 감소시키기보다는 불황기에 임금 인하에 저항함으로써 임금 분배율이 줄어드는 데 대해 주로 대처해 왔다고 평가하고 있다. 앞에서 언급한대로 노조는 액셀러레이터보다는 브레이크 기능을 더 잘 한다는 뜻이다.

그러나 아르네 칼레버그^Arne Kalleberg, 마이클 월리스^Michael Wallace, 로렌스 라파로비치^Lawrence E. Raffalovich의 한 연구에서는 노동조합주의가 노동 분배율을 증가시켰지만 노동조합의 효과는 시간이 경과함에 따라 상당히 감소했다는 사실을 주장하고 있는데, 이는 전후 선진 각국의 노조 가입률 하락 현상과 관련해 주목할 만한 가설이다(Kalleberg, Wallace and Raffalovich 1984). 결론적으로 말해 일반적으로 노동조합이 노동과 자본에 대한 상대적 소득 분배율에는 아무런 효과도 갖지 않는다는 것이 통설이었으나 노동조합이 이윤과 비조합원의 임금에 미치는 효과에 관한 최근의 실증적 연구 결과에 의하면 전통적인 견해에 다소 수정이 필요하다고 할 수 있다.

7. 한국 노동조합의 임금 효과

상대적 임금 효과

노조의 임금 효과에 대한 이론과 외국의 실증 연구를 검토한 바탕 위에서, 끝으로 우리나라의 노동조합의 상대적 임금 효과와 임금 불평등에 미치는 효과에 대한 실증 연구를 보기로 하자. 먼저 상대적 임금 효과를 분석한 연구 결과를 보면 최초의 실증 분석으로 박세일의 연구가 있다(박세일 1983). 이 연구는 1980년 노동부의 『직종별 임금실태조사보고서』의 원자료를 이용해 섬유, 의류 산업에서 조직 부문이 비조직 부문에 비해 시간당 임금이 7.3%(남자 4%, 여자 8%) 정도 높다는 결과를 얻었다. 또 박세일과 장창원의 연구에서는 전자 산업의 경우 노동조합의 상대적 임금 효과가 거의 없고, 화학 산업에서는 7.7% 정도라는 결과를 도출했다(박세일·장창원 1983). 한편 박훤구와 박영범의 연구에서는 위의 결과보다 낮은 남자 2.5%, 여자 4.3%의 상대적 임금 효과를 추정했다(박훤구·박영범 1989).

배무기의 연구는 제조업 전체의 시계열적 분석에서 한국의 상대적 임금 효과가 노동조합운동의 강약에 비례한다는 흥미 있는 결과를 도출했다(배무기 1990). 그에 의하면 노동조합의 상대적 임금 효과는 1976년에 1.8%, 1981년에 0.5%, 1986년에 -1.4%였으나 1988년에는 8.4%나 되었다고 한다. 즉, 1987년 이후 노동운동의 활성화가 노조의 임금 효과를 증가시켰다는 것을 알 수 있다.

위의 연구들과는 다른 초기의 자료를 쓴 연구로는 송호근의 연구를 들 수 있다(송호근 1989). 1976년의 서울대 경제연구소와 국제노동기구의 한국 제조업 노동 자료를 이용한 이 연구에서는 노동조합이 남자 2.2%, 여자 6.4%의 상대적 임금 효과를 가진다고 추정되었다. 이상에서 본 다섯 가지 연구는 한국의 상대적 임금 효과가 노조 조직률의 변동과 노조 운동의 활성화 여부에 따라 다르게 나타난다는 점을 시사하고 있다.

임금 평준화 효과

한편 한국의 노동조합이 임금격차 및 임금 불평등에 미친 영향에 대해서도 몇 편의 연구가 나와 있다. 먼저 노조의 임금격차에 대한 영향을 보면 김황조와 성백남은 노조가 성별 임금격차, 생산직·비생산직의 임금격차 및 기업 규모 간 임금격차를 감소시킨다는 점을 보이고 있다(김황조·성백남 1990). 김장호의 연구도 한국의 노동조합이 생산직 노동자의 학력별 임금격차 및 근속 년수별 임금격차를 줄이는 경향이 있다고 보고하고 있다(김장호 1991). 이런 결과는 앞에서 본 미국의 연구 결과와 부합하는 것이다. 한편 노조가 임금 불평등에 미치는 영향에 대해서는 송호근이, 노조 부문이 비노조 부문에 비해 임금의 대수 표준편차(2장 참조)가 4.4% 낮다는 점을 보고하고 있다(송호근 1989). 노동부 『직종별임금실태조사보고서』 1986년 및 1989년 자료 중 조립 금속업 생산직 노동자를 대상으로 프리먼의 모델을 적용해 분석한 어수봉과 이태헌의 연구에 의하면 노조 부문의 임금의 대수 분산이 비노조 부문에 비해 10%(1989년) 내지 29%(1986년) 낮다고 한다(어수봉·이태헌 1992). 이것은 미국의 제조업 생산직에서 노조가 생산직 임금의 불평등을 25% 하락시킨다는 결과(Freeman and Medoff 1984)와 상당히 부합한다. 유럽 여러 나라에서도 비슷한 효과가 나타나고 있다.

노조의 독점 임금 효과, 생산직 임금을 평준화하는 효과, 생산직 대 비생산직의 임금격차를 줄이는 효과를 모두 종합해 한국의 노동조합이 임금 불평등에 미치는 영향에 대해서는 이정우와 남상섭의 연구가 있다(이정우·남상섭 1994). 이들에 의하면 1989년 현재 한국의 제조업에서 노조는 남자와 여자의 임금 불평등을 각각 35%, 16% 축소하는 것으로 나타났다. 이것은 미국의 노조가 갖는 3%의 효과(Freeman and Medoff 1984)에 비해 현저히 큰 평준화 효과다.

이상과 같은 한국 노조의 임금 평준화 효과가 1980년대 말 우리나라에서 노동운동이 유례없이 활발하게 전개되었던 비상시국에서 발생한 예외적 현상인지, 아니면 한국 노조가 갖는 독특한 평준화 기능을 반영하는 것인지는 앞으로 구명되어야 할 연구 과제라고 할 수 있다. 어쨌든 위에서 보았듯이 한국의 노조는, 상대적 임금 효과는 미국에 비해 아주 작으면서 임금 평준화 효과는 아주 크다는 점에서, 국민경제에서 갖는 상대적 건전성, 책임성을 시사해 주는 하나의 증거로 볼 수 있을 것 같다. 그러므로 한국 노조를 가리켜 임금인상을 주도해 국제경쟁력을 약화시킨다는 항간의 비난이 과연 옳은지 면밀히 검토할 필요가 있을 것이다.

참고문헌

김장호. 1991. "노동조합의 임금 효과: 우리나라 제조업부문에서의 노동조합유무별 임금 결정 메커니즘의 차이." 『경제학연구』 창간호(6월호).
김황조·성백남. 1990. "한국 노동조합의 역할과 효과." 『산업과 경영』(연세대).
남상섭. 1992. "한국 노동조합이 상대적 임금과 임금 분배에 미치는 효과." 경북대학교 경제학박사 학위논문.
박덕제·조우현·이원덕. 1989. 『선진 각국의 노조운동과 노사 관계』. 한국경제신문사.
박세일. 1983. "노동조합이 임금수준 및 구조에 미치는 영향분석: 섬유 및 의류 산업을 중심으로." 『춘당 정병휴 박사 환력 기념 논문집』. 비봉출판사.
박세일·장창원. 1983. "노동조합이 임금 및 생산성에 미친 영향 분석: 섬유, 금속, 전자, 화학 산업을 중심으로." 『한국개발연구』 여름호.
박훤구·박영범. 1989. 『단체교섭과 임금 인상』. 한국노동연구원.
배무기. 1990. "노동조합의 상대적 임금 효과." 『한국노동연구』 제1집.
어수봉·이태헌. 1992. "노동조합의 임금평등효과." 『한국노동연구』 제3집.
이정우·남상섭. 1994. "한국의 노동조합이 임금 분배에 미치는 영향." 『경제학연구』 2월호. 한국경제학회.
조우현. 1992. 『노사 관계개혁론』. 창작과 비평사.

Denison, E. F. and Norman Simler. 1966. *Industrial and Labor Relations Review.*
Freeman, Richard and James Medoff. 1984. *What Do Unions Do?* Basic Books[『노동조합의 참모습』. 박영기 옮김. 비봉출판사. 1992].
Glyn, Andrew and Bob Sutcliffe. 1972. *British Capitalism, Workers and the Profit Squeeze.* Penguin Books.
Hirsch, Barry T. 1991. *Labor Unions and the Economic Performance of Firms.* Upjohn Institute for Employment Research.
Hirsch, Barry T. and John T. Addsion. 1986. *The Economic Analysis of Unions.* Allen and Unwin.
Johnson, Harry G. and P. Mieszkowski. 1970. "The Effects of Unionization on the Distribution of Income: A General Equilibrium Approach." *Quarterly Journal of Economics* vol. 84 no. 4.
Kalleberg, A. L., M. Wallace and L. E. Raffalovich. 1984. "Accounting for Labor's Share: Class and Income Distribution in the Printing Industry." ILRR vol. 37.
Lewis, H. Gregg. 1963. *Unionism and Relative Wages in the United States.* University of Chicago Press.

_____. 1986. *Union Relative Wage Effects*. University of Chicago Press.

Song, Ho Keun. 1989. "The State Against Labor Segmentation Union Wage Effects in the Manufacturing Industries." 『노동경제논집』 제12권.

Stafford, F. P. 1968. "Concentration and Earnings: Comment." *American Economic Review* vol. 58 no. 1.

Voos, Pauls B. and Lawrence Mishell. 1986. "Union Impact on Profits." *Journal of Labor Economics* vol. 4 no. 1.

6장

그 밖의 분배 이론
: 상속, 능력, 생애 주기, 선택, 우연

"부자가 되려거든 새벽 5시에 일어나라." He that will thrive, must rise at five.
_ 출처 불명

"아침 일찍 일어나는 것보다는 하늘의 도움이 낫다."
_ 세르반테스, 『돈키호테』

"자수성가한 사람 앞에서는 '운'이란 단어를 말하면 안 된다."
_ E. B. 화이트

지금까지 우리는 노동소득의 불평등에 큰 영향을 미친다고 판단되는 교육, 노동시장구조, 노동조합의 역할에 관한 여러 가설을 살펴보았다. 이들 요인들이 불평등을 설명하는 데 매우 중요한 요인이라는 것은 틀림없으나 사실 소득분배에 영향을 주는 요인은 워낙 복잡, 다양하게 얽혀 있기 때문에 몇 개의 주요 변수만 가지고는 불평등을 충분히 설명할 수 없다. 이 장에서는 그 밖에 소득의 불평등을 설명해 줄 만한 추가적인 몇 개의 요인을 검토해 보기로 한다. 여기서 다루게 될 요인들은 능력, 생애 주기, 상속, 선택, 우연 등 불평등에 비교적 큰 영향을 주는 것으로 알려진 다섯 가지다. 그리고 이 장의 끝에서는 부분적 이론이 아닌 종합적 소득분배 모델로서 경제학자 즈비 그릴리케스$^{Zvi\ Griliches}$와 사회학자 크리스토퍼 젱크스$^{Christopher\ Jencks}$의 연구 두 가지를 소개하기로 한다.

사상적 경향으로 보아 급진적·진보적 이론가들이 노동시장구조, 계급 구조 또는 사회·경제적 배경이 소득분배에 미치는 영향에 주목하는 데 반해 이 장에서 정리할 가설들은 — 상속 가설을 제외하고는 — 개인의 선택, 능력, 연령, 우연과 같은 요인이 소득분배의 결정에서 가지는 함축을 강조하고 있는 것으로서, 상대적으로 보수적 입장에 가깝다고 봐도 좋을 것이다. 급진파나 진보파가 불평등의 원인을 사회구조나 제도에서 찾고, 따라서 그 대안도 사회구조의 변혁이나 제도의 개선, 평등화 정책에 있다고 보는 반면, 이 장에서 소개할 이론에 따르면 현실의 불평등의 원인이 구조나 제도보다는 개인의 책임에 있다고 보는 경향이 있어서 정책적으로는 아무래도 보수적·소극적 자세를 취하기 쉽다는 점을 유의하기 바란다.

1. 상속 가설

상속과 소득분배

일반적으로 경제가 성장함에 따라 재산소득이 개인소득에서 차지하는 몫이 점차 감소해 왔기 때문에 소득 불평등을 상속된 재산의 차이로 설명할 수 있는 부분은 상대적으로 줄어든 것이 사실이다. 선진 자본주의사회에서는 경제성장과 더불어 개인소득 중에서 노동소득이 차지하는 비중이 점차 높아져서 상속된 재산의 격차가 가지는 의미는 상당히 감소했다고 볼 수 있다. 예컨대 앤서니 쇼록스$^{Anthony\ F.\ Shorrocks}$는 1968~77년간의 미국의 가계 표본조사의 결과를 이용해 소득격차를 발생 원인별로 분해했다(Shorrocks 1982). 그에 의하면 소득격차 발생 원인 중 가장 중요한 것은 역시 노동소득의 격차로서 소득격차의 대부분을 설명할 수 있는 반면, 자본소득의 격차는 소득격차의 20%밖에 설명할 수 없다고 한다.

현실적으로 경제적 지위의 세습은 한 세대로부터 다음 세대로 완벽하게 이뤄지지는 않는다. 그렇지만 어느 정도 부의 세대 간 이전이 이뤄지고 있는 것은 엄연한 사실이다. 그리고 이와 같은 부의 상속은 워낙 규모가 크고, 소수에서만 가능한 것이므로 아직도 많은 사람들이 현존하는 소득 불평등의 상당 부분을 상속된 재산의 차이로부터 생긴 것으로 생각하고 있다.

한 개인에게 있어서 불평등의 싹은 가정에서 돋아난다고 할 수 있을 것이다. 가정은 그 사람에게 어떤 특별한 배경을 제공함으로써 그의 경제활동에 영향을 주게 된다. 특히 가정의 경제적 환경의 격차는 구체적으로 부모로부터 자식으로의 증여 또는 상속이란 경로를 통해 한 개인의 경제적 지위와 소득을 결정짓는 데 중요한 역할을 한다고 볼 수 있다.

개인적 능력이나 특성과는 전혀 관계없이 부모로부터 많은 유산을 상속받은 사람은 자신의 노력에 의하지 않고 바로 부자가 될 수 있다. 물론 이와 같은 혜택을 받을 수 있는 사람의 비율은 사회 전체에서 얼마 되지 않을 것이다. 그러나 현실적으로 볼 때 경제적 지위 혹은 소득의 상위 계층을 차지하고 있는 사람들 중의 상당수가 이런 유형의 사람들이라면 문제는 그리 간단하지 않다. 큰 재산을 상속받은 계층과 그렇지 못한 계층 사이에 존재하는 경제력의 격차는 시간의 흐름에 따라 돈이 돈을 낳는 재산 증식 과정을 통해 더욱 벌어질 가능성이 크다. 그리고 이런 격차는 다른 성질의 격차와는 달리 도덕적으로 정당화되기가 어렵다는 난점이 있다.

따라서 어떤 사회에 존재하는 소득 불평등을 설명할 수 있는 요인으로서 이 장에서 논의하는 능력이나 운수와 함께 중요한 하나의 요인으로서 상속재산의 차이를 들 수 있다.

세대 간에 물적 자본과 부를 이전시키는 상속은 소득 불평등을 설명하는 데 중요한 위치를 차지한다. 노벨 경제학상 수상자인 영국의 경제학자 제임스 미드$^{James\ E.\ Meade}$는 인적 소득 분배의 불평등을 물질적인 자본과 부의 세대 간 이전, 즉 상속된 재산의 차이로 설명하는 이론을 제시했다. 미드의 이론 모델은 영국의 케임브리지학파의 전통을 이어 받은 니콜라스 칼도어$^{Nicholas\ Kaldor}$의 모델에 기초해 자본 소유와 상속의 분배적 함의를 분석하고 있다. 8장에서 후술하게 될 칼도어 모델은 현실에 아주 잘 맞는다고는 할 수 없지만 그래도 부유층 소득의 상당 부분을 상속을 가지고 설명하는 데는 유용하게 쓰일 수 있다. 물론 상속된 재산의 많고 적음이 소득 불평등과 직결된다는 사실에는 의심의 여지가 없지만 상속된 재산만을 소득 불평등의 유일한 원천으로 생각해서는 안 된다.

이런 상속을 확대 해석해 물질적 부의 상속뿐만 아니라 유전적·사회적·문화적 유산까지 상속에 포함시켜 소득 불평등을 설명하려는 일련의 시도가 있다. 상속은 엄밀히 말해 물질적인 재산의 형태로만 이뤄지는 것은 아니다. 부모는 자식에게 소득 가득력^{所得稼得力,} $^{earning\ power}$을 물질적 자본 혹은 인간자본의 형태로 물려줄 수 있다. 따라서 육체적(유전적) 혹은 정신적(문화적)인 면의 상속도 있을 수 있으며 이는 타고난 체력, 지능, 혹은 교육적 환경 등을 통해서 세대 간에 이전될 수 있다. 즉 선천적으로 타고난 재능은 유전적 상속이며, 정규교육 혹은 비정규교육을 통해 자식의 능력 계발에 주력하는 교육열이 높은 환경은 일종의 문화적 유산이다. 이런 유전적·문화적 상속 요인들도 인간자본과 결합되어 소득 불평등에 중요한 영향을 미치지만 능력 이론에 포괄시켜 생각할 수 있기 때문에, 상속 이론에서는 보통 물질적인 자본과 부의 상속에만 국한해 설명한다.

미드는 포춘^{fortune}이라고 하는 좀 더 복합적인 의미의 상속을 고찰한다. 그에 의하면 포춘은 물질적 재산뿐만 아니라 유전적 인자, 부모의 양육·훈련, 사회적 교류까지 포함하는 광범위한 개념이다. 포춘이 클수록 규모의 경제가 작용하든지 또는 투자의 분산 등을 통해서 그 수익률도 포춘이 적은 사람에 비해 높게 나타날 가능성이 있고, 이런 요인은 소득 불평등을 심화시키는 요인이 될 것이다. 그 대신 누진세의 과세나 교육에 대한 보조 정책 등은 어느 정도 이런 경향을 상쇄시키는 역할을 할 수 있다.

결혼의 패턴도 상속의 영향력에 중요한 관건이 될 수 있다. 결혼이 무작위적으로 이뤄

표 6.1 | 영국의 성별·연령별 재산 분포: 각 재산 계층의 점유 비율 (1963~67년) (단위: %)

	남자			여자		
	상위1%	상위5%	상위10%	상위1%	상위5%	상위10%
25~34세	31.2	50.5	64.1	54.8	80.6	92.7
35~44세	27.5	49.3	63.1	43.9	74.6	88.5
45~54세	28.3	52.7	66.8	38.2	66.4	81.2
55~64세	26.8	51.2	66.0	29.0	56.9	71.5
65~74세	27.5	52.8	68.1	26.8	54.1	69.3
75~84세	28.9	57.1	72.4	26.4	53.6	68.8
85세 이상	30.4	60.1	74.7	27.5	56.8	72.2
25세 이상 전체	31.5	58.3	72.7	31.5	58.3	72.7

자료: Atkinson(1971).

지느냐random mating 아니면 비슷한 소득 계층끼리 이뤄지느냐assortative mating, class mating에 따라 상속의 중요성은 크게 달라질 수 있다. 전자의 경우 상속에도 불구하고 시간이 지나면 부와 재산소득의 불평등이 감소할 것이지만 후자의 경우에는 불평등이 지속된다.

상속의 실증 연구

상속 이론의 설득력은 이론적 모델을 통해서가 아니라 실증적 연구를 통해서 좀 더 직접적으로 검증될 수 있다. 따라서 상속된 재산의 격차가 어떻게 소득의 격차로 연결되느냐 하는 문제를 밝히는 이론적 규명보다는 현존하는 소득 불평등 중 얼마만큼이 상속재산의 차이에 의해 설명이 가능한가를 실증적으로 알아볼 필요가 있다. 세대 간 부의 이전을 통해 상속된 재산이 소득분배의 불평등에 얼마나 큰 역할을 하는지를 영국과 미국의 몇 가지 실증 연구를 통해서 확인해 보기로 하자.

앤서니 앳킨슨, 울튼N. Oulton 등은, 사람들 사이의 재산상의 격차는 오직 사람들이 서로 다른 생애 주기상의 시점에 위치하는 데서 생기는 것이며 그 이외의 불평등 요인은 존재하지 않는다는 가상적인 상태를 가정했다. 이것을 상속재산의 차이가 재산상의 격차를 발생시키는 현실의 분배 상태와 비교함으로써 상속재산의 중요성을 파악하려고 시도했다. 즉 각 개인의 연령과 재산을 연결시킴으로써 사람들이 가지고 있는 재산 중에서 상속에 의해 이뤄진 부분의 상대적 크기를 유추하는 방식으로 접근했다. 만약 사람들이 보유하고 있는 재산이 거의 모두 스스로의 축적에 의해서 형성된 것이라면 연령과 재산의 크기를 연관 지어 관찰할 때 다음과 같은 두 가지의 특징이 나타날 것이다.

첫째, 전 인구에 대해서 측정한 재산의 불평등과 각 연령층별로 구분해 측정한 불평등을 비교할 때 후자가 더 낮게 나올 것이라고 기대된다. 상속된 재산은 별 의미가 없고 스스로 저축해서 형성된 재산이 대부분이라면 재산의 크기는 나이와 밀접한 연관을 갖게 된다. 두 사람의 나이가 비슷하다면 재산의 크기도 상당히 비슷할 것이다. 그러므로 다양한 연령층으로 구성된 전 인구의 재산의 불평등은 한 연령층 내의 불평등보다 당연히 높게 나타날 것이다.

둘째, 재산 분포의 상층부는 대부분 은퇴 직전의 나이 많은 사람들로 구성되어 있을 것이라고 기대된다. 그러므로 연령과 재산을 결부시켜 조사한 결과가 이 두 가지 특징을 가지고 있느냐를 판단해 보면 상속과 자신의 축적 사이의 상대적 중요성을 유추해 볼 수 있다. 그리하여 앳킨슨은 〈표 6.1〉과 같은 관찰 결과를 제시하고 있다.

첫째로 〈표 6.1〉에서 볼 수 있듯이 인구 전체의 재산 보유 상태를 볼 때 최상위 1%가 차지하는 재산의 비중이 31.5%인데, 남자의 경우 각 연령층 속에서 최상위 1%가 점유하는 비중이 이보다는 작지만 그리 큰 차이가 없다. 특히 여자의 경우에는 세 개의 연령층에서 31.5%를 넘는 점유 비율을 보이고 있음이 눈에 띈다. 둘째로 1968년 현재 12만 5천 파운드 이상의 재산을 보유하고 있는 사람들 중 거의 3분의 1에 달하는 사람이 45세 이하다. 앞에서 설명한 바와 같이 이 두 가지 사실은 영국 사회에서 스스로의 축적에 의해 형성된 재산의 비중보다 상속에 의한 재산의 비중이 더 크다는 결론을 내릴 수 있게 하는 충분한 근거가 된다. 여기서 얻어지는 결론은 상속재산의 불평등이 현실의 재산 보유 불평등의 상당히 큰 부분을 설명할 수 있다는 것이다.

하베리C. Harbury의 연구도 영국에서 재산 상속의 영향이 상당히 크다는 것을 보여 주고 있다. 그에 의하면 영국의 최고 0.1%에 속하는 부자들은 세대가 바뀌어도 얼굴이 바뀌지 않고 그대로 유지되는 경향이 있으며, 이들 중 부모가 부유하지 않은 경우는 아주 드문데, 그 경우도 부자와 결혼을 한 경우라고 한다. 그 반면 루빈슈타인W. D. Rubinstein은 부자 중에서 자수성가한 유형의 비중이 1900~29년에는 12%밖에 안 되었으나 1960년에는 31%로 상승했다는 증거를 들면서 부유층 내부에서도 상당한 이동성이 있다는 점을 보이고 있다.

한편 미국에서는 상속재산이 차지하는 상대적 중요성이 영국보다는 작은 것으로 나타나고 있다. 앨런 블라인더Alan S. Blinder에 의한 모의실험模擬實驗, simulation 방식의 연구에 의하면 미국의 소득 불평등의 원인을 수량적으로 분석해 볼 때 임금격차로 인한 부분이 가장 커서 40%, 생애 주기의 차이로 인한 부분이 30%, 사람들의 기호嗜好의 차이에 돌릴 수 있는 것이 28%인 데 비해 재산상속으로 인한 부분은 불과 2%로 나타났다. 이것은 하나의 시뮬레이션 결과이고, 소득 불평등이 다시 부의 불평등을 낳는 상호 작용feedback의 분석이 결여되어 있어 제한적인 의미밖에는 가지지 못하지만, 어쨌든 영국과는 달리 미국에서는 아직은 부의 축적과 세습화가 확고히 자리 잡지 않았음을 시사해 준다. 8장에서 보게 되겠지만 미국의 부의 불평등은 영국에 비해서는 약간 낮은 편이다. 브리튼J. Brittain의 연구에서도 미국에서 상속재산의 역할은 별로 크지 않은 것으로 보고되고 있다.

이와 같이 상속이 소득분배에 미치는 영향에 대해서는 다양한 견해가 성립할 수 있다. 그러나 여기서 한 가지 주의해야 할 점은 상속재산의 역할이 크고 중요하다고 할 때, 이것은 어디까지나 부의 불평등의 원인이 된다는 것이지 소득의 격차를 직접적으로 일으키는 데 큰 역할을 한다는 것은 아니라는 점이다. 현실적으로 부와 소득이 궁극적으로 연관되어 있다는 점은 사실이나 경제가 성장함에 따라 개인소득에서 노동소득이 차지하는 비중이 점차 커지고 재산소득의 비중이 점차 작아진다는 점(9장 상대적 분배율 참조)을 생각할 때 상속재산을 가지고 소득격차를 설명하는 논리는 적어도 현대 선진 자본주의국가에서는 그렇게 큰 설득력을 갖기가 어렵다고 본다.

2. 능력과 불평등

능력과 소득과의 관계

능력 이론에 의하면 각 개인의 능력에 따라서 각자의 생산성이 결정되고, 각자의 생산성에 따라서 근로소득이 결정된다. 이렇게 본다면 근로소득의 불평등은 개인의 능력 차이에 기인한다. 즉, 능력이 있는 사람이 더 많은 소득과 부를 차지하게 된다는 것이다. 결국 능력 이론에서는 한 개인의 소득이 능력에 비례한다고 보기 때문에 한 개인의 소득이나 경제적 지위의 격차는 바로 개인의 능력 차이에 의해 발생하는 것으로 간주한다.

개인의 능력은 크게 인지능력과 비인지능력非認知能力, non-cognitive ability으로 나눌 수 있다. 인지능력은 숫자를 능숙하게 구사할 수 있는 기능, 주어진 정보의 소화기능 및 논리적 추론을 할 수 있는 기능 등을 포괄하는 개념이며, 일반적으로 지능을 의미하는 경우가 많은데, 보통 지능지수 검사로 측정하고 있다. 비인지능력이란 지적 능력이 아닌 넓은 의미에서 능력이라고 할 수 있는 모든 것을 포괄하는 의미로 사용되고 있다. 예컨대 성취동기, 추진력, 근면성, 리더십 등과 육체적인 체력, 심리적인 성격까지 포함한다.

이런 능력들은 대개 유전적 요인과 교육적 환경의 복합 작용에 의해 형성된다고 볼 수 있다. 이 중 인지적 능력은 한 개인이 받는 교육의 양과 질에 커다란 영향을 주고, 이런 간접적인 효과를 통해 그 사람의 소득수준이나 경제적 지위에 영향을 미치게 된다. 한편 비인지적 능력은 교육을 거치는 간접적인 경로를 통하지 아니하고 직접적으로 그 사람의 소득수준이나 직업적 지위에 영향을 주는 것으로 생각된다.

능력의 분포와 소득의 분포를 관련지을 때 항상 문제가 되는 것은 다음의 세 가지다. 첫째, 사람들이 소득을 벌 수 있는 능력이란 어떤 것인가? 둘째, 그런 능력은 어떻게 분포되고 있는가? 셋째, 이들 능력의 분포는 직선적으로 소득의 분포를 낳게 되는가? 일반적으로 사람의 신장이나 체중과 같은 육체적 특성들이 정규분포正規分布, normal distribution를 보이고 있는 것으로 미루어 보아 개인의 능력도 역시 정규분포로 되어 있을 것으로 추측하는 것이 상식이다. 따라서 어떤 개인의 소득이 능력에 따라 결정된다고 주장하는 능력 이론에 의하면 소득도 역시 정규분포를 보이게 될 것으로 예상할 수 있을 것이다. 그러나 많은 실증 분석 결과에 의하면 현실의 소득분포는 정규분포가 아니라 비대칭적인 대수 정규분포^{對數正規} $_{分布}$, log normal distribution에 가까운 형태를 갖는다. 우리가 〈그림 1.1〉에서 본 바와 같이 전형적인 소득분포는 왼쪽의 저소득층에 많은 사람들이 밀집되어 있고, 오른쪽의 고소득층에 비록 사람 수는 적지만 끝없이 긴 꼬리를 가지는 비대칭적인 모양을 갖고 있다.

소득분포가 대수 정규분포와 같이 오른쪽으로 길게 늘어져 있다는 것은 고소득층에 속하는 사람들의 소득 범위가 매우 넓게 분산되어 있어 소득분배가 상당히 불평등하다는 것을 의미한다. 이와 같이 인간의 여러 가지 신체적 특성 또는 능력이 정규분포를 보임에도 불구하고 소득의 경우에는 정규분포의 형태를 갖고 있지 않고 비대칭적인 대수 정규분포를 보인다는 사실을 1899년에 최초로 지적한 것은 독일의 인류학자 오토 암몬Otto Ammon으로 알려져 있다. 20세기 초 영국의 대표적 경제학자였던 피구가 이 현상에 주목하면서 일종의 역설로 간주했기 때문에 나중에 그의 이름을 따서 '피구의 역설'Pigou's paradox이라고 부른다.

피구의 역설

능력 이론이 예측하는 예상 소득분포와 실제 소득분포 사이의 불일치에 대해 많은 학자들은 여러 가지 설명을 제시하고 있다. 피구는 두 가지 분포 상태에 불일치가 나타나는 이유로 상속된 물질적 재산의 차이와 비경쟁 집단의 존재를 제시하고 있다(Pigou 1924). 즉, 첫째로 소득은 능력뿐만 아니라 상속된 재산에 의해서도 영향을 받는데 이 상속재산의 분포가 매우 비대칭적이라는 점과, 둘째로 비^{非}경쟁 집단non-competing groups이 존재하기 때문에 집단 내부의 소득분배 상태가 정규분포의 형태를 취한다고 하더라도 경제 전체의 소득분배 상태는 비대칭적인 대수 정규분포를 보인다는 점을 주장해 양자의 불일치를 설명하려 했다. 피구의 입장은 소득을 올릴 수 있는 능력은 원래 정규분포를 취하고 있지만 재산 소유의 불평등과 직업 그룹 사이의 경쟁의 불완전성으로 인해 소득의 분포는 정규분포와 괴리하게 된다는 것이다. 이 점에서 피구는 현대의 분단 노동시장론의 선구자적인 모습을 보이기도 한다.

스테일H. Staehle과 밀러H. P. Miller는 피구의 두 가지 설명을 지지하면서도 그 외에 다른 요인이 더 있을 것이라고 주장했다. 즉, 임금률은 능력에 따라 결정되지만 임금률과 노동 공급이 플러스의 상관관계를 가지고 있기 때문에, 바꾸어 말하면 임금이 높을수록 노동 공급이 크고 실업률이 낮기 때문에 비대칭적인 소득분포가 나타날 것이라고 보았다.

그러나 능력과 소득과의 관계는 피구가 가정한 것보다도 훨씬 복잡하며, 노동자의 생산성은 그가 가지고 있는 다양한 종류의 능력과 관련될 수 있다는 설명도 있다. 보이스베인C. H. Boissevain은 능력, 기술의 여러 가지 요소가 각각 정규분포일 때 그것들이 서로 곱해져서 소득을 결정한다면 소득은 대수 정규분포를 취할 것이라고 생각했다. 즉, 여러 가지 상이한 종류의 능력이 서로 합산되어서 노동자의 생산성과 소득을 결정하는 것이 아니라 서로 곱해져서 소득을 결정한다면 개별적인 능력이 정규분포를 보이더라도 소득은 비대칭적으로 분포될 수 있다고 설명했다.

로이A. D. Roy는 이 아이디어를 더 발전시켰다. 소득은 속도, 정확성, 노동시간 등의 곱으로 결정되는데 이들 변수들이 각각 정규분포를 취하면 소득은 대수 정규분포를 취할 것이라는 것이다. 토머스 마이어Thomas Mayer도 소득이 능력과 책임감의 곱에 의해 결정되는데 능력과 책임감은 각각 정규분포이지만 양자 사이에 플러스의 상관관계가 있으므로 그 결과 소득은 거의 대수 정규분포와 비슷한 모양을 취하게 된다고 설명했다.

또 다른 설명으로서 하토그J. Hartog, 손다이크R. Thorndike 및 헤이건E. Hagen에 의하면, 상이한 유형의 능력들이 직업적 성공을 가져오는 데 중요한 역할을 하고, 직업과 능력의 유형 간에는 일정한 체계적인 관계가 있다. 예컨대 변호사는 어휘 구사 능력이 높고, 기술자들은 수학적數學的 능력이 높다는 것이다. 따라서 비록 능력이 정규분포를 취하고, 근로소득의 분포가 특정한 능력에 비례한다 하더라도 사람들이 자신의 능력에 가장 적격인 직무에 자기 자신을 배치하는 경우에는 결과적으로 소득의 분포는 능력의 분포와는 상당히 다르게 나타날 수 있다는 것이다.

또 노동소득의 가득력의 결정과 관련이 있는 능력은 지능검사에서 측정된 능력과는 다른 형태를 취한다는 설명도 있다. 즉 여기서 중요한 것은 인성人性, personality과 성격性格이라는 것이다. 경제학자 라이돌은 추진력drive, 박력dynamism, 고집doggedness 및 의지력determination 등 그가 말하는 'D-인자'D-factor가 경제적 성공을 위해서는 지능지수보다 더 중요하다고 주장했다.

능력 가설의 논쟁점

소득격차의 원인을 능력의 차이로 보는 견해는 상당히 직관적인 호소력을 지니고 있지만, 단지 능력이라는 요인 하나만을 가지고 현존하는 소득격차를 설명하기에는 너무 단순하고 기계적이어서 소득 불평등의 원인과 개선책에 대한 유용한 식견을 제시하지 못한다. 따라서 많은 학자들은 노동소득(임금)에 대한 능력의 직접적인 효과뿐만 아니라 교육과 훈련 등을 통한 간접적인 효과에 대해서도 회의적이고 비판적이다. 또 측정된 능력이 단지 능력의 특정한 구성 요소, 즉 학교교육 능력만 포착하고 있다는 지적도 있으며, 또 능력의 선천적인 특성을 의문시해 능력은 주로 환경(가정 배경)에 의존한다는 주장도 제기되고 있다. 그러나 소득의 불평등을 일으키는 요인들 중 능력의 중요성은 결코 작지 않다. 소득 불평등 문제와 관련해 능력이 관심의 대상이 되어 온 것은 주로 다음 세 가지 논쟁점을 둘러싼 학자들의 견해상 차이 때문이라고 할 수 있다.

첫째, 능력의 결정 인자에 관한 쟁점으로서, 능력의 주요 결정 인자가 과연 유전heredity이냐 아니면 환경environment이냐 하는 논쟁이다. 달리 표현한다면 '천성'天性, nature이 중요한가 '양육'養育, nurture이 중요한가 하는 것이다. 유전적 요인과 환경적 요인이 모두 능력에 영향을 준다는 것은 익히 알려진 사실이다. 그러나 두 가지 요인의 상대적 중요성에 대해서는 의견의 일치를 보지 못하고 있다. 골드버그A. Goldberger는 〈표 6.2〉에서 보는 바와 같이 여러 가지 실증적 연구 결과를 요약해 제시한다. 젠센A. Jensen, 리처드 헤른슈타인Richard J. Herrnstein 등은 실증 연구를 통해 유전적 요인이 인지능력의 형성에 80% 정도의 결정적인 중요성을 갖는다는 결론을 도출하고 있다. 그러나 이런 연구 결과에 대해 젱크스는 유전적

표 6.2 | 지능지수의 결정 요인에 관한 연구 (단위: %)

	Jinks & Fulker	Eaves	Jencks	Rao, Morton & Yee		Rao, Morton & Yee	
	영국 (1970)	미국 (1977)	미국 (1972)	미국 (1976)		미국 (1978)	
				아동	성인	아동	성인
유전적 요인	83	64	45	67	21	69	30
환경적 요인	17	40	35	19	66	31	70
공분산	0	0	20	14	13	0	0

자료: Goldberger(1979).

요인의 중요성은 잘해야 45%에 지나지 않는다고 주장했다. 또 라오D. Rao 등의 실증 연구에서는 성인의 경우 유전적 요인이 차지하는 중요성이 21%에 불과하다는 결론을 내렸다. 이와 같이 인지능력의 형성에서 유전적 요인과 후천적 요인의 상대적 중요성에 대해서는 상당한 견해차가 존재한다.

둘째, 능력이 학교교육을 통해 소득에 미치는 간접적인 영향에 관한 논쟁이다. 능력, 특히 지적 능력은 그것을 보유하는 사람의 학업에 큰 영향을 주게 되고, 학업의 성과는 학업을 마친 후의 소득에 영향을 미친다.

이처럼 능력이 간접적인 경로, 즉 학교교육을 통해서 소득에 미치는 영향에 대해서도 역시 의견이 대립되고 있다. 일반적으로 능력과 학업 성과 사이에는 플러스의 상관관계가 있는 것으로 인식되고 있다. 그러나 실제로 좋은 학업 성과가 반드시 훌륭한 능력에 의해서만 얻어지는 것이 아니고 좋은 환경 혹은 기회에 의해 얻어지는 면도 무시할 수 없다. 즉 타고난 선천적인 능력보다는 후천적으로 주어지는 생활환경에 의해 학업 성과가 더 큰 영향을 받을 수도 있다. 물질적 부의 상속보다는 인간자본의 상속이 교육과 소득 결정에 더 큰 영향을 준다고 알려져 있으며, 유전적 상속보다 문화적 상속cultural inheritance이라고 이름 붙일 수 있는 생활환경적 요인이 더 중요하다는 것이다.

셋째, 능력은 직접적인 경로를 통해서도 소득에 영향을 줄 수 있다. 예컨대, 동일한 학력을 갖는 사람들이라도 능력이 더 큼으로 해서 더 큰 소득을 올릴 수 있다. 그렇다면 소득

종형 곡선과 지능지수

미국에서 심리학자 리처드 헤른슈타인과 정치학자 찰스 머리(Charles Murray)가 함께 쓴 『종형 곡선』(The Bell Curve: Intelligence and Class Structure in American Life, 1994)이란 책이 해묵은 지능지수 논쟁에 다시 불을 붙였다. 헤른슈타인은 원래 젠센과 더불어 인간의 지능이 선천적으로 결정된다는 주장을 펴던 심리학자이며, 머리는 미국의 대표적인 보수파 논객이다(머리에 대해서는 이 책 11장 및 12장 참조). 책의 제목은 지능지수 분포도의 모양이 종과 비슷하다고 해서 따온 것이다. 저자들의 성향에서 짐작할 수 있듯이 이 책의 성격은 보수적인 쪽으로 기울어져 있지만 그 논지가 상당히 강렬한 면이 있다.

저자들은 지능지수를 결정하는 요인 중 선천적 요인이 차지하는 비중은 40~80%이며 그 중간 값을 취한다면 60% 정도가 될 것이라는 주장을 편다. 그리고 지능지수는 사람들의 사회·경제적 성취도를 결정하는 데 대단히 중요할 뿐 아니라 시간이 지날수록 점차 더 중요해지고 있다고 주장하는데, 사실 이런 주장은 어느 정도 근거가 있다.

그러나 이 책의 비판자들은 사람들의 경제적 성공을 설명하는 데에 지능지수가 갖는 중요성은 아주 약소한데도 불구하고 헤른슈타인과 머리가 지나치게 과장하고 있다고 본다. 나아가서 이 책의 저자들은 지능지수가 선천적으로 결정되므로 불우한 처지에 놓인 사람들을 돕기 위한 기존의 정책들 — 예를 들면 교육, 훈련, 조기교육 등 — 은 아무런 쓸모가 없다고 비판한다. 여기에 대해 진보적 지식인들은 이런 프로그램들이 지금까지 상당히 긍정적인 효과를 가진다는 점을 들어 반박하고 있다.

이 책에서 가장 논란이 될 부분은 흑인의 지능지수가 백인보다 15점이나 낮으며 그 때문에 흑인들은 경제적으로 지위가 낮고, 범죄나 사생아 출산 등 사회문제를 더 많이 일으킨다는 주장이다. 이것은 흑인에 대한 선천적 결정론을 감히 입 밖에 낸 것인데, 저자들은 기존의 인종차별 완화 정책이나 빈민들에 대한 부조 정책은 모두 의미가 없다는 비판적 결론에 도달하고 있다. 이것은 불우한 집단에 대해 냉정하기 그지없는 보수파의 현실 인식을 극명하게 보여 주는 사례라 하지 않을 수 없다.

격차 중에서 순수하게 능력의 차이 때문에 생기는 효과는 어느 정도가 될 것인지에 대해서도 의견이 분분하다. 미국의 경제학자 그릴리케스의 계량경제학적 추정에 의하면 잠재적 변수로서의 능력의 79%는 양친의 직업, 모친의 교육, 인종, 문화 등의 가족 배경에 의해 설명될 수 있다고 한다. 그러나 이런 능력 변수가 소득의 분산을 설명하는 힘은 지극히 약해서 3%를 넘지 않는다. 교육이 소득에 미치는 한계 효과는 능력이라는 변수를 도입했을 때 약간 감소하기는 하지만 그 차이는 아주 작아서 10%를 넘지 않는다고 한다. 이때 물론 능력을 어떻게 측정하며, 그 변수가 어느 정도 신빙성이 있느냐 하는 문제가 있지만 역시 능력은 직접 소득을 결정한다기보다는 교육을 통해 간접적으로 소득에 영향을 미친다고 그릴리케스는 보고 있다.

3. 생애 주기 가설

생애 주기 가설生涯週期 假說, life-cycle hypothesis에서는 개인의 소득분배의 주요 원인을 연령age이라고 보고 있다. 즉 같은 사람이라고 하더라도 20대, 30대, 40대, 50대의 소득이 다르게 나타나듯이, 연령의 차이가 개인 간의 소득격차를 발생시키는 중요한 요인이라는 것이다. 이 이론에 의하면 일정 시점에서 측정한 소득은 불평등의 척도로서는 적절치 못하며 생애 소득(평생 소득)이 불평등의 척도가 되어야 한다고 본다. 이 이론에 의하면 소득 불평등의 상당한 부분은 연령에 따른 소득격차로 설명될 수 있다는 것이며, 누구나 나이를 먹는다는 사실을 인정할 때 이런 형태의 소득 불평등은 그다지 심각한 사회적 의미가 없게 된다. 그런 뜻에서 이 이론에 입각하는 학자들은 현실의 소득 불평등에 대해 은연중 낙관적 관점에 서기가 쉬우며, 시카고학파의 사고방식이 여기에 가깝다고 할 수 있다.

그러나 생애 주기 이론은, 첫째 일정 시점에서 불평등의 횡단면 추정치에 대한 연령 효과의 상대적 크기와, 둘째 생애 소득의 원천에 대해, 학자들 사이에도 의견이 일치하지 않고 있다. 생애 주기 이론이 사실이라고 한다면 부유한 사람은 주로 나이 많은 사람이나 퇴직한 사람들이 될 것이며, 각 연령 집단이 보유한 부의 비율이 상이할 것이다 그리고 인구를 몇 개의 연령 집단으로 나누었을 때 그 집단 내부의 소득 불평등은 전체 인구의 소득 불평등보다는 작게 나타나야 할 것이다. 그러나 이 장에서 이미 본 바와 같이 앳킨슨의 분석에 의하면 동일한 연령 집단 내에서도 전체 불평등에 못지않을 정도의 상당한 불평등이 발견될 뿐만 아니라 각각의 연령 집단이 차지하는 부의 분배 몫이 비슷했다. 이런 증거는 명백히 생애 주기 가설에 불리하다.

생애 소득(평생 소득)의 원천에 대해서는 두 가지 사고방식이 있다. 하나는 인간자본론의 관점으로, 연령 혹은 경험으로 생애 소득의 불평등을 설명하기보다는 학교교육 및 현장 훈련으로 생애 소득의 불평등을 설명한다. 또 다른 하나는 보수파 경제학자들의 생각으로, 능력과 저축 성향 및 근로 의욕 같은 요소가 연령 증가와 더불어 상승작용을 해서 소득 불평등을 초래한다는 것이다.

일정 시점에서 파악한 소득 불평등은 생애 소득의 불평등에 비하면 명백히 과대평가되어 있는 것은 틀림없다. 그러나 이 문제는 앞서 2장에서 고찰한 파글린의 분석에서 보듯이 그리 간단한 것이 아니다. 생애 주기 가설 역시 일리는 있으나 문제점이 적지 않다. 첫째, 생애 주기 가설은 비슷한 연령층 내에 존재하는 소득 불평등을 설명하지 못하는 약점을 지니고 있다. 둘째, 각 연령 집단 내의 소득 불평등이 그 집단의 연령과 더불어 커지기 때문에 생애 소득이 반드시 연간 소득보다 더 평등하다고 할 수 없다. 셋째, 시간의 흐름에 따라 소득이 증가하므로 현재 살고 있는 사람의 생애 소득이 한 해의 소득보다 더 불평등할 수도 있다. 넷째, 개인 간 생애 소득에 편차와 불확실성이 존재하므로 연령 집단의 예상 생애 소득을 알 수 있어도 개인의 소득을 추정하기는 어렵다. 다섯째, 만일 젊은이들이 노인들보다 소득은 낮지만 그 대신 더 많은 인간자본을 소유하고 있다면 — 아마 실제로 그럴 것이다 — 한 시점에서 측정한 소득 불평등이 생애 소득의 불평등보다 더 작게 나타날 수도 있다.

4. 개인 선택과 소득분배

교육이 소득에 미치는 영향을 다룬 3장에서 본 시카고학파의 인간자본 이론은 일종의 선택 이론이라고 할 수 있다. 이 이론에서는 개인이 교육을 어느 정도 받을 것인가 하는 것은 각자의 선택에 달린 문제이고, 결과적으로 나타나는 소득의 불평등은 개인의 합리적 선택의 결과로 파악되며 그런 점에서 불평등이 정당화된다. 이 절에서는 인간자본 이론과는 다르지만 역시 시카고학파의 이론 중 밀턴 프리드먼의 초기 이론 중에서 소득분배를 개인의 선택의 결과로 분석한 하나의 가설을 검토해 보기로 하자. 이 논문은 인간자본 이론이 나오기 전인 1953년에 발표되었으며, 인간자본 이론의 탄생에 어느 정도 영향을 준 선구적 연구로 평가되고 있다.

이 모델에서 프리드먼은 소득 불평등이 다른 요인과 더불어 사람들의 위험에 대한 기피 정도에 달려 있다고 본다. 프리드먼은 불확실한 상황 속에서 기대 효용을 극대화한다는 표준적인 가정에서 출발해 사람들의 위험 기피도가 높으면 높을수록 그 사회의 소득분배는 평준화하는 경향이 있을 것이며, 그 반대의 경우에는 소득분배가 불평등할 것이라는 가설을 도출해 냈다. 이것을 소득의 효용 함수를 써서 설명한다면 다음과 같다.

〈그림 6.1〉의 a에는 위험 기피적인 사람의 효용 함수가 그려져 있고, b에는 위험 애호적인 사람의 효용 함수가 그려져 있다. 이 모델에서는 사람들이 불확실한 상황 속에서 소득의 기대 효용을 극대화한다고 가정한다.

효용 함수의 모양은 각자의 성격에 따라 다른데, 위험 기피자의 효용 함수는 〈그림 6.1〉의 a처럼 아래쪽에서 보아 오목한 모양이고 위험 애호자의 효용 함수는 b처럼 볼록한 모양으로 되어 있다.

〈그림 6.1〉 a의 기대 효용 함수에서 소득이 주어지면 그에 대응하는 효용이 결정되는데, 예컨대 Y_2의 소득에서 얻어지는 기대 효용은 U_2이다. 그런데 지금 복권이 하나 있는데 이 복권은 소득 Y_1이 나올 확률과 소득 Y_3가 나올 확률이 각각 50%라고 가정하면 이때의 기대 효용은 U_4이다. 왜냐하면

그림 6.1 | 위험 기피자와 위험 애호자

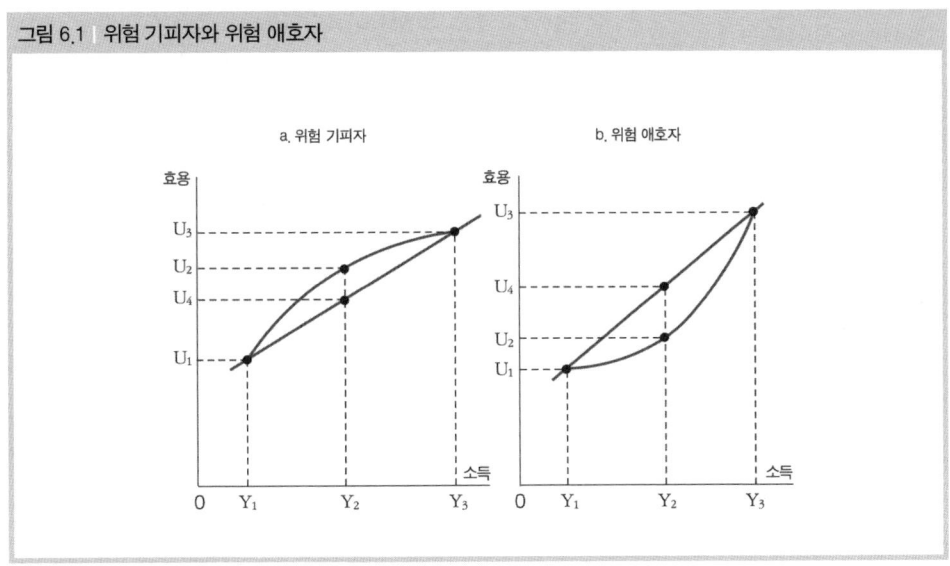

기대 효용 $U_4 = U_1 \cdot (확률) + U_3 \cdot (확률)$
$\qquad\qquad\quad = U_1 \cdot (0.5) + U_3 \cdot (0.5)$

U_2가 U_4보다 크다는 것은 이 사람에게는 낮은 소득 Y_1과 높은 소득 Y_3의 두 가지 가능성을 가진 복권보다는 그 중간에 있는 확실한 소득 Y_2가 주는 기대 효용이 더 크다는 것을 뜻한다. 그 이유는 이 사람의 성향이 위험 기피적이기 때문이다. 이런 사람은 대체로 복권이나 도박을 별로 좋아하지 않고 보험을 즐겨 이용하는 경향이 있다.

반대로 위험 애호자는 〈그림 6.1〉 b에서처럼 확실하고 안정적인 소득 Y_2보다는 낮은 소득 Y_1이나 높은 소득 Y_3 둘 중 하나가 나오는 복권을 사는 것이 기대 효용이 높을 것이므로 기꺼이 복권을 사려고 할 것이다. 이런 위험 애호자는 좀처럼 보험을 들지 않으려 하고, 도박이나 복권을 즐기는 경향이 있을 것이다.

이 모델을 사회 전체에 확장해서 생각해 보자. 지금 사회 구성원 가운데 위험 기피적인 사람이 많고, 위험 애호적인 사람이 적다면 개인의 소득은 고소득과 저소득의 양극단으로

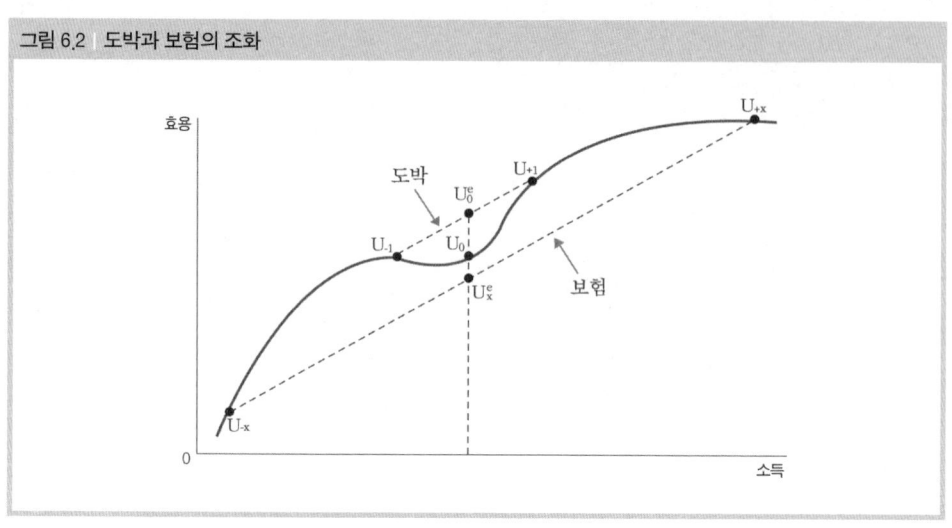

그림 6.2 도박과 보험의 조화

갈라지지 않고 중간적인 수준에 많이 집중되면서 오른쪽으로 비대칭적인 분포를 보일 것이다. 또한 이런 사회에는 보험 가입자가 많을 것이다. 반대로 위험 애호자가 많은 사회에서는 안정적인 중간소득보다는 고소득과 저소득의 양극단에 많은 사람이 분포되어 나타날 것이며, 이런 사회에서 도박이 성행할 것이다. 이렇게 생각한다면 한 사회의 소득분배는 그 사회 구성원들이 스스로 선택한 결과로서 나타나는 측면이 있다는 주장이 성립할 수 있다.

그런데 일반적으로 사람들은 한편으로 보험도 들면서 때로는 도박도 즐긴다. 얼핏 보기에 상충되는 것처럼 보이는 이런 현상은 어떻게 설명될 수 있나? 프리드먼은 인간의 이런 모순적 행동을 설명하기 위해 특수한 효용 함수를 도입한다. 그의 좀 더 복잡한 모델은 소득의 효용 함수가 〈그림 6.2〉에서처럼 낙타 등과 같이 두 개의 봉우리를 가진 특수한 모양을 갖고 있는 것으로 나타난다. 이런 효용 함수의 근거는 주로 한편으로는 도박을 즐기면서 다른 한편으로는 보험에 가입하는 인간의 이율배반적 행동 — 한편으로는 위험 애호적이고 다른 한편으로는 위험 기피적이다 — 을 양쪽 다 모순 없이 설명하기 위해 프리드먼이 고안한 특수한 모양의 효용 함수다. 여기서 효용 함수는 아래쪽에서 보아 오목하기도 하고 볼록하기도 한데 이것은 한 사람이 때로는 위험 기피적이기도 하고 때로는 위험 애호적일 수 있다는 것을 보여 준다. 여기서 개인은 소득의 변동이 작은 구간에서는 도박을 즐기기도 하지만 소득 변동 폭이 큰 다른 구간에서는 위험에 대비하기 위해 보험에 가입하기도 한다.

　이와 같은 프리드먼의 모델은 그의 많은 이론이 그렇듯이 상당히 기발한 아이디어를 담고 있으나 그 가정에서 몇 가지 중대한 문제점을 안고 있어서 그대로 수용하기가 어렵다. 즉, 이 모델은 워낙 단순한 것이어서 각자의 소득은 서로 독립적이라고 가정하고 있는데 이는 로빈슨 크루소의 세계에서나 가능한 이야기다. 여기서는 생산과정이나 직무 구조, 위계질서, 착취 등의 사회현상은 전혀 들어올 여지가 없다. 왜 어떤 사람은 위험 기피적이고 어떤 사람은 위험 애호적인지 설명도 없으며 개인의 성향은 신고전파의 이론에서 항상 그러하듯 외생적으로 주어진 것으로 간주하고 있다. 그리고 소득의 효용 함수가 두 개의 봉우리를 가진 낙타 등의 모양을 하고 있다는 것도 억지로 끼워 맞춘 느낌을 준다. 또한 위험성이 있는 자본으로부터 발생하는 소득을 설명하는 데는 어느 정도 설득력이 있을지 모르나 안정적인 성질을 갖는 노동소득의 설명에는 부적합한 모델이라는 점도 지적하지 않으면 안 된다.

　모델 자체의 현실성은 접어 둔다 하더라도 어쨌든 이 모델은 어떤 현실적 의미를 가지는가? 프리드먼의 가설은 사회 구성원들의 성향, 또는 선택에 따라 소득분배가 달라질 수 있다는 것이고, 이때의 소득 불평등은 사람들이 스스로 합리적인 계산 끝에 선택한 것이니만큼 결과가 불공평하다고 불평하기가 어렵게 되어 있다. 이런 정책적 함축이 시카고학파의 이론에 숨어 있는 경우가 많은데, 앞의 3장에서 본 인간자본 이론도 따지고 보면 사람들의 교육에 대한 선택의 결과로서 소득 불평등이 나타나며 따라서 그런 불평등은 정당화될 수 있다는 함축을 내포하고 있는 것이다.

　또 하나 시카고학파가 생각하는 소득분배의 특징은, 진정한 소득 불평등은 현실에 나타나 보이는 것만큼 불평등하지는 않다는 것이다. 이것은 소득의 개념에 관한 문제로서 매월 또는 매년의 소득은 변덕이 심한 일시적 소득 transitory income이 포함되어 있으므로 그 사람의 진정한 장기적 소득을 반영하고 있다고 볼 수 없고 그것을 제대로 파악하려면 항상소득을 봐야 한다. 그런데 항상소득은 일시적 소득의 불규칙적 움직임이 상당 부분 상쇄되어 나타나므로 현실소득에 비해 불평등이 낮다. 시카고학파에 속하는 경제학자들이 대개 현실의 경제적 불평등에 대해 지나칠 정도로 무관심하거나 낙관적인 태도를 취하는 이유는 주로 위와 같은 두 가지 이유에 근거를 두고 있다고 할 수 있으며 나아가서는 시카고학파가 대체로 현실 긍정적 내지 보수적 입장에 곧잘 서게 되는 이유를 미루어 짐작할 수 있다.

5. 우연 이론

한 개인의 소득은 반드시 어떤 체계적 원인에 의해 결정된다기보다 순전히 요행luck이나 운chance과 같은 예기치 못한 요인에 의해 결정될 수 있다. 그러므로 소득 불평등은 상당 부분 우연한 확률적 요인에 의해 설명이 가능하다고 보는 견해가 성립할 수 있는데 이것을 우연 이론偶然理論 또는 확률 이론이라고 한다. 우연 이론은 한 사회에 존재하는 소득분배의 불평등을 설명하면서 체계적인 요인보다는 개인의 운수와 예기치 못한 우연한 요소에 큰 비중을 두고 있다. 특히 큰돈을 번 벼락부자의 경우에는 우연이란 요소 말고는 달리 설명할 길이 없을 때가 많다.

예컨대 똑같은 지능과 똑같은 교육 수준을 가진 사람이라 해도, 운이 좋은 사람은 사회적으로 존경받고 보수도 좋은 직업을 가지는 반면에, 운이 나쁜 사람은 존경도 받지 못하면서 보수까지 낮은 직업을 가지는 것을 흔히 볼 수 있다. 이처럼 개인의 경제적 지위와 소득은 어느 누구도 예측할 수 없는 개인의 운수에 의해서 크게 달라질 수 있기 때문에 불평등이 존재한다고 보는 가설이 성립할 수 있다. 이 가설은 노동소득의 설명보다는 특히 이윤이나 복권 당첨과 같은 자본소득의 설명에 다소 유효할 수 있다.

소득 불평등에 관한 확률 이론을 믿는 사람들은 소득과 부가 완전히 균등한 초기 상태에서 시작하더라도 그 후 시간이 경과함에 따라 우연히 발생하는 확률적 요인으로 인해서 결국 소득 불평등이 일어난다고 주장한다. 비록 한 세대가 소득과 부의 완전 평등 상태에서 출발한다고 할지라도 비체계적인 확률적 요인, 즉 운이나 기회에 의해 불평등이 발생할 수 있다는 것이다. 또한 이 이론에 의하면 인간은 어느 누구도 출생하면서부터 가난하고 열등하게끔 운명 지워지지 않았으며, 가난한 집안의 자식들도 부유한 집안의 자식들과 동일한 성공의 기회를 가진다고 본다.

확률 이론 모델은 매캘리스터D. McAlister에 의해 이미 19세기 말에 이론의 기초가 확립되었고, 그 후 야코뷔스 캅테인Jacobus C. Kapteyn과 프랜시스 에지워스Francis Y. Edgeworth 등에 의해 계승되어, 지브라R. Gibrat가 비례 효과의 법칙Law of proportionate effect이란 이름으로 공식화했다. 지브라는 일련의 특별한 조건에서 작용하는 중심극한정리Central Limit Theorem라는 오차誤差의 승수 법칙乘數法則에서 대수 정규분포를 도출했는데, 여러 개의 독립적인 확률변수의 곱은 그 곱셈에 포함되는 변수의 수가 늘어남에 따라 대수 정규분포에 가까워지는 경향이 있다고 주장했다. 소득의 분배 상태가 시간의 경과에도 불구하고 매우 안정적인 대수 정규분포의 경향을 보이는 것은 이런 분배 상태가 어떤 확률적 과정의 균형 상태로 얻어지기 때문이라는 것이다. 이런 주장은 다음과 같은 수식으로 표시된다.

$$y_t = y_{t-1} + U_t = y_0 + \sum U_{t-j}$$

y는 소득의 대수 값을, U는 우연히 발생하는 비체계적인 확률적 요인을 나타내며, t는 기간을, $t-j$는 현시점 t에서 j 기간 이전의 시차time lag를 나타낸다. 따라서 현재 소득 y_t는 전기 소득 y_{t-1}과 확률적 요인 U에 의존한다. 초기의 소득수준은 능력과 교육 정도 등 어떤 체계적인 요인에 의해서 결정될 수 있다고 하더라도 시간이 경과해 t가 점점 커지면 초기 소득 y_0의 중요성은 점차 작아지고, 반대로 우연적 요소의 상대적 비중은 점차 커진다. 그러므로 t가 커짐에 따라 y_t의 분포 상태는 U의 분포 상태에 접근한다. 즉 $y \cong N(U, \sigma_i^a)$에 접근한다. 결국 이와 같은 과정은 t기의 소득을 대수 정규분포가 되게 만든다. 즉, 현실에 있어서의 소득분포가 우연한 확률적 요인들의 반복을 통해서 얻어질 수 있다는 것이다.

그러나 이와 같은 단순한 확률 모델의 약점은 시간이 배수적으로 도입되기 때문에 소득 분배의 불평등은 단조적 증가monotonic increase를 보이므로 실제로 현실의 소득분포와 같은 대수 정규분포가 나타날 수 없다는 데 있다. 이 문제점에 대해 다양한 해결책이 제시되었는데, 예컨대 폴란드의 경제학자 미하엘 칼레츠키Michael Kalecki는 U항이 y항과 마이너스의 상관관계에 있음을 가정함으로써 이 문제점을 해결하려고 했다. 이 가정은 얼핏 보면 지나치게 끼워 맞춘 느낌을 주지만, 그 내용을 생각해 보면 어떤 주어진 비율로 소득이 상승할 확률은 부유한 사람일수록 낮다는 것을 의미하므로 충분히 일리가 있는데, 이 가정은 프리드먼의 항상소득 가설에 의해 정당화될 수도 있다.

　한편 이 확률 이론 모델에 한 세대의 출생과 사망 과정을 도입해 설명하려는 학자들도 있다. 챔퍼나운D. G. Champernown, 아이치슨J. Aitchson과 브라운J. Brown 등은 소득분포의 분산도가 상대적으로 큰 노인 세대가 은퇴해 물러나고 비교적 소득이 낮으면서 상대적으로 균등한 소득분배 상태를 가진 젊은 세대에 의해 교체되는 과정을 도입해 이 과정이 반복될 때 안정적인 분배 상태가 도출될 수 있음을 제시했다. 이에 따르면, 소득분포의 분산은 시간이 경과함에 따라 체계적으로 감소한다. 이런 결과는 페이스M. Fase 등의 실증 연구를 통해 확인된 바 있으나, 이 과정이 현실적으로 안정적인 분포 상태로 수렴하는 속도가 매우 느리다는 비판이 제기되었다. 그러나 이들 확률 이론 또는 우연 이론에 가해지는 가장 강력한 비판은 이들 이론이 소득분배의 경제학적 설명을 포기한 채 수학적·통계학적 조작에 너무 매달리고 있는 것이 아니냐 하는 것이다.

6. 종합적 모델

　지금까지는 어느 하나의 요인을 가지고 소득 불평등을 설명하려는 여러 가지 가설을 검토했다. 이런 가설들은 모두 약간은 일리가 있으나 아무래도 설득력에 한계가 있다. 현실의 불평등은 대단히 여러 가지 요인이 서로 얽혀 있는 사회현상이므로 어느 하나의 요인을 가지고 만족할 만한 설명을 한다는 것은 애당초 기대하기가 어려운 것이다. 여기서는 여러 가지 요인을 동시에 고려하려고 시도한 종합적 모델 중에서 그릴리케스와 젠크스의 연구

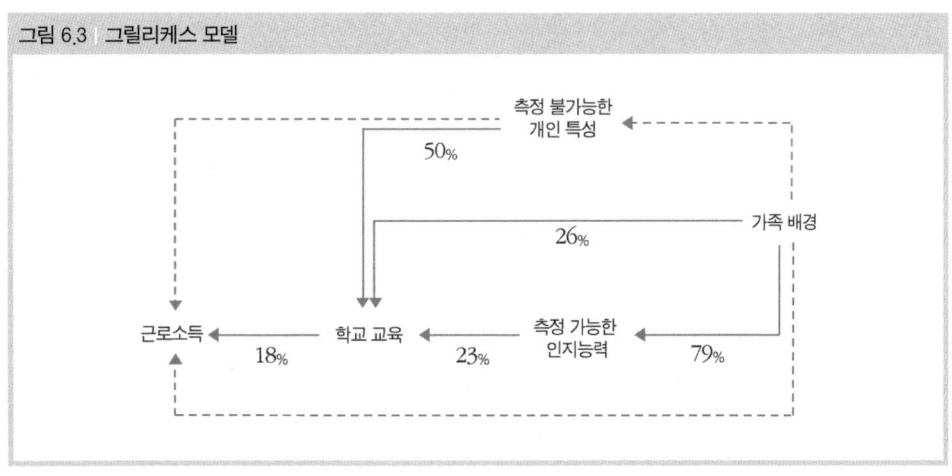

그림 6.3 | 그릴리케스 모델

를 소개해 보려 한다. 인간자본 이론 중에서도 베커의 모델은 교육뿐만 아니라 기회(가족 배경)와 능력의 요인까지 도입했다는 점에서 일종의 종합모델로 볼 수 있으나 이미 3장에서 다뤘으므로 여기서 다시 논의할 필요는 없을 것이다.

그릴리케스의 모델

그릴리케스의 모델은 이론적이라기보다는 소득 결정의 실증적 분석을 위해 만들어졌다. 그는 교육투자의 수익률을 추정하는 과정에서 교육 이외의 여러 가지 요인들을 고려할 필요가 있음을 인식하고 종합적 모델을 구성했는데, 그 요점을 간단히 요약하면 〈그림 6.3〉과 같다.

그릴리케스는 근로소득, 학교교육, 측정이 가능한 인지능력, 측정 불가능한 개인 특성, 가족 배경이 각각 노동소득에 어떤 영향을 미치는가 하는 것을 계량경제학적으로 분석했다.

그렇게 해서 얻어진 결과를 보면 학교교육이 소득을 설명하는 힘이 18%로 상당한 크기로 나타났다. 한편 학교교육을 설명하는 데에는 측정 가능한 인지능력(예컨대 지능지수)의 설명력이 23%, 가족 배경이 26%인 반면 측정불가능한 개인 특성의 힘이 50%나 되었다. 그리고 측정 가능한 인지능력에 미치는 가족 배경의 작용은 무려 79%나 되어 인지능력에는 가족 배경이 중요하다는 것을 보여 준다.

그러나 이 모델은 복합적 요인을 고려하려고 노력했으나 아직도 몇 가지 중요한 경로(점선으로 표시한)가 빠져 있다. 하나는 가족 배경이 직접 소득에 영향을 미치는 요인이다. 이것은 사회적 관계나 인맥 등을 통해 직접 채용 과정에서 유리한 위치에 선다든가, 돈을 벌 정보나 기회를 얻는다든가 하는 것인데 그 검증이 쉽지 않다. 또 하나의 경로는 가족 배경이 개인 특성에 주는 영향인데 이것은 말하자면 해리 존슨이 말하는 문화적 자본cultural capital 또는 제임스 미드가 말하는 문화적 상속의 측면이다. 이것은 어릴 때부터의 가족 환경이 개인의 성격이나 태도에 주는 영향을 의미한다. 그 다음에는 개인 특성이 직업적으로 소득에 미치는 영향, 즉 해럴드 라이돌이 말하는 D-인자(3장 및 6장 능력 가설 참조)의 중요성인데, 이것은 상당히 중요하리라는 추측은 가능하나 그 자체가 엄밀히 정의되지 않는 추상적 개념이므로 측정하기가 매우 어렵다는 난점이 있다.

젱크스의 모델

미국의 사회학자 젱크스는 『불평등』Inequality(1972)이란 유명한 책에서 교육의 불평등을 결정하는 요인은 무엇인가, 그리고 소득의 불평등을 결정하는 요인은 무엇인가 하는 두 가지 문제의 분석을 시도했다. 여기서 그는 교육 기회에 영향을 준다고 종래 생각되고 있던 가족 배경, 지능, 학교의 질 등의 요인을 분석했으나 어느 것도 교육 불평등을 제대로 설명해 주지 못한다는 결론에 도달했다. 한 걸음 더 나아가서 젱크스는 소득 불평등에 영향을 준다고 종래 인정되던 세 가지 주요 요인, 즉 능력, 교육, 사회·경제적 배경의 어느 것도 소득 결정에 중요하지 않다는 결론을 얻었다. 또한 직업도 중요하지 않다고 한다. 젱크스에 의하면 이들 요인이 모두 같은 사람들을 뽑아서 비교한다 하더라도 소득 불평등은 겨우 12~15% 감소할 뿐이어서 불평등의 원인은 충분히 설명되지 않는다는 것이다. 그는 결국 종래 중시되던 어느 요인도 소득 불평등을 제대로 설명해 주지 못한다는 불가지론적不可知論的 결론에 도달했다.

그의 결론은 결국 사람들의 경제적 성공은 재산을 상속받은 경우를 제외하고는 주로 행운과 희귀한 특수 능력에 달려 있다는 것이었다. 이런 결론은 1960년대에 전개된 인간자본 이론의 영향하에 미국의 교육 및 사회정책의 기본 전제가 되고 있던 명제, 즉 '교육 기회의 불평등 축소를 통한 소득 불평등의 축소'라는 방향에 근본적인 회의를 일으키게 하는 예상 밖의 연구 결과로서 교육학자와 정책 입안자들에게 큰 혼란을 안겨주었다. 이 연구는 그 후 교육학과 사회학의 연구 방향을 종래 교육의 효과를 중시하던 관점으로부터, 사람들이 교육을 많이 혹은 적게 받는 이유는 무엇인가 하는 문제로 전환시키는 계기가 되기도 했다.

그러나 젠크스의 연구에 대해서는 많은 비판이 쏟아졌는데 그중 중요한 지적은, 젠크스가 소득 자료로 노동소득earnings이 아니라 소득income을 사용해 혼란을 가져왔다는 것이다. 소득분배에 관한 종래의 가설들은 주로 노동소득을 설명하기 위해 제시된 것이므로 만약 젠크스가 노동소득 자료를 썼더라면 기존의 중요 요인들이 훨씬 설득력이 있는 것으로 나타났을 것이다. 둘째로는 항상소득과 일시소득을 구별하지 않았다는 점, 나이를 고려하지 않았다는 점 등이 젠크스 연구의 방법상의 문제점으로 지적되었다. 어쨌든 젠크스의 책은 소득 불평등의 원인 구명이 결코 쉬운 일이 아님을 보여 주는 하나의 고전적 연구로 남아 있다.

참고문헌

이준구. 1992. 『소득분배의 이론과 현실』 제2판. 다산출판사.

青木昌彦. 1979. 『分配理論』. 筑摩書房.
石川經夫. 1991. 『所得と富』. 岩波書店.

Atkinson, Anthony B. 1971. "The Distribution of Wealth and the Individual Life-cycle." Oxford Economic Papers.
_____. 1983. *The Economics of Inequality*. 2nd ed. Oxford University Press.
Brittain, John A. 1978. *Inheritance and the Inequality of Material Wealth*. Brookings.
Blinder, Alan S. 1974. *Toward an Economic Theory of Income Distribution*. MIT Press.
Goldberger, A. S. 1979. "Heritability." *Economica* vol. 46.
Griliches, Zvi. 1977. "Estimating the Returns to Schooling: Some Econometric Problems." *Econometrica* vol. 45 no. 1.
Jencks, Christopher. 1972. *Inequality: A Reassessment of the Effect of Family and Schooling in America*. Basic Books.
Sahota, Gian S. 1978. "Theories of Personal Income Distribution: A Survey." *Journal of Economic Literature* (March).
Taubman, Paul. 1978. *Income Distribution and Redistribution*. Addison-Wesley.

7장

차별의 경제학

"가정은 소녀의 감옥이자, 여성의 노역장이다."
_ 조지 버나드 쇼

1. 차별 문제의 중요성

이 장에서는 노동시장에서 발생하는 차별에 대해서 검토해 보기로 한다. 차별이란 원래 학력이나 경력, 생산성 등 다른 조건으로는 차이가 없는 노동자 사이에 인종이나 성별의 이유로 고용 또는 임금에서 정당화될 수 없는 차등이 발생하는 것을 의미한다. 때로는 계급차별, 지역 차별 등의 용어가 사용될 때도 있으나 그것은 드물게 사용될 뿐이고, 차별이라고 하면 역시 인종차별과 남녀 차별이 중심이다. 우리나라에서도 최근 외국인 노동자 문제가 대두하고 있지만 선진국만큼 인종차별 문제가 본격화하고 있지는 않으므로 이 책에서는 주로 남녀 차별의 문제를 다루기로 한다. 물론 여기서 논의하는 대부분의 이론은 인종차별이나 지역 차별에 대해서도 적용이 가능한 것이다.

한국의 경우는 남녀 간 경제적 지위에 상당한 차이가 있음은 우리가 일상적으로 느끼고 있으나 그것을 보다 구체적인 수치를 가지고 확인해볼 필요가 있다. 하나의 중요한 증거로서 한국의 남녀 간 임금격차를 보면 여성노동자는 남성의 절반 정도의 임금을 받고 있다. 이 정도의 성별 임금격차가 세계적으로 보면 어느 정도의 위치에 있는가를 알아보기 위해 다른 나라와 비교해보는 것이 유용할 것이다.

〈표 7-1〉에는 OECD 각국에서 남녀 간 노동소득격차가 어느 정도인지를 보여주고 있다. 세계적으로 남녀 간 임금격차가 큰 나라로 꼽히는 나라가 한국, 일본, 타이완 등 동아시아 국가들인데, 이 표에서도 노동소득 격차가 가장 큰 나라가 한국(37%), 일본(27%)로서 나란히 OECD

표 7.1 | 성별 노동소득 격차의 국제 비교 (OECD)

단위: %

	소득격차
한국	36.6
일본	26.6
네덜란드	20.5
터키	20.1
캐나다	19.2
호주	18.0
미국	17.9
영국	17.5
스웨덴	15.1
프랑스	13.4
독일	12.8
아일랜드	11.6
이탈리아	11.1
스페인	8.6
뉴질랜드	5.6

자료: Statista, 2016

1, 2위를 차지하고 있다.

    일본과 한국은 남녀 차별이란 문제에서 다른 나라의 추종을 불허하는 나라임을 알 수 있다. 이 문제에 관한 한 한국과 일본은 난형난제라 과거의 통계를 검토해 보아도 두 나라 사이의 순위는 더러 바뀌기도 하지만 역시 여성의 상대적 지위가 가장 낮은 두 나라라는 점에는 변화가 없다. 두 나라 사이의 이런 공통점이 유교 문화에서 온 것인지, 식민지 관계에서 온 것인지 모르지만 앞으로 깊이 연구할 주제라고 하겠다.

    그에 비해 유럽 각국은 남녀 간 소득격차가 상당히 낮아서 10~20% 정도의 격차를 보인다. 그리고 이런 격차를 낮춰 나가는 것이 유럽 연합의 중요한 정책 목표가 되어 있다.

    물론 이 표에 들어 있지 않은 후진국 중에는 남녀 차별이 심한 나라가 많이 있을 것이다. 그중에는 중동 지역처럼 남녀 차별이 심해서 아예 여성들이 월급을 받는 일자리에서 일하기조차 어려운 나라도 적지 않지만 어쨌든 OECD 국가 안에서 한국은 여성 소득이 가장 낮은 나라라는 사실은 의심의 여지가 없다. 스위스의 세계경제포럼World Economic Forum이 매년 발표하는 『세계성별소득격차보고서』Global Gender Pay Gap Report를 보더라도 한국은 2016년 현재 145개국 중 115위에 올라 있어서 앞으로 격차 축소를 위한 많은 노력이 필요함을 알 수 있다.

    노동소득 이외에 다른 자료를 더 보기로 하자. UN은 매년 『인간발전보고서』Human Development Report를 발간하는데, 이 책자에는 인간발전지수HDI: Human Development Index, 여성관련 발전지수GDI: Gender-related Development Index, 여성권한척도GEM: Gender Empowerment Measure 등이 발표된다. 이 중 문자 해득률, 취학률, 평균수명 등에 의거해 산출하는 여성발전지수GDI를 보면, 한국은 세계 20위권에 위치해 있다. 한국이 이 지수에서 비교적 성적이 좋은 이유는 이 지수가 주로 교육 관련 지표로 구성되어 있고, 한국은 교육의 양적 지표에 관한 한 단연 세계 최고 수준에 올라 있기 때문이다.

    이 보고서에 들어 있는 성별불평등지수Gender Inequality Index에서도 한국은 강세를 보인다. 이 지수는 출산 사망률, 미성년 출산율, 여성 국회의원 비율, 중등교육 이상 이수 비율, 노동력 참가율 등으로 계산하는데, 한국은 2014년 현재, 세계 155개국 중 23위에 올라 있다. 보건, 교육 등 분야에서는 한국이 비교적 성적이 좋기 때문일 것이다.

그 반면 여성권한척도GEM에서는 2009년 현재, 세계 93개국 중 한국은 68위를 차지하고 있을 정도로 후진적이라는 것을 알 수 있다. 여성권한척도는 여성 국회의원 수, 행정관리직 및 전문기술직에서 일하는 여성의 비율, 그리고 남녀 소득격차 등을 기초로 산출한다. 여성의 정치·경제활동과 정책 과정에서의 참여도를 측정하며, 남녀평등 지수와 달리 고위직에서의 남녀평등 정도를 평가하는데, 2007년도 보고서에 따르면, 노르웨이, 스웨덴, 핀란드, 덴마크, 아이슬란드가 각각 1~5위를 차지해 북구가 단연 강세를 보인다.

아시아에서는 싱가포르 16위, 필리핀 45위, 일본 54위, 중국 57위 등이 한국보다 상위에 있다. 우리나라의 여성권한척도가 이처럼 낮은 이유는 상위권의 국가들에 비해 국회의원 및 고위직 여성 비율이 낮기 때문인데, 고위직에서 일하는 여성 비율을 보면 노르웨이 30%, 아이슬란드 27%, 호주 37%, 미국 42%, 영국 34%, 일본 10%이지만 한국에 8%에 불과한 실정이다.

좀 오래 된 것이지만 ILO(1997) 자료에 따르면 우리나라의 여성 관리자가 전체 관리직에서 차지하는 비율은 4%로, 미국의 46%, 멕시코와 말레이시아의 19%에 미치지 못함은 물론 우리나라와 유사한 여성 차별적 고용 관행을 가진 일본의 9%에도 훨씬 미달하는 것으로 나타났다. 특히 민간 대기업의 여성 관리직은 더욱더 찾기 힘든데, 1997년 우리나라 50대 그룹(586개 기업)에 근무하는 11만96명의 과장급 이상 관리 중 여성은 729명으로 전체의 0.7%에 불과했다(정무장관 제2실 내부자료, 1997).

민간 기업이든 정부 조직이든 관계없이 여성들이 고위 관리직에 올라가기 어려운 현상은 모든 나라에 공통적으로 나타나며, 이를 '유리 천장'glass ceiling 문제라고 부른다. 얼핏 보기에는 얼마든지 위로 올라갈 수 있을 것 같은데, 얼마 못 가서 유리 천장이란 보이지 않는 장벽에 부딪혀 더 이상 올라갈 수 없다는 뜻이다. 미국은 비교적 여성의 사회적 진출이 허용되는 나라이지만 유리 천장 문제를 심각하게 받아들여 미국 의회는 1991년 연방 수준에서 '유리천장위원회'Glass Ceiling Commission을 설치해서 해결책을 강구하기도 했다.

이 위원회는 1995년 보고서를 발표했는데, 『포춘』Fortune 지 발표 1,000대 기업의 고위 임원 중 남성이 95~97%이며, 여성은 3~5%밖에 안 된다는 것, 그리고 그 3~5%의 여성조차 거의 백인이므로 흑인 여성은 철저히 배제되고 있다는 사실을 들며 유리 천장 현상을 비판했다. 그들은 현상 진단에 주력했고, 해결책의 제시까지는 별로 나가지 못했는데, 그나마 제시한 방안 중에는 예를 들어 미국 증권위원회SEC: Securities and Exchange Commission가 상장 기업의 자료를 공개할 때 임원의 보수 등만 알릴 게 아니라 임원의 인종 구성도 발표하라고 요구했다. 그리고 작업장에서 여성의 존재가 얼마나 도움이 되는가에 대해서 언론이 캠페인을 펼쳐 줄 것도 요구했다.

한국은 미국보다 훨씬 더 심하게 여성이 배제되고 있으므로 유리 천장 문제를 심각하게 받아들이지 않으면 안 된다. 또한 한국에서는 비록 여성의 경제적·사회적 진출은 서서히 늘어나고 있는 추세이지만 사회적·문화적 측면에서 보면 남존여비 사상이 아직 뿌리 깊어서 여성의 활동에는 여전히 많은 장벽과 애로가 남아 있다. 최근의 인구통계에서도 드러났듯이 신생아의 출생률에서 남아가 여아를 훨씬 능가하고 있는데, 이것이 인위적 조작에 의한 결과라는 것도 우리나라의 남아선호 사고방식이 얼마나 강고한가를 보여 주는 하나의 증거다. 이런 남아선호 사고방식은 결국 우리나라에서의 여성의 낮은 지위를 반영하는 것이라고 할 수 있다.

남녀 차별의 문제는 워낙 광범위하고 뿌리 깊은 것이어서 분석과 해결책이 쉬운 것은 아니지만, 우리의 관심을 경제적인 측면에 한정해 먼저 자본주의하에서 여성의 경제적 종속의 일반적 성격에 대해 살펴본 뒤 노동시장에서의 차별과 그에 대한 정책, 한국의 차별 문제의 순서로 논의하기로 하자.

2. 여성의 경제적 종속의 세 측면

자본주의에서 여성의 경제적 종속은 대체로 다음 세 가지 측면으로 나누어 생각해 볼 수 있다. 그것은 노동시장 이전의 차별, 노동시장에서의 차별, 가사 노동이다.

노동시장 이전의 차별

남녀 간의 차별은 아주 어릴 때부터 시작된다. 가정에서는 어릴 때부터 양성 간에 성역할을 다르게 규정해 남자아이는 총을 갖고 씩씩하게 놀면서 적극적인 성격을 갖도록 교육하는 반면, 여자아이는 인형을 갖고 놀면서 다소곳하고 소극적인 성격을 갖도록 훈련한다. 이런 양육 방법의 차이는 그 후에도 계속 따라다니면서 남녀 간의 성격과 생활태도에 영향을 준다. 학교에 입학한 후에도 양성 간에 차이가 있다. 예전에는 가난한 가정에서 경제적 형편이 어려울 때 딸은 진학을 포기시키는 대신 아들은 어떤 희생을 치르고라도 진학시키려 하는 경우가 드물지 않았다. 심지어 남동생의 학비를 마련하기 위해 자신은 공장이나 유흥업소에서 일하고 있는 여성도 흔히 볼 수 있었다.

남학생과 여학생의 학교 과목에도 때로는 약간의 차이가 있어서 여학생은 요리, 수예 등을 배우는 동안 남학생은 공업, 상업 등 장차 취업에 유리한 과목들을 공부한다. 대학에 갈 때에도 여학생은 주로 인문, 어학, 가정, 간호학과에 많이 진학하지만, 남학생은 공대, 의대, 법대, 상대를 많이 지원한다. 어떤 경우에는 여학생의 입학이 허용되지 않는 예가 선진국에도 아직 더러 남아 있고, 국내에서도 하나의 예로 최근 약학대학에 여학생 입학이 많아지자 '어느 한 성(性)'의 입학 쿼터를 70%로 제한하자는 제안조차 나오고 있는데 이런 것은 명백히 입학에서의 여성 차별이다. 같은 논리로 남학생이 주로 가는 공대나 의대, 법대, 상대의 입학에서 70% 제한을 시도한다면 남학생으로부터 얼마나 맹렬한 항의가 일어날 것인지를 상상해 보면 이런 조치의 차별성을 금방 알 수 있다.

노동시장 차별

노동시장에서 일어나는 차별로는 고용 차별employment discrimination과 임금 차별wage discrimination이 있다. 고용 차별이란 특정한 직업에 여성을 채용하지 않거나 배치하지 않는 것을 의미하는데, 예를 들어 현재 우리나라에서 대다수의 기업이 대졸 여성의 채용을 기피하고 있는 것이 여기에 속한다. 높은 보수가 약속되는 관리직, 전문직에 여성이 진출하는 것은 낙타가 바늘구멍을 통과하는 것에 비유할 만하다. 임금 차별이란 동일한 직무에 종사하는데도 불구하고 여자란 이유로 낮은 임금을 지불하는 것을 의미한다. 임금 차별의 한 고전적 사례가 영국을 대표하는 경제학 학술지인 『이코노믹 저널』 Economic Journal(1918)에 실려 있다.

어느 회사의 봉제공으로 일하고 있던 존 존스 John Jones란 사람이 몸이 아파서 회사에 나가지 못하게 되자 출근을 하지 않고 집에서 일을 해서 회사에 갖다 주고 보수를 받게 되었다. 아내도 옆에서 남편의 일을 배워서 같이 일하게 되었다. 시간이 지날수록 아내가 점차 많은 양의 작업을 맡게 되었고 존스는 맡은 옷을 완성해 공장에 갖다 주고 계속 보수를 받았다. 그런데 존스가 죽자 회사에서는 존스의 아내가 만들어서 갖다 주는 종전과 똑같은 옷에 대해 여자라는 이유로 보수를 3분의 2 수준으로 삭감했다는 것이다. 이런 사례는 순수한 임금 차별이라고 부를 수 있을 것이다.

가사 노동

고전파경제학의 완성자로 불리는 존 스튜어트 밀은 19세기 중반에 쓴, 지금도 명저로 손꼽히는 『여성의 종속』 The subjection of Women(1869)에서 이렇게 말하고 있다.

> "가사 노동이란 여성의 능력과 집중력을 수천 갈래로 분산시키는 노동이고, 남성의 노동은 능력과 집중력을 모아 예술, 학문, 과학을 창조하는 노동이다. 그리하여 여성의 일은 창조적이고 집중적인 일을 할 수 없게 만들어 자연히 여성은 남성에 비해 의존적이고 예속적인 성품을 갖게 된다."

칼 맑스의 동료이자 공저자인 프리드리히 엥겔스 Fridrich Engels도 고전이 된 『가족, 사유재산 및 국가의 기원』 The Origin of the Family, Private Property and the State(1884)에서 다음과 같이 쓰고 있다.

한국의 가사 노동

한국의 가사 노동에 대해서는 지금까지 꽤 많은 연구가 나와 있다. 1974년에 최초로 조사된 주부들의 가사 노동시간은 하루 평균 8시간이었다. 그 후 20년 동안 각종 조사에 따라 조금씩 다른 값이 나타나지만 최소치가 5.1시간, 최대치는 12.6시간으로서 대략 8시간 정도로 보면 크게 틀리지 않을 것 같다. 이 값을 외국과 비교하는 것도 흥미 있는 일이다. 유럽 쪽은 대개 하루 평균 4~6시간 정도이고, 이웃 일본은 우리와 비슷하게 7~8시간으로 나타나고 있다.

이와 같은 노동시간의 가치를 금전적으로 환산하면 어떻게 될까? 어떤 사람은 가족을 위해 헌신하는 주부들의 신성한 노동의 가치를 금전으로 계산하는 일 자체를 못마땅하게 생각하기도 한다. 그러나 그렇다 하더라도 역시 금전적으로 환산해 보는 것도 중요하고 흥미 있는 일이다. 한국의 경우 이 값은 연구자에 따라, 그리고 추정 방법에 따라 천차만별로 나오는데, 김정희의 연구에 의하면 1992년 현재 대략 월 60~70만 원 정도라고 한다(김정희 1994).

최근에는 월 150만 원이라는 주장도 나오고 있으나 어쨌든 가사 노동의 경제적 가치를 GNP와 비교하면 어느 정도인가 하는 것이 관심거리가 될 수 있다. 이 문제에 대한 김정희의 연구에 의하면 가사 노동의 가치는 GNP의 33~52% 정도가 되며, 그 중간 값을 취한다면 43% 정도로 볼 수 있다는 것이다.

또 다른 연구인 문숙재 외(2001)의 추정에 의하면 우리나라 무보수 가사 노동의 연평균 가치 평가액은 평가 방법에 따라 다소 차이를 보였지만 약 124조에서 약 150조 원에 달하는 것으로 나타났다. 이와 같은 평가액은 1999년 우리나라 GDP(약 476조 5,970억 원)의 대략 25~32% 수준이었다.

〈표〉 가사 노동 가치의 총 평가액 (단위: 원)

평가 방법	개별 기능 대체 비용법	종합적 대체 비용법	2인 대체 비용법	기회비용법 (I)	기회비용법 (II)
여성	약 115조	약 108조	약 116조	약 122조	약 107조
남성	약 18조	약 16조	약 19조	약 27조	약 25조
총 연평균 평가액	약 134조	약 124조	약 135조	약 150조	약 133조

자료: 문숙재 외(2001).

선진국의 경우 이 값이 대개 10~40% 수준인 것과 비교한다면 우리나라 주부들의 가사 노동의 공헌도가 국제적으로도 높은 수준임을 알 수 있다.

한편 우리나라의 남편들이 가사 노동에 종사하는 시간은 약 30분 정도로 나타나 외국에 비하면 훨씬 짧다. 이 방면으로는 중국 남성들이 집안일을 잘 도와주기로 정평이 나있다. 스페인의 경우에는 약 2시간인데 남편들로 하여금 더 많이 가사 노동에 종사하도록 정부가 대대적 캠페인을 펴기로 했다는 이야기를 들으면 한국 남성들의 분발이 요구된다고 하지 않을 수 없다.

"여성이 사적인 가사 노동에 얽매여 사회적 생산노동으로부터 제외되어 있는 한 여성의 해방과 남녀 평등은 불가능하며, 여성의 예속과 불평등도 그대로 지속될 수밖에 없다. 여성해방은 여성이 대규모로 사회적 생산노동에 참여할 때에만, 그리고 가사 노동의 의무가 최소한으로 축소될 때에만 가능하게 될 것이다."

가부장적 사회에서 가사 노동은 이미 오랫동안 여성의 전담으로 여겨져 왔으나 특히 자본주의하에서 '남성=임노동(사회적 노동)=가치 있는 일, 여성=가사 노동=무가치한 일'이라는 도식화가 이뤄지면서 더욱 더 여성의 예속을 강화했다. 우리가 일상적 대화에서 여성의 직업을 물었을 때 주부들은 흔히 "집에서 놉니다"라고 대답하는데, 사실 가사 노동은 중요한 노동임에도 불구하고 이렇게 대답하는 것을 보면 가사 노동이 자본주의하에서 얼마나 무가치적 평가를 받고 있는가를 상징적으로 보여 준다.

이상의 세 가지 측면이 자본주의하에서 여성의 경제적 종속이 주로 나타나는 곳이다. 그런데 사실 위의 세 가지 측면은 서로 밀접한 관련을 가지면서 서로 강화하는 성격을 가지고 있다는 데 유의할 필요가 있다. 예컨대 가정에서의 차별은 학교교육에서의 차별로 이어지며, 교육차별은 다시 노동시장차별을 낳는다. 가사 노동이 무보수로 여성의 책임이 되고 있다는 사실이 여성열등 이데올로기를 사회에 전파시키고 고용 및 임금 차별을 강화시키는 데 기여한다. 여성 직업의 저임금 역시 여성열등의 사회적 인식을 낳고 노동의 성별 분업을 사회에 널리 인식시킨다. 고용 및 임금 차별은 다시 노동시장 이전의 차별을 불러일으키고, 여성을 가사 전담자로 몰아낸다. 이와 같이 가정, 학교, 노동시장이 상호 작용하는 관계 속에서 일종의 악순환에 빠져 있는 것이다.

그런데 문제를 더욱 심각하게 만드는 것은, 어떻게 보면 현재의 사회적 구조 속에서는 이런 남녀 차별이 주어진 제약 조건 속에서의 합리적 행동이라고 말할 수 있는 측면이 있다는 것이다. 부모의 입장에서 제약된 소득을 가지고 딸보다는 아들을 교육시키는 것이 장래 노동시장에서 더 큰 수익을 거둘 가능성이 큰 것은 부인할 수 없는 사실이고, 역설적이게도 여성 자신의 입장에서도 자기가 학교를 다니는 것보다는 남동생 교육의 뒷바라지를 하는 것이 주어진 상황에서는 어떻게 보면 합리적인 투자일 수도 있는 것이다. 따라서 이 문제의 개인적 차원의 해결은 지극히 어렵고 또한 많은 개인적 희생을 수반하기가 쉬우므로 결국 이 문제는 사회의 구조적 문제라는 관점에서 접근해 근본적 대안을 모색하지 않으면 안 된다.

노동시장 이전의 차별은 주로 사회학, 인류학, 교육학 등의 주제이므로 여기서는 주제를 경제적인 측면에 한정해 노동시장에서의 차별을 주로 다루기로 한다. 노동시장에서의 차별에 대해서는 우리나라에서도 조금씩 인식의 전환이 이뤄지고 있고, 1987년에는 '남녀고용평등법'이 제정되는 등 아주 초보적이긴 하지만 법적 대응이 이뤄지기 시작하는 단계에 왔으나, 가사 노동 문제에 대해서는 아직도 인식이 많이 부족한 실정이다.

여성이 궁극적으로 추구하는 것은 경제적 자립 또는 남녀 간의 경제적 평등이다. 엥겔스를 비롯한 맑시스트들은 여성의 착취는 자본주의가 원인은 아니라고 하더라도 적어도 자본주의와 관련이 있고 자본주의하에서 극대화되었다고 주장해 왔다. 이들은 사회주의가 도래하면 여성의 착취는 소멸하고 남녀평등이 실현될 것이라고 주장했다. 이 방면에 관한 믿을 만한 통계는 드물지만 초보적으로 동서 양 진영을 관찰해 보면 사회주의하에서 현실적으로 여성의 전반적 지위가 상당히 개선되었다는 증거도 있다. 그러나 사회주의하에서도 역시 남녀평등이 실현되었다고 이야기하기에는 아직 거리가 먼 것이 사실이다.

3. 성차별의 경제 이론

어느 나라든지 여자의 평균 소득은 남자보다 낮다. 심지어 성경에도 남자는 50셰켈(shekel)의

가치가 있고 여자는 30세켈의 가치가 있다는 대목이 나온다(레위기 27장). 이 비율은 60%인데 묘하게도 영미에서 오랫동안 유지되어 온 실제 남녀 소득격차와 일치한다(단, 미국에서는 1980년대 이후 남녀 소득격차가 줄어들어 최근에는 이 비율이 70%를 넘어 섰다). 남녀 간 연령-소득 곡선age-earnings profile을 그려 보면 어떤 나라든지 남녀 간에 현격한 차이가 나타난다. 남자는 소득이 높을 뿐 아니라 연령과 더불어 소득이 상승하는 속도도 빠르나, 여자는 그렇지 못하다. 이것을 어떻게 설명할 것인가?

　이 절에서는 남녀 간 경제적 불평등을 설명하는 기존의 몇 가지 주요 가설을 정리해 보기로 하자. 아래에서는 주류 경제학의 입장에 서있는 취향의 가설, 인간자본 이론, 과밀 가설, 통계적 차별, 노조의 차별 등을 다루고 맑스학파의 가설로서 상대적 과잉인구, 분단 노동시장론, 가부장제+자본주의 결합 가설 등을 검토하기로 한다.

주류경제학의 여러 가설

1) 취향 가설

　우리가 앞서 인간자본 이론에서 이름을 든 바 있는 시카고 대학의 게리 베커는 1957년에 하나의 차별 이론을 제시했는데 이 이론은 주로 사람들의 취향taste을 가지고 차별을 설명하고 있다. 그는 사람들이 어떤 특정 집단을 싫어하는 취향을 갖고 있기 때문에 차별이 발생한다고 본다. 이처럼 차별은 주로 사람들의 편견에서 오는 것이라고 베커는 생각하지만 반드시 양자가 일치하는 것은 아니다. 엄격히 말하면 차별과 편견은 구별되어야 한다. 편견은 주관적이며, 차별은 실제 행동이다. 따라서 마음속에는 편견이 있어도 겉으로 차별이 없을 수 있고, 편견 없이도 차별이 있을 수 있다.

　베커에 의하면 차별은 세 가지 유형을 갖는데 그것은 각각 고용주, 노동자, 소비자의 취향에 의해 발생하는 것이다. 첫째, 고용주가 특정 집단의 노동자를 싫어하는 경우에 고용상의 차별이 일어난다. 뿐만 아니라 고용주는 자기가 싫어하는 집단을 고용하지 않기 위해서는 다른 집단의 노동자에게 좀 더 높은 임금(임금 프리미엄)을 주고서라도 채용하려 할 것

남녀 간 생산성 격차

남녀 간 노동생산성의 차이에 관한 오래된 자료를 하나 인용하면 1943년 스미스란 사람이 영국의 농업 생산성을 조사한 것이 있다. 농업의 49가지의 작업 중에서 아주 소수(가축 사육, 과일 채집 등)에서는 여성이 남성보다 우월하지만 나머지 대부분은 그와 반대로 나타났다. 그중 최저 종목에서는 여자의 생산성이 남자의 50%도 되지 않았다. 49개 작업 중에서 3분의 1 정도에서 여자가 남자의 70~90% 수준의 생산성을 보여 주었고, 전체의 중위수는 79%였다. 영국 농업에서 여성의 평균 최저임금은 남자의 72%(1938년)에서 82%(1941년) 사이로 나타났다. 이것은 마오쩌둥(毛澤東) 시절의 중국 인민공사에서 농업 생산성을 반영해서 결정한 여성 임금이 남성의 약 70%였던 것과 비슷한 결과다. 그러나 이것은 농업의 경우이고, 제조업이나 서비스업은 이것과 다를 것이다. 특히 최근에는 급속한 과학기술 혁명으로 노동과정에서 육체적 힘의 중요성이 계속 감소하는 추세에 있어서 남녀 간 생산성의 차이는 축소하고 있으며, 어떤 분야는 오히려 여성이 유리한 경우도 나타나고 있다.

이다. 여기서 임금 차별이 발생하게 된다. 둘째, 노동자끼리 어떤 특정 집단을 싫어하기 때문에 일어나는 차별이 있을 수 있다. 차별의 원인이 주로 여기에 있다면 이것은 노동자끼리의 격리segregation라는 비교적 손쉬운 해결책이 있다. 같은 회사라 하더라도 서로 다른 방에서 작업하게 한다든지 하는 식으로 이 문제는 해결될 수 있다. 셋째, 소비자의 취향이 차별을 낳는 경우가 있다. 예컨대 흑인이 운영하는 세탁소를 기피한다든가, 여자 의사가 개업했을 때 환자들이 찾아가지 않는다든가 하는 종류의 차별을 말한다.

이와 같은 베커의 모델은 경쟁 시장을 전제한 지극히 신고전파적인 분석으로 일관되어 있다. 그러나 이 모델은 경제학계에서 별로 평판이 좋지 않았고, 얼마 지나지 않아 상당히 신랄한 비판을 받게 되었다. 케네스 애로우는 이 모델이 완전경쟁을 전제하고 있지만 완전경쟁과 양립하기 어렵다는 점을 지적했다. 즉, 완전경쟁에서 어떤 취향을 가진 고용주는 차별을 하고 편견을 갖지 않은 다른 고용주는 차별을 하지 않는다고 가정했을 때, 전자는 후자보다 높은 임금(임금 프리미엄)을 지불하지 않을 수 없으므로 결국 비용 경쟁에서 도태

될 것이라는 것이다. 그렇다면 이런 차별은 장기적으로 경쟁 시장과는 조화할 수 없으므로 시간이 지날수록 시장 경쟁의 압력에 못 이겨 차별은 감소하는 것이 옳지만 실제로 그런 일은 일어나지 않는다. 따라서 이 가설은 현실과 부합하지 않는다는 비판이다.

2) 인간자본 이론

시카고학파의 다른 학자들은 인간자본의 투자(교육, 훈련 등)에서의 남녀 간의 차이를 강조한다. 이 이론에 따르면 여자들은 남자들보다 인간자본에 대한 투자를 적게 했기 때문에 소득이 낮다는 것이고, 이런 성격의 소득격차는 합리화될 수 있는 불평등이라는 정책적 함축을 가진다. 요컨대 남녀 간 인간자본에 대한 투자가 다르고 그 결과 나타나는 생산성의 차이가 남녀 간 임금격차의 상당 부분을 설명해 준다고 보는 것이다. 이 이론에 입각한 미국의 실증 연구에 의하면 남녀 간 생산성의 차이로 인한 부분(교육, 경력의 차이 등)이 전체 남녀 간 소득격차의 대략 34~44% 정도라고 나와 있다. 남녀 간 소득격차 중 나머지 56~66%는 차별로 인한 부분이라고 할 수 있다. 바꾸어 말하면 남녀 간 소득격차 중에서 인간자본으로써 합리화할 수 있는 부분이 절반이 채 안 된다는 뜻이다. 참고로 미국에서 흑백 간의 소득격차 중 인간자본의 투자의 차이로 설명할 수 있는 부분은 대략 50~60% 정도라고 한다. 그리고 흑백 간의 경우에는 인간자본 중에서도 주로 교육년수의 차이가 중요한 데 비해 남녀 간에는 주로 경력의 차이가 중요한 것으로 되어 있다.

민서와 솔로몬 폴라첵Solomon Polachek은 인간자본의 투자의 크기도 문제지만 투자의 연속성에서도 남녀 간 차이가 있다고 본다(Polachek 1974, s76-108). 여성의 경우 노동시장에 진입한 뒤에도 결혼, 출산이나 자녀 양육 기간 동안 직장을 그만두는 경우가 많은데 이것은 인간자본 투자의 중단으로 해석할 수 있다는 것이다. 이런 이탈 기간 동안 인간자본은 축적이 중지될 뿐 아니라 이미 축적해 두었던 인간자본조차 시간의 흐름과 더불어 조금씩 쇠퇴하고(자본 소모), 노동시장 재진입이 어려운 등 불리함이 있다고 본다. 나아가서 폴라첵은 여자들이 고용 단절로 인한 인간자본의 가치 저하를 예상하고 앞으로 사용을 중단하더라도 그렇게 급속히 가치가 저하되지 않는 기술을 요하는 직업을 선택하는 경향이 있다고 주장한다. 이 경우 남녀 간 소득 불평등은 어느 정도 여성들의 자발적 선택의 결과로 해석할 여지가 있게 된다.

그러나 인간자본 이론에는 3장에서 이미 지적한 바와 같이 여러 가지 문제점이 있다. 즉, 완전경쟁적 노동시장을 가정하고 있는 점, 기회의 균등을 가정하고 있는데 과연 남녀 간에 기회가 균등히 주어지고 있는가 하는 문제, 능력의 차이를 무시하고 있는 점 등이다. 그밖에 인간자본 이론에서 생산성의 차이라고 해석되고 있는 부분(교육, 경력 등의 차이로 인한 부분)은 과연 그대로 인정할 수 있는가? 문제는 생산성의 차이라고 치부되어 있는 부분 중에도 상당한 부분이 과거 노동시장의 차별(경력의 차이)의 결과이거나, 또는 노동시장 이전의 차별(교육의 차이)의 결과로 해석할 여지가 크다는 점이다.

인간자본 이론의 또 다른 난점은 소득과 직업상의 지위를 정할 때 성별보다는 고용의 연속성이 더 중요하다는 논리를 펴고 있는데 이는 현실과 잘 맞지 않는다. 지속적 고용 경력을 갖고 있는 여성도 가끔 고용되는 여성과 마찬가지로 전통적으로 여성 직종이라고 알려져 있는 제한된 일부 직종에 몰려 일하고 있다는 것이 그 반증으로 제시될 수 있다.

3) 과밀 가설

오래전부터 경제학자 존 스튜어트 밀이나 에지워스는 여성들이 일부 직종에 밀집되어 있다는 점을 지적했다(Mill 1848; Edgeworth 1922). 여류 경제학자 바바라 버그만Barbara Bergmann은 이 아이디어를 계승해 하나의 가설로 발전시켰다(Bergmann 1971). 이 과밀 가설crowding hypothesis에 의하면 남녀 차별은 주로 같은 직무에 대해 보수의 차이가 발생하는 것으로 나타나지 않고, 고급 직종에서 여성을 배제하는 형태를 띤다. 그 결과 여기서 밀려난 여성들은 나머지 직종(예컨대 방직공, 경리원, 간호사, 교사 등)에 과밀 현상을 보이게 되어 이들 직종에 공급과잉을 일으키고 결국 저임금을 가져오는 일종의 악순환을 겪고 있다는 것이 이 가설의 내용이다. 이 가설에 입각할 때 남녀 불평등을 가져오는 중요한 요인은 채용 및 승진에서의 차별이라고 할 수 있으며, 따라서 아래의 정책 부분에서 보게 되겠지만 남녀 간 고용 평등의 확보가 주요한 정책 과제로 등장하게 된다.

4) 통계적 차별

경제학자 에드먼드 펠프스Edmund Phelps, 아이그너D. J. Aigner와 케인G. G. Cain은 통계적 차별statistical discrimination 이론을 발전시켰다(Phelps 1972; Aigner and Cain 1977). 이 가설에 의하면 고용주는 채용 시 노동자들에 관한 정보가 부족한 상태에서 의사 결정을 할 수밖에 없는데, 채용 비용과 장래의 훈련 비용을 절약하기 위해 무언가 작은 정보라도 의사 결정에 이용하려 하게 된다. 이때 인종이나 성별은 비용이 전혀 들지 않는 정보를 제공해 준다. 고용주는 과거 자신의 경험이나 소문, 또는 전국적 통계 같은 데에 비추어 어떤 소수민족이나 여성의 생산성 또는 훈련 비용, 장기간 이 회사에서 일할 확률 같은 변수에 관한 어떤 판단을 갖고 있다. 이 판단은 반드시 과학적인 것이 아닐 수도 있고 전혀 엉터리일 수도 있지만, 어차피 제한된 정보를 가지고 사람을 채용할 수밖에 없다고 할 때 이런 주관적 판단이 결국 중요한 역할을 하게 된다.

여기서 고용주들의 인식이 여성에 대해서는 불리하게 작용할 가능성이 크다. 왜냐하면 과거 통계적으로 보아 직장을 그만둔 사람 중에는 아무래도 여자들이 많고 고용주는 과거의 통계를 현재의 채용에 이용하게 되기 때문이다. 이 경우 여성들은 전체적으로 불리한 위치에 서게 된다. 여성 지원자들 중에는 남자들보다 일을 더 잘할 수 있는 사람도 있을 것이고, 더 오래 근무할 결심이 되어 있는 여성들도 많이 있겠지만 그런 여성을 고용주가 식별해 낼 방법이 없는 한 여성들은 고용 차별을 받게 된다. 이런 현상을 가리켜 통계적 차별이라고 한다.

만일 어떤 여성을 채용했을 때 역시 고용주의 선입관처럼 결과가 좋지 않게 나타난다면 이런 경험은 다시 고용주의 다음 채용에서 여성에게 악영향을 주게 되며, 이것은 결국 인식은 행동을 낳고 행동은 다시 인식을 낳는 식의 악순환惡循環을 가져올 수 있다. 그러나 반대로 호순환好循環의 가능성도 없지 않다. 만일 여성을 채용해 기대 밖의 좋은 성과를 얻은 고용주가 있다면 이 사람의 통계적 판단은 다소 수정되기 시작할 것이고 다음 차례의 채용 과정에서 여성에 유리한 작용을 하게 될 것이며 이것은 호순환을 가져온다. 통계적 차별 가설은 3장에서 소개한 대로 학력을 일종의 신호로 보는 스펜스의 직무 선별screening 또는 직무 신호 가설과 비슷하게 노동시장에서의 부족한 정보하의 고용 문제를 다루고 있으며,

비슷한 논리 체계를 가지고 있다.

통계적 차별은 비단 채용 과정에서만 발생하는 것이 아니고, 입학시험에서도 여성 차별의 가능성을 설명해 줄 수 있다. 예를 들어 의과대학에서 신입생을 뽑을 때 면접시험이 중요한 비중을 차지한다고 하자. 그런데 과거 의대 졸업생 중 여자들은 의사가 될 확률이 95%였고 남자들은 99%였다면 이 확률에 기초해 다른 조건이 비슷하다면 남성 쪽을 선발할 공산이 크다. 이런 것도 통계적 차별이다.

5) 수요독점

자니스 마덴Janice F. Madden에 의하면 여성의 노동 공급 탄력성은 낮다. 왜냐하면 특정 직종에의 취업을 제한하는 보호 입법이라든가, 가족의 주거가 남편의 직장을 따라가는 가부장제적 사회에서는 여성의 발언권이 제한되고 남성이 여성 직업에 대한 지배력을 갖기 때문이다. 따라서 여성은 남성과는 달리 자기 집 주변에 있는 직장에만 취업 기회를 갖거나 또는 남성은 취업할 수 있는 기회가 있지만 여성은 취업 기회가 제한되거나 하는 상황에 봉착한다. 이런 이유로 어떤 일자리가 있을 때 여성의 노동 공급의 탄력성은 낮게 나타나고, 따라서 거기서 주는 임금이 낮더라도 저임금에 대한 저항이 남자들보다 약해진다는 것이다. 바꾸어 말하면 이런 배경하에 고용주는 수요독점적 위치에 서서 여성 노동자들을 저임금으로 착취하는 형태로 고용할 가능성이 생긴다. 이는 일종의 수요독점적 착취monopsonistic exploitation에 해당한다.

6) 노동조합의 차별

노동조합이 소수민족과 여성에 차별적이라는 가설이 있다. 특히 산별 노조보다 직종별 노조의 경우에 이런 경향이 강하다. 왜냐하면 직종별 노조는 전문직이나 특수한 기능을 가진 숙련공 중심으로 조직되는데 이런 직종에는 소수민족이나 여성의 참여가 제한적이기 때문이다. 그러나 5장에서 살펴본 바와 같이 오히려 노조가 소득 평등화에 기여한다는 주장도 있어서 결과는 반드시 이론적으로 확정적인 것은 아니다. 미국의 실증적 조사결과를 보면 노동조합은 인종 간 불평등을 감소시킨 반면, 남녀 격차를 확대시켰다는 증거가 있다. 이렇게 되는 이유는 남성들의 노조 조직률이 여성들의 조직률보다 높기 때문이다.

맑스학파의 제 가설

1) 상대적 과잉인구의 가설

맑스의 이론 중 고전적 위치를 차지하는 산업예비군의 가설이 있다. 이것은 자본가들의 경쟁 및 자본축적과 더불어 끊임없이 기계가 노동력을 대체하면서 노동자들은 산업예비군으로 전락한다는 가설이다. 이들 산업예비군은 실업자군을 증대시키면서 다른 한편 고용된 노동자들의 임금 인상을 억제하고 계급 운동을 방해하는 요인으로 작용한다. 그리하여 자본축적은 한편으로 자본가들에게는 부의 축적을 가져오지만 노동자계급에는 끊임없는 빈궁과 실업을 가져올 뿐이라는 것이 맑스의 명제다.

맑스가 파악한 상대적 과잉인구에는 세 가지 유형이 있는데, 그중 유동적 과잉인구는 새로운 기술에 의해 추방된 노동자로서 마찰적 실업 상태에 있는 노동자를 가리킨다. 둘째로 잠재적 과잉인구가 있는데 이것은 주로 농업 부문에 종사하는 방대한 노동력으로 이뤄지지만, 가사에 종사하는 여성이나 이민노동자의 경우도 이에 준하는 것으로 생각할 수 있다. 셋째는 정체적 과잉인구인데 이것은 주변적·임시직 노동자들을 의미한다. 여성 노동력을 일종의 상대적 과잉인구로 파악하고 이에 따라 그들의 경제적 지위의 열악함을 설명하는 것이 하나의 가설로 성립할 수 있으나 한국에 대해서 이 가설이 적용될 수 있을지에 대해서는 좀 더 깊은 연구가 필요하다.

2) 분단 노동시장론에서의 여성 노동

4장에서 제도학파와 급진파의 노동시장 분단의 이론을 소개했다. 이것은 미국에서 되링거과 피오르로 대표되는 제도학파 노동경제학자와 리처드 에드워즈, 마이클 라이히, 데이비드 고든 등의 급진파 경제학자에 의해 1970년대 이후 제시된 가설이다. 이 가설에 의하면 여성 노동자들은 저임금 사무직, 서비스(의료, 교육 등)의 하위직, 그리고 소위 2차 노동시장에 고용된다.

이들에게 큰 학문적 영향을 미친 해리 브레이버만의 주장과 같이 20세기 이후 노동과정의 변화를 보면 노동의 단순화와 탈숙련, 동질화가 진행되어 왔다. 사무직, 서비스직 등 새로운 일자리가 대량으로 창출되고 여성의 노동시장 참여가 증대하고 있으나, 이것은 자본의 이윤 극대화 수단에 이용될 뿐이고 진정한 여성의 지위 향상을 의미하는 것은 아니다. 여성 참여의 증대를 브레이버만은 미완성의 노동 동질화 과정의 연장으로 파악한다. 여기서 여성 노동은 증대하는 산업예비군의 중요한 부분을 이루는 것으로 본다. 이 가설에서는 노동시장에서 성차별이 있음이 인식되고 있지만 아직 이론적으로 통합되고 있지는 않다. 가족의 쇠퇴가 진행되면서 가정의 기능 중 상당 부분이 시장 기능에 의해 대체된다고 본다.

이와 같은 노동과정의 단순화, 동질화로 인해 노동자계급의 단결이 용이해지고 계급 운동이 고양되자 위기감을 갖게 된 자본가들이 제2차 세계대전 후 새로운 노동 통제 전략으로 채택한 것이 분단 노동시장=분할 지배 전략이다. 노동시장은 여러 가지 기준에 따라 분단되는데 그중의 하나가 성별 분단이며, 인종별 분단도 마찬가지 논리다. 독점 대기업에서는 내부노동시장이 발달해 승진 가능성을 두고 남성 노동자들을 서로 경쟁시킴으로써 이들의 계급의식 발달을 막는다. 동일 직업 내부에서도 노동자들을 여러 집단으로 분리해 상호 견제하게 한다. 그리고 외부노동시장에서는 흑인, 해외 이주민, 여성을 값싼 노동력으로 이용하든지 파업 파괴자 strike breakers로 이용한다. 이런 것들이 전후 자본가들이 채택한 노동시장 분단 전략이다.

3) 가부장제+자본주의 결합 가설

사회적 노동(임노동)에서의 여성의 위치를 이해하기 위해서는 자본주의의 분석만 가지고는 불충분하며 가정(가족)에서의 여성의 역할을 이해할 필요가 있다. 최근 맑스학파에서도 상대적 과잉인구 가설 대신에 가부장제의 역할을 중시하는 시각이 새로 대두하고 있다. 이 가설에서는 자본주의와 가부장제의 상호 관계, 가사 노동과 노동시장의 관계 분석이 중요한 위치에 서게 된다. 이런 입장을 취하는 학자로 하이디 하트만 Heidi Hartman 등이 있다.

가부장제家父長制, patriarchy는 다음과 같이 정의된다. 케이트 밀렛Kate Millet은 "가부장제는 개인 또는 집단으로서의 남성이 여성을 지배하는 형태"라고 주장하며, 나탈리 소콜로프Natalie Sokoloff는 "성별 노동 분업이라는 물질적 토대를 가지고 남성이 여성을 지배하는 사회적 권력관계"라고 정의한다. 하트만은 "영미에서 가족 임금family wage이란 개념은 서로 갈등적 관계에 있던 자본가와 남성 노동자들이 여성을 가정에 머물러 있도록 합의함으로써 창출되었다"고 주장했다. 남성이 받는 임금 속에는 주부를 포함한 가족들에게 지불되는 생계비가 포함되어 있다고 하는 가족 임금의 개념이야말로 여성 노동자를 경제적으로 불안정하고 예속적인 지위에 머무르게 하는 요인이 되었다고 보는 것이다.

가족 내의 전통적인 남성 지배가 자본주의의 등장과 더불어 임노동 체계에까지 확산되었다. 자본가들이 여성의 저임금을 이용해 이윤 극대화를 추구했을 뿐 아니라 남성 노동자들도 가부장제가 노동시장에서 관철되도록 하는데 그들의 조직 능력과 노동조합을 이용했다. 그러나 이런 가설 — 자본주의와 가부장제의 결합 — 은 자본가와 남성 노동자들이 여성을 착취하기 위해 공모共謀했다는 뉘앙스를 풍기는데 그 점에서 너무 억지로 끼워 맞춘 것이 아니냐 하는 비판을 받고 있다.

여성이 담당하는 두 가지 형태의 노동 — 가사 노동과 임노동 — 은 남성지배체제의 존속과 자본가의 이윤 극대화를 위해서 성별 노동 분업이라는 메커니즘을 통해 이용된다. 여성은 사회적 노동에서 가사 노동과 연관된 저임금 직종에 종사하며, 집에 돌아와서는 가사 노동이라는 '2교대'second shift 작업에 혹사당하고 있다. 회사, 공장에서 때로는 노골적으로 가부장제 이데올로기가 이용되기도 하지만 그러나 대부분의 경우 자본이 가부장제를 이용하는 것은 의식적이라고 보기는 힘들고 자본주의하에서 성차별은 하나의 무의식적·자연적 과정이 되어 있다.

여성의 예속을 근본 구조로 하는 가부장제와 가사 노동이 노동시장에서의 여성의 지위에 영향을 미치는 것은 두 가지 차원에서다. 하나는 여성이 이중의 부담을 지고 있음으로 인해 생기는 약점으로서, 여성은 주로 저임금의 파트타임 노동에 종사하게 된다는 것을 들 수 있다. 여성의 경우 장시간 노동이나 휴일 근무가 어렵고, 남편이 직장을 옮기면 따라서 집과 직장을 옮겨야 한다는 약점이 있다. 다른 하나는 이데올로기적인 것으로서 남성과 여성의 할 일이 따로 있으며, 여성이 남성보다 상급직에 있는 것을 참지 못하는 남성들의 일반적 통념에서 온다. 여성의 본 위치는 가정이며, 여성은 아무리 노동시장에 나가서 일한다 해봤자 기껏 가계 보조적인 '부차적 취업자'副次的 就業者, secondary breadwinner에 불과하다는 통념이 여성의 사회적 진출을 가로막고 있다.

이런 통념은 반드시 자본주의에만 한정되는 것은 아니다. 사회주의하에서도 이런 사회적 관념은 좀처럼 바뀌지 않는 것 같다. 1974년 공포된 쿠바의 가족법은 가사 노동에 대한 남녀 공동 책임을 명시하고 있다. 그러나 그 법은 여전히 여성들이 가질 수 있는 직종을 300가지로 제한함으로써, 남자와 여자는 생물학적·과학적 차이가 있다는 것을 인정하고 있었다.

4. 외국의 차별 금지 정책

외국의 차별 금지 정책을 참고하는 것은 앞으로 우리나라의 차별 문제 해결을 위해서도 많은 것을 시사해 줄 것으로 생각한다. 아래에서는 선진 자본주의국가 중에서 가장 대표적인 미국의 차별 금지 정책을 보기로 한다.

미국의 남녀 고용 평등 정책

프랭클린 루스벨트Franklin D. Roosevelt 대통령이 1941년 '공정고용관행위원회'FEPC: Fair Employment Practices Committee를 발족시킨 것이 미국에서의 차별 금지 정책의 시작이었으나 실제로 큰 영향력을 갖지는 못했다. 1963년 '동일임금법'Equal Pay Act이 통과되어 동일 노동에 대해 남녀 간 동일 임금을 지급하도록 규정했다. 가장 결정적인 법은 1964년에 의회를 통과한 '민권법'Civil Rights Act이다. 이 법의 제7조는 다음과 같이 규정하고 있다. "사용자는 어떤 개인의 인종, 피부색, 성, 국적 등의 이유로 어떤 개인을 마음대로 채용하거나 해고할 수 없고, 고용상의 보수, 근무 기간, 지불 조건, 또는 고용상의 권리와 관련해 어떤 특정 개인을 차별할 수 없으며" 또한 "어떠한 방법으로든 그의 종업원을 제한, 차별, 분류해 특정한 개인의 취업 기회를 박탈하거나 박탈하려고 해서는 안 된다"

이 법에 근거해 '고용기회균등위원회'EEOC: Equal Employment Opportunity Commission가 설립되었으나 이 역시 제한된 힘밖에 가지지 못했다. 고용기회균등위원회는 차별적 고용 관행을 제거하기 위해 회합, 조정, 설득이라는 비공식적 방법을 쓰도록 되어 있었으며, 차별적 관행을 중단시키기 위해 법적 절차를 밟을 수 있다는 의회의 승인을 1972년에 최초로 얻었다. 그러나 절차가 제한적이어서 개인의 소원 절차가 있어야 법적 소송을 시작할 수 있었다. 이 소송절차는 대단히 장시간을 요하고 비용이 많이 들며 당사자에게도 별 인센티브가 없었다. 왜냐하면 소송절차를 밟는 동안 개인은 고용주나 노조의 보복을 받을 우려가 있고, 개인적으로도 큰 비용과 시간이 들었기 때문이다. 설사 소송에 이겨서 복직이나 승진되더라도 그 후에 계속해서 고용주의 원한의 눈초리를 받으며 직장에 다녀야 한다는 문제가 있었다.

그리하여 개인적 소송에서 집단적 문제 해결 방식으로의 전환이 모색되었다. 즉, '체계적 차별'systemic discrimination에 대한 집단적 대처 방식이 강구된 것이다. 이런 방면에서 초기의 성공적 사례가 1973년 거대한 '미국전신전화회사'AT&T, 일명 Bell를 상대로 한 소송에서 여성 차별을 이유로 5천만 달러를 소급 지급토록 승소한 판례다. 그러나 그 후로는 별다른 성공사례가 없다. 고용기회균등위원회에는 300명의 변호사가 소속되어 있지만 소송 훈련을 충분히 받은 사람은 그중 30~40% 정도밖에 안 되며, 그 영향력은 1970년대에 확대되었다가 1980년대 이후에는 점차 축소하고 있다. 로널드 레이건Ronald W. Reagan 행정부는 민간 부문에 대한 정부의 간섭을 전반적으로 줄이려고 노력했으며, 그 여파가 고용기회균등위원회에도 부정적인 영향을 미쳤던 것이다.

적극적 차별시정조치

미국은 1960년대부터 적극적 차별시정조치Affirmative Action를 시행하고 있다. 차별시정조치란 기업의 계약 체결, 신입 사원 채용, 또는 학교 입학을 결정할 때에 사람들의 기회균등을 촉진하기 위해서 인종이나 성을 고려한 정책을 말한다. 이 정책의 목적은 두 가지인데, 첫째, 사회 전반의 다양성을 높이자는 것, 둘째, 과거의 명백한 제도적 차별로 인해 받은 피해를 교정하자는 것이다.

이 정책이 시작한 것은 백악관에 초청 받은 미국 재계 지도자들이 존슨 대통령에게 약자를 우대하는 사회 통합적 제도를 도입할 것을 권고한 데서 출발했다는 점이 이채롭다. 흔히 재계에서는 기업 활동에 방해가 된다며 이런 제도를 반대할 것 같은데, 오히려 먼저 제의했다는 점은 높이 평가할 만하다. 차별시정조치는 이 권고를 존슨 대통령이 받아들여 1965년에 대통령령의 형태로 발효했고 그 뒤 여러 분야, 여러 기관으로 확대되었다.

연방 정부와 계약을 맺은 기업이 차별을 시정하는 조치를 잘 이행하고 있는지 보기 위해서 각 기업의 고용 관행을 감독하는 일을 노동부 연방계약준수국OFCCP: Office of Federal Contract Compliance Programs에서 담당한다. 일정 수준 이상의 회사는 정부와 적극적 차별시정조치 프로그램을 협상하도록 법제화되어 있다. 이 프로그램에는 매년 각 직종별로 소수민족이나 여성을 어느 정도 채용하겠다는 계획을 포함해야 한다. 회사가 이 계획을 제대로 시행하지 못하면 정부는 그 회사와의 매매계약을 파기할 수 있다. 연방계약준수국이 차별적 관행을 제거하고 과거의 불공평을 시정할 잠재력은 대단히 크지만 실제는 그렇게 강력하게 시행되고 있지 못한 실정이다. 연방계약준수국의 지적을 받은 고용주는 언제든지 국회의원이나 다른 정부 부서에 호소해 제재 조치를 유예 받을 수 있기 때문에 이 조치의 효과는 그리 크지 않다.

정부 부서 간의 관료적 이해관계 역시 이 법의 실행에 장애가 되고 있다. 예컨대 국방부는 고용 기회의 평등보다는 무기 확보를 더 중요한 목표로 생각한다. 양쪽의 목표가 상충될 때에는 언제든지 무기 확보를 위해 고용 평등이란 목표가 희생된다. 그리하여 연방계약준수국은 종이호랑이에 불과한 실정이며 그 증거는 고용 기회 평등을 위해 정부 계약이 취소된 적이 1979년까지 한 건도 없었다는 사실에서 확인된다. 연방계약준수국이 생긴 뒤 처음으로 1979년에 유니로열Uniroyal 사는 4개월간 부적격 판정을 받았으며, 여성 노동자들에게 520만 달러의 급료를 소급 지급할 것을 동의한 뒤에야 계약을 원상회복할 수 있었다. 이 법은 카터 행정부 때 적극적으로 시행되었지만 그 후 레이건 행정부의 무관심으로 인해 거의 유명무실하게 되어버린 것이 사실이다. 그러다가 급기야 1995년에 와서는 미국 연방 대법원에서 5 대 4로 차별시정조치의 위헌 판결이 내려짐으로써 이 조치가 계속될 수 있을지 의문이 제기되었다. 이것이 유명한 애더런트 사건Adarand Constructors v. Pena이다.

이 사건은 소수민족이 소유하는 중소기업을 우대해 주는 정책, 즉 중소기업청 8(a) 프로그램이 문제가 되어 일어났다. 이 법령은 소수민족이 소유하는 중소기업은 9년 동안 500만 달러 미만의 소규모 사업에 대해서는 공개 입찰을 거치지 않고 연방 정부와 계약을 맺을 수 있고, 입찰을 하는 다른 계약에서도 10%의 가격 프리미엄을 주는 내용이었다. 즉, 이 법령에 해당하는 기업은 다른 기업의 입찰가보다 높은 가격을 적어 내도 그것이 10%를 초과하지 않는 한 입찰에서 이길 수 있도록 우대를 받고 있었다. 이 조치 덕분에 사실 별로 약자도 아닌 기업이 우대를 받는 불공평한 일이 벌어지기도 하고, 미국 국적이 아닌 실적 좋은 기업이 혜택을 받기도 하는 등 부조리가 많았다. 그리하여 이 제도의 적용대상에서 제외되어 경쟁에서 불리한 위치에 서게 된 기업은 물론이고 직접 관계없는 제3자로부터도 많은 비난이 쏟아지고 있던 참이었다.

그러던 중 콜로라도에 있는 애더런트 건축회사는 랜디 펙Randy Pech이라는 백인 남성이 사장이었는데, 고속도로 가드레일 공사에 입찰해 9만 8,300달러를 입찰가로 적어 냈다. 소수민족이 경영하는 곤잘레스라는 경쟁사는 10만 달러를 적어 냈는데도 10% 우대 조항 덕분에 9만 달러를 적어낸 것으로 간주되어 곤잘레스가 사업자로 선정되었다. 애더런트 사는 정부의 이런 인종 우대 정책이 미국 수정 헌법 제14조의 평등 보호 조항에 위반된다고 보고 법원에 제소했다. 1심과 2심은 애더런트에 패소 판결을 내렸지만 연방 대법원은 1995년 5 대 4로 애더런트에 승소 판결을 내렸다. 다수 의견서를 작성한 여성 대법관 샌드라 오코너Sandra D. O'Connor는 "평등 보호는 사람을 대상으로 하는 것이지 집단을 대상으로 하는 것이 아니다. 연방 정부는 정말로 필수 불가결한 이유가 있는 경우에 한해 인종별로 사람들을 다르게 처우할 수 있다"고 지적했다(앤더슨 2006, 367-376).

　차별시정조치가 시행되고 30년이 지난 이때쯤에는 이 제도에 대한 미국 백인들의 인식이 아주 나빠졌다. 이 무렵에 실시된 여론조사 결과를 보면 백인의 80%가 이 제도에 반대하고 있었다. 게다가 불난 데 기름 붓는 격으로 대법원의 위헌 판결까지 나오니 차별시정조치는 바야흐로 존폐의 위기에 봉착한 것처럼 보였다. 바로 이 무렵인 1995년 7월 19일 클린턴Bill Clinton 대통령은 미국 국립문서보관소National Archives에서 차별시정조치를 옹호하는 역사적 연설을 했다. "차별시정조치는 미국에 좋은 일을 해왔습니다. 그렇다고 늘 완벽했다는 뜻은 아닙니다. 그것이 영구히 계속돼야 한다는 뜻도 아닙니다. 할 일을 다 하면 이 제도는 끝나야 합니다. 그리고 나는 언젠가는 그런 날이 올 것이라고 믿습니다. 그러나 아직은 할 일이 남아 있습니다. …… 우리는 약자 우대의 원칙을 재확인하고 이 관행을 유지해야 합니다. 이 제도를 수정하되 끝내지는 맙시다."

　법원 판결은 엎치락뒤치락을 계속했다. 불과 몇 년 뒤에는 차별시정조치를 옹호하는 대법원 판례가 나왔다. 미시간 대학 입학 전형에서 탈락한 여학생 2명이 차별시정조치 때문에 떨어졌다고 주장하면서 차별시정조치를 위헌 제소했다. 이 사건 역시 국민들의 관심을 모았고, 진보와 보수 양진영이 치열하게 논쟁을 벌였다. 이 사건에 대해서 2003년 6월 연방 대법원은 5 대 4로 합헌 판결을 내렸다. 이 판결에서 특기할 만한 사실은 1995년 애더런트 사건에서 위헌 판결을 내릴 때 다수의견을 썼던 샌드라 오코너 대법관이 이번에는 예상을 뒤엎고 차별시정조치가 합헌이라는 쪽에 가담했을 뿐 아니라 다수 의견을 대표해서 판결문을 작성했다는 점이다. 오코너는 레이건 대통령에 의해 최초의 여성 대법관으로 임명된 뒤 많은 판결에서 보수적 입장에 서던 대법관이었다. 사람들은 오코너가 여성이란 이유로 대법관이 되었는데, 그 뒤 판결에서는 대부분 강자 편에 섬으로써 여성, 유색인종 등 약자를 배신했다는 비난을 하고 있었는데, 이 판결로써 비로소 다소 빚을 갚았다고 평가하기도 했다. 어쨌든 이 판결로 차별시정조치는 명맥을 유지하게 되었고, 결정적 역할을 한 오코너는 얼마 뒤 대법관을 사임했다. 연방 대법관은 종신직이므로 스스로 물러나거나 죽지 않는 한 유지되는 자리인데, 중병에 걸린 남편을 간호해야 한다는 것이 사임의 이유였다.

역차별의 문제

어떤 사람은 차별시정조치를 가리켜 고용 기회를 균등하게 하는 것이 아니라 오히려 과거에 차별을 한 적이 없는 백인 혹은 남성들을 거꾸로 차별해 선의의 피해자를 양산하는 부당한 조치라고 비판한다. 즉, 흑인이나 여성이 과거 차별을 받았다고 해서 그들에게 고용 할당quota이나 특혜를 주는 것은 결과적으로 백인이나 남성에게 거꾸로 차별을 하는 효과를 갖는다는 것이다. 이를 역차별逆差別, reverse discrimination이라고 부른다.

역차별에 관한 대표적 판례로는 배키 사건California University v. Bakke이 있다. 1972년과 1973년 캘리포니아 대학 데이비스Davis 캠퍼스의 의과대학에 지원했으나 연이어 낙방한 백인 남학생 앨런 배키Allan Bakke는 자신의 성적은 합격자들보다 더 우수했지만 이 대학이 입학 전형에서 유지한 원칙, 즉 신입생 100명 정원 중 16명을 소수민족으로 할당해 놓은 제도 때문에 자신이 부당하게 낙방했다고 주장하면서 캘리포니아 대학을 상대로 소송을 제기했다. 이 소송에 대한 국민의 관심은 지대했다. 연방 대법원이 이 사건에 대해 구두변론을 심리한 1977년 10월 22일, 방청석 400석은 금방 차버리고, 건물 밖 대리석 계단까지 발 디딜 틈 없이 군중으로 가득 찼다. 이날 취재를 위해 나온 기자들의 숫자는 1974년 대법원이 닉슨의 워터게이트 도청 테이프 관련 판결을 하던 날 모인 기자들 숫자 다음으로 많았다. 이 사건에 대해서 진보와 보수 진영은 찬반양론으로 첨예하게 갈라져 나라가 거의 분열될 지경이었다.

몇 년을 끈 이 재판은 결국 1978년 대법원에서 배키의 입학을 승인하는 판결로 결말이 났다. 대법원의 판결 근거는 비록 인종이 대학 입학에서 중요한 하나의 고려 사항이기는 하지만 미리 몇 명 식으로 확정해서 할당 인원을 정해 놓은 것은 다른 집단에게 부당한 영향을 미친다는 것이었다.

같은 해에 역차별에 관한 또 다른 유명한 판례가 진행되고 있었다. 백인 남자인 브라이언 웨버Brian Weber가 근무하던 알루미늄 제조 회사 카이저Kaiser Aluminum and Chemical, Co를 상대로 소송을 제기한 사건이 역차별에 관한 유명한 판례Kaiser v. Weber를 남겼다. 어떤 기자는 "배키 사건이 공장으로 이동했다"고 썼다. 웨버는 회사의 기술 훈련 계획에서 소수민족의 할당을 절반 떼놓은 것은 백인인 자신에 대한 역차별이라고 자기 회사를 고발했다. 1심 법원은 카이제르 사가 과거의 차별 행위를 시정하기 위해서라면 몰라도 그렇지 않는 한 고용 할당은 부당하다는 논리를 폈고, 카이제르 사는 당연히 과거에 차별을 한 적이 없다고 진술했기 때문에 1심에서는 웨버가 승소했다. 그러나 연방 대법원에 가서 이 판결은 뒤집혔다. 대법원은 1979년에 내린 판결에서 설사 과거 차별이 없었다고 하더라도 현재의 '명백한 인종적 불균형'explicit racial imbalance을 시정하기 위한 것이라면 고용 할당을 사용하는 것이 부당하지 않다는 이유로 카이제르 사의 승소를 결정했다.

결국 비슷한 시기에 동시에 진행된 두 건의 중요한 역차별 관련 소송 — 배키 사건과 웨버 사건 — 에서 연방 대법원은 정반대의 결론을 내린 셈이다.

한국의 적극적 차별시정조치

2006년 3월 1일부터 한국에서도 미국의 적극적 차별시정조치와 비슷한 '적극적 고용 개선 조치'가 도입되었다. 이 제도는 공기업, 정부 산하기관 및 1,000인 이상을 고용하는 민간 기업을 대상으로 시작했으며, 2008년 3월부터는 500인 이상 민간 기업으로 대상이 확대되었다. 제도의 내용을 보면 기업이 인력을 채용, 승진, 배치할 때 남녀 인력 상황을 분석해 여성이 적게 고용된 분야가 있다면 이를 개선하기 위해 여성 고용 목표와 이행 계획을 노동부에 제출하고, 이를 적극적으로 실천하도록 권장하는 것이다. 기업 측의 반발을 우려해 이행을 하지 않는 기업에 대한 벌칙은 없고, 그 대신 실적이 우수한 기업에 대해서는 정부 포상 명단 발표 등 인센티브가 있다. 미국에서 이 자료를 근거로 정부 계약을 맺는 것과 비교하면 한국의 제도는 제도 도입 초기임을 감안하더라도 너무 느슨하게 설계되었다고 하지 않을 수 없다.

이 정도로 느슨한 제도에 대해서도 반발이 적지 않다. 이 제도는 2003년 참여정부의 인수위에서 최초로 발의되었는데, 이에 대해 민주노총과 한국노총은 오랜 여성 정책의 숙원사업 실현이라는 관점에서 우호적인 태도를 보인 반면, 기업 입장을 대변하는 한국경영자총협회(경총)은 여성 인력 채용 압박, 기업의 인사권 침해, 기업 이미지 문제 등을 들어 반대했다. 애당초 미국에서 이 제도를 도입할 때 제안자가 정부가 아니라 기업가들이었다는 점, 그리고 제도 도입 뒤에 일부 기업의 반대가 있었지만 시간이 흐르면서 대다수 기업이 찬성 쪽으로 태도를 바꾸었다는 사실과 비교하면 한국 기업가들은 성차별 문제에 대한 인식과 해결 의지가 부족한 셈이다.

더구나 설상가상으로 2008년 친기업 노선을 표방하는 이명박 정부가 들어서면서 경영자 단체에서는 기업 활동에 대한 각종 규제 개혁 대상 목록을 267개 제출했는데, 그중에는 적극적 고용 개선 조치의 폐지도 포함되어 있었다. 한국 기업이 얼마나 세계 표준global standard에서 벗어나 우물 안 개구리 같은 사고방식에 젖어 있는가를 잘 보여 주는 사례라 하겠다. 그러나 재계의 냉담과 비협조에도 불구하고 이 제도는 살아남아 매년 조금씩 여성 고용을 개선하는 효과를 가져오고 있다.

비등 가치

일반적으로 외부노동시장에서는 수요, 공급의 원리에 의해 임금이 결정되지만 내부노동시장에서는 직무평가를 통해 임금이 결정되며 직무평가는 다음의 단계로 진행된다. 먼저 어떤 직무에 소요되는 노력effort, 근로조건, 필요한 기술, 책임감 등의 요인에 대해 수량적 분석을 통해 각 요인의 가중치를 결정한다. 그 다음 설문 조사를 통해서 각 요인의 평점을 매긴 뒤 이를 합산해 그 직무의 총점을 매긴다. 임금은 그 직무의 평점에 따라 결정된다.

그런데 이런 직무평가에는 필연적으로 다양한 가치판단이 가미되며, 직무평가 방법 자체가 여성에 불리하게 작용할 우려가 있다는 일부의 비판도 있으나, 그래도 역시 외부노동시장에서 결정되는 임금구조보다는 평등한 임금 달성이 가능하다고 보는 것이 일반적이다. 비등 가치比等價値, comparable worth란 같은 수준의 직무평가를 받은 직무에 대해서는 같은 수준의 임금이 지급되어야 한다는 뜻으로 '동일노동 동일임금'의 원리를 말한다.

당연히 예상되듯이 보수파에서는 비등 가치의 개념 자체를 그리 달가워하지 않는다. 예를 들어 레이건 대통령은 비등 가치를 가리켜 "자유기업체제의 근저根底를 파괴할 형편없는 사고방식"이라고 비난한 바 있다. 보수적 입장에서 비등 가치를 비판하는 사람들은 주로 세 가지 점을 들어 이것을 비판한다. 첫째, 자유 시장은 저절로 차별을 제거해 나갈 것이라는 점, 둘째, 남녀 사이의 임금격차는 생산성의 차이를 반영한다는 것, 셋째, 상이한 직무는 수요, 공급의 원리에 따라 보수가 지급되어야지 인위적으로 간섭하는 것은 옳지 못하다는 점이다. 요컨대 비등 가치는 시장 원리와 모순된다는 점을 비판한다. 그러나 이들 비판은 현실과 그렇게 잘 부합하지 않는다는 사실을 우리는 이미 앞에서 본 바 있다.

진보파에서는 대체로 비등 가치에 대해 우호적이지만 그것이 가져올 효과에 대해 더러 우려가 없지 않다. 그들은 주로 비등 가치로 인해 남성, 그중에서도 특히 소수민족 남성의 임금이 부당하게 낮아질지 모른다는 점과 비등 가치가 기존의 임금 불평등을 합리화 내지 고착화할 가능성을 우려하고 있다. 이와 같은 우려와 비판에도 불구하고 비등 가치는 지금까지 여성 또는 소수민족의 경제적 처지 개선에서 상당한 효과를 본 것이 사실이다. 예를 들어 워싱턴 주에서 비등 가치를 도입함으로써 도입 전보다 가장 많이 임금이 오른 직종은 전화 교환수, 세탁공, 간호보조원, 사무원, 비서 등인데, 이들이 대부분 여성 직종이라는 것은 한눈에 알 수 있다.

차별 금지 정책의 효과

미국에서 1960년대에 많은 차별 금지 입법과 정책이 추진되었음에도 불구하고 그 이후로도 남녀 간의 상대 소득 비율은 별로 변화가 없이 대략 100 대 60을 유지하고 있었다. 어떤 사람은 이것을 가리켜 정책 실패로 돌리지만 다른 해석에 의하면 그렇지 않다. 남성에 대한 여성의 상대 소득이 변화하지 않았던 것은 두 가지 상반된 경향이 서로 상쇄한 결과라는 것이다. 하나는 많은 여성들이 계속 노동력에 참가함에 따라 더욱 많은 경력과 훈련기회를 갖게 되었다는 점과, 다른 하나는 신규로 노동력에 진입하는 여성들이 늘어남에 따라 평균에 못 미치는 경력과 훈련을 쌓은 여성의 수가 증가했다는 점이다. 이렇게 본다면 미국에서의 차별 금지 정책은 흑인과 여성에 대한 차별을 완화시키는 데 상당히 기여한 것으로 평가된다. 1980년대 이후 미국의 남녀 간 소득격차는 계속 축소해 최근에는 100 대 72에 이르고 있다.

5. 한국의 고용 및 임금 차별

실증 연구

1) 임금 차별

한국의 남녀 차별 문제에 대해서는 많은 연구가 있으나 실증적 분석은 그리 많지 않은데 그중 초기 연구인 박세일의 분석 결과를 보기로 하자(박세일 1984). 이 연구는 앞서 소개한 미국의 인간자본 모델을 한국에 적용한 것인데 〈표 7.2〉에서 보듯이 남녀 간 임금격차 중에서 생산성 차이로 인한 부분이 크고, 차별로 인한 부분은 작게 나타난다.

이것을 외국의 연구 결과(ILO 2003)와 비교해 보면 생산성 부분(특성 차이로 인한 부분)과 차별 부분의 비중이 서로 엇갈리게 나타나고 있음을 알 수 있다. 〈표 7.3〉에서 보듯이 외국의 경우는 남녀 임금격차 중에서 노동시장 차별로 설명되는 부분이 한국보다 훨씬 크게 나타난다. 또 오스트레일리아와 스페인의 경우를 제외하고는 남녀 임금격차 중에서 노동시장 차별로 설명되는 비율이 특성 차이로 설명되는 비율보다 상대적으로 더 크게 나타나고 있음을 알 수 있다. 그에 비해 한국에서는 임금격차의 큰 부분이 생산성 격차로 설명되고 있어서 외국과는 반대의 양상을 보인다. 다만 한국에서도 1970년대 이후 차별에 의한 부분이 계속 커지고 있어서 외국의 패턴에 접근하는 모습이 보인다.

이는 한국 여성의 교육 수준이 과거에 비해 빠른 속도로 향상하고 있고, 노동시장 참가와 근속 년수가 증가하고 있는 데 반해 노동시장에서의 임금격차는 그대로 유지되고 있는데 기인하는 것으로 보인다. 직종 차별의 비중이 예상외로 낮게 나오고, 시간적으로 일정한 추세 없이 오락가락 하는데 이는 이해하기 어려운 부분이다. 여기서 말하는 직종이란

표 7.2 | 한국의 남녀 임금격차 분해 (단위: %)

	1971	1976	1980
생산성 차이	83.55	74.85	68.54
(학력 차이)	19.21	23.77	19.82
(연령, 경력 차이)	64.33	51.07	48.71
차별	16.45	25.15	31.46
(직종 차별)	4.94	21.71	9.93
(임금 차별+내부노동시장 차별)	11.51	3.45	21.53
합계	100.00	100.00	100.00

자료: 박세일(1984, 209).

표 7.3 | 외국의 남녀 임금격차 분해

연구자	국가	주요 통제 변수 종류	특성 차이로 인한 임금격차	차별로 인한 임금격차
Oaxaca (1973)	미국	학력, 경력, 자녀 수, 직종, 산업 등 12개	42% (백인) 44% (흑인)	58% (백인) 56% (흑인)
Blinder (1973)	미국	학력, 연령, 훈련, 직종, 지역 등 12개	34%	66%
Asplund et al. (1993)	덴마크(DK) 핀란드(FI) 노르웨이(NO) 스웨덴(SW)	경력, 학력, 근속 년수, 자녀 수, 직종 등 12개	DK: 28% FI: 10% NO: 34% SW: 49%	DK: 72% FI: 90% NO: 66% SW: 51%
Langford (1995)	오스트레일리아	학력, 결혼 여부, 자녀 수, 직종 등 9개	51%	49%
Le Grand (1991)	스웨덴	학력, 경력, 기혼, 자녀 수 등 21개	57%	43%
Plasman et al. (2001)	벨기에	교육, 경력, 근속 기간, 직종 등 11개	48%	52%

주: 모두 Oaxaca-Blinder 접근법을 이용한 연구 결과임.
자료: ILO(2003, 136, table 4).

직종 대분류를 사용하고 있기 때문에 상세한 고용 차별을 제대로 파악하지 못하는 게 아닌가 추측된다.

그런데 남녀 간 임금격차를 인간자본 모델을 갖고 분해할 때 제기되는 하나의 의문은, 학력과 경력의 차이는 생산성을 반영하고 잔여항은 차별의 결과로 파악하는 표준적 해석이 과연 타당한가 하는 점이다. 조금만 관점을 바꾸어 생각해 본다면 여성의 학력이 남성에 비해 낮은 것은 노동시장 이전의 차별의 결과로 해석할 여지가 있고, 경력이 낮은 것도 역시 노동시장에서 과거 차별이 쌓인 결과로 볼 수 있다. 그런 점에서 인간자본 모델의 해석은 현재를 주어진 것으로 보고 그런 결과가 나타난 역사적 배경을 무시하고 있다는 비판이 제기될 수 있다.

2) 고용 차별

사회학에서는 남녀 간 고용상의 차별이 어느 정도인가를 분석할 때 직업 분리 지수occupational segregation index라는 지표를 쓴다. 성별 직업 분리의 정도를 측정하는 방법으로는 오티스 던컨과 비벌리 던컨Otis D. Duncan and Beverly Duncan의 지수가 일반적으로 사용되는데, 던컨의 성별 직업 분리 지수는 다음과 같이 정의한다(Duncan and Duncan 1955).

$$D = \frac{1}{2} \times \sum_{i=1}^{N} \left| \frac{M_i}{M} - \frac{F_i}{F} \right| \times (100)$$

여기서 M_i과 F_i는 특정 직업 i에 종사하는 남성과 여성 노동자의 수를 나타내고, M과 M는 각각 남성과 여성의 전체 노동자 수다. 던컨 지수는 남녀 두 집단의 직업별 분포에 차이가 있을 때 모든 직업에서 남녀 간의 분포를 같게 만들기 위해서는 직업을 바꿔야 하는 여성(또는 남성)노동자의 백분율을 나타낸다. 직업 범주별로 남성과 여성의 분포가 같다면 이 지수는 0이 되고, 모든 직업이 완전히 남성 또는 여성만으로 구성되어 있다면 이 지수는 100이 된다.

김미숙의 계산을 보면, 1970년과 1980년의 경제기획원의 『인구센서스』자료(80개 소분류 직업)에 의할 때 성 분리 지수가 50~55% 정도로 나타난다(송호근 1990 참조). 장지연은 1986년 노동부의 『직종별임금실태조사』를 이용해 59.6%의 직업 분리 지수를 계산했다(장

지연 1990). 이것은 대략 남자(여자)의 반 이상이 직업을 옮겨야 여자(남자)와 같은 직업 분포를 갖는다는 것을 의미한다. 한편 금재호도 『경제활동인구조사』 자료를 이용해 1993년부터 2000년까지의 성별 직업 분리 지수(던컨 지수) 추이를 분석했다(금재호 2001). 〈표 7.4〉에 의하면, 전체 노동자를 대상으로 한 직업 분리 지수는 1993년의 37.2%에서 1995년에는 41.4%로 증가했고, 그 뒤 41% 이내에서 안정적인 변동을 보인다.

한편 임금노동자만을 고려했을 때 성별 직업 분리 정도는 더 심해져서 1993년 이후 던컨 지수가 44~48% 정도로 나타나고 있다. 이것은 대략 남자(여자)의 절반 가까이가 직업을 옮겨야 여자(남자)와 같은 직업 분포를 갖는다는 것을 의미한다. 참고로 〈표 7.5〉는 던컨 지수를 사용한 미국의 직업 분리 지수 추이를 보여 주고 있다. 직업 분리 지수가 1970년 67.7%에서 1980년 59.3%로 1970년대에 8.4% 포인트 축소되었음을 보여 주고 있다. 변화 요인별로 살펴보면 전체 변화 중에 성비 구성性比構成, sex composition의 변화에 의한 것이 76.2%, 직업 혼합occupational mix에 의한 것이 23.8%로 나타나고 있다. 그리고 1980년대에는 6.3% 포인트 축소되어 1990년에는 직업 분리 지수가 53.0%로 나타난다.

이렇게 본다면 한국과 미국의 직업 분리 지수는 비슷한 수준이라는 이야기인데 한국의 직종별 남녀 분리 상태가 미국과 비슷하다는 것은 얼핏 수긍이 가지 않는다. 미국에 비해 한국에서 성차별적 고용 관행이 훨씬 더 지배적임을 생각한다면 이런 결과는 잘 이해가 되지 않으며, 더 많은 연구가 필요한 것 같다. 박세일은 한국에서 농업의 비중이 크고, 농업에서는 성별분리가 적다는 점을 지적하고 있으나 이것이 충분한 이유가 될는지는 의문이다. 이 문제는 앞으로 좀 더 깊은 연구를 요하는 중요한 과제라고 생각된다.

위의 박세일의 연구에서는 직종을 직업 대분류를 사용해 분리했는데, 이것을 중분류나 소분류로 더 세분하면 얼마나 설명력이 커지는가 하는 문제는 어수봉에 의해 분석되었다(어수봉 1991). 그는 직종 구분에서 대분류 대신 중분류를 택한 결과 직종 분리가 설명해 줄 수 있는 임금격차가 2.2% 포인트 정도 증가한다고 보고하고 있는데 이것은 상식에 부합하는 결과다. 그 밖에 어수봉은 성차별에 대해 몇 가지 중요한 결과를 보여 주고 있다.

첫째, 고임금 직종에는 여성 노동자가 전혀 없거나 거의 없다. 둘째, 저임금 직종에는 여성 노동자의 비율이 높다. 셋째, 남녀 임금격차는 1980년대를 거쳐 계속 감소하고 있지

표 7.4 | 한국의 직업 분리 지수 추이 (1993~2000년) (단위: %)

	1993	1994	1995	1996	1997	1998	1999	2000
전체 노동자	37.22	38.18	41.35	40.24	40.94	40.80	40.00	40.56
임금노동자	44.18	45.15	47.47	47.66	46.08	47.46	45.58	46.17

출처: 금재호(2001)의 〈표 4-2〉와 〈표 4-3〉 재정리.

표 7.5 | 미국의 직업 분리 지수 추이 (1970~90년) (단위: %)

A. 직업 분리 수준

	1970	1980	1990
분리 지수	67.68	59.25	52.98

B. 직업 분리 변화

		1970~80	1980~90
총 변화		−8.43 (100)	−6.27 (100)
변화 요인별	성비	−6.42 (76.2)	−4.28 (68.3)
	직업 혼합	−2.01 (23.8)	−1.99 (31.7)

자료: Blau, Simpson and Anderson(1998).

만 그중 생산성의 차이가 설명할 수 있는 부분의 비중 역시 줄어들고 있어서 차별이 온존하고 있음을 시사해 준다. 넷째, 다른 조건이 같다면 남성은 여성보다 약 30% 높은 임금을 받고 있으며, 만일 근속 년수 이외 다른 조건은 모두 같고 임금이 같은 남녀 노동자가 있다면 남성이 여성에 비해 근속 년수가 약 64% 짧다. 이런 결과는 한국의 노동시장에서 남녀 차별이 상당히 크다는 것을 보여 준다.

한국 기업의 차별적 고용 관행

한국 기업의 남녀 차별은 채용, 배치, 승진, 임금, 정년, 해고에 이르기까지 실로 다양하고 뿌리 깊다. 한국의 기업에서는 신입 사원을 채용할 때 학력, 연령과 성별이 주요한 기준이 되고 있다. 과거에는 입사지원 자격을 고졸(또는 대졸), 군필軍畢로 제한한 채용 광고가 대부분을 이루다시피 했는데 이것은 바로 채용에서부터 여성을 배제하는 차별적 고용 관행을 보여 준다. 이런 노골적 광고는 1987년 남녀고용평등법이 통과된 이후로는 법에 걸리기 때문에 모두 사라졌지만, 그렇다고 회사의 채용 정책이 근본적으로 달라진 것은 아니며 차별 정책이 겉으로 드러나서 처벌받는 일이 없도록 조심하고 있을 뿐이다. 회사가 대졸 여성을 채용하는 경우는 여전히 아주 적어서 수많은 여성 고급 인력이 유휴 상태에 빠져 있다.

여성이 어려운 관문을 뚫고 입사한 후에도 성차별은 여전하다. 많은 회사에서 남녀 간 호봉을 분리 운영하고 있다. 같은 직종에서 같은 일을 해도 호봉의 차이로 인해 남녀 간 임금에 차이가 있다. 그리고 정년을 보면 여자들은 남자들과 비교가 되지 않는다. 대개의 회사에서 여성들은 결혼할 때까지만 근무한다는 조건으로 채용하거나, 그런 명시적 약속이 없어도 대개 그만 두기를 은근히 바라고 무언의 압력을 넣는 경우가 많다. 흔히 여성을 '직장의 꽃'이라고 추켜세우는 표현이 우리나라에 있는데, 이것은 좀 더 생각해보면 시든 꽃은 별로 가치가 없다는 뜻을 함축하기도 한다.

과거의 한 가지 사례를 보기로 하자. 오래전 일이지만 어느 보험회사에서 여직원 33명이 승진 시험을 치를 것을 거부했다는 이유로 그 주동자로 지목된 여직원 한 명을 해고한 사건이 일어났다(『한겨레신문』 1990/10/14). 이 회사의 고졸 여직원은 입사할 때 서무경리직 4급 을(乙)의 직급을 받고, 입사 후 7년이 되면 대졸 초임 남자(3급 을)보다 한 단계 낮은 3급 을II 시험을 치도록 되어 있었다. 이 시험이 바로 문제가 된 승진 시험(속칭 '성전환 시험')이다. 이 시험은 여성 노동자의 입장에서 봤을 때 그 자체가 대단히 불공평한데다, 설사 여성들이 이 시험에 합격해도 직급만 변동하지 직위나 임금과는 무관했다. 그런 불공평에 항의하는 뜻으로 여직원들이 시험을 거부한 것인데 회사에서는 해고라는 극단적 대응을 불사했던 것이다.

이것은 하나의 상징적 사건으로서 그 뒤 각종 금융기관 노조로 하여금 남녀 차별 철폐 운동을 벌이게 하는 하나의 촉발제가 되었다. 그리하여 지금은 대부분의 금융기관에서 형식상 여사원, 여행원이란 차별을 하지 못하게 하는 눈에 띄는 개선을 가져오게 되었다. 물론 내용까지 완전한 차별 철폐는 아직 아니다. 이것은 하나의 사례에 불과하지만 우리나라 기업의 차별적 인사관리 관행을 전형적으로 보여 준 것이라고 할 수 있다.

양성평등 정책

우리나라에서도 뒤늦은 감은 있지만 1987년에 노동부에서 '남녀고용평등법'을 제정했고, 1999년에는 여성부에서 '남녀차별금지및구제에관한법률'을 제정해 성희롱 등 남녀 차별 문제에 대한 예방과 구제를 강화했으며, 각 군 사관학교, 경찰대학 등 특수 교육기관에 여학생의 입학 기회를 확대(1999년)하는 등 차별시정조치를 취하고 있다. '남녀고용평등법'은 채용, 승진, 임금 지급 등 노동 현장에서의 남녀 차별을 금지하고 그것을 위반할 때는 벌칙을 부과하도록 되어 있으므로 과거보다 진일보한 것이라고 평가할 수 있다. 고용에 있어서 남녀의 평등한 기회 보장 및 대우 등에서 여성을 차별한 경우 회사는 5년 이하의 징역 또는 3천만 원 이하의 벌금에 처하도록 해 1987년에는 200여만 원의 벌금을 물면 끝나도록 되어 있었던 점에 비해 벌칙이 상당히 강화되었다. 또한 직장 내 성희롱의 경우 과태료 1천만 원, 육아휴직과 관련해서는 사안별로 500만 원에서 2천만 원까지의 과태료를 부과하는 등 실효성을 제고하기 위한 조치도 있다.

차별의 상당 부분은 노동시장의 차별과 관련된다. 노동시장에서의 차별은 자본의 분할지배 전략과 직결되며, 기업으로서는 비용과 직결되기 때문에 정부뿐만 아니라 시민사회단체의 상당한 노력 없이는 시정되기 힘든 것이 사실이다. 위의 일련의 차별시정조치도 그런 노력의 결과로 볼 수 있다.

그럼에도 불구하고 여전히 외국과 비교해 한국의 노동시장에서는 여성의 진입이 상대적으로 힘든 것이 사실이다. 더구나 국민 복지의 상당 부분을 기업 측에 떠맡기고 있다는 점과 높은 실업률, 특히 청년 실업이 심각한 상황에서는 더욱 그러하다.

비록 우리나라의 차별 시정 관련 조치들이 국가인권위원회를 비롯해 여성부의 차별개선국, 노동부의 고용평등국 등 여러 기관에서 나오고 있지만, 현실적으로 시정 조치라는 것이 주로 권고 차원이며, 또한 노동시장에의 진입 자체의 차별을 막지 못하는 점, 벌칙이나 벌과금 수준이 상대적으로 낮다는 점 등으로 미루어 볼 때 정책의 실효성은 심히 의심스럽다. 한 예로 대규모 사업장에서 장애인 고용 의무 조항을 어기는 대가로 기꺼이 벌과금을 내고 있는 것을 보면 한국 기업의 문제점을 잘 보여 준다. 무엇보다 한국의 노동시장에서 상대적 약자인 장애인과 여성, 그리고 외국인에 대한 차별이 발생하는 것이 기업의 비용 절감 때문이라는 논리를 극복하지 않으면 해결할 수 없는 문제다. 차별 문제에 관한 한 우리는 가야 할 길이 멀다.

참고문헌

금재호. 2001. 『여성 노동시장의 현상과 과제』. 한국노동연구원.

김정희. 1994. "한국 주부의 가사 노동의 경제적 가치 평가와 대(對) GNP 비율 추정." 경북대학교 가정학박사 학위논문.

문숙재·성지미·정영금·윤소영. 2001. "무보수 가사 노동 위성계정 개발을 위한 연구." 여성부.

박세일. 1984. "여성 노동시장의 문제점과 남녀별 임금격차." 박세일·박훤구. 『한국의 임금구조』. 한국개발연구원.

송호근 엮음. 1990. 『노동과 불평등』. 나남.

어수봉. 1991. "성별 직종 분리와 성별 임금격차." 『한국노동연구』 2집.

이화여대 한국여성연구소 엮음. 1985. 『한국 여성과 일』. 이화여대출판부.

장지연. 1990. "한국 사회 직업의 성별 분절화와 경제적 불평등." 『한국 사회의 여성과 가족』. 문학과지성사.

앤더슨, 테리 H. 2006. 『차별 철폐 정책의 기원과 발자취』. 염철현 옮김. 한울.

Aigner, D. J. and G. G. Cain. 1977. "Statistical Theories of Discrimination in Labor Markets." *Industrial and Labor Relations Review* vol. 30.

Bergmann, Barbara. 1986. *The Economic Emergence of Women*. Basic Books.

Blau, F. D., P. Simpson and D. Anderson. 1998. "Continuing Progress? Trends in Occupational Segregation in the United States over the 1970's and 1980's." NBER Working Paper 6716, September.

Brown, Henry Phelps. 1997. *The Inequality of Pay*. Oxford University Press.

Cherry, Robert. 1989. *Discrimination*. Lexington Books.

Duncan, Otis Dudley and Beverly Duncan. 1955. "A Methodological Analysis of Segregation Indexes." *American Sociological Review* vol. 20 no. 2.

Fuchs, Victor R. 1988. *Women's Quest for Economic Equality*. Harvard University Press.

ILO. 2003. *Time for equality at work*. International Labour Conference 91st Session.

Phelps, Edmund. 1972. "The Statistical Theory of Racism and Sexism." *American Economic Review* vol. 64.

Polachek, Solomon. 1974. "Family Investment in Human Capital: Earnings of Women." *Journal of Political Economy*, Supplement.

Reynolds, Lloyd G., Stanley H. Masters and Colletta H. Moser. 1997. *Labor Economics and Labor Relations*, 11th ed. Prentice-Hall.

Sandel, Michael J. 2009. *Justice: What's the Right Thing To Do?* Farrar, Straus and Giroux[『정의란 무엇인가?』. 이창신 옮김. 김영사. 2010].

Schiller, Bradley R. 2007. *The Economics of Poverty and Discrimination*. 10th ed. Prentice-hall.

Thurow, Lester C. 1976. *Generating Inequality*. Basic Books.

UNDP. 2003. *Human Development Report*.

Wolff, Edward Nathan. 1997. *Economics of Poverty, Inequality, and Discrimination*. South-Western College Publishing.

8장

부의 불평등

"만일 당신이 당신의 재산을 계산할 수 있다면
당신은 진짜 부자는 아닙니다."

_폴 게티

우리는 3장에서 7장까지 노동소득의 불평등을 설명하는 여러 가지 가설과 실증 자료를 검토했다. 그런데 소득 불평등은 노동소득으로 인한 부분과 아울러 부의 불평등으로부터도 발생한다. 부의 불평등은 그 자체가 소득 불평등 못지않게 중요한 사회문제일 뿐 아니라, 부가 낳는 수익으로 인해 다시 재산소득의 불평등이 발생하고 이것이 다시 부의 불평등을 가져오는 연쇄 작용을 일으킨다는 점에서 더욱 중요하다.

일반적으로 고소득층일수록 부 또한 많이 보유하고 있으므로 재산소득의 비중이 높은 반면, 저소득층일수록 재산소득이라 할 만한 것은 별로 없고 주로 노동소득이 소득의 근간을 이룬다. 또한 각국에서 조사한 바에 의하면 재산소득은 노동소득에 비해 불평등이 더 심한 것으로 알려져 있다. 그러므로 소득분배의 평등을 실현하기 위해서는 재산소득을 평준화하고 부의 소유를 분산하는 것이 노동소득의 평준화 못지않게 중요한 정책 과제라고 할 수 있다.

선진 자본주의국가에서는 전체적으로 보아 노동소득의 비중이 재산소득보다 훨씬 더 크고, 재산소득과 부의 불평등은 장기적으로 감소해 가는 추세를 보이고 있다. 그러나 여전히 재산소득의 불평등은 그것의 불로소득이라는 성격 때문에 노동소득의 불평등보다 더 큰 사회적 불만과 이해관계의 충돌을 일으킬 소지가 있다. 우리나라에서도 재산 중에서 토지와 주택의 소유 불평등으로 인한 사회·경제적 문제가 심각하다. 여기에서 엄청난 소외감과 사회적 불만이 누적되고 있으므로 부의 불평등에 정확한 이해와 올바른 정책 처방이 대단히 중요하다.

1. 부의 자료와 조사 방법

부의 조사 방법

일반적으로 부의 불평등을 측정하는 방법은 소득 불평등을 추계하는 것보다 더 어려운 것으로 알려져 있다. 2장에서 본 바와 같이 소득을 파악하는 것도 무척 어려운 일이지만 부의 경우는 더욱 어렵고, 자료도 별로 많지 않다. 부의 불평등을 추정하는 방법은 대개 다음의 네 가지다.

1) 부의 센서스 또는 표본조사

부의 조사에서 우선 문제가 되는 것은 부의 개념인데, 부의 크기를 평가하는 방법에는 두 가지가 있다. 첫째는 실현 가치實現價値, realization value로 파악하는 방법이다. 이것은 현재 보유하고 있는 자산을 중고품 시장에 내다 팔 때 받을 수 있는 가격으로 가치를 평가하는 방법인데, 대부분의 재산에서는 문제가 없으나 일부 자산의 경우에는 시장가격이 형성되지 않거나 가격이 불확실해 이 평가 방법을 쓰는 데 문제가 있다. 예를 들면, 주택, 보석, 미상장 주식未上場株式, unquoted shares과 같은 경우가 여기에 해당한다. 두 번째 방법은 대체 비용법 replacement cost으로서 그 자산을 현재 신규로 구입한다고 가정할 때 지불해야 하는 가격으로 재산 가치를 평가하는 방법이다. 아래에서 보게 되듯이 이 두 가지 방법 중 어느 것을 택하느냐에 따라 부의 가치와 분포가 상당히 달라질 수 있다는 점에 유의할 필요가 있다.

그 다음 단계는 가구별 부를 조사하는 것이다. 각 가구의 자산에서 부채를 뺀 차액을 순자산純資産, net worth 또는 부富라고 부른다. 가구별로 자산과 부채를 전수조사全數調査(센서스)하거나 아니면 표본을 뽑아 조사하면 가구의 부 또는 순자산을 파악할 수 있다. 이렇게 해서 얻어진 자료는 거의 모든 범위의 자산 항목을 포괄할 수 있으므로 부의 분배를 알기 위해 대단히 유용한 자료다. 그러나 이 방법에는 몇 가지 문제점이 있다. 가장 큰 문제점으로는 조사 대상자들의 응답률이 낮고 응답 내용도 부정확하다는 것이다. 특히 부유층은 무응답의 비율이 높을 뿐 아니라 설사 조사에 응한다 하더라도 고의로 자산을 누락하거나 과소 보고過少報告하는 경우가 매우 많다. 그리고 부의 분배에서 꼭대기 층에 있는 극소수의 부자들이 조사의 표본에 들어갈 확률은 아주 낮다. 이 문제를 해결하기 위해서 예를 들어 소득세 자료 등을 참고해 이들 부자들을 인위적으로 표본에 더 많이 넣을 수도 있지만 그들이 조사 대상이 된다고 하더라도 여전히 자신의 자산을 있는 그대로 밝힐지 의문이다.

소득에 관한 조사에서도 비슷한 문제가 있지만 부에 관한 조사에서는 이 문제가 더욱 심각하다고 할 수 있다. 그러므로 센서스나 표본조사는 그 자체로서 충분히 믿을 만한 정보를 주는 것이라고 볼 수 없고 아래의 세 가지 방법에 덧붙여 보완적으로 이용된다고 생각하는 것이 좋다.

2) 유산 자료

어떤 사람이 사망 시에 남긴 유산遺産, estate이 있을 때 그 자료를 이용해 부의 불평등을 파악하는 것이 가능하다. 이 자료를 근거로 해 경제 전체의 부의 불평등을 추정하려면 우선 사망자가 그 연령 계층에서 평균적·대표적인 사람이라고 가정할 필요가 있는데 이것은 사실 너무 강한 가정이지만 다른 정보가 없는 상황에서 그렇게라도 한번 가정해 볼 수밖에 없다. 그런 가정 위에서 우리는 죽은 사람과 동일한 연령 계층의 살아 있는 사람의 숫자를 파악할 필요가 있다. 그 숫자를 추정하는 방법은 사망자 수에 사망률 승수死亡率乘數, mortality multiplier를 곱해 주는 것이다. 사망률 승수란 사망률의 역수(1/사망률)이다. 가령 젊은 연령층에서는 사망자가 적기 때문에 사망률 승수는 높게 되며, 늙은 연령층은 반대가 될 것이다. 이렇게 함으로써 우리는 각 연령 계층별로 사람 수와 부의 보유 상황에 대한 정보를 얻을 수 있고 여기서 부의 불평등을 파악할 수 있게 된다.

그러나 이 방법 역시 문제가 있다. 실제 부유층은 상대적으로 장수하는 경향이 있으므로 부유층의 사망률은 전체 사망률보다 낮을 것인데 이것을 무시하고 소득 계층에 관계없이 모두 사망률이 일정하다고 가정하고 평균 사망률을 적용하는 것은 부의 불평등의 추정치를 왜곡시킬 수 있다. 이럴 때는 소득 계층별 사망률에 관한 정보가 있다면 그 자료를 가지고 소득 계층별로 따로 사망률 승수를 계산하는 것이 한 방법일 수 있다. 또한 결혼 여부에 따라 사망률에 차이가 있을 수 있는데 이런 요인도 고려할 필요가 있다.

그런데 조세 당국은 징세 목적으로만 상속재산을 파악하므로 이론적인 부의 개념과 상속재산과는 범위가 상이할 수 있다. 또한 어떤 사람이든 대개 탈세나 절세 목적으로 생전에 미리 증여의 형태로 자산을 이전시키는 것이 사회적 관례가 되어 있다. 사망한 사람의 연령에 따라 증여의 정도가 다를 것으로 추측되는데 대개 나이가 많은 사람일수록 이미 증여한 재산이 많을 것이다. 또한 증여되지 않고 남아 있는 재산도 역시 가능한 한 탈루시키거나 과소 보고하는 경향이 있기 때문에 이와 같은 세무용 자료를 그대로 믿을 수 있느냐 하는 문제가 항상 따른다. 그리고 상속세inheritance tax가 적용되는 유산의 면세점은 상당히 높기 때문에 소수의 큰 부자를 제외하고 대다수의 중산층 이하 가구는 유산이 아예 없거나 있다고 하더라도 면세점 이하이므로 자료에서 애당초 누락된다는 문제 역시 이 자료의 약점이다.

3) 투자 소득법

세 번째 방법은 투자 소득 자료에서 역산逆算해 부의 불평등을 추정하는 방법이다. 이자나 임대료 등 투자 소득 자료로부터 거꾸로 자산의 분포를 추정하려면 이들 자산의 수익률을 알아야 한다. 수익률에 관한 정보가 있으면 투자 소득에 수익률 승수收益率乘數, yield multiplier를 곱해 자산 가치를 알아낼 수가 있다. 수익률 승수란 수익률의 역수(1/수익률)를 의미한다. 현실적으로 여러 가지 종류의 자산이 있기 때문에 수익률의 가중 평균치를 취할 수밖에 없는데 각 자산의 가중치는 상속재산의 분포로부터 추정이 가능하다. 그런데 상속재산 자료는 전국의 평균적 자산 분포라기보다는 노년층의 자산 분포를 반영한다는 편향이 문제가 될 수 있다.

실제로 투자 소득을 벌고 있는 계층은 대개 전체 가구 중에서 최고 1%의 부유층에 불과하다. 따라서 이 방법은 최고 부유층의 부의 불평등만 포착하므로 범위가 아주 제한적이라는 단점이 있다. 그러므로 이 방법은 그 자체로서 부의 전체적 불평등을 파악하는 데 쓰인다기보다는 최고 부유층의 부의 보유 상황을 파악함과 아울러 앞에서 본 유산 자료와 서로 보완적으로 사용함으로써 통계자료의 신빙성을 서로 비교, 검토하는 목적에 쓰일 수 있다.

4) 부유세 자료

아래에서 보게 되겠지만 일부 나라에서는 부유세富裕稅, wealth tax라는 제도를 갖고 있다. 이것은 마치 종합소득세가 모든 종류의 소득을 합산해 누진과세하는 것과 마찬가지로 모든 종류의 부를 합산해 누진과세하는 특이한 종류의 세금으로서 유럽 10여 개국에서 시행 중이다. 이들 나라에서는 부유세의 납세 자료를 갖고 부의 불평등을 추정하는 것이 가능하다. 이 세금에서도 면세점 이하의 중산층, 빈곤층이 모두 누락되는 문제점이 있긴 하지만 그래도 상속세의 경우보다는 대상 가구의 범위가 넓다. 그 대신 여기서도 역시 세금을 적게 내기 위해 부의 과소 보고, 은폐 등의 문제점이 있는 것이 사실이다. 그리고 내구소비재처럼 과세 대상이 되지 않는 자산이 있어서 과세 대상의 부와 이론적 부의 개념 사이에 괴리가 있다는 점도 유의해야 한다.

이상에서 본 바와 같이 부를 파악하는 네 가지 방법이 있지만 어느 것 하나도 완전히 믿을 만한 것은 없고, 허점투성이의 자료라고 할 수 있다. 그래도 현재로서는 이런 추정 방법밖에 없으므로 이들 자료를 이용하되 한 가지 방법에 너무 의존하기보다는 여러 가지 방법을 상호 보완적으로 사용하면서 자료의 신빙성 여부를 비교, 검토하는 것이 좋을 것이다.

부의 측정 시 유의 사항

유산 자료를 가지고 부의 분배를 추정한다고 해보자. 이 자료는 어디까지나 세무 당국에서 징세 목적으로 작성하므로 이론적 부의 개념과 반드시 일치하지는 않는다는 점에 유의해야 한다. 그러므로 부의 분배를 파악하려면 유산 자료에만 의지하지 말고 다른 자료를 갖고 보완할 필요가 있는데 특히 생명보험, 내구소비재, 신탁 등을 추가해야 한다. 연금年金도 다른 자산과 마찬가지로 일종의 자산으로 취급해야 하며, 이때 각 개인의 나이, 수명, 할인율, 연금 정책 등이 연금의 가치에 영향을 미친다.

연금을 개인의 부로 간주해 추가하는 경우 부의 불평등은, 일반적으로 연금을 넣지 않을 때보다 상당한 폭으로 감소한다. 예컨대 영국 국세청이 추계한 결과를 보면 〈표 8.1〉과 같다.

연금을 부에서 제외했을 때 최고 1%의 부유층이 전체 부의 24%를 보유하고 있으나 직장 연금을 부에 포함하면 그 몫은 20%로 감소하며, 여기에 국가로부터 받는 연금까지 포함시키면 그 몫은 13%로 줄어든다. 부의 분배의 지니계수도 원래 0.74에서 직장 연금을 포함하면 0.66~0.72 정도로 줄어들고, 국가 연금까지 포함시키면 0.48~0.53까지 줄어든

표 8.1 연금 포함 시 부의 분배의 차이 (단위: %)

계층	부의 보유 비율		
	연금 제외	직장 연금 포함	직장 연금+국가 연금 포함
성인 최고 1%	24	20	13
성인 최고 5%	45	38	27
성인 최고 10%	59	51	37
지니계수	0.74	0.66~0.72	0.48~0.53
富(10억 파운드)	460	500	816

자료: Atkinson(1976, 164).

다. 연금이 부의 분배에 얼마나 중요한 역할을 하는가를 알 수 있다.

그 다음에는 개인과 가족의 관계를 생각해 보자. 유산은 개인 단위로 포착되지만 대개 부는 세대를 따라 세습되므로 한 가구를 전체로 파악할 필요가 있다. 그러므로 개인 단위의 유산 자료를 가족 단위로 바꿀 필요가 생긴다. 이때 부부의 부를 합산해 한 단위로 보느냐 아니면 두 단위로 보느냐 하는 것이 이론적으로 문제가 될 수 있다. 그러나 영국에서 조사된 바에 의하면 실제로 부부를 합산해 한 단위로 보느냐 두 단위로 보느냐 하는 것은 부의 분배에 그렇게 큰 영향을 주지는 않는다고 한다.

그러나 결혼 패턴에 따라 부의 집중 정도는 크게 달라질 수 있다. 부자와 부자가 결혼하는 경우, 즉 계급 결혼階級結婚, class marriage이 이뤄지는 경우에는 그 반대의 무작위적 결혼의 경우보다 더 큰 부의 집중을 가져온다는 결과가 나와 있는데 이것은 상식에 부합하는 결과라고 할 수 있다. 다음에서는 자료가 나와 있는 몇 개 선진국의 부의 불평등 상태를 보기로 한다.

2. 선진 자본주의국가의 부의 불평등

영국의 부의 불평등

영국의 국세청Inland Revenue에서 수집한 유산 자료에서 추정된 1979년 현재 영국의 부의 분포 상태가 〈표 8.2〉에 나와 있다. 여기서 알 수 있듯이 5천 파운드 이하의 부를 가진 사람이 전체 인구의 63%를 점하며, 1만 5천 파운드 이하가 85%이다. 이와 같이 인구의 대다수는 거의 부라고 할 만한 것을 보유하고 있지 못하고, 최고 부유층에 부가 집중되고 있다는 사실을 알 수 있다. 가장 부유한 최고 2%가 전체 부의 32%를 소유하고 있으며, 최고 1%가 부의 24%를 소유하고 있다. 그리고 최고 5% 또는 1% 집단 내부의 부의 불평등은 대단히 크다. 이 집단은 전체 인구 중에서 아주 작은 집단이지만 그 안에서 1등과 꼴찌 사이의 부의 격차는 이 꼴찌와 전국 평균적 부 보유자 사이의 격차보다 크다.

1장에서 소득분배의 불평등을 보여 주는 펜의 행렬이란 것을 소개한 적이 있는데 만일 우리가 부의 분포를 보여 주는 펜의 행렬을 가상한다면, 이때 행렬 끝 부분에서 나타날 부의 불평등은 소득에 비길 수 없을 정도로 높을 것이다. 부의 분배의 지니계수는 대략 0.74라는 값이 나오는데 이것은 영국의 과세 전 소득 지니계수의 두 배나 되는 값으로서 부의 분배가 소득분배에 비해 훨씬 더 불평등함을 알 수 있다.

그러면 영국에서 부의 분배의 장기적 추세는 어떠한가? 이 문제는 최근에 와서야 비로소 그 실상이 드러나기 시작했는데 앤서니 쇼록스의 연구가 그것을 잘 보여 준다(Wolf 1987에서 재인용). 그는 영국의 부의 집중이 20세기 들어 현저히 하락했다는 결론을 내리고 있는데 구체적으로 숫자를 보면 〈표 8.3〉과 같다.

그런데 다음에서 보는 바와 같이 부의 집중 완화 현상은 영국에서만 있는 현상이 아니고, 미국, 스웨덴 등에서도 발견된다. 지금까지 부의 분배에 관한 장기 시계열 자료time-series data를 가진 나라는 이들 세 나라 이외에는 별로 없다. 이런 통계에 기초해 쇼록스는 미국, 영국, 스웨덴의 세 나라가 서로 다른 경제정책, 조세정책, 사회보장제도, 사회정치제도를 가지고 있음에도 불구하고 20세기에 들어와 장기적으로 부의 평준화 경향을 공통적으로

표 8.2 | 영국의 부의 분배 (1979년)

부의 계층	개인 수	인구 대비 (%)
5,000파운드 이하	26,000	63.0
5,000~15,000파운드	9,000	22.0
15,000~50,000파운드	4,900	12.0
50,000~100,000파운드	575	1.4
100,000파운드 이상	250	0.6

자료: Atkinson(1976, 161).

표 8.3 | 영국 부 집중의 장기 추세 (단위: %)

	최고 1%	5%	10%
1923	61	82	89
1980	23	43	58

자료: Wolff(1987)에서 재인용.

보여 주고 있다는 사실을 지적하면서 이것은 일종의 '사회혁명'으로 간주할 수 있다고 결론을 내린다.

그러나 이와 같은 추세가 장래에도 계속될 것인지는 낙관할 수 없다. 앳킨슨은 이 문제에 대해 상당히 조심스런 입장인데, 지금까지와는 달리 장래를 낙관하기 어려운 이유로 다음의 네 가지를 들고 있다.

첫째, 1920년대부터 1970년대까지 부의 평준화가 일어난 중요한 요인 중에는 부유층에서 조세 회피租稅回避, tax avoidance 목적으로 증여가 대폭 증가했다는 점을 들 수 있다. 이런 증여는 결과적으로 최고 1%의 계층에서 바로 그 아래 계층인 최고 5%의 계층으로 부가 이전한 정도이지 더 이상의 광범위한 부의 확산이 일어난 것은 아니다.

둘째, 이 시기에 여성이 소유하는 부의 증가가 부의 평준화에 기여했다. 거기에는 두 가지 원인이 있는데, ① 부부 공동 명의의 소유가 증가했다는 점과 ② 여성의 평균수명이 증가해 남편이 죽고 혼자 사는 여자가 많아졌다는 점이다. 쇼록스도 이 점을 인정하고 있다.

그에 의하면 최고 1%가 소유하는 부의 몫은 크게 감소했지만 바로 그 밑의 9%의 부자들이 갖는 몫은 1923년에 28%이던 것이 1972년에는 38%로 오히려 증가했다는 사실을 지적하고 있다. 이것은 주로 최고 부자들 부부 사이에 부의 이전이 증가했음을 의미하는데, 이런 형태의 이전은 가족 단위로 보면 전혀 부의 평준화라고 할 수 없는 것이다.

셋째, 자기 집을 가진 사람이 증가했고, 집값이 오른 것이 부의 평준화를 가져왔다. 1900년에는 자가 소유자가 전 인구의 10%밖에 안 되었는데, 1970년에는 그 비율이 50%로 상승했다. 자기 집을 갖는다는 것은 그 자체가 큰 재산의 소유라고 할 수 있다. 쇼록스의 추정에 의하면 1980년에 5만 파운드짜리 집을 가진 사람은 그것만으로도 최고 3%의 부자 반열에 오른다고 한다.

넷째, 주식가격의 하락이 부의 분산을 가져왔다. 일반적으로 주가의 상승은 부의 집중을 가져오고, 주가의 하락은 부의 분산을 가져오는 경향이 있다. 그 이유는 다른 자산보다 특히 주식 소유는 소수의 부유층에 집중되어 있기 때문이다. 영국에서는 5%의 개인이 주식의 75%를 소유하고 있는데 다른 나라들도 이 점에서는 대동소이하다.

이들 네 가지 요인은 모두 앞으로도 그런 추세가 계속되리라고 기대하기가 어려운 것이 사실이고 따라서 지금까지 영국에서 진행되어 온 부의 평준화가 반드시 장래에도 계속된다는 보장은 없다고 보는 것이 앳킨슨의 입장이다.

미국의 부의 불평등

미국의 부의 불평등에 관해서는 여러 조사가 있지만 그중 영국과 비교 가능한 초기 연구로는 램프만R. J. Lampman의 1962년도 연구가 유명하다(Lampman 1962). 그는 면세점인 6만 달러 이상의 부유층의 경우에 조사를 실시하고 그 이하의 가구에 대해서는 다른 자료로 보완해 연구한 결과, 1953년에 성인의 최고 1%의 부유층이 부의 24%를 소유하고 있는 것으로 나타났다. 그 당시 영국에서는 최고 1%가 부의 40% 이상을 소유하고 있었으므로 부의 분배에 관한 한 영국이 미국보다 더 불평등하다고 램프만은 결론 내렸다. 그 뒤 스미스J. D.

Smith가 램프만의 연구를 연장해 1981년까지 부의 불평등 추이를 보여 주었기 때문에(Wolff 1987에서 재인용) 그것까지 포함해 미국의 장기적인 부의 집중 추세를 요약하면 〈표 8.4〉와 같다. 이 표에는 최고 1%가 점하는 부의 몫이 나타나 있다.

미국의 부의 집중의 장기적 추세를 보면 역시 지난 반세기 동안 부의 평준화가 이뤄진 것으로 나타난다. 그런데 이런 평준화 추세는 측정 방법에 따라 결과가 다소 달라지는 것에 유의할 필요가 있다. 즉, 부의 측정 단위를 개인으로 하지 않고 가족 단위로 하면 역시 평준화가 되고 있는 것은 사실이나 평준화의 정도는 많이 줄어든다. 이 경우 최고 2%의 몫은 1922년에 33%에서 1953년에 29%로 조금 감소하는 데 그친다. 이것은 어떻게 해석될 수 있을까? 이것은 부부 사이에 부$_{富}$의 분할이 크게 확대되었기 때문이며, 개인 단위에서는 제법 부의 분산이 이뤄진 것처럼 보이지만 가족 단위로 가면 별로 그런 현상이 없다는 뜻이다. 미국에서는 부의 평준화가 주로 대공황과 제2차 세계대전이라는 비상 시기에 이뤄졌고, 전후에는 더 이상 평준화 경향이 나타나지 않는 것으로 보는 것이 과거의 통설이었다. 이렇게 해석한다면 장래에도 부의 평준화 추세가 계속되리라는 보장은 전혀 없다.

그러나 스미스의 연구 결과를 보면 1970년대에 와서 다시 평준화 추세가 나타나므로 부의 분배 개선이 반드시 공황과 전쟁이란 비상시국 때문만은 아니라는 해석이 가능해졌다. 스미스에 의하면 최고 1%의 몫은 1972년 28%에서 1976년에는 19%로 단기간에 큰 폭으로 하락하고 있는데, 이것은 주로 최고 부자들이 소유한 주식의 가치가 크게 떨어진 데 기인한다.

그러나 미국에서 부의 평준화 추세는 1980년대 이후에는 중단되었을 뿐 아니라 오히려 부의 집중이 심화하고 있다. 울프E. Wolff에 의하면 1980년대 이후 다시 부의 집중이 심화되어 최고 1%의 몫이 19%에서 24%로, 최고 10%의 몫도 68%에서 72%로 증가했다고 한다(Wolff 2002). 미국의 가계를 부의 크기대로 5분위(각 20%)로 나누고, 각 가계에서 소득은 전혀 없이 부를 까먹고 생활한다고 가정한다면 과연 몇 년을 생존할 수 있을까 하는 가상적 상황을 생각해 보자. 그러면 부의 크기에 따라 5분위별 생존 기간은 〈표 8.5〉와 같다.

여기서 부자와 빈자의 대조는 극명하게 드러난다. 미국에서 가장 부유한 20% 계층은 소득이 없이도 현재 보유하는 부를 소비함으로써 114년을 생존할 수 있다. 그 다음 20%는

표 8.4 | 미국 부 집중의 장기 추세 (최고 1%의 몫) (단위: %)

1920년대	1929	1933	1949	1953	1956	1976	1981
32	36	28	21	24	26	19	24

자료: 1953년까지는 Atkinson(1976, 173); 그 이후는 J. D. Smith 논문(Wolff 1987)과 Wolff(1991).

표 8.5 | 소득 없이 부를 소비할 때 생존 가능 기간

계층	최고 20%	두 번째 20%	세 번째 20%	하위 40%
생존 연수	113.6년	15.2년	5.3년	0.2년

자료: Wolff(2002)(보울스 외 2009, 466에서 재인용).

15년밖에 살 수 없고, 중간 20% 계층은 겨우 5년 사는 데 비해서 최하위 40%의 계층은 겨우 두 달 반 밖에 살아남을 수가 없다고 한다. 이는 미국의 부의 분배가 얼마나 불평등한가를 단적으로 보여 주는 숫자라고 생각된다.

미국의 부의 분배에 대해서 유산 자료에 기초한 다른 연구를 보면 나트렐라V. Natrella의 연구와 스미스와 프랭클린S. D. Franklin의 연구가 있다(Natrella 1975; Smith and Franklin 1974). 나트렐라에 의하면 1972년 미국의 최고부유층에 속하는 1%가 부의 26%를 소유하고 있는데, 이것은 1970년 영국의 수치가 31%인 것에 비교하면 낮다고 할 수 있고 역시 영국보다는 미국이 부의 불평등이 작다고 결론내릴 수 있다.

미국에서도 부의 불평등은 소득 불평등에 비해 훨씬 심한데 그것은 대프니 그린우드Daphne T. Greenwood의 연구에서도 확인된다(Greenwood 1982). 이 연구에 의하면 1973년 미국의 최고 1%가 부의 24%를 소유하는 반면 소득에서는 11%를 차지하는 데 그쳤다.

한편 스웨덴의 부의 분배 추세에 관한 로널드 스판트Ronald Spånt의 연구에 의하면 최고 1%가 1920년에는 부의 50%를 차지했는데 1975년에는 그 몫이 21%로 감소했다. 시장가격으로 따지면 그 값은 더 떨어져 21%가 아니라 17%에 불과하다. 반대로 하위 95% 계층

이 소유한 부의 몫은 같은 시기에 23%에서 56%로 증가했다. 다만 스웨덴의 부의 집중은 1975년 이후 다시 심화해 최고 1%의 몫이 시장가격으로 따져서 17%에서 20%로 조금 상승하고 있기는 하다.

앞으로 여러 나라에 관한 연구가 더 모이면 좀 더 확실한 것을 알 수 있겠지만 지금까지 장기 시계열 자료가 나와 있는 영국, 미국, 스웨덴 세 나라만 본다면 20세기에 들어와서 장기적으로는 부의 평준화가 이뤄졌다는 것은 의심할 수 없는 사실인 것 같다. 다만 최근 20년 동안 미국, 스웨덴에서 다시 역전 현상이 나타나고 있어서 부의 평준화가 과연 일종의 사회혁명으로 볼 수 있을지 아닌지 좀 더 지켜볼 필요가 있다.

부의 불평등의 국제 비교

그러면 나라 사이에 부의 불평등이 어떻게 다른가를 보기로 하자. 〈표 8.6〉에는 몇 나라에서 실시된 표본조사 혹은 부유세 자료에 기초한 가계 부의 불평등 추계가 나와 있다. 국가 간의 비교 가능성을 높이기 위해 1980년대 중반으로 시기가 통일되어 있다. 이 표에 의하면 여기에 나열된 나라 중에서 불평등이 가장 작은 나라는 오스트레일리아, 이탈리아, 한국, 아일랜드, 일본, 스웨덴 등이고, 지니계수로는 0.5~0.6의 값을 가지며, 최고 1%가 보유하는 부의 몫이 20% 이내의 값을 취한다. 가계 부의 불평등이 중간 정도에 속하는 나라로는 캐나다, 덴마크, 프랑스, 독일 등이 있으며, 최고 1% 부유층의 몫이 26% 이내의 값을 갖는다. 이들 나라 중 가장 큰 불평등을 보이는 나라는 미국으로서 타의 추종을 불허한다. 지니계수는 0.8 정도이며, 최고 1% 부유층이 차지하는 몫이 30%를 초과한다. 다만 이 비교는 부의 개념과 조사 과정이 나라 사이에 서로 달라서 확실한 것은 아니고 잠정적·개략적인 결론으로 받아들여야 할 것 같다.

표 8.6 부의 집중의 국제 비교 I

		최고 1%	최고 5%	최고 10%	지니계수	부의 개념
미국	1983	35	56	–	0.79	순자산
		33	55	–	0.78	조정 순자산
프랑스	1986	26	43	–	0.71	총자산
덴마크	1975	25	48	65	–	순자산
독일	1983	23	–	–	–	순자산
	1988	–	–	–	69	순자산
캐나다	1984	17	38	51	0.69	순자산
		24	43	–	–	조정 순자산
오스트레일리아	1986	20	41	55	–	순자산
		13	32	46	–	조정 순자산
이탈리아	1987	13	32	45	0.60	순자산
한국	1988	14	31	43	0.58	순자산
		19	36	48	–	조정 순자산
아일랜드	1987	10	29	43	–	순자산
일본	1984	–	25	–	0.52	순자산
스웨덴	1985	16	37	53	–	순자산
		11	24	–	0.59	조정 순자산

자료: Davies and Shorrocks(2000, 637).

3. 부의 집중의 원인

생애 주기 가설

부의 불평등이 일어나는 원인에 대해 생각해 보기로 하자. 먼저 6장에서 다뤘던 생애 주기적 설명을 다시 한 번 검토해 보자. 이론적으로 보면 소득과 상속재산이 같더라도 생애 주기에 따른 저축의 차이에 의해 부의 불평등이 발생할 수 있다. 젊을 때 일해서 번 소득을 저축해 두었다가 나이가 많아질수록 부가 축적된다면 이것은 그 정당성을 누구라도 시비 걸 수 없는 부의 축적이라고 할 수 있다. 그러면 보통의 노동자가 노동소득을 꾸준히 저축해서 거대한 부(최고 0.1% 또는 1%)에 도달하는 것이 과연 가능할까? 바꾸어 말하면 현실의 부의 불평등이 생애 주기 가설로 설명될 수 있는가? 대답은 부정적이다.

영국에서 최고의 부자들 가운데 3분의 1이 45세 이하이며, 최고의 소득을 버는 대기업 이사가 소득을 4분의 1씩 저축한다고 가정할 때 상당한 부가 축적되기는 하지만 여전히 최고 부유층에 도달하지는 못한다. 생애 주기적 설명에 대한 또 하나의 반증은 같은 성별, 같은 연령 집단 내부에서도 전체의 부의 불평등과 비슷한 크기의 불평등이 존재한다는 데서 찾을 수 있다. 생애 주기적 설명이 타당하다면 부의 불평등은 주로 연령 간에서 발생하는 것이지 동일한 연령 집단 내에서는 별로 없어야 할 것이다. 그러나 6장의 〈표 6.1〉에서 보았듯이 동일한 연령 집단 내부의 부의 불평등이 전체의 불평등 못지않은 크기로 존재한다는 사실은 생애 주기 가설을 의심하게 만드는 증거다.

자수성가

부의 집중에 대한 두 번째 설명은 자수성가한 부자들의 경우다. 자수성가에는 대체로 다섯 가지의 유형이 있다.

1) 새 상품이나 기술의 개발로 돈을 번 경우로서, 예를 들면 복사기 제조회사 제록스라든가 즉석카메라 회사 폴라로이드 등이 있는데, 이들은 독점 렌트를 번 경우에 해당한다.

2) 성장 산업에 가담해 돈을 번 경우로서, 과거에는 자동차와 항공 산업, 제2차 세계대전 후에는 전자 산업, 컴퓨터, 슈퍼마켓 등이 여기에 해당한다. 2009년 현재 세계에서 제일 큰 부자라고 알려진 미국의 빌 게이츠는 재산이 400억 달러(55조 원)라고 하는데 이 재산은 마이크로소프트라는 컴퓨터 소프트웨어 회사를 차려 독창적 아이디어 하나로 엄청난 재산을 한 손에 거머쥔 것으로서 아마 1)과 2)가 결합된 경우가 될 것 같다.

3) 자연 자원, 즉 석유, 광물, 토지 등에서 돈을 번 좀 더 고전적 경우가 있다. 우리나라에서도 과거 큰 부자 중에는 '만석萬石지기', '천석千石지기'라고 불리는 땅 부자들이 많았고,

유일한

한국에서 가장 존경받는 기업가 유일한(1895~1971)은 개화 상인 유기연의 9남매 중 장남으로 평양에서 출생해 9세 때 미국으로 건너 가 고학으로 대학을 졸업했다. 11세 때 주급 3달러를 받고 신문배달 아르바이트를 하던 어느 날 큰 비가 쏟아지자 신문을 가슴에 품고 배달하는 것을 본 신문사 간부가 "너는 우리 신문사의 큰 보배다"라고 격려해 주었다. 유일한은 이때 인간이 최대의 자본이라는 교훈을 얻었다며 이 일화를 주위에 자주 이야기했다. 1919년에는 조국의 3·1운동의 영향으로 4월 필라델피아 시위를 주도했다. 거듭된 실패 끝에 숙주나물을 통조림으로 만드는 데 성공해, 1922년 '라 초이' 회사를 창립해 단기간에 50만 달러를 벌었다. 이 돈을 갖고 1926년 귀국했는데 헐벗고 굶주리고 병든 국민들을 보고 충격을 받아 제약 회사 설립이 시급하다고 판단, 그해 12월 종로 2가에서 유한양행을 창립했다. 1937년에 벌써 일종의 사원지주제를 시행했으며, 1962년에는 경성방직에 이어 우리나라 두 번째로 기업을 공개했고, 사원지주제를 확대했는데, 이는 1974년 '우리사주조합법'이 제정되기 12년 전의 일이었다.

1968년 모범 납세자로 최초의 동탑산업훈장을 받았으며 언론에서는 '한국 유일의 자진 납세 업체', '한국 유일의 장부 공개 업체'라고 평가했다. 그는 "정부의 혜택을 받지 않고, 정부에 의지하지 않고, 아첨하지 않고, 가깝게 지내지 않는다"는 원칙을 고수했다. 그는 생전에 여러 대학에 재산을 기부했으며, 유한공고를 설립해 가난한 학생들의 학비를 면제하는 등 숱한 사회사업 및 노동자 복지사업을 폈다. 유일한의 경영 이념은 좋은 상품을 만들어 국가와 동포에게 봉사하고, 정직·성실하고 양심적인 인재를 양성·배출하며, 기업의 이익은 첫째, 기업을 키워 일자리를 만들고 둘째, 정직하게 세금을 내고 셋째, 남는 것은 기업을 키워 준 사회에 환원한다는 것이다. 그는 항상 "기업은 국가와 국민의 것이며, 기업가는 관리자일 뿐"이라고 말했다.

1969년 조권순 부사장에게 사장직을 물려주고 은퇴 후 1971년 타계했는데, 사후 공개된 유언장은 당시 사회에 큰 충격을 주었다. 아들 유일선에게는 대학까지 졸업시켰으니 앞으로는 자립해서 살아가라고 하고, 딸 유재라에게는 유한중·유한공고 구내에 있는 땅 5천 평을 물려주되 유한동산으로 꾸며 달라고 부탁했으며, 7살 난 손녀 유일링에게는 대학졸업 때까지의 비용 1만 달러(320만 원)를 물려주었다. 그리고 자기 소유의 유한양행 주식 14만 주(약 36억 원)를 전액 사회에 환원했다. 그 뒤 딸 유재라는 1991년 사망했는데, 전 재산 200억 원을 유한재단에 기증해 2대에 걸쳐 재산의 사회 환원을 실천했다.

흔히 우리나라 재계에서는 국민들이 기업가를 알아주지 않고 시기, 증오한다고 불평하지만 그것은 사람 하기 나름이다. 유일한 같은 기업가라면 누가 존경하지 않을 수 있겠는가?

한국경영사학회, 『유일한 연구』 참조.

광산을 해서 돈을 번 경우도 많았다. 그중 경주 최 부자는 땅 부자이면서도 모범적 태도로 부를 관리해서 지금도 국민의 존경을 받고 있다. 최 부자의 생활신조 "흉년이 들었을 때 농민의 땅을 사지 마라" "사방 100리에 굶는 사람이 없게 하라" 등에서 훌륭한 태도를 엿볼 수 있다.

4) 정부 규제를 이용해 돈을 번 경우도 있는데, 예컨대 런던에 건축 규제가 있을 때 건물주들이 횡재한 예라든가, 미국에서 1920년대에 금주법禁酒法, The Prohibition Law이 시행되고 있을 때 시카고의 잔인무도한 갱단 두목 알 카포네Alphonse G. Capone나 저명한 케네디 가가 밀주密酒를 팔아서 치부한 사례 등이 유명하다. 우리나라에서도 정부의 경제 규제나 정책에 편승해 부를 축적한 사례가 많다.

5) 순수한 운으로 돈을 번 경우가 있다. 우리나라의 재벌 중에는 부모로부터 물려받은 재산도 없고, 본인이 좋은 학교를 나온 것도 아니고 발명을 한 것도 아닌데, 큰 부를 축적한 경우가 더러 있다. 이는 운으로밖에는 설명하기 어렵다.

이런 다섯 가지 유형 중 어떤 경우가 많은가? 영국의 억만장자를 연구한 루빈슈타인에 의하면 19세기 말에서 1960년대까지 부자의 유형에는 변화가 있었는데, 초기에는 농업, 섬유, 무역 등 전통적 산업에서 주로 돈을 벌었고, 중간의 시기에는 양조업, 기계공업에서 부자가 나왔으며, 최근으로 올수록 소매, 신문, 부동산 개발 등 신흥 산업에서 부자가 출현하고 있다고 한다.

상속과 부의 이전

19세기 말 미국의 벼락부자로서 온갖 추문을 남겼던 코넬리우스 반더빌트Cornelius Vanderbilt의 재산은 1877년에 이미 1억 달러에 달했다. 만일 이 재산이 지금까지 계속 상속, 재투자되었고, 그동안의 연 이자율이 6%라고 가정한다면, 현재의 재산은 약 1천억 달러라는 천문학적 숫자로서 빌 게이츠 재산의 두 배가 넘을 것이다. 그러나 반더빌트 가는 부자 서열에서 사라지고 없다. 상속의 패턴은 아버지 → 아들 → 손자로 내려가는 것이 대체로 정형

한국의 계급 결혼

사례 1_ 한국 100대 부자 인척 관계

보유 주식의 평가액으로 따진 한국의 100대 부자들은 자녀들의 혼인 등으로 서로 긴밀하게 연결되어 있는 것으로 나타났다. 대주주 지분 분석 업체인 에퀴터블(Equitables)이 국내 100대 부자들의 혼인 관계를 분석, 발표한 것에 따르면 100대 부자 중 62명이 한국 사회의 지도층 또는 100대 부자와 사돈을 맺고 있는 것으로 나타났다. 에퀴터블은 공개·비공개 기업의 주식 보유고를 평가해 100대 부자를 2002년 8월 말 선정해 발표했다. 공개 기업의 경우 지난 5월 31일 종가를 기준으로 했고, 비공개 기업은 지난해 각 기업의 순자산(자산에서 부채를 제외한 금액)을 기준으로 가격을 매겼다. 100대 부자 중 상류층과 혼인 관계를 맺지 않은 38명은 대부분 최근 자수성가한 부호들인 것으로 밝혀졌다. 이들 중 대표적인 인물은 코스닥 시장에서 많은 돈을 번 엔씨소프트 김택진 사장(21위), 국순당 배중호 사장(33위), 휴맥스 변대규 사장(42위) 등이다.

『중앙일보』 2002/09/27

사례 2_ 한국 10대 재벌가 혼맥 연구

재벌가는 유력한 집안과의 혼인 관계를 통해 자신들의 성(城)을 더욱 견고히 쌓아올린다. 부와 권력, 명예와 위신이 결합하는 재벌가의 통혼은 한국 신귀족층 형성의 단면을 극명하게 드러낸다.

어느 민족, 어느 사회를 막론하고 '끼리끼리' 문화는 존재한다. 특히 결혼 문화에서 서로 격이 맞는 집안끼리 연결함은 일견 자연스러운 관습이다. 한국 사회에서 '로열패밀리'로 통하는 재벌가는 저마다 독특한 혼습과 더불어 거대한 혼맥을 형성하고 있다. 이 혼맥은 곧 한국 명망가 집안의 지표로서 그 위용을 드러낸다.

지구상에서 유일하게 한국에만 존재한다는 재벌, 그들은 자기들끼리의 통혼, 그리고 정·관계와의 결혼을 통해 끊임없이 영역을 확장시키며 성(城)을 더욱 공고히 다져 왔다. 삼성·LG·현대 등 대표적인 10여 개 재벌가의 혼맥을 살펴보면 창업주의 성격과 의지에 기인한 혼맥의 엄청난 힘을 실감할 수 있다. 상대적으로 정·관·재계에 비해 학계 등 문화계 인사가 극히 미미하다는 점도 하나의 특징이다.

최근 재벌 3, 4세대들 사이에 자유연애가 상당히 선호되고 있다고는 하지만, '끼리끼리'로 통하는 그들만의 교제는 오히려 더 늘어나고 있는 형편이다. 이는 재벌가 자녀들이 그들 스스로 자신들만의 사교 문화를 지키며 주변과 차단하기를 원하기 때문이다. 미국 등 서구에서 오랜 세월에 걸쳐 정착된 '귀족문화'가 한국에서도 형성되고 있다는 방증이다.

『월간중앙』 2002년 1월호

定型, stylized fact이지만 때로는 형제 간, 조손祖孫 간, 사장에서 사원에로의 상속도 있고 자선단체에의 기부, 증여도 있다.

우리나라에서는 유한양행의 사주 유일한과 그의 딸 유재라가 2대에 걸쳐 재산을 자녀나 친척에게 물려주지 않고 사회에 환원함으로써 국민에게 감동을 주었다. 이런 사례는 정말 한국에서는 보기 드문 미담이며, 우리나라의 자랑이다.

상속이 부의 분배에 미치는 영향은 세 가지 요인에 달려 있는데 그것은 1) 상속 패턴, 2) 가족 수, 3) 결혼 패턴이다.

첫째, 상속 패턴을 보면 여러 자녀 사이에 균등하게 분배하느냐 아니면 장자상속長子相續, primogeniture을 하느냐 하는 두 가지 방식이 있는데, 이것은 각국의 관습에 따라 다르다. 장자상속은 주로 과거 농업 사회의 토지 분배에서 유래하는 것으로서 균등 분배에 비해 부의 분산을 저해하는 면이 있다. 실제 영국의 상속 패턴에 대해서는 1928년에 웨지우드J. Wedgwood가 발표한 아주 고전적인 연구가 있다. 그에 의하면 부유할수록 여자보다 남자 쪽이 많이 상속받으며 한 명의 아들에게 재산의 아주 큰 몫이 돌아가는 경우가 많은데, 작은 부자일수록 균등 분배의 경향이 있다고 한다. 반대로 미국의 경우 멘칙P. Menchik의 연구에 의하면 1930년대와 1940년대에 균등 분배의 경향이 발견된다고 한다. 그러나 이것은 워낙 오래전의 이야기이므로 두 나라 모두 그 뒤 상속 패턴이 변화했을 가능성이 있지만 어쨌든 나라에 따라 상속 패턴이 다르다는 것은 흥미 있는 사실이다.

둘째, 부유층의 가족 수가 많다면 그 자체가 부의 평준화 요인이 될 것이다. 부자들이 평균 3명의 자녀를 둔다고 가정하고 균등 분배를 가정하면 100억 원의 재산은 제5세대에 가서는 1억 2,500만 원으로 감소할 것이다. 그러나 실제로 부유층과 빈곤층 사이에 가족 수에 큰 차이가 없기 때문에 이런 방식의 부의 분산 효과는 별로 일어나지 않는다.

셋째, 결혼 패턴의 문제는 상속받는 여자의 수가 증가 추세에 있으므로 점차 중요해지고 있다. 결혼이 무작위적으로 성사된다면 부의 평준화 효과를 갖지만 계급 결혼이 이뤄지면 부의 집중을 고착화시킨다. 영국에서는 부자들의 60%가 부자와 결혼한다고 밝힌 하베리와 히친스D. M. Hitchens의 연구가 있다(Harbury and Hitchens 1979). 한국의 경우 계급 결혼의 양상이 눈에 자주 띄는 것은 사실이고, 한국에서의 계급 결혼의 경향을 부분적으로 증명한 초기 연구도 나와 있지만(공정자 1989) 실제로 계급 결혼의 패턴이 어느 정도인지 앞으로 좀 더 깊이 연구할 만한 과제가 될 것이다.

4. 상속이냐 자수성가냐?

거대한 부가 주로 상속된 것으로 보느냐 아니면 자수성가의 결과로 보느냐에 따라 부의 불평등에 관한 관점과 정책은 근본적으로 달라질 수밖에 없다. 부의 축적을 자수성가의 결과로 보고 기회균등을 전제한다면 이것은 공평한 분배라고 할 수 있다. 그 반대로 상속으로 인한 것으로 파악한다면 이것은 불평등이 세대 간에 이전되는 것에 불과하며, 기본적으로 용인하기 어려운 불공평이므로 정책적으로 타파되어야 할 것이다. 미국의 경제 잡지『포춘』지가 1951년과 1968년의 억만장자를 조사한 결과 22명 중 두 번 다 공통적으로 들어간 인물은 1명뿐이었다. 이 자료에 기초해 포춘 지는 부의 축적에 상속은 별로 중요치 않다는 결론을 내렸다. 즉, 거부들은 대부분 자수성가했거나 또는 상속을 받았다 하더라도 나중에 그 재산을 크게 늘린 사람들이라는 것이다.

그러나 이 주장은 옳지 않다. 예를 들어 현재 200억 원의 재산을 가진 사람이 있다고 하자. 만일 그가 16년 전 50억 원을 상속받았다면 그는 재산을 4배로 늘린 것이라고 볼 수 있을까? 그렇지 않다. 왜냐하면 연 7%의 수익률을 가정할 때 50억 원은 16년 후면 저절로 150억 원이 되기 때문이다. 이 경우 200억 원의 재산가는 그 재산의 대부분이 상속 덕분이라고 보는 것이 타당할 것이다.

미국의 로빈 발로우 Robin Barlow 등의 연구를 보면 50만 달러 이상의 재산가 중에서 28%가 재산의 반 이상이 증여나 상속에 기인한다고 대답했다고 한다(Barlow et al. 1966). 미국 연방은행 Federal Reserve Bank의 연구에 의하면 50만 달러 이상의 재산을 가진 사람들 가운데 3분의 1이 부의 상당 부분을 상속받았다고 한다.

영국의 상속에 관한 하베리와 히친스의 연구 결과를 보면 10만 파운드 이상을 유산으로

표 8.7 | 영국의 부의 상속 (단위: %)

아버지의 재산	1956/1957년	1965년	1973년
100만 파운드 이상	9	4	7
25만 〃	33	24	21
10만 〃	51	45	36
5만 〃	63	55	47
2.5만 〃	68	68	58
1만 〃	75	77	71
5천 〃	78	80	74
1천 〃	85	83	79
전체	100	100	100
표본의 크기	532	94	108

자료: Harbury and Hitchens(1979, Table 3.3).

남긴 사람들의 아버지의 재산분포를 조사한 것이 있다(Harbury and Hitchens 1979). 이것을 따온 것이 〈표 8.7〉이다.

이 표를 보면 10만 파운드 이상의 재산을 가진 사람의 배후에는 상당한 재산을 가진 아버지가 있었다는 것을 알 수 있다. 여기서 10만 파운드의 재산 형성의 경계선이 될 만한 점을 찾는다면 아마 2만 5,000파운드 정도가 될 것 같고, 이 정도의 재산을 물려받은 아들은 큰 실수를 하지 않는 한 계속해서 부자의 서열에 낄 수 있다는 것을 짐작할 수 있다. 10만 파운드 이상의 부자들 가운데 약 3분의 2는 상속이 중요한 역할을 하고 있다고 해도 무방할 것이다. 그러나 다른 한편 시간적 추세를 볼 때 1970년대로 올수록 상속의 중요성은 감소하는 추세(68%에서 58%로)에 있다는 것도 이 표에서 뚜렷이 나타나고 있다.

5. 부의 재분배 정책

부의 소유에 대한 과세

부의 재분배 정책은 크게 보아 부의 소유에 대한 과세와 부의 이전에 대한 과세로 나눌 수 있다. 먼저 부의 소유에 대한 과세를 보면 거기에는 재산세財産稅, property tax와 부유세가 있다. 재산세는 우리나라를 비롯해 대부분의 나라에서 채택하고 있는 조세인데, 토지, 주택 등 몇 가지 주요 재산에 대해 각각 따로 세율을 정해 과세하는 것이다. 재산세는 자산이라는 저량貯量, stock에 대한 과세라는 점에서 유량流量, flow에 대한 과세인 소득세나 소비세와 구별된다. 재산세는 소득세가 발달하기 전에는 상당히 중요한 조세의 원천이었으나 지금은 소득세에 그 위치를 내주고 있다. 토지, 주택 등에 대해 재산세를 부과할 때 그 부담이 지주, 집주인에게 귀속하느냐 아니면 세입자에게 전가되느냐 하는 문제는 경제학의 오랜 숙제 중의 하나다.

부유세는 13세기 스위스에서 시작된 것인데 현대에 와서는 1910년 스웨덴이 효시를 이뤘다. 그 뒤 스페인, 룩셈부르크, 노르웨이, 프랑스 등 한때는 14개국에서 시행됐고, 아시아에서는 인도, 파키스탄, 스리랑카, 남미의 콜롬비아, 우루과이 등에서 시행됐다. 그러나 1990년대 부자들이 세금 회피를 위해 자본을 해외로 도피하는 행동이 광범위해지자 2003년 오스트리아, 네덜란드, 덴마크가 이 세금을 폐지했고, 2007년에는 원조 국가인 스웨덴마저 폐지해 지금은 8개국에서 시행 중이다.

부의 총액에 대한 누진과세 방식이라는 점에서 재산세와는 다른 조세로, 세율은 0.5에서 2%의 범위에 있다. 마치 여러 가지 소득을 합산해 종합소득세로 누진과세하듯이 개인이 소유하는 모든 부를 합산해 누진과세하는 방식이다. 누진 소득세가 효과적인 재분배 수단인 것처럼 부유세도 아주 강력한 부의 재분배 효과가 기대된다.

그러나 부유세를 운영하기 위해서는 개인별로 부동산과 동산을 포함하는 모든 부를 정확히 파악해야 하므로 재산 공부財産公簿의 정비, 자료의 전산화, 국민들의 높은 조세 의식, 조세공무원의 자질 등을 전제로 하며, 조세 행정상 막대한 비용이 든다. 그래서 일본에서도 1955년 부유세를 도입했으나 3년 만에 폐지한 전력이 있다. 그리고 부유세는 자본이득에 대해서는 비과세 또는 저율 과세하는 대신 노후 생활 대책으로서 근근이 저축해 모은 재산에 대해 과세하므로 저축에 불리한 영향을 준다. 뿐만 아니라 자수성가로 얻은 부와 상속으로 생긴 부를 구별하지 않고 똑같이 과세한다는 점에서 불공평하다는 단점이 있다. 따라서 원칙적으로 부의 소유보다는 이전에 과세하는 것이 합리적인 것으로 알려져 있다.

부의 이전에 대한 과세

영국에는 자본이전세資本移轉稅, Capital Transfer Tax가 있었는데, 그 이전에 있던 사망세death tax를 대체해서 1975년부터 1986년까지 시행되다가 1986년에 상속세로 대체되면서 사라졌다. 자본이전세는 평생 동안 이전된 부의 누계에 대해 과세하는 것으로 여기에는 상속뿐만 아니라 증여도 포함된다. 자본이전세가 시행되고 있던 1982년 현재 이 세금의 면세점은 5만 5,000파운드였고, 증여와 상속은 세율을 달리 책정하고 있었는데, 증여는 15~50%, 상속은 30~75%의 세율이 적용되었다. 명목상 세율은 매우 누진적으로 보이지만 실제 여러 가지 특례로 인해 조세 부담은 아주 작은 것으로 알려져 있었다. 즉, 연도별 공제액이 15만 파운드였고, 거기에 농지 및 농업용 재산 공제, 개인기업 공제, 육림育林 공제, 예술품 공제 등이 있었으며 무이자 분할 납부가 가능했기 때문에, 의식적으로 탈세하지 않더라도 부자의 99%는 자본이전세를 전혀 물지 않았다고 한다.

　미국의 세법은 영국과 다르지만 실효세율은 역시 매우 낮다. 단적인 예로 1960년 미국의 거부 존 록펠러John D. Rockefeller가 죽었을 때 상속세를 전혀 물지 않았다. 거부들은 록펠러재단, 포드재단, 카네기재단 등 각종 문화재단이나 자선단체를 설립해 조세 부담을 경감시켰다. 또한 '세대 생략 신탁'generation-skipping trust이란 방식을 이용해서 조세를 합법적으로 회피하기도 한다. 예를 들어 허스트Hearst 가는 이 제도를 이용해 1957년에 큰 액수의 상속세를 물었지만 2050년까지는 전혀 세금을 물 필요가 없게 됐다고 한다.

　영국과 미국의 자본이전세는 상속 총액에 과세하고 그것이 나뉘는 방법과는 전혀 무관하게 되어 있다. 앞으로는 장자상속보다 여러 자식 사이의 분산을 촉진하도록 제도가 수정되어야 한다는 제안이 있다. 개인의 증여나 상속을 주는 쪽의 개인에 과세하는 대신에, 받는 쪽의 개인을 과세 단위로 해서 받게 되는 모든 부의 이전, 증여, 상속의 누계에 대해 누진과세하는 것이 옳다는 제임스 미드의 아이디어는 경청할 만하다. 이렇게 하면 이론적으로는 훨씬 우수한 효과를 거둘 수 있지만 문제는 행정상의 비용이 많이 든다는 데 있다. 그러나 샌포드[C. T. Sanford]의 연구에 의하면 행정상의 비용이 비록 크지만 이런 아이디어는 충분히 실행 가능하며, 현재의 경제적 불평등의 주요 원천을 축소시킨다는 장점을 생각하면 오히려 작은 비용에 불과하다고 것이다.

그 밖의 정책

이밖에 부의 불평등을 축소시키는 몇 가지 접근 방법이 더 있는데 그중 하나로서 사유재산의 범위를 제한하는 것을 생각할 수 있다. 사람들은 어느 나라든지 인간, 공기, 바다를 소유할 수는 없게 제한을 받고 있다. 이것을 더 확장하면, 예를 들어 재산 총액의 상한을 설정해 제한한다든가 하는 방식을 생각은 해볼 수 있으나 실행 상 부작용과 단점이 너무 많다. 둘째로 부의 집중을 상쇄시키는 조처로서 다음의 세 가지 정도를 고려할 수 있다. 원칙하에 있다.

첫째, 국유화인데 이것은 원래 영국 노동당을 비롯한 유럽 각국 좌파 정당의 정강이었다. 국유화와 더불어 보상을 어떻게 해주느냐에 따라 부의 분배가 달라질 것이다. 그러나 각국의 경험을 보면 국유화 조치가 비능률, 부패로 인해 실패한 사례가 많아서 최근에는 세계적으로 민영화의 추세에 있다.

둘째, 1회로 끝나는 자본과징資本課徵, capital levy을 생각할 수 있다. 그러나 이것은 노후 생활 안정을 위한 생애 주기적 저축을 저해할 우려가 있고, 1회 시행으로 끝나기 때문에 과세 후에는 다시 불평등이 발생할 가능성이 커서 별로 환영할 만한 정책이라고 하기 어렵다.

셋째, 최소한의 상속을 보장해 주는 일종의 '마이너스 자본세'negative capital tax를 생각할 수 있다. 이것은 뒤에 11장에서 나올 '마이너스 소득세'[NIT: negative income tax]와 유사한 원리로서 일정한 한도 이상의 재산 상속에 대해서는 과세하고, 그 이하에 대해서는 오히려 정부가 보상을 해주어 모든 사람이 최소한의 상속은 받을 수 있도록 보장해 주자는 아이디어인데 이 제도를 실행에 옮긴 나라는 아직 지구상에 없다.

6. 한국의 부의 분배

한국의 실증 연구

한국의 부의 분배 문제는 많은 사람들의 관심사임에도 불구하고 믿을 만한 자료가 별로 없어서 지금까지 체계적 연구가 이뤄지지 못하고 있다. 지금까지 두세 가지 정도의 통계자료밖에 소개할 수 없는데 하나는 경제기획원에서 1977년 발표한 『국부통계조사보고』이다. 이 중 가계 자산 자료는 전국의 9,883가구를 표본조사한 것이다. 이 자료는 가계 자산을 조사한 것이긴 하지만 주택과 내구소비재만 포함되어 있고, 중요한 자산 항목인 토지와 금융자산이 빠져 있는 것이 큰 흠이다. 그러므로 이 통계는 주택과 내구소비재 항목에 국한해서 관찰했을 때 우리나라의 부의 분배 상태가 어떤가 하는 것만 알려 준다고 할 수 있다. 주학중의 추계에 의하면 가구당 자산의 분포 상태는 〈표 8.8〉과 같다.

이 장의 맨 앞에서 보았듯이 자산의 가치를 평가하는 방법에는 두 가지가 있다. 하나는 그 자산을 현재 다시 산다고 가정할 때 지불해야 하는 가격인데 이것을 대체 비용[代替費用, replacement cost]이라고 하며, 다른 하나는 그 자산을 시장에 내다 팔았을 때 받을 수 있는 가격인데 이것을 실현 가치라고 한다. 부의 불평등 정도는 이 두 가지 개념 중 어느 쪽을 택하느냐에 따라 상당히 차이가 있다. 부의 불평등을 나타내는 지니계수는 대체 비용으로 계산할 때 0.41, 실현 가치로 계산할 때는 0.52로 나타났다.

그런데 어느 쪽을 택하든 관계없이 부의 분배치고는 불평등이 상당히 낮게 나타나고 있는데, 아마 그 이유는 불평등이 크게 나타날 가능성이 있는 토지와 금융자산이 아예 조사에서 빠져 있기 때문일 것이다. 도시와 농촌으로 갈랐을 때 농촌이 도시보다 부의 불평등이 훨씬 작은 결과가 나오는데 이것은 농촌의 주택 보급률이 높기 때문인 것으로 해석할 수 있다. 도시 안에서는 직업 간에 부의 불평등에 별 차이가 드러나지 않는다.

이미 말한 바와 같이 이 자료는 제한된 자산 항목만 조사한 것이므로 지니계수의 값 자체에 그렇게 큰 의미를 부여할 수는 없다. 그 뒤에 나온 자료로서 좀 더 넓은 범위의 자산 항목을 조사한 것으로는 1988년 한국개발연구원에서 실시한 '국민 생활수준 및 경제 의식에 관한 설문 조사'가 있다. 이 조사는 전국의 약 5,000가구를 대상으로 실시되었는데 권순원에 의한 분석 결과를 보면 〈표 8.9〉와 같다(권순원 외 1992).

이 자료는 앞서 경제기획원의 자료에 비해 모든 자산 항목을 포괄한다는 점에서 좀 더 나은 자료라고 할 수 있다. 특히 한국에서 중요한 의미를 가지는 토지와 금융자산이 여기에는 포함되어 있다. 추정 결과를 보면 자산의 불평등을 나타내는 지니계수가 전국적으로 0.58이며, 도시와 농촌 사이에는 별 차이가 없는 것으로 되어 있다. 금융자산과 실물 자산으로 나누었을 때 금융자산이 실물 자산보다 훨씬 더 불평등한 분포를 보이고 있다. 이런 정도의 부의 불평등은 소득분포의 지니계수 0.40에 비해서는 높은 편이지만 앞서 본 선진 자본주의 여러 나라의 부의 불평등에 비해서는 낮은 편이고 우리나라의 부의 편재(偏在)가 심각한 상태라고 느끼는 국민의 일반적 감각과는 상당한 거리가 있다.

이 조사의 신뢰도를 검증하기 위해 세계은행 연구팀이 국민 계정과 비교한 바에 따르면 노동소득은 그런대로 잘 파악되고 있으나, 이자 및 배당소득의 4분의 1도 제대로 파악되지 않는 등 재산소득이 상당히 누락된 문제점이 지적되고 있다(Leipziger et al. 1992). 이것은 소득 조사에서 흔히 나타나는 현상이긴 하지만 이 자료를 해석할 때 이 점을 염두에 두지 않으면 안 된다.

이 조사에서 부의 불평등이 소득의 불평등보다 높게 나타난 것은 예상대로지만, 그 수준이 예상만큼 높은 것은 아니다. 일반적으로는 한국의 부의 불평등이 대단히 큰 것으로 생각되지만 국제 비교의 결과는 그런 느낌과 상당히 거리가 있다. 세계은행 연구팀이 검토한 자료가 〈표 8.10〉에 요약되어 있다. 앞에서 본 국제 비교 자료 〈표 8.6〉은 주로 1980년

표 8.8 | 한국의 부의 분배 I (지니계수, 1977년)

	전국	비농가	노동자	자영업자	농가
대체 비용	0.414	0.482	0.467	0.488	0.239
실현 가치	0.523	0.542	0.534	0.551	0.443

자료: 주학중(1982, 104).

표 8.9 | 한국의 부의 분배 II (지니계수, 1988년)

	소득	자산 전체	금융자산	실물 자산
전체	0.40	0.58	0.77	0.60
도시	0.37	0.58	0.74	0.60
농촌	0.45	0.55	0.84	0.56

자료: 권순원 외(1992).

대 여러 나라의 부의 분배를 비교한 것이지만 이 자료는 1960~70년대 자료와 비교한 것이다. 시기는 다르나 어쨌든 한국의 부의 불평등은 20~30년 전의 선진 자본주의국가와 비교하면 비슷하거나 오히려 낮다고 세계은행 연구팀은 결론내렸다(Leipziger et al. 1992). 이것은 예상 밖의 결과로서 얼핏 납득하기가 어렵다.

이런 결과를 설명해 줄 수 있는 하나의 가능성은 부의 불평등에서도 사이먼 쿠즈네츠 Simon Kuznets의 역U자 가설逆U字假說, inverted-U hypothesis 같은 것이 성립할지 모른다는 점이다. 즉, 가난한 초기 상태에서는 어느 사회든 부의 불평등이 작다가 경제 발전과 더불어 점차 불평등이 심화할 가능성이 있다. 이 문제에 대해서는 아직 각국의 자료가 적고, 연구도 되어 있지 않아서 확실히 말하기 어렵다. 또 다른 설명은 아마 한국의 1988년 조사에서 부의 파악이 철저하지 못했을 가능성이 있고, 주로 최고 상위 그룹의 자산이 조사에서 누락되었다면 실제 한국의 부의 불평등은 이 조사의 결과보다 클 것이라는 점이다. 이 문제는 앞으로 소득 및 부에 대한 좀 더 철저하고 본격적인 조사를 통해 규명할 필요가 있다.

이 연구는 우리나라에서는 찾기 어려운 귀중한 정보를 최초로 제공해 준다는 점에서 그

가치를 높이 평가해야 한다. 다만 아쉬운 점은 표본이 비교적 작을 뿐 아니라 우리나라에서는 소득 불평등이 도시가 농촌보다 더 높다는 것이 지금까지 정설로 되어 있는데 이 조사에서는 그것과 반대되는 결과가 나타나고 있어 표본의 대표성에 다소 문제가 있는 것이 아닌가 하는 의심을 해볼 수 있다. 연구자들 스스로도 이 점은 인정하고 있다.

부의 분배 문제는 그 중요성에도 불구하고 과거에는 거의 자료가 거의 자료가 없었고, 최근에 와서 비로소 이런 중요한 연구 결과가 나오고 있지만 아직은 잠정적인 추계로 보아야 할 것 같다. 이 조사 이후 나온 또 다른 하나의 자료로서 1990년 10월 한국 사회과학연구협의회에서 1,792가구의 부와 소득을 조사한 것이 있다. 이 조사의 표본은 너무 작아서 크게 설득력이 있다고 말하기는 어렵지만 이 자료에서 추계된 소득의 지니계수는 0.42, 부의 지니계수는 0.66로서 소득과 부 양쪽에서 KDI 자료보다 높은 불평등을 보여 주고 있다 (김황조 1991).

〈표 8.11〉은 이정우와 이성림이 '한국가구경제활동조사'(대우경제연구소)의 자료를 이용해 분석한 한국의 자산분배의 불평등도다(이정우·이성림 2001). 이 연구에서는 기존의 한국의 부의 분배에 관한 연구 결과보다 불평등도가 좀 더 높게 나타난다. 1993년의 지니계수를 보면 부동산의 경우 0.689, 금융자산도 0.593의 높은 불평등을 보이고 있다. 특히 부동산 등 실물 자산 분배의 불평등이 금융자산보다 큰 것으로 나타남으로써 앞서 〈표 8.8〉에 제시한 권순원 등(1992)의 연구 결과와는 반대가 되고 있지만, 이 연구 결과가 좀 더 상식에 부합하는 수치인 것으로 보인다. 만일 이 추계치가 실제에 가까운 값이라면 한국의 부의 분배를 국제적으로 비교한 세계은행의 연구 결과(Leipziger et al. 1992)인 〈표 8.10〉도 새로이 해석돼야 할 것이다. 즉, 한국의 부의 불평등이 20~30년 전의 선진국 수준과 비슷하거나 낮은 것이 아니라 오히려 선진국 수준을 크게 능가할 가능성이 있다.

최근에 와서 부의 분배 문제에 대한 새로운 연구가 시도되고 있음은 아주 고무적 현상이지만 어쨌든 한국의 부의 분배에 관해서는 섣불리 결론을 내려서는 안 되고, 앞으로 좀 더 믿을 만한 자료가 나올 때까지는 최종 판단을 유보하는 것이 좋을 듯하다.

표 8.10 | 부의 집중의 국제 비교 II

조사 단위	자료	연도	상위 점유 비율 (%)		
			1%	5%	10%
한국	가구	조사	1988	14	31	43
오스트레일리아	가구	조사	1966	9	25	36
프랑스	가구	조사	1975	13	30	50
캐나다	가구	조사	1970	20	43	58
스웨덴	가구	조사	1975	21	44	60
뉴질랜드	개인	상속세	1966	18	45	60
프랑스	개인	상속세	1977	19	47	65
오스트레일리아	개인	상속세	1971	20	41	57
미국	개인	상속세	1969	25	44	53
영국	개인	상속세	1980	23	43	58

자료: Leipziger et al.(1992, 37).

표 8.11 | 한국의 부의 분배 III (지니계수, 1993~98년)

	보험 포함				보험 제외	
	순자산	총자산	부동산	금융자산	총자산	금융자산
1993	0.571	0.451	0.689	0.593	0.451	0.578
1994	0.573	0.492	0.675	0.633	0.501	0.667
1995	0.577	0.488	0.657	0.600	0.499	0.634
1996	0.570	0.470	0.633	0.593	0.479	0.624
1997	0.600	0.488	0.652	0.610	0.501	0.648
1998	0.655	0.462	0.602	0.630	0.473	0.678

자료: 이정우·이성림(2001).

참고문헌

공정자. 1989. "한국 대기업가 가족의 혼맥에 관한 연구." 이화여대 박사학위 논문.
권순원·고일동·김관영·김선웅. 1992. 『분배불균등의 실태와 주요 정책 과제』. 한국개발연구원.
김황조. 1992. "개인별 소득의 결정 요인과 정책 과제." 『한국 사회의 불평등과 형평』. 나남.
새뮤얼 보울스·리처드 에드워즈·프랭크 루스벨트. 2009. 『자본주의 이해하기』. 최정규·최민식·이강국 옮김. 후마니타스.
이정우·이성림. 2001. "한국의 부의 불평등 추계." 한국경제발전학회. 『경제발전연구』 제7권, 제1호.
주학중. 1982. "가계 자산 분포의 실태와 소득재분배." 『한국의 소득분배와 결정 요인』 하권. 한국개발연구원.

Atkinson, Anthony B. 1983. *The Economics of Inequality*, 2nd. Oxford University Press.
Barlow, Robin et al. 1966. *Economic Behavior of the Affluent*. Brookings Institution.
Brittain, John A. 1978. *Inheritance and the Inequality of Material Wealth*. Brookings.
Brown, Henry Phelps. 1988. *Egalitarianism and the Generation of Inequality*. Oxford University Press.
Davies, James B. and Anthony F. Shorrocks. 2000. "The Distribution of Wealth." Anthony B. Atkinson and Francois Bourquignon eds. *Handbook of Income Distribution* vol 1. Elsevier.
Greenwood, Daphne T. 1982. "A Method of Estimating the Distribution of Wealth among American Families in 1973." Proceedings of American Statistical Association.
Harbury, C. D. and D. M. Hitchens. 1979. *Inheritance and Wealth Inequality in Britain*. Allen and Unwin.
Lampman, R. J. 1962. *The Share of Top Wealth Holders in National Wealth: 1922-1956*. Princeton University Press.
Leipziger, Danny M., David Dollar, Anthony F. Shorrocks and Su-Young Song. 1992. *The Distribution of Income and Wealth in Korea*. World Bank.
Natrella, V. 1975. "Wealth of Top Wealth Holders," mimeographed.
Smith, J. D. and S. D. Franklin. 1974. "The Concentration of Personal Wealth, 1922-1969." *American Economic Review* (May).
Wolff, Edward N. 1991. "The Distribution of Household Wealth: Methodological Issues, Time Trends, and Cross-Sectional Comparisons." Lars Osberg ed. *Economic Inequality and Poverty:*

International Perspectives. Sharpe.

Wolff, Edward N. 1991. "The Distribution of Household Wealth: Methodological Issues, Time Trends, and Cross-Sectional Comparisons." Lars Osberg ed. *Economic Inequality and Poverty: International Perspectives*. Sharpe.

Wolff, Edward N. 2002. *Top Heavy: A Study of the Increasing Inequality of Wealth in America and What Can be Done about It*, 2nd ed. New Press.

Wolff, Edward N. ed. 1987. *International Comparisons of the Distribution of Household Wealth*. Oxford University Press.

보론 토지와 불평등

"곤란한 건 단 한 가지, 땅이 부족하다는 것뿐이지. 지금 이 생활에서 땅만 있다면 난 겁날 게 없어. 악마도 무섭지 않아."

톨스토이, 『사람에겐 얼마큼의 땅이 필요한가』

1. 한국의 토지문제

우리는 이 장에서 부의 불평등 문제를 다뤘지만 한국에서 결정적으로 중요한 부의 불평등은 토지에서 온다. 우리나라에서 상속재산의 3분의 2는 부동산이며, 사람들의 관심 1호가 되는 자산 역시 부동산이다. 부동산 소유가 크게 불평등할 뿐 아니라 오랫동안 지가(地價) 앙등이 계속되어 부의 불평등을 악화해 왔으므로 토지를 빼놓고는 부의 불평등을 논할 수 없다. 이 문제는 워낙 중요하니만큼 부록에서 특별히 다루기로 하자.

우리나라에서 토지 가격은 크게 1960~70년대에 가장 빠른 속도로 장기간 지속적으로 상승해서 지금과 같은 세계 최고 수준에 도달했다. 그 뒤에도 1980년대 말 주택 공급 부족과 국제수지 흑자 기조 위에서 1988년에서 1990년 사이 연평균 토지 가격은 급상승했다. 이때 워낙 다급하게 불을 끄느라고 강도 높은 대책이 쏟아져 나왔는데, 토지 공개념 3법 — 택지소유상한제, 개발이익환수제, 토지초과이득세 — 이 처음 도입되었으며 주택 200만 호 건설 계획도 이때 발표되었다. 최근의 부동산 가격 급등 사태로는 2001년 이후 각종 토지 관련 규제가 철폐되고 시중 부동 자금이 증가함에 따라 몇 년간 토지 가격이 급등한 것을 들 수 있다. 그 대책으로 이른바 2003년 10·29 대책과 2004년 8·31 대책이 발표되었다.

역대 정부의 경제 성적표를 토지 가격을 기준으로 작성해 본다면 어떻게 될까? 역대 정

표 1 | 역대 정부의 토지 가격 비교 (단위: 조 원, %)

		정권 초기 전국 지가 총액 (조 원)	정권 말기 전국 지가 총액 (조 원)	지가 상승 불로소득 (조 원)	연평균 지가 상승률 (%)	지가 총액/ 국내총생산 비율 (배) (1)	불로소득/ 생산 소득 비율 (%) (2)	경제 성장률 (%)
이승만	1953~1960	0.176	0.690	0.514	21.6	3.1	43.2	4.7
박정희	1963~1979	3	329	326	33.1	12.0	248.8	9.1
전두환	1980~1987	367	735	368	14.9	7.2	67.9	8.7
노태우	1987~1992	735	1661	926	17.7	7.3	96.3	8.3
김영삼	1992~1997	1661	1558	-103	-1.2	4.1	-5.2	7.1
김대중	1997~2002	1558	1540	-18	-0.6	2.5	-0.6	4.2
노무현	2002~2007	1540	1905	365	4.3	2.0	8.4	4.3

주: 1) 정권 최종 연도의 지가 총액/국내총생산 비율.
2) 정권 기간의 지가 상승 불로소득/정권 기간 연도별 국내총생산 합계.
자료: 이정우(2007)에서 재인용.

부의 경제 실적, 특히 경제성장, 고용, 물가, 국제수지 등 표준적인 성과는 널리 알려져 있지만 한국에서 특히 중요한 경제적·사회적 의미를 가지는 토지를 중심으로 역대 정부의 성과를 평가한 것은 없다. 한국에서는 토지 가격이 경제 운용의 기본 파라미터이고 국가 경쟁력의 기초일 뿐 아니라 서민 살림살이의 기본 지표라는 점에서 이런 비교 평가는 해볼 만한 가치가 있을 것이다.[1]

〈표 1〉은 몇 가지 분명한 사실을 알려 준다. 해방 직후에는 초인플레이션이 있었기 때문에 지가도 많이 올랐을 것으로 추측되지만 아쉽게도 지가 통계가 없고, 전국 지가 통계는 1953년 이후에야 얻을 수 있다. 이 해부터 1960년까지 이승만 정부의 토지 가격은 연평균 21.6%의 속도로 급등했다. 만일 요즘 이런 속도로 지가가 오른다면 정권을 지탱하기 어려울 것이다. 이 표에서 가장 두드러진 특징은 박정희, 전두환, 노태우 3인의 군사정부에서 토지 가격의 폭등이 있었던 반면 문민정부가 들어선 이후의 김영삼, 김대중, 노무현 정부에서는 토지 가격이 상대적으로 안정되었다는 사실이다. 우연히도 전자는 군사정부(혹은 대통령이 군 출신인 정부)이고, 후자는 문민정부인데, 양자의 대비는 너무나 뚜렷하다.

---

[1] 이 절의 분석은 졸고(2007)를 요약한 것이다.

토지 가격이 가장 폭등한 시기는 박정희 정부 때다. 박정희의 집권기인 1963~79년의 기간을 보면 전국 지가 총액이 3.4조에서 329조로 폭등함으로써 무려 100배의 상승을 보였다. 이는 연평균 33%의 상승률에 해당한다. 다시 전두환 정부 7년 동안 전국 땅값 총액은 2배, 노태우 정부 5년 동안 2.3배로 상승했다. 김영삼, 김대중 정부 동안에는 지가 총액이 하락 추세를 보였는데, 이는 해방 50년 만에 처음 보는 새로운 현상이었다. 여기서 우리는 군사정부와 부동산 투기 사이의 밀접한 상관관계를 발견하게 된다. 군부정권의 저돌적 목표 달성주의, 수단과 방법을 가리지 않는 성장 지상주의, 실적주의가 개발 위주의 정책으로 나타나고, 그 결과 고성장이 실현되지만 그와 더불어 지가 폭등이란 괴물이 쌍둥이처럼 태어났다는 추리가 가능하다.

세 차례의 군부정권 중에서도 특히 박정희 정부는 배(생산 소득)보다 배꼽(불로소득)이 2배 반이나 될 정도로 거대해 '거품경제의 온상'이었다는 비난을 면할 수 없다. 게다가 박정희 시대에는 정부가 앞장서서 강남 개발 등 부동산 투기를 조장하는 정책을 많이 썼고, 그것을 통해서 고도성장을 달성한 면이 크다(MBC 〈이제는 말할 수 있다〉 '강남투기', 2004 참조). 문제는 그 과정에서 현저한 부익부 빈익빈의 진행, 서민의 고통, 졸부의 탄생, 노동 의욕의 저해, 부의 사회적 정당성 상실, 사회적 위화감 팽배 등 심대한 사회·경제적 문제를 낳았다는 사실이다.

박정희, 전두환, 노태우 정부는 물불 가리지 않는 무조건 개발주의에 심취해 전국의 땅을 파헤치고, 길 닦고, 시멘트를 들이부어 부동산 가격을 폭등시킨 책임이 있다. 개번 맥코맥Gavan McCormack은 일본을 가리켜 '토건 국가'土建國家라 명명하고, 정경 유착의 부패 구조를 신랄하게 비판한 바 있는데(McCormack 1998), 한국도 일본 못지않은 토건 국가다. GDP 대비 건설업이 차지하는 비중이 OECD 국가 평균 13%인데, 일본은 18%나 되고, 한국은 17%다. 또한 건설업의 부패 구조도 일본과 흡사한 점이 있다. 조금만 경기 불황이 와도 건설경기를 불쏘시개로 써서 경기를 살리자고 소위 '건설족'建設族들이 안달을 하는 점도 두 나라가 흡사하다.

토건 국가는 당장의 성장률을 높일 수는 있으나 지가를 올려 국가 경쟁력 약화를 가져오고, 결국은 뒤에 오는 정부에게 두고두고 큰 짐을 지우게 된다는 점을 결코 가볍게 봐서는

한국의 땅값

한국의 지가 총액으로 대략 미국 땅의 절반을 살 수 있고, 캐나다 땅을 6번 살 수 있으며, 프랑스는 8번 살 수 있다. 한국의 땅값은 엄청난 속도로 상승해 왔다. 1995년 뜻밖의 붕괴 사고로 국민에 충격을 준 삼풍백화점 부지 1만 5,000평이 1973년 구입 시에는 4,500만 원을 주었다고 하는데, 붕괴 참사가 발생한 1995년에는 2,000억 원을 호가하고 있었으니 22년 만에 무려 4,000배 이상 오른 것이다. 이 사례는 극단적인 것이지만 우리 주위에 비슷한 예는 수없이 많다.

표에서 보는 바와 같이 약간의 외국 자료와 비교해 볼 때 한국의 지가(地價)는 국제적으로 대단히 높은 수준에 있다는 것을 알 수 있다. 각국의 GNP에 대비한 지가 총액의 비율을 볼 때 한국은 땅값이 비싸기로 유명한 일본을 능가하고 있다. 여기서 주목할 만한 사실은 선진국에서도 과거 한때는 지가가 대단히 높은 적이 있었다는 점과, 우리나라도 1970년대까지는 지가가 심각하게 높지는 않았다는 점이다.

〈표〉 각국의 지가 총액/GNP 비율의 장기 추세

	한국	일본	프랑스	독일	영국	미국
1800					3.5	1.1
1850			5.6	4.3	2.2	1.2
1900		2.9				1.6
1950			0.7	1.1	0.6	0.7
1977[1]	1.7	2.3	0.9	1.1	0.9	1.0
1989	9.2	6.5				

주: 1)은 1975년 값임.
자료: Peter Boone, 1989(이진순, "한국 토지문제의 정치경제학" 한국경제학회 발표논문, 1992, 8에서 재인용).

국내에서는 지가 상승으로 인해 발생하는 자본이득 규모 추정치가 자주 발표되고 있다. 그런데 1980년대 말의 '잠재적' 자본이득을 계산한 것을 보면 그 규모가 그 해의 GNP를 상회한다고 한다. 이 때는 우리나라의 지가 총액이 GNP의 10배 가까이 되었으므로 만일 지가가 1년에 20% 오르면(이런 일은 우리나라에서는 흔히 있었다) GNP의 200%에 해당하는 잠재적 자본이득이 발생할 수 있는 것이다(잠재적 이득이 아니라 실현된 자본이득에 관해서는 13장을 참고하기 바람).

는 안 된다. 말하자면 그런 경제적 성공은 반짝 성공에 불과한 것으로서 오늘의 성공은 반드시 내일의 실패를 가져오게 되어 있다는 점에서 자기 패배적이라는 점을 인식해야 한다.

2. 토지 공개념의 핵심은 보유세

우리가 헨리 조지Henry George의 사상을 여기서 상세히 논할 수는 없지만 세금을 싫어하기로는 둘째가라면 서러워 할 밀턴 프리드먼이 말했던 이 세상에서 가장 덜 나쁜 세금the least bad tax이 있다면 그것은 헨리 조지의 지대세, 혹은 토지 가치세일 것이다. 다 알다시피 토지는 공급이 완전 비탄력적이므로 세금을 부과했을 때, 초과 부담excess burden이 0이고, 경제 효율에 미치는 부작용이 최소로 나타난다. 게다가 지주들은 대개 부자들이므로 공평의 관점에서도 지대세를 능가하는 세금을 찾기 어렵다. 그렇게 본다면 효율과 공평의 두 관점에서 지대세 만큼 좋은 세금이 없다는 것을 알 수 있고, 극단적 세금 혐오자인 밀턴 프리드먼조차 그런 말을 한 이유를 알만하다.

현행 소득세, 소비세 위주의 세금 체계를 근본적으로 개편해 지대세로 전환할 때 기대효과는 상상 외로 크다(Tideman and Plassman 1998). 니콜러스 티드먼Nicolaus Tideman과 플로랜즈 플래스먼Florenz Plassmann은 G7 국가에 지대조세제를 도입한다고 가정해 시뮬레이션 분석을 해본 결과 지대세를 도입할 경우 국내순생산의 증가분은 최저 29%(미국)에서 최고 92%(프랑스)에 이르고, 초과 부담의 감소 효과는 최저 14%(미국)에서 최고 51%(이탈리아)에 이르는 것으로 추정했다. 이런 계산을 통해서도 토지보유세의 효용이 어떤지를 알만하다.

토지 투기에서 발생한 불로소득은 어떤 이유로도 정당화할 수 없는 것이므로 근본적으로 사전에 봉쇄하는 것이 최선이지만 만일 그것이 어렵다면 적어도 사후적으로라도 과세를 통해 환수하는 것이 바람직하다. 그러나 우리나라의 토지 관련 모든 조세를 합하면 우리나라 세수 총액(내국세와 지방세의 합계)의 10~15% 정도를 차지하고, 지가 총액 대비로는 1%에 미달한다. 그리고 실현된 토지 매매 차익과 비교한다면 5~15%에 지나지 않아서 불

표 2 | 주요국 GDP 대비 부동산보유세, 거래세 (2003년 기준) (단위: %)

	한국	미국	영국	일본
보유세 (A)	0.6	2.8	3.3	2.1
거래세 (B)	1.9	0.1	0.5	0.1
소계 (A+B)	2.4	2.9	3.8	2.2
보유세 비중 [A/(A+B)]	23.4	98.3	88.5	95.2

주: 일본은 2002년 기준.
자료: Revenue Statistics (OECD, 2005.2); 한국은행 "주요국의 부동산 세제 비교" (2005. 9. 15)에서 재인용.

로소득에 관한 과세치고는 지나치게 관대했다.

그러니 국민들이 '부동산 불패' 신화를 신봉하게 되고, 온 국민이 부동산 투기에 관심을 갖게 된 데 대해 국민을 나무라기 어렵게 되어 있다. 막대한 불로소득을 얻을 기회를 허용한 허술한 게임의 룰을 방치해 온 역대 정부의 책임이 크다 하지 않을 수 없다. 우리의 세금 체계는 지대세와는 거리가 멀고, 토지보유세가 다른 나라에 비해 유달리 낮고 거래세가 높아서 토지 공개념과는 멀리 떨어져 있다고 할 수 있다.[2]

〈표 2〉에는 각국의 부동산 과세 중 보유세와 거래세의 비중이 나와 있다. 미국, 영국, 일본에서는 부동산 세금 중 보유세 비중이 90%에 이르러 압도적 비중을 차지하고 있는 반면 한국은 거래세가 주종을 이루고 있다는 사실을 알 수 있다. 표에는 나와 있지 않으나 유럽 여러 나라에서도 대체로 한국보다는 훨씬 높은 비율로 보유세를 과세하고 있다.

토지보유세의 과표를 서서히 높여서 공시지가에 가깝게 현실화함으로써 세수를 강화하는 것은 정부가 해야 할 지극히 당연한 일이며, 이 문제야말로 우리나라의 토지문제를 해결하는 열쇠라 해도 좋다. 문제는 정부의 의지다. 부동산 시장은 귀신 같이 정부의 의지를 간파하는 능력이 있다. 과거 숱하게 반복된 실패 사례는 우리에게 중요한 교훈을 준다.[3] 노

---

2 부동산 보유세와 거래세는 각각 다음과 같이 정의된다.
　보유세=재산세, 종토세, 토지과다보유세(폐지), 토초세(폐지), 종부세, 도시계획세, 농지세
　거래세=등록세, 취득세, 양도소득세, 법인세특별부가세(폐지)

태우 정부는 당시 망국적인 상황에 이른 토지 투기를 잡기 위해서 한편으로는 토지 공개념 3법을 도입했고, 바로 그 무렵인 1989년 종합토지세를 도입하면서 당시 15% 수준에 불과했던 토지의 과표 현실화율을 계속 높여 나가서 1994년에는 60% 수준으로 올리겠다는 계획에 착수했으나 1991년에 갑자기 포기했다. 포기의 이유로 당시 내무부가 내세운 것은 "토지 소유주들의 엄청난 조세 저항이 우려된다"는 것이었다. 이때 서울 시민을 대상으로 설문 조사한 결과를 보면 토지 과표 현실화 철회에 대해서 반대하는 사람이 76.4%에 이를 정도로 국민들은 개혁조치를 지지하고 있었다(『한겨레신문』 1991/10/12). 당시 경실련에서는 정부의 후퇴를 가리켜 '과표 현실화 계획 백지화는 경제 쿠데타'라고 비난했다.

토지 과표 현실화는 다시 1992년에 김영삼 대통령의 선거공약으로 등장했으나 당선 이후에는 공수표로 바뀌고 말았다. 그는 대통령 선거운동 과정에서 자신이 대통령이 되면 당시 시가의 15% 수준에 불과하던 토지 과표를 매년 인상해 임기 말에는 시가의 60% 수준까지 높이겠다고 공약했으나 약속을 어겼다.

토지 과표 현실화의 약속 위반은 거기서 끝난 게 아니다. 1998년 3월 김대중 대통령은 취임 직후 정부 부처 첫 보고로 재정경제원의 업무 보고를 받으면서 토지 과세를 과거의 토지 이전 과세 중심에서 토지 보유 과세 중심으로 바꾸라고 지시했다. 과거에 이 문제를 지적한 대통령이 아무도 없었다는 점에서 김대중 대통령의 지시는 부동산 문제의 정곡을 찌른 지적으로서 획기적 의미가 있었다. 그러나 그 후 세제발전심의위원회, 재경원, 건교부 등이 대통령 지시를 묵살해 아무런 후속 조치 없이 유야무야로 끝나고 말았다.

거듭된 대통령들의 약속에도 불구하고 근본적 개혁이 이뤄지지 못한 이유는 무엇일까? 그것은 땅을 가진 사람들이 비록 소수이지만 정치적 세력이 워낙 막강하기 때문이다. 과거 땅값이 폭등한 지역에 미리 넓은 땅을 사둘 수 있었던 사람은 돈과 정보, 권력을 가지고 있던 사람들로서 이들은 막강한 정치적 영향력을 통해서 자신의 기득권을 보호하는 데 급급해 왔고, 정부는 기득권층의 눈치를 보아 감히 개혁에 착수하지 못했던 것이다. 부동산 투기라는 망국적 고질병을 고치기 위해서는 소위 건설족이라는 기득권층과 일대 결전을 벌

---

3 역대 정부의 보유세 정책에 대해서는 졸고(2002)와 전강수 외(2008, 26-35) 참조.

이루려는 의지가 정부에 있어야 하는데, 문제는 그런 의지가 없었다는 것이다.

우리 사회의 상류층에 시도 때도 없이 일확천금을 가져다준 부동산 투기의 역사, 거기에 바탕을 둔 강고한 '부동산 불패' 신화가 우리 사회에 살아 있다. 이 신화를 만들어 낸 것은 역대 정부의 무소신과 단기실적주의, 경기 부양에 대한 집착, 졸부들의 치부 행진, 정보를 미리 빼내 투기하는 기득권층, 건설 회사 광고에 크게 의존하는 한국의 언론 등의 총체적 합작품이다. 이들을 통틀어 건설족이라 부른다. '부동산 불패' 신화의 수혜자는 건설족과 기득권층이오, 피해자는 서민들이다. 이 신화의 붕괴야말로 서민들의 '내 집 마련' 꿈을 이루는 첫 걸음이다. '부동산 불패不敗'가 아니라 '부동산 필패必敗'의 철학이 확고히 자리 잡을 때 비로소 우리 경제의 고질병이 치유될 수 있고, 그때라야 비로소 경쟁력 강화를 기대할 수 있다. 문제는 역대 정부가 건설족과의 일대 전쟁을 벌일 의지가 없었을 뿐만 아니라 오히려 건설족들과 발을 맞추어 토건 국가 건설에 앞장섰다는 사실이다.

'부동산 불패' 신화를 깨뜨리는 핵심은 부동산 보유에 대한 세금을 무겁게 하는 것이다. 이론적으로 본다면 토지보유세를 강화하는 대신 지금까지 지나치게 무거웠던 토지 이전에 따른 세금 — 등록세, 취득세, 양도소득세 등 — 은 가볍게 해줄 필요가 있다. 이들 토지 거래세는 별로 내세울 만한 장점이 없기 때문에 경감되어야 할 뿐 아니라 토지보유세가 강화될 때 필연적으로 발생하게 될 조세 저항을 완화한다는 전략적 고려에서도 그러하다. 노무현 정부에서 종합부동산세가 신설되면서 취득세, 등록세 세율이 대폭 낮아진 것은 우리나라의 오랜 숙원을 해결하는 과정으로 볼 수 있다. 그 결과 학계에서 오랫동안 주장해 왔던 보유세 강화+거래세 인하라는 시대적 요구가 드디어 실현되기 시작했다.

〈표 3〉에서 보듯이 우리나라 토지 관련 세수 중 거래세 대 보유세 비율은 오랫동안 80 대 20을 유지해 왔다. 많은 선진국에서 이 비율이 20 대 80이라는 점을 생각하면 우리나라의 토지세가 얼마나 거꾸로 되어 있었는가를 알 수 있다. 그러나 2005년 종부세 부과 이후 보유세는 매년 증가했으며, 이로 인해 토지 세수 중에서 보유세가 차지하는 비중 역시 눈에 띄게 상승했다. 2007년 세수 추계에 의하면 종부세의 급증에 힘입어 보유세는 최초로 30%를 넘었다.

이는 괄목할 만한 현상이다. 보수 언론과 '건설족'들이 '세금 폭탄'이란 신조어로써 국민

8장 부의 불평등

표 3 | 한국의 토지보유세 및 거래세 (단위: 상단=10억 원, 하단=%)

	1997	1998	1999	2000	2001	2002	2003	2004	2005	2006	2007
거래세	7,886	6,183	7,596	7,922	9,545	13,000	13,272	12,316	13,687	15,912	13,874
	80.2	75.7	78.8	78.8	81.1	84.9	83.6	79.5	80.3	76.2	68.3
보유세	1,944	1,988	2,041	2,130	2,219	2,306	2,609	3,183	3,354	4,960	6,534
	19.8	24.3	21.2	21.2	18.9	15.1	16.4	20.5	19.7	23.7	31.7
종부세	–	–	–	–	–	–	–	–	652	1,718	2,881
									3.8	8.2	14.2

주: 2007년 세수는 실적치가 아니고 추계치.
자료: 건교부.

들의 불안 심리를 자극하며 반대했지만 결국 종부세 도입은 토지보유세의 증가, 거래세의 감소라는 옳은 방향으로 가는 첫걸음임을 증명했다. 이는 우리나라 부동산 정책 역사상 획기적인 일대 사건이자 토지 공개념을 향한 큰 걸음이라 하지 않을 수 없다.

토지보유세 강화는 헨리 조지의 아이디어인 지대세 혹은 토지 가치세제와 일치하는 것은 아니지만 상당히 근접하며, 그 정신에서 상호 부합하는 면이 있다.[4] 그런 점에서 참여정부가 온갖 비난을 감내하면서 토지보유세 중과를 위해서 종합부동산세를 도입하고, 장래 보유세 강화를 예고한 것은 기본적으로 토지 공개념적 정책이라 할 수 있다. 게다가 오랜 숙원이었던 부동산 거래의 투명화, 전산 자료의 정비 등을 위해 노력한 것 역시 토지 공개념의 기초 작업으로서의 의미가 있다.

---

4 보유세 강화가 토지 공개념의 핵심이라는 주장에 대해서는 김윤상(2004a; 2004b) 참조.

3. 정책의 생명은 일관성

무슨 세금이든 사람들이 기꺼이 내는 세금은 없고, 크고 작은 조세 저항이 따르기 마련이지만 특히 토지세와 같은 재산세는 조세 저항이 크다. 거기에는 몇 가지 이유가 있다(Bahl 1998, 161). 첫째, 세원稅源의 크기가 본인이 아니라 다른 사람의 평가에 의해 좌우된다는 점, 둘째, 소득이 없는 상태에서도 세금을 물어야 하는 부담, 셋째, 원천징수 당하는 소득세나 가격 속에 숨어 있는 소비세와는 달리 1년에 한 번, 그것도 목돈이 들어간다는 점에서 세금의 가시성이 높다는 점 등이다. 특히 한국의 조세 저항은 거세고, 몇 년 전부터 보수 언론이 일제히 제기한 이른바 '세금 폭탄'론은 그것을 웅변으로 보여 준다. 그러나 기득권층의 저항에 굴복해 개혁을 포기한다면 그것은 제대로 된 정부가 아니다.

불로소득의 기회, 지대 추구 행위rent-seeking activity가 많으면 많을수록 그 나라의 국가 경쟁력은 떨어질 수밖에 없다. 사람들의 관심이 손쉬운 불로소득 쪽으로 쏠리지 않고, 생산적 활동에 가도록 만드는 것이 정부 경제정책의 요체다. 이런 점에서 한국의 부동산 투기는 경제를 좀 먹는 오랜 고질병이다. 줄 한번 잘 서서 일확천금한 영웅담은 우리 주위에서 너무나 흔히 들을 수 있는데, 그 뒷면에는 집 없는 서민들의 눈물과 한숨이 있다는 사실을 잊어서는 안 된다.

부동산 투기로 인한 불로소득 규모가 천문학적 수준에 이르고, 그로 인한 경제의 경쟁력 손상이 심각한데도 불구하고, 과거 정부들은 태무심하거나 오히려 걸핏하면 투기를 부추겨 경기를 살리곤 했다. 과거에는 흔히 그런 '인위적 경기 부양'을 통해서 반짝 경기를 살려내는 경제 관료일수록 유능한 관료로 인정받곤 했다. 역대 정부가 부동산 문제를 안이하게 대처해 가격 폭등을 수십 년간 방치한 책임은 무겁고도 무겁다. 그 결과 한국의 땅값은 상대적으로나 절대적으로나 세계 최고 수준이고, 그로 인한 가계와 기업의 부담은 이루 말할 수 없다.

참여정부는 초기 부동산 가격 앙등으로 큰 비난에 직면했는데, 그 대신 대책은 과거에 볼 수 없을 정도로 철저를 기했다고 할 수 있다. 참여정부 부동산정책의 핵심은 보유세의 점진적 인상과 그에 상응하는 거래세의 인하, 다주택 보유자에 대한 양도세 강화, 거래 투명성의 확보, 서민들을 위한 임대주택 공급 확대, 주택금융에서 무분별한 대출을 지양하고 주택담보대출비율LTV: Loan to Value, 총부채상환비율DTI: Debt to Income과 같은 규제를 강화한 점을 들 수 있다.[5] 이런 정책 조합은 크게 봐서 우리나라의 부동산 문제를 최초로 옳은 방향으로 접근한 것으로 평가할 수 있다. 강남과 강북, 서울과 지방 간의 재산세 불공평이라는 해묵은 문제도 해결되었다. 부동산 거래 가격을 낮춰 거짓 신고하는 부끄러운 관행은 이제 사라졌다. 서민들이 안심하고 살만한 장기임대주택이 선진국에서는 전체 주택 공급의 10~15% 정도 있으나 우리나라에서는 3%밖에 안 되는 현실인데, 이를 높이기 위해 노력한 것도 옳은 방향이다.

이렇게 해서 점차 국민의 신뢰를 얻게 되면 오랜 고질병인 부동산 투기가 언젠가는 잠재워질 것이고, 우리를 탈출해 서민들의 비명을 지르게 만든 부동산 투기라는 이름의 맹수도 다시 우리 속으로 들어가 깊은 잠에 빠지는 날이 올 것이다. 부동산 투기 문제를 해결할 수 있다면 우리나라 빈부 격차의 절반 이상을 해결하는 것이라 해도 지나친 말이 아니다. 동시에 기업의 비용 부담을 경감시켜 국가 경쟁력 강화의 초석이 되기도 할 것이니 성장과 분배의 두 마리 토끼를 동시에 잡는 묘수이기도 하다.

이를 위해 가장 필요한 것은 정책의 일관성과 신뢰다. 2004년 노벨 경제학상을 받은 핀 시들랜드Finn E. Kydland와 에드워드 프레스콧Edward C. Prescott의 업적은 경제정책에서 일관성과 신뢰가 얼마나 중요한가를 밝힌 것이다. 부동산 정책은 더욱 그렇다. 우리나라 부동산 투기 반세기의 역사, 토지 공개념 패배의 역사가 주는 교훈이 있다면 바로 부동산 정책의 핵심은 신뢰와 일관성에 있다는 사실이다. 부동산 투기는 불신을 먹고 살고, 신뢰 속에서는 마치 햇볕 아래 드라큘라처럼 힘을 잃는다. 경기가 나쁘다고 눈앞의 단기 성과에 집착해서 부동산 투기를 경기 부양의 불쏘시개로 써서는 안 된다. 그것은 마약이다. 그러나 불행하게도 역대 정부는 인위적 경기 부양을 밥 먹듯 반복했다. 2008년 세계경제를 미궁에 빠뜨린 미국 발 금융 위기도 결국 따져 보면 부시 정부가 부동산을 통한 경기 부양에 집착하다

---

[5] LTV란 정부가 부동산 담보대출을 할 때, 담보 가치의 100%만큼 대출해 주지 않고, 예컨대 50~60% 정도만 대출해 주는 것을 말한다. DTI는 부동산 대출 시 차입자의 소득수준을 감안해서 대출 수준을 조절하는 정책을 말한다. 둘 다 부동산 대출의 과잉을 막는 규제 조처다.

토지문제에 정의는 없는 것인가?

2008년 11월 13일 헌법재판소는 종합부동산세에 대해 부동산의 세대별 합산은 위헌이며, 조세 부담 능력이 낮은 1가구 1주택 장기 보유자에 대해서는 보완이 필요하다는 결정을 내렸다. 헌재가 종부세의 입법 취지를 인정하고, 원본을 잠식할 만큼 과중하지도 않고, 이중과세도 아니며, 국세 형식으로 거두는 것도 문제가 없다고 하면서도 정작 핵심인 세대별 합산 문제에 대해 7 대 2로 위헌 결정을 내림으로써 종부세는 사실상 명을 다하고 말았다.

원래 소득세에서 부부 합산 과세가 옳으냐, 부부별산 과세가 옳으냐 하는 것은 경제학에서 정답이 없는 것으로 유명한 문제다. 비례세인 경우에는 합산이든 별산이든 결과가 같으니 문제가 되지 않는데, 문제는 누진세의 경우다. 합산을 하면 합산의 불합리가 있고, 별산을 하면 또 별산의 불합리가 있어서 어느 쪽이 옳은지 알 수 없다는 것이 지금까지 경제학에서 내린 결론이다. 그런데 왜 헌재는 한쪽을 정답이라고 하고, 다른 쪽은 위헌이라는 딱지를 붙이는지 도저히 납득할 수 없다.

그리고 주택은 다른 상품과 달리 소비 주체가 가족이지 개인이 아니다. 주택 구입은 개인이 옷을 사는 것과는 다르다. 종부세에서 부동산의 기본 보유단위를 개인이 아니라 가족으로 본 것은 타당하다고 판단된다. 더구나 지금까지 가족 명의로 소유를 분산해 각종 부동산 투기가 극성을 부려 왔다는 것을 국민들은 상식으로 알고 있다. 그런데도 가족 합산에 위헌 결정을 한 것은 투기의 빗장을 활짝 열어 준 것과 마찬가지다.

또한 정부의 법률이나 제도 중에는 부부 합산이 많다. 예컨대 정부는 국민기초생활보장 대상자를 선정할 때 본인 이외에 배우자, 부양의무자의 소득, 재산까지 샅샅이 조사해서 정말로 딱한 경우조차 가차없이 배제하고 있는데, 이것은 부부 합산이 아니고 무엇이냐.

로마 시대 호민관 그라쿠스 형제는 지독한 토지 불평등 문제를 해결하려다가 귀족들의 미움을 사서 무참히 죽임을 당했다. 조선 시대 역시 토지문제가 심각해 전라북도를 지나가려면 훈구파 유자광의 땅을 밟지 않고는 갈 수가 없다고 할 정도였는데, 정작 농민들은 '송곳 하나 꽂을 땅'조차 없었다. 이를 개혁하려던 조광조는 훈구파의 모함을 받아 사약을 받고 죽었다. 토지문제에서 정의란 애당초 없는 것인가? 왜 없겠는가. 정의가 없는 게 아니라, 기득권층이 애써 눈을 감으니 안 보일 뿐이다. 문제는 정의감과 개혁 의지다. 마침 1970년 11월 13일은 스물 두 살의 전태일이 근로기준법을 지키라고 외치며 몸을 불살랐던 날이다. 법이 정의를 외면하면 가난하고 힘없는 사람은 뭘 믿고 살아가나.

이정우, 『한겨레』 2008/11/17

가 발생한 것이 아닌가(이정전 외 2009).

    2008년 이후 이명박/박근혜 정부가 들어서면서 거의 모든 부동산 정책이 옛날로 되돌아갔다. 종부세가 2008년 헌법재판소에서 부부 합산이 위헌이라는 수긍이 가지 않는 판결을 받아 기어코 조종을 울림으로써 힘들게 쌓은 개혁이 물거품이 되고 말았다. 다주택자 양도세 중과 조치도 폐지되어 투기꾼들이 만세를 불렀다. 정부는 경제를 살린다는 명목으로 각종 부동산 관련 규제를 폐지하고 건설 경기 살리기에 안간힘을 썼는데, 이것은 역대 정부에서 눈에 익은 광경이다. 1998년 금융 위기 이후 김대중 정부가 추진했던 부동산을 통한 인위적 경기 부양이 얼마나 큰 후유증을 가져왔는지는 2002년 이후 몇 년에 걸쳐 국민이 온몸으로 경험한 바 있지 않은가. 그런데도 이명박/박근혜 정부에서는 부동산 경기 부양 정책을 수십 차례나 발표했다. 부동산 투기라는 중병을 수없이 앓아 그렇게 고생하고도 주의하지 않고 상습적으로 부동산 경기 부양이란 마약을 남용하는 것은 이제 지양해야 한다.

    촛불 혁명으로 들어선 문재인 정부는 2017년 8·2 대책을 내놓으며 보수 정부와는 다른 부동산 정책 기조를 보여서 국민에게 희망을 주고 있다. 그러나 보유세 인상에 대해서는 유보적이다. 문재인 대통령이 개헌을 주장하면서 토지 공개념을 헌법에 넣을 것을 요구한 것은 아주 고무적이다. 이를 계기로 정부가 보유세 인상에 적극 나서기를 희망해 본다. 토지 공개념의 핵심은 바로 보유세 강화에 있으므로.

참고문헌

곽태원. 2005. 『토지는 공유되어야 하는가?: 『진보와 빈곤』에 나타난 헨리 조지의 토지사상 평가』. 한국경제연구원.
국세청. 2006. 『세금에 대한 오해, 그리고 진실』.
국정브리핑 특별기획팀. 2007. 『대한민국 부동산 40년』. 한스미디어.
김수현. 2011. 『부동산은 끝났다』. 오월의 봄.
김윤상. 2002. 『토지정책론』. 한국학술정보.
_____. 2004a. "토지 공개념과 지대조세제." 『역사비평』 66호.
_____. 2004b. 『알기 쉬운 토지 공개념』. 경북대 출판부.
김정호. 2006. 『땅은 사유재산이다: 사유재산권과 토지 공개념』. 나남.
김홍린. 1993. "한국 지가 상승에 따른 토지발생 자본손익의 추정, 1953-1990." 『경제학연구』 41권 2호.
이정우. 1991. "한국의 부, 자본이득과 소득 불평등." 『경제논집』 (서울대 경제연구소) 9월호, pp. 327-362.
_____. 2007. "한국 부동산문제의 진단: 토지 공개념 접근 방법." 『응용경제연구』 (응용경제학회) 9권 2호, pp. 5-40.
이정우 외. 2002. 『헨리 조지: 100년 만에 다시 보다』. 경북대 출판부.
이정전. 1988. 『토지경제론』. 박영사.
이정전 외. 2009. 『위기의 부동산: 시장 만능주의를 넘어서』. 후마니타스.
이진순. 1991. "한국의 지가: 토지 투기와 시장 실패." 한국개발연구원 정책 연구자료, pp. 91-13.
장상환. 2004. "해방 후 한국자본주의의 발전과 부동산 투기." 『역사비평』 66호.
전강수. 2004. "일본 부동산 거품과 장기불황." 『역사비평』 66호.
전강수·한동근. 2000. "한국의 토지문제와 경제 위기." 『경제학연구』 (한국경제학회) 48집 2호, pp.125-153.
전강수·남기업·이태경·김수현. 2008. 『부동산 신화는 없다: 투기 잡는 세금 종합부동산세』. 후마니타스.
토지 공개념위원회. 1989. 『토지 공개념연구위원회 보고서』.
한동근. 2004. "미국 토지 공개념의 실천사례 분석." 『역사비평』 66호.

Atkinson, Anthony B. 1976. *The Economics of Inequality*. Clarendon Press.
Bahl, Roy. 1998. "Land Taxes versus Property Taxes in Developing and Transition Countries," Dick Netzer ed. *Land Value Taxation: Can It and Will It Work Today?* Cambridge, MA: Lincoln Institute of Land Policy.

Freyfogle, Eric T. 2003. *The Land We Share: Private Property and the Public Good*. Washington: Island Press.

Gaffney, Mason. 1994. "Land as a Distinctive Factor of Production." Tideman, Nicolaus ed. *Land and Taxation*. London: Shpheard-Walwyn.

George, Henry. 1962. *Progress and Poverty*. Robert Schalkenbach Foundation[『진보와 빈곤』. 김윤상 옮김. 비봉출판사. 1997].

Leipziger, Danny M. et al. 1992. The Distribution of Income and Wealth in Korea. World Bank Publications.

MaCormack, Gavan. 1996. *The Emptiness of Japanese Affluence*. New York: Sharpe[『일본: 허울뿐인 풍요』. 한경구 외 옮김. 창작과 비평사. 1998].

Netzer, Dick. 1998. "The Relevance and Feasibility of Land Value Taxation in the Rich Countries." Dick Netzer ed. *Land Value Taxation: Can It and Will It Work Today?* Cambridge, MA: Lincoln Institute of Land Policy.

Tideman, Nicolaus ed. 1994. *Land and Taxation*. London: Shpheard-Walwyn.

Tideman, Nicolaus and Florenz Plassmann. 1998. "Taxed Out of Work and Wealth: The Costs of Taxing Labor and Capital." Fred Harrison ed. *The Losses of Nations: Deadweight Politics versus Public Rent Dividends*. Othila.

9장

상대적 분배율

"노동은 자본에 선행하며 독립적이다.
자본은 노동의 아들이며, 노동 없이는 애당초 존재조차 않을 것이다.
노동은 자본보다 우위이며, 더 우대받을 자격이 있다."

_ 미국 16대 대통령 에이브러햄 링컨

소득 불평등의 결정 요인은 크게 보면 세 가지로 나눌 수 있다. 하나는 노동소득의 불평등인데 이것은 이 책의 3장에서 7장까지의 주제였으며, 또 하나는 재산소득의 불평등으로 8장의 주제였다. 이제 이 장에서는 제3의 부분을 다루려고 하는데 바로 노동소득과 재산소득(자본소득) 사이의 분배에 관한 것이다. 이것을 가리켜 상대적 분배율-relative income shares이라고 한다.

경제학에서 상대적 분배 문제에 관한 고전적 연구를 들자면 역시 누구보다 리카도가 대표적이다. 리카도는 정치경제학의 주요 연구 과제가 지주, 자본가, 노동자라는 세 계급 사이의 소득분배를 연구하는 것이라고 생각했는데, 그런 점에서 리카도는 상대적 분배율 연구의 원조라고 불러도 좋다. 그러나 현대에 와서는 리카도적인 계급 구분이 훨씬 애매해진 것이 사실이다. 즉, 노동자계급도 약간의 재산이나 토지를 가진 사람이 있는가 하면 자본가계급 중에는 자신이 노동을 일부 담당하는 경우도 있다. 그럼에도 불구하고 아직도 대체로 고소득층일수록 재산(자본, 토지)소득의 비중이 높고, 저소득층에서는 노동소득이 중요한 것이 사실이다. 이 장에서는 상대적 분배율에 관한 여러 가지 이론적 가설을 검토한 뒤 실증적 연구를 보기로 한다.

1. 상대적 분배율의 이론

상대적 소득 분배율에 관한 최초의 체계적인 이론은 리카도에 의해 제시되었고, 그의 연구 방법론은 그 뒤 맑스에 의해 계승되었으며, 신고전파경제학이 등장하기 이전까지 소득분배 분석에서 주요한 연구 방법으로 간주되었다. 그러나 신고전파경제학의 등장을 계기로 소득분배론이 고전학파의 상대적 분배율 이론으로부터 요소 가격 이론으로 중심이 이동하게 되었으며, 신고전파경제학이 학계의 주류로 자리 잡게 됨에 따라 리카도 류의 상대적 분배율 이론은 뒷전으로 밀려나게 되었다. 그러나 그 뒤 20세기 말에 와서 다시 포스트 케인지언을 중심으로 해 상대적 분배율 이론의 새로운 연구가 활발히 진행되고 있다. 기존의

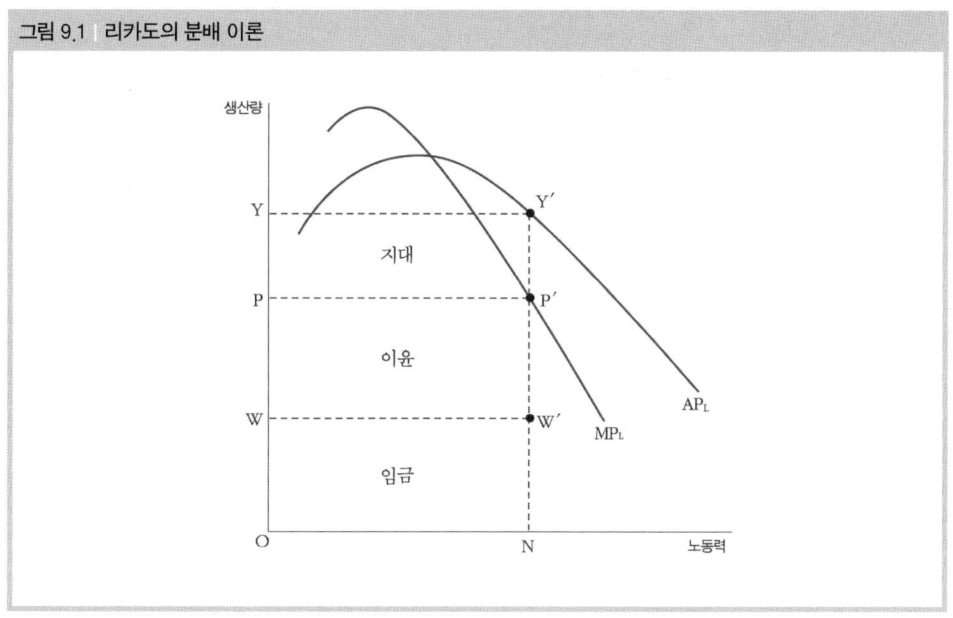

그림 9.1 리카도의 분배 이론

상대적 분배율 이론은 다양하게 분류될 수 있으나, 이 절에서는 ① 데이비드 리카도 ② 헨리 조지 ③ 신고전학파 ④ 칼 맑스 ⑤ 미하일 칼레츠키 ⑥ 포스트 케인지언의 이론을 검토해 본다.

리카도의 계급 분석

고전파경제학의 창시자인 아담 스미스는 분배 이론에 대해서 그다지 큰 관심을 보이지 않았지만 그 후계자 리카도는 분배 문제를 경제학의 핵심적 과제로 간주했다. 리카도는 정치경제학에서 가장 중요한 문제는 토지의 생산물이, 토지의 소유주인 지주, 토지 경작에 필요한 자본의 소유주, 그리고 토지를 경작하는 노동자라고 하는 사회의 3대 계급 사이에 분배되는 방법을 탐구하는 것이라고 생각했다. 여기서는 칼도어가 정식화한 리카도의 분배 이론을 검토해 보기로 하자.

리카도 이론에서 총생산물은 지대, 임금, 이윤의 순서대로 분배되는데, 그중 지대는 한계원리marginal principle, 즉 평균지平均地와 한계지限界地 간의 생산성의 차이에 의해서 결정된다는 것이 리카도의 차액지대론差額地代論의 핵심이다. 〈그림 9.1〉에서 X축은 농업 부문에 고용되는 노동력의 크기를 나타내며, Y축은 생산량을 나타낸다. 그리고 AP_L과 MP_L의 곡선은 각각 노동의 평균 생산성 및 한계생산성을 나타내는 곡선이다. 현재 고용된 노동력의 크기가 ON이라고 하면, 이때 노동의 평균 생산성은 NY′이고 노동의 한계생산성은 NP′이다. 여기서 노동의 평균 생산성과 한계생산성의 차이가 Y′P′인데, 이것은 평균적 비옥도를 가지는 땅과 마지막으로 경작되는 척박한 한계지 사이의 생산성의 차이를 반영하는 것이므로, 이 만큼이 지대로 결정된다. 그러므로 우리는 리카도 이론에서 지대가 한계원리에 의해 결정된다고 말하는 것이다.

그 다음은 지대를 공제하고 남은 생산물(즉 노동 및 자본의 한계생산물)에서 노동자에게 생존 수준의 임금 OW가 먼저 분배되고, 최종적으로 남는 잉여surplus 즉, WPP′W′가 이윤으로 분배된다. 따라서 지대 공제 후의 생산물이 임금과 이윤으로 분배되는 데에는 잉여 원리surplus principle가 적용된다. 이때 임금과 이윤의 상대적 크기를 결정하는 것은 임금수준이다. 그리하여 국민소득 OYY′N은 지대 PYY′P′와 이윤 WPP′W′ 그리고 임금 OWW′N으로 3분되는 것이다.

리카도는 장기적으로 인구가 증가하고, 한계지가 확대됨에 따라 지대의 몫은 계속 증가할 것이고, 임금은 계속 생존 수준에 머물 것이므로 결국 이윤의 몫은 점차 줄어들 것이라고 판단했다. 그 결과 자본축적은 쇠퇴하고 자본주의의 장래는 성장이 정지된 일종의 정상상태定常狀態, stationary state에 빠져 버릴 것으로 보았다. 경제학자 리카도와 맬서스는 많은 문제를 놓고 치열하게 논쟁을 벌였는데, 그들의 눈에 비친 자본주의의 미래가 우울한 것이라는 점에서는 공통점이 있었다. 경제학이 '우울한 과학'dismal science이란 별명을 얻게 된 것도 바로 이런 이론에 기인한다. 이런 이론적 기초 위에서 리카도는 그 자신이 지주이고 부자였음에도 불구하고 지주계급을 사회 진보의 적으로 간주해 정면으로 비판했다. 이 점에서 지주계급을 옹호하던 아담 스미스나 토머스 맬서스 목사와는 대립되는 견해를 가지고 있

우울한 과학

경제학을 가리켜 '우울한 과학'이란 반갑지 않은 별명을 붙여 준 사람은 19세기 영국의 역사학자이자 문필가였던 토머스 칼라일(Thomas Carlyle, 1795~1881)이다. 당시 유럽에는 '명랑 과학'(gay science)이란 말이 있었는데, 이는 인간의 수명을 늘여 주는 과학을 뜻했다. 프리드리히 니체(Friedrich W. Nietzsche)가 쓴 책 중에 『명랑 과학』이 있다. 칼라일이 경제학을 우울한 과학이라고 부른 이유는 주로 토머스 맬서스의 『인구론』에 기인한다. 즉, 인구는 계속 늘어나는데 먹여 살릴 식량은 제한되어서 인류의 미래는 암담하다고 생각하는 맬서스 목사와 경제학자들의 이론을 보고 칼라일은 경제학을 '우울한 과학'이라고 조롱하듯 불렀다.

칼라일은 스코틀랜드 출신으로 19세기 영국 사상에 큰 영향을 미친 많은 글을 남겼다. 그는 특히 풍자적 글쓰기에 능했다. 그가 남긴 많은 저서 중에 유명한 것으로 『프랑스 혁명사』, 『영웅숭배론』이 있으며, 특히 『영웅숭배론』은 고전 중의 고전으로서 지금도 만인의 필독서라 할 만하다. 그는 독서를 아주 중시해서 이런 말을 남겼다. "우리가 어떤 인간이 되느냐 하는 것은 결국 우리가 어떤 책을 읽느냐에 달려 있다. 가장 위대한 대학은 책이다."

었다.

리카도의 경제학은 노동가치설과 차액지대론이 중심인데, 이는 대단히 사회 비판적이고 진보적인 색채가 강하다. 상품의 가치는 그것을 생산한 노동의 투입량에 달려 있으며, 노동만이 가치를 생산해 낸다는 노동가치설은 그 뒤 맑스에 의해 계승되어 맑스경제학의 토대가 되었다. 차액지대설도 19세기 중반 영국의 중요한 사회운동이었던 곡물법The Corn Law 폐지 운동에서 중요한 역할을 했다. 실제로 19세기 중반 리카도의 사상을 추종하는 소위 리카도파 사회주의Ricardian socialism가 등장했는데, 그 중심인물에는 토머스 호지스킨Thomas Hodgskin, 존 그레이John Gray 등이 있었고 한때 상당한 세력을 이루기도 했다.

그러나 시간이 많이 흐른 뒤 자본주의의 장래를 비판적으로 보았던 리카도의 이론은 많은 비판을 받게 되었는데, 비판의 초점은 리카도가 기술 진보가 없다고 가정한 점과 장기적으로 실질임금이 불변이라고 가정한 점 때문에 지나치게 비관적 결론에 도달했다는 데 있다. 리카도 이론에서는, 생존 임금 수준에서 실질임금이 장기적으로 일정하고 수확체감이 발생할 때, 기술 진보가 없다면 이윤이 감소해 자본축적이 중단되고 그 결과 자본주의 경제는 성장을 멈추게 된다는 비관적인 결론이 도출되기 마련이다. 그러나 그 뒤 자본주의의 역사를 보면 실제로 끊임없는 기술 진보가 일어나 수확체감의 효과를 상쇄했기 때문에 리카도의 비관적 예측은 실현되지 않았다.

헨리 조지의 사상

리카도는 자본주의 체제에 대한 그의 비판 정신 때문에 19세기 중엽에 수많은 추종자들을 갖게 되었는데 그들을 가리켜 리카도파 사회주의자라고 부른다는 것은 방금 본 바와 같다. 그러나 리카도의 영향을 받은 사람 중 가장 유명한 사람은 역시 칼 맑스다. 그는 리카도의 노동가치설을 받아들여 한 걸음 더 발전시켜 장대한 자신의 이론 체계를 완성했다. 한편 리카도의 지대 이론과 정상상태 이론을 받아들여 발전시킨 이론가로는 미국의 헨리 조지가 있다. 그는 자본주의가 발달함에도 불구하고 많은 사람들이 궁핍한 까닭을 연구한 끝에 그것이 토지의 사유에서 온다는 것을 확신하게 되었다. 그는 토지의 사유로 인해 생산물의 점점 더 큰 부분이 지대의 형태로 지주에게 귀속되고, 노동자들의 임금은 낮을 수밖에 없다고 보았다.

 그는 노동자의 저임금을 설명하는 당시의 이론 중 존 스튜어트 밀의 임금기금설賃金基金說과 토머스 맬서스의 과잉인구론을 비판하면서 토지의 사유로 인한 지대의 지속적 증가에 문제의 핵심이 있다고 주장했다. 그리하여 문제의 해결책으로 그는 토지에 대한 과세를 주장했는데, 이 세금만 거두면 다른 세금이 필요 없게 된다는 뜻에서 단일세單一稅, single tax라고 부른다. 그의 일생을 보면 평생 한 번도 직업적 경제학자는 아니었고 가난하게 자라서 사회의 밑바닥을 맴돌며 다양한 직업을 가졌지만 사실 헨리 조지만큼 경제사상에 큰 영향을 끼친 경제학자도 별로 많지 않다. 지금도 그의 이름을 딴 헨리조지협회가 각국에서 토지문

헨리 조지와 칼 맑스

헨리 조지(1839~97)는 미국 필라델피아 출생으로서 아버지는 세관원이었고 어머니는 교사였다. 조지는 10명의 형제가 있었는데 14세 때 중학교를 중퇴하고는 급사가 되었다. 그 후 선원, 인쇄공을 거쳐 1856년 캘리포니아에 금광을 찾으러 갔으나 실패했다. 샌프란시스코에서 신문사 인쇄공으로 시작해 편집장까지 고속 승진했다. 버클리 대학의 경제학 교수 자리를 놓고 초청 강의에서 정통경제학을 공격하고 대학 교육을 비실용적이며 쓸모없는 것이라고 비판하는 바람에 임용되지 않았다. 1868년 대륙횡단 철도가 완성될 때 샌프란시스코에서 광적인 토지 투기와 지가(地價) 급등을 목격했다.

그는 빈곤의 원인이 토지의 사유에 있다는 아이디어로 『진보와 빈곤』(1879)이란 방대한 책을 썼는데, 출판사마다 이 책의 출판을 거절했다. 마침내 조그만 애플톤(Appleton) 출판사에서 자비로 출판했는데, 예상 외로 베스트셀러가 되었다. 이 책은 1905년까지 200만 부 이상이 팔려 당시 성경 다음으로 많이 팔린 책이 되었다. 헨리 조지의 사상은 영국 페이비언 협회의 시드니 웹과 버나드 쇼에게 큰 영향을 주었다. 그는 유럽 여행에서 대환영을 받았고 당대 최고의 경제학자 앨프리드 마셜과 단일세 문제를 놓고 토론했다.

그는 평생 사회 개혁을 위해 정열적으로 활동했는데, 그것은 어릴 때 어머니의 영향이 컸던 것 같다. 1886년 그는 뉴욕 시장 선거에 노동자, 사회주의자 그룹의 후보로 출마했다. 칼 맑스의 딸과 사위(Eleanor Marx Avelling과 Edward Avelling)도 지원 연설을 했다. 그는 민주당 후보에 이어 2위를 했는데, 당시 3위는 나중에 대통령이 된 시어도어 루스벨트(Theodore Roosevelt)였다. 1897년 의사의 만류를 무시하고 두 번째로 시장 선거에 출마해 투표일을 며칠 앞두고 하루 네 군데 선거 연설을 한 후 저녁에 급작스레 사망했고 아들이 대신 출마했다.

칼 맑스(1818~83)와 헨리 조지는 한 번도 만난 적이 없이 글을 통해 상호 비방했다. "이 사람은 이론적으로 매우 뒤쳐져 있습니다. 조지는 잉여가치의 본질에 대해 전혀 이해하지 못합니다. …… 정통경제학에서 이탈한 최초의(실패하기는 했지만) 시도라는 점에 의의가 있습니다. …… 조지는 재능 있는 저술가입니다. …… 동시에 만병통치 약장수가 다 그렇듯이 불쾌하도록 뻔뻔하고 오만한 면이 있습니다"(Friedrich Sorge에게 보낸 편지, 1881년 6월 30일).

한편 조지도 맑스가 지대를 구분하지 않고 잉여가치에 포함시켰다고 해서 '멍청이 나라의 왕자'(the Prince of muddle heads)라고 불렀다. "맑스는 다른 면에서는 위대했을지 모르나 분석력과 논리적 사고력이 결여되어 있습니다. 맑스가 어떤 인물이었든 간에 귀하가 생각하는 것과 같은 과학적 인물이 아님이 확실합니다. …… 맑스의 역사적 연구의 가치가 어느 정도이든 간에 제가 보기로는 그는 매우 피상적인 사상가이며 부정확하고 악의에 찬 용어에 빠져 있습니다"(사회주의자 Henry Hyndman에게 보낸 편지, 1884년 6월 22일).

두 사람은 부(富)의 정의로운 분배에 관심을 둔 정열적 개혁가 내지 혁명가였지만 둘 사이의 차이도 컸다. 무엇보다 맑스는 노동자와 자본가 간의 계급 대립을 강조해 지주는 자본가의 한 부류 정도로 부차적으로 생각했다. 그러나 조지는 부의 불공정한 분배는 독점에서 발생하며 여러 가지 독점적 특권 중 토지 가치의 사유가 가장 큰 특권이라고 생각했다.

김윤상, 『토지정책론』, 2002
이정우 등, 『헨리 조지』, 2002 참조.

제를 해결하기 위해 활동 중인데, 사후死後에 이런 명예를 가진 경제학자는 사실 거의 찾아보기 어렵다.

신고전학파의 한계생산력설

신고전파경제학에서는 개별 기업의 생산함수와 생산요소 수요에서의 한계생산성 원리를 바탕으로 한 생산요소의 가격 결정의 이론을 경제 전체로 확대 해석해 상대적 분배율에 접근했다. 신고전학파의 상대적 분배율 이론은 다음과 같이 구성될 수 있다. 먼저 표준적인 세 가지 가정에서 출발한다. 첫째, 총생산함수aggregate production function가 정의된다.

$$Y = f(L, K)$$

여기서 Y는 국민소득 또는 산출량이고, L은 경제 전체의 노동 투입량, K는 자본 투입량이다. 이 함수는 소득과 생산요소의 집계aggregation가 가능하고, 요소 간 대체가 가능하며,

요소의 한계생산성이 체감하고, 규모에 대한 수익불변constant returns to scale 등이 전제되는 소위 '양성良性의 생산함수'well-behaved production function이다. 둘째, 생산물 시장 및 생산요소 시장에서 완전경쟁이 성립하고 있어서 모든 거래자들이 가격 수용자price takers의 위치에 서게 된다. 셋째, 노동과 자본의 공급은 외생적으로 주어져 있다고 가정한다. 이런 가정 위에서 요소 가격은 그 요소의 한계생산물의 가치VMP: value of marginal product와 일치한다는 결과를 얻을 수 있다.

이자 $r = VMP_K = MPP_K \cdot P$
임금 $w = VMP_L = MPP_L \cdot P$

MPP는 실물 한계생산성이고, P는 최종 제품의 가격이다. 이 이론에 의하면 생산에 참여하는 각 생산요소는 그것이 한계적으로 총생산에 기여한 몫만큼 분배를 받게 된다고 한다. 이 이론이 바로 한계생산력설限界生産力說이다. 이렇게 결정된 요소 가격에 각 요소의 공급량을 곱하면 임금 총액과 이윤 총액을 구할 수 있는데 이들 사이의 비율이 바로 상대적 분배율이 된다.

$$\frac{\text{자본소득}}{\text{노동소득}} = \frac{K \cdot r}{L \cdot w} = \frac{K \cdot MPP_K}{L \cdot MPP_L}$$

여기서 K는 자본 사용량, L은 노동 사용량, r은 자본 가격, w는 노동 가격이다. 상대적 분배율을 자본소득 R과 노동소득 W의 비율이라고 하면 $R/W = (r/w) \cdot (K/L)$이다. 즉 소득 분배율은 요소 가격 비율r/w에 자본 집약도K/L를 곱한 것이다. 그런데 r/w와 K/L은 독립적으로 움직이는 것이 아니고 서로 역의 방향으로 변하는 것이므로 소득 분배율의 변화는 대체탄력성代替彈力性, elasticity of substitution(σ)의 개념을 이용해 살펴볼 수 있다. 구체적으로 대체탄력성 σ는 다음과 같이 표시된다.

$$\sigma = -[\Delta(\frac{K}{L}) \div (\frac{K}{L})] \div [\Delta(\frac{r}{w}) \div (\frac{r}{w})]$$

상대적 분배율은 결국 요소 가격 비율 r/w의 변동에 대해 요소 수량의 비율 K/L이 얼마나 변동하느냐 하는 탄력성에 달려 있다. 이것을 대체탄력성이라고 하며, 이 값이 상대적 분배율에 중요한 의미를 가진다. 신고전학파의 대표적 생산함수의 하나인 콥-더글라스 Cobb-Douglas 생산함수에서는 $\sigma=1$로서 불변이다. 이때 노동과 자본 사이의 분배율은 항상 일정하다. σ가 1이 아닌 경우 소득 분배율은 생산요소 공급과 대체탄력성의 크기에 따라 달라진다. 자본·노동 비율 K/L이 예를 들어 $y\%$ 상승할 때 분배율은 다음과 같은 공식에 따른다.

$$\text{자본 분배율의 변화} = (1 - \text{자본분배율})\left(1 - \frac{1}{\sigma}\right)y\%$$

예를 들어 미국의 경우, 20세기 전반에 K/L이 60% 정도 증가했다. $\sigma=2/3$라고 가정하면 위의 식에서 $(1-0.3)(1-1.5)\times 60\% = -21\%$가 나오는데, 실제 이 기간 동안 미국의 자본 분배율은 30%에서 24%로 대략 20% 하락함으로써 신고전학파의 모델에서 예측되는 값과 실제 통계자료는 상당히 부합하고 있다.

신고전학파의 한계생산력설은 어떠한 생산요소에도 적용 가능하고, 미적분 등의 수학적 분석 도구를 사용하는 것이 용이하다. 이 이론은 고전학파의 계급 개념을 방기했을 뿐 아니라 각 생산요소는 그것이 총생산에 한계적으로 기여한 만큼 분배받으므로 공평한 분배라는 암묵적 함의를 가진다. 이런 점에서 한계생산력설은 자본주의의 소득 불평등을 정당화하는 데 이용될 수 있으며, 실제로 19세기 말 미국의 경제학자 존 베이츠 클라크 John Bates Clark는 자본주의 하의 소득분배를 한계생산력설을 가지고 설명하면서 이와 같은 분배가 공정한 것이라는 표현을 서슴지 않았다. 그 뒤로도 한계생산력설은 보수적 성향의 경제학자들에 의해 널리 사용되어 왔다. 이와 같은 신고전파의 이념적인 함의에 대해 급진적 학자들은 한계생산력설이 결국 자본주의적 시장경제와 거기에 존재하는 소득 불평등을 옹호하는 체제옹호적 이데올로기 역할을 하고 있다고 비판하고 있다.

어쨌든 실증적인 면에서 신고전학파의 분배 이론이 어느 정도 유용성을 갖고 있는 것은 사실이나 이 이론에 대해서는 다음과 같은 여러 가지 비판이 쏟아졌다.

경제학자 존 베이츠 클라크

경제학자 클라크(1847~1938)는 한계생산력설의 주창자로 유명하다. 그는 독일에서 공부한 영향으로 젊은 시절에는 기독교 사회주의적 사상을 갖고 있었으며, 그가 쓴 『부의 철학』(*The Philosophy of Wealth*, 1886)에는 그런 사상이 그대로 남아 있다. 그는 이 책에서 경쟁을 지나치게 찬양하고, 경쟁 반대를 곧 혁명적인 사상으로 매도하는 당시 풍조를 비판하면서 경쟁을 반대했다. 그는 "우리는 사람을 먹지 않지만 간접적이고 교묘한 방법으로 사람을 먹고 있다는 사실을 깨닫지 못해서 우리가 식인종이라는 사실을 망각하고 있을 뿐"이라고까지 썼다.

그러나 그의 사상은 다음 저서 『부의 분배』(*The Distribution of Wealth*, 1899)에 와서는 180도 달라져서 경쟁을 경제 이론의 기초로 삼고 있으며, 전반적으로 대단히 보수화해 버렸다. 그의 생각이 왜 이렇게 달라졌는지는 의문인데, 혹자는 1886년 시카고의 '헤이마켓'(Hay-market) 사건이 영향을 준 게 아닌가 보고 있다. 이 사건으로 무정부주의자들 4명이 증거도 없이 억울하게 사형을 당했고, 이 사건 이후 미국의 대학은 보수화했고, 미국 노동운동도 퇴조의 길을 걸었다. 이 사건을 추모하는 뜻으로 1891년부터 매년 5월 1일이 되면 세계 노동자들이 노동절(May Day) 기념행사를 한다.

클라크는 부의 분배에서 노동이나 자본은 그 마지막 단위가 생산에 기여한 크기만큼 분배받게 되며, 이것은 공평한 분배라는 주장을 폈다. 이것은 당시 맑시즘이나 무정부주의 등 좌파의 공격으로부터 자본주의를 방어하는 데 큰 역할을 했다. 클라크의 자본 개념은 '젤리'라고 표현한 것처럼 정형이 없고, 마음대로 형태를 바꿀 수 있는 것으로 되어 있다. 클라크의 자본 개념은 나중에 '케임브리지 자본 논쟁'(이 책 1장과 10장 참조)에서 자본의 개념, 본질을 놓고 포스트 케인지언으로부터 제기된 비판에 중요한 단서를 제공했다.

그의 아들(John Maurice Clark)도 경제학자가 되었는데, 그는 아버지와는 전혀 다른 사상을 갖고 있어서 제도학파경제학의 거두가 되었다. 존 베이츠 클라크의 업적을 기려 미국경제학회에서는 이론경제학에 가장 큰 기여를 한 40세 이하의 경제학자에게 매 2년마다 한 명씩 클라크 메달(Clark Medal)을 수여하고 있다. 이 메달을 받기란 노벨 경제학상을 받는 것보다 어렵다고 알려져 있다. 클라크 메달의 초대 수상자인 폴 새뮤얼슨(Paul Samuelson)부터 2008년 노벨상 수상자 폴 크루그먼(Paul Krugman)을 비롯해서 대부분의 클라크 메달 수상자들은 나중에 노벨 경제학상을 받았다.

첫째, 경쟁적 시장의 가정이다. 이 이론에서 요소 가격은 한계생산물의 가치 VMP와 일치하는 것으로 되고 따라서 각자 생산에 기여한 몫만큼 분배받는다는 함축을 갖지만, 실제 시장불완전성이 존재하는 한 이런 등식은 성립하지 않는다. 이럴 때 요소 가격은 VMP보다 낮아진다. 미국 MIT 대학의 경제학자인 서로우는 VMP와 임금을 비교하는 실증 연구를 한 바 있다. 그의 연구에 의하면 신고전파적 총생산함수에 기술 진보와 실업을 고려해 노동의 한계생산물 가치 VMP_L을 추정하고 이것을 실제 미국의 임금수준과 비교해 본 결과 임금은 노동의 한계생산물 가치의 58%(1929년) 내지 63%(1965년)에 불과한 것으로 나타났는데, 이런 결과는 결국 한계생산력설이 현실과 상당한 괴리가 있음을 보여 준다고 할 수 있다.

둘째, 총생산함수에서 생산요소의 집계의 난점이라든가 기술재전환技術再轉換, reswitching의 가능성 등 신고전파 이론 자체가 갖는 몇 가지 이론적 모순을 들 수 있다. 이 문제는 영국의 피에로 스라파Piero Sraffa, 조앤 로빈슨 여사 등 포스트 케인지언과 미국의 폴 새뮤얼슨, 로버트 솔로우Robert Solow 등 신고전파경제학자 사이에 1950년대부터 1970년대까지 경제학계에서 유례없을 정도로 장기간에 걸쳐 치열히 전개되었던 소위 '자본 논쟁'에서 문제가 제기된 것이다. 이 문제는 너무 전문적인 내용이므로 여기서 상세히 서술하지는 않겠으나 어쨌든 이 논쟁의 결과 신고전학파의 논리적 정합성整合性에 상당히 곤란한 문제점이 있다는 것이 밝혀졌다.

셋째, 완전고용의 가정은 현실과 맞지 않는다. 실제로 항상 어느 정도의 실업은 존재하며 경기변동에 따라 소득 분배율은 상당히 달라지는 것으로 나타나고 있다. 일반적으로 경기 상태와 노동 분배율은 반대 방향으로 움직이는 것으로 볼 수 있는데, 예컨대 1930년대 대공황기에 노동 분배율은 상승했던 것으로 나타나고 있다.

이와 같은 점이 신고전학파의 한계생산력설에 가해지는 주요 비판이라고 할 수 있다. 한계생산력설에 대해 영국의 유명한 철학자 버트런드 러셀Bertrand Russell 경卿은 다음과 같이 풍자적인 질문을 던진 적이 있다고 한다. "화물열차의 전철수轉轍手의 한계생산력은 얼마인가?" 그 대답은 보기에 따라서 아마 거의 0에 가깝다고 할 수도 있고, 반대로 화물 전체의 가치라고 볼 수도 있을 것이다. 이런 예는 하나의 사소한 예일지도 모르지만 어쨌든 한계생산력설의 논리적 맹점을 단적으로 보여 준다고 생각된다.

영국의 로빈슨 여사도 1972년에 "경제 이론의 제2의 위기"라는 연설에서 한계생산력설은 소득분배에 대한 설명이라기보다는 일종의 동어반복에 불과하다고 말하면서 따라서 신고전파경제학에는 분배 이론이라 할 만한 것이 없음을 통렬히 비판했다. 즉, 우리가 어떤 생산요소의 한계생산력이 얼마인지는 알 수 없고 다만 임금이나 이자를 봄으로써 거꾸로 노동과 자본의 한계생산력이 각각 어느 정도일지를 추측할 수 있을 뿐이라는 것이다. 로빈슨 여사는 현재 정통파경제학으로 군림하고 있는 신고전파경제학이 소득분배, 경제 발전, 공해, 군비 지출 문제 등 가장 중요한 현실 문제에 대해 관심을 두지 않거나 또는 설명할 능력이 지극히 제한되어 있다는 점을 지적함으로써 현대의 경제 이론이 심각한 위기에 빠져 있다고 고발했던 것이다.

맑스의 잉여가치설

칼 맑스는 자본주의적 생산양식에서 자본가계급과 노동자계급 간의 사회적 생산물의 분배를 잉여가치설剩餘價値說, theory of surplus value로써 설명하고 있다. 그는 잉여가치가 생산되는 직접적 생산과정, 즉 노동과정에서부터 논의를 시작해 유통 과정에서 잉여가치가 이윤으로 전화되는 과정을 설명하고 나아가 잉여가치가 이윤, 지대, 이자 또는 조세, 국가의 지출, 군대와 경찰의 유지 등으로 분배되는 과정을 분석하고 있다.

맑스의 분배 이론은 한 사회를 상호 모순 관계에 있는 두 개의 계급, 즉 생산수단을 소유하지 못한 노동자와 이들 노동자들의 고용자인 자본가로 양분하는 데서 출발한다. 맑스의 이론은 이 양대 계급의 모순 관계를 분석하는 데 초점이 맞춰져 있다. 이들 사이의 모순 관계는 생산과정에서 노동자가 잉여가치를 만들어 내지만 자본가가 이를 착취해 가는 과정에서 찾고, 이것을 자본주의 체제의 본질이라고 파악했다.

맑스는 생산에 투입되는 자본 중 기계, 원료, 토지 등 생산수단을 구입하는 데 지출된 부분은 생산과정에서 그 가치의 크기가 변하지 않기 때문에, 불변자본constant capital이라고 부르고, 노동력을 구입하는 데 지출된 부분은 생산과정에서 그 가치의 크기가 변하기 때문에 가변자본variable capital이라고 부른다. 불변자본의 가치는 생산물에 이전, 재현될 뿐이고 가변자본은 그 등가等價와 함께 초과분인 잉여가치를 낳는다. 불변자본을 C, 가변자본을 V, 잉여가치를 S라고 하면, 생산물의 가치는 $C+V+S$로 나타낼 수 있다. 여기서 C 부분은 생산수단의 가치가 생산물에 이전되고 재현된 것이지만 $V+S$ 부분은 노동자의 살아 있는 노동에 의해 새로이 창출된 가치부분이다. 이 $V+S$ 부분을 가치생산물이라고 하며, 이것이 분배의 원천이 된다. 맑스는 가치생산물이 자본가와 노동자 간에 분배되는 비율, 즉 가변자본에 대한 잉여가치의 비율 S/V를 잉여가치율剩餘價値率, rate of surplus value 혹은 착취율搾取率, rate of exploitation이라 불렀다.

여기서 가변자본의 크기는 자본가가 구입하는 노동력의 가치에 의존한다. 노동력의 가치는 노동력의 재생산에 필요한 생활수단의 가치다. 자본가는 노동자의 노동력을 그 가치대로 구입해서 노동자를 노동시킴으로써 노동력의 가치를 초과하는 잉여가치를 획득하게 된다. 여기서 노동자의 하루 노동시간은 노동력의 재생산에 필요한 노동시간(필요노동시간)과 그것을 초과하는 노동시간(잉여노동시간)으로 나누어진다. 필요노동시간 동안 지출된 노동(필요노동)에 의해 노동력의 가치가 재생산되며, 잉여노동시간 동안 지출된 노동(잉여노동)에 의해 잉여가치가 생산된다. 이와 같이 노동자의 노동 생산물은 노동자에게 지불되는 지불노동支拂勞動 부분과 지불되지 않는 불불노동不拂勞動 부분으로 나뉘진다. 따라서,

$$\text{잉여가치율}\left(\frac{S}{V}\right) = \frac{\text{잉여노동시간}}{\text{필요노동시간}} = \frac{\text{잉여노동}}{\text{필요노동}} = \frac{\text{불불노동}}{\text{지불노동}}$$

으로 나타낼 수 있다. 이 잉여가치율은 맑스경제학에서 가장 핵심적인 개념일 뿐 아니라 맑스 분배 이론의 중심 개념이기도 하다. 잉여가치율은 곧 노동자계급과 자본가계급 간의 사회적 생산물의 상대적 분배율을 나타내고 있다. 이와 같이 자본가와 노동자 간의 분배에만 한정시켜 맑스의 분배론을 검토해 보면, 맑스의 분배론에서의 이윤의 위치는 착취된 잉여가치로서 파악되며, 이 점에서 이윤의 본질을 '자본'이란 생산요소의 생산성에서 찾는 신

고전파의 사고방식과는 정면으로 대립하게 되는 것이다. 맑스는 이것을 가리켜 부르주아 경제학에서 발견되는 자본의 '물신성'物神性, fetishism이라고 비판했다.

맑스는 잉여가치율이 장기적으로 상승할 것으로 예견했다. 그는 선후진국을 비교해서 말하기를 가난한 나라보다 부유한 나라에서 잉여가치율이 높을 것이라고 보았다.

> "보다 발전된 나라에서는 일당 또는 주당 임금이 덜 발전된 나라보다 높은 반면 노임의 상대가격, 즉 잉여가치 및 생산물 가치와 비교한 노동의 가격은 좀 더 발전된 나라보다 덜 발전된 나라 쪽이 더 높다는 사실이 종종 발견된다. …… 빈국(貧國)의 노동자는 부국(富國)의 노동자보다 자기의 임금을 재생산하기 위해서 노동일의 좀 더 큰 부분을 필요로 한다. 즉, 잉여가치율은 부국에서보다 빈국에서 더 낮고, 상대적 임금은 빈국에서 더 높다"(맑스 1989, 708).

실제로 잉여가치율은 자본가들이 노동시간을 연장한다든가 노동생산성 및 노동강도의 증대에 의해 높아질 수 있다. 또한 잉여가치율은 노동자계급과 자본가계급 사이의 계급투쟁 혹은 상대적 교섭력에 따라 실질임금이 변동함으로써 변화될 수도 있다. 예를 들어 산업예비군이 팽창하게 되면 노동자의 협상력이 감소할 것이고, 노동조합도 약화되고, 실질임금은 억제될 것인데, 이렇게 되면 잉여가치율은 상승할 것이다. 경기景氣의 상태에 따라 노동조합이 수세守勢 또는 공세攻勢로 바뀔 수 있으며, 이런 것이 노동자와 자본가계급 사이의 상대적 분배율에 결정적인 영향을 미칠 수 있다. 예를 들어 미국에서 1960년대의 호황기에 산업예비군이 거의 고갈되다시피 했는데 이것은 노동 쪽에 유리한 역할을 했다. 그 반면 1970년대의 불경기는 노동 기율labor discipline을 강화시키고, 임금의 인상을 억제하는 데 기여함으로써 자본가의 입지를 강화했다.

맑시즘적인 저작 중 실증적으로 분배 문제를 다루고 있는 것은 극소수다. 일반적으로 맑시스트들은 추상적 이론의 전개에 강점이 있지만 그 대신 실증적·통계적 분석은 소홀히 해온 경향이 있다. 그러나 앞서 4장에서 라이트의 계급 분석을 소개한 바도 있지만 최근에 와서는 맑스적 분석 방법을 가지고 실증적 연구를 시도하는 움직임도 더러 나타나고 있는데, 미국의 진보적 여류 경제학자 앨리스 암스덴Alice H. Amsden이 각국의 제조업의 자료를 가

표 9.1 | 잉여가치율의 국제 비교 (단위: %)

지역	잉여가치율
선진 자본주의국가	209
아프리카	336
남미	586
중동	322
아시아	426

자료: Amsden(1981, 233).

지고 잉여가치율을 비교해 놓은 연구 결과를 소개하면 〈표 9.1〉과 같다.

암스덴은 세계의 각 지역에서 49개국을 표본으로 해 제조업에서의 잉여가치율(S/V)을 계산했는데 그 결과는 다음과 같이 요약할 수 있다. 첫째, 선진 자본주의국가의 잉여가치율에 비해 후진국이 훨씬 더 높다. 전자에 비해 남미는 거의 3배, 아시아는 2배, 아프리카와 중동은 1.5배에 가깝다(참고로 한국은 465%로 나타남). 그는 여기서 아주 재미있는 가설을 하나 제시하고 있는데 그것은 잉여가치율이 국가의 발전 단계와 관련이 있을지도 모른다는 것이다. 즉, 경제 발전의 초기에는 잉여가치율이 낮고, 경제 발전과 더불어 높아지다가 경제 발전이 계속되면 결국 다시 하락한다는 것이다. 이것을 횡축에는 각국의 발전 수준을 나타내고 종축은 잉여가치율을 나타내는 그림으로 그리면 거꾸로 된 U자 모양이 된다.

이 가설은 장기적으로 잉여가치율이 상승할 것이라고 본 맑스와는 다른 가설로, 12장에서 다룰 사이먼 쿠즈네츠의 역U자 가설을 연상시킨다. 그러나 암스덴은 역U자 모양이 나타나는 이유를 설명하는 데에서는 쿠즈네츠와 전혀 다른 논리를 전개하고 있다. 암스덴은 한 나라의 경제 발전의 수준이 올라가면서 잉여가치율이 상승하다가 결국은 하락하는 이유를 생산력 발전과 노동운동의 역학(力學) 관계에서 찾고 있는데, 어쨌든 앞으로 좀 더 깊이 연구할 만한 흥미 있는 가설이다.

한국의 잉여가치율

한국의 잉여가치율에 대해서는 정성진의 실증 연구가 있다(정성진 1990). 그는 비농림수산업 부문과 제조업에 대해 잉여가치율을 추정했는데, 그가 사용한 방법은 그 부문의 순가치에서 가변자본을 뺀 값을 잉여가치로 보고 그것을 가변자본의 크기로 나누는 것이다. 이렇게 해 1970년대 초부터 1986년까지의 잉여가치율을 계산했는데 그 결과는 〈표 9.2〉에 정리되어 있다.

여기서 나타난 잉여가치율은 위의 암스덴의 연구에서 나타난 한국의 수치와 대개 부합한다. 그리고 정성진은 한국의 잉여가치율을 미국, 영국, 캐나다, 일본, 인도와 비교하면서 한국의 값이 다른 나라에 비해 훨씬 높다는 것을 밝혔다. 정성진에 의하면 "1970~80년대 제조업 부문의 착취율은 대체로 400%를 상회했는데, 이는 미국, 인도의 그것에 비해 거의 두 배 가까운 수준이었다. 이 시기 한국은 장시간 노동과 높은 산업재해율로 세계적 악명을 떨쳤다. 한국 경제 기적의 비밀은 바로 병영적 노사 관계에 기초한 고율의 착취에 있다"(정성진 2000).

정성진의 연구는 한국의 잉여가치율에 대한 최초의 실증 분석으로서 그 가치를 높이 평가할 수 있다. 그러나 다만 한 가지 의문이 생기는 것은 잉여가치율의 장기 추세에 관한 해석이다. 표에서 보듯이 비농림수산업에서는 잉여가치율이 상승하는 추세가 발견되지만 제조업에서는 이 비율이 하락하다가 1980년대 이후 다시 상승하고는 다시 하락하고, 1990년대 이후 재상승하는 식으로 지그재그 식의 상승 추세가 나타난다. 그는 이런 결과를 맑스가 말하는 잉여가치율의 장기적 상승 경향과 부합하는 것으로 해석하고 있는데, 이런 해석은 비농림수산업의 경우에는 타당한 것으로 보이나, 제조업의 경우에는 과연 어떻게 봐야 할지 검토가 필요한 것 같다.

잉여가치율의 장기 추세에 대해서는 반드시 맑스의 예언이 타당할지 의문이며, 위에서 본 대로 암스덴의 역U자 가설과 같은 대안도 제시되어 있으므로 앞으로 좀 더 연구할 여지가 있는 것으로 보인다. 특히 1987년 노동자 대항쟁 이후 한국의 노동시장은 큰 변화를 겪고 있어서 새로운 분석이 요구된다. 1980년대 말 이후 실질임금은 급상승하고, 노동시간은

표 9.2 | 한국의 잉여가치율 (단위: %)

	비농림수산업	제조업
1970	–	439
1972	–	497
1974	391	457
1976	405	452
1978	391	403
1980	457	373
1982	468	406
1984	453	424
1986	498	431
1988	–	384
1990	–	408
1992	–	446
1994	–	466
1996	–	496
1998	–	650

자료: 정성진(1990; 2000).

단축되는 등 얼핏 보아서 잉여가치율 하락을 가져올 요인이 나타나고 있는데 정성진의 분석에 의하면 오히려 잉여가치율은 더욱 상승하고 있어서 왜 이런 결과가 나타나고 있는지 좀 더 최근 자료까지 연장해서 분석해 보면 흥미 있는 결과가 나올 것으로 기대된다.

칼레츠키의 독점도 모델

20세기 폴란드는 두 사람의 위대한 경제학자를 배출했다. 미하엘 칼레츠키와 오스카르 랑게Oscar Lange는 공통적으로 맑스경제학과 신고전파경제학에 두루 정통한 경제학자로서, 경제학에 탁월한 기여를 했다. 오스카르 랑게는 1930~40년대에 프리드리히 하이에크Friedrich August von Hayek를 상대로 이른바 '사회주의 성립 가능성' 논쟁을 벌인 것으로 유명한 학자다. 이 논쟁에서 랑게는 사회주의가 이론적으로 성립 가능하다고 주장해서 그것이 불가능하다고 주장하면서 하이에크와 치열한 논쟁을 벌였고, 이것은 경제학계의 큰 사건이었다.

칼레츠키는 경기변동론의 유명한 연구자인데, 케인즈의 『일반이론』(1936)이 나오기 전인 1933년, 1935년에 이미 독자적으로 케인즈의 유효수요 이론과 동일한 이론을 정립했다. 다만 칼레츠키의 논문이 폴란드어와 프랑스어로 쓰였기 때문에 알려지지 않았을 뿐이다. 그는 1936년에 케인즈 이론보다 자기 이론이 먼저 나왔었다는 사실을 주장하는 논문을 다시 썼는데, 이 논문도 폴란드어로 쓰는 바람에 역시 알려지지 않았다. 이 모든 사실이 시간이 많이 흐른 뒤에 비로소 밝혀져서 나중에는 인정을 받게 되었다. 그 뒤 경제학에서는 논문을 쓰려면 영어로 써야 한다는 농담이 생겼다.

칼레츠키는 분배 이론에도 크게 기여했다. 칼레츠키는 기업의 독점력으로부터 상대적 분배율을 유도해 내는 독특한 이론을 전개했다. 그는 초기에 전개한 이론에서, 개별 기업에서 출발해 독점기업의 이윤 극대화를 위한 조건인 한계수익 MR=한계비용 MC를 거시적으로 집계해 분배율을 유도하려고 시도했다. 이 조건을 그 산업에 속하는 기업에 대해 집계하면 한 산업의 노동 분배율은 그 산업의 독점도獨占度, degree of monopoly에 의해 결정되며, 경제 전체의 분배율은 경제 전체의 독점도에 의해 결정된다는 것이다. 물론 전체적 독점도는 여러 산업의 상대적 비중에 따라 달라질 것이다. 이때 칼레츠키가 사용한 독점도란 원래 경제학자 아바 러너Abba P. Lerner가 도입한 개념이다.

$$독점도 = \frac{P - MC}{P}$$

단, P=가격, MC=한계비용

여기서 독점도가 높을수록 이윤이 커지고 노동 분배율은 하락한다. 칼레츠키 이론은 개별 기업에서 어떤 원리에 따라 가격을 매기는가, 즉 마크업mark-up에 관한 설명이 없다는 점에서 비판을 받는다. 칼레츠키는 후기의 모델에서는 기업의 행동 방식에서 엄격한 이윤 극대화의 가정을 버렸고, 가격 결정도 한계비용의 원리에 따르지 않고 평균비용의 원리를 따르는 것으로 변경했다. 그는 독점도의 결정 요인으로서 네 가지를 들었다. 독점도는 ① 산업 집중도가 높을수록 높고, ② 광고 등 판촉 활동이 왕성할수록 높으며, ③ 이자, 임대료, 경영진 봉급 등의 간접비용이 클수록 높고, ④ 노동조합의 세력이 약할수록 높다고 본다.

특히 ④와 관련해 칼레츠키는 그의 만년晩年에 노동자와 자본가 사이의 계급투쟁 개념에 기초한 소득분배 이론을 제시하기도 했다.

그 뒤 경제학자 키스 카울링Keith Cowling은 칼레츠키 이론을 계승해 마크업에 관한 새로운 가설을 제시했다. 마크업, 즉 독점도는 세 가지 요인, 즉 ① 제품의 수요탄력성, ② 시장 집중 지수의 일종인 허핀달Herfindahl 집중 지수, ③ 기업 사이의 담합談合, collusion에 의존한다는 것이다. 여기서 그는 경제 전체의 독점도를 도출하려고 시도했다. 단, 경영자가 어느 정도 재량을 발휘할 수 있고, 이윤 극대화보다는 경영자의 보수나 기업 성장, 사회적으로 인정받는 것, 또는 다른 어떤 기업 목표에 관심을 가진다고 가정하면 마크업은 이윤 극대화를 가정한 모델에서보다 낮아지게 된다.

칼레츠키 이론에 대해 영국의 펠프스 브라운이 실증 자료를 가지고 검증했는데, 영국, 미국, 스페인, 독일에서 1860~1965년의 시기에 독점가격이 소득분배의 주요 결정 요인이라는 주장은 경험적으로 뒷받침되지 않는다고 주장했다. 예를 들어 19세기 후반 미국의 이윤 분배율은 크지만 영국과 독일에 비해 독점도는 높지 않았다는 것이며, 제2차 세계대전 후 영국에서는 기업합병이 증가했기 때문에 독점도가 상승했을 가능성이 있지만 이윤 분배율은 예상 외로 하락했다는 것이다.

여기에 대해 칼레츠키를 옹호하는 입장인 카울링은 칼레츠키 이론이 예측하는 힘을 상쇄시킨 현실적 요인이 있어서 칼레츠키 모델의 예측과 맞지 않는 결과가 나왔다고 해석하고 있다. 첫째, 경영자 재량이 증가해 가는 경향, 둘째, 합병으로 인한 초과 생산능력이 있어서 잠재적 이윤이 시장에서 실현되지는 못했다는 점이다.

그 뒤 라이돌이 이윤 분배율이 산업 집중도에 의해 결정되는 모델을 제시한 바 있는데, 이 역시 상당히 설득력이 있는 것으로 평가된다. 어쨌든 독점력을 가지고 상대적 분배율을 설명하려고 한 칼레츠키의 이론은 아직 상당한 논리적 바탕과 매력을 갖고 있다고 볼 수 있다. 우리나라에서도 이런 시장 지배력 모델을 가지고 소득분배를 설명하려는 연구가 여러 편 제시되고 있는데 어느 정도 설득력이 있다는 결과가 나오고 있다(예컨대 이중희(1989)를 보라).

포스트 케인지언의 모델

1) 칼도어의 모델

포스트 케인지언의 이론 체계 중 비교적 이해하기 쉬운 칼도어의 모델을 소개해 보기로 하자. 영국 케임브리지 대학의 칼도어가 제시한 모델의 기본 가정은 세 가지인데, 첫째, 총생산관계는 한계자본계수 $v = dK/dY$가 일정하다는 가정에 의해 규정된다. 둘째, $s_c > s_w$ 즉, 이윤에서 나오는 저축률이 임금에서 나오는 저축률보다 높다. 이것을 고전파적 저축 가설classical savings hypothesis이라고 부른다. 때로는 맑스가 가정했던 것처럼 아예 노동자는 저축할 여력이 없다(s_w =0)고 가정되기도 한다. 셋째, 완전고용이 성립하고 있고, 경제는 장기적으로 일정률로 성장한다고 가정한다.

칼도어 모델에서는 자본가와 노동자로 구성된 계급사회가 분석 대상이 된다. 이 사회에서 국민소득 Y는 노동자의 임금 W와 자본가의 이윤 P로 구성된다고 정의된다. 총저축 S는 노동자의 저축 s_w와 자본가의 저축 s_c의 합이다. 즉,

$$Y \equiv W + P$$
$$S \equiv S_w + S_c$$

그리고 $S_w = s_w W$와 $S_c = s_c P$라는 식으로 두 계급이 단순히 각자의 소득에 비례적인 저축함수를 갖고 있다고 가정하고, 임금 소득자의 저축 성향 s_w가 자본가들의 저축 성향 s_c보다 작다는 것을 가정하면, $1 > s_c > s_w > 0$의 관계가 성립한다. 그리고 장기적으로 완전고용을 보장해 줄 수 있는 투자 I가 저축 S와 일치한다는 조건 $I = S$를 추가하면,

$$I = S_w + S_c = s_w W + s_c P$$

가 되고, 이 식을 Y로 나누어 새로 정리하면

$$\frac{P}{Y} = \frac{1}{s_c - s_w} \frac{I}{Y} - \frac{s_w}{s_c - s_w} \qquad (1)$$

라고 하는 칼도어의 기본 방정식이 유도된다. 칼도어의 기본 방정식에 의하면 이윤 분배율 P/Y는 임금 소득자 및 이윤 소득자의 저축 성향과 투자율에 의존한다는 것이다. 또한 이 모델에서, 투자율 I/Y와 저축 성향 s_c, s_w가 서로 독립이고, 저축 성향이 안정적이라면 투자율의 증가는 승수($1/s_c - s_w$)배 만큼 이윤 분배율을 증가시킬 것이라는 결론을 도출할 수 있다. 특히 노동자들의 저축 성향 s_w가 0이라고 가정한다면 이 식은 다음과 같이 단순화된다.

$$\frac{P}{Y} = \frac{1}{s_c} \frac{I}{Y} \qquad (2)$$

즉, 이윤 분배율은 이윤으로부터 나오는 저축률과 투자율에 의해 결정된다. 투자율이 높을수록 그리고 이윤으로부터의 저축 성향이 낮을수록 이윤 분배율은 높다. 바꾸어 말하면 자본가들은 지출(투자, 소비)을 많이 할수록 결국 자기의 소득 분배율이 많이 돌아온다는 뜻인데, 이것은 케인즈가 『화폐론』에서 전개했던 '과부의 항아리'widow's cruse 모델과 같은 함축을 가지고 있다. 즉, '자본가들은 쓴 만큼 벌고, 노동자들은 번 만큼 쓴다'capitalists earn what they spend, while workers spend what they earn는 것이다. 케인즈는 『일반이론』에서는 분배 이론을 전개하지 않았고, 그의 '과부의 항아리' 분배 이론은 그보다 몇 년 전에 쓴 『화폐론』에 나와 있다. 원래 구약성서 열왕기 상편 17장 16절 선지자 엘리야에 나오는 '과부의 항아리'란 가루와 기름을 아무리 퍼내도 끝없이 솟아 나오는 항아리를 의미하는데, 케인즈는 자본가들이 지출한 만큼 다시 벌어들인다는 것을 비유하기 위해 이 이야기를 인용했다.

2) 파시네티의 수정

역시 포스트 케인지언의 한 사람인 이탈리아 출신의 경제학자 루이지 파시네티Luigi L. Pasinetti는 노동자의 저축 가능성을 인정해 칼도어 모델을 수정했는데, 그 결과는 노동자의 저축에도 불구하고 칼도어의 결과가 유효한 것으로 나타났다. 파시네티의 수정론에서는 칼도어가 무시했던 사실, 즉 노동자도 저축에 상응하는 이윤을 분배받는다는 것을 모델에 명시적으로 도입했다. 노동자가 자본가로부터의 대부를 통해 간접적으로 소유하는 자본량을 K_w, 이자율을 r로 나타내면 칼도어의 기본 방정식인 (1)식은 (3)식으로 변형된다.

$$\frac{P}{Y} = \frac{1}{s_c - s_w} \frac{I}{Y} - \frac{s_w}{s_c - s_w} + r\left(\frac{s_c s_w}{s_c - s_w} \frac{K}{I} - \frac{s_w}{s_c - s_w} \frac{K}{Y}\right) \quad (3)$$

이와 같이 재구성된 모델에서 상대적 분배율과 이윤율에 대한 직접적인 설명을 위해서는 이자율의 이론이 필요하다. 장기균형 모델에서 대개 가정하듯이 '이자율은 이윤율과 같다'는 가정을 도입하는 것이 가능하므로 이 식의 r에 P/K를 대입해 정리하면 다음의 식이 얻어진다.

$$\frac{P}{Y} = \frac{1}{s_c} \frac{I}{Y} \quad (4)$$

이상과 같은 일련의 과정을 거쳐서 얻어진 (4)식은 결국 위에서 본 칼도어의 (2)식으로 환원하며, 이 식이 의미하는 바는 장기적으로 노동자의 저축 성향 s_w는 이윤 분배율에는 영향을 미치지 않는다는 점, 즉 이윤 분배율은 오직 자본가의 저축 성향과 자본가의 투자율에 의해서만 영향을 받는다는 '과부의 항아리' 모델로 귀착하는 것이다.

3) 포스트 케인지언 모델의 의의와 한계

케인즈와 칼레츠키의 이론을 계승해 정식화한 포스트 케인지언의 상대적 분배율 이론은 거시적 국민소득의 결정이라는 틀 속에서 소득분배는 자본가들의 투자 및 저축 성향에 의해 결정된다는 결론을 내린다. 칼도어-파시네티 정리가 지닌 함의는 다음과 같다. 첫째, 이윤율 및 이윤과 임금 간의 소득분배가 노동자의 저축률 s_w와는 무관하게 결정되기 때문에 노동자의 저축 행동에 대한 어떠한 가설도 필요하지 않다. 둘째, 자본가의 저축 성향과 투자 성향이 절대적이고 전략적으로 중요하다. 이상과 같은 귀결은 생산과정을 지배하는 집단의 저축과 자본축적 과정 간의 관계에 새로운 방향을 제시해 주는 것이다. 그러나 칼도어-파시네티 정리는 여러 가지 단순화 가정 위에서 도출된 것이므로 이것을 바로 현실에 적용할 수는 없다. 이 정리를 현실 문제에 적용하려면 현대자본주의의 계급 구조를 잘 고려해, 모델의 전제 조건에 대한 재검토가 있어야 할 것이다.

칼도어 모델에 대해서는 다음과 같은 비판이 있다. 1970년대에 요절한 시카고 대학의 신고전학파 경제학자 해리 존슨은 한계자본계수 v가 이윤율의 영향을 받지 않고 일정하다고 하는 가정이 칼도어 이론의 주요한 약점이라고 지적했다. 이것은 생산 방법에서 요소 가격의 변동에도 불구하고 자본과 노동의 대체가 일어나지 않는다는 뜻인데 이 가정은 비현실적이라는 비판을 면하기 어렵다. 둘째, 고전파의 저축 가설이 비판될 수 있다. 왜 계급에 따라 저축률이 다른가 하는 설명이 확실치 않다. 칼도어는 사업소득의 저축은 주로 재투자(축적)와 상속 동기로부터 나오고, 노동자는 생애 주기적인 저축을 한다고 본다. 따라서 후자는 금리에 민감한 반면 자본가의 저축은 금리에 둔감하다고 본다. 그러나 어쨌든 칼도어 모델에서는 계급 사이 저축률의 차이가 결정적 역할을 하는 만큼 이 문제는 철저한 해명이 필요하다.

칼도어 모델을 실증적으로 검증한 것으로 미국의 레더^{M. Reder}의 연구가 있는데, 그는 미국의 투자율과 이윤 분배율 사이의 관계를 검토한 결과 칼도어 이론과 모순되지 않는다는 결론을 내린 바 있다. 그 반면 영국의 펠프스 브라운은 칼도어 가설이 현실과 부합하지 않는 것으로 보고 있다. 이제 절을 바꾸어 각국의 상대적 분배율이 어떤 수준이며, 어떻게 변동해 왔는지를 실증적으로 조사한 연구를 검토해 보자.

2. 상대적 분배율의 실증 연구

보울리의 법칙

노동과 자본 사이의 상대적 분배율에 관한 초기의 실증 조사로는 20세기 초 영국의 통계학자이자 경제학자인 아서 보울리$^{Arthur\ Bowley}$의 연구가 있다. 그는 19세기 말 영국의 분배에 관한 통계적 연구를 통해 상대적 분배율이 장기에 걸쳐 거의 일정하다는 사실을 밝혀냈는데 후에 이 가설을 그의 이름을 따서 보울리의 법칙$^{Bowley's\ Law}$이라 부르게 되었다. 상대적 분배율이 장기적으로 일정하다는 현상은 제2차 세계대전 이전에는 케인즈를 위시한 많은 경제학자들이 하나의 '기적' 또는 '수수께끼'로 받아들이고 있었다. 그러나 제2차 세계대전 후 쿠즈네츠의 효시적 연구를 비롯해 최근 여러 나라에서 이 문제에 관한 실증적 연구가 누적되면서 보울리의 법칙에 대해서는 점차 회의적인 견해가 지배적으로 되고 있다. 즉 상대적 분배율은 장기적으로 일정하지 않으며 노동의 몫이 증가해 가는 경향이 있다는 것이 여러 나라에서 발견되고 있는 것이다.

영국의 자료를 보면 노동소득을 어떻게 정의하느냐에 따라 노동 분배율의 움직임은 다르게 나타난다. 노동소득으로 임금^{wages}(블루칼라의 보수)만 갖고 본다면 노동 분배율은 안정적인 것으로 나타나지만, 여기에 봉급^{salaries}(화이트칼라의 보수)을 더한 것을 노동소득이라고 본다면 노동 분배율은 장기적으로 상승해 온 것이 사실이다. 노동 대 자본의 소득 분배율이 영국의 경우 제1차 세계대전 이전에는 1 대 1이었으나 전간기^{戰間期}에는 2 대 1이 되었고, 제2차 세계대전 전후해서는 3 대 1로 상승했다. 제2차 세계대전 후 독일, 미국, 영국의 상대적 분배율의 변동을 보면 역시 노동소득의 몫이 증가하는 추세가 발견된다.

미국 MIT대학의 솔로우는 보울리의 법칙이 성립하는가의 문제를 다른 방법으로 접근했다. 경제 전체에서의 상대적 분배율 변동은 각 산업별로 보았을 때 상대적 분배율의 변동에서 기대되는 것보다 더 작은가? 비유하자면 아침, 점심, 저녁 식사의 칼로리 변동은 크지만 하루 전체로 보면 평형화가 이뤄져 칼로리가 안정적인가 하는 문제를 제기했다. 그의 연구에 의하면 대답은 부정적이다. 경제 전체로 상대적 분배율을 일정하게 만드는 어떤 거시적 안정 메커니즘은 존재하지 않는다는 것이다. 이와 같은 실증적·이론적 연구의 결과, 지금은 상대적 분배율이 일정하다고 믿는 사람이 아무도 없다.

크래비스의 방법

그런데 우리가 현실의 통계자료를 가지고 상대적 분배율을 계산하려 하면 실제로는 상당한 어려움에 부딪히게 된다. 예를 들어 우리나라의 국민소득을 노동소득과 자본소득으로 양분하는 것은 그리 쉬운 일이 아니다. 무엇보다도 국민소득 계정에서 분배국민소득이 피용자 보수, 재산소득, 비법인 기업소득, 법인 이전 지불 등 여러 가지 범주로 분류되어 있으나 이들 소득 범주는 우리들이 이론적으로 가르는 노동소득, 자본소득과는 정확히 일치하지 않는다는 문제가 있다. 그중에서도 특히 비법인 기업소득은 주로 자영업자 및 그 가족이 버는 소득인데, 그는 자신의 자본을 사업에 투입하면서 동시에 스스로 노동에도 종사한다. 따라서 그의 소득 속에는 노동소득과 자본소득이 혼합되어 있으므로 이를 어떻게 양자 사이에 분할하는가 하는 것이 소득의 상대적 분배율을 파악하는 중요한 열쇠가 된다.

　이 문제를 해결하기 위해 미국의 경제학자 어빙 크래비스 Irving B. Kravis가 제시한 네 가지 계산 방법이 있다. 그것은 ① 노동 기준, ② 자산 기준, ③ 비례 기준, ④ 경제 전체 기준으로 불린다. 첫째, 노동 기준은 자영업자의 노동시간에 그 사람이 벌 수 있었던 임금(기회비용)을 곱한 값을 노동소득이라고 간주하고 소득의 나머지를 자본소득이라고 보는 방법이다. 둘째, 자산 기준이란 자영업자의 자산에 현행 수익률을 곱한 값을 그 사람의 자본소득(역시 기회비용)이라고 보고 소득의 나머지를 노동소득으로 간주하는 방법이다. 셋째, 비례 기준은 자영업자의 소득을 노동 기준과 자산 기준에 따라 각각 노동소득과 자본소득을 계산한 뒤 양자 사이의 비율에 따라 자영업자의 소득을 분할하는 방법이다. 이것은 노동 기준과 자산 기준의 절충이라고 할 수 있다. 넷째, 경제 전체 기준이란 그 해 자영업 소득을 제외한 노동소득(주로 피용자 보수)과 자본소득(주로 재산소득) 사이의 분배 비율을 자영업 소득에 대해 똑같이 적용해 자영업 소득을 노동소득과 자본소득으로 분할하는 것이다. 이 방법은 내용을 보면 마치 자영업 소득이 없다고 무시하고 나머지 부문에 대해서만 노동소득과 자본소득을 계산한 것과 같은 결과를 가져다준다.

이들 네 가지 기준은 서로 일장일단이 있어서 반드시 어느 편이 최선이라고 말하기 어려우며, 또한 네 가지 모두 약간씩은 자의적 가정에 입각해 있다는 비판을 면하기 어렵다. 그리고 네 가지 기준으로 계산한 결과가 상당히 차이가 날 때, 어느 편이 옳은지 판단하기가 어렵다. 선진국처럼 자영업자의 비중이 적은 경우에는 오차가 발생하더라도 크게 틀리지는 않을지 모르나, 후진국에서는 자영업이 국민경제에서 차지하는 비중이 크기 때문에 크래비스의 추계 방법이 큰 오차를 가져올 수 있다는 사실을 염두에 두지 않으면 안 된다. 우리나라의 경우 다른 나라에 비해 자영업 부문이 상대적으로 큰 편이어서 비중으로 따지면 세계 최고 수준이다. 통계상 자영업에 비교적 가까운 개념인 비법인 기업非法人企業의 소득 비중이 계속해서 감소해 왔으나 아직 15%를 넘는 수준이므로 크래비스 식 추계에 상당한 오차가 나타날 가능성이 있다.

상대적 분배율의 국제 비교

이와 같은 크래비스 방법의 한계를 인식하면서 여러 나라의 상대적 분배율의 크기가 어느 정도인지 보기로 하자. 그런데 이런 자료는 그리 흔한 것이 아니기 때문에 여기서는 다만 선진국에서 나와 있는 약간의 자료를 검토해 보는 것으로 만족할 수밖에 없다. 〈표 9.3〉에는 쿠즈네츠로 하여금 노벨 경제학상을 받게 한 그의 명저『근대경제성장론』*Modern Economic Growth*(1966)에서 제시하고 있는 선진국 몇 나라의 노동 분배율이 요약되어 있다. 이 표에서 보는 바와 같이 선진국의 노동 분배율은 캐나다를 제외하고는 장기적으로 상승해 왔으며, 캐나다의 경우도 원래 노동 분배율 자체가 높은 수준이다. 그리하여 선진국에서는 현재 노동 분배율이 대개 75~80% 수준에 있다.

쿠즈네츠는 이와 같은 노동 분배율의 상승을 이렇게 해석하고 있다. 즉, 이 기간 동안 노동보다는 자본의 공급 증가가 더 빠른 속도로 일어났다. 그러나 그것을 상쇄하고도 남을 정도로 노동의 가격이 자본의 가격보다 빠른 속도로 상승해 노동 분배율이 높아졌다. 바꿔 말하면 자본 공급/노동 공급 비율의 증가속도보다 노동 가격/자본 가격 비율의 상승속도가 더 빨랐기 때문에 결과적으로 노동소득(노동 공급 × 노동 가격)이 자본소득(자본 공급 × 자본 가격)보다 더 빠른 증가를 보였다는 이야기다. 그는 노동 가격이 상대적으로 상승한 이유가 주로 교육 수준의 상승과 노동능률의 제고 등 노동의 질적 개선 때문이었다고 해석한다.

그런데 일본의 경우를 보면 노동 분배율의 변동이 여타 선진 자본주의국가와는 상당히 다른 패턴을 보인다. 〈표 9.4〉에는 1951~65년 사이의 일본의 상대적 분배율의 변동이 요약되어 있다.

〈표 9.3〉에서 보듯이 선진 자본주의국가의 노동 분배율이 모두 상승 추세를 나타내는 데 반해 일본의 경우에는 오히려 하락 경향을 보이고 있어서 자못 대조적이다. 이상하게도 일본의 경우에는 피용자 소득의 비중은 다른 나라와 마찬가지로 상승함에도 불구하고 노동 분배율은 하락해 왔다. 요코이 히로미橫井弘美는 그 이유로 전후戰後의 급격한 경제구조의 변화와 고도성장에 수반하는 재산소득의 신장을 들고 있으나 그런 설명만으로는 충분히 납득이 가지 않는다.

일본에 대해 좀 더 장기적인 자료를 갖고 분석한 미나미 료신南亮進과 오노 아키라小野旭 역시 1888~1969년의 기간 동안에 노동 분배율이 하락추세를 보였다고 말한다. 그들은 이 기간 동안 노동 분배율이 하락한 것은 임금 상승이 생산성 상승에 미치지 못했기 때문이며, 다시 그 이유는 1960년대 초까지도 농촌 부문에 광범위한 과잉 노동력이 존재해 임금 상승을 억제하는 요인이 된 반면, 해외에서 수입된 기술로 인해 생산성은 빠른 속도로 상승했기 때문이라고 설명하고 있다.

그런데 일본의 노동 분배율을 분석한 그 뒤의 연구를 보면 제2차 세계대전 이전에는 분명히 노동 분배율이 하락하는 추세를 보였으나 전후, 특히 1960년 이후에는 상승 추세로 돌아섰다는 결과가 나와 있다(吉川洋 1994). 1960년 이후 노동 분배율의 상승은 중소기업에서는 발견되지 않고 오직 대기업 부문에서만 나타나는데 이것이 경제 전체의 노동 분배율 상승을 주도해 왔다는 것이다(西村淸彦·井上篤 1994). 또한 대기업에서 노동 분배율이 상승한 주요 이유는 복리 후생비와 연구 개발 관련 급여의 증가에 있었다고 해석하고 있다. 어

표 9.3 | 선진국의 노동 분배율

	노동 분배율		노동 분배율
영국		**독일**	
1860~69년	54	1895년	53
1905~14년	54	1913년	61
1920~29년	66	1925~29년	79
1954~60년	75	1954~60년	71
프랑스		**캐나다**	
1853년	56		
1911년	66	1926~29년	81
1920~29년	71	1954~60년	81
1954~60년	81		
스위스		**미국**	
1924년	65	1899~1908년	76
1954~60년	74	1919~28년	73
		1954~60년	81

주: 노동 기준에 의해 계산한 값임.
자료: Kuznets (1966, 168-170).

표 9.4 | 일본의 노동 분배율

	피용자 소득	개인업주 소득	재산 소득	이전 소득	기타	계	노동 분배율
1951	48.0	45.4	3.7	2.7	0.2	100.0	90.2
1955	49.6	38.6	6.8	4.9	0.1	100.0	83.5
1959	55.0	30.1	9.8	5.0	0.1	100.0	80.5
1963	57.6	25.9	11.1	5.4	0.0	100.0	79.3
1965	58.2	24.7	11.3	5.9	-0.1	100.0	78.9

주: 경제 전체 기준으로 계산한 것임.
자료: 橫井弘美(1970, 154).

쨌든 일본의 노동 분배율이 구미 선진국들과 상당히 다른 패턴을 보이고 있다는 사실은 앞으로 연구할 만한 흥미 있는 과제이며, 우리나라의 현실을 분석하는 데도 시사하는 바가 있을 것으로 생각된다.

그런데 최근 세계적 베스트셀러가 된 토마 피케티의 『21세기 자본』은 노동 분배율 하락이 세계적 추세라는 점을 밝혀 세계를 놀라게 했다. 즉, 일본뿐만 아니라 유럽, 미국 등 주요 선진국에서 1970년대 이후 노동 분배율이 하락하고 자본 분배율이 상승했다는 것이다. 과거 장기적으로 꾸준히 상승 추세를 보이던 노동 분배율이 이 시기에 하락한 것은 자본의 증가에 기인하는데, 그런 추세가 21세기 내내 계속될 것이라는 것이 피케티의 우울한 예측이라서 더욱 주목하지 않을 수 없다(피케티에 대해 상세한 것은 12장 참조).

한국의 상대적 분배율

그러면 끝으로 한국의 상대적 분배율 추계 결과를 보기로 하자. 배무기 교수는 크래비스의 네 가지 기준 중 노동 기준을 채택해 우리나라 경제 전체와 각 부문별 노동 분배율을 계산했는데 〈표 9.5〉에 그 결과가 요약되어 있다.

이 표에서 우리는 다음의 몇 가지 사실을 알 수 있다. 첫째, 대체로 보아 우리나라의 노동 분배율은 1960~70년대를 통해 상승 추세를 보이며, 이런 경향은 부문별로 나누어 보더라도 역시 그러하다.

둘째, 그러나 노동 분배율이 지속적으로 상승한 것은 아니며, 1960년대에는 거의 변화가 없거나 아니면 완만한 상승을 보이다가, 70년대 중반 무렵에는 전반적으로 하락 경향을 나타냈으나 그것이 오래 계속되지는 않았고, 70년대 중반 이후에는 대단히 빠른 속도로 상승했다.

셋째, 노동 분배율은 농업 부문보다는 비농업 부문이, 그리고 법인 부문보다는 비법인 부문이 상대적으로 높다. 그런데 지난 20여 년간 한국의 노동력이 농업 부문에서 비농업 부문으로, 그리고 비법인 부문에서 법인 부문으로 이동해 왔다고 본다면, 이 두 가지 움직임은 노동 분배율에 미치는 영향이 서로 상쇄하는 방향이었다고 할 수 있다. 그러나 각 부문별 노동 분배율이 모두 상승하는 추세에 있었기 때문에 전체적으로 노동 분배율은 상승

표 9.5 | 부문별 노동 분배율 (3개년 이동 평균치) (단위: %)

	전 부문	민간 비농업 부문	법인 부문	민간 비농업 비법인 부문	농림어업 부문	민간 비법인 부문
1964	60.1	75.2	60.3	79.2	57.1	65.5
1967	64.1	76.0	60.0	81.3	67.0	74.3
1971	60.7	82.0	67.0	87.7	62.8	75.0
1975	57.7	76.9	62.5	84.3	44.5	66.7
1979	65.7	82.5	73.2	91.0	65.8	80.5
1981	67.8	85.6	77.1	93.5	78.2	87.6

자료: 배무기(1984).

해 왔다.

넷째, 이 추계의 기초가 된 통계자료에 어떤 문제점이 있는 것인지 모르지만, 예컨대 농림어업 부문의 노동 분배율이 1977~81년의 불과 4년 사이에 무려 30% 포인트를 넘는 상승을 보이고 있는데 이는 이해하기가 어렵다.

우리나라 경제 전체의 노동 분배율은 1980년대 초 현재 약 68%로 나타났다. 이것을 다른 나라와 비교하면 어떻게 될까? 앞 절에서 본 바와 같이 서구나 일본과 같은 선진국에 비교해 본다면 우리나라의 노동 분배율은 지난 20년간의 상승에도 불구하고 아직 낮은 편이며, 이들 나라의 경험에 비추어 볼 때 한국에서도 이 비율은 계속 상승할 것으로 예상할 수 있다.

그런데 그 뒤 한국의 노동소득 분배율이 장기적으로 U자형 곡선 모양으로 변동해 왔다는 새로운 실증 분석 결과가 제시되어 흥미를 끈다(배진한 1992). 배진한에 따르면 연도별 기준으로 계산한 노동소득 분배율은 1953~88년의 기간 동안 크게 보아 U자형의 변동을 보이는데, 그 곡선의 바닥은 대체로 1966~72년에 위치한다는 것이다. 그는 전반기에 노동소득 분배율이 하락한 이유가, 주로 아서 루이스Arthur W. Lewis 류의 전환점turning point 이론에서 말하는 노동력의 무한 공급으로 인해 임금이 낮게 묶여 있었기 때문이며, 후반기에 상승한 이유는 주로 한국이 취해 온 수출 주도형 고도성장 정책에 기인하는 것으로 해석하고 있다. 수출 주도형 성장이 노동소득 분배율을 높인 이유로는 첫째, 수출산업 부문이 다른 부문에 비해 노동소득 분배율이 높다는 점과, 둘째, 수출 주도형 성장이 전환점을 앞당겼다는 점을 들고 있다.

　이런 설명은 루이스의 전환점 이론을 적용, 발전시키고 있다는 점에서 가치가 있을 뿐 아니라 성장과 분배에 관한 쿠즈네츠의 역U자 가설(뒤의 12장 참조)과도 관련이 있어 보이는 매우 흥미 있는 가설로서 앞으로 국제 비교의 관점에서 좀 더 깊이 연구할 만한 과제라 할 수 있다. 배진한에 의하면 타이완의 상대적 분배율도 한국과 흡사한 U자형의 움직임을 보인다고 한다. 위에서 본 바와 같이 일본도 장기적으로 U자형이라는 결과가 나오고 있으므로 더욱 공통성이 발견된다고 하겠다. 따라서 배진한의 분석은 특히 수출 주도형 모델을 채택해 급성장을 거듭해 온 동아시아 경제를 이론적으로 설명하는 데에 상당한 시사를 줄 것으로 보인다.

참고문헌

김윤상. 2002. 『토지정책론』. 한국학술정보.
배무기. 1984. "한국의 기능적 소득분배와 분배율추계." 『경제논집』 12월. 서울대 경제연구소.
배진한. 1992. "한국의 노동소득 분배율 변동." 『경제학연구』 12월. 한국경제학회.
맑스, 칼. 1989. 『자본론』 제1권. 김수행 옮김. 비봉출판사.
이정우 외. 2002. 『헨리 조지: 100년 만에 다시 보다』. 경북대출판부.
이중희. 1988. 『상대적 소득분배분의 이론과 실제』. 매일경제신문사.
정성진. 1990. "한국 경제에서의 맑스 비율의 분석." 서울대 경제학박사 학위논문.
_____. 2000. "한국의 사회적 축적구조의 계량분석." 『경제학연구』 48집 2호.

南亮進·小野旭. 1978. "分配率の趨勢と變動." 『經濟研究』 7月號.
橫井弘美. 1970. 『所得分配率の理論と實證』. 日本評論社.
西村淸彦·井上篤. 1994. "高度成長期 以後の日本製造業の勞動分配率." 石川經夫 編. 『日本所得と富』. 東京大學出版會.
吉川洋. 1994. "勞動分配率と日本經濟の成長, 循環." 石川經夫 編. 『日本の所得と富』. 東京大學出版會.

Amsden, Alice H. 1981. "An International Comparison of the Rate of Surplus Value in Manufacturing Industry." *Cambridge Journal of Economics*, Sep.
Atkinson, Anthony B. 1983. *The Economics of Inequality*, 2nd ed. Oxford University Press.
Bronfenbrenner, Martin. 1971. *Income Distribution Theory*. Aldine.
Cowling, Keith. 1982. *Monopoly Capitalism*. Macmillan.
George, Henry. 1962. *Progress and Poverty*. Robert Schalkenbach Foundation[『진보와 빈곤』. 김윤상 옮김. 비봉출판사. 1997].
Johnson, Harry G. 1972. *The Theory of Income Distribution*. Gray-Mills.
Kravis, Irving B. 1959. "Relative Income Shares in Fact and Theory." *American Economic Review*, Dec.
Kregel, John A. 1979. "Income Distribution." A. S. Eichner ed. *A Guide to Post-Keynesian Economics*. Sharpe.
Kuznets, Simon. 1966. *Modern Economic Growth*. Yale University Press.
Ranadive, K. R. 1978. *Income Distribution*. Oxford University Press.

10장

빈곤

나의 가난은

오늘 아침을 다소 행복하다고 생각하는 것은
한 잔 커피와 갑 속의 두둑한 담배,
해장을 하고도 버스 값이 남았다는 것.

오늘 아침을 다소 서럽다고 생각하는 것은
잔돈 몇 푼에 조금도 부족이 없어도
내일 아침 일도 걱정해야 하기 때문이다.

가난은 내 직업이지만
비쳐 오는 이 햇빛에 떳떳할 수 있는 것은
이 햇빛에도 예금통장은 없을 테니까…….
나의 과거와 미래
사랑하는 내 아들딸들아
내 무덤가 무성한 풀숲으로 때론 와서
괴로왔을 그런대로 산 인생 여기 잠들다, 라고
씽씽 바람 불어라…….

_ 천상병(1930~93)

1. 빈곤의 개념

빈곤은 우리가 일상적으로 쓰는 용어지만 엄격하게 정의내리는 것은 그렇게 쉬운 일이 아니다. 예컨대 현재 한국 빈민의 생활수준은 19세기 한국의 평균 생활수준보다 나았으면 나았지 결코 못하지 않은데도 가난하다고 볼 수 있을까? 또한 현재 미국 빈민의 생활수준은 인도의 평균 생활수준을 훨씬 능가하는데도 가난하다고 볼 수 있을까? 이런 의문에 대해 조금만 생각해 보면 알 수 있듯이 빈곤이란 개념은 각국의 경제 발전의 수준, 사회·문화적 환경, 기후 등의 요인에 따라 그 정의가 달라질 수 있다.

아담 스미스는 『국부론』에서 18세기 말 영국의 노동자들이 입지 않고는 부끄러워 견딜 수 없었던 린넨 셔츠도 그리스, 로마 시대에는 귀족조차 입지 못했던 물건이라는 점을 지적함으로써 빈곤의 개념이 시대에 따라 달라짐을 보여 주었다. 칼 맑스도 생존 임금을 논하면서 그것이 단순히 노동자들의 생계유지에 필요한 최저 수준의 임금이라는 생물학적인 의미만을 가지는 것이 아니라, 그 나라의 역사적·문화적 요인에 따라 달라지는 개념임을 밝혔다. 그에 의하면 최저 생존 수준의 임금은 역사적 발전의 산물이며, 그 나라 문명의 정도에 달려 있다는 것이다.

경제학적 관점에서 빈곤 문제를 접근할 때 지금까지 크게 세 가지의 접근 방법이 제시되고 있다. 그것을 시대적 순서로 나열하면 각각 절대적 빈곤, 상대적 빈곤, 주관적 빈곤의 개념이라고 할 수 있다. 먼저 절대적 빈곤 개념을 보자.

절대적 빈곤

영국의 라운트리는 1899년 요크^{York} 시의 빈곤을 조사했는데, 이것은 1889년 찰스 부스 Charles Booth에 의한 런던 빈민촌 연구와 더불어 빈곤에 관한 근대적 연구의 효시로 평가되고 있다. 라운트리는 나중에 과자 공장 사장으로 성공한 인물이지만 젊은 시절부터 빈곤한 이웃에 대한 동정심으로 가득 차 있었고, 평생 빈곤을 타파할 방법을 놓고 고민하던 인정 많

찰스 부스의 런던 빈곤 연구

영국 리버풀에서 태어난 피혁 제조업자이자 해운업자였던 찰스 부스(Charles Booth, 1840~1916)는 사재(私財)를 들여 장기간에 걸쳐 런던의 빈곤을 조사, 연구했다. 그가 사용한 조사 방법은 당시로서는 아주 독창적인 것이었는데, 노동자들의 생활이 이뤄지는 세 개의 장(場) 즉, 직장, 가정, 교회를 입체적으로 조사하는 것이었다. 그 결과는 『런던 시민의 생활과 노동』(Life and Labour of the People of London)이란 17권의 책으로 탄생했는데, 그중 제1권과 제2권이 빈곤에 관한 내용으로서 1889년에 출판되었다.

이 조사에 의하면 당시 런던의 빈민 숫자는 최하층민(the lowest class)이 인구의 0.9%, 극빈층(the very poor)이 7.5%, 빈곤층(the poor)이 22.3%로 이들을 다 합하면 전체 런던 인구 중 30.7%가 빈민으로 분류되었다. 이 조사에서 가장 특징적인 것은 런던의 거리마다 각각의 빈곤과 부유의 정도에 따라 다른 색깔로 표시한 지도를 만들었다는 점이다. 이 조사를 도와준 사람 중에는 나중에 유명해진 사람이 많은데, 그중 한 명은 부스의 부인 메리의 사촌이자 나중에 시드니 웹(Sidney Webb)의 부인으로서 『노동조합사』, 『산업민주주의』, 『협동조합운동』 등의 명저를 남긴 비어트리스 웹(Beatrice Webb)이었다.

라운트리는 18살 때 부스의 조사를 읽고 크게 감명을 받아 10년 뒤 자기가 살던 요크 시에 대해 비슷한 조사를 실시했던 것인데, 두 도시 사이에 빈민 비율은 거의 비슷한 것으로 조사되었다. 스스로 부자이면서도 가난한 사람들의 고통에 무관심하지 않고, 사회문제에 대한 깊은 고민에서 사재를 들여 이런 대규모 빈곤 조사를 벌였다는 점에서 부스와 라운트리는 존경할 만한 자본가라 하지 않을 수 없다.

은 사업가였다. 그는 18세 때 부스의 런던 빈민촌 연구 결과를 보고 크게 감명 받은 나머지 부스의 조사 10년 뒤 스스로 요크 시의 빈곤을 조사하게 되었다.

우리는 라운트리의 연구에서 절대적 빈곤이라는 개념의 원형을 찾을 수 있다. 그는 '순수하게 신체적 능률을 유지하기 위한 최저한의 필수품'minimum necessities of merely physical efficiency을 정의하고 이들 필수품을 사는 데 필요한 소득에 미달할 때를 '1차적 빈곤'primary poverty의 상태로 보았다. 그것은 생활living이라기보다는 생존bare subsistence의 수준이다. 라운트리가 말하는 1차적 빈곤이란 아무리 현명하고 주의 깊게 소비하더라도 신체적 능률을 유지하기 위한 필요를 충족하기에 수입이 불충분한 상태를 말한다. 이에 대해 '2차적 빈곤'secondary poverty은 역시 빈곤의 타격을 받고 있는 가구이지만 그 수입이 음주나 도박 등 평소와 다른 것에 소비하지 않는 한 그런대로 빈곤선貧困線, poverty line 이상의 생활을 영위할 수 있는 상태를 말한다.

라운트리는 1차적 빈곤을 구성하는 소위 '필수품'을 정의하는 데 지극히 엄격해서 미국의 영양 전문가 애트워터W. O. Atwater가 규정한 최소한의 간단한 식품에다가 의류, 주거, 난방만을 포함시켰고 일체의 '사치품'은 제외했다. 심지어 신문 구독, 노조 가입비, 우표, 담배, 맥주조차 제외했고, 선물이나 자선 행위, 여가 활동도 일절 넣지 않았다. 그는 육체적 건강을 유지하는 데 필요한 최소한의 물품만을 필수품으로 보았고, 그중에서도 가장 간단하고 저렴한 종류만을 포함시켰다.

그는 여러 가지 유형의 가구 구성에 대해 각각 다른 빈곤선을 정의한 뒤 소득이 빈곤선에 미달하는 가구를 빈곤한 가구로 분류했다. 그의 계산에 의하면, 예컨대 5인 가족의 경우 주당 식품비 12실링 9펜스, 피복비 2실링 3펜스, 연료비 1실링 10펜스, 가정용 잡비 10펜스를 합해 주당 17실링 8펜스에다가 주거비를 합한 것을 최저생계비로 계산했다.

라운트리는 평생을 빈곤 문제에 관심을 가져 1899, 1936, 1950년 세 차례나 요크 시의 빈곤을 조사했는데, 그가 적용한 빈곤의 개념은 시종 동일했으나 다만 그가 규정한 필수품의 범위가 뒤의 두 차례 조사에서는 약간 확대되었다. 라운트리는 1899년 요크 주민의 9.9%가 1차적 빈곤 상태에 있다고 추정했는데, 1936년에는 3.9%로 하락한 것으로 나타났고, 1950년에는 1.7%로 더욱 하락했다고 보고했다.

그러나 라운트리의 방식대로 최저생계비를 추정하는 데에는 몇 가지 문제가 있다. 첫째, 식품비의 경우 필요한 영양소의 개념에 연령이나 가족구성의 차이, 직업과 활동 수준 등을 고려하지 않았다. 예컨대 육체노동에 종사하는 사람은 정신 노동자에 비해 더 많은 칼로리를 필요로 하는데 이런 차이가 반영되지 않았다. 둘째, 라운트리가 채택한 최소한의 필요 영양소 개념은 실제 빈곤층의 일상적 소비 식품과 상당한 괴리가 있다. 셋째, 최저생계비 계산에 있어서 일상생활에서보다 식품비의 비중이 과대평가되어 있다. 바꾸어 말하면, 최저생계비가 과소평가되고 있다. 위의 5인 가족의 예에서 보듯이 식품비가 생활비에서 차지하는 비중은 아주 높게 잡혀 있다.

위의 라운트리의 계산 방식과 유사하면서 좀 더 간편한 방식으로 고안된 것이 있는데, 이것은 미국 사회보장청Social Security Administration의 여류 경제학자 몰리 오샨스키Mollie Orshansky에 의해 1964년에 제안되었다. 오샨스키는 미국의 3인 이상 가구의 엥겔계수가 대개 3분의 1이라는 데 착안해 최저한의 식품비를 계산한 뒤 여기에 3을 곱해 빈곤선을 계산하는 일종의 편법을 제안했다. 그는 미국 농업성에서 상이한 가족구성에 대해 제안하는 네 가지 표준적 식단(liberal, moderate, low-cost, economy) 중 가장 값싼 '절약형 식단'economy food plan에 소요되는 식품비를 계산한 뒤 여기에 엥겔계수의 역수를 곱해 줌으로써 최저생계비를 추정했다. 그래서 이것을 엥겔 방식이라고 부르기도 한다.

원래 미국 농업성의 '절약형 식단'은 저소득층의 식비 지출 패턴에 맞추어 고안된 것인데 '자금이 적을 때 일시적 또는 비정상적인 사용'에 맞도록 되어 있다. 오샨스키의 이 방법은 그 뒤 미국의 사회보장청에 의해 채택되어 지금까지도 미국의 공식 빈곤선 계산에 이용되고 있으며, 매년 물가 상승률이 감안되어 상향 조정되고 있다. 이 방법은 식품비만 계산하면 되기 때문에 계산이 용이하다는 장점이 있으나, 식료품 이외의 다른 품목이 무시되고 있는 점이 한계로 지적될 수 있다. 라운트리의 계산 방식을 전물량 방식全物量方式, 엥겔 방식을 반물량 방식半物量方式이라고 부르기도 한다.

오샨스키의 방식에 대해서는 다음과 같은 비판이 제기된다. 첫째, 엥겔계수의 크기를 어떻게 가정하느냐에 따라서 빈곤선이 달라지고 빈민층의 숫자도 달라진다. 오샨스키는 미국 농업성과 노동통계국Bureau of Labor Statistics의 자료를 이용해 3인 이상 가족의 엥겔계수를 3분의 1로 가정하고 있는데, 다른 연구자의 경우에는 이보다 낮은 엥겔계수를 써서 결과적으로 좀 더 높은 빈곤선을 도출한 사람도 있고, 반대로 높은 엥겔계수를 써서 좀 더 낮은 빈곤선을 도출한 경우도 있다. 문제는 누가 옳은가 하는 것이 아니고 최저생계비의 추정이 자의적이라는 데 있다.

둘째, 오샨스키의 경우에는 영양 필요량이 연령과 성별에 따라 달라지는 것으로 되어 있으나 여전히 육체적 활동 수준의 차이는 무시하고 있다. 예를 들어 농민의 경우 하루의 힘든 노동을 하는 데 4,500칼로리가 소요되는 반면, 사무직 노동은 그렇게 많은 칼로리를 필요로 하지 않는다. 일반적으로 빈민들은 육체적 활동을 좀 더 많이 요구하는 직업에 종사하는 경우가 많다고 본다면, 이 문제는 실제로 상당히 중요하다.

셋째, 저소득층의 실제 소비 패턴과 전문가의 판단 사이에는 상당한 괴리가 있다. 이 차이의 일부는 생계비의 지역적 차이에 기인하기도 하지만 또 다른 이유는 미국 농업성의 '저비용 식단'low-cost food plan이나 '절약형 식단'economy food plan이 효율적 주부an efficient housekeeper의 존재를 전제로 하고 있는 데에서 온다. 이 전제는 현실적으로 충족되기가 어렵지만 특히 저소득층의 주부들은 소비 정보에 어두운 경우가 많고, 구입하는 식품의 질이 낮고 값은 비싼 경우가 많다. 그 이유는 이들이 바가지를 쓰기 때문이라기보다는 식품 구입 시 대량 구매가 불가능하므로 부유층에 비해 소비에서의 규모의 경제를 누리기가 어렵기 때문이다. 더구나 빈민들은 영양에 관한 지식 부족, 요리 방법의 미숙 등으로 인해 영양의 결핍을 벗어날 만한 소득이 있더라도 반드시 영양적 기준을 달성한다는 보장이 없다. 따라서 전문가의 판단이 현실적으로 실현되는 데는 상당한 제약이 따른다.

라운트리 방식이든 엥겔 방식이든 관계없이 절대적 빈곤의 개념이 가지는 주요 난점은 최저 생존 수준 개념이 확정적인 것이 아니고 상당히 가변적이라는 데 있다. 예를 들어 육체 노동자와 정신 노동자 사이에 필요한 칼로리에 차이가 있다는 점, 이론적인 식료품 배합과 빈민들의 실제 소비 패턴에는 차이가 있다는 점, 소위 필수품의 선정에서 자의성이 개입할 여지가 있다는 점, 시간의 흐름과 더불어 그 사회에서 필수품이라고 생각되는 품목이 변화한다는 점 등이다. 예를 들어 라운트리도 언급하고 있듯 과거 영국의 브래드포드 노역장Bradford Workhouse에서 노동자들에게 공급하던 차茶 대신 영양가가 더 높은 오트밀gruel로 대체했을 때 불만이 터져 급기야 폭동이 발생한 사건에서도 볼 수 있듯이, 사람들의 소비 패턴에는 단순한 육체적·영양학적 의미 이외에 사회적 의미가 포함되어 있는 것이다. 더구나 식료품 이외에 주거비, 피복비, 문화비 등으로 지출 범주를 확장해 가면 필수품의 개념은 더욱 자의적인 요소가 많아지므로 최저한의 필요라는 선을 긋기가 어렵게 된다. 따라서 필수품이란 개념은 필연적으로 사회 통념 및 관습에 따라 달라질 수밖에 없다.

요컨대 빈곤의 개념은 육체적 생존에 필요한 최저한의 요구가 충족되고 있느냐의 여부도 중요하지만 결국 그 사회의 전반적 통념에 따라 달라질 수밖에 없으며, 빈자들의 생활수준 자체뿐만 아니라 빈곤하지 않은 사람들과의 상대적 위치가 고려되지 않으면 안 되는데, 이것을 충분히 감안하지 않는다는 것이 절대적 빈곤 개념의 주요 한계로 지적될 수 있다. 이런 관점에서 절대적 빈곤을 대체해서 새로 제기된 것이 상대적 빈곤 개념이다.

상대적 빈곤

상대적 빈곤이란 그 사회의 평균 소득 수준과 대비해 상대적으로 소득이 낮은 계층을 빈곤층으로 정의하는 것을 말한다. 즉, 이 개념에 따르면 빈곤을 주로 불평등의 관점에서 파악하게 된다. 예컨대 가구의 소득이 평균 소득의 50% 이하일 때 극빈층, 80% 이하일 때는 빈곤층으로 정의한 현대 영국의 대표적 빈곤 연구가 피터 타운센드Peter Townsend의 기준이 있다. 또는 평균 소득보다는 중위 소득이 좀 더 나은 기준이 된다고 보고, 중위 소득의 2분의 1 이하를 빈곤으로 정의한 미국의 경제학자 빅터 푹스Victor Fuchs의 개념도 있다. 또는 소득을 크기대로 순위매긴 뒤 최저 40% 혹은 20%의 집단을 빈곤층으로 보고 그들의 소득분배분의 크기에 관심을 기울이기도 한다. 이런 경우에 빈곤은 전적으로 불평등의 문제가 된다.

그러므로 어떤 경우에는 아무리 경제가 성장하고 소득수준이 높아져도 상대적 빈곤은 해소되지 않을 수 있다. 예컨대 최저 20%의 저소득층을 상대적 빈곤에 해당한다고 가정하는 경우 이 계층이 인구에서 차지하는 비중은 항상 20%이므로 빈곤은 항구적으로 존재하며, 그 크기도 불변이다. 또 어떤 경우에는 아예 처음부터 상대적 빈곤이 없을 수도 있다. 예컨대 중위 소득의 3분의 1 이하의 가구를 빈곤 가구로 볼 경우 소득분배가 대단히 평준화된 나라에서는 빈곤 가구가 거의 없을 수도 있다. 상대적 빈곤 개념의 가장 큰 난점은 개념 자체의 자의성에 있다. 각자 자기 나름대로의 빈곤 개념 설정이 가능하며, 어느 것도 확실한 객관적 근거를 가진다고 주장할 수 없다. 그리고 가구 구성의 차이에 따른 환산 척도(2장 참조)를 계산하기 어렵다는 난점도 있다.

실제로 상대적 빈곤의 측정은 매우 어려운 문제다. 화폐소득의 부족은 전체 빈곤 중의 일부에 불과하며, 공원, 놀이터, 공공시설, 교통수단 등의 부족(갤브레이스가 말하는 '풍요 속의 빈곤')까지 포함시키는 접근 방법도 가능하다. 더욱 추상적 수준에서는 광의의 '참여'가 고려될 필요가 있다. 즉, 그 사회의 구성원들이 통상적인 것으로 간주하는 관습 또는 활동에 참여할 수 있느냐의 여부가 빈곤의 기준이 될 수 있다. 이는 그 사회의 시민, 노동자, 가족, 이웃의 통상적 생활양식에 어느 정도 참여할 수 있느냐의 문제다. 이 점과 관련해 특히 영국의 타운센드의 상대적 빈곤 연구가 유명하다.

타운센드는 라운트리의 절대적 빈곤 개념이 이제는 시대에 뒤떨어진 것으로 보고 다음과 같이 비판한다. 신체적 능률을 유지하기 위한 최소한의 필요라는 개념은 너무나 협의의 것이어서 현대에는 더 이상 맞지 않으며, 그것보다는 사회적·심리적 필요가 더 중요할 수도 있다는 것이다. 즉, 인간은 빵만으로 사는 것이 아니며 중요한 사회적 욕구를 충족시키기 위해서는 빵을 포기할 수도 있다. 여기서 타운센드는 '절대적 필요'absolute needs라는 개념 대신 '필요의 사회적 결정'social determination of needs이란 개념을 도입한다. 그에 의하면, 어떤 사회의 생활필수품이란 고정불변의 것이 아니라 공간적·시간적 상대성을 가진다.

차茶를 예로 들어 보면, 이 상품은 칼로리는 거의 없지만 여러 나라에서 생활필수품으로 간주되고 있다. 친구나 이웃이 왔을 때 차를 대접하는 것은 오랜 생활 습관이기 때문에 사회적 의미에서 이것은 하나의 필수품으로 정착되어 있다. 광고나 이웃의 영향을 받아 새로운 상품이 점차 필수품으로 인정되는 경우도 자주 볼 수 있다. 처음에는 소수의 욕구가 나중에는 다수의 욕구로 변하는 경우도 흔히 있는데, 전형적인 예로서는 옷을 들 수 있다. 사람들이 옷을 선택할 때 자신의 취향보다 사회적 유행에 따라 옷의 모양과 색깔을 결정하는 경우가 많다. 텔레비전도 처음에 나왔을 때는 소수 부유층의 전유물이었으나 지금은 빈민층의 가정에서도 빠뜨릴 수 없는 만인의 필수품이 되었다.

타운센드는 라운트리의 절대적 빈곤 개념이 기본적으로 영양의 박탈nutritional deprivation을 중심으로 하고 있지만 현대에는 더욱 광의의 상대적 박탈relative deprivation 개념으로 대체되어야 한다고 주장한다. 왜냐하면, 제한된 개념은 제한된 인식을 낳고, 나아가서는 정책적으로 보장되어야 할 기본적 욕구가 제한될 수도 있기 때문이다. 상대적 박탈의 개념에 따르면 박탈의 범위가 넓어지며, 따라서 빈곤 개념에 기초한 정책적 함의와 빈곤 대책도 달라지지 않을 수 없다.

그는 빈곤을 식별하는 데에 절대적 빈곤 개념에서 사용하는 현금 소득 기준은 불충분한 것으로 간주한다. 그보다 개인이나 가구의 생활수준은 개인과 가구, 공동체에 분배되는 여러 종류의 자원resources의 총가용량總可用量에 달려 있다. 타운센드가 생각하는 자원에는 현금 소득(근로소득, 비非근로소득, 사회보장 수혜), 자본자산(주택, 생활 시설, 저축), 부가 급여(각종 부가 급여, 직장 보험, 직장의 부대시설), 공공서비스(정부 보조금, 보건, 교육, 공공 주택), 기타 개인 소득(자가 생산, 증여, 기타) 등이 포함되기 때문에 절대적 빈곤 개념에서 따지는 소득 개념보다는 훨씬 광범위하다.

나아가서 그의 궁극적 관심은 자원의 양에 있는 것이 아니고 자원의 상이한 유형이 생활수준을 결정하는 데 어떤 역할을 하는가 하는 문제와 어떤 자원 분배 체계가 빈곤의 감소에 도움이 되는가 하는 문제다. 자원의 양과 생활양식은 엄격히 구별된다. 타운센드는 사회의 생활양식을 의식주, 환경, 노동, 오락, 교육 등으로 가르고 그것을 대표할 만한 60개의 지표를 선정했다. 그리고 이 60개 지표 중 하나라도 결핍되어 있으면 박탈이 발생한다고 가정하고 박탈의 정도를 보여 주는 박탈 지수deprivation index score를 고안해 냈다.

원래 '상대적 박탈'이란 용어는 스토우퍼S. A. Stouffer가 미국의 군대 생활을 분석하면서 처음으로 사용했다고 알려져 있다. 그 뒤 머튼R. K. Merton, 런시만W. G. Runciman 등의 사회학자에 의해 발전된 개념으로서 원래 타인에 대한 상대적 박탈의 '상태'보다는 박탈의 '느낌'(박탈감)으로 해석되고 있었다. 그러나 타운센드는 이것을 박탈의 상태로 해석하는 것이 더 옳다고 보고 그것을 객관적으로 측정할 수 있는 방법을 개발하려고 노력했다.

만일 어떤 낮은 소득수준에 이르렀을 때 박탈 지수가 갑자기 현저한 상승을 보인다고 가정할 수 있다면 그 소득수준을 상대적 빈곤 여부를 가리는 문턱으로 파악할 수 있다고 본 것이 타운센드의 가설이었다. 그러나 영국 자료를 가지고 검증한 그의 실증적 연구 결과는 그런 '빈곤의 문턱'poverty threshold이 존재하는지에 대해 누구나 공감할 만한 확실한 증거를 제시하지는 못하고 있다.

또한 이론적으로 타운센드의 가설은 약간의 난점이 있다. 우선 소득과 박탈감 사이의 관계가 연속적인 관계인지 아니면 타운센드가 가정하듯이 어느 점에서 변화가 확연히 드러나는 비연속적인 관계인지 확실하지 않다. 그리고 사회의 일반적 생활양식을 대표할 만한 60개의 지표를 선정했지만 그중 상당 부분이 자의적이란 비판을 면하기 어렵다. 또한 환산 척도의 유도에도 문제가 있다. 예를 들어 '친구나 친척을 불러 같이 식사를 한다'는 항목은 독신자와 가족을 가진 사람에게 똑같이 적용되기 어려운 질문이다. 즉, 상이한 가구 구성 사이에 '생활양식' 자체가 차이가 있을 수 있기 때문에 그것을 무시하고 그냥 박탈감 지수를 비교하는 것은 문제가 있다.

좀 더 근본적으로 빈곤을 상대적으로만 파악하는 것에 이론적 난점이 있을 수 있다. 어떤 사람은 이것을 치통齒痛에 비유해 비판한다. 예를 들어 어느 마을에 모든 주민들이 치통을 앓고 있다고 하자. 이때 치통을 상대적으로 파악하게 되면 모두 똑같이 아프기 때문에 아무도 치통을 앓는 사람이 없다는 엉뚱한 결론에 도달하게 된다. 이런 논리를 빈곤에 적용해 본다면 극빈층이 많은 후진국에서 상대적 빈곤 개념을 도입하는 것은 무리라는 것을 금방 알 수 있다. 하지만 절대적 빈곤이 거의 소멸한 선진국에서는 상대적 빈곤은 매우 유용한 개념이다.

서구의 경우 라운트리 이후 20세기 전반에는 주로 절대적 빈곤에 관심이 집중되었으나 1950~60년대 이후에는 타운센드 등의 노력에 힘입어 상대적 빈곤 쪽으로 연구의 중심이 옮겨진 느낌을 준다. 이는 서구의 경제 발전에 따른 전반적 소득수준 상승과 무관하지 않을 것이다. 즉, 사회의 상당 부분이 절대적 생존을 위협받는 상태에 있는 경우에는 절대적 빈곤의 문제가 초미의 관심사가 될 수밖에 없으나 점차 생활수준의 향상과 더불어 절대적 빈곤의 문제보다는 상대적 빈곤의 문제로 주의가 돌려지는 것은 자연스러운 추세로 보인다. 위에서 보았듯이, 라운트리의 고전적 연구에서도 절대적 빈곤의 크기는 시간의 흐름과 더불어 크게 감소한 것으로 되어 있다. 서구의 경우 특히 제2차 세계대전 이후의 지속적 경제성장과 높은 고용수준, 그리고 영국의 베버리지 보고서Beveridge Report(1942)의 권고에 따른 사회보장의 확충에 힘입어 절대적 빈곤은 대폭 감소한 것이 사실이며, 이런 변화가 상대적 빈곤에로의 관심의 전환을 가져왔다고 할 수 있다.

절대적 빈곤의 문제는 경제성장에 의해 상당한 정도로 완화될 수 있으나, 상대적 빈곤의 문제는 경제성장과는 직접적인 관련이 없고 오히려 경제성장과 일부 계층의 치부致富 자체가 저소득층의 상대적 빈곤 또는 상대적 박탈을 증가시킬 수도 있다는 사실을 간과해서는 안 된다. 빈곤은 분명히 궁핍(=절대적 빈곤)이라는 측면과 불평등(=상대적 빈곤)이라는 측면을 동시에 가지고 있다고 할 수 있다. 여기서 어느 측면을 더 강조하는가에 따라 두 가지 접근 방법으로 갈라지는 것이며, 두 접근 방법은 서로 일장일단이 있기 때문에 어느 쪽이 반드시 더 옳다고 주장하기는 어렵다.

센의 빈곤 개념

여기서 최근 서구에서의 상대적 빈곤 개념의 부상에 대해 그것이 가지는 중요한 의의를 인정하면서도 빈곤 개념은 역시 절대적 빈곤이 주축이 되지 않으면 안 된다고 하는 아마르티아 센의 비판이 제기되고 있음은 주목할 만하다. 인도 출신으로서 노벨 경제학상 수상자인 센은 조국의 경제적 궁핍상을 반영하듯 빈곤 연구에 많은 업적을 내놓고 있다.[6] 그는 철저한 상대적 빈곤 개념이 가지는 두 가지 주요한 문제점을 다음과 같이 지적한다. 첫째, 상대적 빈곤을 주장하는 학자들은 절대적 빈곤을 너무 협의로 해석해 '절대적 필요'는 일정불변인 것처럼 보는 경향이 있으나 실제로는 그렇지 않다는 것이다. 절대적 빈곤의 개념도 시간적·공간적으로 변화하는 여러 가지 요소로 구성되어 있다고 보아야 하며, 그렇게 보면 절대적 빈곤 개념에도 어느 정도 융통성이 생긴다.

둘째, 다른 사람에 비해 상대적으로 덜 성취한다는 것과 상대적으로 뒤떨어져 있음으로 인해서 절대적으로 덜 성취한다는 것, 이 두 가지를 상대주의자들은 같게 보지만 사실은 다르다는 점이다. 센은 상대적으로 열세에 처해 있다는 것 자체가 절대적 궁핍을 가져올 수도 있음을 보여 준다. 절대적 수요를 충족시키는 데도 상대주의에서 강조하는 사회적 관습이 고려될 필요가 있다. 예컨대 대부분의 가정에 자동차가 있는 부유한 사회에서 대중교

---

[6] 센이 1998년 노벨 경제학상 수상자로 발표되자 세계식량농업기구(FAO)와 국제자유노조연맹(ICFTU)에서 수상을 축하하는 성명서를 발표했는데, 이는 대단히 이례적인 일이다.

통수단을 이용하는 사람은 다른 사회에서와는 달리 자동차가 없다는 것(상대적 열세) 자체가 절대적 궁핍을 강요할 수 있다. 왜냐하면 이런 사회에서는 대중교통수단이 점점 줄어들 것이므로 차를 갖지 않은 사람은 살기가 불편해지기 때문이다. 또 대부분의 가정에서 냉장고를 갖고 있는 경우 냉장고가 없는 가정은 비슷한 불편을 겪을 것이다.

또한 센은 정책적인 관점에서 다음과 같은 점을 지적한다. 우리가 상대적 빈곤의 개념을 너무 철저히 추구하다 보면 빈곤이란 것이 결국 불평등의 문제로 귀착하며, 이것은 어느 사회를 막론하고 항상 존재하는 것, 그리고 결코 해결될 수 없는 영구한 문제로 남을 소지가 있을 뿐만 아니라 그 결과 빈곤 정책을 소홀히 할 우려가 있다는 것이다.

이런 관점에서 센은 인간의 복지 또는 생활수준을 평가하는 더욱 일반적인 하나의 기준을 제시한다. 그에 의하면, 생활수준을 평가하는 기준은 상품commodities이나 상품의 특성characteristics, 또는 효용utilities에 있는 것이 아니고 사람들의 잠재 능력capabilities에 있다고 한다. 예컨대 자전거라는 상품을 보면 그것은 몇 가지 특성을 가지고 있는데 특히 수송이라는 특성을 가지고 있다. 자전거에 수송이라는 특성이 있기 때문에, 사람들은 어디로 가기를 원할 때 자전거를 타는 것으로 그 목적을 충족시킬 수 있고 그를 통해 효용을 얻을 수 있다.

그러므로 자전거라는 상품 → 수송이라는 특성 → 이동할 수 있는 기능에서 오는 잠재 능력 → 이동에서 오는 효용이란 연결이 가능하며, 여기에서 중요한 연결 고리는 세 번째의 잠재 능력에 있다고 주장한다. 따라서 자전거라는 상품을 소유하는 것 자체가 사람의 생활수준을 높인다고 보아서는 안 되며, 그것을 사용하는 데에서 오는 정신 작용 또는 인간 스스로가 내리는 평가가 인간의 복지를 높인다고 보는 것이다. 극단적인 예로서 장애인의 경우에는 자전거가 있어도 별 소용이 없다. 생활수준이나 복지에 대한 이런 접근은 인간의 복지를 상품(=실질소득 또는 부) 또는 쾌락이나 욕망 충족(=효용)에서 찾지 않고 사람이 달성할 수 있는 여러 가지 잠재 능력에 초점을 맞추는 것이다.

센은 빈곤을 절대적 빈곤의 개념으로 파악하되 잠재 능력의 차원에서 이 문제에 접근한다. 만일 기근과 영양실조가 널리 퍼져 있다고 한다면 이것은 명백히 절대적 빈곤이며 이 경우 상대적 빈곤의 개념은 적당치 않다. 그러나 이런 상황은 후진국에서는 다반사이지만 선진국에서는 이미 그렇게 심각한 문제가 아니다. 따라서 센은 빈곤을 잠재 능력의 부족으로 파악할 것을 제안하면서, 그렇게 함으로써 절대주의와 상대주의 사이의 충돌도 해결할 길이 열린다고 주장한다. 즉, 빈곤은 잠재 능력이나 생활수준으로 파악한다면 절대적 빈곤을 의미하지만 상품이나 자원의 차원에서 이를 파악한다면 타운센드가 주장하듯이 상대적 빈곤으로 나타난다는 것이다.

이와 같이 센의 아이디어는 상대적 빈곤의 일면을 포섭하면서도 서구에서 거의 관심의 뒷전으로 사라졌던 절대적 빈곤 개념의 복권復權을 노린 야심찬 시도라고 할 수 있다. 그러나 그의 접근 방법은 추상적이고 철학적인 면이 강해서 대단히 난해하며, 아직 개념의 실용화 단계에 이르렀다고 할 수는 없다. 예컨대 센은 잠재 능력 접근을 후진국 사이의 생활수준 비교나 인도에서의 남녀 차별 문제의 분석에 적용하고 있으나 아직은 자료가 미비하고, 초보적 수준에 머물러 있다고 하지 않을 수 없다. 그러나 상당수의 연구자가 이런 방면의 연구에 참여하고 있어서 앞으로 이론 및 실증 양면에서 상당한 발전을 기대할 만하다.

주관적 빈곤

빈곤이란 결국 사람들의 후생 또는 복지에 관한 것이므로 자신의 생활 상태에 대해서 사람들이 가지는 느낌이 중요한 의미를 가질 수밖에 없다. 그러므로 사회적인 여론을 조사해 빈곤선을 정하는 데 이용하면 되지 않겠는가 하는 아이디어가 나올 수 있다. 과거에는 절대적 빈곤과 상대적 빈곤의 개념에 주의를 집중했다고 한다면 주관적 빈곤 개념은 더욱 새로운 접근 방법이며 점차 많은 관심을 끌고 있다. 어떤 사람은 이것을 절대적 빈곤, 상대적 빈곤에 이은 제3단계의 빈곤 개념이라고 부르며 여기에서 어떤 돌파구를 기대하기도 한다.

주관적 빈곤 접근에는 두 가지의 설문 조사 방법이 흔히 사용된다. 첫째로 좀 더 상식적인 것은 여러 사람에게 현재 대표적인 가구 ― 예를 들어 부부와 자녀 2명으로 이뤄진 4인 가구 ― 가 최저한의 생활을 꾸려 나가기 위해 필요한 소득이 얼마일지를 묻고 그 답을 평균한 값을 빈곤선으로 보는 방법이다. 예컨대 미국의 갤럽 여론조사Gallup Poll를 가지고 분석한 연구가 바로 여기에 해당한다.

　미국의 사회학자 리 레인워터$^{Lee\ Rainwater}$는 갤럽 여론조사에서의 문항 중 하나인 "4인 가족이 빠듯이 살아가는$^{get\ along}$ 데 필요한 최저한의 소득은 얼마입니까?" 라는 질문에 대한 대답을 1946년부터 1969년까지 검토한 결과 그 대답이 그 해의 가구당 평균 소득의 46~58% 범위에 들어 있으며 그 평균치는 52%라는 것을 밝혔다. 이것은 사람들이 생각하는 빈곤선이 사회 전체의 생활수준과 더불어 상승하는 경향이 있음을 보여 주는 것이며, 상대적 빈곤의 개념에 가까운 관념을 일반 시민들이 갖고 있음을 보여 준다. 또한 자신의 소득이 높은 사람일수록 이 질문에 대한 대답의 값이 높아지는 것으로 나타났다.

　로버트 킬패트릭$^{Robert\ W.\ Kilpatrick}$도 1973년에 쓴 논문에서 갤럽 여론조사 결과를 가지고 미국 빈곤선의 소득탄력성 추계를 시도했다. 그의 계산에 의하면 빈곤선의 소득탄력성은 0.55~0.66으로 나타났다. 빈곤선의 소득탄력성이 0이라면 사람들이 생각하는 빈곤선은 소득과는 관계가 없다는 뜻이므로 이는 라운트리 식의 절대적 빈곤을 의미하는 셈이다. 반대로 탄력성이 1이라면 이는 사람들이 생각하는 빈곤선이 소득수준에 따라 비례적으로 변동한다는 뜻이므로 상대적 빈곤과 일치하는 셈이다. 그런데 킬패트릭이 추계한 빈곤선의 소득탄력성이 0.55~0.66의 값으로 나왔기 때문에 그는 사람들의 머릿속에 있는 빈곤 개념은 절대적 빈곤(탄력성=0)과 상대적 빈곤(탄력성=1)의 중간 쯤 되는 것으로 해석했다.

　빈곤에 대한 주관적 접근으로서 좀 더 세련된 추정 방법은 네덜란드의 라이덴^{Leyden} 대학교에서 프라그$^{B.M.S.\ van\ Praag}$, 하게나스$^{A.J.M.\ Hagenaars}$ 등의 학자들이 1960년대부터 장기간의 연구를 통해 개발해 냈다. 이것은 소득의 후생 함수^{厚生函數}라고 하는 경제 이론의 기초 위에 서있다. 이 방법은 다른 가구의 최저생계비에 관해 묻고 대답하는 것이 아니라 각자 자기 가구의 경우에 대해 대답하도록 되어 있는 것이 특징이며, 그 점에서 위의 갤럽 여론조사와는 차이가 있다.

　라이덴 방법으로 빈곤선을 추정하기 위해 각 가구에 질문을 하는 방식에는 두 가지가 있다. 하나는 "당신의 가구에서는 얼마의 소득이 있다면 빠듯이 살아갈 수 있겠습니까?"라는 식으로 묻는 것이다. 그보다 뒤에 나온 질문 양식은 소득에 몇 개의 계단을 두어 우리 집의 경우 소득이 얼마라면 '넉넉하겠다' '빠듯하겠다' '부족하겠다' 등으로 대답하게 해 최

그림 10.1 | 라이덴 방식에 의한 최저생계비 추정

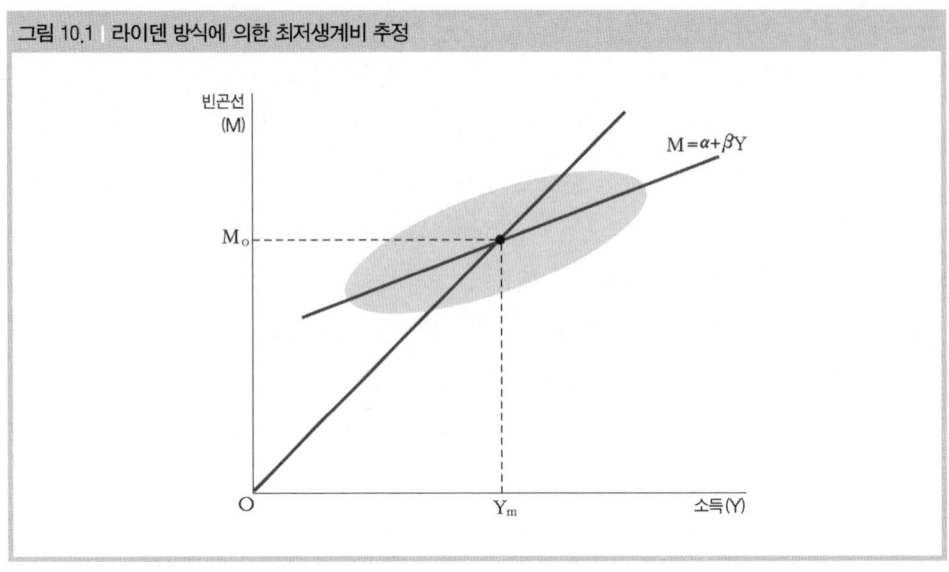

저생계비에 해당하는 소득을 추정하는 방법을 사용했다. 여기서는 각자가 동일한 낱말, 예컨대 '넉넉하다' '부족하다' 등의 표현에 대해 동일한 관념을 가지고 있다는 전제가 필요하다. 이 전제만 충족된다면 상이한 형태의 가구에 대해 바로 '넉넉한' 또는 '부족한' 정도의 후생 수준을 가져다주는 소득의 크기를 추정할 수 있다는 것이다.

그리고 예컨대 '빠듯한' 수준의 소득에 관한 사람들의 대답을 가지고 최저생계비를 추정하는 방법에도 두 가지가 있는데, 하나는 라이덴 방식, 다른 하나는 델릭^{Deleeck} 방식이라 부른다. 〈그림 10.1〉은 라이덴 방식을 보여 주는데, 이 그림에서 가로축은 각 가구의 소득 Y를, 세로축은 그 가구가 생각하는 최저생계비 M을 나타낸다. 예를 들어 500가구에 대해서 '빠듯하게 살아가는'$^{get\ along}$ 수준의 소득이 얼마인지를 물으면 그 답으로 500개의 점이 나올 것이다. 이 점들$^{scatter\ diagram}$로부터 최소자승법을 써서 회귀분석을 하면 회귀식인 직선 $M=\alpha+\beta Y$ 가 도출된다. 이 직선이 45도선과 만나는 점은 어느 가구의 소득 Y와 그 가구가 대답한 최저생계비 M이 일치하는 점인데, 바로 Y_m이 추정된 최저생계비가 된다. 이 추정 방법은 라이덴 대학의 괴다트$^{T.\ Goedhart}$, 프라그 등이 개발한 방식이므로 라이덴 방식이라 부른다.

다른 하나의 추정 방법은 벨기에의 델릭H. Deleeck 등이 고안한 델릭 방식으로서 각자가 대답한 최저생계비와 자신의 실제 소득이 같은 가구를 골라 그들 가구 소득의 평균을 구해 그것을 최저생계비로 간주하는 방법이다. 이 두 가지 방식은 이론상 동일한 결과를 가져다주는 것으로 알려져 있고 서로 대안적인 방법이지만, 대체로 라이덴 방식이 더 많이 쓰이고 있다.

어느 방식을 취하든 이런 주관적 빈곤의 추정 방법은 조사 대상자가 잘 모르는 다른 가구에 대해 대답하는 것이 아니라 각자 자신의 생계비에 관해 대답하는 방식을 취하기 때문에 더욱 정확한 정보를 기대할 수 있다는 장점이 있다. 그리고 상이한 가구 구성에 대해 손쉽게 환산 척도를 계산할 수 있는 것도 이 방법이 가지는 또 하나의 장점이다. 이들 연구자들은 이런 주관적 방법에 의한 빈곤 개념이 절대적 빈곤이나 상대적 빈곤의 개념을 포괄하는 것일 뿐 아니라 이론적으로 더 큰 타당성을 가진다고 주장한다. 이들은 이 방법을 적용해 유럽 각국의 빈곤에 관한 방대한 비교 연구를 행한 바 있다(Hagenaars 1986).

정책적 빈곤 개념

이상에서 고찰한 세 가지 이론적 빈곤 개념 이외에 현실적으로 각국의 정부에서 채택하고 있는 빈곤선 — 정책적 빈곤선 — 의 개념이 있다. 이들 중 어떤 나라는 상당히 이론적 기초를 가진 빈곤선을 책정하고 있지만 그렇지 않은 경우도 많다. 이와 같은 정책적 빈곤선이 가지는 공통적인 문제점으로서 센은 다음과 같은 점을 지적하고 있다. 첫째, 정부 각 부서 간의 권력관계 또는 사회의 여러 압력 집단의 발언권 여하에 따라 빈곤선의 높낮이가 영향을 받는 경우가 많다. 즉, 이론적 기초보다는 정치적 영향하에 빈곤선이 설정되기가 쉽다는 것이다.

둘째, 이론적으로 도출된 빈곤선이 아니고 정부의 빈곤 대책의 필요에 의해 결정되기 때문에 무엇보다 정책의 실행 가능성feasibility에 대한 고려가 큰 비중을 차지하게 된다. 아무

표 10.1 | 국민기초생활보장제도에서 정한 최저생계비 (2008년) (단위: 만 원)

	1인 가구	2인 가구	3인 가구	4인 가구	5인 가구	6인 가구
최저생계비(A)	490,845	835,763	1081,186	1326,609	1572,631	1817,454

자료: 보건복지가족부.

리 이론적으로 타당한 빈곤 개념일지라도 정책적으로 실행하기 곤란하거나 예산이 부족하다면 우선 당장 눈에 보이는 정책 성과를 제시해야 하는 압력을 받고 있는 관료들로서는 채택하기 어렵다는 현실적 난점이 있다. 이런 두 가지 이유로 인해 이론적 빈곤선과 정책적 빈곤선 사이에는 상당한 거리가 있는 것이 각국의 현실이다.

우리나라에서도 보건복지가족부에서 국민기초생활보장 대상자를 선정하기 위해 정해 놓은 최저생계비 기준이 있는데 이것이 일종의 정책적 빈곤선에 가깝다고 할 수 있다. 국민기초생활보장법(2000년 10월 도입)에서 2002년까지는 소득평가액과 재산이 일정 기준 이하인 자를 기초생활보장 대상자로 선정했으나, 2003년부터는 최저생계비를 선정 기준으로 하고 있다. 선정 대상은 가구별로 산정된 소득 인정액(=소득평가액+재산의 소득환산액)이 최저생계비 이하인 자를 대상으로 하고 있다. 2008년도 선정 기준이 된 최저생계비는 〈표 10.1〉에 제시되어 있다. 여기서 지원 대상자는 최저생계비에서 현물로 지급되는 의료비, 교육비 및 다른 법을 통해서 지원받는 주민세, TV 수신료 등을 뺀 액수에다가 다시 자신이 벌어들인 소득 인정액을 뺀 액수를 정부로부터 받을 수 있다.

2. 빈곤의 측정

현실적 측정의 한계

우리가 어떤 빈곤의 개념을 취하든 관계없이 빈곤을 현실적으로 측정하려는 경우에 흔히 부딪치는 실제적 난점은 다음과 같다.

첫째, 기초 자료의 부족이다. 빈곤에 관한 자료는 표본 규모가 작은 것이 보통이다. 예를 들어 영국의 가계 지출 조사Family Expenditure Survey 표본도 영국 가구의 2,500분의 1 표본으로서 빈곤을 파악하기에는 너무 작은 편이다. 게다가 집이 없는 사람과 고아원, 양로원 등 시설institutions 수용자는 조사에서 제외되고 있는데, 사실 이들 중에 빈민이 많을 것이다. 영국의 가계조사에서 무응답률이 30%나 되는데 여기에도 빈민이 다수 포함되어 있지 않을까 추측할 수 있다. 소득의 과소 보고는 주로 재산소득과 자영업 소득에서 심해 신빙성이 결여되어 있다. 그 대신 노동소득과 이전소득(사회보장 소득)은 그런대로 믿을 만한 것으로 알려져 있다. 우리나라의 『도시가계연보』도 이것과 비슷한 통계로서 빈곤 연구에 실제 이용되어 왔으나 역시 비슷한 문제가 발생할 것으로 생각된다.

둘째, 측정 단위의 문제가 있다. 측정의 기본 단위를 가족family에서 가구household 단위로 확대하면 일반적으로 빈곤의 비율이 감소한다(2장 소득분배의 개념 참조). 문제는 한 가구 안에서 가족끼리 이뤄지는 소득 분할income sharing이 어떤 형태를 취하고 있는가에 달려 있는데, 이것을 파악하는 것도 흥미 있는 연구 과제가 된다. 대개 남자 가구주가 소득의 큰 몫을 차지하고, 여자와 어린이는 가족 내 분배에서 뒷전으로 밀리는 것이 많은 후진국에서 공통적으로 발견되는 현상이다.

셋째, 기간의 문제다. 보통 빈곤의 측정은 짧은 기간을 잡아야 한다. 왜냐하면 빈곤은 단기에 심각한 문제를 일으킬 수도 있기 때문이다. 따라서 서구에서는 보통 주당週當 소득으로 측정한다. 반면에, 시카고학파의 항상소득의 관점을 지지하는 사람들은 좀 더 장기적인 소득의 개념을 사용할 것을 주장할 것이다. 이는 논란의 여지가 있는 문제다. 예를 들어 영국의 가계 지출 조사에서 13주 이내의 단기 실업자는 경상 소득 대신 정상 소득正常所得을

가와가미 하지메의 『가난 이야기』

가와가미 하지메(河上肇, 1879~1946)가 쓴 『가난 이야기』(貧乏物語)는 1916년 9월에서 12월까지 오사카 아사히(朝日) 신문에 절찬 연재되었던 사회비평적 글로서 그 뒤 단행본으로 출간되어 낙양(洛陽)의 지가(紙價)를 올렸다. 이 글은 당시 수십만 독자들에게서 찬사를 받았고, 일본 사회에 큰 충격을 주었다. 이 책에서 한 대목을 인용한다면 "참으로 돈 있는 자에게는 오늘날의 세상만큼 편리한 곳은 없겠지만, 돈 없는 자에게는 오늘날의 세상만큼 불편하기 그지없는 곳도 없을 것이다"(가와가미 1994, 109).

이 책에서 가와가미는 빈곤의 실상을 알리고 그 해결책으로서 사치의 폐지, 사회정책, 경제조직의 개조 등을 제시했다. 그가 말하는 경제조직의 개조란 생활필수품의 생산, 조달은 모두 국가사업으로 이양하는 것을 뜻한다. 다만 이때는 아직 저자가 사회주의자가 되기 이전이었으며, 구태여 구분한다면 인도적 이상주의자에 가까웠다고 할 수 있다. 이 책은 저자가 빈곤이라는 사회문제의 심각성을 알리고, 그 문제의 해결책에 대한 사회의 관심을 촉발시키기 위해 쓴 계몽적인 글이다.

가와가미 하지메는 나중에 유명한 맑스경제학자가 되었고, 교토 대학 경제학부 교수로서 학생들을 가르쳤다. 1928년에는 교토 대학을 사임하고 노농당(勞農黨)을 결성했다. 1932년에는 공산당에 입당했고, 1933년부터 1937년까지 4년 반 동안 옥고를 치렀으나 끝내 사상 전향을 거부했다. 그는 전쟁이 끝난 뒤 출옥한 과거의 동지들과 감격적인 해후를 한 뒤 1946년 타계했다. 이 책은 일본이 근대화를 달성한 이후 사회정책학 분야의 고전으로 남아 있다.

가와가미 하지메, 『가난 이야기』(서석연 옮김. 범우사. 1994) 참조.

가지고 계산하고 있는데, 이에 따라 빈곤은 실제보다 적게 파악된다고 보아야 할 것이다. 정상 소득 대신 경상 소득을 쓰면 빈민의 수는 3분의 1 정도 증가할 것이라고 한다. 그리고 한 시점에서 조사된 빈곤은 기껏해야 정태적 그림 snapshot에 불과하다는 점에 유의하지 않으면 안 된다. 빈곤을 더욱 동태적으로 파악하려면 개인의 과거 이력 life history을 고찰하는 것이 중요한데 현실적으로 이런 자료를 구한다는 것은 쉬운 일이 아니다.

넷째, 빈곤 기준의 선택 문제가 있다. 인플레이션이 아주 심할 때는 같은 소득이라도 연초에 인터뷰한 사람은 빈곤선 이상에 있지만 연말에는 빈곤선 이하로 떨어질 수 있다. 따라서 기준을 연말의 물가로 조정하면 빈곤이 5~10% 정도 높아질 수 있다고 한다. 또한 실질소득이 같더라도 생활수준은 다를 수 있다. 예컨대 미국의 대공황 때는 1주일에 15달러로 생활이 가능했다고 하나 현재는 그 정도의 실질소득을 갖고서는 생활을 영위하는 것이 불가능하다. 왜냐하면, 그 당시에 존재하던 값싼 식품, 값싼 대중교통수단 등이 이제는 없어졌기 때문이다.

다섯째, 빈곤의 측정 방법의 문제인데, 이것은 절을 바꾸어 설명하는 것이 좋을 것 같다.

전통적 빈곤 측정 방법

전통적으로 빈곤의 정도를 측정하는 방법으로는 대개 '사람 수를 세는 방식'head count을 사용하고 있다. 먼저 그 사회의 빈곤선, 즉 그 사회의 최저생계비를 추정한 뒤 소득이 그 수준에 미달하는 가구를 빈곤 가구로 정의하고, 전체 가구 중 몇 퍼센트가 빈곤 가구인가를 밝히는 것이다. 이것은 아주 간편한 방법임에 틀림없고 직관에 호소하는 장점이 있으며, 정책을 수립하는 데 크게 참고가 될 수 있다. 그러나 이 지표는 빈민들의 소득이 감소하더라도 전혀 영향을 받지 않는데다가 빈민들 사이에 소득 이전所得移轉이 있는 경우에도 전혀 무반응이라는 중대한 결점을 가지고 있다. 바꾸어 말하면 피구-달톤의 이전 원칙을 충족시키지 못하는 점이 흠이다.

피구-달톤의 이전 원칙이란 2장에서 본 바와 같이 불평등 지표가 갖춰야 할 조건 중의 하나로서, 부유한 사람으로부터 빈곤한 사람에게 약간이라도 소득이 이전될 때 반드시 불평등 지표의 크기는 줄어들어야 한다는 조건을 의미한다. 이 원리를 빈곤의 측정에 적용해 본다면 상대적으로 부유한 사람으로부터 가난한 사람에게 소득 이전이 있으면 반드시 빈곤이 감소한 것으로 나타나야 한다는 원칙으로 해석할 수 있다. 비록 빈자貧者끼리의 이전일지라도 그것이 상대적으로 소득이 높은 사람에게서 낮은 사람으로의 이전이라면 빈곤의 크기는 줄어드는 것이 마땅하다. 그러나 빈곤의 측정 방법으로서 사람 수를 세는 방식에 의하면 빈자끼리의 소득재분배는 빈자의 수에 아무런 영향도 주지 않을 것이다. 사람 수를 세는 방식을 빈곤 지표로 사용할 때는 이런 문제점이 있다는 점에 유의할 필요가 있다.

또 하나 흔히 사용되는 빈곤의 지표로서 빈곤갭poverty gap이란 것이 있다. 이것은 다음과 같이 정의될 수 있다.

$$빈곤갭 = \frac{빈곤선\ 이하의\ 소득갭}{GNP}$$

즉, 빈곤선 이하에 있는 사람들의 소득을 모두 빈곤선 수준까지 끌어올리기 위해서는 GNP(혹은 GDP)의 몇 퍼센트의 소득이 필요한가를 보여 주는 지표다. 하나의 예로서 베커만W. Beckerman과 클라크S. Clark의 연구에 의하면, 1974~76년 영국의 빈곤갭의 크기는 정상 소득으로는 0.22%, 경상 소득으로는 0.39%라고 한다. 이것은 정책적으로 상당히 유용한 정보를 제공해 주고 있음에 틀림없다. 그러나 그런 유용성에도 불구하고 이 지표 역시 피구-달톤의 이전 원칙을 만족시키지 못하고 있어서 이론적으로는 난점이 있다. 즉, 빈민들 상호 간에 소득 이전이 있다고 가정할 때 이것은 빈곤갭에 아무런 변화를 가져오지 않을 것이므로 이 방법 역시 빈곤의 측정 상 문제가 있다고 할 수 있다.

센의 빈곤 지표

최근 자주 인용되는 센의 빈곤 지표는 바로 전통적 측정 방법의 이와 같은 난점을 보완하기 위한 하나의 대안으로서 고안된 것이다. 센의 빈곤 지표 P는 빈곤선 이하의 사람 수와 빈곤갭, 그리고 빈자 사이의 상대적 불평등의 세 가지 측면을 다 수용해서 만든 지표다.

$$P = H[I + (1-I)G]$$

여기서 H는 가구 중에서 빈곤선 이하의 가구 비율head count ratio, I는 빈곤갭의 크기, G

는 빈곤 가구 사이의 소득 불평등을 나타내는 지니계수다.

센의 지표는 상당한 이론적 강점을 가지며, 빈곤 연구를 진일보시킨 업적임에 틀림없으나 이것 역시 그 후 여러 학자들에 의해 문제점이 지적되었고, 어떤 학자들은 한 걸음 더 나아가서 기초적인 몇 가지 공리를 다 충족시키는 빈곤 지표는 성립할 수 없다는 비판적 결론(불가능성의 정리)을 수학적으로 증명하기도 했다.

3. 세계의 빈곤

제3세계의 빈곤

〈표 10.2〉는 제3세계의 빈곤 문제를 많이 다루는 세계은행에서 발표한 빈곤 자료다. 이 표에서 1981~2004년 사이에 하루 소득 1달러 미만으로 살아가는 극빈층이 제3세계 전체로 볼 때 15억 명에서 10억 명으로 5억 명 감소했음을 알 수 있다. 극빈층의 비율도 인구 대비 40.6%에서 18.4%로 크게 줄어들었다. 이런 사실은 아주 고무적이지만 빈곤을 탈출한 인구가 빈곤을 벗어나 안심해도 좋을 만큼 멀리 도망간 것은 아니라는 것 또한 이 표에서 발견할 수 있다. 즉, 하루 2달러 미만의 소득으로 살아가는 빈곤층의 숫자가 1981년 24.6억 명에서 26.7억 명으로 오히려 2억 명 증가했기 때문이다. 극빈층의 다수가 극빈 상태는 겨우 탈출했지만 여전히 빈곤층에 속해 있는 것이다. 그리하여 2004년 현재 개발도상국 인구의 과반수가 여전히 빈곤층에 속한다. 그래도 지난 20여 년간의 빈곤 감축 성과는 고무적이며, 2000년 세계 192개국 대표가 유엔에 모여 합의한 '새천년 발전 목표'Millenium Development Goals의 하나인 1990년부터 2015년까지 하루 1달러 미만의 소득으로 살아가는 극빈층의 인구 비율을 절반으로 줄이겠다는 목표는 현재로서는 달성 가능성이 상당히 높아 보인다. 왜냐하면 1990년 당시 극빈층 비율은 28.7%였는데, 2004년 현재 벌써 18.4%로 감소했기 때문이다.

표 10.2 | 제3세계의 빈곤 추세 (1981~2004년) (단위: 백만 명, %)

	극빈층(1달러/1일 이하)				빈곤층(2달러/1일 이하)			
	1981		2004		1981		2004	
	빈민수	빈곤율	빈민수	빈곤율	빈민수	빈곤율	빈민수	빈곤율
동아시아	796	57.7	169	9.0	1,170	84.8	766	41.7
(중국)	(634)	(63.8)	(128)	(9.9)	(876)	(88.1)	(524)	(40.9)
동유럽·중앙아시아	3	0.7	4	0.9	20	4.6	61	12.9
중남미	39	10.8	47	8.6	104	28.4	131	24.8
중동, 북아프리카	9	5.1	4	1.5	51	29.2	61	21.1
남아시아	473	51.6	462	32.0	818	89.1	1,124	80.3
사하라 이남 아프리카	168	42.3	298	41.1	295	74.5	513	73.8
총계	1,489	40.6	986	18.4	2,457	67.1	2,665	50.8

자료: World Bank(2007).

    1981년 이후 세계 빈곤의 변화를 지역별로 나누어 보면 중국을 비롯한 동아시아 국가에서 빈곤 인구와 빈곤 비율이 가장 크게 감소했음을 알 수 있다. 특히 중국의 빈곤 감소는 괄목할 만해서 극빈층이 5억 명 넘게 감소했고, 빈곤층도 3억 명 넘게 감소했다. 중국의 급속한 경제성장과 빈곤 축소야말로 세계의 빈곤 퇴치에 가장 큰 원동력이 되어 왔다고 해도 과언이 아니다. 그 반면 남아시아에서는 극빈층의 숫자는 거의 변함이 없고, 빈곤층은 오히려 3억 명이나 증가해서 대조를 보인다. 물론 남아시아에서도 인구 대비 비율로는 빈곤이 크게 줄어들었다.

    문제가 가장 심각한 지역은 사하라 이남 아프리카다. 이 대륙에서는 극빈층과 빈곤층의 숫자가 2배 가까이 증가했을 뿐만 아니라 빈곤율도 거의 변화가 없다. 아프리카는 경제의 장기 침체로 인해 빈곤 퇴치에 실패하고 있는, 말하자면 빈곤이 정체되어 있고 개선 기미도 별로 보이지 않는다는 점에서 가장 암담한 지역이다.

표 10.3 | 주요 선진국의 빈곤 실태

	빈곤율 (%)[1]	빈곤지수[2]			순위	
	모집단 (전체)	빈곤층			빈곤율 (HC)	센(Sen)
		빈곤갭 (%)	지니계수	센(Sen)		
룩셈부르크 (1994)	3.9	18.9	0.117	0.8	1	2
핀란드 (1995)	5.1	21.3	0.129	1.2	2	3
스웨덴 (1995)	6.6	4.4	0.300	0.4	3	1
타이완 (1995)	6.7	20.3	0.113	1.5	4	4
노르웨이 (1995)	6.9	28.4	0.197	2.3	5	6
독일 (1994)	7.5	29.8	0.190	2.7	6	8
프랑스 (1994)	8.0	22.0	0.128	2.0	7	5
네덜란드 (1994)	8.1	41.6	0.316	4.4	8	13
벨기에 (1997)	8.2	25.6	0.169	2.4	9	7
덴마크 (1997)	9.2	38.7	0.295	4.6	10	14
스위스 (1992)	9.3	53.4	0.451	7.2	11	21
스페인 (1990)	10.1	27.2	0.168	3.2	12	9
오스트리아 (1992)	10.6	37.4	0.225	4.9	13	16
아일랜드 (1987)	11.1	27.5	0.221	3.7	14	10
폴란드 (1995)	11.6	39.6	0.300	6.0	15	18
캐나다 (1997)	11.9	31.2	0.193	4.4	16	12
영국 (1995)	13.4	28.6	0.206	4.6	17	15
이스라엘 (1997)	13.5	27.7	0.152	4.3	18	11
이탈리아 (1995)	14.2	36.6	0.237	6.4	19	19
오스트레일리아 (1994)	14.3	31.6	0.230	5.6	20	17
미국 (1997)	16.9	33.7	0.209	6.9	21	20
멕시코 (1998)	22.1	40.7	0.245	11.2	22	22
평균	10.4	30.3	0.218	4.1		

주 1) 빈곤선은 각국의 가처분소득(가구균등화소득) 중위값의 50%로 정의.
2) 센(Sen) 지수 = 빈곤율 × 빈곤갭 × (1+지니계수) × 100.
자료: Jesuit and Smeeding(2002, table 1).

선진국의 빈곤

〈표 10.3〉은 주로 선진국의 소득 자료로 구성되어 있는 룩셈부르크소득연구LIS: Luxembourg Income Study 자료를 이용해 데이비드 제수이트David Jesuit와 티머시 스미딩Timothy Smeeding이 추정한 선진국 22개국의 빈곤 수준을 보여 준다(Jesuit and Smeeding 2002). 여러 가지 빈곤 지

미국의 '하층계급'

최근 미국에서는 빈부 격차가 심화하고 최하층 빈민이 증가하는 현상이 나타나고 있다. 대도시의 도심(都心)에는 실직한 대규모의 하층계급(下層階級, underclass)이 존재하고 있어서 심각한 사회문제가 되고 있다. 하층계급은 미국 대도시에서 나타난 하나의 새로운 현상이면서 대단히 복잡하고 위험을 내포하고 있을 뿐 아니라, 수적으로 급증 추세에 있어서 긴급성을 띤 사안이라고 할 수 있다.

하층계급이란 말은 요즈음 미국에서는 거의 일상용어처럼 쓰이게 되었는데, 원래는 스웨덴의 경제학자 군나르 뮈르달(Gunnar Myrdal)이 『풍요에의 도전』이란 책에서 처음으로 사용했다고 한다. 1970년대 말 이후 이 용어의 정의는 아주 다양해졌다. 실업과 불완전고용이 하층계급의 중요한 특징이지만 일부 사회과학자들은 게토(ghetto) 지역에서 사는 흑인들의 빈곤이 심화된 데 대한 미국 대중의 감정적 경계와 적대감의 총화라고 보기도 한다. 빈민가에 사는 위험한 계급(dangerous classes)이란 정의도 있다. 행동 양식에서 보면 그들은 빈곤하지만 다른 사람의 도움을 받을 자격이 없는 빈민(the undeserving poor)이라는 의미가 포함되어 있다. 그것은 하층계급이 범죄나 사회적으로 유해한 행동에 자주 연루되기 때문이다.

하층계급이란 용어를 거의 유행어가 되도록 만드는 데 가장 큰 공로를 세운 사람은 사회학자 윌리엄 윌슨(William J. Wilson)이다. 윌슨은 1980년대 중반에 쓴 글에서 대도시 도심의 빈민가(inner city)에서 무리를 이루고 있는 하층계급에 최초로 주목하면서 하층계급을 '훈련과 숙련이 결핍되어서 장기적 실업 상태에 있거나 노동력의 바깥에 나가 있는 사람들'로 정의했다.

하층계급을 신체적으로 장애가 아니면서 지속적으로 빈곤한 집단으로 보는 정의에 따르면, 1980년대 중반 통계로는 미국에 약 800만 명의 하층계급이 존재하고 있었다. 이와 달리 대도시의 빈민 밀집 지역에 거주하는 사람들로 정의하면 약 240만 명이다. 하층계급 가운데 65%가 흑인, 22%가 남미 계통인데, 가장 근본적인 문제는 이들에게 일자리가 부족하다는 것이다.

이정우, "미국의 하층계급 논쟁"(1999)에서 인용.

수 가운데 빈곤율과 빈곤갭, 센의 빈곤 지수가 제시되어 있다.

여기서 각국의 빈곤율은 상대적 빈곤선을 사용해 계산한 것인데, 푹스의 정의에 따라 상대적 빈곤을 각국 가처분소득의 중위값의 50%에 미달하는 사람으로 설정해 추정한 것이다. <표 10.3>는 이렇게 계산한 각국의 빈곤율을 기준으로 내림차순으로 정렬되어 있고, 센 지수에 따라 순위가 재정렬되어 있다. 이 표에 의하면, 조사 대상국 중에서 룩셈부르크가 가장 빈곤율이 낮은데 전체 인구의 약 4% 정도가 빈곤선 아래에 있다는 것을 보여 준다. 그 다음으로 빈곤율이 낮은 국가는 핀란드, 스웨덴, 타이완, 노르웨이 순이다. 실제로 스칸디나비아 국가들은 세계에서 빈곤율이 가장 낮은 나라들이다. 독일, 프랑스, 네덜란드 등과 같은 유럽 대륙 국가들은 중간 순위이고, 영국과 북미 국가들의 빈곤율이 가장 높게 나타나 있다. 이탈리아는 다른 유럽 대륙 국가들과는 달리 빈곤율이 1995년에 약 14% 정도이고, 미국은 시장경제 국가 중에 빈곤율이 가장 높아 1997년에 약 17% 정도이다. 하지만 멕시코는 이것보다 훨씬 더 높아 인구의 20% 이상이 빈민이라는 것을 보여 준다.

그 다음으로 빈곤층을 대상으로 조사한 세 가지 빈곤 지수가 제시되어 있다. 빈곤의 깊이를 측정할 수 있는 빈곤갭을 보면, 스웨덴의 경우 빈민의 평균 소득이 빈곤선보다 단지 4% 정도 아래에 있어 사회 안전망social safety net이 잘 작동하고 있음을 보여 준다. 그렇지만 다른 한편 상대적으로 지니계수는 높게 나타나는데, 이것은 스웨덴의 평균적인 빈민이 빈곤선 바로 아래에 있는 반면에 빈곤층 내부의 소득 불평등이 심하다는 것을 말한다. 한편 센의 빈곤 지수로 정렬하더라도 몇몇 예외를 제외하고는 순위는 별로 달라지지 않는다.

4. 한국의 빈곤

한국 빈곤의 역사

한국의 빈곤은 오랜 역사를 가지고 있다. 아마 장구한 우리의 역사를 통해 빈곤은 항상 우리 곁에 존재해 왔다고 할 수 있을 것이다. 그러나 "가난은 나라도 구제하지 못 한다"는 말이 있듯이 근대 이전의 시대에는 빈곤에 대한 국가의 관심 자체가 적었다. 국가가 앞장서서 체계적으로 빈민에 대해 조사, 연구하고 지원해 준 것은 그리 오래 되지 않았다. 빈곤에 관한 체계적 기록을 거슬러 올라가면 일제 식민지 시절의 조사 결과를 만날 수 있다.

1924년 전북 고창군의 빈민 생활 조사에 의하면 이 군의 인구 10만 명 중 하루 세 끼를 먹는 사람이 24%, 하루 두 끼 먹는 사람이 45%, 하루 한 끼 먹는 사람이 31%로 나타났다. 또한 그것도 쌀밥을 먹는 것은 22%에 불과하고, 나머지는 잡곡, 초근목피草根木皮로 연명하고 있었다(강만길 1987, 85-86).

이 당시 농민의 궁핍상은 보통학교 학생들의 취학률에서도 잘 나타난다. 대체로 매년 10% 내외의 보통학교 학생들이 수업료 체납으로 자진 퇴학하거나 퇴학 처분을 받고 있었다(강만길 1987, 89). 퇴학을 면하고 학교를 다니고 있는 학생들 중에도 점심을 굶는 학생들이 많았다. 전라북도 경찰의 1932년도 조사를 보면 다음과 같다.

> "올해 6월 중순의 조사에 의하면 보통학교 149개 교의 취학생도는 31,551명으로 그중 점심을 휴대하지 못하는 자는 7,992명에 달해 취학생도 총수의 2할 5분에 상당한다. 이는 보리 수확기에 들어갔기 때문에 점심 휴대자가 대개 1할 내지 2할 증가했음을 볼 수 있지만 소위 춘궁기에 있어서의 점심 휴대 불능자는 지방에 따라 다소의 차이는 있으나 생도 총수의 4할 내외로 보아 대차 없다"(全北警察部, 『細民의 生活狀態調査』, 1932).

전라북도에 한정해서 볼 때 춘궁기에는 약 40%의 보통학교 학생들이 점심을 굶고 있었고, 보리 수확이 시작되면 그나마 형편이 조금 나아져 점심을 굶는 학생이 25%로 줄어들고 있음을 알 수 있다.

일제시대 도시 빈민에 대해서도 몇 차례 조사가 이뤄졌다. 당시 도시 빈민은 세궁민細窮民 또는 토막민土幕民으로 불렸는데, 토막민이 언제부터 형성되었는지는 정확하지 않으나 대개 1920년대 초로 보인다. 1927년 『동아일보』 보도를 보면

> "고루거각이 즐비하고 화려한 점포가 나열해 사람의 눈을 끄는 서울에도 감히 형용치 못할 만한 비참한 생활을 하는 부민(府民)이 447호, 인구 약 3,000명이 산재해 있다. 그들의 생활을 보면 주택은 모두 토막과 토굴로 원래가 비바람을 능히 가리울 여지가 없는 것은 둘째로 그나마 절반씩 허물어져 있는

현상이며, 먹는 것은 대개가 노동을 하는 사람이 많으나 실지로 일을 할 만한 장정 한 사람에 딸린 식구(어린아이와 여자)는 5, 6인씩 되는 터이므로 한 사람의 하루 동안 생활비가 5전이나 6전에 지나지 못한다 하며, 따라서 몸에 걸친 남루한 의복은 사시를 통해 한 벌로 통용하는 사람이 대부분이라 한다(『동아일보』 1927/08/31).

토막민의 숫자는 이후 계속 증가해 1940년 조선총독부 조사에 의하면 서울에서만 1만 1,000명 정도로 파악되었고, 같은 해 다른 조사에 의하면 2만 명으로 나왔으나, 실제는 이보다 훨씬 많아서 3만 명을 상회했던 것으로 추측되고 있다. 이들 토막민은 날품팔이, 지게꾼 등으로 하루하루 겨우 연명하고 있었다.

해방 후 한국 도시에서 빈민촌이 형성된 배경은 6·25전쟁이다. 해방과 전쟁 통에 도시로 몰려온 다수 빈민은 서울의 청계천변 등 도시 한복판에 판잣집을 짓고 모여 살게 되었는데 이것이 빈민촌 형성의 배경을 이뤘다. 거기에 1960년대 이후 급속한 공업화가 진행되면서 농촌을 떠난 빈농들이 도시에 처음 정착한 곳도 바로 이 빈민촌이었다. 그리하여 1970년대까지 도시의 빈민촌은 날로 규모가 확대되어 갔다.

그러나 1980년대 이후 이들 빈민촌이 하나씩 재개발되면서 집터를 지키려는 빈민과 정부 당국 사이에 충돌 사태도 비일비재했다. 빈민들의 주거권은 무시한 채 도시 미관만을 생각한 정부의 밀어붙이기 식 도시재개발 과정에서 빈민들은 최소한의 생존조차 지키기 어려운 상황이었다. 도심의 재개발사업에 밀려 쫓겨난 빈민들은 자연히 주위의 고지대로 몰려가 새로운 보금자리를 마련할 수밖에 없었는데, 이것이 이른바 산동네, 달동네의 기원이다.

대부분의 도시에서 재개발사업이 완료되어 도심에서 쉽게 눈에 띄던 빈민촌이 이제는 많이 줄어들었고 그 자리에 영구임대아파트 등이 들어서서 적어도 겉으로 보이는 빈곤은 많이 줄어든 셈이다. 그러나 빈곤 자체가 없어진 것은 아니고 빈곤이 집중된 지역이 아직 군데군데 남아 있다.

빈민들의 생활수준

다음에는 도시 빈민촌의 현장 조사에서 나타나는 한국 빈민의 생활 실태의 변화를 살펴보기로 하자. 당연히 예상되는 바와 같이 도시 빈민들의 생활수준은 대단히 낮다. 그들의 평균 소득은 도시 노동자 가구의 평균 소득보다도 훨씬 낮다. 그들 중 소수는 저축할 여유가 약간 있으나 토지라든가 자산을 소유할 정도로 여유 있는 가구는 거의 없다. 그들 중 대부분은 얼마간의 빚을 지고 있으며, 가끔 사채시장에서 빌린 돈에 대해 높은 이자를 지불해야 한다. 사채시장에서는 연 20~30%의 고금리가 보통이다. 그들은 금리가 훨씬 더 낮고 대부 조건이 더 유리한 공식 금융기관에 접근할 기회를 거의 가질 수 없으므로 하는 수 없이 비싼 고리채를 쓰지 않을 수 없다.

도시 빈민들의 생활수준을 파악하기 위해 우리는 엥겔계수, 즉 식비를 소비지출로 나눈 값을 살펴볼 필요가 있다. 빈민들에게는 '목구멍이 포도청'이란 말만큼 실감나는 말이 없다. 1960년대만 해도 굶는 사람들이 적지 않았고, 도시락을 못 싸오는 학생들이 부지기수였다. 1963년 대구 명덕초등학교 4학년 이윤복 군의 일기『저 하늘에도 슬픔이』의 한 구절은 다음과 같다.

"깡통을 들고서 밥을 얻으러 다니긴 정말 싫습니다. 거지같이 밥을 얻으러 다니기보다는 힘이 들더라도 껌을 팔아 번 돈으로 국수를 사다 삶아 먹는 것이 훨씬 좋습니다. 동생 윤식이(당시 6세)도 밥을 얻으러 가라면 가기 싫다고 합니다. 먹을 것만 많이 있고 공부만 할 수 있다면 얼마나 좋을까, 하고 하루에도 몇 번인가 이런 생각을 해봅니다."(1963. 6. 29)

"아버지께서 비를 흠뻑 맞고 들어오셨습니다. "아버지예, 어데 가셨다 이제 오셔예?" "아버지 일자리라도 구해 볼까 하고 어데 좀 다녀온다." 일자리 구했습니꺼예?" 하니 아버지께선 아무 대답도 하지 않고 계셨습니다. 나는 다시 아무 말도 못하고 아버지 얼굴만 바라보니 가슴이 뜨끔해 오며 눈에서 눈물이 핑 돌았습니다. 한 쪽 벽에 기대 선 윤식이가 울듯이 나를 쳐다보고 있었습니다. "아버지예, 오늘 저녁도 굶어야 해예." 아버지께서도 눈물이 핑 돌았습니다. 아버지께서는 허리도 잘 쓰시지 못하시면서 우리를 먹여 살리려고 일자리를 구하러 나갔다 오신 것을 생각하니 아버지가 가엾게 보였습니다. 저녁에 또 굶을 것을 생각하고 어제 팔다 남은 껌 두 통을 들고 비를 맞으며 시내로 들어갔습니다."(1963. 6. 30)

이윤복 군이 껌 두 통을 들고 나가서 파는 데 성공한다면 원가 10원을 빼고 10원을 남기게 된다. 실제로 이윤복 군은 부상당한 아버지와 어린 세 동생을 먹여 살리기 위해서 껌팔이, 구두닦이, 풀 뽑기, 염소 치기, 걸식 등 안 해본 것이 없었고, 어느 날은 밥 얻으러 들어간 집이 자기 반 여학생 집이어서 도로 뛰쳐나오기도 했다. 이윤복 군의 소원은 아주 소박한 것이었다. 그것은 "아침이 되면 아침밥을 먹고, 점심이 되면 점심밥을 먹고, 저녁이 되면 저녁밥을 먹어 보았으면 그보다 더 좋은 일은 없겠다"(1964년 1월 9일 일기)는 것이었다. 이 일기는 1964년에 출판되어 국민의 심금을 울렸고, 영화로도 만들어졌다.

이 일기가 보여 주는 바와 같이 실제로 1960년대 빈민들에게는 당장 호구지책이 문제였다. 1960년대 초 대구와 서울에서 이뤄진 빈민촌 조사 결과를 보면 당시 한국 빈민들의 엥겔계수는 기아 상태의 생활수준이라고 일컬어지는 0.7보다 더 높았음을 알 수 있다.

그러나 다행히 우리는 지난 40여 년 동안 빈민 가구의 엥겔계수가 계속 하락해 왔다는 뚜렷한 장기 추세를 발견할 수 있다. 만약 우리가 과학적 근거는 없지만 관행에 따라 빈민과 비빈민을 가르는 경계선으로 엥겔계수 0.5를 채택한다면 한국의 도시 빈민 가구는 평균적으로 1980년대에 그 경계선을 넘어섰다고 추측할 수 있다. 최근에 와서는 한국에서 빈민들의 엥겔계수는 비빈민보다 여전히 더 높기는 하지만 과거처럼 빈민과 비빈민 간에 엥겔계수에서 의미 있는 큰 차이가 나타나지는 않는다. 이것은 빈민들의 생활수준이 상대적으로 향상되었다는 것을 보여 주는 하나의 지표다.

오늘날 한국 빈민 가구의 생활수준을 제약하는 가장 중요한 두 가지 문제는 바로 주택과 교육이다. 도시 노동자 가구의 월간 가구 예산을 분석한 바에 따르면, 총 가구 지출에서 이 두 항목이 차지하는 비중은 1980년대에는 4분의 1 정도였는데, 최근에는 3분의 1로 상승한 것으로 나타난다. 이 두 가지 항목 때문에 빈민 가구의 생활은 훨씬 더 쪼들리지 않을 수 없다.

한국의 높은 땅값은 주택 가격과 임대료를 높게 만들고 있다. 이것은 자가 소유 비율이 낮은 도시 빈민 가구에 대단히 큰 추가 부담을 지운다. 한국의 주택 임대료는 높을 뿐만 아니라 국제 기준으로 볼 때도 아주 빠른 속도로 상승해 왔다. 빈민 가구는 일반적으로 소비 지출의 약 4분의 1을 주거비로 지출하고 있다. 그럼에도 불구하고 이들의 주거 환경은 지극히 열악해 전기, 상수도, 하수도, 난방시설이 제대로 되어 있지 않은 곳이 비일비재하며, 방 한 칸에 온 가족이 살고 있는 가구의 비율이 빈민촌 안에서 2분의 1 내지 3분의 2나 된다.

교육은 한국에서 또 하나의 주요한 가계 지출 항목이다. 소수의 소위 일류 대학에 들어가기 위해 학생들은 치열한 경쟁을 벌이며 이 때문에 빈곤층을 포함한 모든 가구는 학원비, 참고서와 기타 교육 자재 등에 막대한 추가 비용을 떠안게 된다. 이런 사교육비는 학교에 지불하는 공교육비에 접근할 정도로 크다. 한국의 교육비는 자녀들에게 많은 지출을 할 여유가 없는 빈민들로 하여금 후대에나마 지위 상승을 꾀할 기회를 제한하고 있다.

1960년대부터 현재까지 도시 빈민 지역에 대한 일련의 조사들을 통해 보면 빈민들의 상대적 생활수준의 변화를 짐작할 수 있다. 이들 자료를 종합해 볼 때 도시 가구의 평균 소득과 비교한 빈민 가구의 상대적 소득은 지난 40여 년 동안 상승해 온 것으로 보인다. 하나의 증거를 들자면 1960년대에 빈민 가구들의 평균 소득은 도시 가구 평균 소득의 절반에 미치지 못하고 있었지만 현재는 절반을 상회하고 있다. 물론 아직도 한국 빈민의 생활수준은 지극히 열악한 상태에 있지만 지난 40여 년 동안 빈민들의 경제적 처지가 절대적·상대적으로 개선되어 왔다는 점은 그나마 위안을 준다.

즉, 한국의 경제성장은 부자들만 더 잘 살게 되는 그런 성장은 아니었고, 극빈층을 포함한 모든 사회계층에 폭 넓게 혜택이 돌아간 것으로 보인다. 이런 관점에서 볼 때 한국의 성장은, 빈곤한 사람들이 더욱 주변화 marginalize 한 반면 부자들은 자신들의 부를 더욱 더 축적함으로써 빈부 격차가 극도로 심화해 온 라틴아메리카나 동남아시아 국가에서 보이는 극심한 불평등 성장 패턴과는 성격이 다르다고 평가할 수 있다.

한국의 빈곤선 검토

이 장 첫머리에서 논의한 빈곤 개념을 기초해 한국의 빈곤선, 또는 최저생계비를 추정한 기존 연구들을 검토해 보자. 지금까지 이 문제에 대해 많은 연구가 나왔는데, 이들 연구는 연구 목적과 방법, 연구 시점이 다르다는 점에 유의할 필요가 있다. 연구 시점이 다르므로 상호 비교를 위해 2008년 말 도시소비자물가로 통일해 비교해 보기로 하자. 그런데 사실 이런 비교는 일단 궁금증을 해소해 주기는 하지만 연구 시점에 큰 차이가 있을 경우에는 어느 정도 왜곡이 발생함은 불가피하므로 해석에 주의를 요한다. 왜냐하면, 과거의 연구는 당시의 소득수준이나 생활수준을 반영하고 있다고 볼 수 있는데, 위에서 본 바와 같이 상대적 빈곤이나 주관적 빈곤의 경우에는 말할 필요도 없고 절대적 빈곤의 개념을 쓸 때도 시간의 흐름과 더불어 빈곤선이 상승해 가는 것이 정상적일 것이다. 그러므로 이런 선행 연구의 결과를 최근 물가로 통일해 비교한다는 것은 아무래도 과거의 추정치에 대해 본의 아니게 과소평가를 할 위험이 크고 그 위험은 초기 연구로 거슬러 가면 갈수록 더욱 커진다고 봐야 할 것이다.

그러나 어쨌든 하나의 통일된 시점의 소비자물가로 환산해서 비교해 볼 필요는 있다. 이런 한계를 인식하면서 〈표 10.4〉를 보기로 하자. 여기에는 여러 연구자들에 의해 당시 물가로 추정된 최저생계비와 2008년 말 물가로 환산한 최저생계비가 조사 시기 순으로 나열되어 있다. 이 표를 보면 여러 연구 사이에 엄청난 격차가 있는데, 사실 이런 직접 비교는 지난 30여 년간의 물가 상승과 그동안의 국민 생활수준의 전반적 향상을 생각해 본다면 상당한 무리가 있다는 점은 인정할 수 있으나 그럼에도 불구하고 그 차이가 상상 이상으로 큰 데 대해서 놀라지 않을 수 없다.

여기서 각 연구자에 의해 추정된 최저생계비가 5인 가족의 경우 2008년 물가로 환산해 가장 낮은 것은 30만 원 정도, 그 다음이 50~60만 원대의 연구가 있고, 그 위로 90~100만 원대가 있는가 하면 가장 높은 추계는 260만 원대가 있어서 여러 연구 결과 사이에 큰 격차가 있음을 알 수 있다. 이것을 해석하는 것은 쉽지 않다.

서상목 등의 연구는 식품 소요량을 과소평가한 것으로 비판받고 있으며 조사 연도가 1973년으로서 그동안 우리 국민의 소비 패턴도 많이 변화했기 때문에 지금은 적용 가능성에 한계가 있는 것으로 추측된다(서상목 외 1981). 역시 엥겔 방식을 적용한 초기 연구로서 사회보장심의위원회에서 1973년, 1978년 두 해에 걸쳐 '국민생활실태 조사'를 행하고 그 결과에 기초해 추정한 최저생계비가 있는데, 그 연구에 직접 참가했던 연구자가 최저생계비의 추정치를 그 후의 논문에서 밝히고 있으므로 그것을 가지고 필자가 2008년 말 소비자물가로 환산해 본 것이 표에 나와 있다.

그런데 절대적 빈곤의 개념에 입각해 라운트리 방식을 적용한 장현준의 연구, 한국보건사회연구원의 연구, 배무기 등의 연구, 안병근의 연구가 있는데 그 결과 사이에는 최대 2.7배의 큰 격차가 있다. 그 주된 차이는 장현준의 연구가 『도시가계연보』에서 나타난 최저 20%의 저소득층의 실제 소비 패턴을 기초로 한 실태생계비에 가깝고, 나머지는 모두 이론생계비라는 데에 기인하는 것으로 보이지만, 그럼에도 불구하고 아주 큰 격차를 보여 주고 있다. 어떻게 보면 이것은 라운트리 방식 자체가 가지는 빈곤 개념의 임의성에서 오는 결과라고 해석할 수 있을 것이다.

라이덴 방식의 주관적 빈곤의 개념에 입각해 빈곤선을 추정한 것으로는 윤석범, 이중희, 임창호 등, 그리고 박태규의 연구가 있다. 윤석범의 연구는 478가구에 대해 라이덴 방식을 적용한 것인데 표본에 관한 구체적 설명이 없어서 뭐라고 논평하기가 어렵다. 그러나 농촌과 도시 양쪽에서 표본을 뽑은 것으로 되어 있기 때문에 도시만 조사 대상으로 한 다른 연구와는 직접비교가 곤란하며, 최저생계비가 낮게 나온 것도 생활비가 저렴한 농촌 지역이 포함되어 있기 때문인 것으로 해석된다. 서상목의 연구에 의하면, 우리나라의 도시생계비는 농촌에 비해 약 20% 높다고 한다.

이중희의 연구는 라이덴 방식을 적용하면서 환산 척도를 고려한 장점이 있으나 표본이 작은 점이 아쉽고(127가구), 그것보다 문제가 되는 것은 이 표본이 빈곤층 가구만 포함하고 있기 때문에 여기서 추정된 빈곤선은 하방편의下方偏倚, downward bias를 가질 것이라는 점이다. 따라서 이것은 우리나라 도시 전체의 최저생계비라기보다는 빈곤층이 스스로 생각하는 최저생계비라고 보는 것이 타당할 것 같다.

이들 두 연구는 2008년 물가로 환산했을 때 40~50만 원대의 빈곤선을 추정했지만 이들 연구가 나온 지 벌써 20년 이상이 지났고, 그동안 소득 상승이 있었으므로 주관적 빈곤선이 소득수준과 더불어 상승한다고 가정한다면 주관적 빈곤선은 시간의 흐름과 더불어 높아질 가능성이 충분히 있다. 예컨대 라이덴 방식을 적용하면서도 앞의 두 연구보다 뒤에 나온 두 연구(임창호 외, 박태규)는 2008년 물가로 100~120만 원대의 최저생계비를 보여 주

표 10.4 | 도시 5인 가족 최저생계비 (2008년 물가 환산치)

산출 방식		조사 연도	최저생계비	
			당시 물가	2008년 물가
서상목 등	엥겔	1973	23,165	310,774
사회보장심의위원회	엥겔	1973	21,740	291,657
사회보장심의위원회	엥겔	1978	168,240	997,510
윤석범	라이덴	1980	145,105	465,575
장현준	라운트리	1984	208,463	589,939
이중희	라이덴	1985	214,000	591,077
배무기 등	라운트리	1987	623,811	1,627,243
한국보건사회연구원	라운트리	1988	369,939	900,648
임창호 등	라이덴	1989	432,000	995,011
박태규	라이덴	1989	555,172	1,278,709
안병근	라운트리	1991	720,550	1,398,074
한국보건사회연구원	라운트리	1994	820,036	1,345,145
한국보건사회연구원	라운트리	1999	1,088,838	1,439,259
한국보건사회연구원	라운트리	2004	1,476,310	1,664,110
한국보건사회연구원	라운트리	2007	1,574,940	1,648,577
한국노동연구원	엥겔	2003	2,309,066	2,696,278
보건복지가족부	라운트리	2008	1,571,631	1,571,631

자료: 초기 연구의 출처는 임창호 외(1989) 참조; 한국보건사회연구원, 『최저생계비 계측조사 연구』(1994; 1999; 2003; 2007).

고 있다. 이와 같이 한국의 빈곤선(최저생계비)에 관한 기존의 연구는 같은 방식 안에서도 상당한 견해차를 보이고 있는데, 앞으로는 점차 의견의 수렴이 요구된다고 하겠다.

빈곤의 규모와 추이

한국에서 빈민의 숫자는 어느 정도일까? 우리나라 전체의 빈곤의 규모를 추계하고 그 장기 추세를 파악한 대표적인 연구는 한국개발연구원[KDI]의 서상목과 연하청에 의해 이뤄졌다(Suh and Yeon 1986). 여기에서는 최소한의 식비, 주거비, 광열비, 피복비, 잡비를 합한 최

표 10.5 | 절대적 및 상대적 빈곤의 추이 (단위: %)

		1965	1970	1976	1980	1984
절대적 빈곤	전국	40.9	23.4	14.8	9.8	4.5
	도시	54.9	16.2	18.1	10.4	4.6
	농촌	35.8	27.9	11.7	9.0	4.4
상대적 빈곤	전국	12.1	4.8	12.5	13.3	7.7
	도시	17.9	7.0	16.0	15.1	7.8
	농촌	10.0	3.4	9.2	11.2	7.5

자료: Suh and Yeon(1986).

저생계비를 계산한 뒤 소득이 이에 미달하는 가구를 절대적 빈곤으로 포착했고, 상대적 빈곤은 평균 소득의 3분의 1에 미달하는 가구로서 파악했다. 이 연구에서는 『도시가계연보』와 『농가경제조사』를 이용해 우리나라 전체의 빈곤 가구의 숫자를 추정하고 시간의 흐름에 따라 급격한 빈곤 감소가 있었다고 주장했다. 이들이 추정한 절대적 빈곤과 상대적 빈곤의 추이가 〈표 10.5〉에 요약되어 있다.

연구 결과를 보면 다음과 같은 몇 가지 특징이 나타남을 알 수 있다. 첫째, 절대 빈곤은 20년 사이에 큰 폭으로 감소했다. 이 연구에 의하면 절대 빈곤 인구는 1965년에 총인구의 40.9퍼센트에서 1984년에는 4.5퍼센트로 크게 줄어들었다고 한다. 사실 한국은 타이완, 홍콩, 싱가포르, 중국, 유고슬라비아 등과 더불어 고도성장과 동시에 빈곤 퇴치에 비교적 성공한 나라라는 평가를 받고 있다. 브라질, 멕시코, 필리핀, 말레이시아처럼 고도성장에는 성공했으나 빈곤은 줄어들지 않은 나라라든가, 인도, 파키스탄, 방글라데시, 인도네시아처럼 장기적으로 경제가 침체해 빈곤이 누적되어 온 나라와 비교한다면 한국은 빈곤 감소에 좋은 성과를 거두었다고 평가해도 좋을 것이다.

둘째, 절대 빈곤의 대폭 감소에도 불구하고 상대 빈곤은 큰 변화가 없다. 상대 빈곤은 위에서 언급했듯이 불평등의 문제다. 보통 상대 빈곤은 평균 소득 또는 중위 소득의 2분의 1 이하를 잡는 것이 관례인데 이 연구에서는 평균 소득의 3분의 1에 미달하는 가구를 잡고 있다. 어느 쪽을 취하든 그 기준은 일관성만 유지한다면 크게 문제될 것은 없다. 1965년에서 1984년 사이에 상대 빈곤은 뚜렷한 추세 없이 지그재그 형태를 보여 주고 있는데, 이것은 이 기간 동안 빈민들 사이에서도 절대적 소득수준은 상승했으나 소득분배가 상당한 기복을 보여 주고 있다는 것을 의미한다.

셋째, 위 표에는 도시에 비해 농촌의 빈곤율이 비교적 낮은 편으로 나와 있다. 그러나 최근 날이 갈수록 악화하는 농가의 경제 사정을 생각할 때 과연 이런 결과를 믿어도 좋을지 의문이다. 그리고 위의 표에는 나타나 있지 않지만 한국의 빈민은 1965년에만 해도 3분의 2가 농촌에서 살고 있었는데, 급속한 도시화, 공업화와 더불어 1980년대에 와서는 역전되어 60% 이상이 도시에 살고 있는 것으로 나타났고, 최근에는 이 수치가 더욱 높아졌을 것이다. 이것은 빈민의 대부분이 아직 농촌에서 살고 있는 후진국 일반의 패턴과는 아주 다른 현상이다.

그런데, 한국개발연구원의 빈곤 추계가 갖는 가장 큰 문제점은 이들이 설정한 최저생계비가 너무 낮다는 사실이다. 이 연구에서 설정한 최저생계비는 당시 한국노총이 발표한 최저생계비의 7분의 1에 불과할 정도로 지나치게 낮다는 지적을 받고 있다. 최저생계비를 낮게 정할수록 절대 빈곤 인구는 물론 적어지며, 그 때문에 이 추계는 한국의 절대 빈곤 규모를 과소평가하고 있다는 비판을 받고 있다.

사실 한국의 절대 빈곤 비율이 4.5% 밖에 안 된다는 주장은 그대로 받아들이기 어렵다. 선진 자본주의 국가 중에서도 빈곤율이 10%를 넘는 나라가 있는데 한국의 빈곤율이 5% 미만이라고 본다면 이것은 편향된 정책을 유도해 낼 위험이 있다. 미국에서도 빈곤선 이하의 인구가 인구 대비 10%가 넘는 것으로 추정되고 있다. 만일 한국개발연구원의 연구 방법을 그대로 받아들여 1990년대의 통계자료에 대입해 보면 도시 빈곤 인구 비율이 지극히 비현실적인 1% 수준으로 떨어진다는 점에서 이 연구의 한계가 명백히 드러난다. 한국의 빈곤이 급속히 감소해 왔다는 것은 의심할 수 없는 사실이지만 실제 빈곤 규모는 이 연구 결과보다는 분명히 높다고 봐야 한다.

그 뒤에 나온 연구로 김진욱과 박찬용은 『도시가계연보』 자료를 이용해 1997년 경제 위기 전후의 빈곤 상황을 분석한 바 있다(김진욱·박찬용 2000). 이들의 분석에 의하면 우리 나라 도시의 절대 빈곤율은 1996, 1997년에는 9.5%를 기록했으나, 경제 위기 이후인

1998, 1999년에는 15~16%로 급상승했다. 이 연구에 의하면 노동자 가구보다는 자영업자 가구에서 빈곤 비율이 특별히 높은 것으로 나타나고 있다. 이 연구는 정상적인 시기에도 한국의 도시 빈곤이 10% 수준이며, 최근 경제 위기를 맞아 그 비율이 더욱 높아졌음을 보이고 있어서 위의 한국개발연구원의 연구 결과와는 상당한 거리가 있다.

한편 상대 빈곤에 대해서 본다면 〈표 10.5〉에서 보듯이 절대 빈곤의 대폭 감소에도 불구하고 상대 빈곤은 큰 변화가 없다. 보통 상대 빈곤은 평균 소득 또는 중위 소득의 2분의 1 이하를 잡는 것이 관례지만 이 연구에서는 유독 평균 소득의 3분의 1에 미달하는 가구를 잡고 있는데, 그 문제는 접어 두고 우선 그 결과치만 본다면, 1965년에서 1984년 사이에 상대 빈곤은 뚜렷한 추세 없이 지그재그 형태를 보여 주고 있다. 이것은 이 기간 동안 빈민들 사이에서도 절대적 소득수준은 상승했으나 소득분배가 상당한 기복을 보여 주고 있다는 것을 의미한다. 그러나 이런 결과는 위에서 본 바와 같은 자료의 취약성이 있기 때문에 그렇게 확신할 수는 없다.

지역 간의 빈곤 수준을 비교한다면 〈표 10.5〉에는 도시에 비해 농촌의 빈곤율이 낮은 것으로 나와 있다. 그러나 날이 갈수록 악화하는 농가의 경제적 사정을 고려할 때 과연 이런 결과를 믿을 수 있을지 의문이다. 그리고 위의 표에는 나타나 있지 않지만 한국의 빈민은 1965년에만 해도 3분의 2가 농촌에서 살고 있었는데, 급속한 도시화, 공업화와 더불어 1980년대에 와서는 오히려 역전되어 60% 이상이 도시에 살고 있는 것으로 나타났다. 이것은 빈민의 대부분이 농촌에 거주하고 있는 후진국 일반의 패턴과는 정반대의 현상이다.

〈표 10.6〉은 한국보건사회연구원에서 추계한 최저생계비를 빈곤선으로 사용해 빈곤 규모를 추계한 이정우와 이성림의 연구 결과로서 경제 위기 전후의 빈곤 상태 변화를 보여 준다(이정우·이성림 2001).

빈곤율을 보면 1993년에는 13%(가구원 기준)가 빈곤 인구로 분류될 수 있었으나 몇 년 만에 상당한 폭의 감소를 보여 주고 있다. 경제 위기 직전인 1997년에는 빈곤율이 7.3%로 하락하고 있어서 꽤 빠른 속도로 빈곤이 감소하고 있었음을 알 수 있다. 즉, 한국의 빈곤은 장기간 고착되어 있는 고질적인 장기 빈곤이 아니라 비교적 단기간에 축소될 수 있는 성질을 갖고 있다는 것을 시사하고 있다. 그러나 경제 위기 이후 1998년 빈곤율은 13.1%로 급

표 10.6 | 한국의 빈곤율과 빈곤갭 추이

		빈곤율		빈곤갭 (가구 소득)	빈곤갭 (최저생계비)	Sen 빈곤 지수
		가구 수	가구원 수			
1993	전체	14.96	13.37	2.37	45.80	8.85
	농어촌	45.78	44.61	11.01	45.88	33.83
	대도시	10.79	9.72	1.74	44.91	6.24
	기타	13.17	11.33	2.12	46.82	7.44
1997	전체	10.19	7.33	0.96	40.57	4.56
	농어가	19.60	18.04	2.83	39.54	12.12
	대도시	6.18	4.59	0.60	40.82	2.76
	기타	12.40	7.82	1.09	40.92	4.89
1998	전체	15.53	13.13	2.34	47.32	9.00
	농어가	23.57	22.91	3.88	41.45	16.18
	대도시	13.14	11.76	2.45	54.02	8.40
	기타	15.74	11.91	1.87	41.93	7.70

자료: 이정우·이성림(2001, 101 〈표 12〉).

상승하고 있다. 이 값은 경제 위기 이후 한국의 절대 빈곤율이 15~20%에 달한다는 다른 연구 결과와 비교해 볼 때 높은 수치는 아니지만 빈곤이 급증했다는 결과와는 일치하고 있어 기존 연구를 뒷받침해 준다고 하겠다.

경제 위기 전후 우리나라 빈곤 가구들의 빈곤 정도에 대해서는 이 연구에서 두 가지 지표로 비교하고 있다. 하나는 빈곤선(최저생계비)과 비교한 절대적 빈곤갭의 크기로 대체로 40%대에 있는 것으로 보여 주고 있다. 특기할 만한 것은 경제 위기를 전후해 절대적 빈곤갭이 41%에서 47%로 크게 증가했다는 것이다. 다른 하나는 우리나라 가구 소득 총액과 비교한 상대적 크기의 빈곤갭은 1993년 2.4%에서 1997년 1.0%로 하락하고 있다. 그러나 경제 위기와 더불어 이 값은 5년 전 수준으로 되돌아가서 2.3%가 되고 있다. 다음으로 빈곤율과 빈곤갭, 빈민 소득의 지니계수를 종합한 지표인 센의 지수도 역시 같은 변화를 보여 주고 있다.

빈곤의 원인

그러면 빈민들은 왜 가난할까? 위에서 언급한 바 있는 세계 최초의 빈곤 연구자인 라운트리는 1899년 영국 요크 시의 빈곤을 조사한 결과 당시 사람들이 빈곤한 이유를 다음과 같이 밝혔다.

① 가구주가 규칙적으로 일하지만 임금이 낮다. 52%
② 가족 수가 많다. 22%
③ 가구주의 질병 또는 노쇠. 5%
④ 가구주의 취업이 불규칙하다. 3%
⑤ 가구주의 무직. 2%

즉, 100년 전 영국에서 빈곤의 가장 큰 원인은 저임금에 있었고, 그 다음이 가족 수가 너무 많은 데 있었음을 알 수 있다. 이 두 가지 범주가 빈곤 원인의 74%를 차지하며, 가구주의 질병, 노쇠, 무직 등이 그 밖의 원인이 되고 있다. 이와 비슷한 결과가 9장에서 본 '보울리의 법칙'으로 유명한 보울리의 조사에서도 나타난다. 그는 레딩, 워린튼, 노스햄프턴의 세 도시를 조사한 결과 빈곤의 원인으로서 가장 중요한 것을 순서대로 나열하면 저임금, 가족 수가 많음, 가구주의 사망, 가구주의 질병이나 노쇠, 가구주의 취업의 불규칙, 가구주의 무직임을 밝혔다. 이 중에서도 저임금과 과다한 가족이 압도적으로 중요한 요인으로 드러났는데, 이는 라운트리의 조사 결과와 거의 일치하는 것이다.

한편 한국에서 빈곤의 원인을 밝힌 연구로는 한국보건사회연구원의 조사연구가 있다(박순일 외 1993). 이 연구는 1980년에서 1991년까지의 『도시가계연보』와 『농가경제조사』 표본을 이용해 빈곤의 원인을 추적한 것인데, 빈곤의 요인을 중요한 순서대로 나열하면 다음과 같다. 가족 수 과다, 무직 및 취업자 수의 감소, 가구주의 저학력, 가구의 주거 형태, 여성 가구주, 가구주의 직업 유형 등이다.

여기서 과다한 가족은 100년 전이나 지금이나 상당히 중요한 빈곤의 원인이 됨을 알 수 있다. 100년 전 영국에서 빈곤의 가장 큰 원인으로 꼽히던 저임금이 한국의 빈곤 원인에는 빠져 있으나 실제로는 가구주의 저학력, 가구주의 직업, 여성 가구주란 세 가지 요인이 모두 저임금과 관련이 있다. 그러므로 100년 전 영국에서나 현대 한국에서나 빈곤의 원인은 주로 저임금, 가족 수 과다, 가구주의 질병, 노쇠, 사망, 무직 등임을 알 수 있다.

빈곤 문화와 '하위 계급'의 문제

지금까지 우리는 순전히 경제적 측면에서 빈곤을 논의해 왔다. 그러나 다 알다시피 빈곤이란 단순히 경제적 측면만 갖는 게 아니라 사회적·문화적·심리적으로 복합된 문제다. 그러므로 우리는 한국 빈곤의 정신적·문화적 측면을 잠깐 논의하는 것이 순서일 것 같다.

빈민들은 단순히 경제적으로 빈곤할 뿐 아니라 정신적·문화적으로 다른 계층 사람들과 구별되는 특징을 갖는다는 주장이 있다. 이 주장에 의하면 빈민들은 어릴 때부터 이른바 빈곤 문화 the culture of poverty 속에서 성장하면서 주체성, 책임감, 근면성이 부족하고 그 대신 의타심, 무책임, 나태 등의 심리적 특징을 가지게 되며, 이런 가치관과 행동 양식을 바꾸지 않고는 빈곤이 해결되지 않는다는 주장이 있다. 빈곤 문화란 개념을 발전시킨 미국의 인류학자 오스카 루이스 Oscar Lewis에 의하면 빈민들은 사회의 주요 제도에 대한 참여가 낮고 소외되고 있는데, 결과적으로 기존 사회제도에 대한 무관심, 경찰과 공무원에 대한 불신과 적대감 등의 태도로 나타난다(Lewis 1966). 빈곤 가정의 특징으로는 사생활이 보장되지 않는 점, 빈번한 자녀 구타, 모계 중심 사회, 남편의 권위주의 등을 들 수 있다고 한다. 그 결과 빈곤 문화 속에서 자라난 아이들은 나중에 자라서도 운명론, 무력감, 의타심, 열등감, 박탈감, 사회병리 현상에 대한 무감각, 남성 우월주의 등의 특징을 나타낸다는 것이다.

그러나 루이스의 빈곤 문화론에 대해서는 반론도 만만치 않다. 그 뒤에 나온 연구들은 빈곤층도 다른 계층과 마찬가지로 강한 성취동기를 가지며 계획적·합리적으로 행동한다는 것을 보여 준다. 예를 들어 루이스와 꼭 같이 푸에르토리코의 산후안 시를 조사한 헬렌 사파 Helen I. Safa의 연구 결과를 보면 루이스가 주장했던 절망감, 무관심 등의 심리적 특징을 발견하지 못했다고 한다(Safa 1974). 즉, 같은 도시임에도 불구하고 빈민들이 사는 지역에 따라 가치관, 행동 양식에 현저한 차이가 있음을 보임으로써 루이스의 빈곤 문화 개념이 빈민들 사이에 보편적인 것이 아니라 일부 지역에 사는 빈민들에서 나타나는 특수한 현상임이 밝혀지고 있다.

한국의 빈민촌 조사 결과를 보더라도 루이스의 빈곤 문화 가설은 지지되기 어렵다. 우리나라의 빈민촌 거주자들은 상당 부분 빈곤의 원인을 자신의 책임으로 보는 경향이 강하고, 남을 원망하거나 책임을 돌리는 성향은 발견되지 않는다. 그리고 그들은 자신이 열심히 노력하면 장래에는 경제적 개선이 이뤄질 것이라는 낙관적 전망을 갖고 있는 경우가 많다(이두호 외 1991, 204-212). 이는 루이스가 말하는 절망감, 적대감, 자포자기와는 거리가 먼 태도다.

한국의 빈민촌은 전형적인 서구의 빈민가 slums와는 상당히 다르다. 우선 한국의 빈민촌은 서구의 빈민 지역만큼 역사가 오래되지 않을 뿐 아니라 서구의 빈민촌에서 발견되는 황폐한 정신문화, 제한된 사회적 이동성 등의 현상은 한국에서는 좀처럼 발견되지 않는다. 한국의 빈민촌에 살고 있는 사람들은 노인들이나 장애인들을 제외하고는 통상적으로 아침 일찍부터 밤늦게까지 열심히 일한다. 그런 점에서 일할 의욕이 없고, 음주, 도박, 마약, 범죄에 많이 빠져 있는 서구의 빈민들과는 아주 대조적이다. 서구의 빈민가에서 거리를 활보하는 것은 때로는 아주 위험하지만 한국의 빈민촌은 중산층 거주지와 마찬가지로 안전한 지역이다.

1960년대 유행했던 빈곤 문화 개념의 현대판이라 할 만한 하층계급에 관한 논쟁이 미국과 영국에서 벌어진 바 있다(이정우 1999). 하위 계급의 핵심 요소는 대도시의 도심에 사는 빈민들의 행동 양식이다. 하위 계급의 특징은 노동 의욕이 낮고, 범죄 발생률이 높으며, 혼외 출산이 빈번한 등 정상을 벗어난 행동 양식을 보인다는 점이다. 그런 점에서 이들은 '보호받을 가치가 없는 빈민' the undeserving poor 으로 낙인찍히기도 한다. 남편 없이 자녀와 함께 살아가는 10대 미혼모의 수와 범죄 발생률은 미국과 영국에서 급속히 늘고 있다. 1992년 로스앤젤레스와 2001년 봄 신시내티에서 발생한 흑인 폭동은 오늘날 미국 대도시에 잠재되어 있는 폭발성을 극명히 보여 준 사건이었다.

이와는 반대로 한국도시의 빈민촌에서는 하층계급의 특성들을 찾아 볼 수 없다. 외국의 하층계급과 한국의 도시 빈민 사이의 좀 더 근본적인 차이점은 그들의 행동 양식에서 나타난다. 한국도 오늘날 세계적인 경향인 급속한 범죄 증가에서 예외일 수는 없다. 한국의 범죄 발생 건수는 1972년의 37만 건에서 2007년에는 196만 건으로 증가하고 있다. 그러나 우리는 한국의 빈민촌에서 강력 범죄가 발생하는 것을 좀처럼 볼 수 없으며, 그런 지역에 거주하는 범죄자들도 발견하기 어렵다. 혼외 출산 역시 증가 추세이지만 다른 지역에 비해 빈민촌에서 더 많이 나타나는 것은 아니다. 빈민촌에 살고 있는 사람들은 다른 지역에 거주하는 사람들보다 도덕 수준이 낮다고 볼 수 없다. 그들은 근로 의욕이 매우 높으며, 문제는 일하기를 싫어하는 것이 아니라 일할 기회가 없다는 것이다. 실제로 이들 지역의 노동력 참가율은 전국 평균 수준보다 높다.

결론적으로 한국 도시의 빈민들은 높은 도덕적 수준과 노동에 대한 건전한 태도로 특징지어진다. 그들은 몇몇 서구 국가에서 최근 급증하고 있는 소위 하위 계급과는 전혀 다른 면모를 보인다. 이런 점에서 한국에서는 적어도 아직까지는 하위 계급이 없다고 단언해도 좋다. 그러나 최근 경제 위기로 말미암아 대량 실업이 발생하고 있고, 앞으로도 구조 조정 restructuring 으로 말미암아 실업 증가가 불가피한 실정이다. 그 결과 대도시에서는 전에는 볼 수 없던 노숙자들이 일부 출현하고 있으며, 상황이 장차 악화했을 때 한국에서 하층계급이 나타나지 않으리란 보장은 없다.

한국 빈곤의 기본 성격

우리나라의 빈곤의 성격은 어떠한가? 농촌에서 '보릿고개'나 '춘궁기'春窮期란 말이 사라졌고, 도시에서도 과거 흔히 보이던 거지가 거의 눈에 띄지 않게 된 것을 보면 역시 빈곤은 상당히 줄어들었다고 하지 않을 수 없다. 그러나 빈곤은 결코 사라진 것이 아니다. 아직도 점심 도시락을 못 싸오는 학생이 전국에 적어도 수천 명 있는 것으로 신문은 보도하고 있다. 한국의 빈민들은 어떤 사람들인가를 우선 알아보면 다음과 같은 특징이 나타난다.

첫째, 빈민들은 도시의 일정한 지역에 취락을 이뤄 모여 살고 있다. 이들 빈민촌은 멀리는 일제 시대나 6·25 때부터 내려오는 것도 있지만 주로 1960년대 이후 공업화의 추진에 따라 농촌을 떠나 도시로 밀려온 실향민들이 모여 살거나, 아니면 도시재개발이란 이름으로 살 곳을 철거당한 사람들이 다시 정착해 형성된 곳이 대부분이다. 바로 위에서 말했듯이 우리나라의 빈민촌은 구미의 슬럼과는 달리 그 역사가 짧고, 내부 이동이 활발하며, 좀 더 잘 살아보기 위해 새벽부터 밤늦게까지 열심히 일하며, 범죄나 부도덕은 찾기 어렵다.

둘째, 빈곤 가구의 세대주는 평균적으로 연령이 높고, 농촌 출신이 많으며, 학력이 낮은 것이 일반적이다. 대체로 초등학교 졸업 이하의 학력이 50~70%로 나타나고 있다. 그리고 여성 세대주의 비율이 높은 것도 또 하나의 특징이다.

셋째, 세대주의 취업 상황을 보면 경제활동 참가율은 평균보다 높지만 일자리가 주어지지 않아서 실업자의 비율이 매우 높다. 여론조사에서 나타난 실업자의 비율은 무려 30~50%나 된다. 그 대신 부족한 수입을 메우기 위해 가구당 취업자 수는 여타 가구에 비해 많은 것이 일반적이다. 이것은 배우자, 자녀들이 취업하고 있다는 뜻인데, 특히 부녀자들은 쥐꼬리만 한 수입이라도 더 보태기 위해 봉제, 편지봉투 만들기, 밤 깎기 등 가내 하청이나 파출부, 행상, 좌판 등의 일에 종사하고 있다.

넷째, 일자리가 있다고 해도 빈민들의 직업은 대체로 건축 공사장 등에서 일하는 단순 노무직이 가장 많고, 따라서 고용상의 지위가 임시직, 또는 일고^{日雇}로 되어 있어서 불규칙적이고 불안정한 성질을 갖고 있다. 그 외 행상, 노점, 외판업, 구멍가게, 잡역부 등 판매, 서비스 업종에 종사하는 경우도 많다. 즉, 소위 도시 비공식 부문 urban informal sector이라고 불리는 곳이 이들의 주요한 소득 원천이다. 조사에 의하면, 이들이 가장 부러워하는 것은 높은 소득이라기보다는 규칙적·안정적 일자리라고 한다.

다섯째, 당연한 사실이지만 이들의 생활수준은 매우 낮다. 소득은 도시 노동자의 평균소득에 훨씬 못 미치고, 자산이나 토지 따위는 거의 없다. 저축을 하는 가구는 소수에 지나지 않고, 부채를 가진 가구가 많은데, 그것도 고리^{高利}의 사채^{私債}에 시달리는 경우가 태반이다. 생활수준을 나타내는 하나의 지표로서 엥겔계수를 보면, 대부분의 조사에서 대략 50% 정도로 나타나고 있는데, 이것은 도시 노동자 가구의 평균 엥겔계수 30%와 비교할 때 훨씬 높은 값이다.

5. 한국의 빈곤 정책: 국민기초생활보장제도

빈민들의 경제적 처지를 다소나마 개선시킬 수 있는 광의의 사회보장제도에는 사회보험과 공공 부조公共扶助, public assistance, 사회복지 서비스가 있다. 현재 우리나라에서 시행 중인 사회보험에는 국민연금보험, 고용보험, 산재보험, 건강보험이 있는데 11장에서 다루게 될 것이다. 여기서는 공공 부조의 중심이라고 할 수 있는 국민기초생활보장제도를 살펴본다.

국민기초생활보장제도의 내용

2000년 10월 1일부터 시행된 국민기초생활보장제도는 지난 1961년에 도입되어 40여 년간 한국 빈곤 정책의 주축을 이뤘던 '생활보호제도'를 발전적으로 대체한 것이다. 생활보호제도는 노인, 장애인 등 노동능력이 없는 사람들에 대한 단순 생계 지원 중심이었다. 그러나 1997년 이후 경제 위기 및 구조 조정에 따른 대량 실업으로 노동능력이 있는 빈곤 인구가 급증하고 자살자, 노숙자의 증가, 가정 해체 등 사회문제가 심각한 상황에 이르렀다. 이에 따라 노동능력에 관계없이 최저생계비 이하의 저소득층의 기초생활을 국가가 보장할 필요성이 대두되어 국민기초생활보장제도가 도입되었다.

기초생활보장제도는 노동능력 유무에 관계없이 최저생계비 이하의 절대 빈곤층의 기초생활을 국가가 보장하고 수급 대상자에게 종합적인 자활서비스를 제공해 자활, 자립을 도모하고자 하는 제도다. 기초생활보장제도에서는 종전 생활보호제도하에서의 거택 보호·자활 보호의 구분을 없애고 노동능력 여부, 연령 등에 관계없이 국가의 보호를 필요로 하는 빈곤선(최저생계비) 이하의 모든 저소득층에게 생계비를 지급해 최저생계비 이상 수준의 생활을 국가가 보장하도록 하고 있다. 다만, 노동능력이 있는 사람에 대해서는 빈곤에서 스스로 탈출하도록 체계적인 자활 지원 서비스를 제공해 생산적 복지를 구현하고자 스스로 일자리를 찾거나, 직업훈련, 공공 근로, 자활 공동체, 자원봉사 등에 참가하는 것을 조건부로 생계비를 지급하고 있다.

국민기초생활보장제도에서 지급하는 급여의 종류는 생계 급여, 의료 급여, 교육 급여, 자활 급여, 해산·장제 급여 등이 있으며, 생계 급여의 경우 가구 소득이 가족 수 단위로 최저생계비에 미달하는 절대 빈곤층에게 부족한 액수만큼의 생계비를 보충해 준다. 이를 보충 급여라고 부른다. 생계 급여의 지급 원칙은 수급자의 소득 인정액과 가구별 최저생계비의 차액을 각종 급여로 지원하는 보충 급여 제도를 원칙으로 하고 있다.

실제로 개별가구는 현금 급여 기준에서 해당가구의 소득 인정액을 차감한 금액을 매월 생계비 및 주거비로 지급받게 된다. 여기서 현금 급여 기준은 최저생계비에서 현물로 지급되는 의료비·교육비 및 다른 법에서 지원하는 주민세, TV 수신료 등을 차감한 금액으로서, 소득이 없는 수급자가 받을 수 있는 최고액의 현금 급여(생계·주거급여) 수준을 의미한다.

수급자로 선정되기 위해서는 부양의무자가 없거나 부양의무자가 있어도 부양 능력이 없거나 또는 부양을 받을 수 없는 자로서, 소득 인정액이 최저생계비 이하인 자이어야 한다. 수급자로 선정되기 위해서는 소득 인정액 기준과 부양의무자 기준을 동시에 충족시켜야 한다.

소득 인정액 기준에서 소득 인정액의 산정 방식은 다음과 같다.

소득 인정액 = 소득평가액 + 재산의 소득환산액
소득평가액 = 실제 소득 − 가구특성별 지출비용 − 근로소득공제
재산의 소득환산액 = (재산 − 기초공제액 − 부채) × 소득환산율

기초생활보장제도의 성과와 한계

국민기초생활보장제도는 우리나라의 대표적인 공공 부조 제도로서 저소득층의 생활 안정에 크게 기여하고 있는 것으로 평가된다. 이 제도 시행 이전에 비해 기초 생활 보호의 범위와 급여 수준이 크게 확대되었다. 생계비 지원 대상자가 시행 이전인 1999년 54만 명에서 2008년 현재 155만 명으로 크게 증가했다. 그러나 이 숫자조차 국민 중 3.2%에 불과해 정

부 지원의 사각지대에 놓인 빈민이 많이 있는 실정이다.

　기초생활보장제도 도입 후 생계비 지원액도 현실화되어 보호 수준이 상당히 높아졌다. 즉, 현금 급여 등 지급 수준의 향상으로 실질적인 최저생계가 어느 정도 보장되고 있는 것으로 보인다. 소득이 없는 4인 가구 기준으로 현금 급여 수준은 제도 시행 이전인 1999년 53만 원에서 2008년 현재 84만 원으로 크게 증가한 것으로 나타났다.

　그러나 이 제도가 갖는 장점에도 불구하고 한 가지 심각한 문제점을 안고 있는데, 그것은 보충 급여 방식에 있다. 최저생계비에 모자라는 액수를 정부가 전액 보충해 주겠다고 하는 것은 빈민들로 하여금 스스로 일해서 소득을 늘려 보려는 인센티브를 완전히 빼앗아 버리는 것이다. 왜냐하면 스스로 번 소득만큼 정부로부터의 지원액이 정확히 줄어들기 때문이다. 말하자면 소득을 번 액수만큼 전액 정부가 거두어 가는 셈이고, 이를 세율로 표현하면 이들 빈민에 대한 소득세율이 100%라는 뜻이다. 어떤 나라에서도 고소득층일수록 소득세율은 높지만 아무리 최고 소득층에 대해서도 소득세를 100% 부과하지는 않는다. 이는 전혀 일을 하지 말라는 금지적 세율 prohibitive tax rate 에 해당하기 때문이다. 하물며 빈곤층에 대해서 100%의 소득세율을 부과하는 것은 온당하지 못하다.

　정부에서도 이 문제를 인식해 개선책을 내놓긴 했는데, 그것은 이 제도의 대상자들이 벌어들인 추가 소득의 15%는 갖도록 하는 것이다. 이는 한계 소득세율이 85%에 해당하므로 저소득층에 대한 과세치고는 여전히 너무 높아서 일할 기분이 나지 않는다. 따라서 이 제도가 제대로 정착하려면 빈민들의 노동 인센티브 문제를 근본적으로 해결하지 않으면 안 된다. 밀턴 프리드먼은 11장에 나오는 '마이너스의 소득세' 제도를 제안할 때 이 문제점을 인식해 한계 소득세율을 50%로 할 것을 제안한 적이 있다. 즉, 빈민이 스스로 노력해서 추가로 1만 원을 벌면 정부가 지원 액수를 5,000원 감소시키는 것이다. 물론 이것도 완벽한 방안은 아니지만 약간은 개선이 될 수 있다. 하여튼 기초생활보장제도가 갖는 높은 한계 세율 문제는 어려운 숙제로 남아 있다.

참고문헌

가와가미 하지메. 1994. 『가난 이야기』. 서석연 옮김. 범우사.
강만길. 1987. 『일제 시대 빈민생활사 연구』. 창작과비평사.
권순원·이정우·김매경. 1993. 『저소득층의 생활 안정과 자립대책』. 한국개발연구원.
김수현·이현주·손병돈. 2009. 『한국의 가난』. 한울.
김영모. 1990. 『한국빈곤 연구』. 한국복지 정책연구소.
김진욱·박찬용. 2000. "경제 위기에 따른 빈곤 변화에 관한 연구." 『공공경제』 5권 2호.
김동춘 외. 2000. 『IMF 이후 한국의 빈곤』. 나남.
대구사회연구소. 1994. 『대구지역 빈민의 생활 실태와 빈곤 정책 연구』.
박순일 외. 1993. 『우리나라의 빈곤화 요인 분석과 대책방향』. 한국보건사회연구원.
서상목 외. 1981. 『빈곤의 실태와 영세민대책』. 한국개발연구원.
윤석범. 1994. 『한국의 빈곤』. 세경사.
이강국. 2007. 『가난에 빠진 세계』. 책세상.
이두호·최일섭·김태성·나성린. 1991. 『빈곤론』. 나남.
이윤복. 1964. 『저 하늘에도 슬픔이』. 글벗사.
이정우. 1995. "국제 비교 관점에서 본 한국의 빈곤 정책." 『국제경제연구』 1권 2호.
＿＿＿. 1999. "미국의 하층계급 논쟁." 『경제논집』(서울대 경제연구소) 3월.
이정우·이성림. 2001. "경제 위기와 빈부 격차: 1997년 위기 전후의 소득분배와 빈곤." 『국제경제연구』 제7권 제2호.
임창호 외. 1989. 『도시빈곤층 대책에 관한 연구』. 국토개발연구원.
정건화. 1987. "한국도시 빈민의 형성과 존재형태." 『한국 사회연구』 5. 한길사.
한국보건사회연구원. 『최저생계비 계측조사 연구』.
홍기용 엮음. 1986. 『도시빈곤의 실태와 정책』. 단국대 출판부.

Chossudovsky, Michel. 1997. *The Globalization of Poverty: Impacts of IMF and World Bank Reforms*. Third World Network[『빈곤의 세계화』. 이대훈 옮김. 당대. 1998].
Fields, Gary S. 1980. *Poverty, Inequality and Development*. Cambridge.
George, Vic. 1988. *Wealth, Poverty and Starvtion*. Wheatsheaf.
Hagenaars, A.J.M. 1986. *The Perception of Poverty*. North-Holland.

Jesuit, David and Timothy Smeeding. 2002. "Poverty Levels in the Developed World." Luxembourg Income Study Working Paper no. 321.

Lewis, Oscar. 1966. *La Vida: A Puerto Rican Family in the Culture of Poverty*. San Juan and New York: Random House.

Sachs, Jeffrey. 2006. *The End of Poverty: Economic Possibilities for Our Time*. Penguin[『빈곤의 종말』. 김현구 옮김. 21세기북스. 2006].

Safa, Helen Icken. 1974. *The Urban Poor of Puerto: A Study in Development and Inequality*[『산 후안의 빈민들』. 김명혜 옮김. 교문사. 1990].

Sen, Amartya K. 1981. *Poverty and Famines*. Oxford University Press.

_____. 1985. *Commodities and Capabilities*. Elsevier.

Schiller, Bradley R. 2007. *The Economics of Poverty and Discrimination*, 10th ed. Prentice-Hall.

Suh, Sang-Mok and Ha-Cheong Yeon. 1986. "Social Welfare during the Structural Adjustment Period in Korea." Working Paper 8604, Dec. KDI.

Townsend, Peter. 1979. *Poverty in the United Kingdom*. Allen Lane.

Wolff, Edward Nathan. 1997. *Economics of Poverty, Inequality and Discrimination*. South-Western College Publishing.

World Bank. 1990. World Development Report (on Poverty).

_____. 2007. World Development Indicators.

11장

소득재분배와 복지국가

손상익하(損上益下)
_ 정조, 1791년 흑산도 주민들에게 과중한 종이 세금을 폐지하라는 결정을
내리면서 한 말. 위가 손해를 보게 해 아래가 이익이 되도록
돕는 것이 국가가 할 일이라고 말했다. 원래 주역(周易)에 나오는 말이다.

"민주주의는 경제적 평등까지 확대되어야 한다.
그것이 지금 우리가 겪고 있는 최대의 혁명이다."
_ 자와할랄 네루, 『세계사 편력』

1. 소득재분배의 필요성

자본주의경제에서 시장기구를 통해 이뤄지는 소득분배는 일반적으로 큰 불평등을 수반한다. 시장경제에서 개인의 소득은 각자가 소유하는 경제 자원의 수량과 가격(시장의 평가)에 의해 결정되는데, 각자가 소유하는 자원의 종류와 수량에는 차이가 있고, 또한 가격도 다르기 때문에 개인 간 소득격차는 불가피하다. 예컨대 타고난 재능(능력)이 뛰어나고 교육 수준도 높으며, 부모로부터 거액의 재산을 상속받고 운도 좋은 사람들은 경제 자원의 종류와 양도 많고 질도 높기 때문에 소득이 높지만, 그렇지 못한 사람들은 저소득을 면하기 어렵다. 특히 자본주의경제에서는 재산의 사유가 인정되고 이것이 상속을 통해 세대 간에 이전되므로 자신의 노력 없이도 거대한 부를 소유하는 것이 가능하다. 그렇기 때문에 부와 소득의 큰 불평등이 발생하고 있다.

자본주의 시장기구를 통해 이뤄진 소득격차를 일률적으로 불공정하다고 말할 수는 없지만, 시장경제의 소득 불평등은 대단히 크며 공정하지 못한 면 또한 적지 않다. 이와 같은 소득 불평등을 방치한다면 계층 간 소득격차는 점차 심화할 가능성이 있고, 이는 대다수 저소득층의 소외감을 가져옴은 물론 나아가서는 사회 구성원의 공동체적 연대 의식을 와해시킴으로써 사회 통합을 저해한다. 소득 불평등이 큰 나라일수록 각종 범죄가 만연해 사회가 불안정할 뿐 아니라, 불평등의 정도가 극심한 경우에는 사회 갈등으로 비화되어 경우에 따라서는 위기 상황이 올 수도 있다.

그럼에도 불구하고 자본주의 시장경제는 소득분배가 불공정하더라도 그 불공정을 자동적으로 시정하는 메커니즘을 가지고 있지 않다. 시장경제에서 발생하는 지나친 소득 불평등 현상은 시장 실패market failures의 하나라고 경제학원론은 가르치고 있다. 따라서 공정한 분배를 실현해 국민의 복지를 향상시키기 위해서는 정부가 소득을 재분배해 바람직한 분배 상태를 가져오게 할 조치들을 취하지 않으면 안 된다. 이런 배경에서 선진 자본주의 국가에서는 1930년대 자본주의의 일반적 위기 이후 복지국가가 출현해 소득재분배 정책을 실천하고 있다.

소득재분배를 논의하는 데에서 기본적으로 문제가 되는 것은, 과연 무엇이 공정한 소득분배이며, 이런 공정 분배의 기준을 세울 수 있는가 하는 점이다. 이 문제에 대해서는 이미 1장에서 존 롤즈의 정의론을 중심으로 논의한 바 있지만 추상적 수준에서 공정 분배를 정의하고 그 바탕 위에서 현실적으로 그것을 실현한다는 것은 결코 쉬운 일이 아니다. 현실의 분배 상태가 공정한가 아닌가를 판단해 줄 기준에 관해서는 학자들 사이에서도 의견이 분분하기 때문에, 재분배 정책을 통해 분배의 공정을 실현한다는 것은 근본적으로 어려움을 내포하고 있다. 그러나 현실적으로는 윤리적이고 사회적인 관점 또는 경제적인 관점에서 이상적이라고 할 수는 없을지 모르나 그런대로 많은 사람이 공감할 수 있는 소득분배에 관한 어떤 기준이 설정되는 것이 상례다.

이를테면 이상적 분배의 기준은 각국의 사회적·경제적 환경에 따라 그 내용을 달리하게 될 것이지만, 많은 저개발국에서 흔히 볼 수 있는 소득 및 부의 극심한 편중 현상이나 최저한의 생활조차 유지하지 못하는 절대 빈곤층이 광범위하게 존재하는 사실 등은 사회적·경제적으로 결코 바람직하지 않다는 데 대해서는 누구도 부정하지 않을 것이다. 20세기 이후 복지국가 이념이 보편화되면서 각국이 불평등한 소득분배 상태의 개선과 저소득층 대책 등 적극적인 재분배 정책을 추진하고 있는 것이 일반적인 추세인데, 이는 소득분배의 불평등을 감소시키고 저소득층에게 최저한의 생활을 보장해 주는 것이 비단 저소득층뿐만 아니라 사회 전체의 복리를 향상시킨다는 믿음에 근거하고 있다고 할 수 있다

2. 소득재분배의 이론

공리주의적 재분배 이론

소득재분배가 필요한 이유에 대해서는 여러 가지 가설이 있다. 그중에서 정통적인 신고전파경제학의 철학적 기초라고 할 수 있는 공리주의에서는, 사회의 목적이 구성원들의 효용의 합계인 사회적 후생을 극대화하는 데 있다고 보며, 소득의 재분배로 사회적 후생이 증

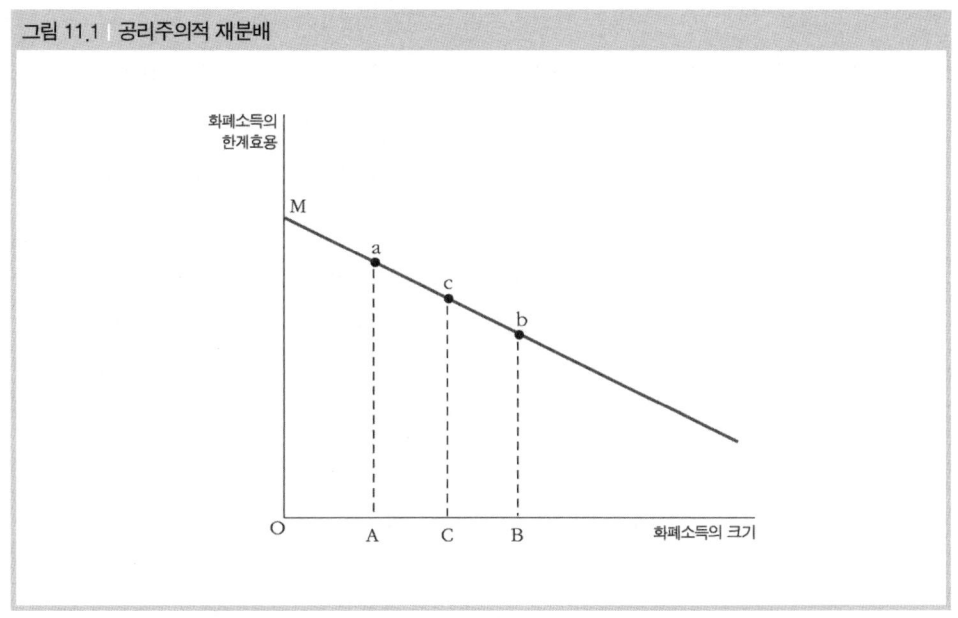

그림 11.1 | 공리주의적 재분배

진될 수 있다면 재분배는 정당한 행위로 평가된다.

공리주의자들의 재분배에 대한 기본입장은 평등주의적이라 할 수 있다. 특히 공리주의적 철학이 한계효용 이론과 결합될 때 이 점은 더욱 명확해진다. 우리가 돈 1만 원이 있다고 할 때 그것이 갖는 가치는 부자와 거지에게 크게 다르게 느껴질 것이다. 부자에게 1만 원은 종이 한 장에 불과하지만 거지에게 1만 원은 몇 끼의 식사를 의미할 수 있다. 따라서 화폐의 한계효용은 체감한다고 가정하는 것이 별로 이상하지 않다. 부자는 화폐의 한계효용이 낮고, 가난한 사람은 한계효용이 높으므로 부자에게서 돈을 거두어 가난한 사람에게로 이전하면 사회 후생이 증가한다는 결론에 쉽게 도달하게 된다. 따라서 공리주의적 관점에서는 재분배를 통해 소득분배가 평등해질수록 사회 후생이 증가할 가능성이 있다.

이를 〈그림 11.1〉을 통해 살펴보자. 여기에서는 각 개인 효용의 사회적 중요도는 균등하며, 각 개인이 가지는 화폐소득의 한계효용은 같은 크기의 화폐소득에서는 균등하고(즉, 효용 함수의 모양이 모든 사람에게 같다) 화폐소득의 효용은 체감한다고 가정한다. 가로축은 화폐소득의 크기를, 그리고 세로축은 화폐소득의 한계효용을 나타낸다. 직선 Macb는 두 개인 A와 B에 대한 효용 함수로서 소득이 증가할 때 화폐소득의 한계효용이 감소한다는 것을 보여 준다. 이제 A는 OA의 소득을, B는 OB의 소득을 가진다고 가정하자. 즉, B가 A보다 더 부유하다. A의 한계효용 Aa는 B의 한계효용 Bb보다 높다. 사회에 A와 B 두 사람만이 살고 있다고 가정하면 사회의 효용의 합계는 OMaA + OMbB 이다.

지금 BC만큼의 소득을 B로부터 A로 재분배하면 B의 효용은 감소하고 A의 효용은 증가한다. 그런데 이 소득영역에서 B의 한계효용이 A의 한계효용보다 작기 때문에, B의 효용이 감소하는 것 이상으로 A의 효용이 증가할 것이다. 따라서 소득재분배를 통해 A, B의 소득이 다같이 OC 수준이 되게 하면 사회 전체의 효용은 AacC와 CcbB의 차이만큼 증대되고 사회의 효용의 합계는 OMcC의 2배로 극대화된다. 이와 같이 우리가 공리주의에 입각해서 논리를 전개하면 소득재분배를 정당화할 근거를 찾을 수 있다.

이 접근 방법은 개인의 효용을 기수적基數的, cardinal으로 측정할 수 있다는 것을 전제로 하고 있다. 이 방법을 사용하기 위해서는 실제로 개인 효용의 측정과 가산加算이 가능해야 하는데, 이는 직관적으로는 가능한 일이지만 이를 숫자로 보여 주는 것은 여간 어려운 게 아니다. 따라서 이 접근 방법은 효용이 측정 가능하다고 하는 강한 가정에 입각해 있어서 근거가 약하다는 비판을 받게 된다. 그리하여 정통경제학에서는 20세기 이후 효용의 가측성可測性을 아예 포기하고, 기수적 효용 대신 서수적序數的, ordinal 효용을 전제한 무차별곡선indifference curve 이론으로 진화했다. 이로써 기수적 효용 이론이 가져올 수도 있었던 강력한 소득재분배 요구 자체가 무산되었다고 할 수 있다.

파레토최적 재분배 이론

소득의 불평등이나 빈곤은 시장의 가격기구를 통해서는 비용으로 계상計上되지 않겠지만 이들의 존재는 개인의 후생과 효용에 부정적 영향을 줄 수 있다. 놀부 심보가 아닌 한, 사람들은 자기 형제들이 모두 못사는데 자기만 잘산다고 마음이 편하지는 않을 것이며, 그보다

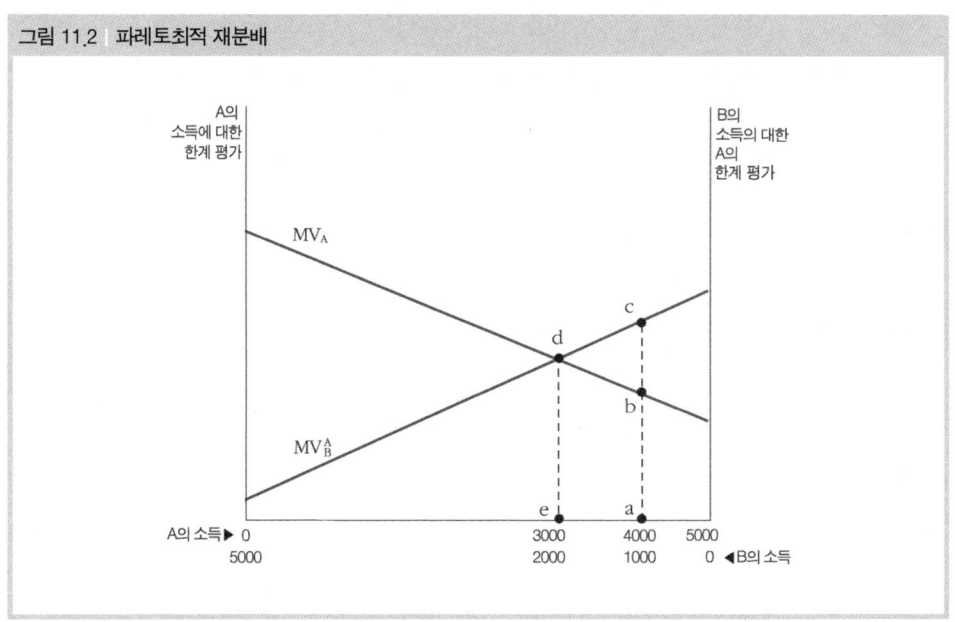

그림 11.2 | 파레토최적 재분배

는 형제와 이웃도 잘살고 자기도 잘살 때 마음이 편하고 행복할 것이다. 따라서 개인의 행복이나 효용은 자기 자신만이 아니라 타인의 행복이나 효용에도 의존한다고 볼 수 있다. 이 점은 특히 이타주의자들에게서는 더욱 뚜렷할 것이다.

이와 같이 개인의 효용은 자신의 소득뿐만 아니라 다른 사람의 소득 상태에 의해서도 영향을 받을 수 있다. 이런 효용 함수의 상호 의존관계 interdependent preferences를 가정하면 소득의 재분배는 사회의 모든 개인의 후생을 증진할 것이라는 것을 쉽게 이해할 수 있다. 예를 들어 빈곤층의 존재가 부유한 사람들에게 비효용을 준다면, 빈민의 소득을 증대시키는 재분배는 빈민에게만이 아니라 부유층에게도 효용을 가져다 줄 것이므로, 이는 타인의 효용을 상실시키지 않은 채 사회적 후생을 증대시킬 수 있으므로 파레토효율 원리에 합치되고 이에 따라 파레토최적에 도달할 수 있다. 이런 접근 방법은 호크만 H.H. Hochman과 로저스 J.D. Rodgers에 의해 시도되었는데, 이것을 파레토최적 재분배 Pareto optimal redistribution 이론이라 부른다.

이를 〈그림 11.2〉를 통해 살펴보기로 하자. 〈그림 11.2〉의 횡축에는 A, B 두 사람의 소득이, 그리고 좌측의 세로축에는 A의 자신의 소득에 대한 한계 평가$^{\text{marginal valuation}}$ MV_A, 우측의 세로축에는 B의 소득에 대한 A의 한계 평가 MV_B^A가 각각 표시되어 있다.

A의 소득이 4,000원, B의 소득은 1,000원이라고 하자. 이때 A의 자신의 소득 4,000원에 대한 한계 평가는 ab이고, B의 소득 1,000원에 대한 한계 평가는 ac로서 ac는 ab보다 크다. 이때 A의 효용은 B의 소득수준에 의해서도 영향을 받으므로 A는 자기 소득의 일부를 B에게 이전시킴으로써 자신의 효용을 증가시킬 수 있다. 〈그림 11.2〉에서 사회적 후생이 극대화되는 점을 찾자면 MV_A와 MV_B^A가 일치하는 점 d인데 이 상태는 곧 A가 자기 소득 중 1,000원을 B에게 이전시킴으로써 bcd만큼의 효용이 증가해 사회적 후생이 극대화됨을 보이고 있다. A가 1,000원을 B에게 이전하면 자신의 소득이 감소함에 따라 abde만큼의 효용이 감소하지만 B의 소득이 1,000원 증가하는 것을 봄으로써 증가하는 효용이 acde이며, 따라서 이때 증가하는 사회적 후생의 크기는 acde - abde=bcd인 것이다. 즉, 사회적 후생을 극대화하기 위해서는 소득 이전(재분배)이 이뤄져야 함을 알 수 있다. 그리고 이것은 다른 사람의 효용 상실을 초래하지 않은 채 사회적 후생을 극대화하는 것이므로 파레토최적 재분배를 실현하는 것이라 할 수 있다. 파레토최적 재분배가 이뤄지기 위한 조건은 $MV_A = MV_B^A$이다.

그러나 이 접근 방법은 사회의 각 개인이 이타적 태도를 가지고 다른 사람들의 후생 상태에 깊은 관심을 가지고 있으며, 자기보다 못한 위치에 있는 다른 사람들의 상태가 개선되는 것을 보는 것만으로도 자신의 효용이 증가한다고 가정할 경우에 성립된다. 그렇지 않고 만약 다른 사람들의 후생 상태에 대해서는 무관심하며 오로지 자신의 안락만을 추구하는 것이 일반적이라면, 즉 MV_B^A가 언제나 MV_A 밑에 있거나 항상 0이라고 가정하면 소득재분배가 비효율적인 것이 되고 만다. 즉, 소득재분배가 사회적 후생을 증진시킨다고 주장하려면 사람들의 효용 함수가 상호 의존적이며 이타적인 특성을 가지고 있다는 가정이 전제가 된다는 것을 알 수 있다.

한편 미국 MIT대학의 서로우도 파레토효율에 입각한 소득의 재분배를 모색하고 있는데, 그는 재분배를 일종의 순수 공공재$^{\text{pure public goods}}$로서 파악하고 있다. 즉, 재분배가 단순히 개인의 효용 증가를 위해 필요한 것이 아니라 재분배의 진정한 의미는 재분배로부터 발생하는 소득분배의 외부성外部性에 있다고 주장한다. 분배가 균등하게 이뤄질수록 그렇지 않은 경우에 비해 범죄, 사회적 혼란, 정치적 불안 등이 적어지기 때문이다.

따라서 재분배를 통해 분배가 좀 더 균등하게 됨으로써 사회적·정치적 안정이라는 사회적 편익이 발생하고 이로부터 어느 한 개인이나 특정 계층의 효용이 증가하는 데 그치는 것이 아니라 사회 구성원 모두의 효용이 증가할 것이므로 소득재분배 그 자체를 가로등이나 도로 같은 순수 공공재로 이해할 수 있다는 것이다. 이와 같이 재분배를 일종의 순수 공공재로 볼 경우에는 소득재분배의 시도와 관련해 특정 개인 또는 특정 지역 주민의 소득수준에만 관심이 국한되는 것이 아니라 그보다는 사회적·정치적 안정을 도모할 수 있는 사회 전체의 분배 상태로 관심이 확대될 수밖에 없다.

보험원리의 재분배 이론

호크만과 로저스, 또는 서로우의 견해처럼 재분배가 이타심에서 비롯된 것이 아니라 그와는 반대로 사람들의 이기심에 근거해 이뤄진다고 보는 견해가 또 하나 더 있으니, 그것은 제임스 뷰캐넌James Buchanan과 튤록G. Tullock이 주장하는 보험원리insurance principle에 기초한 재분배 이론이다.

장래의 예기치 않은 위험을 현재에 미리 방지하려는 안전 추구 동기는 인간의 어떤 심리적 동기 못지않게 강하다고 할 수 있는데, 보험원리는 사람들의 공통적인 심리적 동기인 안전 추구 동기 또는 위험 회피 동기에 기초하고 있다. 즉, 보험은 미래의 불안과 위험을 미리 대비하기 위한 제도다. 이런 욕구를 충족하기 위해서 현실에는 생명보험, 의료보험, 교육보험, 재해보험 등 각종 사적 보험private insurance이 발달되어 있다. 그러나 사적 보험으로 해결할 수 없는 위험도 존재한다. 예컨대 선천적으로 병약자나 불구자인 경우나 돌발적인 사고에 의해 신체적 장애나 불구가 되는 경우, 또는 갑작스럽게 빈곤하게 되는 경우 등은 민간의 사적 보험만으로는 해결하기 어려운 성질을 가지고 있다. 이와 같은 유형의 위험은 공적·집합적 행동public collective action을 통한 사회보험social insurance에 의해 해결될 수 있는데, 이와 같은 보험원리를 뷰캐넌과 튤록은 개인과 정부 사이에 이뤄지는 하나의 사회계약 또는 헌법적 계약constitutional contract으로 파악한다.

민주주의 사회에서 헌법은 개인의 집합체인 국민의 찬성을 얻어야만 그 효력이 발생하는 것인데, 이와 같은 개인과 정부 사이의 헌법적 계약 단계에서 개인들은 위에서 든 예와 같이 사적 보험으로써는 해결할 수 없는 장래의 위험을 회피하려고 할 것이다. 따라서 이와 같은 장래의 위험을 회피하고 소득수준이 평상 수준 이하로 떨어지지 않도록 정부가 재분배 정책을 통해 확약한다는 조건하에서, 개인은 그 헌법을 찬성하고 계약을 맺는다는 것이다. 이와 같이 소득재분배는 개인들이 미래에 자신에 닥칠지 모르는 위험을 회피하려는 이기적인 동기에서 나온 공적·집합적 행동의 결과라는 것이다.

한편 앤서니 다운즈Anthony Downs의 『민주주의의 경제 이론』Economic Theory of Democracy도 뷰캐넌과 튤록의 견해와 비슷한 면이 있다. 다운즈는 민주주의 사회에서 소득재분배는 저소득층이 고소득층의 소득을 자기들에게 이전되도록 하기 위해 그들의 투표권을 이기적으로 사용하기 때문에 이뤄진다고 본다. 민주주의 사회에서 정치가들이 권력을 잡거나 정부를 유지하기 위해서는 선거에서 승리하지 않으면 안 되고, 이를 위해서는 선거에서 많은 표를 얻지 않으면 안 된다. 1장에서 본 바와 같이 고소득층은 소수이고, 저소득층은 다수인 것이 소득분포의 특징이다. 따라서 정치가들은 투표에서 이기기 위해 인구의 다수를 차지하는 저소득층의 재분배 요구를 거절할 수 없으므로 결국 그들의 정치적 압력에 굴복할 수밖에 없게 되며, 이에 따라 재분배 정책이 공약되고 실행되어 민주주의하에서는 항상 부유층으로부터 저소득층으로의 소득 이전이 실현될 것이라는 것이 다운즈의 주장이다.

3. 소득재분배의 정책 수단

앞에서 본 것처럼, 자본주의 시장경제에서는 소득분배가 불평등하게 이뤄지기 때문에 이를 시정하기 위해서는 여러 가지 재분배 정책이 사용된다. 소득재분배를 목적으로 하는 정책 유형은 크게 두 가지로 나눠 볼 수 있는데, 하나는 소득 결정 과정 그 자체에 정부가 직접 개입해 정책 목표에 부합되는 분배 상태로 유도하는 방법으로서 최저임금제, 임금 가이드라인, 가격 지지 제도 등이 여기에 속한다. 또한 독점적 요소를 견제해 시장기구의 기능을 충분히 살리는 정책, 노동조합의 교섭력을 강화해 노동 분배율을 높이는 정책, 노동자 재산 형성 제도를 통해 재산 소유의 평등을 기하는 정책, 교육 기회를 균등하게 해 장기적으로 빈민의 소득을 증가시켜 소득분배의 평등을 기하는 정책도 이 범주의 정책에 속한다.

그러나 이것만으로 시장 소득의 분배가 충분히 개선되지는 않기 때문에 각국 정부는 좀 더 강력하고 직접적인 재분배 정책을 사용하고 있다. 그것은 시장에서 1차적으로 결정된 소득분배를 정부의 재정을 통해 사후적으로 수정하는 정책을 말한다. 아래에서는 재정을 통한 소득재분배 수단 중에서 재정수입 면에서의 조세정책과 재정지출 면에서의 사회보장, 마이너스(-)의 소득세, 공공서비스를 중심으로 살펴보기로 한다.

조세에 의한 소득재분배

정부의 재정 활동은 경제활동에 대한 2차적 참가라는 성격을 가지면서 민간 부문에서 1차적으로 이뤄진 소득분배를 수정하는 기능을 가진다. 조세는 소득세와 같이 직접적으로 납세자의 가처분소득을 감소시키거나 간접세처럼 가격체계를 교란해 간접적으로 실질 가처분소득을 감소시켜 과세 후의 소득분배 상태를 변화시킨다. 이 때문에 조세는 단순한 수입 조달 수단으로서 뿐만 아니라 의도된 소득재분배 정책 수단으로 활용된다.

조세가 소득재분배의 유력한 수단이라고 하더라도 모든 조세가 소득재분배 기능을 갖는 것은 아니다. 어떤 조세가 재분배 기능을 충분히 발휘하려면 최소한 다음의 두 가지 조건을 필요로 한다. 그 하나는 조세 구조상 소득재분배를 가능하게 하는 요소(예를 들면 누진세율)를 갖고 있어야 한다는 것이고, 다른 하나는 세수稅收가 최소한 어느 규모에 도달해야 한다는 것이다.

최저임금제 효과 논쟁

1990년대 이후 미국에서는 최저임금에 관한 논쟁이 매우 활발히 진행되고 있으며, 클린턴 대통령은 1996년 대통령 선거에서 최저임금 인상을 재선 공약으로 제시하기도 했다. 1938년 근로기준법과 더불어 처음 도입된 미국의 최저임금은 시간당 0.25달러로 출발했는데, 이것은 당시 평균임금의 40% 수준이었다. 미국의 연방 최저임금은 2009년 시간당 7.25달러로 정해진 뒤 장기간 고정돼 왔으나 정부 계약과 관련되는 업무에 한해 2018년부터 시간당 10.35달러로 인상됐다. 미국은 연방 최저임금을 기준으로 해서 주별로 상이한 최저임금을 시행한다.

최저임금제는 정부가 노동시장에 개입해 저임금 노동자들의 임금을 인상함으로써 이들의 생활수준을 개선하고 빈곤 축소 및 소득분배 개선에 기여하는 정책인데, 경제원론에서 배우는 것처럼 이 제도의 주요 단점으로는 고용감소가 손꼽힌다. 따라서 시카고학파 등 보수적 성향의 경제학자들은 이 제도에 반대해 왔다. 문제는 고용이 얼마나 감소하느냐 하는 것이다. 1980년대 말 브라운(Charles Brown)의 연구에 의하면, 최저임금이 10% 인상되면 10대 청소년의 고용이 1~3% 감소하며, 20대에 미치는 영향은 이보다 작고, 성인에 미치는 영향은 거의 없다고 한다.

그런데 1990년대에 들어와 청소년들을 많이 고용하는 맥도날드, 켄터키프라이드치킨 등 패스트푸드 업종을 대상으로 최저임금의 고용 효과를 조사한 최근의 연구들을 보면, 최저임금이 올라도 고용은 감소하지 않는다는 결과가 나오고 있다. 클린턴 대통령이 최저임금 인상을 결심하는 데에는 이런 최근의 연구결과들이 배경이 되었다. 그리하여 클린턴 행정부에서는 최저임금을 1997년부터는 시간당 5.15달러로 대폭 인상했다.

그러나 최저임금이 높을수록 반드시 좋은 것은 아니다. 푸에르토리코에서 1987년 최저임금을 미국과 똑같이 시간당 3.35달러로 인상했을 때 (이것은 당시 푸에르토리코 평균임금의 63% 수준이었다) 고용이 9%나 감소하는 부작용을 낳았으며, 1980년 짐바브웨에서도 최저임금 인상으로 인해 비슷한 홍역을 치른 경험이 있다. 한국의 최저임금은 2018년 현재 시간당 7,530원으로 전년 대비 16.4%나 인상되었고 2019년도는 시간당 8,350원으로 전년 대비 10.9% 인상되어 큰 논란을 일으켰다. 최저임금은 점진적 인상이 바람직한데, 너무 급격한 인상이 아니냐 하는 비판이 있다. 그리고 최저임금의 급격한 인상에 따른 기업의 부담을 경감시켜 줄 목적으로 30인 미만을 고용하는 영세 사업장에 한해 정부가 일자리안정기금이란 이름으로 월 13만원씩 보조를 하겠다는 정책을 추진 중인데, 이것이 논란을 더 키우고 있다. 이는 2백 년 전 영국에서 실패했던 스핀햄랜드(Speenhamland) 정책과 유사한 구조를 갖고 있어서 상당히 우려스럽다. 당시 영국 정부가 저임금 노동자를 도울 목적으로 보조금 정책을 폈는데, 그에 따라 민간 기업이 임금을 삭감하는 약삭빠른 행동을 함으로써 정책은 실패로 끝났다.

1) 소득세의 경우

개인소득세는 사람을 중심으로 하는 인세人稅로서 개인이 획득하는 소득을 과세표준으로 하는 조세인데 오늘날 각국의 세제에서 핵심을 이루고 있다. 그러나 소득세는 여러 종류의 세금 중에서도 특히 나이가 어린 세금이다. 영국에서 소득세가 시작한 것은 1799년으로서 나폴레옹 전쟁을 치르기 위해서 세수 증대가 필요해서 긴급히 도입되었다가 전쟁이 끝나고는 폐지됐다. 영국에서 소득세가 영구히 정착한 것은 1842년이다. 그리고 누진세율이 적용된 것은 그보다 훨씬 더 뒤의 일로서 대부분의 나라에서 20세기 이후 비로소 누진 소득세율을 적용하기 시작했다.

개인소득세는 누진세율 구조와 과세 최저액을 규정하는 여러 가지 공제控除 제도 등 그 자체 내에 소득분배를 교정하는 기능을 내포하고 있을 뿐만 아니라 세수 규모가 커서 소득재분배에 가장 적합한 조세라고 할 수 있다. 즉 누진세율을 적용하거나 과세 최저액을 설정하게 되면 소득이 커짐에 따라 개인소득에 대한 소득세액의 비율이 높아지게 되어, 고소득일수록 조세 부담이 커지고 반대로 저소득층의 조세 부담은 작아서 과세 후에는 과세 전에 비해 소득격차가 줄어들어 소득분배의 개선에 기여하게 된다.

이와 같이 개인소득세가 재분배 기능을 가지는 것은 공제 제도와 세율 구조에 의해서다. 공제 제도에는 최저생계비를 참작하는 성격이 강한 기초공제, 배우자공제, 부양가족공제를 비롯해 추가적인 비용을 고려한 장애자 공제 등이 있는데, 이들 대부분은 정액定額 공제 방식을 취하고 있기 때문에 저소득층일수록 소득에 비해서 공제 비율이 높고 고소득층일수록 공제 비율이 낮아서 소득재분배 효과가 발생한다.

그리고 누진세율을 적용하면 고소득층일수록 소득에 비해 높은 세금을 물게 되고 저소득층일수록 소득에 비해 낮은 세금을 물게 되어 세후 소득분배는 좀 더 평등해진다. 따라서 누진세율을 높일수록, 또는 과세 최저한도를 인상할수록 소득세의 재분배 효과는 커진다. 누진 소득세의 필요성이 처음 언급된 것은 아담 스미스의 『국부론』(1776)이었지만 현실적으로 소득세에 누진세율이 적용된 것은 오랜 세월이 흐르고 난 뒤의 일이다. 누진세가 등장한 것은 20세기 이후의 일이며, 처음 누진세가 도입되었을 때는 만인이 법 앞에 평등하다는 원리에 대한 위반이라는 이유로 부자들의 강력한 항의와 위헌 시비에 시달리기도

정률세

누진세 제도에 반대해서 모든 소득 계층에 대해서 단일 세율을 적용하자는 주장이 제기되었다. 이를 정률세(flat tax)라고 한다. 누진세하에서는 여러 가지 세율이 있고, 소득이 높아질수록 높은 세율을 적용받는 데 비해서 정률세하에서는 모든 사람이 단일 세율로 세금을 물게 된다. 정률세를 주장하는 근거는 높은 한계 세율이 가져오는 노동 의욕의 저하를 막을 수 있다는 점, 조세행정이 간편하다는 점 등이다. 미국 경제학자 로버트 홀, 알빈 라부쉬카(Alvin Rabushka) 등이 주요 주창자다.

이 제도를 반대하는 학자들은 이 제도는 누진세율이 아니기 때문에 부자들에게 유리하고, 조세의 공평성이 저해된다고 비판한다. 이 비판에 대해서 정률세 옹호론자들은 일정액의 면세점을 설정하면 정률세를 부과하더라도 조세의 누진성이 확보된다고 주장한다. 예를 들어 월 100만 원 이하 소득은 면세를 해주고 100만 원을 초과하는 소득에 대해서 20%의 단일 세율을 적용하면 소득이 높아질수록 소득 대비 세금 부담이 커지게 된다. 실제로 이 제도를 시행중인 많은 나라에서 면세점을 설정하고 있다.

현재 꽤 많은 나라가 정률세를 시행 중인데, 주로 러시아와 그 주변 국가들이다. 에스토니아, 라트비아, 리투아니아 등 과거 소련방에 속하던 동구권 국가들이 이 제도를 채택해서 20% 대의 정률세를 실시하고 있다. 이 제도 시행 후 세수가 증가하고, 실업 감소, 고성장 등 양호한 경제 성과가 나타나고 있는 것은 사실인데, 그것이 과연 정률세의 효과인지 아니면 다른 요인 때문인지를 놓고 해석이 엇갈리고 있다.

했다. 그러나 100년이 지난 지금은 모든 나라에서 누진 소득세를 당연한 것으로 받아들이고 있다.

2) 간접세의 경우

간접세는 주로 소비지출에 대한 과세다. 이것은 동일한 가격의 상품에 대해서는 동일한 액수의 세금을 물기 때문에 소비지출에 대해서는 비례적인 부담이 되지만, 소득에 대비하면 역진적逆進的, regressive인 성격을 갖는다. 예를 들어 맥주 한 병을 마실 때 고소득자나 저소득자나 같은 액수의 세금을 부담하고 있는데 이것은 소득에 비교하면 고소득자일수록 부담이 적은 세금이 되는 것이다. 따라서 한 나라의 총 조세 중에서 직접세의 비중이 클수록 소득재분배에 유리하고, 간접세의 비중이 클수록 소득재분배에 불리한 방향으로 작용한다. 간접세는 오히려 소득분배를 불평등한 쪽으로 변화시키는 역진적 효과를 갖는다.

그러나 간접세의 경우에도 재화의 종류에 따라 차별 과세를 함으로써 어느 정도 소득의 재분배를 실현할 수 있다. 이를테면 누구나 꼭 필요한 생활필수품에 대해서는 아예 면세해 주거나 세율을 낮춰 주고, 수요가 긴요하지 않은 재화인 사치품에 대해서는 세율을 높게 정하면 소득재분배 효과가 나타날 수 있다. 생필품은 저소득층의 주된 구매 상품이고 사치품의 주된 사용자는 고소득층이므로 고소득층의 세 부담이 커지게 되어 과세 후에는 고소득층과 저소득층의 소득격차가 줄어들게 되는 효과를 기대할 수 있다. 예를 들어 우리나라에서 1977년부터 시행중인 특별소비세(2008년부터 개별소비세로 이름이 바뀜)는 고급 시계, 고급 사진기, 휘발유, 카지노와 골프장 출입 등 사치품에 대해서 부과되고 있다. 특별소비세는 일반 소비재에 대해서 물리고 있는 부가가치세 세율 10%보다 높은 세율이어서 어느 정도 소득재분배 효과가 있다고 볼 수 있다.

미국에서도 1993년 사치세luxury tax를 신설했는데, 이는 요트, 보석 등 부자들이 소비하는 사치품이 부과 대상이었다. 이 세금은 얼핏 보면 상당한 소득재분배 효과가 있을 것 같은데, 실제로 시행 결과는 그것과 거리가 멀었다. 왜냐하면 이들 사치품은 그 성격상 수요의 탄력성이 높기 때문에, 세금을 무겁게 부과하더라도 부자들은 다른 품목을 선택함으로써 이를 쉽게 회피할 수 있었다. 그 대신 이 세금의 부담은 주로 이들 품목을 생산하는 중소기업과 거기서 일하는 노동자들에게 돌아갔는데, 이들은 사실 사치세란 새 제도의 유탄을 맞은 셈이었다. 이런 부작용 때문에 이 세금은 시행 3년 만에 폐지되었다.

3) 상속세와 재산세의 경우

자본주의경제에 있어서 소득 불평등의 큰 원인 가운데 하나가 소득 형성의 전제 조건이 되는 자산 보유 상황의 불평등 때문임은 이미 본 바이다. 따라서 상속세, 증여세, 재산세의 부과를 통해 부富의 분배를 평준화해 재산수익으로부터의 소득이 소수의 개인이나 계층에 집중되는 것을 방지함으로써 소득재분배를 기할 수 있다.

상속세는 상속이나 유증遺贈에 의해 남겨진 재산에 대해 그 재산액의 크기에 따라 누진세가 부과되는 것이다(유산 과세). 어떤 나라에서는 유산을 상속받는 사람에게 과세하는 제도도 있다(유산 취득 과세). 재산을 생전에 증여함으로써 상속세를 회피하는 것을 막기 위해서는 증여에 따른 재산 이동에 대해서는 증여세가 부과된다. 상속재산이나 증여재산에 대한 세율이 높을수록 과세 후의 유산 또는 증여 비율이 낮아져서 자산 보유의 평준화 효과는 커진다. 한편 상속세를 부과할 때 상속재산을 남기고 죽은 사람에게 과세하지 않고 상속 받는 사람들을 대상으로 과세하는 것이 부의 분산 효과가 더 크다. 왜냐하면 상속세는 누진세율을 가지고 있으므로 상속 총액이 같더라도 그것을 잘게 쪼갤수록 상속세 총액은 줄어들기 때문이다. 따라서 이 제도는 사람들로 하여금 부를 분산해 상속하도록 장려하는 효과가 있는데, 우리나라는 아직 이 제도를 도입하지 않고 있다.

많은 나라에서 상속세와 증여세의 세율은 매우 높지만 실제 세수는 아주 작은 것이 공통적인 현상이다. 그 이유는 여러 가지 공제 혜택이 주어지며, 살아 있을 때 미리 부를 분산시키기 때문에 막상 사망 시 상속세를 내는 사람은 숫자가 얼마 되지 않기 때문이다. 예를 들어 1991년 영국에서 소득세를 내는 사람은 2,500만 명이었는 데 비해서 상속세를 낸 사람은 불과 3만 1,000명밖에 되지 않았다. 상속세는 바보들만 내는 '바보세'라는 시중의 말이 그리 과장된 말이 아님을 알 수 있다

재산세의 부과도 그 세율이 낮은 경우에는 소득세와 큰 차이가 없으나, 그 세율이 높을 때는 상속세나 증여세와 같은 작용을 하게 되어 소득재분배 기능을 발휘할 수 있다. 그러나 이것도 역시 상당 부분이 사용자에게 전가되기 때문에 그렇게 큰 재분배 효과를 기대하기는 어렵다.

그리하여 조세의 재분배 효과는 이론적으로는 분명히 존재하나 실제로는 그 크기가 그렇게 크지 않은 것이 사실이다. 조세의 재분배 효과에 관한 실증 연구의 결과를 보면, 소득세를 중심으로 한 직접세가 큰 비중을 차지하고 있는 미국이나 영국에서도 재분배 효과는 거의 없는 것으로 나타나고 있다. 정부의 재분배 기능은 조세가 아니라 아래에서 볼 정부 지출에서 주로 발생한다고 할 수 있다.

재정지출에 의한 소득재분배

국민의 어떤 계층으로부터 다른 계층으로의 소득 이전을 꾀하는 정부의 이전적 경비 지출에는 사회보장, 공공서비스 공급, 공채(公債) 비용, 민간 기업에의 보조금 등이 포함되는데, 이 중에서 공채에 대한 이자 지불은 저·중소득층에서 고소득층으로의 재분배라고 할 수 있고, 기업 보조금 정책에 있어서는 소득재분배 문제는 부차적인 관심사에 지나지 않는다. 따라서 정부의 재정지출 중에서 고소득층으로부터 저소득층으로의 수직적 소득재분배 효과가 가장 현저한 것은 사회보장 지출과 공공서비스 공급에 대한 지출이다.

1) 사회보장과 소득재분배

사회보장이란 국민이 자신의 힘으로는 생활을 유지하기 어려운 경우에 국가가 최저한의 생활을 보장해 주는 제도다. 즉, 모든 국민에게 최저한의 인간다운 생활을 보장해 국민의 복지 수준을 향상시키는 것을 목적으로 한다. 사회보장제도의 내용은 크게 보면 사회보험과 공공 부조, 사회복지 서비스의 세 가지로 구성되어 있다.

사회보험은 사회의 구성원이 미리 일정한 금액을 갹출해 소득의 중단 혹은 상실에 대비함으로써 생활 안정을 꾀하는 제도인데, 여기에는 건강보험, 국민연금보험, 실업보험, 산재보험 등 소위 4대 사회보험이 있다. 질병, 퇴직, 실업, 산업재해는 사람들이 살아가면서 당할 수 있는 대표적인 재앙으로, 이에 대비하는 것이 4대 사회보험이다. 사회보험의 급부(給付)는 보험료를 낸 사람에 한정되기 때문에 개인의 보험료 갹출액에 정부의 재정 부담이 가산되지 않는다면, 이것은 엄격한 의미에서 사회의 상호 연대 의식에 기초를 둔 상호부조 제도라고 볼 수 있다. 그러나 오늘날 각국의 사회보험은 일반적으로 개인이 자신의 소득에 비례해 보험료를 부담하는 것과 더불어 정부가 일부 세금을 투입해 운영하기 때문에 고소득층에서 저소득층으로의 수직적 소득재분배 기능을 가진다. 또한 보험료를 분담하는 동일 계층 간의 수평적 재분배도 이뤄진다.

그러므로 사회보험에 의한 수직적 재분배 효과를 크게 하기 위해서는 우선 정부 부담의 지원 비율을 높여 조세수입을 통해 사회보험에 지불되는 몫이 크도록 할 필요가 있다. 그와 동시에 그 재원의 더욱 큰 부분을 누진적인 구조를 갖는 조세수입으로 하고, 개인이 부담하는 보험료를 소득에 따라 누진적으로 갹출하도록 하는 것이 바람직하다.

그러나 모든 사람이 보험료를 부담할 소득 능력이 있는 것은 아니며 또한 보험금이 소득 보장으로서 충분한 수준이라고 할 수도 없다. 따라서 생활이 극히 어려운 사람들을 위해서는 별도의 사회적 구제 제도가 필요하게 되는데 이에 부응하는 것이 공공 부조다. 즉, 공공 부조는 생계 책임자의 사망, 노령화, 질병, 실업, 재해, 심신장애 등으로 인한 생활 곤궁자에게 최저 생활수준을 유지할 수 있는 소득을 보장함으로써 정부가 직접 빈곤계층을 구제하려는 제도이다. 공공 부조의 급부는 일반 조세를 재원으로 해 아무런 대가도 치르지 않은 저소득층에게 일방적으로 돌아가는 이전 지출移轉支出, transfer payments의 형태를 띤다. 따라서 공공 부조의 재원 조달에 누진적인 과세를 사용하게 되면 납세자인 고소득층으로부터 수익자인 저소득층으로 소득이 직접 이전되어 수직적 재분배 효과가 나타나게 된다.

2) 마이너스 소득세와 소득재분배

공공 부조는 고소득층의 부담으로 조달된 재원으로 빈곤층에게 직접적으로 소득 이전을 하는 효과적인 재분배 수단이기는 하지만 이를 통한 소득 이전은 노동 의욕의 저해, 행정 비용 등 몇 가지 문제점을 지니고 있다. 그래서 이를 시정하면서 효과적이고 합리적인 소득 이전 메커니즘을 살리기 위해 프리드먼, 제임스 토빈, 조지프 페치먼Joseph Pechman, 피터 미즈코우스키 등에 의해 마이너스 소득세NIT: negative income tax가 제안되고 있다. 이 조세는 사상적으로 보수파와 진보파 등 상당한 차이가 있는 여러 학자들에 의해 공통적으로 제안되고 있는 것이 흥미로운데, 그만큼 이론적으로 큰 장점이 있는 것이 사실이다.

마이너스 소득세 제도는 소득이 있는 모든 사람들에게 자기 소득을 신고하게 하고 그 신고액이 과세 최저한을 넘으면 그 초과분에 대해서는 누진과세를 하고, 과세 최저한 이하의 경우에는 그 부족분에 일정률을 곱한 금액을 조세의 환급과 같은 방법으로, 즉 마이너스의 조세로서 급부給付하는 제도다. 따라서 이 제도는 소득세의 테두리 안에서 공공 부조를 실시함으로써 종래의 소득세와 공공 부조의 결점을 제거하고 양자의 기능을 동시에 수행하려는 것이라고 할 수 있다.

먼저 과세 최저한의 소득에는 미달하지만 공공 부조 대상자가 될 만큼 빈곤하지는 않은 저소득층의 경우, 종래의 소득세제와 공공 부조 제도하에서는 아무런 혜택이 돌아오지 않았으나 마이너스 소득세 제도하에서는 직접적인 혜택(마이너스의 소득세)이 돌아간다.

둘째, 공공 부조 제도하에서는 일정 기준 이하의 소득을 가진 공공 부조 대상자가 스스로 노동을 해 소득이 증가하면 그 금액만큼 급부에서 삭감되어, 일을 하던 하지 않던 관계없이 그가 받는 실질적인 가처분소득이 같으므로 저소득층의 노동 의욕이 저해될 위험성이 있다. 그러나 마이너스의 소득세에서는 과세 최저한까지의 부족액의 전액이 아니라 일정 비율만 지급되기 때문에 노동을 해서 벌면 벌수록 소득이 증가하므로 노동 의욕을 자극하는 장점이 있다.

셋째, 공공 부조를 위해서는 개별적인 재력 조사(財力調査, means test)가 행해져야 하는데 이는 비용이 많이 들 뿐만 아니라 급부 수령자의 빈곤 사실이 외부에 공개되어 사회적으로 낙인찍히는 결과가 되기 때문에 그의 자존심을 심각하게 손상시킬 수 있는 반면, 마이너스 소득세는 그와 같은 심리적 부담이 되는 자격 조사 없이 모든 저소득층을 대상으로 해 소득재분배를 실시할 수 있다는 이점이 있다.

넷째, 이 제도는 현금으로 플러스 혹은 마이너스의 세금을 납부하는 것으로 상당한 소득재분배의 효과를 기대할 수 있기 때문에 나머지 각종 사회보장제도나 공공 부조의 행정적 비용과 번거로움을 줄일 수 있다. 프리드먼은 이 제도 하나로써 기존의 여러 가지 사회보장제도를 통합함으로써 팽배해 있는 복지 비용을 줄이고, 현행 복지 제도의 부작용인 제도의 악용, 기만, 기회주의적 행동을 타파해야 한다고 주장한다. 이런 이유로 기존의 복잡한 사회보장제도를 폐지하고 이를 대신하는 소득 이전의 수단으로서 마이너스 소득세제가 주장되고 있다.

그러면 마이너스 소득세를 실험해 본 결과는 어떤가? 이 제도는 미국에서도 전국적으로 시행된 적은 없고 다만 통제된 실험이 1968년에서 1978년까지 4회에 걸쳐 몇 개 주에서 이뤄진 바 있다. 그런데 그 결과에 대해서는 보는 사람의 입장에 따라 상당히 다른 평가가 내려지고 있다.

예컨대 미국 보수파의 대표적 논객 중의 한 사람인 찰스 머리는 마이너스 소득세에 대해 아주 부정적인 평가를 내린다(Murray 1984; 이 책 6장 '종형 곡선'도 참조). 그는 덴버와 시애틀의 마이너스 소득세 실험에서 노동 공급이 남편의 경우에는 9%, 아내의 경우에는 20%나 감소했다는 결과를 중시하고 있다. 또한 미혼 남성의 노동 공급도 30~40% 감소한다는 점을 들면서 마이너스 소득세가 결국 노동 공급에 심각한 마이너스 효과를 가져올 것이라고 본다. 나아가서 머리는 마이너스의 소득세가 가족 구조를 와해시킬 것이라고 하면서 그 근거로서 덴버, 시애틀에서 실험 집단의 파혼율이 비교 집단에 비해 36~42% 높다거나, 뉴저지의 실험에서는 흑인의 경우 그 비율이 66%나 높고, 스페인계의 경우에는 무려 84%나 높다는 증거를 들고 있다. 그리고 이런 차이가 불과 3년 정도의 시한부 실험에서 나타났으므로 만일 이런 정책을 항구적으로 도입하게 되면 그 부작용은 훨씬 더 크게 나타날 것이라고 경고하고 있다.

그러나 좀 더 온건한 입장에 서 있는 학자들의 평가는 상당히 다르다. 예컨대 게리 버틀리스Gary Burtless는 마이너스의 소득세 실험의 결과 소득 이전이 저소득층의 노동 공급에 미치는 효과는 통계적으로 유의하긴 하되 비교적 영향이 작다고 보고 있다(Burtless 1990). 그는 저소득층의 소득이 실험상의 이전을 통해 10% 증가하면 노동 공급은 0.7~1.7% 감소하는 데 그친다고 봄으로써 이 문제의 심각성을 부정한다. 이 정도의 탄력성은 과거 마이너스 소득세 실험이 있기 이전에 경제학자들이 다른 통계자료를 갖고 추정했던 값에 비해 훨씬 낮은 값으로서 그렇게 우려할 만한 것은 아니라는 것이다. 또한 소득 이전이 가족 구조에 미치는 나쁜 영향도 사실 지나치게 과장되었다는 것이 그의 해석이다. 그럼에도 불구하고 약간의 부정적 결과가 비非경제학자들과 정책 입안자들로 하여금 마이너스의 소득세를 아예 포기하게 만들었다고 버틀리스는 보고 있다.

요컨대 네 차례의 마이너스 소득세 실험의 결과는 소득 보장 조치가 노동 의욕을 감소시킨다는 것을 보여 주었다. 그런데 감소의 정도는 마이너스 소득세 지지자들이 당초 생각했던 것보다는 컸고, 그 반대자들이 생각했던 것이나 과거 실험 이전의 연구 결과에 비해서는 훨씬 작은 것으로 나타났다. 노동 공급의 감소비율은 비록 작았지만 한편 저소득층의 소득은 상당한 정도 감소한 것으로 나타났고, 이것이 마이너스 소득세를 빈곤 정책으로 도입하는 데 중대한 정치적 장애 요인이 되었다. 그리하여 마이너스 소득세는 그 많은 장점

기본 소득

최근 여러 나라에서 '기본 소득'(basic income)을 주장하는 움직임이 나타나고 있다. 이 운동은 국민 모두에게 최소한의 생존이 가능한 수준의 기본 소득을 아무런 조건 없이, 그리고 재력 조사 없이 균등하게 지급하자는 것이다. 이 계획에 의하면 부자든 거지든 같은 액수를 지급 받게 되며, 다만 어린이는 어른에 비해 적은 액수를 받는다. 이 계획의 장점은 빈민을 가려내기 위한 재력 조사가 생략되므로 현행 각종 사회보장제도가 갖는 막대한 행정 비용이 절약된다는 점이다. 이런 점에서 마이너스의 소득세 제도와 비슷하다고도 볼 수 있다. 그 반면 이 제도를 비판하는 사람들은 노동 의욕 저하를 우려한다.

실제 이 제도를 운영하고 있는 사례를 보면 미국 알래스카 주에서 1980년대 초부터 주민들에게 동일 액수의 배당금을 지급하고 있는데, 그 액수는 초기 1인당 연 300달러에서 지금은 2,600달러 수준으로 상승했다. 브라질에서도 최근 인구의 4분의 1에 해당하는 4,500만 명이 기본 소득 제도에 유사한 볼사 파밀리아(Bolsa Familia) 프로그램의 혜택을 받고 있다. 독일에서도 최근 이 제도를 활발히 토론 중인데, 주동자는 놀랍게도 대기업 회장인 괴츠 베르너이다(『한겨레』 2009/04/13 '기본 소득' 특집).

이 아이디어의 기원을 거슬러 올라가면 1516년 토머스 모어의 『유토피아』, 1795년 토머스 페인의 『농업의 정의』 등 초기 저서에서 단초를 찾을 수 있다. 그러나 이것이 본격적인 정책 아이디어로 제시된 것은 그리 오래 되지 않았다. 20세기 이후 이 계획을 지지한 학자 중에는 프랑스의 앙드레 고르(Andre Gorz), 벨기에의 필리퍼 판 파레이스(Philippe van Parijs) 등이 있고, 노벨 경제학상 수상자 중에도 허버트 사이먼, 프리드리히 하이에크, 제임스 미드, 로버트 솔로우, 밀턴 프리드먼 등이 있다. 현재 기본 소득 세계 네트워크(Basic Income Earth Network: www.basicincome.org/bien)가 결성되어 활발한 운동을 펼치고 있으며, 한국에서는 민주노총이 이 제도 도입을 적극 주장하고 있다(강남훈 외 2009).

에도 불구하고 미국에서도 아직 도입되지 않고 있다. 이 예는 하나의 결과를 놓고 경제학자들의 해석이 얼마나 다른가 하는 것을 보여 줌과 동시에 경제학의 어려움을 보여 주는 좋은 사례다.

3) 공공서비스에 대한 정부 지출

교육, 의료, 주택 등은 인간이 살아가는 데 반드시 필요한 기본 수요다. 의무교육, 의료

서비스의 무료 급부, 값싼 공공 주택의 공급은 저소득층의 생계비 부담을 줄여 줄 뿐 아니라 그들의 교육 기회를 넓히고 노동생산성을 제고시킴으로써 소득 향상에 직·간접으로 도움을 준다. 따라서 이런 공공서비스에 대한 정부 지출의 증가는 소득재분배의 측면에서 바람직하며 그 지출의 재원 조달에서 저소득층이 상대적으로 낮은 비율을 부담하도록, 예컨대 누진 소득세에 의해 이뤄진다면 그 재분배 효과는 더욱 커지게 된다.

과거 사회주의국가에서는 이런 방면으로 노력을 집중했고 주택, 의료, 초등교육, 대중교통 등 생활필수품에 대해서는 무료 또는 아주 염가로 공급하고 있었다. 그 결과 주택, 식품의 경우 만성적 공급 부족이라는 문제와 의료의 질이 낮은 문제 등이 있기는 했지만 자본주의에 비해 사회주의가 가지는 가장 큰 강점이 바로 이런 생필품을 비교적 값싸게 살 수 있다는 데 있었다고 할 수 있다. 자본주의하에서도 기본 수요의 충족을 위해서는 정부가 예산으로 보조를 제공하고 있는 경우가 적지 않다.

4. 복지국가론

오늘날 각국 정부는 앞에서 본 것처럼 조세나 재정지출 등 각종 정책 수단을 통해 소득재분배를 실현함으로써 분배의 불평등을 완화하고 국민의 최저생활을 보장하는 등 적극적으로 국민 복지의 향상을 도모하고 있다. 이런 현상은 각국이 복지국가를 지향하고 있음을 보여 주는 것이라 할 수 있다.

복지국가라는 용어는 제2차 세계대전 중인 1941년에 윌리엄 템플William Temple 주교에 의해 나치 독일과 같은 무력 국가power state 또는 전쟁 국가warfare state에 대립하는 개념으로, 국민의 복지 향상을 최고 목표로 하는 국가라는 의미로 처음 사용되었다. 그 후 많은 연구에 힘입어, 국가는 국민의 복지 향상을 도모해야 하며, 국민의 복지에 대한 책임은 국가에 있다는 사고방식이 전후에는 서구 선진국을 중심으로 일반화되었다. 이런 현실을 반영해 각국은 복지국가의 건설을 표방했고, 1970년대에 와서는 유럽의 많은 국가에서 복지국가가 실현되었다고 할 수 있다.

그러나 1970년대 이후 많은 나라에서 정부의 과다한 복지 지출에 대한 비판이 제기되면서 감세減稅 운동, 복지 지출 삭감 등의 새로운 움직임이 현저히 나타나고 있다. 이와 같이 오늘날 서구 복지국가들에서는 '복지국가 위기론'이 대두되고 있는 반면, 많은 후진 지역에서는 이제야 복지국가 이념이 보편화되면서 복지국가 건설에 착수하고 있는 실정이다. 여기서는 복지국가의 이념, 전개 과정, 그리고 최근의 복지국가 위기론을 간략히 살펴보기로 하자.

복지국가의 이념

복지국가라 할 때 우선 연상되는 것은 사회보장의 실현과 완전고용의 달성으로 국민의 최저생활이 보장되고 국민 전체의 복지 수준이 매우 높은 풍족한 사회의 모습이다. 이런 의미의 복지국가는 전후 영국, 스웨덴 등에서 처음 추구되었다. 영국에서는 유명한 1942년의 베버리지 보고서에서 나타난 '요람에서 무덤까지'라고 말할 수 있을 정도로 충실한 사회보장과 적극적인 완전고용 정책을 추진했고, 스웨덴에서도 1930년대의 대공황에 대처하기 위해 공공사업으로 실업을 구제하고 사회보장을 정비하는 정책을 취했다. 그 후 많은 유럽 국가들이 대표적인 복지국가로 등장했다.

복지국가의 이념은 그 성격이 나라에 따라 다르기 때문에 명확하지는 않으나 유럽 각국의 경험을 보면 몇 가지 공통적인 측면을 볼 수 있다. 첫째, 경제적 복지의 향상이 제일 중요한 과제로 간주되며, 경제적 복지의 증진은 비경제적 복지를 증진시키는 데도 유용하다. 둘째, 복지의 증진은 개개인의 노력을 전제로 하나 궁극적으로는 정부가 보장하지 않으면 안 된다. 개인의 노력은 시장기구를 통해 공정한 보상을 받을 수 있어야 하지만 시장 실패로 인해 과도한 빈부 격차가 생길 수 있다. 또한 시장에 맡겼을 때 생길 수 있는 자연환경의 파괴나 공해를 방지해야 하며, 도시 환경을 정비하고 각종 문화시설을 건설할 것이 필요하다. 이런 것들은 개개인의 노력만으로는 실현될 수 없기 때문에 정부의 역할과 책임이 요구된다. 셋째, 자유민주주의 정치제도와 평화를 보장해야 한다. 이것은 그 자체가 비경제적 복지에 관련된 목표이지만, 복지국가의 이념에 따르면 정부는 개개인의 자유로운 활동을 인정해야 하고, 다양한 목표를 추구하기 위해서는 권력의 강제에 의해서가 아니라 민주적인 방법을 사용하지 않으면 안 된다.

이와 같은 이념에 따라 각국 정부가 추진하고 있는 복지국가의 정책들을 보면 다음과 같다. 즉, 사회보장제도를 마련해 국민의 최저생활을 보장하는 것, 실업이나 불황이 없는 완전고용을 달성하고 이를 유지하는 것, 높은 생활수준을 유지하는 것, 누진 소득세 등을 통해 빈부 격차가 작은 평등한 사회를 실현하는 것, 의료나 교육을 저렴하게 공급하는 것, 주택이나 공원 등의 생활환경이나 상하수도 등 생활 관련 사회 자본을 충실히 하는 것, 쾌적한 자연환경을 유지하는 것, 문화면에서 삶의 질을 높이는 것 등이다.

복지국가의 전개 과정

복지국가의 이념은 1945년 이전에 발전했지만 실제로 유럽 각국에서 복지국가가 발달한 것은 제2차 세계대전 이후의 일이다. 1945년에서 1975년까지의 30년간은 복지국가의 황금기라고 불릴 정도로 서구 자본주의 각국에서 경제성장, 완전고용과 더불어 사회보장이 실현되었다. 이 시기 서구의 많은 나라에서는 사회당, 사회민주당, 노동당 등 좌파 정당이 집권함에 따라, 국가-자본-노동 사이의 역사적 타협 또는 '사회적 합의' 모델을 도출하면서 정치적 안정, 노사 관계의 타협을 달성했다. 노동 측은 단체협약의 권리, 점진적 경영 참여, 누진세와 사회보장을 통한 소득재분배 효과를 얻는 대가로 노사 간 화합을 유지했고, 자본 측은 이들 측면에서 양보하는 대신 얻게 된 노사 간 화해 속에서 높은 생산성과 고성장을 달성했으며, 높은 고용까지 보장하게 되었다.

이 시기에 산재보험, 의료보험, 실업보험, 연금 등 각종 사회보험이 급속도로 증가했고, 공공 부조, 사회복지 서비스도 크게 확충되었다. 이들 사회보장의 수혜자는 전 국민으로 확대되었다. 그리하여 이 시기에 정부의 복지 지출은 높은 비율로 증가했다. 국민소득 대비 복지 지출은 많은 나라에서 1960년에 10% 내외였으나 1975년에 오면 25~30% 수준으

표 11.1 | 구미 각국의 경제 및 복지 관련 지표 (단위: %)

	경제성장률		인플레이션		실업률		복지 지출/GDP	
	1963~72	1973~81	1963~72	1973~82	1963~72	1973~82	1960	1975
스웨덴	3.9	1.8	5.4	10.0	1.9	2.2	12.3	34.8
서독	4.4	2.4	3.2	5.2	1.1	3.8	17.1	27.8
오스트리아	5.1	2.9	3.9	6.4	2.6	1.9	10.1	20.1
영국	2.9	1.3	5.9	14.2	2.0	5.4	12.4	19.6
미국	3.9	2.6	3.7	8.8	4.7	6.0	9.9	18.7
일본	9.9	4.6	6.0	8.8	1.2	2.0	7.6	13.7

주: 각 수치는 연도별 연평균임.
자료: 김태성·성경륭(1993, 114).

로 상승했고, 스웨덴에서는 30%를 상회했다. 다만 미국, 일본 등 사회보장에 소극적인 나라에서만 이 비율이 15% 대에 머물고 있었다.

노동조합의 조직력이 강하고, 좌파 정당이 뿌리 깊은 나라일수록 복지국가가 더욱 발달했는데, 스웨덴 같은 나라가 대표적이다. 노조가 약하고, 좌파 정당이 뿌리내리지 못한 예컨대 미국 같은 나라와 비교하면 서구의 경우 상대적으로 복지국가가 실현되고 있다고 할 수 있고, 그 결과로 소득분배도 훨씬 더 평등하다.

그러나 〈표 11.1〉에서 보는 바와 같이, 구미 각국의 경제 상태는 1973년을 고비로 크게 반전했다. 1974년에 국제 유가가 네 배로 인상되면서 각국은 예외 없이 인플레이션, 실업 증가, 성장률 둔화를 겪게 된다. 그리하여 1970년대 후반부터는 모든 경제지표가 후퇴하는 양상을 띠게 되는데, 이로써 1970년대 초까지 계속된 자본주의경제의 장기 호황은 종식을 고했다. 각국은 실업과 인플레이션의 동시적 증가라고 하는 유례없는 스태그플레이션stag-flation에 시달리면서 그 이전의 방만한 재정지출이 비판을 받게 되고, 복지국가를 추구했던 주인공인 서구 각국의 좌파 정당은 선거에서 패배, 정권을 내놓고 야당으로 전락하는 시련을 겪게 되었다.

새로 집권한 보수 정부들은 과도한 복지 지출의 부담이 재정 적자의 중요한 하나의 요인으로 작용한다는 명분하에 다투어 감세와 사회보장 지출의 삭감을 시도하게 된다. 이들

신우파新右派, The New Right 또는 신보수주의neo-conservatives 성향의 정부들은 지나친 복지 지출이 노동자들의 근로 의욕을 저해하고, 저축, 투자와 기술혁신도 방해했다는 시각을 갖고 과감히 복지 개혁에 착수했다. 특히 이런 경향이 두드러진 나라는 '철鐵의 수상' 마거릿 대처Margaret Thatcher가 집권한 영국과 레이건 대통령이 집권한 미국이었다. 이들 두 나라에서 1980년대에 시도된 것은 감세와 복지 삭감이라고 하는 전형적인 공급 측 경제학supply-side economics의 처방이었다.

실제 영국과 미국은 서구의 다른 복지국가에 비하면 복지 지출이 비교적 낮은 나라였음에도 불구하고, 그동안의 저성장 등 주요 경제문제의 원흉이 복지 지출에 있는 것처럼 대폭적인 감세, 사회적 지출의 삭감을 시도했다. 그러나 복지국가의 성격이 가장 강한 북유럽이나 서독 같은 나라를 제쳐놓고 복지 지출이 상대적으로 낮은 영국, 미국에서 경제문제의 근본 원인을 과도한 사회보장제도에서 찾고 복지 감축을 추진한다는 것은 그렇게 설득력이 없다.

복지국가 위기론

위에서 본 바와 같이, 제2차 세계대전 이후 서구 선진 자본주의국가들이 케인즈 경제학과 윌리엄 베버리지William H.Beveridge의 사상에 입각한 복지 정책을 추구함에 따라 1950년대와 1960년대에 장기적 풍요와 높은 복지 수준을 향유하게 됨으로써 복지국가가 성공을 거두었다는 데 대해 이견이 없었다. 그러나 1970년대 들어서 스태그플레이션으로 인한 세계적 경기 침체와 경제성장의 둔화, 대량 실업, 재정 적자의 심화 등으로 복지국가의 정당성을 부여하던 요인들이 흔들리기 시작하면서 심지어는 복지국가의 위기론이 대두했다.

이런 복지국가 위기론은, 첫째로 자유방임주의laissez faire로의 복귀를 주장하는 우파의 신자유주의 또는 신보수주의와, 둘째로는 평등한 사회주의를 목표로 하는 좌파의 맑시즘 양쪽에서 함께 제기되었다. 비판하는 이유는 서로 다르지만 어쨌든 복지국가는 좌우 양쪽에서 공격을 받은 셈이다. 보수파에서는 혼합경제에 의한 복지국가 정책은 결국 경제적 비능률과 복지 의존을 낳을 수밖에 없으므로 좀 더 순수한 형태의 자유 시장 자본주의로 돌아가야 하며 그러기 위해서는 복지국가를 포기함이 옳다고 주장한다. 그리고 맑시스트들은 복지국가란 노동자계급의 저항을 무마시키고 노동력의 재생산을 유지하기 위한 자본주의의 이데올로기적 장치로서 일종의 속임수일 뿐이며, 자본주의 모순의 최종적 해결을 위해서는 복지국가와 같은 자본주의의 개량에 의해서가 아니라 자본주의 체제 자체가 타파되어야 한다고 주장한다.

복지국가에 대한 비판을 좀 더 구체적으로 보면 다음과 같다. 우선 고高복지를 위한 재정의 고高부담과 고高복지로 인한 노동 의욕의 저해로 말미암아 경제의 효율이 저하된다는 것이다. 즉, 복지 정책은 기업이나 고소득층에 고高부담을 강요하기 때문에 이들의 투자 의욕을 저해할 뿐만 아니라, 노동자는 일을 하건 않건 관계없이 소득에 큰 차이가 없을 정도로 보호받고 있기 때문에 노동 의욕이 감퇴되어 그 결과 경제성장과 효율을 해치게 된다는 것이다. 그리고 복지 정책이 추진되지 않았으면 생산적 투자에 투입될 수 있었을 자원이 생산적 효과가 낮은 복지 분야에 지출됨으로써 자원 배분의 효율을 저하시킨다는 것이다.

둘째, 복지국가에 있어서 중심적인 정책 수단인 케인즈주의의 재량적 총수요 관리 정책은 더 이상 유효하지 않으며 그와 같은 시장경제에 대한 국가 개입은 문제의 해결보다는 오히려 문제의 원인이 되고 있다는 것이다. 즉, 혼합경제체제를 관리하는 국가 능력의 신뢰성에 대해서 근본적으로 의문을 제기하고 있다. 시장의 실패를 치유하기 위해 정부가 과도히 경제에 개입한 결과 오히려 정부의 부패와 비능률이라는 정부의 실패government failures가 발생한다는 것이다.

셋째, 과대한 복지 지출로 인해 재정 적자가 누적되고 여기에 경기 침체로 인한 세입 감소와 실업수당 지급의 증가 등이 가중되어 국가 재정이 위기에 직면하게 되었다는 것이다. 그리고 그것은 다시 거꾸로 복지 정책의 물질적 기반을 무너뜨리고 있을 뿐만 아니라 경제 회복의 장애 요소라고 비판을 받고 있다.

다른 한편, 아이언 고프Ian Gough와 제임스 오코너James O'Conner를 비롯한 좌파에서 공격하는 복지국가의 주요 폐단은 복지국가가 자본주의의 계급 모순을 근본적으로 해결하지 않고 덮어둔 채로 노동자계급과 빈민들의 저항 의식을 와해시키는 이데올로기로서 역할하고 있다는 것이다. 좌파에 따르면, 자본주의 복지국가는 축적accumulation 기능과 정당화legitimation 기능을 수행하는데, 이런 기능이 1970년대에 와서 한계에 도달했으며, 이런 모순은 사회주의에 의해서만 해결될 수 있다고 보았다. 그들의 관점에 의하면, 사회보장제도라는 것은 결국 노동자계급과 빈민을 통제하는 하나의 메커니즘으로 작용함으로써 자본주의 체제를 공고히 해 현상現狀, status quo을 유지시키는 역할을 하고 있다는 것이다.

이와 같이 복지국가는 우파와 좌파로부터 한꺼번에 공격을 받는 입장에 처했는데, 이것은 어떻게 보면 중도적 개혁 노선이 갖는 필연적 귀결이라고 볼 수도 있을 것이다. 이와 같이 지금은 과거에 비해 복지국가에 대한 비판이 많이 제기되고 있는 시대이지만, 과연 이들 모든 문제가 복지국가 자체의 문제인지 아니면 다른 원인에 의한 것인지 최종 평가는 좀 더 시간이 지나고 나서야 내려질 것이다.

5. 세계화와 복지국가

세계화란 상품, 노동, 자본시장에서 세계적 통합이 높아지는 현상으로 정의된다. 20세기 후반에 와서 세계화라고 불리는 안정적이고 지속적인 세계적 시장 통합이 가능했던 데에는 선진국에서 복지국가로의 전환이 결정적인 역할을 했다는 주장이 있다. 이 주장에 의하면 복지국가는 국제경제 질서의 성립을 위해서 충분조건은 아니지만 필요조건이라는 것이다. 즉, 제2차 세계대전 후 30년간 서구에서 복지국가가 충분히 발전하고 난 뒤에 비로소 선진국들은 개방 노선을 받아들여 각종 무역 장벽을 인하하거나 제거할 수 있었다는 것이다.

경제학자 대니 로드릭Dani Rodrik은 국제적 경제통합이 증진된 것을 제2차 세계대전 후 세계경제의 특징으로 들면서 동시에 이 시기에 각국 정부의 규모가 커진 사실에 주목한다. 제2차 세계대전 이전 선진국에서 GDP 대비 정부의 규모는 평균 21%에 불과했으나 1990년대에 오면 이 비율은 47%로 두 배 이상으로 높아졌다. 특히 미국(9% → 34%), 스웨덴(10% → 69%), 네덜란드(19% → 54%)에서 상승 경향이 뚜렷하다. 로드릭은 국민경제의 개방

성과 그 나라 정부 규모 사이에는 밀접한 양(+)의 상관관계가 있다고 본다. 정부가 외부 위험에 대한 보호막 역할을 한다는 점을 이해하면 이 상관관계의 수수께끼가 풀린다. 그는 "사회적 복지국가와 개방경제는 동전의 앞뒷면과 같다"고 결론 내린다. 복지국가가 확립된 유럽 경제가 일본과 미국처럼 상대적 복지 후진국에 비해 훨씬 더 개방적이고 수출의존적인 것은 결코 우연이 아니다. 정치학자 피터 카첸슈타인Peter J. Katzenstein도 비슷한 주장을 편다. 그는 스웨덴, 오스트리아, 네덜란드 등 유럽의 개방형 소국에서 정부의 규모가 커진 것은 우연이 아니라고 주장한다. 이들 나라에서 정부는 국제경제에 노출됨으로써 발생하는 위험에 대한 안전판 노릇을 한다고 본다.

그럼 세계화가 복지국가에 미치는 영향은 어떨까? 흔히 말하기를 세계화 시대에는 국가 간의 경쟁이 워낙 치열하기 때문에 국내에서 복지국가를 유지하기 어렵다고들 한다. 세계화 시대에 복지 정책은 노동비용을 증가시키기 때문에 세계화와 양립할 수 없는 것이 아닌가? 치열한 국제 경쟁에 살아남기 위해서는 각종 복지 정책은 사치가 아닌가? 하는 의문이 자연스럽게 제기된다. 소위 '바닥으로의 경주'race to the bottom론은 그런 논리에 입각해 있다. 각국은 외국자본을 유치하기 위해서 서로 경쟁적으로 노동조건이나, 사회보장 정책을 후퇴시킨다는 주장이다. 그러나 지금까지의 연구는 '바닥으로의 경주'가 성립하지 않는다는 것을 보여 준다(Bhagwati 2004, ch. 10). 바그와티에 의하면 아무리 국제 경쟁이 치열해져도 바닥으로의 경주가 일어나는 게 아니라 오히려 그 반대로 '위를 향한 경주'race to the top가 일어나고 있다는 것이다.

프랜시스 캐슬스Francis G. Castles 역시 세계화가 진행된 1980년 이후에 선진국의 복지 지출이 더 증가하고 있다는 점을 들면서 바닥으로의 경주가 일어나고 있지 않다고 주장한다(Castles 2006). 그는 1980~98년의 시기에 OECD 21개국의 GDP 대비 사회 지출은 평균 4% 상승했고, 오직 두 나라(아일랜드와 네덜란드)에서만 이 비율이 하락했다고 한다. 물론 이 상승 폭은 그전 20년의 상승 폭에 비하면 절반도 안 되는 것이지만 어쨌든 평균의 상승이 중요하다는 것이다. 캐슬스는 복지국가가 '바닥으로의 경주'를 하는 것이 아니고, '한계까지 성장'growth to limits한 것이라고 해석한다.

세계화가 진행되어 국제 경쟁이 치열해질수록 국내의 보호와 복지국가의 필요성이 증가한다고 보는 가설이 성립할 수 있다. 위에서 본 로드릭의 가설, 그리고 1970년대에 나왔던 오코너과 같은 구조주의적 맑시스트의 주장이 여기에 해당한다. 이들은 국제 분업이 발전하고 국제 경쟁이 강화될수록 증가하는 사회적 긴장을 해소하기 위해서, 그리고 세계적 규모로 진행되는 자본주의적 축적의 정당성을 확보하기 위해서 좀 더 강력한 복지국가의 출현이 필요하다고 주장한다. 로드릭의 말을 빌자면, "사회는 좀 더 큰 외부 위험을 수용하는 대가로 좀 더 큰 정부 부문을 요구하는 경향이 있고," 따라서 "세계화는 작은 정부가 아니라 큰 정부를 필요로 한다"(Rodrik 1997, 26)는 것이다.

세계화 시대에 다른 나라에 앞서 좀 더 많은 해외투자를 유치하고 싶은 정부는 딜레마에 빠진다. 자본의 입장에서 보면 복지국가라는 존재는 비용이요, 국가 경쟁력의 훼손을 의미하므로 최대한 복지국가를 후퇴시키는 것이 필요하다. 그 결과 국제적으로 바닥으로의 경주, 자본의 활발한 이탈, 이동이 예상되는데, 실제는 이런 일이 좀처럼 일어나지 않는다. 자본은 발 빠르게 국경을 넘어 이동할 것이라는 위협은 자주 가하지만 실제로 이를 행동으로 옮기는 일은 매우 드물다. 실제 이탈은 드물고, 오히려 이탈 위협으로 인한 경기변동이 현실적으로 발생하는 경향이 있다.

왜 자본 이탈이 쉽게 일어나지 않는가? 그 이유는 현재 각국이 부과하는 법인세율이 다국적기업에 그리 큰 부담이 되지 못한다는 점, 그리고 실제로 어떤 나라에 일단 투자가 이뤄지고 나면 자본이 다른 나라로 쉽사리 이동하지 못하게 만드는 여러 가지 현실적 요인이 존재하기 때문이다. 보통 자본이 국경을 넘어 자유자재로 이동할 수 있는 성질을 가리켜 '발이 가벼운 자본'footloose capital이란 표현을 쓰지만 실제로 일단 어떤 나라에 투자가 이뤄지고 나면 자본도 그리 발이 가볍지 않게 된다.

한편 해럴드 윌렌스키Harold L. Wilensky는 다국적기업의 투자를 비교 분석한 뒤 이렇게 말한다. 얼핏 보면 다국적기업은 노동비용이 싼 후진국에 주로 몰려갈 것 같은데, 지금까지의 실적을 보면 전혀 그렇지 않고 오히려 거꾸로 선진국에 집중되어 왔다. 이것은 무엇을 말하는가? 이런 현실은 '바닥으로의 경주'론과는 부합하지 않는다. 그리고 다국적기업이 어떤 나라에 투자한 뒤의 행태를 보면 해외투자 초청국이 소위 '낮은 길'The Low Road를 걷는 나라라면 다국적기업도 낮은 길을 걷는 경향이 있고, 반대로 '높은 길'The High Road를 걷는 나라에 가서는 다국적기업도 역시 '높은 길'의 전략을 취하는 경향이 있다는 것이다(Wilensky 2002, ch. 17).

'낮은 길'이란 저임금, 높은 노동강도, 저훈련, 저참여, 저생산성을 특징으로 하며, 반대로 '높은 길'은 고임금, 낮은 노동강도, 고훈련, 고참여, 고생산성을 특징으로 한다. 말하자면 악순환/호순환 설이다. 복지국가는 '낮은 길'을 가는 나라에는 큰 부담이 되지만 '높은 길'을 가는 나라에는 별로 부담이 되지 않는다. 이와 같이 바그와티, 월렌스키 등의 연구 결과는 세계화가 복지국가를 와해시킨다는 속설에 대한 강력한 반론 근거를 제공한다.

한편 폴 보울스Paul Bowles와 바넷 와그먼Barnet Wagman은 세계화와 복지국가의 관계에 대해서 전혀 다른 가설을 제시하는데, 그것은 수렴 클럽convergence club 가설이란 것이다(Bowles and Wagman 1997). 이들에 의하면 세계화가 복지국가에 미치는 영향은 그 나라가 어떤 경제체제를 갖고 있느냐에 따라 다르게 나타난다. 위에서 본 '바닥으로의 경주'론이나, 그에 반대되는 입장으로 오히려 세계화 시대일수록 더욱 사회보장이 필요하다는 로드릭, 오코너의 주장은 세계화 시대에 복지국가의 방향이 아래로 혹은 위로 한 방향으로 움직일 것이라고 예측한다. 이에 반해 보울스와 와그먼은 복지국가의 방향은 그 나라가 취하는 자본주의 유형에 달려 있다고 보는 점에서 차이가 있다. 여기서 담합주의와 비담합주의 모델의 구분이 중요하다.

상충하는 사회집단의 이익을 대변하고 정치적 합의에 도달하는 방법은 나라마다 상당한 차이가 있는데, 크게 보면 유럽의 담합주의談合主義, corporatism와 미국의 자유 시장주의 모델이라는 두 개의 클럽이 있다. 전자는 여러 가지 경제적·사회적 문제를 노사 등 사회집단 간의 대화를 통해서 해결한다고 하는 소위 '사회적 대화' 모델인 데 반해서 후자는 웬만한 문제를 시장에 맡긴다는 점에서 서로 대척적인 입장이다. 담합주의와 자유 시장주의는 1970년대 석유 위기 때도 서로 대응 방법이 달랐는데, 대체로 전자가 후자보다 더 우수한 성과를 가져온 것으로 평가받고 있다. 마찬가지로 지금 진행 중인 세계화에 대해서도 담합주의적 대응이 자유 시장주의적 대응보다 우월하다는 가설이 수렴 클럽 가설이다. 담합주의적 국가는 똑같은 세계화의 압력에 직면해서도 자유 시장주의 국가와는 달리 대체로 높은 복지 지출을 유지하면서 좀 더 사회적 조정이란 방식으로 대처할 것이라고 본다.

보울스와 와그먼은 수렴 클럽 가설을 지지하는 증거로 〈표 11.2〉를 제시한다. 즉, 복지국가의 변화 방향은 유럽식 담합주의 국가와 영미식 자유 시장경제에서 판이하게 나타나며, 세계 전체의 복지 지출의 상승 혹은 하락으로의 일의적 움직임은 없다는 것이다. 이 표를 보면 1980년대 들어 복지 지출의 약간의 하락이 일어나는데, 이는 상승이 일어났던 1970년대와 뚜렷한 대조를 보이고 있어서 분명히 세계화가 큰 충격을 주었음을 확인할 수 있다. 그러나 동시에 주목할 만한 현상은 평균의 변화뿐만 아니라 표준편차의 변화에서 보듯이 1980년대에 담합주의 국가 사이에는 뚜렷한 수렴 현상을 보이는 데 비해서 비담합주의 국가에서는 확산 현상이 나타난다는 점이다. 단일 국가의 힘을 넘어서는 세계화라는 외부 충격에 대해서 각국이 취하는 대응은 그 나라의 정치경제 모델의 제도적 구조와 정책 결정에 따라 달라진다는 것을 알 수 있다.

소위 복지국가의 '위기' '후퇴' 혹은 '소멸'에 대해서 지금까지 수많은 주장이 쏟아져 나왔지만 그럼에도 불구하고 복지국가는 기본적으로 건재하다는 점을 지적하지 않을 수 없다. 우리나라에서는 특히 보수 학계와 보수 언론이 기회 있을 때마다 복지국가의 후퇴 혹은 위기를 강조하고 있지만 오히려 지금까지의 연구 결과를 보면 복지국가의 긍정적 효과를 밝히는 연구가 의외로 많다는 점, 그리고 복지국가가 성장을 저해한다는 증거는 별로 없다는 점을 인식할 필요가 있다(Pfaller 1990; Atkinson 1999; Wilensky 2002; Lindert 2004; Pontusson 2005).

예를 들어 앳킨슨은 복지국가가 성장에 미치는 영향을 분석한 10개의 연구를 검토했는데, 이 중 4개의 연구는 +효과, 다른 4개의 연구는 -효과, 2개의 연구는 효과 불명의 결과를 얻었다고 하면서 복지국가에 대한 부정적 평가를 반박했다(Atkinson 1999). 앳킨슨은 연구 결과에 이렇게 큰 차이가 나타나는 것은 분석 대상이 된 시기의 차이, 대상 국가의 차이, 사회 지출의 차이, 각 연구에서 채택한 통제 변수의 차이에 기인한다고 본다.

한편 피터 린더트Peter H. Lindert는 이보다 한 걸음 더 나아가 복지국가일수록 경제성장이 더 빠르다는 것을 역사적 증거를 들어 주장하고 있다(Lindert 2004). 그는 산업혁명 이후 지금까지 복지 지출이 높은 나라에서 오히려 경제성장이 높았다는 증거를 들면서 복지 지출은 소위 공짜 점심free lunch에 해당한다고 주장한다. 시카고학파의 기본 교리가 "이 세상에

표 11.2 | 담합주의/비담합주의 국가의 GDP 대비 복지 지출 비중 (단위: %)

	1기 (1970년대 초)	2기 (1970년대 말~1980년대 초)	3기 (1980년대 말)
담합주의			
오스트리아	22.3	27.1	28.8
덴마크	27.4	33.3	32.8
독일	26.3	30.5	28.3
노르웨이	27.1	27.2	28.1
평균	25.8	29.5	29.5
표준편차	0.020	0.025	0.019
비담합주의			
오스트레일리아	13.1	18.2	15.3
캐나다	19.7	20.3	23.4
영국	19.4	21.3	20.8
미국	16.9	18.6	16.9
평균	17.3	19.6	19.1
표준편차	0.027	0.013	0.032

자료: Bowles and Wagman(1997, 331).

는 공짜 점심은 없다"There is no such thing as a free lunch는 명제인데, 린더트의 경제사 연구는 이 명제를 정면으로 반박하고 있다(Lindert 2004, 10장).

린더트가 제시하는 공짜 점심의 비결은 아래와 같다. 복지 지출이 큰 나라는 미국과 같은 자유 시장경제에 비해 좀 더 성장 지향적인 조세정책을 취한다. 복지국가는 청년들이 노동과 교육을 회피하려는 유인을 최소화하는 장치를 마련한다. 그리고 서구의 복지국가에서는 조기 퇴직에 대한 정부 보조 정책을 통해서 생산성이 낮은 노동자들의 조기 퇴직을 유도해 생산성 향상이 일어나고, 결과적으로 성장에도 유리하다. 통설과는 반대로 교육뿐 아니라 많은 사회 지출 프로그램이 경제성장에 유리한 영향을 미친다. 이런 여러 이유로 인해 흔히 생각하듯이 복지국가가 경제성장에 불리한 것이 아니라 오히려 유리한 결과를 가져온다는 것이고, 이것을 린더트는 '공짜 점심의 수수께끼'free lunch puzzle라고 이름 붙였다.

다른 한편 요나스 폰투손Jonas Pontusson은 이 문제에 대해서 새로운 가설을 내놓았다. 그는 복지국가가 경제성장에 미치는 영향은 항상 일정한 방향인 것이 아니라, 시대에 따라 방향이 달라지는 게 아닌가 하는 흥미 있는 가설을 제시한다. 즉, 서구의 복지국가는 1960, 70년대까지는 경제성장에 +의 영향을 미치고 있었으나 1980, 90년대에 오면서 +효과가 사라졌는데(그렇다고 -는 아님), 그 이유로 최근 들어서 고령화의 진전으로 인해 복지 지출에서 주로 노인에 대한 연금, 의료비 지출 등이 크게 증가한 것이 지출의 성격상 경제성장에 별로 기여하지 못한다는 점을 들고 있다(Pontusson 2005).

6. 한국의 소득재분배

그러면 이와 같은 이론적 배경과 외국의 경험에 기초해 한국의 소득재분배는 어떤 수준인지를 조세와 사회보장제도를 중심으로 해 살펴보기로 하자. 뒤에서 보게 되겠지만, 한국의 소득재분배 효과는 조세에서나 사회보장제도에서나 너무나 미약해 이 방면에서 특단의 개혁이 요구되고 있음을 알 수 있다.

한국 조세의 재분배 효과

조세의 재분배 효과를 고찰할 때 1차적으로 관심을 끄는 것은 조세의 구성이다. 일반적으로 소득세, 법인세 등 직접세의 비중이 클수록 조세 부담이 소득에 대해 누진적progressive으로 나타나며, 따라서 소득재분배 효과가 클 것으로 기대할 수 있다. 그 반면 간접세는 소득에 대해 역진적regressive으로 부담이 돌아가므로 그 비중이 클수록 역진적인 소득재분배를 가져올 공산이 크다.

우리나라 조세의 구성은 직접세의 비중이 계속해서 감소하고 간접세의 비중은 증가하는 추세에 있는 것이 특징이다. 원래는 직접세의 비중이 간접세보다 훨씬 높았으나 1977

표 11.3 | 조세의 10분위 소득 계층별 소득재분배 효과 (1976년) (단위: %)

	1	2	3	4	5	6	7	8	9	10
과세 이전 소득 몫										
비농가	1.1	2.8	1.6	4.1	4.5	6.4	7.1	6.5	11.2	30.9
농가	0.6	1.0	3.3	1.8	2.3	1.8	2.5	5.2	5.4	-
전체	1.7	3.8	4.8	5.8	6.7	8.2	9.6	11.8	16.6	30.9
과세 이후 소득 몫										
비농가	1.2	2.8	1.6	4.1	4.6	6.5	7.2	6.5	11.0	28.4
농가	0.6	1.1	3.6	1.9	2.5	2.0	2.8	5.8	6.1	-
전체	1.8	3.9	5.1	6.1	7.0	8.5	10.0	12.3	17.0	28.4

자료: Heller(1981, 403).

년 부가가치세가 도입된 이후 간접세 비중이 직접세를 크게 상회하고 있다. 그러므로 우리나라의 조세는 전체적으로 상당한 역진성을 띨 것으로 쉽게 예상할 수 있다. 이런 조세 구성은 직접세 중심으로 되어 있는 선진국의 패턴과는 정반대이며, 그 결과 조세의 소득재분배 효과를 기대하기는 어려울 것으로 짐작된다. 직접세가 큰 비중을 차지하는 선진국에서도 조세의 재분배 기능은 매우 제한적인 것으로 나타나고 있는데, 하물며 우리나라와 같이 간접세가 조세수입의 과반過半을 차지하는 나라에서 조세의 재분배 기능을 기대한다는 것은 애당초 무리다. 이런 추측을 염두에 두면서 조세의 소득재분배 기능에 대한 기존 연구를 검토해 보기로 하자.

우리나라의 조세의 소득재분배 효과에 관한 초기 연구로 피터 헬러Peter S. Heller의 분석이 있다. 헬러는 1974년에 도입된 종합소득세와 1977년부터 실시된 부가가치세의 조세 부담의 귀착 문제를 분석하면서 우리나라 세제 전반의 소득재분배 효과를 분석했다. 그는 1976년 한국의 조세의 소득재분배 효과를 〈표 11.3〉과 같이 분석했다. 이 표에서 그는 10분위별 소득 계층의 소득 몫을 과세 이전과 과세 이후로 나누어 비교했다.

여기서 우리는 몇 가지 사실을 알 수 있다. 첫째, 조세의 재분배 효과는 주로 비농가로부터 농가로의 재분배로 나타난다. 과세 이후 농가의 소득 몫은 약간씩 증가를 보인다. 둘째, 이런 증가는 특히 부유한 농가에서 두드러지고, 따라서 과세 이후 농가 부문에 한정해서 본다면 부문 내 소득 불평등은 증가하고 있다. 셋째, 최고 10분위 계층의 소득 몫이 과세 이후 약간 감소했다. 그 결과 최고 5분위 계층 대 최저 5분위 계층 사이의 소득격차는 과세 이전 8.6 대 1에서 과세 이후에는 8 대 1로 약간 줄어들고 있다. 넷째, 그러나 이상의 논의는 법인세 및 재산세의 조세 부담의 귀착에 관한 가정 중에서 소득재분배에 유리한 가정을 택했을 때의 결과이므로 실제로는 재분배 효과가 이것보다 적을 가능성이 많다고 봐야 한다. 이렇게 보면 결국 우리나라 조세의 소득재분배 기능은 무시할 만큼 작은 것이라고 결론 내려도 무방하다.

조세의 소득재분배 기능에 대한 또 하나의 연구는 한승수에 의해 이뤄졌다(한승수 1982). 이 연구는 기본적으로 헬러의 연구 방법을 도입하되 1970년부터 1980년까지의 시계열 분석을 시도했다는 점에서 헬러의 연구에서 볼 수 없었던 점을 밝히고 있다. 그는 종합소득세, 법인세, 부가가치세, 특별소비세의 네 가지 세금의 소득 계층별 부담을 분석했는데, 그의 연구 결과는 〈표 11.4〉에 요약되어 있다.

이 표에서 우리는 다음과 같은 결론을 내릴 수 있다. 첫째, 10분위 소득 계층별 조세 부담으로 봤을 때 우리나라의 조세는 1970~80년의 기간 동안 역진성을 심화해 왔다. 1970년과 1976년까지만 해도 전체적으로 약간의 누진성을 가짐으로써 조금이나마 소득재분배 기능을 기대할 수 있었으나, 1978년과 1980년에 오면 역진성이 두드러지게 나타남으로써 오히려 소득을 불평등한 방향으로 재분배하는 것이 우리나라의 조세라고 할 수 있다. 이와 같이 역진성이 심화하는 고비가 된 것이 다름 아닌 1977년의 부가가치세의 도입이다. 표에서 보는 바와 같이, 직접세는 누진적 효과가 있는 반면 간접세는 역진적인데, 간접세 중에서도 부가가치세의 비중은 약 절반을 차지할 정도다. 그러므로 부가가치세의 도입이 자원 배분의 효율성이나, 조세징수의 능률면에서는 긍정적 효과를 거두었을는지 모르나 적어도 소득재분배 효과란 측면에서 본다면 불리한 결과를 초래했음에 틀림없다. 더구나 위의 분석이 종합소득세, 법인세, 부가가치세, 특별소비세의 네 가지 조세에 국한된 분석이고 보면 우리나라 조세의 역진성은 이 표에서 나타난 것보다 더 심하다고 봐야 할 것이다.

조세의 재분배 효과에 관한 세 번째 연구는 1986년의 조세 부담을 소득 계층별로 분석

표 11.4 | 10분위 소득 계층별 조세 부담의 추이 (단위: %)

	1	2	3	4	5	6	7	8	9	10
1970										
직접세	2.3	2.4	2.7	2.4	2.5	5.9	6.7	6.4	8.4	16.8
간접세	10.8	9.7	9.5	9.3	9.1	9.0	8.9	8.8	8.7	8.9
계	13.1	12.1	12.2	11.7	11.6	14.9	15.6	15.2	17.1	25.7
1976										
직접세	0.0	0.3	0.5	1.1	1.5	2.2	2.6	4.1	6.7	13.7
간접세	15.7	13.1	12.4	11.9	11.5	11.2	10.8	10.4	9.7	9.1
계	15.7	13.4	12.9	13.0	13.0	13.4	13.4	14.5	16.4	22.8
1978										
직접세	0.0	0.5	0.9	1.2	1.6	2.2	2.6	3.4	4.7	13.1
간접세	20.4	15.8	13.8	13.1	12.1	11.4	10.6	9.9	9.0	7.1
계	20.4	16.3	14.7	14.3	13.7	13.6	13.2	13.3	13.7	20.2
1980										
직접세	0.0	0.5	1.0	1.6	1.8	2.3	2.8	3.5	4.7	11.6
간접세	28.0	19.4	16.6	15.1	13.9	13.0	12.1	11.2	10.1	9.0
계	28.0	19.9	17.6	16.7	15.7	15.3	14.9	14.7	14.8	20.6

자료: 한승수(1982, 416).

하고 있다. KDI의 심상달과 박인원의 연구에 의하면, 조세 부담은 소득에 대해 U자의 모양으로 변동한다고 한다. 〈표 11.5〉에서 보듯이 가장 가난한 10분위 소득 계층의 조세부담률이 37%나 되고, 그 다음은 23~30% 수준으로 거의 수평이며, 최고 10분위 계층은 40% 정도로 나타났다. 사실 이런 U자형은 한국뿐 아니라 미국, 영국 등에서도 발견되고 있다. 조세의 종류별로 볼 때 개인소득세와 재산세가 누진적인 반면 간접세, 관세가 역진적임은 예상대로다.

그러나 그 뒤에 나온 연구에서는 한국 조세의 역진성이 완화되고 있다는 증거가 나타나고 있다. 1984년과 1991년의 『도시가계연보』의 미시 자료를 이용해 간접세의 계층별 부담을 분석한 연구가 각각 이계식과 배준호 및 현진권과 나성린에 의해 이뤄졌는데, 이 두 가지 연구 결과를 비교해 놓은 것이 〈표 11.6〉이다(이계식·배준호 1986; 현진권·나성린 1995).

표 11.5 | 10분위 소득 계층별 조세부담률 (단위: %)

	1	2	3	4	5	6	7	8	9	10
조세	36.9	24.7	23.0	22.5	22.8	23.4	24.4	26.5	30.1	40.1
총조세	36.9	24.7	23.0	22.5	22.8	23.4	24.4	26.5	30.1	40.1
개인소득세	2.2	2.0	2.3	2.6	3.3	3.8	4.4	5.9	7.8	13.2
재산세	1.7	1.6	1.8	2.0	2.6	3.0	3.4	4.6	6.1	10.3
법인세	3.3	2.5	2.2	2.4	2.1	2.4	2.5	2.4	2.9	3.1
간접세	22.3	13.9	12.6	11.6	11.1	10.7	10.6	10.2	10.1	10.1
관세	7.4	4.7	4.2	3.9	3.7	3.6	3.5	3.4	3.4	3.4

자료: 심상달·박인원(1988).

표 11.6 | 10분위 소득 계층별 간접세 부담률 (단위: %)

		1	2	3	4	5	6	7	8	9	10
특별소비세	1984	0.61	0.36	0.36	0.42	0.34	0.36	0.39	0.37	0.38	0.41
	1991	0.37	0.32	0.34	0.44	0.55	0.73	0.66	0.79	0.97	0.41
주세	1984	0.25	0.13	0.12	0.11	0.12	0.10	0.10	0.09	0.08	0.07
	1991	0.24	0.21	0.20	0.18	0.15	0.15	0.13	0.12	0.09	0.07
부가가치세	1984	4.31	2.46	2.30	2.27	2.16	2.10	2.05	2.02	1.97	1.88
	1991	3.77	3.20	3.05	3.07	3.21	3.31	3.23	3.39	3.45	2.72
간접세	1984	7.34	4.27	3.95	3.89	3.59	3.47	3.37	3.25	3.10	2.85
	1991	4.39	3.71	3.64	3.68	3.91	4.19	4.02	4.17	4.52	3.57

자료: 이계식·배준호(1986), 현진권·나성린(1995).

이 표는 특별소비세, 주세, 부가가치세의 세 가지 간접세를 10분위별 소득 계층이 각각 얼마나 부담하고 있는가를 보여 준다. 1984년에는 저소득층일수록 간접세 부담을 더 무겁게 지고 있어서 매우 큰 역진성이 있었으나 1991년에 오면 역진성의 정도가 상당히 완화되어 비례세에 가깝게 바뀌고 있음을 보여 준다.

한편 소득세에 한정했을 때 소득재분배 효과가 작지 않다는 긍정적 해석을 내놓는 연구도 있다. 소득세의 소득재분배 효과를 분석한 성명재의 연구는 적극적인 해석을 내놓고 있다(성명재 2002). 성명재에 의하면 2002년 현재 한국 소득세의 재분배 효과는 3.2%다. 이는 미약해 보이지만 다른 나라에 비교하면 그렇게 낮은 것이 아니라고 한다. 우리나라보다 소득세 비중이 훨씬 높은 일본의 경우 소득세의 재분배 효과가 2.6%에 지나지 않고, 개인소득세가 연방 정부 세수의 절반을 차지하는 미국에서 개인소득세의 재분배 효과가 4.7%밖에 안 되는 것과 비교하면 국세에서 소득세가 차지하는 비중이 미국의 3분의 1밖에 안 되는 한국에서 이 정도라도 재분배 효과가 나타나고 있는 것은 결코 낮다고 볼 수 없다는 것이다.

　이상의 연구 결과를 종합해 볼 때, 우리나라 조세의 소득재분배 기능은 아주 미약하고, 재분배 효과는 거의 기대할 수 없으며, 전체적으로 봐서는 오히려 불평등을 심화시키는 역기능을 수행하고 있는 것이 아닌가 하는 의심조차 든다. 간접세의 비중이 높은 우리나라에서 이것은 당연한 귀결일는지도 모른다. 직접세 위주로 되어 있는 영국이나 미국에서도 조세의 재분배기능은 미미한 것으로 나타나고 있는 것을 미루어 생각해 본다면 한국의 조세 제도가 역진적 재분배 효과를 가지고 있다는 결과는 결코 놀라운 결과는 아니다.

한국 재정의 재분배 효과

그러면 조세에서 한 걸음 더 나아가 재정이 갖는 재분배 효과를 보기로 하자. 한국의 조세는 재분배 효과가 미미하거나 마이너스라는 점은 앞에서 보았지만 정부의 사회보장 지출이 갖는 재분배 효과도 있기 때문에 이 둘을 합해 재정의 재분배 효과를 볼 필요가 있다.

　이 주제에 관한 오래된 연구로서 로이 발Roy Bahl의 분석이 있다(Bahl 1977). 발의 연구는 조세뿐만 아니라 정부 지출의 영향까지를 함께 분석한 점에서 다른 연구와 구별된다. 그의 분석 결과를 보면 1965년과 1974년의 한국의 조세는 간접세의 비중이 커서 소득분배에 역진적인 효과를 갖는 반면 정부 지출은 누진적 효과를 가진다고 한다. 이 두 가지 효과를 합하면 정부 예산은 전체적으로 약간의 누진적 효과를 가진다고 하는데, 특히 도시에서 농촌

표 11.7 | 한국 재정의 소득재분배 효과 (단위: %, 천 원)

	시장 소득	조세	재정지출	가처분소득
평균값	2,206	168	14	2,052
지니계수	0.302	0.296	0.300	0.294
개선 효과	-	2.0	0.8	2.8
1/10분위	622 (100.0)	34 (5.4)	35 (5.7)	624 (100.3)
2/10분위	1,047 (100.0)	52 (4.9)	21 (2.0)	1,017 (97.1)
3/10분위	1,317 (100.0)	72 (5.4)	16 (1.2)	1,261 (95.8)
4/10분위	1,564 (100.0)	96 (6.1)	12 (0.8)	1,479 (94.6)
5/10분위	1,798 (100.0)	119 (6.6)	9 (0.5)	1,688 (93.9)
6/10분위	2,071 (100.0)	135 (6.5)	9 (0.4)	1,945 (93.9)
7/10분위	2,393 (100.0)	164 (6.9)	11 (0.5)	2,240 (93.6)
8/10분위	2,785 (100.0)	214 (7.7)	11 (0.4)	2,582 (92.7)
9/10분위	3,354 (100.0)	280 (8.4)	9 (0.3)	3,083 (91.9)
10/10분위	5,070 (100.0)	514 (10.1)	7 (0.1)	4,563 (90.0)

주: 1) 시장 소득=근로소득+사업·부업 소득+재산소득+사적 보조금.
2) 조세=직접세+사회보장 부담금.
3) 공적 보조금=사회보장 급부.
자료: 통계청, 2000년 「도시가계조사」 원자료.
출처: 정진호·황덕순·이병희·최강식(2001, 57, 〈표 3-8〉).

으로의 재분배와 현재 세대로부터 장래 세대로의 재분배가 이뤄진다고 분석했다.

정진호 등은 2000년 『도시가계조사』 원 자료를 이용해 재정의 소득분배 개선 효과를 노동자 가구에 한정해 추정했다(정진호·황덕순·이병희·최강식 2001). 그 결과가 〈표 11.7〉에 나와 있는데, 첫째, 시장 소득에서 직접세 및 사회보장 부담금 등 광의의 조세를 공제하고 남은 소득의 지니계수는 0.296으로 시장 소득의 지니계수 0.302에 비해 2.0% 낮게 나타나고 있다. 이는 사회보장 부담금을 포함한 직접세에 의해 소득 불평등이 2.0% 정도 개선됨을 의미한다. 실제로 시장 소득에 대비한 조세부담률은 소득수준이 높을수록 높게 나타나 최고 소득층의 경우 약 10%에 이르고 있다.

둘째, 시장 소득에 사회보장 급부, 즉 공적 보조금을 합산한 소득의 지니계수는 0.300으로 시장 소득의 지니계수 0.302에 비해 0.8% 낮게 나타나고 있다. 이는 복지 정책에 의해 소득 불평등이 약 0.8% 개선됨을 의미한다. 마찬가지로 시장 소득에 대비한 공적 보조금의 비율은 소득수준이 낮을수록 높게 나타나 최저 소득층의 경우 약 6%에 이르고 있다. 셋

표 11.8 | 외국의 조세 및 사회보장의 소득재분배 효과

	지니계수 (A) (시장 소득)	지니계수 (B) (가처분소득)	변화율 (%) (B−A)/B×100
아일랜드 (1987)	0.461	0.328	40.5
스웨덴 (1987)	0.439	0.218	101.4
영국 (1986)	0.428	0.303	41.3
미국 (1986)	0.411	0.335	22.7
스위스 (1982)	0.407	0.309	31.7
독일 (1984)	0.395	0.249	58.6
오스트레일리아 (1985)	0.391	0.292	33.9
캐나다 (1987)	0.374	0.283	32.2
네덜란드 (1987)	0.348	0.256	35.9
노르웨이 (1979)	0.335	0.223	50.2
프랑스 (1984)	0.417	0.298	39.9
핀란드 (1987)	0.379	0.209	81.3
이탈리아 (1986)	0.361	0.306	18.0
룩셈부르크 (1985)	0.280	0.237	18.1
벨기에 (1988)	0.273	0.232	17.7
평균	0.380	0.272	41.6

자료: OECD(1995).

째, 시장 소득에서 공적 보조금을 합산하고 조세를 공제한 가처분소득의 지니계수는 0.294로 조세 및 재정지출에 의한 소득분배 개선 효과는 2.8%로 추정된다.

〈표 11.8〉은 OECD 15개국에서 확인한 조세 및 사회보장제도의 효과에 관한 자료다. 소득재분배 효과의 평균이 42%로 나타나 2.8%에 불과한 우리나라와 너무나 대조적이다. 그 뒤에 나온 OECD 13개국에 관한 연구에서도 조세와 사회부조의 소득재분배 효과가 국가에 따라 최소 22%(일본)에서 최고 52%(스웨덴)에 이른다는 결과가 나와 있다(Oxley et al. 1997). 우리나라의 경우 1996년도 소득 자료를 이용한 현진권과 임병인의 연구에서는 조세 및 사회부조가 약 8%의 재분배 효과를 가진다는 결과가 있다(현진권·임병인 2000). 이렇게 본다면 우리나라 조세 및 사회보장의 소득재분배 효과가 외국에 비해 현저히 작음을 알 수 있다.

한국 사회보장 수준의 국제 비교

우리나라는 1960년대 이전에는 국민 전반의 저소득과 사회적 혼란으로 인해 사회보장제도를 마련할 여유가 없었고, 1960년대 이후에는 소득수준은 비록 높아졌지만 정부가 기본적으로 '선성장 후분배'의 개발주의 철학을 고수하고 있었기 때문에 사회보장에 대해서는 계속 소홀했던 것이 사실이다. 또한 사회보장에 대한 국민들의 올바른 인식도 아직 철저히 확립되어 있지 못하다. '가난은 나라도 구제하지 못한다'고 해 아예 체념한다든가, 사회보장을 국가의 시혜 또는 온정으로 보는 전근대적 사고방식이 아직 많이 남아 있다. 또 한편으로는 사회보장제도의 발달을 바라면서도 동시에 그를 위해 당연히 따라와야 할 증세(增稅)에는 반대하는 모순된 태도도 발견된다. 한편 사회 일각에서는 일부 선진국에서 나타나는 소위 '복지병(福祉病)'이라는 부작용을 지적하면서 우리나라에서는 사회보장의 확충이 시기상조라는 주장을 펴기도 한다.

그러나 사실 한국은 소득수준에 비해 사회보장제도가 많이 뒤떨어진 나라다. 현재 우리나라보다 소득수준이 낮은 나라 가운데에도 우리나라보다 나은 사회보장제도를 갖추고 있는 나라가 많다. 지금까지 한국의 국민부담률, 조세부담률, 복지 지출 수준에 대해서 끊임없는 논란이 있었다.[7] 한쪽에서는 한국의 국민부담률, 조세부담률이 이미 너무 높고, 복지 지출도 과다해서 경제성장의 발목을 잡고 있다고 주장해 왔다. 혹은 국민부담률과 조세부담률은 아직 국제 수준 아래에 있고, 적정 수준에 미달하는 수준이지만 그 증가 속도가 빠르고 한국의 낮은 사회보장 지출 수준을 생각하면 조세부담률과 국민부담률은 오히려 적정 수준을 상회한다는 주장도 있다. 그러나 이와 반대되는 주장, 즉 한국의 사회보장 지출이 아직 턱없이 낮다는 사실을 지적하며, 정부의 정책 기조가 사회보장 확충 쪽으로 바뀌어야 한다고 촉구하는 연구가 더 많다.

예를 들어 박능후는 OECD 사회보장 개념을 사용해 한국의 사회복지 지출 규모를 추계

---

[7] 국민부담률=(조세+사회보장 부담금)/국민소득
조세부담률=조세/국민소득

했는데, 1990년대 후반 경제 위기 이후 공공 부조가 급증하면서 상당히 빠른 속도로 상승한 것은 사실이지만 외국에 비해 높다는 일부 주장에 대해서 반박하고 있다(박능후 2002). 그의 추계에 의하면 1999년 현재 한국의 사회복지 지출규모는 GDP 대비 11.8%인데, 이 중에는 논란이 되는 퇴직금을 빼면 이 비율은 7.5%로 떨어진다. 국제 비교를 통해서 얻는 적정 사회보장비 수준에 비해서 우리나라의 사회보장비는 저지출국을 기준으로 하더라도 절반에 불과하다. 그리고 한국의 사회복지 지출의 특징 중의 하나는 공공 부문의 지출은 지극히 열악한 반면 민간 부문이 부담하는 비율이 다른 나라에 비해 높다는 점이다(박능후·최현수·이승경 2000).

그 뒤에 나온 연구로는 남상호와 최병호의 연구가 있다(남상호·최병호 2008). 이들은 OECD 국가의 횡단면 자료와 패널 자료를 이용한 회귀분석을 통해 국민 부담과 복지 재정 지출의 수준을 추정하고 한국의 실제치와 비교하는 방법을 썼다. 먼저 횡단면 분석은 우리의 국민부담률은 2006년 25.7%이지만 기대치는 34.5%로 나타났다. 2006년 한국의 공공 사회 지출은 7.5%인데, 기대치는 21.9%로 추정되었다. 다른 연구에서도 대개 그렇듯이 이 연구에서도 한국의 공공 사회 지출은 국제적 표준의 3분의 1 정도에 불과한 것으로 나타나서 한국의 복지가 열악함을 보여 준다. 저자들은 OECD 국가 전체와 복지국가 유형별로 나누어 패널 분석도 했는데, 결과는 대동소이하다. 한국의 복지 재정 수준은 패널 분석을 통해서도, OECD의 평균적인 추세에 비추어 매우 낮은 것으로 나타났다.

이상에서 본 바와 같이 우리나라의 복지 재정은 그 규모가 지나치게 작고, 그 결과 소득 재분배 효과는 선진국과는 비교가 안 될 정도로 현저히 낮음을 알 수 있다. 이는 낮은 조세 부담률, 낮은 복지의 당연한 귀결이다. 아직 사회보험의 적용에서 배제된 사각지대가 광범위해 사회 안전망으로서의 기능이 취약하다. 전반적으로 사회보장제도의 소득재분배 기능이 약하고 복지국가라고 하기에는 사회보장 지출 자체가 매우 낮은 수준이다. 지금까지의 성장 일변도 정책에서 벗어나 우리 사회의 그늘진 곳을 보살필 사회보장제도의 확충이 긴요하다 하지 않을 수 없다.

참고문헌

강남훈·곽노완·이수봉. 2009. 『기본 소득을 위해』. 민주노총.
김태성·성경륭. 1993. 『복지국가론』. 나남.
남상호·최병호. 2008. "국민부담과 복지 재정지출 수준의 적정성에 관한 연구." 한국재정학회 학술발표회 발제논문(03/12).
박능후·최현수·이승경. 2000. 『중장기 사회보장비 적정규모 분석』. 한국보건사회연구원.
박능후. 2002. "사회복지 재정의 적정성에 관한 연구." 『사회복지연구』 19호.
성명재. 2002. 『조세정책의 소득재분배 효과 분석에 관한 연구』. 한국조세연구원.
심상달·박인원. 1988. "재정과 소득재분배." KDI Working Paper.
이계식·배준호. 1986. "우리나라의 간접세 부담 분포." 곽태원·이계식 엮음. 『조세정책과 조세발전』. 한국개발연구원.
이정우. 2008. "세계화, 불평등과 복지국가." 『사회경제평론』 제30호.
정진호·황덕순·이병희·최강식. 2001. 『소득 불평등 및 빈곤의 실태와 정책 과제』. 한국노동연구원.
한림과학원 엮음. 1993. 『복지국가의 현재와 미래』. 나남.
한승수. "한국재정 20년: 배분과 분배기능을 중심으로." 『경제논집』(서울대) 12월.
현진권·나성린. 1995. "간접세 부담 분석." 『재정논집』 제9집.

Atkinson, A. B. 1999. *The Economic Consequences of Rolling Back the Welfare State*. MIT Press.
Bahl, Roy. 1977. "The Distributional Effects of the Korean Budget During the Modernization Process." mimeographed, Syracuse.
Bowles, Paul and Barnet Wagman. 1997. "Globalization and the Welfare State: Four Hypotheses and Some Empirical Evidence." *Eastern Economic Journal* vol. 23 no. 3.
Phelps Brown, Henry. 1988. *Egalitarianism and the Generation of Inequality*. Oxford University Press.
Burtless, Gary. 1990. "The Economist's Lament: Public Assistance in America." *Journal of Economic Perspectives*, Winter.
Esping-Anderson, G. 1990. *The Three Worlds of Welfare Capitalism*. Princeton.
Castles, Francis G. 2006. "A Race to the Bottom?" Christopher Pierson and Francis G. Castles eds. *The Welfare State Reader*, 2nd ed. Polity.
George, Vic and P. Wilding. 1985. *Ideology and Social Welfare*. Routledge.

Gough, Ian. 1979. *The Political Economy of the Welfare State*. Macmillan[『복지국가의 정치경제학』. 김연명·이승욱 옮김. 한울. 1990].

Heller, Peter S. 1981. "Testing the Impact of Value-added and Global Income Tax Reforms on Korean Tax Incidence." IMF Staff Papers. Jun.

Oxley, Howard, Jean-Marc Burniaux, Thai-Thanh Dang and Marco Mira d'Ercole. 1997. "Income Distribution and Poverty in 13 OECD Countries." OECD Economic Studies no. 29, 1997/II.

Lindert, Peter H. 2004. *Growing Public: Social Spending and Economic Growth since the Eighteenth Century*, 2 vols. Cambridge University Press.

Mishra, Ramesh. 1984. *The Welfare State in Crisis*, St. Martin's[『복지국가 위기론』. 김한주·최경구 옮김. 법문사. 1990].

Murray, Charles. 1984. *Losing Ground: American Social Policy, 1950-80*. Basic Books.

OECD. 1995. *Income Distribution in OECD Countries*. prepared by Anthony B. Atikinson, Lee Rainwater and Timothy M. Smeeding. OECD Social Policy Studies no. 18.

Pechman, Joseph A. and B. A. Okner. 1974. *Who Bears the Tax Burden?* Brookings Institution.

_____. 1985. *Who Paid the Tax?* Brookings Institute.

Pierson, C. 2006. *Beyond the Welfare State?: The New Political Economy of Welfare*, 3rd ed. Polity Press.

Pontusson, Jonas. 2005. *Inequality and Prosperity: Social Europe vs Liberal America*. A Century Foundation Book.

Rodrik, Dani. 1997. *Has Globalization Gone Too Far?* Institute for International Economics.

Wilensky, Harold L. 1975. *The Welfare State and Equality*. University of California Press.

_____. 2002. *Rich Democracies: Political Economy, Public Policy and Performance*. University of California Press.

12장

세계의 소득분배

모자라는 것을 걱정하지 말고 고르지 못한 것을 걱정하라
不患寡而患不均

가난한 것을 걱정하지 말고 안정되지 못한 것을 걱정하라
不患貧而患不安

_ 공자, 「논어」 〈계씨편〉

지금까지의 이론적 논의에 기초해 전 세계의 소득 불평등이 어떤 상태에 있는가를 관찰해 보기로 하자. 여기서는 먼저 세계 전체의 소득 불평등을 다루고 그것과 관련된 문제로 세계화가 세계의 불평등에 어떤 영향을 미치는가 하는 문제를 검토하기로 한다. 그 다음에는 선진 자본주의, 구 사회주의, 제3세계의 국가군으로 나누어 각각의 소득 불평등의 실상과 추이를 고찰하기로 한다. 이 주제는 워낙 광범위한 것이므로 각각의 나라에 대해서는 상세히 다를 수 없다는 점을 이해해 주기 바란다. 한국에 대해서는 특별히 다음 장에서 다루기로 한다.

1. 세계의 소득 불평등

세계적 소득 불평등의 특징

한 나라의 소득 불평등을 보기 전에 먼저 세계 전체의 소득 불평등이라는 다소 큰 주제를 생각해 보기로 하자. 국가 간의 소득격차와 어느 한 나라의 국내의 소득격차를 비교할 때 어느 쪽이 더 클까? 이 문제에 관한 실증적 연구 결과를 보면 일반적으로 전자가 후자보다 더 크다고 한다. 예를 들어 베커만과 베이컨R. Bacon의 연구에서는 인도 인구의 최저 4분의 1의 계층이 갖는 소득 몫이 전체 소득의 4%밖에 안 된다고 한다(Beckerman and Bacon 1970). 이것은 물론 크나큰 불평등이지만 예컨대 미국의 부자와 인도의 빈자의 격차에 비교하면 아무 것도 아닐 것이다. 일반적으로 세계 전체의 소득 불평등을 마치 한 나라를 분석하듯이 고찰해 보면 다음과 같은 몇 가지 특징이 도출된다.

첫째, 국제적 불평등이 국내의 불평등보다 크다. 예로서 미국과 방글라데시의 1인당 국민소득은 90 대 1의 격차가 있는데 이것은 영국 국내에서 수상과 노동자 사이의 소득격차보다 훨씬 크다.

둘째, 세계의 소득 불평등은 연속적 격차를 특징으로 한다. 즉, 세계는 빈국/부국으로 확연히 양분되는 것이 아니고 소득의 크기순으로 볼 때 하나의 연속적 계단 위에 각국이 위치하게 된다. 경제 발전론에서 하나의 유력한 가설인 세계 체제론world system theory에서는 세계 각국을 중심core과 주변periphery으로 양분하고 있다. 이 가설은 이론적·역사적 근거를 갖고 있지만 이 가설을 현실의 통계자료를 가지고 실증하는 것은 상당히 어려운 작업이다. 예컨대 1인당 소득을 가지고 여러 나라를 중심과 주변으로 양분하려 한다면 그것은 실제 대단히 어렵다. 왜냐하면 세계 각국의 1인당 소득은 확연히 경계가 구분되는 상하 두 집단으로 쪼개기가 어렵기 때문이다. 따라서 세계 체제론에서는 중심과 주변 사이에 반半주변부semi-periphery라는 중간 집단을 설정하고 있는데 그 이유는 주로 이런 현실 때문이라고 생각된다.

셋째, 각국 간의 소득분배는 지역(대륙) 간 큰 차이가 없다. 바꿔 말하면, 아프리카 내에서도 큰 소득격차가 있고, 남미 내부에서도 역시 그러하다. 그러나 대개 1인당 소득은 제3세계 가운데서는 중동 > 남미 > 아시아 > 아프리카의 순서다. 그리고 소득 불평등은 남미 여러 나라에서 특히 큰 것으로 나타나고 있다. 그러나 이것은 대략적 이야기이고, 같은 대륙 안에서도 소득격차는 나라에 따라 차이가 큰 것이 사실이다.

국제 비교의 문제점

이와 같은 소득의 국제 비교에는 사실 여러 가지 문제점이 있다. 첫째, 국가 간 자료의 차이와 자료의 신빙성 문제가 있다. 특히 후진국에서 문제가 되는 것은 통계의 신빙성 여부다. 영국 경제학자 바우어에 의하면(Bauer 1972), 나이지리아의 1963년 인구는 5,600만 명으로 발표되었는데, 다른 추계에 의하면 3,700만 명이라고 한다. 이렇게 큰 오차가 발생한 이유는 의회에서 더 많은 의석을 확보하기 위해 각 지역이 인구를 과잉 보고했기 때문이다. 이것은 하나의 극단적 예에 불과하겠지만, 어쨌든 후진국에서는 정치적 목적을 위해 통계가 왜곡되는 일이 비일비재하다.

둘째, 소득의 범위가 문제가 된다. 후진국에서는 농촌의 자가소비自家消費가 통계에 포착되지 않는 경우가 많다. 후진국으로 갈수록 생존 농업의 비중이 높고 시장에 내다 팔지 않는 부분이 큰데, 이 점을 무시하면 후진국의 소득이 과소평가되어 선·후진국 사이의 소득격차가 실제보다 과장되어 나타나게 된다.

셋째, 환율 문제가 있다. 각국의 1인당 소득을 비교할 때 흔히 쓰는 방식은 대미對美 달러 공정환율을 가지고 각국의 통화를 통일한 뒤에 소득을 비교하게 된다. 그러나 대미 달러 환율은 각국 통화의 구매력을 제대로 반영하지 못한다는 약점이 있다. 이 문제는 환율이 공산품과 같이 국제적으로 교역이 활발히 이뤄지는 교역재traded goods의 가격을 반영하고 있으며, 교역이 이뤄지지 않는 서비스를 비롯한 비교역재非交易財, non-traded goods의 가격은 공정환율에 반영되지 않는다는 사실에 기인한다. 대체로 후진국으로 갈수록 서비스의 가격이 낮고, 따라서 후진국의 통화일수록 사실은 상대적으로 큰 구매력을 가지고 있다고 볼 수 있다. 그렇기 때문에 공정환율을 그대로 사용해 국가 간 1인당 소득을 비교하는 경우 후진국 통화의 구매력을 과소평가하게 되고, 따라서 후진국의 생활수준을 과소평가하는 결과를 가져온다.

세계은행의 크래비스는 이 문제를 연구해 각국 통화의 구매력을 반영하는 각국 통화의 대미 달러 조정 배수調整倍數를 발표했다(Kravis 1986). 예컨대 인도의 경우 그 배수는 3.2로 나타났는데 이것은 인도의 통화가 공정환율에 비해 3.2배의 구매력을 가진다는 뜻이다. 따라서 1980년 현재 미국의 1인당 소득은 인도의 47.3배였지만 구매력을 고려해 조정 배수 3.2를 곱해 주면 실제로 미국과 인도의 생활수준의 차이는 14.7 대 1로 줄어든다는 것이다.

그러나 이것은 여전히 큰 격차며, 여기에다가 가난한 나라와 부유한 나라의 국내 소득 불평등까지 고려하면 격차는 더욱 커진다. 예컨대 브라질의 최고 10%의 부유층은 미국이나 영국의 최저 20%보다 훨씬 부유하며, 미국의 최고 10%와 인도의 최저 20%를 비교하면 무려 360 대 1의 소득격차가 있다. 여기에 조정 배수를 곱해 주어도 여전히 100 대 1이 넘는 격차가 존재한다. 우리는 한 나라의 소득 불평등 문제를 다룰 때가 많지만 실은 엄청난 세계적 불평등이 존재한다는 사실을 염두에 두면서 국내의 불평등 문제를 생각해야 할 것이다.

세계적 소득 불평등의 실증 연구

세계적 소득 불평등 문제에 대해서는 존 휄리John Whalley(Whalley 1979), 앨버트 베리Albert Berry,

프랑수아 부르귀뇽, 크리스티앙 모리슨(Berry, Bourguignon and Morrison 1983; 1991), 그리고 하비에르 살라이마틴Xavier Sala-i-Martin(Sala-i-Martin 2002)의 연구 등이 대표적이다. 휄리는 세계적 소득 불평등과 한 나라의 소득 불평등 중 어느 쪽이 더 클까 하는 문제를 생각할 때 반드시 어느 쪽이 더 클 것이라는 선험적 추론은 불가능하다는 전제 위에서 세계적 소득 불평등의 실증적 분석을 시도했다. 그는 세계 149개국의 자료를 가지고 1972년의 세계적 소득 불평등을 조사했는데, 각국의 국내 소득분배를 20개의 소득 계층으로 나누고 그 계층 안에서는 모든 사람의 소득이 균등한 것으로 가정했다. 그리하여 그는 2,980개(149×20)의 자료를 가지고 세계 전체의 소득 불평등을 추정했는데 그 결과는 대략 지니계수로 0.6~0.7의 값을 얻었다. 당연히 예상되는 것이긴 하지만, 여기서 각국의 통화를 환율로 그냥 계산한 것보다는 크래비스 방식의 조정 배수를 곱했을 때 지니계수는 더 낮아진다는 것을 밝히고 있다. 휄리는 이런 수준의 소득 불평등은 어느 나라에서도 찾아보기 어려울 정도로 높은 수준이라는 점을 밝히며 세계적 소득재분배가 중요한 과제라고 주장했다.

그는 비현실적인 가정이긴 하지만 만일 유엔이 세계의 소득 불평등을 축소시키기 위해 두 가지 전략 중 하나를 선택해야 한다면 어떻게 하는 것이 좋을까 하는 가상적 상황을 설정하고 있다. 즉, ① 국내 불평등은 그대로 방치한 채 국가 간 평균 소득을 균등화하는 방안과, ② 국가 간 소득격차는 방치한 채 각국의 국내 불평등을 해소하는 두 가지 방안 중에 하나를 선택해야 한다고 했을 때, 휄리에 의하면 ①을 선택하는 것이 옳다는 결론을 내리고 있다. 이것은 세계 전체의 소득 불평등을 가져오는 두 가지 요인을 비교할 때 국내의 소득 불평등도 크지만 그보다는 국가 간 소득격차가 더 크다는 것을 뜻한다.

베리, 부르귀뇽, 모리슨은 세계적 소득 불평등 문제에 대해 좀 더 장기적 시계열 자료를 가지고 접근했다. 그들이 추정한 1950년부터 1986년까지의 세계적 소득 및 소비의 불평등 추세는 〈표 12.1〉에 요약되어 있다. 그들은 여러 가지 가정과 자료의 검토를 거친 신중한 접근 방법을 보여 주고 있는데 최종적 결론은 역시 휄리와 비슷하다. 한 가지 예로, 그들은 중국의 소득에 관한 가정이 추정 결과에 큰 차이를 가져온다는 점에 주의하고 있는데, 〈표 12.1〉의 결과는 여러 가지 가정 가운데 중국의 경제성장률을 비교적 높게 가정해서 계산한 하나의 결과다. 이 가정을 바꾸면 당연히 계산 결과는 달라지지만 그들의 결론에 어떤

표 12.1 | 세계 소득분배의 추이 I

	소득			소비		
	지니 I	지니 II	지니 III	지니 I	지니 II	지니 III
1950	0.670	0.574	0.671	0.642	0.533	0.639
1960	0.659	0.554	0.669	0.631	0.515	0.637
1970	0.667	0.559	0.677	-	-	-
1977	0.667	0.558	0.681	0.652	0.536	0.662
1986	-	-	0.694	-	-	0.672

주: 지니 I: 국내소득 불평등을 전제한 지니계수.
지니 II: 국내소득균등을 전제한 지니계수.
지니 III: 사회주의권을 제외한 지니계수.
자료: Berry et al.(1983; 1991).

근본적인 차이가 나는 것은 아니다. 이 계산에서 세계적 불평등에 영향을 주는 주요한 나라로서는 인구가 아주 많은 중국, 인도와 소득이 아주 큰 미국과 같은 나라들이다. 그 대신 한국, 브라질 등 중소득국의 경우에는 소득 자체가 중간에 위치하기 때문에 세계 전체의 소득 불평등에 미치는 영향은 작다고 한다.

베리 등에 의하면 세계적 소득분배의 지니계수는 국내보다 더 높은 0.67 정도의 수준이다. 국내에 소득격차가 없다는 비현실적 가정을 하면(표의 지니계수 II) 불평등은 상당히 줄어들지만 진정한 불평등을 나타내는 것은 역시 국내에 소득 불평등이 있다는 것을 전제한 경우(표의 지니계수 I)다. 소득을 가지고 측정했을 때 1950~77년 기간 중간에 약간의 변동은 있었지만 결과적으로 세계 전체의 소득 불평등은 큰 변화가 없었다. 이 결과는 무엇보다 저소득국이면서 인구가 많은 중국이 이 기간 동안 상당한 고도성장을 해온 데 기인하는 바 크다.

그러나 사회주의권을 제외하고 세계의 자본주의국가만을 따로 떼어 관찰한 지니 III은 모든 나라를 망라한 지니 I보다 약간 나쁘게 나타난다. 뿐만 아니라 지니 III은 1977년 이후 계속 상승하고 있어서 세계적 소득분배의 악화 경향이 주목된다. 이것은 주로 1980년대 이후 아프리카를 비롯한 저소득국 및 중위 소득국의 경제성장이 상대적으로 정체한 데 기인하는 것으로 해석된다.

또한 사람들의 경제력을 나타내는 지표로서 소득이 아니라 소비를 가지고 측정했을 때도 역시 세계적 불평등이 조금 악화하는 것이 발견된다. 이것은 이 기간 동안 주로 저소득국에서 경제 발전을 위한 투자의 대폭 증가가 있었기 때문에 소비가 소득 증가를 따라가지 못했고, 따라서 선후진국 사이에 소비의 격차는 더 벌어진 것으로 저자들은 해석한다.

한편, 이 추계는 다소 부정확한 중국의 소득 추계에 크게 의존하고 있어서 그 신뢰성에 약간의 문제가 있는 것이 사실이다. 그리하여 이들 연구자들은 중국 등 사회주의권을 제외하고 자본주의권에 속하는 나라만 따로 떼어서 분석한 결과도 보여 주고 있다. 이들의 추계에 의하면, 자본주의권만 가지고 세계적 불평등을 분석했을 때 그 결과는 훨씬 더 명확하며 1950~86년의 긴 기간 동안 소득 불평등이 심화해 왔다고 한다. 지니계수로 따져서 1950년의 0.671에서 1986년의 0.694로 세계 자본주의 진영의 소득 불평등은 확대되었다는 것이다.

베리 등의 연구 결과는 휄리의 연구 결과와 부합하면서 시계열적 변화를 밝힌 점에서 의의를 찾을 수 있으며, 어쨌든 세계적 분배가 얼마나 불평등한가를 실증적으로 보여 준 연구라고 할 수 있다.

앞의 두 연구는 세계적 차원의 소득 불평등이 1980년대 중반까지 점점 심화되어 왔다는 것을 보여 주었다. 그런데 미국 컬럼비아 대학의 살라이마틴의 연구는 거꾸로 1978년 이후 세계적 소득 불평등이 점점 완화되어 왔다는 결과를 내놓아 세계의 주목을 받았다(Sala-i-Martin 2002). 〈표 12.2〉는 살라이마틴이 일곱 가지 상이한 불평등 지수를 이용해 세계적 소득 불평등을 추정한 연구 결과를 요약한 것이다. 그는 1970년부터 1998년까지 125개국(세계 인구의 90% 포함)의 소득자료(각 나라의 5분위 소득분배분 자료)를 이용해 세계적 소득분배의 연도별 추이를 추정했다. 〈표 12.2〉에서 모든 지수들은 장기적으로 아주 비슷한 패턴을 보인다. 즉 일곱 가지 불평등 지수 모두가 1980년과 1998년 사이에 세계적 소득 불평등이 상당히 축소되는 추세를 보여 준다.

세계적 소득 불평등이 1978년 이후 적게는 5%에서 크게는 13%까지 축소된 것으로 나타났다. 가장 크게 축소된 지표는 평균 대수 편차MLD: mean log deviation로 1978년 이후 거의 13%나 축소된 것으로 나타났다. 타일 지수도 10% 이상 줄어들었고, 지니계수는 5% 정도, 변이계수는 9.6% 등 모든 지수가 감소한 것으로 나타났다. 이것은 1978년 이후 지난 20여

표 12.2 | 세계적 소득분배의 추이 II

	지니 계수	타일 지수	평균 대수편차	앳킨슨 ($\varepsilon=0.5$)	앳킨슨 ($\varepsilon=1$)	변이계수 자승	대수 분산
1970	0.657	0.835	0.863	0.356	0.578	1.503	1.530
1975	0.661	0.843	0.881	0.361	0.588	1.484	1.575
1978	0.667	0.861	0.905	0.368	0.596	1.520	1.626
1980	0.662	0.848	0.885	0.362	0.587	1.492	1.587
1985	0.650	0.823	0.832	0.348	0.585	1.491	1.480
1990	0.654	0.837	0.848	0.352	0.570	1.533	1.504
1995	0.635	0.779	0.798	0.332	0.550	1.402	1.499
1998	0.633	0.776	0.796	0.330	0.549	1.380	1.520
1970 이후 변화	-3.7%	-7.4%	-8.1%	-7.7%	-5.2%	-8.6%	-0.6%
1978 이후 변화	-5.1%	-10.3%	-12.9%	-10.8%	-8.2%	-9.6%	-6.7%

자료: Sala-i-Martin(2002, Table 3) 재정리.

년간 세계적 소득 불평등이 그만큼 완화되었음을 의미한다. 살라이마틴에 의하면 이 기간 동안 각 국가 내부의 소득 불평등은 다소 심화했지만, 국가 간 소득 불평등은 크게 완화했기 때문에 세계 전체의 소득 불평등이 완화되었다고 한다. 국가 간 소득 불평등이 줄어든 주된 이유는 인구 대국 중국과 인도가 빠르게 성장했기 때문이라고 한다. 한편 선진국과 아시아 개발도상국 간의 소득격차는 줄어들고 있지만, 선진국과 기타 지역(특히 아프리카 대륙) 간의 소득격차는 더욱 확대되고 있고, 개발도상국 내부의 소득격차도 급속히 확대되고 있기 때문에 세계적 소득 불평등이 다시 상승 추세로 돌아설 가능성이 높다는 점을 지적하고 있다.

2. 세계화와 불평등

세계화는 상품·노동·자본시장이 세계적으로 통합되어 가는 과정으로 정의된다. 이 과정은 한 마디로 좋다 나쁘다로 간단히 묘사할 수 있는 단순한 현상이 아니다. 하나의 예로서 아동노동 문제를 보자. 현재 세계 전체로 1~2억 명의 아동이 노동에 종사하고 있는 것으로 추정되고 있다. 그중 절반이 아시아에서 살고 있고, 95%가 빈국에 산다. 초등학교에 못 다니는 아동이 1억 명이다. 1993년 미국에서 진보적 상원의원 톰 하킨Tom Harkin의 발의로 아동노동억제법Child Labor Deterrence Act(일명 하킨 법)이 통과되었다. 이 법은 물론 아주 훌륭한 의도를 갖고 있었다. 과연 결과도 좋았던가? 이 법이 통과된 뒤 방글라데시의 방직공장에서 일하던 아동 5만 명이 일자리를 잃고 길거리로 내몰렸고, 심지어 그중 일부는 매춘을 강요당하는 지경에 이르렀다는 사실은 충격적이고도 역설적이다(Bhagwati 2004, 68-71). 경제 현상에서 자주 보듯이 단순한 선의만 갖고는 문제를 해결할 수 없다는 것을 이 사례는 잘 보여 준다. 제조업에 종사하는 아동노동을 금지시키면 아동들이 학교로 돌아갈 것으로 기대했지만 실제로 아동들은 농업 부문의 노동으로 돌아갈 확률이 높고, 농촌에서는 학교에 갈 가능성이 더 낮아진다.

오히려 우리의 직관과는 반대로 세계화로 인해 아동노동이 감소했다는 증거가 베트남에서 발견된다. 베트남에서는 6~15세 어린이의 26%가 농업에서 일하고, 7%가 다른 부문에서 일할 정도로 아동노동이 보편적이다. 1990년대 중반 베트남 정부가 쌀 수출을 자유화함에 따라 베트남 쌀 가격이 세계시장에 노출되었고 그 결과, 쌀 수출이 배증했는데, 소득이 증가한 베트남 농가는 늘어난 소득으로 아동노동을 대체하는 쪽으로 반응했다(Bhagwati 2004, 71-72). 우리가 세계화를 무조건 비판해서는 안 되는 이유의 하나를 아동노동에서 발견할 수 있다.

세계화를 둘러싼 몇 가지 대표적 쟁점이 있다. 세계화는 빈곤과 불평등을 증가시키는가, 감소시키는가? 세계화는 노동의 권리를 증진시키는가, 후퇴시키는가? 세계화는 아동노동을 증가시키는가, 감소시키는가? 세계화는 환경을 파괴하는가, 개선하는가? 세계화는 민주주의를 증진시키는가, 저해하는가? 세계화는 문화 다양성에 기여하는가, 파괴하는가? 등 의문이 끝없이 꼬리를 문다. 이런 모든 문제를 여기서 다룰 여유는 없고, 이 장의 주제인 불평등 문제에 우리의 관심을 집중하기로 하자(자세한 것은 이강국 2005; 양동휴 2007 참조).

흔히 세계화를 양극화의 원인으로 간주하는 경향이 있다. 세계화를 비판하는 진영에서 제기하는 세계화의 대표적 문제는 그것이 소위 '바닥으로의 경주'를 유발한다는 것이다. 세계화 과정에서 부국은 더 성장하는 반면 자본을 유치하기 위해 치열한 경쟁에 내몰린 빈국에서는 임금, 노동조건, 사회적 권리, 환경 등에서 점차 불리한 조건을 제시할 수밖에 없고, 그 결과 세계적 빈부 격차는 더 심해질 것이라는 것이다.

최근 세계화와 양극화가 동시에 진행하면서 세계화가 양극화의 주범으로 의심받고 있는 게 사실이고, 그것이 광범위한 반(反)세계화 운동의 추동력이 되고 있다. 그러나 세계화 자체를 세계의 불평등 심화의 원인으로 바로 단정하기에는 간단치 않은 여러 가지 고려 사항이 있다. 세계 전체를 하나의 단위로 해 측정한, 말하자면 세계 시민의 소득 불평등이 20세기 말에 와서 사상 최고 수준에 도달해 그 주범으로 세계화가 의심을 받고 있지만 이에 대해서는 세계화의 결과라는 해석과 그렇지 않다는 주장이 엇갈리고 있어서 쉽게 결론을 내릴 수 없다.

먼저 빈곤을 보자. 지난 20년간 세계 전체의 빈곤이 크게 감소했다. 하루 소득이 1달러 미만인 사람을 극빈 인구라고 정의할 때, 극빈 인구는 1981년 14억 8,000만 명(세계 인구의 33%)에서 2001년에는 10억 9,000만 명(세계 인구의 18%)으로 감소했다(Chen and Ravallion 2004). 그런데 극빈이 감소한 주요 국가가 세계화에 적극 참가한 중국과 인도였던 반면 멀리 떨어져 있었던 아프리카의 극빈은 증가했다는 사실은 우리에게 중요한 시사점을 준다. 실제로 이 기간 동안 중국의 극빈 인구가 4억 명이나 감소했으므로 중국을 제외한 세계의 다른 모든 나라의 극빈 인구는 불변임을 알 수 있고, 실제로 아프리카의 극빈 인구는 이 기간에 오히려 증가했다. 1960년대까지는 세계 빈곤의 중심이 아시아였는데, 이제는 아프리카로 바뀐 것이다.

그러나 위의 증거만 갖고 바로 세계화가 빈곤을 감소시킨다고 낙관할 수는 없다. 실제로 하루 소득 1~2달러인 빈곤 인구는 1981~2001년 사이에 10억에서 16억 명으로 오히려 크게 증가했는데, 이는 중국, 인도의 극빈 인구(하루 소득 1달러 미만) 중 상당수가 바로 위 1~2달러 수준으로 경미하게 소득이 상승했기 때문일 것으로 보인다. 이런 사실을 종합해 본다면 세계화가 빈곤을 악화시키는 것은 아니지만 세계화가 곧 빈곤을 축소시킨다고 낙관할 수만은 없다. 나아가서 평균수명, 유아사망률, 교육 수준 등 빈곤을 측정하는 간접적 자료를 분석했을 때 1980년 이후 세계화가 진전된 시기에 세계 빈민의 삶의 질이 개선되었다는 증거는 희박하다(이강국 2005, 209-213).

그러면 세계화가 불평등에 미치는 영향을 보자. 1820년 이후 180년간 세계의 불평등 추세를 보면 불평등은 엄청나게 확대되었다. 란트 프릿쳇Lant Pritchett에 의하면 1870년에 미국의 1인당 소득이 당시 최빈국의 8.7배였는데, 1990년에는 그 격차가 45.2배로 늘어났다고 한다(Pritchett 1997). 19~20세기의 200년을 시기별로 쪼개 본다면 제1차 세계화 시대였던 1870~1914년 시기에 불평등이 급속히 심화했고, 1950~2000년의 제2차 세계화 시기에는 다소 완만한 불평등 심화가 있었던 것이 사실이다(Williamson 1997; 2002). 그렇다면 세계화는 불평등을 심화시킨다고 바로 결론을 내려도 좋을까?

그러나 표준적 경제 이론에서 스톨퍼-새뮤얼슨Stolper-Samuelson 정리(1941)가 말하는 대로 자유무역이 요소 가격을 균등화하는 경향이 있다면 후진국에 풍부한 노동이라는 생산요소의 가격인 임금이 세계화에 따라 상승함으로 인해 오히려 세계적으로 불평등이 축소할 것으로 기대할 수 있다. 그러므로 세계화 자체를 바로 양극화의 원인으로 보는 것은 무리가 있음을 알 수 있다. 지난 200년간 세계화의 진행과 세계 불평등의 상승이 동시에 나타났기 때문에 얼핏 보면 세계화가 불평등 심화의 원인인 것처럼 보이지만 실은 둘 사이에는 인과관계가 없고, 오히려 세계화가 있었기 때문에 그래도 세계의 불평등이 조금은 축소되었다고 보는 견해도 있다(Lindert and Williamson 2001). 특히 최근의 변화, 즉 1980년 이후 20년만을 보면 세계의 불평등은 감소하고 있는데, 이는 최빈국인 중국과 인도가 세계화에 적극 참여함으로써 얻은 고도성장에 주로 기인하는 것이지만 어쨌든 1800년 이후 200년 만에 처음 나타난 불평등 축소 현상이라는 점은 특기할 만하고, 이 점은 세계화 찬성론자들에게 강력한 지지 근거를 제공하고 있다.

1870~1914년의 제1차 세계화 시대에 각국 간의 임금격차는 명백한 수렴 현상을 나타내고 있었고, 그 뒤의 반反세계화 시기인 양차 대전 및 전간기(1914~50년)에는 반대 경향을 보이고 있어서 표준적 경제 이론의 예측과 부합한다. 제2차 세계대전 후의 제2차 세계화 시기에 대해서 실증 분석을 한 세계은행은 후진국 중에서도 세계화 참가국들globalizers은 소득이 증가한 데 반해서 세계화 비참가국들non-globalizers의 소득이 정체한 점을 들어 세계화를 적극 옹호한다(Wolf 2004). 현재 세계 소득 불평등의 주요 원인은 국가 내 불평등이 아니라 국가 간 소득격차인데, 국가 간 소득격차를 가져온 주요 원인은 세계화의 물결에 합류했느냐 여

표 12.3 | 각국의 1인당 소득의 장기 추이 (1900년 영국=100)

	1800	1830	1860	1880	1900	1913
제3세계	6	6	4	3	2	2
선진국	8	11	16	24	35	55
영국	16	25	64	87	100	115
미국	9	14	21	38	69	126

자료: Paul Bairoch, Victoires et devoires, 3 vols; Paris, Gallimard, 1997 vol 1, p. 404(Milanovic, 2003에서 재인용).

부에 달려 있다는 것이다. 그리고 세계화 옹호론자들은 세계 전체의 불평등이 1980년경 최고조에 달한 이후 약간씩 하락 추세를 보인다는 증거를 들어 세계화를 정당화하고 있다.

그러나 세계은행의 경제학자 브랑코 밀라노비치Branko Milanovic는 세계화가 불평등을 축소시킨다는 명제에 반대한다(Milanovic 2003). 그는 1870~1914년의 시기 즉, 제프리 윌리엄슨Jeffrey G. Williamson이 말하는 제1차 세계화 시기는 한편으로는 세계화의 전성기였지만 다른 관점에서 보면 식민주의의 전성기였다는 점을 지적한다. 이 시기는 제국주의 국가가 식민지를 약탈한 시기였으므로 당연히 세계적 불평등이 심화되었다는 것이다. 예를 들어 인도네시아에서 네덜란드 동인도회사로 이전된 잉여가 1868~1930년 시기에 인도네시아 국민소득의 7.4~10.3%에 달했다는 사실, 그리고 아프리카 콩고에서 무려 1,000만 명의 주민이 제국주의 침략으로 학살되었다는 사실 등을 밀라노비치는 지적한다. 식민주의의 착취가 없었다면 세계 국가 간의 소득격차는 지금보다 훨씬 작을 것이다. 예를 들어 인도는 1760년 당시 이미 1인당 소득이 영국의 70~90%의 수준에 도달해 있었다는 점, 그리고 중국의 1인당 소득은 1800년 당시 아마 영국보다 높으면 높았지 결코 낮지 않았을 것이라는 점을 밀라노비치는 근거로 제시한다.

밀라노비치는 폴 베어록Paul Bairoch의 제3세계 경제 발전 연구를 인용해 세계의 불평등이 지난 200년간 확대되어 왔음을 주장한다. 〈표 12.3〉은 베어록의 연구 결과를 보여 주는데, 이 표는 1900년 영국의 1인당 소득을 기준(=100)으로 했을 때 세계 각국의 상대적 소득의 시대적 추이를 나타내고 있다. 여기서 보면 1800년에는 세계 각국의 소득격차는 아주 작았으며, 제3세계와 현재 선진국의 소득격차는 거의 없었다는 사실을 알 수 있다. 그러나 그

후 선진국, 그중에서도 특히 영국, 미국이 괄목할 만한 경제성장을 하는 동안 제3세계는 경제 발전이 불가능했고, 실제로 19세기 동안 1인당 소득이 후퇴하고 있었다는 충격적 사실을 확인할 수 있다.

세계화 논쟁에서 1980년 이후 20년간 세계 전체의 소득 불평등은 대단히 중요하다. 살라이마틴이 세계의 소득분배를 새로 추계한 내용을 보자(Sala-i-Martin 2002b). 각국의 국내 불평등을 얻기 위해서 그는 세계 97개국을 다룬 새로운 자료(Deininger and Squire 1996)에 기초해 세계 전체의 지니계수를 추계했는데, 이는 세계 인구의 90%를 포괄한다. 그가 추계한 세계 전체의 지니계수의 추이는 0.657(1970년) → 0.662(1980년) → 0.654(1990년) → 0.633(1998년)이다. 이 결과는 자신의 종전의 연구(Sala-i-Martin 2002a)에 비해 1970년의 지니계수 값은 약간 높아졌고, 1980년대 이후의 값은 떨어진 것으로 나온다. 1980년 이후의 지니계수의 하락이야말로 제임스 울펀슨James Wolfensohn 세계은행 전 총재가 세계화를 옹호하는 중요한 근거가 되었다.

그러나 밀라노비치는 1980년 이후 20년간의 세계 전체의 소득 불평등은 추계 방법에 따라 달라진다는 점을 들어 반박한다. 즉, 세계 각국의 인구 가중치를 두지 않는 경우에는 세계 불평등이 크게 증가한다. 지니계수로 표시해서 이 시기의 불평등은 0.46에서 0.54로 크게 증가했다. 인구 가중치를 둘 경우에는 불평등이 축소한다. 그러나 이것은 중국, 인도의 경제성장에 크게 의존하고 있다. 여기서 중국, 인도를 제외하고 계산해 보면 세계의 불평등은 1980년을 저점으로 해서 다시 상승하는 결과를 보인다.

그리고 흔히 중국의 경제성장을 세계화의 영향, 신자유주의의 승리로 해석하고 있으나 밀라노비치는 다른 해석을 내놓는다. 즉, 그는 중국의 고도 경제성장은 세계화의 성공도 아니고, 시장의 승리도 아니다. 그것은 오히려 사회주의 체제하에서의 중국 특유의 국유기업國有企業 및 향진 기업鄕鎭企業의 성공으로 봐야 하므로 오히려 시장 만능을 강조하는 신자유주의와 모순된다는 것이다.

밀라노비치는 세계화와 불평등에 관한 연구를 더 보강해 최근 *Global Inequality*(『왜 우리는 불평등해졌는가』, 서정아 옮김, 2016)라는 책을 출판했다. 이 책에서 밀라노비치는 최근의 세계적 성장이 한편으로는 중국을 비롯한 아시아 몇 나라의 신흥 부자들, 즉 세계적 신흥

코끼리 곡선(Elephant Curve)

세계은행에서 오랜 세월 동안 세계적 불평등 문제를 분석하던 브랑코 밀라노비치(Branko Milanovic)가 2016년에 출판한 책 *Global Inequality*(『왜 우리는 불평등해졌는가』, 21세기북스)에 코끼리 곡선이란 게 나온다. 밀라노비치는 최근 세계인들의 소득이 어떻게 변동하는가를 분석하기 위해 이 그림을 그렸다. 이 그림은 1988년부터 2008년까지 20년 동안 전 세계 인구의 소득이 얼마나 성장했는가 하는 것을 소득 계층별로 나누어 본 것이다.

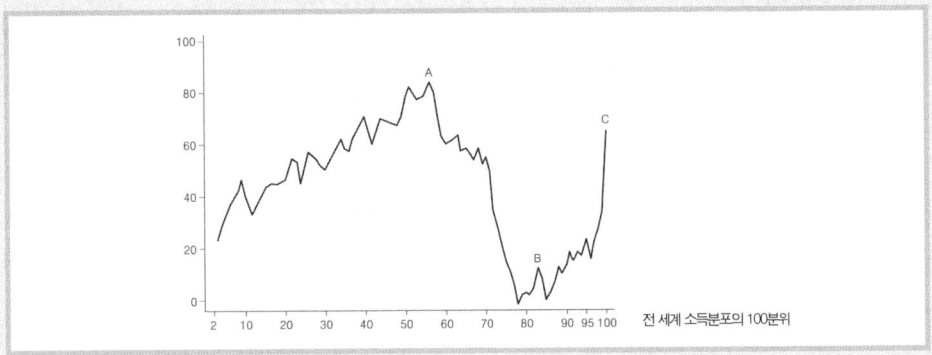

그림의 횡축은 전 세계 인구를 소득 계층별로 나눈 것으로서 좌측으로 갈수록 저소득 계층이며, 우측으로 갈수록 고소득 계층을 나타낸다. 종축은 20년 동안의 소득 성장률(%)을 나타낸다. 이 그림을 보면 소득 계층별로 봐서 중간쯤에 위치한 50~60% 계층, 즉 세계적으로 중산층에 가까운 집단의 소득이 가장 크게 성장했음을 보여 준다(A). 이 집단은 주로 중국, 인도 등 신흥 공업국을 대표한다고 할 수 있다. 반대로 가장 소득 성장이 낮은 집단은 전 세계의 소득 계층으로 봐서 80%, 즉 상위 20%에 속하는 상대적 고소득 계층으로 나타난다. 이들은 지난 20년간 소득 성장이 거의 0이다(B). 이 집단은 주로 유럽, 미국 등 선진국 사람들을 많이 포함한다.

가장 주목할 만한 집단은 최고 소득층(C)이다. 이들은 최고 소득층이면서 20년 동안 괄목할 만한 소득 성장을 거두었다. 이들은 선진국의 상류층으로서 말하자면 세계의 소득분배에서 최상위 1%를 대표하는 사람들이다. 최상위 소득 계층의 소득이 급성장함으로써 세계적 소득분배가 불평등해지고 있다. 이 그림은 마치 코끼리가 긴 코를 처들고 있는 것 같은 모양을 취하고 있어서 코끼리 곡선이라고 불린다. 코끼리의 코 부분이 없다면 그림은 역U자 모양일 것이고, 그것은 세계적으로 중산층 소득 성장이 빨라서 건강한 소득분배 구조를 나타낼 텐데, 현실은 그렇지 못하고 최상위층의 소득이 급성장해 불평등을 심화시킴으로써 세계적 두통거리가 되고 있다.

중산층의 성장을 가져와 세계의 불평등 축소에 기여하기도 했지만 다른 한편 소득분배의 최상위층, 즉 최고 5%의 몫이 급증함으로써 세계의 불평등 확대에 기여했다는 점을 지적하고 있다. 최고 5% 중에서도 최고 1%가 1988~2008년 사이의 20년간 세계적 소득 성장의 19%를 가져갔고, 바로 그 아래에 있는 2~5%의 부자들이 25%를 가져감으로써 결국 이 시기 소득 성장의 44%를 세계의 최고 부자 5%가 가져갈 정도로 세계화의 열매는 불균형되게 분배되었다는 것이다. 밀라노비치가 분석한 소득분위별 소득 성장을 그림으로 그리면 코끼리 비슷한 모양이 나오기 때문에 밀라노비치의 이 연구는 소위 '코끼리 그림'이란 이름으로 세계의 주목을 받았다.

다른 한편 세계화 시대에 국내의 소득 불평등은 어떤 변동을 보일까? 많은 나라에서 국내 소득 불평등이 크게 증가한 점은 주목할 만하다. 미국, 영국, 일본, 중국, 인도, 러시아 등 대국들이 여기에 해당한다. 그러나 세계화 시대라고 해서 모든 나라의 소득 불평등이 커진 것은 아니다. 유럽의 복지국가들은 세계화 시대에도 여전히 불평등 심화 추세를 보이지 않고 비교적 초연한 모습을 보여서 대조적이다.

표준적 경제 이론에 의하면 세계화와 더불어 노동이 부족한 부국에서는 저임금 노동력이 유입해 임금 불평등은 증가하는 반면, 노동이 풍부한 빈국에서는 반대의 현상이 나타날 것으로 예측된다. 19세기 말 제1차 세계화 시대의 경험을 보면 미국, 캐나다, 오스트레일리아 등 신세계의 불평등 증가와 덴마크, 노르웨이, 스웨덴, 이탈리아 등 구세계의 불평등 감소라는 현상이 뚜렷이 나타나 경제 이론을 지지해 준다. 지금은 말하자면 제2차 세계화가 진행되고 있다고 할 수 있는데, 그 과정에서 국내의 소득 불평등이 과연 심화하느냐 하는 문제에 대해서는 아직 뚜렷한 결론 없이 논쟁이 계속되고 있다.

3. 선진 자본주의의 소득분배

주요 국제 비교 연구 결과

선진 자본주의국가의 소득분배를 비교하기 위해 지금까지 나와 있는 약간의 실증 연구를 소개하기로 한다. 물론 이런 국제 비교는 각국의 소득분배 자료의 형식이 다르고 개념상의 차이도 있어서 직선적 비교를 하기가 어려운 것이 사실이다. 그리고 조사 시기에도 차이가 있으며, 설사 시기가 같다고 하더라도 각국의 경기 상태나 경제정책 여하에 따라 소득분배가 영향을 받을 수도 있다. 그러므로 소득분배의 국제 비교는 결코 쉬운 일이 아니며, 따라서 그런 연구는 숫자가 많지 않다. 여기에서는 국제 비교상 필요한 주의를 상당히 기울였다고 판단되는 소수의 국제 비교 연구 결과만 소개하려고 하는데, 어쨌든 결과의 해석에 신중하지 않으면 안 된다.

먼저 라이돌의 '표준 분배'standard distribution를 보기로 하자(Lydall 1968). 라이돌이 말하는 '표준 분배'란 다음과 같이 정의된다. "국내 모든 지역의 비농업 부문에 종사하는 성인, 남자, 상용 노동자full-time, full-period에게 현금으로 지급된 과세 이전의 임금 및 봉급의 분배"이다. 라이돌이 이런 분배를 비교한 이유는 다른 데 있는 것이 아니고 본격적인 소득분배 자료를 구하기 어렵기 때문에 그래도 비교적 믿을 만하고 국제 비교가 가능하다고 판단되는 노동소득에 국한됐기 때문이다. 표준 분배에는 자산 소득이 빠져 있기 때문에 명백한 한계를 갖는다.

라이돌은 대단히 많은 나라에 대해 표준 분배를 조사했는데 그 결과 얻어진 분배의 상대적 평등도의 순서를 나열하면 다음과 같다. 앞에 있는 나라일수록 좀 더 평등한 나라이다. 체코슬로바키아, 뉴질랜드, 헝가리, 오스트레일리아, 덴마크, 영국, 스웨덴, 유고슬라비아, 폴란드, 서독, 캐나다, 벨기에, 미국, 오스트리아, 네덜란드, 아르헨티나, 스페인, 핀란드, 프랑스, 일본, 브라질, 인도, 스리랑카, 칠레, 멕시코…… 등의 순서다.

이런 국제 비교의 결과 라이돌은 다음과 같은 결론을 내리고 있다. 첫째, 자본주의보다 사회주의 쪽이 상대적으로 평등하다. 둘째, 후진국보다 선진국이 상대적으로 평등하다. 라이돌이 사용한 자료는 국가별로 통일된 것이 아니고 신뢰도 높은 것이 아니어서 문제가 있지만, 그의 전체적 결론은 그렇게 틀린 것이 아니란 것이 그 뒤 다른 사람들의 연구를 통해 확인되고 있다.

다음에는 1976년 OECD에서 주관해 말콤 소여Malcolm Sawyer가 연구한 OECD 여러 나라의 소득분배 상태를 비교해 보기로 하자. 〈표 12.4〉는 소여의 연구 결과를 요약한 것이다. 그

표 12.4 선진 자본주의국가의 소득분배 비교 I (과세 전 소득)

	앳킨슨 지수		지니계수	타일 지수	대수 분산
	ε =0.5	ε =1.5			
오스트레일리아	0.082	0.251	0.313	0.070	0.083
캐나다	0.125	0.384	0.382	0.106	0.133
프랑스	0.142	0.393	0.416	0.126	0.131
독일	0.125	0.320	0.396	0.115	0.096
일본	0.093	0.242	0.335	0.086	0.068
네덜란드	0.120	0.312	0.385	0.111	0.093
노르웨이	0.106	0.325	0.354	0.089	0.107
스웨덴	0.097	0.287	0.346	0.085	0.090
영국	0.098	0.293	0.344	0.084	0.093
미국	0.138	0.407	0.404	0.117	0.142
평균	0.111	0.317	0.366	0.097	0.101

자료: Sawyer(1976).

는 지니계수, 타일 지수, 대수 분산 이외에 앳킨슨 지수를 이용해 선진 자본주의 각국의 소득분배 비교를 시도했다(이들 불평등 지수의 공식과 성질에 대해서는 이 책의 2장 참조). 그는 과세 전 소득과 과세 후 소득을 함께 분석하고 있는데 〈표 12.4〉에는 과세 전 소득만 인용했다.

소여의 연구 결과에 의하면, 선진 자본주의 각국은 소득분배에 관한 한 대체로 상대적으로 평등한 그룹과 불평등한 그룹으로 양분될 수 있다. 상대적으로 불평등한 그룹에 속하는 나라는 프랑스, 미국, 독일(옛 서독, 이하 동일), 네덜란드, 캐나다이고 상대적으로 평등한 그룹은 오스트레일리아, 일본, 영국, 스웨덴, 노르웨이로 나타났다. 일본과 오스트레일리아는 어느 지표를 사용하든 관계없이 항상 가장 평등한 나라로 나타난다. 이와는 반대로 특히 프랑스는 선진 자본주의국가 중에서도 가장 소득 불평등이 심한 나라로 드러났는데, 프랑스와 비슷한 수준의 불평등을 가진 나라는 미국 이외에는 없었다. 이 발표가 나가자 프랑스가 발칵 뒤집히다시피 했고, 당시 대통령 지스카르 데스탱Giscard d'Estaing이 직접 OECD에 항의하는 일이 벌어지기도 했다.

전통적으로 많이 사용하는 불평등 지표인 지니계수나 타일 지수, 대수 분산의 어느 것을 이용하더라도 약간의 순위 바뀜을 제외하고는 대세는 불변이라는 것을 표에서 알 수 있

표 12.5 선진 자본주의국가의 소득분배 비교 II (과세 전 소득 몫)

		최고 20%	20~40%	40~60%	60~80%	최저 20%
핵가족						
영국	1977/78	42.5	24.4	16.4	10.5	6.1
미국	1972	48.4	24.5	15.9	8.8	2.4
독일	1971	39.4	25.1	19.0	12.9	3.6
스웨덴	1970	42.7	24.0	16.9	10.7	5.7
프랑스	1970	44.4	20.8	15.1	11.7	8.0
아일랜드	1974/75	43.5	23.5	16.7	11.5	4.8
가구						
영국	1977	39.4	24.8	18.3	11.8	5.7
미국	1974	46.4	23.7	16.1	10.0	3.8
오스트레일리아	1966/67	38.9	23.3	17.9	13.6	6.3
프랑스	1970	47.0	23.0	15.8	9.9	4.3
일본	1971	46.2	22.8	16.3	10.9	3.8
아일랜드	1973	44.5	23.8	16.6	11.1	4.1

자료: Stark(1977).

다. 그런데 앳킨슨의 사회후생 함수를 전제한 불평등 지표를 이용하는 경우에는 사회의 불평등 용인도(容認度)를 나타내는 파라미터 ε의 크기 여하에 따라 순위가 상당히 바뀔 수 있다(2장 참조). 예컨대 $\varepsilon=1.5$라고 가정하면 독일과 노르웨이의 불평등 서열이 뒤바뀌는 결과가 생길 수 있다. 소여는 10개국의 소득분배를 비교한 뒤 재미있는 결론을 하나 내리고 있는데, 그것은 각국의 국내 소득분배를 10분위로 나눌 때 최저 20% 소득 계층의 소득 몫의 크기는 주로 정부 정책, 그중에서도 사회보장 지출에 달려 있고, 중간의 70% 소득 계층의 소득 몫은 노동소득의 불평등 정도에 달려 있으며, 최고 10%의 소득 몫은 사업소득과 투자소득에 달려 있다는 것이다.

소여의 연구 이후에 얼마 지나지 않아 스타크(T. Stark)에 의한 선진 자본주의 8개국의 소득분배 비교 연구가 나왔는데 그 결과가 〈표 12.5〉에 요약되어 있다(Stark 1977). 이 연구는 앞서 소여의 연구 결과와 큰 테두리에서는 대동소이하다고 말할 수 있지만 몇 가지 점에서 중요한 차이가 나타났다. 차이점만 지적한다면 다음과 같다. 첫째, 소여의 추정 결과와 비교할 때 독일 최고 계층의 소득 몫이 적고 동시에 최저 계층의 소득 몫도 적다. 바꿔 말하

일본은 '격차 사회'인가?

일본에서 '격차 사회' 논쟁이 뜨겁다. 한때 세계에서 가장 평등한 나라로 평가받던 나라가 일본이었다. 몇 년 전만 해도 일본에는 '1억 총중류'라는 표현이 있었다. 이는 1억 일본인이 모두 중류에 속한다는 말인데, 바꾸어 말하면 일본에는 상류도 없고, 하류도 없고, 국민 모두가 스스로 중류라고 생각하는 나라란 뜻이다. 그랬던 일본에서 지금은 여론조사마다 국민의 70~80%가 격차 확대 현상이 일어나고 있음을 인정하고 있다.

경제학자 말콤 소여가 OECD 각국의 소득분배를 비교한 1976년 연구에서 일본은 선진국 중에서도 비교적 평등한 나라라는 결과가 나와 일본은 북유럽과 더불어 국제적으로 평등 국가라는 좋은 인상을 얻게 되었다. 30년이 지난 지금은 어떤가? 전혀 그렇지 않다. 오히려 일본은 선진국 중에서도 불평등이 심한 나라라는 증거가 속속 드러나면서 일본에서는 지금 '격차 사회' 논쟁에 불이 붙었다.

증거를 보면 일본의 불평등은 지난 30년간 현저히 증가했다. 불평등 비교에서 가장 자주 사용되는 지니계수는 대부분의 나라에서 0.2에서 0.6 사이의 값을 취한다. 일본의 지니계수는 1972년 0.314에서 2002년 0.381로 큰 폭으로 상승했다. 다른 선진국들과 비교하면 일본은 포르투갈, 이탈리아, 미국, 영국 등 몇 나라의 뒤를 이어 불평등이 비교적 큰 나라에 속하는 것으로 평가된다. 일본의 빈곤율은 미국, 아일랜드에 이어 3위이고 대도시에 노숙자가 눈에 띄게 늘어났다.

일본에서 불평등이 심화한 이유는 무엇인가? 일본 정부는 고령화와 1인 가구의 증가로 인한 착시 현상으로 해석하면서 애써 격차 사회를 부정하려고 하지만 가난한 1인 고령 가구의 증가 자체가 불평등 심화임을 감출 수 없다. 일본 자민당 정부가 추진한 시장 만능주의적 구조 개혁도 불평등 심화를 가져왔다. 고이즈미 준이치로(小泉純一郞) 전 총리는 몇 년 전 "격차는 어느 사회에나 있고, 격차가 발생하는 것은 나쁜 게 아니다", "성공하는 사람을 시기한다든가 능력 있는 사람의 발목을 잡아당기는 풍조를 삼가지 않으면 사회는 발전하지 않는다"며 역공을 가했는데, 이런 철학으로 구조 개혁을 추진해서 격차 사회의 문제를 더 키웠다. 무엇보다 큰 이유는 일본이 오랫동안 성장만을 부르짖으며 복지를 무시한 데 있다. 이 모든 점에서 일본과 흡사한 한국은 지극히 경계하지 않으면 안 된다.

면, 독일은 중간 계층이 두텁다는 뜻이다. 둘째, 프랑스의 소득분배는 선진 자본주의국가 중에서 가장 불평등한 것이 틀림없으나 소여의 추정치만큼 그렇게 나쁜 것은 아니다. 셋째, 일본은 소여의 연구에서 나타났듯이 그렇게 평등한 나라는 아니다. 스타크에 의하면,

일본은 선진 자본주의국가 중에서 기껏해야 중간 정도의 평등도를 가진 나라에 불과하다.

여기서 특히 흥미가 있는 것은 영국과 미국의 소득분배의 비교다. 미국은 선진 자본주의국가 중에서도 가장 자유방임적 경제체제를 갖고 있어서 경제에 대한 정부 개입이 적고, 복지국가적 측면이 약할 뿐 아니라 지역, 인종 간 격차도 크므로 당연히 소득 불평등도 미국 쪽이 영국보다 훨씬 클 것으로 추측할 수 있다. 그런데 실제로 라이돌이 1953년 소득 자료를 가지고 비교한 결과는 뜻밖에도 영·미 두 나라의 소득분배에 큰 차이가 없고, 차이가 있다고 해도 약소한 차이에 불과했다. 라이돌은 영국의 최고 10%의 소득 계층이 소득의 30%를 점하고 있는 데 비해 미국은 31%를 점하고 있다고 추정했다.

그러나 〈표 12.4〉와 〈표 12.5〉에서 보듯이, 1970년대의 자료를 이용한 소여와 스타크의 연구 결과는 과거의 추정이 틀렸음을 보여 준다. 미국이 영국에 비해 최저 소득 계층에게 돌아가는 몫은 더 적고 최고 소득 계층의 몫은 더 커서 명백히 미국 쪽이 영국보다 더 불평등한 소득분배 구조를 갖고 있음이 판명되었다. 그러나 부의 분배에서 양국을 비교한다면 앞서 8장에서 언급한 바와 같이 오히려 영국이 미국보다 불평등한 결과가 나타나고 있다. 이것은 영국이 미국에 비해 훨씬 오랜 세월에 걸친 부의 축적의 역사가 있었기 때문이라고 해석할 수 있을 것이다. 이와 같이 소득과 부의 분배가 서로 엇갈려 나타날 수 있음을 영국과 미국의 비교는 보여 주고 있다.

룩셈부르크소득연구 결과

소여와 스타크에 의한 선진국 소득분배의 초기 비교 연구 이후 대표적인 국제 비교 연구로는 룩셈부르크소득연구가 있다. 이것은 사회과학의 장기적 국제 비교 연구를 가능케 하기 위해 선진국 10개 나라(미국, 캐나다, 오스트레일리아, 이스라엘, 네덜란드, 스위스, 영국, 서독, 노르웨이, 스웨덴)의 소득 조사를 집대성한 것이다. 이 조사는 1983년 룩셈부르크 정부의 후원하에 룩셈부르크 왈퍼당게Walferdange에 있는 인구/빈곤 정책연구소Center for Population, Poverty and Policy Studies에서 10개국으로부터 소득 및 경제적 복지 관련 최신 자료를 모음으로써 시작되

표 12.6 | 선진 자본주의국가의 소득분배 비교 III (가구 가처분소득)

	앳킨슨 지수 (ε=0.5)	지니계수	타일 지수	종합 순위
미국	.099 (1)	.330 (1)	.182 (1)	(1)
오스트레일리아	.087 (2)	.314 (2)	.165 (2)	(2)
캐나다	.083 (3)	.306 (3)	.157 (4)	(3)
네덜란드	.082 (4)	.303 (4)	.159 (3)	(4)
스위스	.079 (5)	.292 (6)	.154 (5)	(5)
영국	.078 (6)	.303 (6)	.153 (6)	(6)
이스라엘	.071 (7)	.292 (6)	.142 (7)	(7)
서독	.066 (8)	.280 (8)	.134 (8)	(8)
노르웨이	.060 (9)	.255 (10)	.114 (9)	(9)
스웨덴	.060 (9)	.264 (9)	.114 (9)	(10)

주: 괄호 안은 순위.
자료: Smeeding(1991).

었다. 이 자료의 조사 시기는 각국별로 조금씩 차이가 있지만 모두 1979~83년 사이의 기간이며, 국제 비교가 가능한 풍부한 미시 자료이기 때문에 사회과학에서의 소득분배 및 빈곤의 비교 연구에 획기적 전기가 마련되었다고 할 수 있다.

룩셈부르크소득연구 자료로부터 티머시 스미딩이 분석한 결과가 〈표 12.6〉에 요약되어 있다. 조사 대상은 가족 단위 가처분소득이며, 불평등 지수로는 앳킨슨 지수(단, 불평등 용인도 파라미터 ε=0.5, 2장 참조), 지니계수와 타일 지수가 사용되었다. 그런데 어느 지수를 쓰든 각국의 불평등 순위는 별로 달라지지는 않는다. 10개국 중 어느 모로 보나 가장 불평등한 나라는 미국이다(단, 소여의 연구에서 선진국 중 가장 불평등하기로 소문났던 프랑스는 이 조사에 불참했다). 미국 다음으로 불평등한 나라는 오스트레일리아, 캐나다, 네덜란드인데, 지리적으로 규모가 크고 정치적·경제적으로 다양성이 있으며, 비교적 역사가 짧은 나라들이 불평등이 크게 나타난 것은 아주 흥미 있는 결과다. 10개국 중 가장 평등한 나라는 역시 복지국가로 알려진 북유럽의 노르웨이와 스웨덴이며, 유럽의 다른 나라들과 이스라엘이 중간에 위치하는 것으로 드러났다.

이런 10개국 사이의 소득 불평등 순위는 1980년 현재 각국별 GDP 대비 사회보장 지출의 크기와 밀접한 상관관계가 있는데, 이 비율은 미국, 오스트레일리아, 캐나다가 약 20%,

표 12.7 | 주요국의 소득분배 추이

	1970년대 초중반 ~ 1980년대 중후반	1980년대	1980년대 중후반 ~ 1990년대 중후반
오스트레일리아	0	+	+
오스트리아	0	0	++
벨기에	0	+	+
캐나다	−	0	+
체코 공화국	na	na	+++
덴마크	na	na	−
핀란드	−	0	+
프랑스	−	0	+
독일	−	+	+
헝가리	na	na	++
아일랜드	−	0	++
이스라엘	0	0	++
이탈리아	− −	−	++
일본	0	+	++
멕시코	na	na	++
네덜란드	0	+	++
뉴질랜드	0	+	+++
노르웨이	0	0	++
폴란드	na	na	+++
러시아	na	na	++
스웨덴	−	+	+
스위스	na	na	+
타이완	0	0	+
영국	++	+++	++
미국	++	++	++

```
+++      소득 불평등 뚜렷한 증가(15% 이상 증가)
 ++      소득 불평등 증가(7~15% 증가)
  +      소득 불평등 약간 증가(1~6% 증가)
  0      변화 없음(−1~1% 변화)
  −      소득 불평등 약간 감소(1~6% 감소)
 − −     소득 불평등 감소(7~15% 감소)
− − −    소득 불평등 뚜렷한 감소(15% 이상 감소)
 na      이용 가능한 추정량 없음
```

주 1) 여러 가지 소득 불평등 지표(주로 지니계수)들을 근거로 산출된 것임.
2) 국가별 연구 및 국가 간 비교 연구의 결과를 요약한 것임.
자료: Smeeding(2002, table 3).

유럽이 평균 26%, 노르웨이와 스웨덴은 30%였다. 스미딩은 나아가서 소득의 차이가 있더라도 가족의 크기와 연령 구성에 따라 쓰임새가 다르다는 사실 때문에 환산 척도를 고려해 각국의 소득 불평등을 추정하고 있는데, 그 결과는 위의 분석과 거의 대동소이하다.

〈표 12.7〉은 룩셈부르크소득연구를 이용한 스미딩의 또 다른 연구 결과 중 하나다(Smeeding 2002). 선진국에서 일어난 소득분배의 변화는 국가별로 방향이 서로 다르지만, 1980년대보다는 1990년대 중후반에 올수록 불평등 수준이 더 높아졌다는 사실을 보여 준다. 경제적 불평등의 상승이 대세이며, 심지어 평등주의적 선진 복지국가에서도 이런 현상이 나타나고 있다.

첫째, 1970년대 중반부터 1980년대 중반까지는 미국과 영국에서만 불평등이 상승했고, 다른 7개국에서는 불평등이 약간 하락했으며, 9개국에서는 별 변화가 없었다. 미국과 영국에서의 불평등 심화는 1950~70년 사이에 양국에서 불평등이 하락했다는 피터 고트샬크 Peter Gottschalk와 스미딩의 연구 결과(Gottschalk and Smeeding 2000)와 대조적이다.

둘째, 1980년대에는 이탈리아에서만 불평등이 상당히 하락했지만, 그 반면 9개국에서는 상승했고, 8개국은 변화가 없었다. 이 기간 동안 영국의 불평등은 15% 이상 상승했고, 미국의 불평등은 약 12% 상승했다. 1980년대에 나머지 국가들은 모두 불평등의 하락이 멈추었거나 약간 상승했다.

셋째, 1980년대 후반에서 1990년대 중후반까지 덴마크만 예외로 하고 거의 모든 OECD 국가에서 불평등이 상승했다. 불평등의 큰 상승은 체코와 뉴질랜드에서 나타났고, 영국과 미국에서는 불평등 상승이 다소 진정되었다. 이런 경향은 1990년대 후반기 이들 국가에서 노동시장의 수요 증가와 저실업의 결과라 할 수 있다.

요약하면 대부분의 국가에서 1980년대를 전환점으로 그 이전 불평등의 하락 또는 안정 시기에서 그 이후 불평등의 상승 시기로 전환했음을 알 수 있다. 고트샬크와 스미딩이 주장하는 것처럼 소득분배의 U자형 변화는 대부분 국가에서 나타났다(Gottschalk and Smeeding 2000). 즉 불평등의 전환점(U자의 저점)은 국가 간에 다르지만, 대부분 국가에서 1960년대와 1970년대 초에는 불평등이 하락했고, 그 후 1970년 후반과 1980년대에서 1990년대까지는 불평등이 상승했다. 예컨대 스칸디나비아 국가들은 1990년대 이전까지는

싹쓸이 사회

최근 미국의 소득분배가 급속히 악화해서 커다란 사회문제로 등장하고 있다. 미국의 소득분배는 제2차 세계대전 이후 대체로 안정적인 모습을 보이면서 조금은 개선되는 기미를 보이고 있었으나 1978년을 고비로 역전되면서 그 후 소득 및 부의 분배는 걷잡을 수 없이 악화 일로를 걸어 왔다(이것을 '거대한 U-Turn'이라고 부른다).

징후는 여러 가지로 나타나고 있다. 세계에서 제일 잘산다고 하는 나라에서 노숙자들(the homeless)이 거리에서 구걸을 하고, 소위 하층계급은 도심의 빈민촌에서 실직, 범죄, 마약, 미혼 출산 등 온갖 사회문제를 일으키고 있다(10장 참조). 사회의 계급 구조에서 허리를 받치는 생산직 노동자들은 대량으로 일자리를 잃고, 실질임금은 후퇴를 거듭함으로써 중산층 몰락이라는 심각한 현상이 일어나고 있다. 그 반면 소수의 부자들은 부동산, 금융자산의 운용, 기업 사냥 등을 통해 천문학적으로 소득과 부를 늘려 왔다.

2008년 노벨 경제학상을 받은 폴 크루그먼의 계산에 의하면 1977~89년 기간에 미국 가계의 평균 소득은 약 10% 증가했는데 이 증가분 중 70%는 최고 1%의 부유층이 가져가고 나머지 30%의 혜택을 99%의 가계가 나누어 가져갔다고 한다. 부의 불평등도 조금씩 줄어들다가 1980년대 이후에는 나빠지고 있다. 간단히 말하자면, 결국 미국 사회의 중산층이 몰락하고 계급의 양극화가 급속히 진행되고 있는 것이다. 소수의 엘리트가 독식하는 현상을 가리켜 '싹쓸이 사회'(Winner-Take-All Society)라고 이름 붙이는 경제학자도 있다.

불평등 심화의 원인에 대해서는 여러 학설이 난무하고 있다. 컴퓨터, 정보 등 첨단산업에서 과학기술 혁명이 일어나면서 빌 게이츠와 같이 새로운 지식과 기술을 가진 소수의 전문가에 대해서는 수요가 급증한 데서 오는 정보격차(digital divide)에 주목하는 기술 중시 가설도 있고, 소위 국경 없는 경제, 국제경쟁의 심화로 인해 철강, 자동차 등 미국의 전통적인 굴뚝 산업(smoke stack industries)이 쇠퇴하고 자본이 해외로 이동함으로써 생산직 노동자에 대한 수요가 감소했다는 세계화 가설, 노동조합의 세력 약화와 낮은 최저임금으로 인해 저임금 노동자들을 지킬 힘을 잃었기 때문이라는 제도 가설 등 백가쟁명(百家爭鳴)의 논쟁이 벌어지고 있다(Krugman 2007). 한국은 아직 이런 단계에 이른 것은 아니지만 기업의 해외 이전, 구조 조정, 명예퇴직, 임금동결, 노조의 쇠퇴 등에서 미국과 흡사한 면이 많아 불길한 느낌을 준다.

불평등의 상승을 경험하지 않았으며, 독일, 프랑스, 캐나다 등은 불평등의 상승이 그다지 크지 않았다. 1980년대와 1990년대 초반 동안 영국과 미국에서 불평등이 급속히 상승했지만, 그 추세가 수평으로 바뀌어 1990년 후반에 이들 양국에서 불평등의 상승률이 현저히 줄어들었다.

OECD 국제 불평등 비교 연구

최근 OECD에서 가맹 30개국 전체를 대상으로 소득 불평등을 비교 연구한 결과를 발표했다(OECD 2008). 그 내용을 보면 전체 가구의 가처분소득을 가지고 지니계수를 계산했는데, 전체 평균값은 0.312로 나타났다(한국의 값도 0.312). 나라에 따라 지니계수의 값은 큰 차이가 있는데, 덴마크, 스웨덴, 룩셈부르크 등은 0.23 정도의 값을 갖는 것으로 나타났고, 스칸디나비아의 사회민주주의 국가들이 세계에서 가장 평등한 집단에 속한다는 것을 증명했다. 그 반면 불평등이 가장 심한 나라를 보면 멕시코가 지니계수 0.474로 덴마크, 스웨덴의 2배의 값을 갖고서 불명예스러운 1등을 차지했고, 터키, 포르투갈 등이 그 뒤를 이었다. 미국과 영국이 불평등 순위에서 4위, 7위를 차지해서 영미형 시장 만능주의 국가가 비교적 불평등이 심하다는 것을 보여 주었다.

한편 이 보고서에 의하면 1980년대 중반 이후 2000년대 중반에 이르기까지 20년은 OECD 각국의 소득 불평등이 대체로 증가한 시기였다. 불평등이 증가한 크기는 지니계수로 2% 포인트 정도였다. 불평등 심화의 원인은 아주 다양해서 딱 하나를 집어낼 수는 없다. 예를 들어 단신 가구의 증가, 세계화, 기술혁신, 노동시장의 제도 변화가 불평등을 증가시키는 방향으로 작용했고 게다가 자본소득 및 자영업 소득의 불평등 증가도 여기에 가세했다. 연령별로 보면 55~75세의 고령층 소득이 증가했고, 노인 빈곤은 크게 감소했으나 그 반면 아동 빈곤은 증가하는 양상을 보였다.

지난 20년간 소득 불평등이 증가한 것이 시대의 대세지만 변화 양상은 나라에 따라 크게 달라서 어떤 나라는 지니계수가 크게 증가했는가 하면 어떤 나라는 감소했다. 이런 변

표 12.8 | OECD 국가의 소득 불평등 변화 (지니계수)

	1980년대 중반 ~1990년대 중반	1990년대 중반 ~2000년대 중반	1980년대 중반 ~2000년대 중반
큰 증가	체코, 이탈리아, 멕시코, 뉴질랜드, 포르투갈, 터키, 영국	캐나다, 핀란드, 독일	핀란드, 뉴질랜드
작은 증가	벨기에, 핀란드, 독일, 헝가리, 일본, 룩셈부르크, 네덜란드, 노르웨이, 스웨덴, 미국	오스트리아, 덴마크, 일본, 노르웨이, 스웨덴, 미국	캐나다, 독일, 이탈리아, 일본, 노르웨이, 포르투갈, 스웨덴, 미국
불변	오스트리아, 캐나다, 덴마크, 그리스, 아일랜드	오스트레일리아, 벨기에, 체코, 프랑스, 헝가리, 이탈리아, 룩셈부르크, 뉴질랜드, 포르투갈, 스페인, 스위스	오스트리아, 벨기에, 체코, 덴마크, 프랑스, 그리스 헝가리, 아일랜드, 룩셈부르크, 멕시코, 네덜란드, 스페인, 터키, 영국
작은 감소		그리스, 아일랜드, 네덜란드, 영국	프랑스, 아일랜드, 스페인
큰 감소	프랑스, 스페인	멕시코, 터키	

화를 시기별로 요약한 것이 〈표 12.8〉이다. 20년 동안 불평등이 가장 크게 증가한 나라는 핀란드와 뉴질랜드이며, 반대로 가장 크게 불평등이 축소한 나라는 프랑스, 아일랜드, 스페인이다. 모든 증거를 종합한 뒤 이 보고서가 내리는 결론은 불평등 심화가 최근 20년간 시대의 대세였지만 그것이 불가피한 현상은 아니고, 각국 정부의 정책 여하에 따라서 얼마든지 결과는 달라질 수 있다는 것이다. 그리고 미래에 반드시 불평등 심화가 더 계속될 것이라고 볼 수도 없다는 것이다.

그런데 OECD는 2008년 『불평등 심화』 *Growing Unequal* 를 낸 지 3년 만에 『쪼개진 사회: 불평등 심화의 원인』 *Divided We Stand: Why Inequality Keeps Rising* (2011)이라는 제목의 제2의 보고서를 냈다. 그만큼 불평등 문제가 최근 세계적으로 심각한 문제로 등장하고 있다는 뜻일 게다. 이 보고서의 기조는 앞의 보고서와 유사한데, 불평등 심화의 심각성을 좀 더 인식하고 있다는 점, 그리고 불평등 심화의 원인을 좀 더 깊이 천착하고 있다는 점이 차이라고 할 수 있다.

보고서는 먼저 세계적으로 불평등이 커지고 있음을 보여 준다. OECD 국가 중 소득분배를 시계열적으로 비교할 수 있는 자료를 갖춘 22개국 중에서 17개국에서 불평등이 커졌으며, 불평등이 불변인 나라는 셋(프랑스, 헝가리, 벨지움)밖에 없고, 불평등이 줄어든 나라는 둘(터키, 그리스)밖에 없다. 영미형 국가에서 특히 불평등이 커졌지만 과거 평등하기로 정평이 있던 북유럽 국가들(노르웨이, 스웨덴, 핀란드, 덴마크)에서도 불평등이 커졌고, 독일 같은 나라에서도 불평등이 커져서 우리에게 충격을 준다.

이 보고서는 앞의 보고서에서는 다루지 않던 신흥국Emerging Economies도 취급한다. 여기서 중국, 인도, 인도네시아, 남아프리카, 러시아, 브라질, 아르헨티나의 7개국을 분석하고 있는데, 이들 나라의 인구를 합하면 세계 인구의 절반에 해당할 정도로 비중이 큰 나라들이다. 이들 나라 중 브라질, 인도네시아에서는 불평등이 감소했으나 중국, 인도, 러시아, 남아프리카에서는 불평등이 커졌다. 세계 전체가 바야흐로 불평등 심화의 거대한 물결에 휩쓸리고 있는 느낌을 준다.

그럼 이런 불평등 심화의 원인은 무엇인가? 이 보고서는 특히 세 가지 요인에 초점을 맞춘다. 세계화, 기술진보, 그리고 제도적·정책적 요인이다. 세계화는 앞서도 논의했지만 불평등을 심화시키는 요인으로 작용할 수도 있고, 반대로 불평등을 축소하는 효과도 있다. 상반된 두 효과 중에서 어느 쪽이 크냐 하는 것이 문제인데, 여기서 상반된 결론을 내리는 다양한 연구가 쏟아져 나오고 있다. 일반적으로 세계화보다는 기술진보가 불평등 심화의 원인으로 더 의심을 받고 있다. 특히 최근 몇십 년간 진행된 정보통신기술의 발전은 지식정보사회의 도래를 가져왔고, 이 거대한 물결에 동참하는 사람과 거기에 동참하지 못하는 사람 사이에 큰 격차digital divide를 가져오고 있다. 많은 나라에서 대학교육을 받은 사람이 받는 교육 프리미엄이 커지고 있어서 과거의 학력 간 격차 축소의 장기적 추세가 반전되는 새로운 경향이 나타나고 있다.

제도적·정책적 요인도 최근 주목을 받고 있다. 노조의 권리, 최저임금, 복지제도, 조세를 통한 재분배 등 다양한 제도적 요인이 불평등에 꽤 큰 영향을 미친다는 것은 두말할 필요도 없는데, 제도적 요인에 대한 관심은 과거보다 훨씬 커졌다는 점이 지적될 필요가 있다. 미국을 대상으로 분석한 Bartels(2008), Krugman(2007), Reich(2008), Stiglitz(2012) 등의 최근 연구는 미국의 소득 불평등에 영향을 주는 여러 제도적 요인과 궁극적으로 거기에 영향을 미치는 양당 정치의 중요성을 강조하고 있다. 시장의 역할보다 제도와 정치를 강조하는 점이 새로운 경향이라고 할 수 있겠다.

불평등이 세계를 강타함에 따라 최근 여러 세계기구가 잇달아 경종을 울리는 보고서를 내고 있다. OECD는 2008년, 2011년 보고서에 이어 2015년 다시 불평등 문제를 다루는 보고서를 냈다(*In It Together: Why Less Inequality Benefits All*, 2015). OECD가 10년도 안 되는 기간에 불평등 문제를 다루는 본격적 보고서를 세 권이나 낼 정도로 불평등 문제는 세계의 골칫거리가 되었다. 이 보고서는 OECD 국가 중 최근 불평등이 줄어든 나라는 터키 한 나라뿐이고, 벨기에, 네덜란드, 프랑스, 그리스의 네 나라는 불평등이 거의 불변인 반면 나머지 대부분의 나라에서는 불평등이 커졌다는 경고를 울린다. 바야흐로 불평등이 세계가 풀어야 할 중요한 숙제로 등장한 것이다. 세계적 불평등은 계속 증가할 뿐 아니라 경제위기 시기에도 증가했고, 위기가 아닌 시기에도 증가해서 더욱 심각성을 더하고 있다.

이 보고서가 OECD의 앞의 두 보고서와 차이가 있는 것은 적극적 처방을 제시했다는 점이다. 책의 제목이 시사하듯이 이 보고서는 불평등 축소가 모든 사람에게 좋은 현상이라고 주장한다. 무슨 말이냐 하면 지나친 불평등은 경제성장을 저해하므로 어느 누구에게도 좋지 않다는 것이다. 바꾸어 말하면 불평등을 축소하는 정책은 경제성장을 촉진하므로 빈부 가릴 것 없이 모든 사람에게 유익하다는 것이다.

지나친 불평등이 경제성장을 저해한다는 주장은 2014년 나온 IMF의 한 보고서(*Ostry, Berg, and Tsangarides*, 2014)가 촉발했다. 이 보고서는 세계 여러 나라의 통계자료를 기초로 실증 분석을 한 뒤 지나친 불평등은 경제성장을 해치고, 불평등을 줄이는 정책은 성장에 유리하다는 결론을 내렸다. 이 보고서가 나온 이후 세상의 분위기가 확 달라졌다. 라가르드 IMF 총재는 경제성장을 촉진하기 위해서라도 불평등을 줄여야 한다는 연설을 했는데, IMF는 원래 상당히 보수적 기관으로서 총재가 이런 연설을 한 것은 아주 이례적인 일이었다. 그 뒤 이주열 한국은행 총재도 비슷한 연설을 한 바 있다. 분배 문제에 무관심하거나 선성장 후분배만을 주장했던 금융기관의 장들이 연달아 재분배를 주장하고 나섰다는 것은 그만큼 세상이 달라졌다는 뜻이다.

OECD(2015) 보고서는 불평등 축소를 위한 제안으로 여성의 경제활동 참가 증대, 고용기회 확대와 좋은 일자리 확충, 노동자들의 숙련 및 교육 제고, 소득재분배를 위한 정부의 조세 및 이전지출을 주장하고 있다. 특히 정부가 소득재분배를 위해 조세 및 이전지출을 사용하는 것은 종래 보수적 경제학자들이 기피하던 정책인데, OECD가 이런 재분배정책을 옹호하고 나왔다는 것은 그만큼 세상이 달라졌다는 것을 증명한다. 최근에는 부자들의 클럽인 다보스 포럼조차 지나친 불평등은 성장을 저해하므로 분배 개선이 필요하다는 주장을 내고 있다. 세계의 조류는 최근 들어 상전벽해라 할 만큼 달라지고 있다. 안타까운 것은 국내의 보수적 학자들과 언론, 정치인들은 여전히 분배, 재분배의 중요성을 무시하고 여전히 낡은 레코드처럼 오직 성장만을 외치고 있다는 점이다.

4. 사회주의의 계급 구조와 불평등

구소련의 계급 구조와 사회 이동성

1990년을 전후해 소련과 동구 여러 나라의 사회주의 체제가 붕괴하면서 이제 사회주의는 옛날이야기가 되었지만 사회주의 체제에서의 소득분배 상황을 이해하는 것은 여전히 중요하다. 사회주의는 성장보다는 분배에 치중했던 체제이고, 여전히 자본주의 체제의 불평등 문제에 대해서 중요한 시사점을 주고 있기 때문이다. 사회주의 하의 소득 불평등을 파악하려면 먼저 그 계급 구조를 이해할 필요가 있다. 같은 자본주의 체제 하의 국가끼리는 소득 불평등의 직접적인 비교가 가능하지만 경제체제가 상이한 경우에는 사회·경제구조의 질적인 차이를 염두에 두지 않으면 안 된다.

사회주의 여러 나라 중에서 대표적인 구소련(이하 소련으로 약칭함)의 계급 구조를 보기로 하자. 사회주의에도 나라마다 개발 전략과 사회철학에 상당한 차이가 있어서 소련의 계급 구조와 불평등이 다른 나라와는 큰 괴리가 있을 수 있다는 점을 주의해야 한다. 소련의 지배계급을 고찰하는 데는 우선 사회주의와 자본주의는 계급 구조에 근본적인 차이가 있다는 점에서 출발해야 한다. 자본주의 하의 기본적인 두 개의 계급은 자본가와 노동자다. 자본가는 생산수단을 소유, 통제하는 계급이며, 노동자는 생산수단을 소유하지 못하고 노동력을 팔아 생계를 유지하는 계급이다.

그러나 소련에서는 기본적인 양대 계급을 자본가와 노동자로 부르기가 어렵다. 소련의 생산수단은 국가적 소유나 사회적 소유로 되어 있기 때문에 자본가계급을 정의하는 데 어려움이 있기 때문이다. 그러나 소련에서는 생산수단을 소유하고 있는 계급은 없지만 그 대신 그것을 통제하는 계급은 있다. 즉, 투자, 생산량, 가격, 임금을 결정하는 집단이 있다. 이들 집단을 지배계급으로 간주할 수 있는가라는 질문에 대한 대답은 관점에 따라 달라질 수 있다. 한 쪽의 견해는 소련에서도 지배계급이 존재한다고 보지만 다른 견해는 지배계급은 존재하지 않고 다만 지배 집단 또는 계층이 존재한다고 본다.

소련의 중요한 네 가지 유형의 지배 집단을 든다면 그것은 ① 공산당 고위 간부(정치국원 10~15명, 중앙위원회 대의원 일부), ② 정부의 고위 관료(각료, 고위 관리), ③ 소비에트 군부의 고위 장성, ④ 경제 간부(중앙계획 당국의 간부들) 등을 손꼽을 수가 있다. 이들은 아파라트Apparatus라 불리며, 상호 밀접하게 연결되면서 사회의 지배 집단의 핵을 이루고 있다. 이들은 소련 경제의 경제 잉여를 통제하는 집단이며, 한 번 이 정도의 지위에 오르고 나면 좀처럼 중간에 탈락되지 않고 대부분 평생 지위를 유지하게 된다.

소련과 미국의 지배계급에는 다음과 같은 차이를 발견할 수 있다. 첫째, 지배계급의 크기에 차이가 있는데, 소련의 지배계급은 수적으로 미국에 비해 훨씬 적다. 그 대신 생활수준에서는 별 차이가 없어서 소련 문제 전문가인 아이작 도이처Issac Deutcher는 "소련의 엘리트는 미국의 자본가계급에 비견할 만한 생활조건을 가지고 있다"고 평가한 적이 있다.

둘째, 자본주의에서는 개인의 부가 합법적으로 상속되어 불평등이 세대 간에 재생산된다. 그러나 소련의 경우 개인이 생산수단을 소유하지 못하므로 상속을 할 수 없으며, 그 대신 자녀에게 좋은 직장을 얻도록 해주거나 좋은 학교에 입학할 수 있게 하는 등의 특수한 방식으로 지배 집단의 특권이 세대 간에 재생산되는 경향이 있다.

셋째, 소련의 지배계급은 생산수단을 소유하지 않기 때문에 직접적 억압과 정치적 선전이 통제 수단으로 중시된다. 즉, 정치력이 생산수단의 도구가 된다.

넷째, 소련에서는 지배계급이 결정할 수 있는 결정권(투자, 군사지출, 복지 등)이 미국에서보다 훨씬 크다. 소련의 최고지배계급 바로 아래에 있는 두 번째 집단으로는 수십만 명에 달하는 소련의 상층부(당 중견간부, 중간 관료급)가 있다. 이들은 노멘클라투라Nomenklatura라고 불리는데, 그 규모는 미국의 상층부에 비해서는 훨씬 작다. 이들 지배계급의 소득 창출 과정은 생산수단의 통제과정에서 나타나기 때문에 노동자계급이 창출한 잉여가치의 일부가 이 사람들의 소득이 되는 것으로 해석할 수도 있다. 이 지배 집단의 소득의 크기는 자기 스스로가 결정하며 노동자계급이 창출한 잉여의 일부가 이전된 것처럼 보인다. 이런 점에서 아이작 도이처는 다음과 같이 말한다. "소련의 지배 집단의 소득은 노동자의 잉여에서 나오며 결과적으로 착취가 존재한다. 그러나 이런 착취는 미국에 비해서는 절대적·상대적으로 작다."

남녀평등의 문제에서 볼 때 사회주의하에서는 여성의 사회 진출이 남성의 사회 진출 못지않게 크지만 중요한 직위는 여전히 남성들이 차지하고 있어서 완전한 남녀평등은 이뤄지지 않고 있다. 사회주의 내에서도 사람들은 여전히 육체노동보다는 전문직을 선호하고 있다. 중국의 문화혁명 시기에 소위 3대 차별 — 공업/농업, 도시/농촌, 정신노동/육체노동의 차별 — 을 폐지하겠다는 목표하에 지식인, 관료, 전문가들을 대거 농촌에 내려 보내는 하방下放운동을 벌이기도 했으나 큰 부작용을 야기했다. 하나의 예로서 중국의 프로 기사 중 1980년대 세계 최고 수준에 오른 네웨이핑聶衛平은 과거 문화혁명 기간 몇 년 동안 바둑판 구경조차 못하고 농촌에 내려가 돼지를 키우고 있었다. 하방운동은 그 정신 자체에서 일리가 있기는 하나 너무 과격하게 추진됨으로써 문화혁명 기간 동안 연구, 강의, 과학, 기술, 예술 발전이 완전히 마비되어 중국 현대사에 큰 공백기를 만들고 말았다.

사회적 이동성의 문제, 즉 직업이나 지위가 세대 간에 세습되는 문제에서 볼 때, 영국의 소련 경제 전문가 알렉 노브Alec Nove의 연구에 의하면, 소련에서 가장 높은 2,000개 정도의 직위는 세습적이지 않다고 한다. 그러나 그보다 더 넓은 범위에서 노멘클라투라는 노멘클라투라로 세습되는 경향이 강하다고 한다. 그 이유는 교육과 직업선택에서 특권층이 강한 이점을 가지기 때문이다. 콘너W. Conner의 연구에 의하면, 사회주의하에서 상층계급은 자녀에게 고등교육과 좋은 직장을 마련해 줌으로써 고위직을 계승하는 경향이 있다.

이처럼 소련에서는 교육이 중요한 지위 상승의 수단이 되고 있었다. 1970년경 소련 대학생에 대해 그들 부모의 사회적 계급 구성을 관찰한 결과를 보면 국가 전체의 계급 구성과 상당한 차이가 있음이 발견된다. 소련의 전체 인구 중 노동자가 60%, 농민이 15%, 전문직, 지식인, 관료가 14%인데, 대학생들의 부모를 보면 노동자가 27%, 농민이 1~2%에 불과한 반면 전문가, 지식인, 관료가 40~50%나 되는 것으로 나타났다. 자본주의의 경우에는 높은 수준의 교육을 받지 않아도 가끔 성공할 수 있으나, 사회주의에서는 교육 수준이 그대로 지위를 결정하는 경우가 많다. 따라서 대학 입학을 둘러싼 경쟁은 치열해 소련의 대학 입학 경쟁률은 평균 5 대 1, 중국에서는 20 대 1이나 되었고 좋은 대학을 가기 위한 과외 교습이 인기를 끌기도 했다. 교육을 통한 지위 세습 경향이 있긴 하지만 그래도 사회주의에서는 부의 상속이 없기 때문에 자본주의에 비해 불평등의 세대 간 이전은 훨씬 미약하다고 말해도 좋다.

경영자와 노동자

소련과 미국의 경영자를 비교한 그래믹D. Gramick의 연구는 흥미 있는 결과를 보여 준다. 그에 의하면, 양국의 경영자를 비교해 보면 다음과 같은 몇 가지 특징이 있다고 한다. ① 양국의 경영자는 모두 대학 출신이다(방금 언급한 소련에서의 교육의 중요성을 상기하라). ② 회사 내 승진은 소련의 경우는 주로 생산 부서를 통해서인 데 비해 미국 쪽에서는 관리 부서에서 이뤄진다. ③ 미국에서는 구매자시장buyer's market(공급이 수요를 초과하는 시장)이 형성되어 있고 따라서 광고, 마케팅, 인사 부서 등이 중요한 부서로 평가되고 있다. 이와는 반대로 소련에서는 판매자시장seller's market(수요가 공급을 초과하는 시장)이 성립되어 있기 때문에 상품을 파는 것은 문제가 아니라 오로지 주어진 원자재를 가지고 어떻게 많이 생산할 것인가가 중요한 문제이고, 따라서 과학자나 엔지니어가 중시되고 있다. ④ 소련의 경영자가 미국보다 평균 연령이 낮다. ⑤ 소련의 경우 농촌 출신은 관리자가 되기 어렵다. 그 이유는 관리자가 되기 위해서는 대학을 나와야 하는데 농촌 출신은 대학에 입학하기가 힘들고 따라서 경영자가 되기도 힘들다. ⑥ 소련의 경우 여성 경영진의 비율이 높다. ⑦ 소련에서 경영자의 생활 상태는 부유해 자가용, 큰 주택, 별장 등의 사치를 누리고 있다. ⑧ 소련에서는 목표의 초과 달성 시 상당한 보너스가 주어진다.

경영자의 업적 평가 기준은 원래 임금 단위당 원료비, 생산성, 총 산출량 등 물량 중심으로 되어 있었다. 그러나 1965년 총리 알렉세이 코시긴Aleksey N. Kosygin이 주도한 경제개혁 이후에는 총 매상고, 이윤율, 비용, 품질 등 시장적 요인이 새로운 기준으로 등장했다. 소련의 경영자들은 생산 목표를 달성하기 위해서는 부당한 행동 — 거짓 보고, 저질품 생산, 기회주의적 행동, 뇌물 수수 — 도 불사하는데, 이 점은 자본주의와 비슷하다.

소련의 경영자는 원래 정부에서 임명하는 자리이며, 정부에서 내리는 명령을 수동적으로 받아 실행하는 입장에 있었다. 과거에는 정부에서 임명했기 때문에 정부나 당에 충성하는 사람이 주로 발탁되는 형태를 띠었으며, 그들은 기술혁신이나 경영합리화에 소극적이었고 그것이 소련 경제의 침체를 가져오는 한 가지 중요한 요인이 되기도 했다. 미하일 고르바초프Mikhail S. Gorbachyov에 의해 채택된 경제개혁 조치인 페레스트로이카perestroika 이후 경영자를 그 기업의 노동자들이 직접 선출하는 방식을 도입하기도 했지만 오랜 독재의 여파로 민주적 관행이 쉽사리 정착되지 못하고 선거는 형식적인 것에 불과했다.

소련의 공업 노동자를 보면 노동자에 대한 인센티브 제도에는 크게 세 가지가 있는데, 첫째, 물질적 유인material incentive, 둘째, 도덕적 유인moral incentive, 셋째, 벌칙이나 강제coercion를 들 수 있다. 이 세 가지 인센티브의 사용 배합은 시대에 따라 달라져 왔으며, 나라에 따라서도 상당한 차이가 있다. 예컨대 중국의 문화혁명은 도덕적 유인을 극대화한 하나의 이상주의적 모델이었으나 지나칠 정도로 과격한 나머지 실패로 돌아간 하나의 거대한 실험으로 볼 수 있다. 소련의 임금 결정은 상무성과 각료회의에서 이뤄지는데 국가계획위원회Gosplan가 계획을 작성할 때 총 노동 수요량이 책정된다.

소련의 개인 노동자는 어디에서 일할지를 자유롭게 선택할 수 있었다. 그 결과 소련 공업 노동자들의 이직률은 매우 높다. 회사 내, 회사 간, 지역 간 노동이동이 상당히 심해 노동자들의 이직률이 높기로 이름난 미국보다 오히려 더 높다는 주장이 있을 정도다. 그리고 태업과 지각, 결근, 알코올 중독 문제가 심각하다. 고르바초프가 집권 초기에 알코올에 대한 규제를 강화하는 조치를 발표할 만큼 이 문제는 심각하며, 알코올 중독자가 400만 명이라는 추계도 있다.

이오시프 스탈린Iosif Stalin 시대에는 태업 등에 대해 벌금이나 해고가 가능했으나 1957년 이후에는 경고 정도로 벌칙이 약화되었다. 노동자의 해고는 노조의 승인이 있을 때라야 가능하며, 실제로는 소련에서의 만성적인 노동력 부족으로 인해 노동자를 통제하기가 대단히 어려웠다. 소련의 노동자들은 자본주의 하의 노동자만큼이나 강한 소외감을 가지고 있어서 노동 의욕이 형편없이 낮은 수준에 있었고, 기업 내부에서나 외부에서 노동자들의 발언권이 아주 제한되어 있어서 소련의 선전과는 반대로 그 나라가 진정한 노동자의 국가라고 믿기 어렵다.

구소련의 소득분배

그러면 다음에는 소련의 소득분배를 선진 자본주의국가와 비교해 보기로 하자. 일반적인 관측에 의하면 소련의 소득분배는 선진 자본주의국가보다 평등한데 그 주된 이유는 지배계급의 숫자가 적고 잉여의 착취 규모도 작기 때문이다. 소련의 소득분배에 대한 전문가인 야노비치M. Yanowitch의 연구를 보면, 소련의 최고 10% 소득 계층이 최저 10% 소득 계층 소득의 4.8배의 소득을 버는 것으로 되어 있는데 미국의 경우에는 이 비율이 30배에 달한다. 그러나 소련의 경우 여기에 포함되지 않은 소득 외의 부가 급여, 식당의 무료 이용, 교통, 주택의 편의 등이 있기 때문에 소련의 불평등은 현금 소득의 격차보다도 소득 외적 불평등이 큰 것으로 볼 수 있다. 통계에 잡히지 않는 소득 이외 불평등만 본다면 그것은 미국보다 소련이 더 크며, 정도의 차이는 있지만 이런 점이 다른 사회주의국가에서도 공통적으로 나타나고 있다.

동서 양 체제의 소득분배를 비교할 때 가장 뚜렷이 나타나는 차이는 역시 자산 소득의 유무에 있다. 자본주의국의 경우 자산 소득이 소득에서 큰 비중을 차지하고 있고 그것이 세대 간에 상속되기 때문에 전체 소득의 불평등은 자본주의국이 사회주의국가보다 크다. 그리고 노동자계급 내부의 노동소득 또는 임금의 불평등에 국한해서 보더라도 소련은 자본주의국보다 더 평등한 것 같다. 소련과 영국의 임금구조 비교가 데이비드 레인David Lane

의 『소련사회의 불평등 구조』에 나와 있는데 그것을 인용한 것이 〈표 12.9〉다.

이 표를 보면 생산직 내부의 기술자, 숙련공, 비숙련공 사이의 임금격차가 소련보다 영국이 더 크다는 것을 알 수 있다. 가장 중요한 차이는 화이트칼라가 영국에서 우대를 받고 있는 반면 소련에서는 블루칼라가 우대받고 있다는 사실이다. 교사나 의사가 소련에서는 우대받지 못하고 있으며 이런 직업에 여자가 많이 종사하고 있다. 그것은 육체적 생산 활동을 중시하고, 교육, 의료 등을 비생산적 활동으로 간주하는 맑스경제학의 전통과 관련이 있는 것으로 보인다. 소련의 생산직 중 최고의 대우를 받은 직업은 광부인 반면 자본주의에서 고소득을 자랑하는 의사는 소련에서는 생산직 평균 정도의 보수를 받는 데 그쳤다. 그런데도 소련에서 사회적으로 가장 존경받는 직업이 의사라고 하는 사실은 우리에게 시사해 주는 바가 적지 않다.

소련에서 임금 내부의 불평등은 시대에 따라 상당한 변화가 있었다. 1930년대에 비해 최근에는 임금 내부의 불평등이 크게 축소했다는 것을 우리는 〈표 12.9〉를 통해 알 수 있다. 그러나 이런 소득 평준화는 한쪽 방향으로 지속적으로 이뤄진 것이 아니라 우여곡절을 겪으면서 이뤄진 것이다.

스탈린은 평등주의를 반(反)맑시즘적인 것으로 비판하고 각자 일한 성과에 따라 분배받을 것을 주장했으므로, 스탈린 시기에는 오히려 임금 불평등이 심화되었다. 스탈린 사후 니키타 흐루쇼프Nikita S. Khrushchov의 시기에 들어와 비로소 평등주의적인 주장이 지식인들 사이에서 조심스럽게 제기되기 시작했고, 근로소득의 불평등이 점진적으로 감소하게 되었다. 소득에 관한 통계도 스탈린 사후 1956년부터 발표되기 시작했다. 임금 계층의 최고 10% 대 최저 10%의 임금 비율을 보면 1956년에 4.4배였는데 1975년에는 3.4배로 떨어져서 1950년대 이후 임금 불평등도가 감소하고 있음을 알 수 있다.

다음에는 소련의 소득분배를 서구와 비교해 보기로 하자. 〈표 12.10〉은 소련의 소득분배를 선진 자본주의 여러 나라와 비교하기 위해 미국의 소련 경제 전문가인 아브람 베르그송Abram Bergson으로부터 인용한 것이다(Bergson 1984). 그는 앞서 우리가 인용한 바 있는 소여가 조사한 OECD 각국의 소득분배와 소련의 소득분배를 비교하고 있다. 그런데 소득분배 자료에 상당한 문제가 있다는 점은 소련이나 OECD 각국이 공통적이기 때문에 이런 국

표 12.9 | 소련의 임금불평등 추이

	1932	1979
육체 노동자	100	100
전문직	263	116
사무직	150	79

자료: 레인(1983, 81).

표 12.10 | 구소련과 선진 자본주의국가의 소득분배 비교

		단위	과세이전/이후	소득 몫 최저20%	소득 몫 최고20%	지니계수
소련	1967	비농업가구	세전 소득	10.4	33.8	0.229
소련	1972~74	도시 가구	세후 소득	8.7	38.5	0.288
오스트레일리아	1966~67	전 가구	세전 소득	8.3	41.0	0.317
노르웨이	1970	전 가구	세전 소득	8.2	39.0	0.306
영국	1973	전 가구	세전 소득	8.3	39.9	0.308
프랑스	1970	전 가구	세전 소득	5.8	47.2	0.398
캐나다	1969	전 가구	세전 소득	6.2	43.6	0.363
미국	1972	전 가구	세전 소득	5.5	44.4	0.376
스웨덴	1972	전 가구	세후 소득	9.3	35.2	0.254

자료: Bergson(1984, 1070).

제 비교는 그렇게 큰 신뢰성을 둘 수 없다는 점을 주의하면서 이 표를 보기로 하자. 그는 소련의 소득분배에 관한 매콜리A. McAuley의 연구 결과(〈표 12.10〉의 맨 윗줄)가 지나치게 불평등을 과소평가한 것이라고 보면서 좀 더 최근에 제시된 오퍼G. Ofer와 비노커A. Vinokur의 연구 결과(〈표 12.10〉의 위에서 둘째 줄)에 더 큰 신빙성이 있다고 판단하고 있다. 오퍼와 비노커의 연구는 소련에 살다가 이스라엘로 이주한 1,200가구의 인터뷰에 기초한 것이다. 소련의 소득분배에 대한 이런 새로운 연구에 기초해서 베르그송은 소련의 소득분배가 과거 일반적으로 믿고 있던 것만큼 평등한 것은 아니며, 실제로는 영국이나 북유럽 정도의 불평등도를 갖고 있는 게 아닐까 추측하고 있다. 그러나 베르그송도 소련이 미국이나 그 밖의 자본주

의국가보다는 평등하다고 보고 있다.

　이와 같이 소련의 소득 불평등에 대해서는 확실한 판단을 내리기는 어렵지만 자본주의 국에 비해 상대적으로 평등했다는 것은 의심할 여지가 없는 것 같다. 그러나 페레스트로이카에서는 과거의 지나친 소득 평준화가 오히려 근로 의욕을 저해했다고 보고 노동의 동기 유발을 위해 임금 차등을 확대해야 한다는 주장이 나왔다. 그리하여 페레스트로이카 이후 의사의 보수가 상승하기도 했다.

　요컨대 사회주의는 착취의 소멸, 불로소득의 근절, 분배의 평등에는 상당히 성공한 것으로 볼 수 있으나 지나친 평등주의로 간 결과 거기서 발생하는 부작용도 적지 않았다. 노동자들에게 일자리가 보장되고 비슷한 수준의 임금이 주어진 결과, 생활의 안정이란 장점은 있었다. 그러나 열심히 일할 인센티브의 부족이라는 문제점과 더불어 시장기구의 역할을 무시하고 경제계획에 자원 배분을 맡긴 나머지, 경제의 효율성이 떨어지고 기술혁신과 성장이 저해되는 등 문제가 누적해 기어코 몰락의 운명을 맞은 것으로 보인다. 앞으로 사회적 평등의 실현과 인간성 회복이라는 사회주의의 이상을 달성하면서 동시에 효율 및 성장을 조화시키는 새로운 체제가 가능할 것인지는 21세기 인류에게 주어진 커다란 숙제다.

중국의 소득분배

　사회주의 중국은 원래 소득분배가 평등하기로 정평이 나있었다. 마오쩌둥의 사상이 상당히 평등주의적이고 이상주의적인 면이 있어서 혁명 이후 모든 불평등과 차별을 줄이는 것이 중국의 정책이었다. 그런 사상을 극단적으로 밀고 나간 것이 대약진운동(1958~60년)과 1966년 이후 대대적으로 벌어진 문화혁명이었다. 이 두 차례의 혁명은 너무 과격하고 무리가 많았기 때문에 수많은 부작용만 남긴 채 실패로 끝나고 말았다. 지나친 평등은 일할 유인을 없애는 등 문제가 있지만 어쨌든 중국의 분배는 평등 사회의 하나의 표본이었다고 해도 과언이 아니다. 사회주의인 만큼 자산 소득, 불로소득이 인정되지 않았음은 물론이거니와 농촌에서는 인민공사人民公社를 만들어 농민들이 일한 데 따라 점수를 매겨 소득을 분배하고 있었고, 도시 부문의 임금도 최고층과 최저층 사이에 3 대 1을 넘지 않는다는 원칙이 오랫동안 지켜지고 있었다.

그러나 1978년 덩샤오핑鄧小平이 개방과 개혁 정책을 추진한 이래 상황은 크게 달라지고 있다. 일을 하든 안 하든, 많이 하든 적게 하든 똑같이 나누어 먹는다는 소위 철밥통鐵飯鍋, iron rice bowl을 깨뜨리고 일한 데 따라 차등을 두는 시장 원리를 도입하기 시작했다. 당연히 예상할 수 있듯이 1978년 이후 중국의 소득분배는 악화되고 있다. 소수이긴 하지만 사업을 해서 벼락부자가 된 사람들이 나타나기 시작했고, 사설 경호원을 여러 명 거느리고 다닐 정도의 부자들도 있다. 1988년 10개 성省의 농가 약 1만 가구와 도시의 9,000가구의 소득을 조사한 방대한 연구(Khan et at. 1993)에 의하면, 중국의 소득분배는 〈표 12.11〉과 같다.

최근 나타난 중국 소득분배의 특징은 다음과 같다. 첫째, 농촌이 도시보다 더 불평등하다. 이것은 세계적으로 아주 예외적인 현상이다. 둘째, 전국의 불평등은 농촌이나 도시의 불평등보다 더 큰데 이것은 무엇보다 도농 간都農間 소득격차가 큰 데 원인이 있다. 도농 간 소득격차는 1978년 농촌 개혁 이후 농촌 소득이 증가하면서 처음 몇 년간은 축소되었으나 1984년 이후 개혁의 중심이 도시, 공업 부문으로 이동하면서 다시 확대되었다. 셋째, 임금소득은 도시에서는 소득 평준화 요인으로 작용하고 있는 반면 농촌에서는 불평등화 요인이 되고 있다. 왜냐하면, 도시에서는 노동자들이 대부분 일자리가 있고 임금격차도 적으므로 분배를 평등화시키는 데 비해 농촌에서는 소수에게만 임금 소득을 얻을 기회가 주어지므로 이런 기회를 갖는 가구와 그렇지 못한 가구 사이에 큰 불평등이 나타나게 된다. 넷째, 정부가 지급하는 보조금은 소득 불평등화 효과를 갖고 있다. 다섯째, 그 이전의 연구가 없어 비교할 수는 없지만 개혁 이후 소득분배는 악화되었음에 틀림없다. 그리고 현재의 개혁 기조가 계속되는 한 재산소득, 농촌의 현금 소득, 임금의 불평등이 확대될 것이므로 소득분배는 더욱 악화될 것으로 예상된다.

한편 중국의 소득분배를 아시아의 다른 나라들과 비교하면 다음과 같이 흥미 있는 사실이 발견된다. 다른 나라에서는 보통 농촌이 도시보다 상대적으로 평등한데 중국은 예외적이다. 중국 도시의 소득분배는 다른 나라에 비해 아주 평등한 편이다. 이는 도시에 있는 국영기업의 임금격차가 작기 때문이다. 중국 농촌의 불평등은 인도네시아, 필리핀, 태국보다

표 12.11 | 중국의 소득분배 (1988년)

	농촌	도시	전국
지니계수	0.338	0.233	0.382
5분위 소득 비율	5.9	3.2	7.3

주: 5분위 소득 비율 = (최고 5분위 소득)/(최저 5분위 소득).
자료: Khan et al.(1993).

표 12.12 | 중국과 아시아 각국의 소득분배 비교

		지니계수			농촌의 소득분배	
		농촌	도시	전국	최저40%	최고10%
중국	1988	0.338	0.233	0.382	20.0	26.0
인도	1975	0.340	-	0.420	20.2	27.6
방글라데시	1985	0.360	0.370	0.370	20.0	-
인도네시아	1976	0.400	-	-	16.4	32.0
태국	1975	0.390	-	0.470	17.8	31.1
필리핀	1985	0.370	0.430	0.430	17.6	30.3
한국	1971	0.325	-	0.360	-	-
타이완	1978	0.285	0.280	0.289	-	-

자료: Khan et al.(1993).

는 낮고 인도와 비슷한 수준이다. 그러나 한국, 타이완에 비하면 중국 농촌은 더 불평등한 듯하다. 전체적으로 중국의 소득분배는 타이완보다는 못한 것이 확실하고, 아마 한국보다도 못한 것 같다. 그러나 다른 아시아 나라들과는 비슷한 수준인 것으로 보인다. 예상과는 달리 중국의 소득분배가 이와 같이 상당히 불평등하게 나타나는 주요 이유는 무엇보다 중국의 도농 간 소득격차가 큰 데서 찾을 수 있다.

실제로 중국의 경제성장은 매년 10% 가까운 속도로 눈부신 성공을 거두어 왔지만 거기 따르는 소득 불평등의 심화는 여간 심각한 게 아니다. 세계은행에서 수집한 좀 더 최근 통계를 보면 2005년 현재 중국 소득분배의 지니계수는 0.447로서 세계 123개국 중 불평등이 큰 순서로 35위에 위치하고 있다(園田 2008, 43). 한때 평등 국가의 상징이었던 중국이 이처럼 불평등이 심한 나라로 바뀐 것을 보면 참으로 금석지감今昔之感이 든다.

중국 국민들에 대한 여론조사 결과를 보더라도 "현재 중국의 소득격차는 지나치게 크다"는 말에 크게 찬성 혹은 대체로 찬성하는 사람이 85%나 된다. 그리고 아무런 정책적 수단을 강구하지 않으면 "10년 뒤의 소득격차는 지금보다 더 커질 것이다"는 말에 찬성하는 사람이 69%나 된다. 후진타오胡錦濤 주석이 소득격차를 줄이기 위한 소위 '화해사회'和諧社會 전략을 제시한 것도 이런 심각한 불평등을 배경으로 나왔다. 장쩌민江澤民 전 주석을 비롯한 상하이방, 그리고 소위 태자당은 성장 지상주의에 기울어 있는 반면 후진타오 주석을 대표로 하는 공청共靑은 조금이나마 성장과 분배를 조화시키려는 노력을 기울이고 있었는데, 권력 승계가 공청 출신의 리커창을 제치고 태자당의 시진핑에 넘어감으로써 분배 개선 노력은 뒷전으로 밀릴 공산이 크다.

5. 제3세계의 소득분배

성장과 분배

후진국의 소득분배 문제가 이론적·정책적으로 중요한 과제로 대두하게 된 것은 비교적 최근의 일이다. 1960년대까지만 해도 스리랑카와 같은 소수의 나라에서만 분배의 평등에 신경을 썼을 뿐 대부분의 후진국은 소득분배보다는 경제성장에 주력하는 이론바 '선성장 후분배'의 개발 철학을 채택하고 있었다. 말하자면 작은 떡을 지금 골고루 나눠 먹는 것보다는 우선 떡을 크게 만든 뒤에 나누어 먹는 것이 낫다는 사고방식이다. 즉, 경제성장을 달성하고 나면 결국 가난한 사람들에게도 '국물이 떨어진다'trickle down는 이론이 후진국의 정책 입안자와 학자들의 머리를 지배하고 있었던 것이다.

그런데 문제는 이런 개발 방식을 취한 많은 후진국에서 경제성장은 어느 정도 이룩했으나 빈부 격차가 심화하고 실업자가 늘어나는 등 빈민들의 생활이 나아지기는커녕 오히려 후퇴하는 역설적인 현상이 나타났다는 사실이다. 이런 현상은 특히 남미의 여러 나라에서 두드러지게 나타났는데 브라질이 그 대표적인 예라고 할 수 있다. 브라질은 1964년 군사 쿠데타 이후 소위 '경제 기적'을 실현했다고 하지만, 원래부터 극심하던 소득 불평등이 경제 기적의 기간 동안 더욱 심화되었고, 심지어는 노동자들의 실질임금이 절대적으로 하락하는 상태에 이르렀다. 이런 현상은 성장 일변도의 개발 전략이 가지는 맹점을 단적으로 보여 준다고 하겠다.

경제성장과 국민들의 복지가 반드시 일치하지 않을 수 있다는 것은 경제성장률의 개념 자체를 분석해 보면 쉽게 알 수 있다. 우리가 흔히 사용하는 경제성장률 G는 소득 집단을 예컨대 다섯 개로 나누었을 때 다음과 같이 정의된다.

$$G = W_1 G_1 + W_2 G_2 + \cdots + W_5 G_5$$

단, G_i = 각 소득 집단의 소득 성장률,
W_i = 각 소득 집단의 가중치로서 그 합계는 1이다.

통상적 GNP 추계에서는 그 집단의 소득 몫이 바로 가중치가 된다. 가장 가난한 1집단의 가중치는 많은 후진국에서 0.05 정도에 불과하고, 가장 고소득층은 0.50 정도나 된다. 결국 각 집단의 소득 성장률을 가중 평균한 값이 경제성장률인데, 여기서 쓰이는 가중치는 각 집단의 소득 몫이라는 것이고, 이것은 일종의 가치판단을 전제한 것이다. 이렇게 본다면 경제성장률은 그 자체가 가치판단을 전제한 지표로서 하나의 편향된 복지지표라고 할 수 있다. 관점에 따라 가치판단은 달라질 수 있다. 예컨대 모든 집단에 대해 균등한 가중치를 부과해 경제성장률을 계산하는 것이 타당하다고 생각하고, 이것을 무슨 복지지표라고 이름 붙일 수도 있다. 이때 다섯 계층의 가중치는 각각 0.2가 될 것이다. 또는 1장에서 소개한 바 있는 존 롤즈의 '최소치최대화'의 원칙을 따른다면 그 사회의 가장 불우한 처지에 있는 집단(여기서는 제1집단이 될 것이다)의 처지를 개선하는 것이 우선 과제이므로 가중치는 제1집단이 가장 커지게 된다. 이 원칙을 극단적으로 추종하면 제1집단의 가중치는 1, 나머지 집단의 가중치는 모두 0이 될 수도 있다.

우리는 통상적으로 사용하는 경제성장률 대신에 위의 두 번째 지표, 혹은 롤즈 식의 지표를 사용해 어떤 사회의 복지의 변화를 측정할 수도 있다. 이와 같이 빈곤층에 더욱 큰 가중치를 둔 지표를 계산했을 때 그 값은 통상적 경제성장률과 다르게 나올 수 있다. 위에서 예를 든 브라질 같은 나라는 이런 식의 계산을 하면 통상적 경제성장률보다 낮은 복지 성장률이 나올 것이다. 반대로 스리랑카처럼 빈곤층의 복지를 위해 힘쓴 나라는 복지 성장률이 통상적 경제성장률보다 높게 나타날 것이다.

어쨌든 1970년대에 오면서 과거 후진국이 추구하던 성장 지상주의에 대한 반성과 더불어 분배 문제에 대한 관심이 조금씩 높아지기 시작했다. 예컨대 영국의 경제학자 더들리 시어즈Dudly Seers는 경제 발전의 정의 자체를 종래와 같이 소득수준의 향상이나 경제구조의 변동으로 파악할 것이 아니라 실업의 감소, 불평등의 감소, 빈곤의 감소라는 세 가지 변화 과정으로 해석해야 한다고 주장한 바 있다. 사실 1970년대에 와서는 고용, 빈곤과 소득분배의 문제가 경제 발전론의 중요한 테마로 자리 잡게 되었다.

뿐만 아니라 1970년대 이후에는 세계은행이나 국제노동기구 같은 국제기관에서도 제3세계에 대한 전통적 접근 방법을 수정해 '성장과 재분배의 동시 달성'RWG: redistribution with growth이나 '기본 수요 접근'과 같은 새로운 개발 전략을 채택하게 되었다. 이들 전략은 내용과 강조점의 차이는 있지만 기본적으로 소득분배의 형평 달성, 빈곤의 퇴치, 모든 사람에 대한 최소한의 인간다운 생활 보장을 목표로 한다는 점에서 공통점을 가진다 할 수 있다.

쿠즈네츠의 역U자 가설

제3세계의 소득분배 실상을 파악하는 것은 선진국에 비해 훨씬 어려운데 그 이유는 주로 믿을 만한 자료가 없기 때문이다. 그래도 최근에는 후진국 중에도 분배 통계를 발표하는 나라가 늘어나고 있는데 분배의 불평등도는 나라마다 상당한 차이가 있다. 소득의 인적 분배 또는 계층별 분배에 대해, 예를 들어 지니계수를 불평등 지표로 해 계산했을 때 그 값은 천차만별로 나타난다. 대체로 지니계수가 0.5를 넘으면 상대적으로 불평등한 나라로 간주하고, 0.35 이하이면 상대적으로 평등한 것으로 간주해도 좋을 것이다. 대체로 사회주의국

그림 12.1 | OECD 소득 불평등 (전 가구 가처분소득 기준)

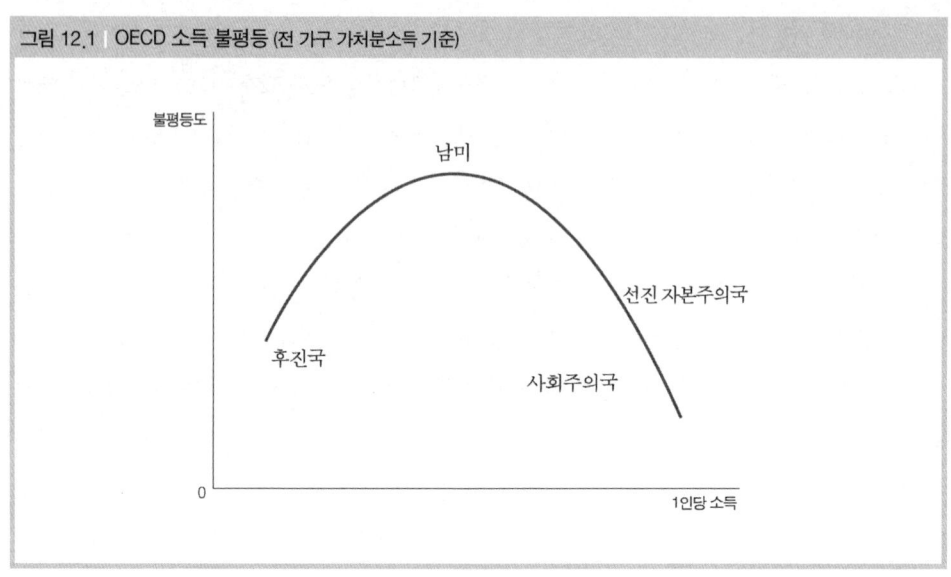

가의 경우 0.35 이하가 많고, 선진 자본주의국가는 0.35~0.40 정도가 많다. 반면에 제3세계는 거의 대부분 0.4를 넘으며, 0.5가 넘는 나라도 많다. 심지어 남미의 몇몇 나라는 지니계수가 0.6을 넘기도 한다.

세계의 소득분배 상태를 비교한다면 다음과 같은 패턴이 발견된다. ① 모든 나라의 소득분배가 불평등하되 정도의 차이가 있다. ② 체코, 헝가리, 폴란드, 불가리아 등 사회주의 국가가 자본주의국보다 상대적으로 평등하다. ③ 선진국이 후진국보다 상대적으로 평등하다. ④ 후진국 안에서도 나라에 따라 소득 불평등에 큰 차이가 있다. ⑤ 소득수준과 불평등도 사이의 관계에 대해서는 일정한 관계가 있다는 학설과 반대의 견해로 갈라져 있다. 전자의 대표적인 가설을 사이먼 쿠즈네츠의 역U자 가설이라고 하는데, 이 가설에 대해서는 찬반양론이 갈라져 있는 실정이다.

역U자 가설은 원래 쿠즈네츠가 1955년 미국경제학회 회장 취임 강연에서 하나의 추측에 불과하다는 전제하에 조심스럽게 제시한 하나의 가설인데, 그 후의 연구 결과는 이 가설이 상당한 근거가 있음을 보여 주고 있다. 그 내용은 경제 발전과 더불어 소득 불평등이 처음에는 심화하다가 어느 단계를 지나 계속 발전하면 결국 불평등이 축소하는 장기적 경향이 있을 것이라는 것이다. 가로축에 소득수준을 표시하고 세로축에 소득 불평등도(예를 들어 지니계수)를 표시했을 때 양자 사이의 관계는 마치 U자를 거꾸로 해놓은 듯한 모양을 취하기 때문에 이것을 역U자 가설이라고 부르는 것이다.

이 가설을 지지하는 증거는 예를 들어 소득분배 통계가 나와 있는 수십 개국을 모아서 가로축에 1인당 소득을 표시하고, 세로축에 어떤 불평등 지표를 나타낸다고 했을 때 양 변수 사이의 관계가 어떤지를 검증함으로써 주어질 수 있다. 대체로 지금까지 나온 이런 유형의 몇 가지 실증 연구는 〈그림 12.1〉과 같이 역U자 모양이 나타난다고 본다.

이 가설에 대한 반론으로서 유력한 것은 첫째, 이와 같이 발전 단계가 서로 다른 여러 나라의 횡단면 자료를 가지고 어떤 한 나라의 시간에 따른 소득분배의 변동을 추리하는 것은 무리라는 지적이 있다. 둘째, 역U자라는 모양은 반드시 소득수준과 불평등 사이에 어떤 관계가 있어서 나타난 결과가 아니고, 다만 불평등도가 서로 다른 몇 개의 권역의 소득수준이 우연히 거기에 위치했기 때문에 나타난 결과일 뿐이라는 해석이 있다. 〈그림 12.1〉에서 대체로 네 가지 유형 — 빈국, 남미, 사회주의국가, 선진 자본주의국가 — 의 서로 다른 발전 패턴이 있는데 거기에 따라 불평등도가 다르게 나타난 것이고 역U자는 하나의 우연일 뿐이라고 본다. 이런 관점에 의하면 소득분배의 결정에서 중요한 것은 소득수준 또는 경제 발전 수준이 아니라 그 나라가 어떤 발전 전략 또는 정부 정책을 채택하느냐에 달려 있다는 것이다.

이와 같이 횡단면 자료를 둘러싼 공방은 아주 팽팽한데, 최근에는 역U자 가설에 대한 아주 강력한 지지가 영국과 미국의 장기적 소득분배를 연구한 제프리 윌리엄슨$^{Jeffrey\ Williamson}$에 의해 제시되고 있다. 그는 장기적인 시계열 자료를 써서 조사한 결과 영국과 미국에서 다같이 19세기에 소득 불평등의 심화와 개선이라는 장기적 현상을 경험했다고 증명함으로써 역U자 가설에 아주 강력한 근거를 제공해 주고 있다. 이 가설은 아직 다른 나라에서 충분히 검증되고 있지는 않지만 앞으로 좀 더 많은 분배자료를 이용할 수 있게 되면 본격적인 검증이 가능해질 것이다. 아직 후진국에서는 이런 장기적 자료를 찾기가 어렵다.

역U자 가설에 대한 반론: 토마 피케티의 『21세기 자본』

2014년 경제학계에 갑자기 혜성이 출현했다. 토마 피케티Thomas Piketty라는 마흔세 살의 프랑스 경제학자가 쓴 『21세기 자본』이라는 책이 베스트셀러가 되면서 세계를 흔들고 있다. 150년 전통을 자랑하는 영국의 경제주간지 『이코노미스트』Economist는 피케티를 평하기를 "맑스보다 크다"Bigger than Marx라고 극찬했을 정도로 피케티는 이 책 한 권으로 일약 세계적 경제학자 반열에 올랐고, 요즘 피케티를 모르면 망신을 당하기 알맞다. 문자 그대로 '피케티 현상'이 세계를 강타하고 있다.

피케티의 책은 불평등을 다룬 경제학 저서다. 근래 마이클 샌들의 『정의란 무엇인가?』, 로버트 라이히의 『슈퍼자본주의』, 조셉 스티글리츠의 『불평등의 대가』가 나오자마자 베스트셀러가 되듯이 요즘은 불평등 문제가 사람들의 관심을 끈다. 몇 년 전 '월가를 점령하라' 운동에서 나타난 '1% 대 99%의 사회'가 여전히 해결되지 않은 채 사람들의 마음속에 큰 숙제로 남아 있기 때문이다. 피케티의 책은 샌들, 라이히, 스티글리츠의 책과는 달리 장기 자료를 통해 이야기한다. 300년에 걸친 여러 나라 ― 주로 프랑스, 영국, 미국, 스웨덴, 독일 등 ― 의 장기 통계를 가지고 불평등의 변천을 보여 주며, 앞으로 21세기에 우리 앞에 닥칠 미래를 이야기한다. 아주 특이하게도 3개의 수학 공식과 300년의 역사적 통계자료, 이것이 피케티의 무기다.

그런데 피케티가 그리는 자본주의의 미래가 심상찮다. 그에 따르면 지난 300년간의 자본주의는 잠시만 주의를 소홀히 하면 불평등이 커지는 속성을 지니고 있는데, 19세기에도 그러했고 최근에도 그러하다. 다만 1914~45년 시기에만 잠시 불평등이 축소되었을 뿐이고, 이것은 자본주의의 장기적 관점에서 볼 때 예외적 시기라는 것이다. 아니나 다를까 1980년 이후에는 다시 불평등이 커지고 있으며, 이 추세는 앞으로 21세기 내내 계속되어 우리의 미래는 별로 밝지 않다는 우울한 예측이 이 책의 주장이다.

20세기 초중반에 불평등이 축소된 이유는 연평균 3%의 고성장, 제1차 세계대전 발발 전후의 누진소득세 도입, 전쟁으로 인한 파괴, 인플레이션 등 우발적 요인에 바탕을 두고 있다. 그러나 1980년 이후 미국의 레이거노믹스, 영국의 대처주의의 등장으로 소득세율은 다투어 인하되었고, 앞으로 장기적 성장률도 1.5%를 넘기 어려울 것이므로 불평등 강화 요소를 상쇄할 힘이 없다는 것이다.

피케티가 말하는 자본주의에 내재한 불평등 강화의 힘은 어디에서 오는가? 그 답은 그가 자본주의의 기본법칙이라고 이름 붙인 두 개의 간단한 수식을 보면 된다. 자본주의의 제1기본법칙은 다음과 같다.

(1) $\alpha = r \times \beta$

여기서 α는 국민소득 중에서 자본에 돌아가는 몫이고, r은 자본의 수익률, β는 자본/소득 비율이다. 우리가 국민소득을 Y라고 하고 그것이 각각 노동과 자본에 나누어지는 몫을 노동소득(W), 자본소득(P)이라고 하면 아래의 식이 성립된다.

(2) $Y = W + P$

이것은 방정식이 아니고 항등식이다. 1년 동안의 자본소득 P는 자본의 크기(K)에 자본수익률(r)을 곱해준 값이므로 P = rK가 되고, 따라서 (1)식을 다시 쓰면 아래와 같다.

(3) $\alpha = P/Y = rK/Y = r\beta$

이런 관계가 성립하므로 위의 제1기본법칙이 유도된다. 따라서 피케티의 제1기본법칙은 법칙이라는 이름이 붙어 있지만 실은 항등식이다. 피케티는 α의 값이 21세기에 점차 높아질 것을 우려한다. 왜냐하면 r은 대체로 4~5%로 일정한데, β의 값이 점차 높아질 가능성이 크기 때문이다. 왜 β값이 높아질까? 그것은 β값을 결정하는 제2기본법칙을 보면 알 수 있다. 피케티가 말하는 자본주의의 제2기본법칙은 다음과 같다.

(4) $\beta = s/g$

여기서 β는 자본/소득 비율, s는 저축률, g는 경제성장률이다. 이 식은 원래 해러드–

도마 성장 모델에서 유래한다. 경제성장을 설명하는 최초의 모델인 해러드-도마 모델은 제2차 세계대전 직후에 발표되었는데, 오랫동안 경제학계의 대표적인 성장 이론으로 자리 잡았다. 영국 경제학자 해러드와 러시아 경제학자 도마가 비슷한 시기에 각각 독자적으로 발견한 이 모델은 두 사람의 이름을 함께 붙여 해러드-도마 성장 모델이라고 불린다.

이 모델은 원래 $g = s/\beta$라고 표시되어 있었는데, 이것은 항등식은 아니고 일종의 균형 성장 조건이다. 이것을 약간 변형하면 위의 (4)식을 얻는다. 이것이 피케티의 제2기본법칙이다. 여기서 β의 값은 s/g로 정해지는데, 21세기에 g의 값은 낮아질 공산이 크고(인구 증가가 정체하고 기술 진보에도 한계가 있어서), s는 일정하다고 하면 β값은 커질 수밖에 없다. 또는 달리 설명할 수도 있다. (1)식에다가 (2)식을 대입해서 변형하면 아래와 같이 된다.

(5) $\alpha = r \times \beta = r \times s/g$

여기서 저축률 s를 일정하다고 하면 α의 값은 r과 g의 값에 달려 있다. 즉 r과 g의 격차가 커지면 α는 높아질 것이고, 반대라면 α는 낮아진다. 다른 말로 하면 α는 r과 g 사이의 경주에 의해 결정된다. 피케티에 의하면 r은 역사적으로 거의 4~5%로 일정한 경향이 있다고 한다. 그 반면 g는 20세기 중반 3%를 달성한 시기를 예외로 하면 대체로 그보다 훨씬 낮다고 피케티는 말한다. 역사적으로 보면 경제성장률 g는 1700년까지는 제로에 가까웠고(경제성장이 아예 없었다), 그 뒤 18세기에 평균 약 0.5%, 19세기에는 1.5%였으며, 20세기에 와서는 3%라는 비약적인 속도로 성장했는데, 20세기는 긴 역사의 눈으로 보면 아주 예외적인 시대다. 특히 제2차 세계대전 이후 30년간, 소위 자본주의의 황금기The Golden Age of Capitalism에 선진국은 4%라는 사상 유례없는 고성장 국면을 경험했지만 지금은 확실히 저성장이다.

그러면 앞으로 남은 21세기는 어떻게 될까? 피케티는 21세기에 성장률이 높아질 가능성은 거의 없다고 본다. 왜냐하면 경제성장을 뒷받침해 온 두 가지 힘, 즉 인구 성장과 기술 진보가 한계에 이르렀기 때문이다. 그래서 21세기의 g는 1.5%를 넘기 어려울 것으로 예측된다. 그러면 어떻게 되는가? r과 g의 경주는 보나 마나 r의 승리다. 피케티는 이것을 과거

(r)가 미래(g)를 잡아먹는다고 표현한다(이 표현은 토마스 모어의 『유토피아』에 나오는 "양이 사람을 잡아먹는다"는 유명한 말에서 따온 것으로 보인다).

r은 4~5%, g는 1.5%로 양자의 격차가 벌어지면 21세기에 α는 높아질 수밖에 없다. 21세기에 자본/소득 비율(β)은 높아지고, 국민소득 중에서 자본의 몫(α)은 계속 커질 것이며 노동의 몫은 줄어들 것이다. 21세기에는 자본의 힘이 점점 더 강해지고 자본의 소득 몫이 커지며, 자본이 자본을 낳는 소위 세습자본주의patrimonial capitalism가 도래할 것이라는 암울한 전망이 이 책의 밑바닥을 흐르고 있다. 마치 『레미제라블』에 나오는 센 강의 음습한 지하도처럼.

이런 암울한 세계는 인류 역사상 처음 목격하는 것이 아니다. 이미 19세기 말에 한 번 이런 일이 있었다. 프랑스에서는 1871년에서 1914년 사이의 시대를 '아름다운 시대(벨 에포크)'라고 부르는데, 이 시기는 경제가 성장하고 문화, 교양이 발달했던 때이다. 그러나 이 시대의 아름다움은 상류층의 전유물이었고, 보통 사람들로서는 조금도 아름답지 않은 시기였다. 소득과 부의 불평등이 사상 최고에 이르렀다. 19세기 말에서 20세기 초 사이에 β 값은 7을 넘는 수준에 이르렀고 당연히 α 값도 커졌다. 1914년 제1차 세계대전 발발과 더불어 '벨 에포크'는 종말을 고했는데, 그 뒤 대공황과 제2차 세계대전이 이어지면서 β 값은 2~3이라는 아주 낮은 수준으로 떨어졌다. 따라서 α 값도 작아졌다.

그 이유는 각국이 전비 조달을 목적으로 재정 수요를 충당하기 위해 보수파의 반대를 무릅쓰고 누진적 소득세를 도입했다는 점, 그리고 뉴딜 정책과 같은 각종 진보적인 공공정책을 채택했다는 점에 기인한다. 그리하여 전후 30년간 세계 자본주의가 사상 최고의 호황과 고성장을 누리게 되는데, 이때 선진국의 경제성장률은 4%라는 전무후무한 기록을 세운다. 이 시기를 일반적으로 '자본주의의 황금기'라 하고, 특히 미국에서는 이 시기에 소득 불평등이 크게 줄어들었으므로 '대압축The Great Compression의 시대라고 부르기도 한다(Krugman, 2007). 앞에서 본 쿠즈네츠의 역U자 가설은 1950년대에 나왔기 때문에 바로 이 시기까지를 다루고 있고, 그래서 자본주의 경제에서 불평등은 장기적으로 축소한다는 낙관적 전망을 내놓고 있었다.

그러나 이런 자본주의의 황금기는 30년 만에 끝나 버렸고, 1980년대부터는 미국, 영국

그림 12.2 | 미국 상위 10%의 소득점유율 추이(1910~2010년)

자료: Emmanuel Saez(2008), Piketty(2014)에서 재인용
주: 소득=시장소득+자본이득.
2006년 상위 10%는 소득이 연 104,700달러 이상인 모든 가족 포함.

에서 레이건, 대처에 의한 시장 만능주의 시대가 온다. 작은 정부를 신봉하는 경제철학에 따라 감세, 규제완화, 민영화가 추진되었고, 정부의 역할이 최소한으로 줄어들었다. 그 결과는 쉽게 예측할 수 있듯이 불평등의 상승이다. 한때 2~3의 수준으로 낮아졌던 자본/소득 비율(β)이 다시 5~6의 수준으로 높아졌고, α도 다시 커지고 있다. 20세기 전체를 놓고 불평등의 추세를 그리면 역U자가 아니고, U자형의 그림이 나온다. 그래서 피케티는 쿠즈네츠가 틀렸다고 비판하는데, 쿠즈네츠로서는 1950년대 당시 주어진 약소한 자료를 갖고 최선을 다해 추측한 것이므로 나무랄 수는 없다. 그로부터 60년 뒤 피케티는 여러 나라의 풍부한 시계열 자료를 입수해서 이 문제를 분석한 끝에 상반된 결론에 도달했다고 할 수 있다.

〈그림 12.2〉는 소득 상위 10%가 갖는 몫의 크기로써 20세기 미국의 소득 불평등의 장기추세를 보여 준다. 그림은 전체적으로 U자형이라는 것이 명백하다. 즉, 소득 불평등은 20세기 중반에 축소되었다가 1980년대 이후 악화일로를 걷고 있다. 그리하여 지금 미국의 소득분배는 역사적으로 최악의 상태다. 또 하나 이 그림에서 충격적인 장면은 상위 10%가

차지하는 소득 몫이 50%에 달했던 1929년과 2008년에 대공황이 발생했다는 사실이다. 그 중간 기간에는 그 몫이 33% 정도를 유지했는데, 이때가 자본주의의 황금기로서 성장, 고용, 분배가 최고로 양호한 상태에 있었다. 소득 불평등이 최악일 때 두 차례(1929년과 2008년)나 대공황이 일어났다는 사실은 의미심장하다.

미국의 소득분배는 레이건, 부시 이후 계속 악화해서 역사적으로 보면 19세기 후반의 '도금시대'鍍金時代, The Gilded Age(마크 트웨인이 풍자적으로 붙인 이름)나 '광란의 1920년대'The Roaring Twenties에 비유되고 있다. '도둑남작'robber barons으로 불리던 록펠러, 밴더빌트 등이 거대한 부를 쌓은 반면, 빈부격차가 극심해졌던 도금시대에 빗대어 현대 미국을 신도금시대The New Gilded Age라고 부르기도 한다. '변화'를 선거공약으로 내걸고 당선된 오바마가 과연 똑같이 '변화'를 선거공약으로 내걸고 당선되었던 프랭클린 루스벨트의 선례를 따라 뉴딜과 같은 개혁적 정책을 추진할 것인가? 그리하여 극심한 양극화를 특징으로 하는 신도금시대를 끝내고 보다 평등한 자본주의를 가져올 것인가? 오바마의 정책에 온 세계의 관심이 쏠렸으나 그 성과는 기대에 못 미친다고 하지 않을 수 없다.

피케티의 대안

피케티에 의하면 21세기는 이대로 두면 불평등이 강화되는 추세로 가고 세습자본주의가 불가피하다는 것이 피케티의 예측이다. 이런 암울한 전망에 대해 피케티는 두 가지 해법을 제시한다. 자본의 몫이 계속 커지고 소득 불평등이 상승하는 것을 방지하기 위해 그는 누진적 소득세율의 인상을 제안한다. 소득세는 현재 모든 나라에서 누진세 체계를 갖고 있다(즉 고소득일수록 세율이 높다). 소득세의 역사는 오래되었지만 누진세가 도입된 것은 불과 100년밖에 되지 않는다. 많은 나라에서 누진세는 보수파의 반대에 부딪혀 한 발짝도 나아가지 못하다가 갑자기 제1차 세계대전이 발발하는 바람에 천문학적인 전비 조달을 위한 목적으로 급작스레 도입되었기 때문이다. 당시 상황이 하도 다급해 보수파도 반대를 못했다. 그래서 각국의 소득세 최고세율은 웬만하면 70%를 넘었고, 심지어 90%를 넘은 나라도 있었다. 이때는 프랑스, 독일보다 미국, 영국의 소득세 최고세율이 더 높았다는 사실이 흥미롭다(지금은 반대다).

이런 높은 소득세율 체제는 전쟁이 끝난 뒤에도 계속되었는데, 1980년대 레이거노믹스와 대처주의가 등장하면서 급속히 무너졌다. 작은 정부와 감세가 마치 시대정신이나 되는 것처럼 숭상되었고, 각국은 앞다투어 소득세 최고세율을 인하하기 시작했다. 그래서 지금은 많은 나라에서 최고세율이 30%대에 머물고 있으니 금석지감이 있다. 피케티는 이렇게 낮은 소득세율은 다시 최고위 경영자들의 보수를 천문학적 수준으로 올리는 경향이 있다고 주장한다. 과거에는 최고소득세율이 90%여서 고위 경영진들이 연봉을 올려 봐야 세금으로 다 빼앗기니 구태여 애를 써서 연봉 인상을 할 유인이 없었다. 그러나 지금은 다르다. 이제 최고세율이 아주 낮아졌기 때문에(워런 버핏은 얼마 전 자신의 소득세율이 자기 비서보다 낮다면서, 이것은 잘못된 것이라고 정면 비판했다) 임원들이 스스로 연봉을 인상할 유인이 아주 커졌다는 것이다.

실제로 최근 들어 미국 최고위 경영자들의 연봉은 천정부지로 오르고 있다. 과거 미국에서는 최고위 경영자의 보수가 말단 직원 급여의 20배였으나, 위에서 말한 로버트 라이히의 저서 『슈퍼자본주의』에 따르면 지금은 무려 400배나 된다고 한다. 분배에 관한 경제학의 표준적 설명인 한계생산성 이론에 따라 볼 때 과연 이들의 생산성이 400배나 되는가? 피케티는 한계생산성 이론을 개인의 한계생산성 측정의 어려움, 제도와 규칙을 무시하는 점 등을 들어 비판한다. 피케티는 고위 임원은 스스로의 연봉을 정하는 위치에 있다는 사실을 지적하면서 그들이 받는 고액 연봉을 '행운의 급여'pay for luck라고 부른다. 행운의 급여가 등장한 배경에는 최근 경제의 세계화 경향이나 기술혁신도 한몫했겠지만 피케티의 말처럼 소득세 감세가 하나의 요인이었음에 틀림없다.

피케티는 노동 의욕에 불리한 영향을 끼치지 않으면서 최고소득세율을 얼마까지 높일 수 있는가 하는 문제를 연구한 끝에 80%라는 결론에 도달했다. 이것은 과거 자본주의 황금기 때의 소득세율이다. 그러면 지금 30%대로 뚝 떨어진 세율을 과연 그렇게 높이 올릴 수 있을까? 이 문제에 대해 많은 경제학자는 의문부호를 단다. 이것은 결국 정치의 문제인데, 피케티는 세습자본주의로부터 민주주의를 구출하기 위해서는 다소 무리하더라도 소득세율의 대폭 인상이 불가피하다고 본다.

또 하나 피케티가 제안하는 정책은 세계자본세global capital tax다. 피케티가 말하는 자본은 개인이 소유하는 모든 자산에서 부채를 뺀 순자산을 뜻하는데 이는 주택, 부동산, 실물자본, 특허권, 금융자산 등을 망라한다. 따라서 이 세금은 유럽 몇몇 나라에서 시행 중인 부유세와 비슷하다. 자본세를 과세할 때는 소득세와 마찬가지로 누진세율을 적용한다. 피케티는 예시하기를 100만 유로 이하의 순자산은 면세, 100~500만 유로는 1%, 500만 유로 이상은 2%의 세율을 제안한다. 이 세금은 상당히 파격적이고 어떻게 보면 급진적인 면이 있다. 만일 이런 세금을 한 나라에서 과세하면 틀림없이 부자들이 다른 나라로 국적을 옮길 것이기 때문에 피케티는 만국 공통으로 세계자본세를 매기자고 제안하는 것이다.

세계자본세에 대해서는 많은 경제학자들이 실현 가능성을 의심한다. 지금과 같이 각국이 서로 세금을 인하해서 해외자본을 유치하려고 조세경쟁tax competition을 벌이는 마당에 이런 급진적인 과세가 과연 가능하겠는가 하는 의문이 드는 것은 아주 당연하다. 하기야 세계화가 진행될수록 각국은 해외투자 유치에 국가의 명운을 걸게 되고, 따라서 해외투자에 조금이라도 유리하도록 임금, 복지, 환경, 조세 등에서 서로 자국의 조건을 양보하고 후퇴시키는, 소위 '바닥으로의 경주'race to the bottom를 벌인다는 가설도 있긴 하다. 피케티도 세계자본세의 실행이 결코 쉽지 않으리라는 것을 잘 알고 있고, 그래서 이 제안을 스스로 유토피아적이라고 말하고 있다. 그러나 피케티는 21세기에 r이 g보다 높아져서 자본의 몫이 커지는 경향, 그리고 세습자본주의의 도래, 이런 암울한 미래를 방지하기 위해서는 자본에 대한 민주적 통제가 불가피하다고 본다.

피케티가 생각하는 21세기의 국가는 사회국가social state다. 그에 의하면 국가의 역할은 20세기 이후 큰 지각변동을 해왔다. 20세기 초만 해도 세수 규모로 측정한 국가의 크기는 국민소득의 1할 미만이었다. 이런 재정으로 국가가 할 수 있는 일은 많지 않다. 국방, 치안, 사법 정도가 전부다. 소위 야경국가 혹은 최소국가다. 그러나 20세기에 대공황과 두 차례의 전쟁을 치르면서 국가의 역할은 급속히 증대됐다. 보편적 의료와 교육을 국민에게 제공하는 것이 국가의 의무가 됐고, 거기에 연금, 실업보험, 이전지출 등의 사회보장이 추가됐다. 그리하여 선진국에서 국가의 크기는 국민소득의 30~50%에 달한다. 여기에 1980년대 이후 보수 반혁명의 역풍이 불어 다소 후퇴 기미가 보이긴 하지만 근본적으로 사회국가는 건재하다. 불평등 심화가 우려되는 21세기에 우리는 어떤 사회국가를 지향할 것인가, 이것이 피케티가 던지는 질문이다.

불평등이 성장에 미치는 영향

쿠즈넷츠의 역U자 가설은 본인의 의사와는 무관하게 보수파 쪽에서 많이 활용했는데, 즉 경제적 불평등이 크더라도 시간이 지나면 저절로 줄어들게 되어 있으니 정책적으로 바꾸려고 노력할 필요가 없다는 식으로 아전인수 식 해석이 나오기도 했다. 또 보수파에서는 경제가 불평등한 것이 반드시 나쁜 것이 아니고 오히려 장점이 있다고 주장하기도 했다. 즉 어느 정도 경제적 격차가 있어야 사람들이 열심히 일하지 너무 평등하면 게을러진다는 식으로 불평등 옹호론을 펴기도 했다. 즉, 효율과 공평은 동시에 달성하기 어렵고 둘 중 하나를 선택해야 하는데, 공평을 선택하면 효율과 성장을 희생한다는 주장이 널리 퍼져 있었다. 이런 보수파의 논리가 주효해서 과거에는 불평등할수록 성장에 유리하다는 주장이 정설 비슷하게 대접받고 있었다.

그러나 이 문제에 대해서는 그와 반대되는 새로운 학설이 등장해서 힘을 얻어 가고 있다. 불평등이 성장에 미치는 영향에 대해서는 지금까지 많은 연구가 나와 있는데, 그 영향이 플러스라는 주장(불평등할수록 성장이 높다는 정통 보수파의 주장)과 마이너스라는 주장이 팽팽히 맞서 있다. 그러나 연구 중에는 중립적 결과를 얻은 로버트 배로(Barro 2000)의 연구도 있다. 배로에 의하면 불평등과 성장 사이의 관계는 후진국에서는 마이너스, 선진국에서는 플러스이며, 둘을 합친 자료에서는 어떤 의미 있는 결과도 나오지 않는다고 한다.

이 가설은 상당히 일리가 있다. 즉, 불평등이 이미 높은 후진국에서 더 이상 불평등이 증가하면 성장의 하락을 가져오는 데 반해, 불평등 수준이 상당히 낮은 선진국에서는 불평등 증가가 성장률을 높이는 경향이 있다는 것은 현실적으로 상당히 설득력이 있다. 우리가 횡축에 불평등을 표시하고, 종축에 성장률을 나타낸다면 역U자 모양의 회귀곡선을 얻을 것이다. 이는 불평등과 성장 사이의 관계가 선형이 아니고 비선형임을 시사한다.

이런 논리에 입각해 불평등이 성장에 미치는 영향이 그 나라의 경제발전 수준에 따라 달라진다는 가설을 주장하는 연구도 상당수 나와 있다. 이들 연구에 의하면 후진국에서는 불평등이 성장에 강한 마이너스의 영향을 주는 데 반해, 선진국에서는 약한 마이너스의 영향을 주며, 때로는 플러스의 영향을 준다고 결론 내린다.

또 하나 불평등이 성장에 영향을 주는 메커니즘의 차이는 시간의 장단에서 올 수 있다. 불평등이 성장에 플러스의 영향을 주는 메커니즘은 주로 두 가지, 즉 불평등이 클수록 저축-투자가 증가한다는 점, 그리고 불평등이 클수록 R&D를 촉진한다는 점인데, 둘 다 단기에 그 성과가 나타나는 성질을 가진다. 그 반면 불평등이 성장에 마이너스의 영향을 미치는 메커니즘은 정치적 불안정, 재분배를 위한 조세의 증가, 인적 자본 투자의 저해 등인데, 이들은 모두 장기에 걸쳐 서서히 누적적으로 효과가 발생하는 특징이 있다. 그렇다면 불평등이 성장에 미치는 영향은 단기에는 플러스 효과이지만 장기에 가면 결국 마이너스가 되지 않느냐 하는 추정을 해볼 수도 있다(Knowles 2005; Halter et al 2014).

지나친 불평등이 경제성장을 저해한다는 주장은 최근 들어 점차 힘을 얻고 있는데, 학계의 흐름을 바꾸는 데는 2014년 나온 IMF의 보고서(Ostry et al 2014)가 큰 역할을 했다. 이 보고서는 세계 여러 나라의 통계자료를 기초로 실증 분석을 한 뒤 지나친 불평등은 경제성장을 해치고, 불평등을 줄이는 정책은 성장에 유리하다는 결론을 내렸다. 이 보고서가 나온 이후 세상의 분위기가 확 달라졌다. 크리스틴 라가르드 IMF 총재는 경제성장을 촉진하기 위해서라도 불평등을 줄여야 한다는 연설을 했는데, IMF는 원래 상당히 보수적 기관으로서 총재가 이런 연설을 한 것은 아주 이례적인 일이었다. 그 뒤 이주열 한국은행 총재도 비슷한 연설을 한 바 있다. 분배 문제에 무관심하거나 선성장 후분배만을 주장했던 금융기관의 수장들이 성장을 위해 재분배가 필요하다고 주장하고 나섰고 세계은행, OECD, ILO 등에서도 비슷한 보고서를 연달아 내고 있다는 것은 그만큼 세상이 달라지고 있다는 뜻이다.

새로운 대안과 한계

1970년대 이후 새로이 제시된 개발 전략 중에는 세계은행이 추구하는 '성장과 재분배의 동시 달성' 전략(이하 동시 달성 전략)과 국제노동기구의 '기본 수요 접근'basic needs approach이 있었다. 세계은행의 동시 달성 전략은 후진국에서 10년 이상의 고도성장이 있었음에도 불구하고 후진국 인구의 3분의 1이나 되는 빈곤 인구에는 거의 성장의 혜택이 없었다는 데서 출발한다. 이들의 관점은 후진국 빈민들이 성장의 혜택을 받지 못하는 이유는 물적 및 인적 자본의 결핍과 접근 기회access의 결핍에 있다고 보는 것이다. 결국 물적·인적 자산의 소유 집중이 문제인데, 후진국에서 최고 20%의 소득 계층이 50% 이상의 소득을 차지하는 이유는 그들이 자산의 70% 이상을 점유하고 있기 때문이다. 따라서 자산의 재분배가 중요한데 기존의 자산을 재분배하는 것은 너무 급진적이어서 대부분의 후진국에서 실행 가능성이 없으므로 정책의 초점을 신규 투자에 돌려 가능한 한 빈민들에게 유리하게 투자가 이뤄지도록 한다는 것이 동시 달성 전략의 기본 아이디어다.

후진국 빈민의 70~80%는 농촌에 거주하고 있으므로 '토지개혁'이 긴요한 과제가 된다. 그러나 토지개혁만으로는 빈곤의 해결이 될 수 없고, 생산성과 소득을 증대시킬 인센티브 제도의 도입과 금융, 비료, 종자, 마케팅, 교육 등 다른 생산요소의 공급이 수반되지 않으면 정책의 효과가 별로 없다고 본다. 한편 도시에서는 ① 근대 부문에서 노동/자본의 기회비용에 좀 더 잘 대응하는 생산 방법, 즉 더욱 노동 집약적인 생산물과 생산 방법을 채택하도록 유인하고, ② 소생산자, 자영업자는 생산요소에의 접근 기회를 증가시키고 공공투자의 방향을 이들에 유리하도록 변화시킨다. 인간자본human capital에 대한 투자도 증대시켜 생산성과 소득을 높인다. 이런 내용이 동시 달성 전략의 요체다.

국제노동기구의 기본 수요 접근은 식량, 교육, 주택 등 기본 수요의 1인당 필요량 공급을 2000년까지 달성하려면 단순한 양적 성장만 가지고는 6~11%의 높은 성장률이 필요하고, 동시 달성 전략의 경우에는 그것보다는 좀 낮은 성장률로 가능하지만, 기본 수요 접근을 통해 동시 달성 전략보다 훨씬 낮은 성장률을 가지고도 위의 목표를 달성할 수 있다고 보는 입장이다. 이 접근은 경제성장이나 분배보다 빈곤의 퇴치와 최하위 40%의 인구에 대한 직접적 정책을 특징으로 한다. 그리고 이것은 현금 소득보다 현물 공급이 중심이다. 기본 수요의 내용을 구체적으로 정의하기는 어렵지만 대개 ① 성인 1인당 하루 최저 2,350칼로리의 식사, ② 안심하고 마실 물, ③ 기초적 보건, 의료, 공중위생, ④ 최저 수준의 주택, ⑤ 초등교육, ⑥ 대중교통수단, ⑦ 고용(일자리) 등이 반드시 포함된다. 이와 더불어 비물질적 측면을 때로 포함하는데 거기에는 자립, 정치적 자유, 인권, 국민의 참여, 문화적 동질성, 삶과 노동의 목적의식 등이 포함되기도 한다.

동시 달성 전략이나 기본 수요 접근은 과거의 성장 지상주의 정책의 한계를 극복하려는 새로운 시도라고 할 수 있는데, 과연 자본주의하에서 그것도 주변부 자본주의 체제하에서 이런 정책이 실행가능한가 하는 것이 근본적 의문으로 남는다. 그 내용이 급진적인 것은 아니지만 미흡하나마 이 정도라도 민중을 지원할 수 있는 정책을 추진할 만한 계몽된 정부는 후진국에서 좀처럼 찾아보기 어려운 것이 사실이다. 대개의 후진국에서는 이런 평등주의적 개혁 의지와는 거리가 먼 부패, 무능한 독재 정권이 자리 잡고서 민중 부문을 완전히 배제한 채 소수의 매판적 자본가, 상인, 군부, 관료, 외국자본과 결탁해 그들의 이익을 위해 봉사하고 있는 경우가 비일비재하다.

후진국의 이런 사회 정치적 환경 속에서 동시 달성 전략이나 기본 수요 접근과 같은 '위로부터의 개혁'이 과연 가능하겠는가 하는 것이 이런 전략의 최대의 난점으로 남아 있다. 이런 전략에 비판적인 입장을 취하는 학자들은 이를 가리켜 고양이 목에 방울을 다는 것에 비유한다. 제3세계의 빈곤과 불평등은 심각하기 그지없는 일촉즉발의 상태에 있지만 그것을 해결할 뾰족한 묘안은 아직 나오지 않은 단계에 있고, 10억의 빈민 대중이 기아, 질병, 무지의 구렁텅이에서 헤매고 있는 것이야말로 인간이 달나라를 다녀오고, 가공할 핵무기를 자랑하는 21세기 초 인류의 역설적이고도 비참한 현실이라 하지 않을 수 없다.

참고문헌

데이비드 레인. 1983. 『소련사회의 불평등구조』. 이용필 옮김. 교육과학사.
배링턴 무어. 1990. 『자본주의와 사회주의에서의 권위와 불평등』. 송복 옮김. 청계연구소.
송두율. 1990. 『소련과 중국』. 한길사.
송호근 엮음. 2001. 『세계화와 복지국가: 사회정책의 대전환』. 나남.
송호근·홍경준. 2006. 『복지국가의 태동: 민주화, 세계화, 그리고 한국의 복지정치』. 나남.
양동휴. 2007. 『세계화의 역사적 조망』. 서울대출판부.
이강국. 2005. 『다보스, 포르투알레그레 그리고 서울: 세계화의 두 경제학』. 후마니타스.
_____. 2007. 『가난에 빠진 세계』. 책세상.

園田茂人. 2008. 『不平等國家 中國』. 中公新書.

Barro, R. 2000. "Inequality and growth in a panel of countries." *Journal of Economic Growth* 5.
Bartels, Larry M. 2008. *Unequal Democracy: The Political Economy of the New Gilded Age*. Princeton University Press[『불평등 민주주의』, 위선주 옮김, 21세기북스, 2012].
Bauer, P. T. 1972. *Dissent on Development*. Harvard University Press.
Beckerman, W. and R. Bacon. 1970. "The International Distribution of Incomes." Paul Streeten ed. *Unfashionable Economics*. Weidenfeld and Nicholson.
Bergson, Abram. 1984. "Income Inequality under Soviet Socialism." *Journal of Economic Literature* vol. 22 no. 3.
Berry, Albert, Francois Bourguignon and Christian Morrison. 1983. "Changes in the World Distribution between 1950 and 1977." *Economic Journal* vol. 93 no. 370.
_____. 1991. "Global Economic Inequality and Its Trend since 1950." Lars Osberg ed. *Economic Inequality and Poverty: International Perspectives*. Sharpe.
Bhagwati, Jagdish. 2004. *In Defense of Globalization*. Oxford University Press.
Chenery, Hollis et al. 1974. *Redistribution with Growth*. Oxford University Press.
Gottschalk, Peter and Timothy M. Smeeding. 2000. "Empirical Evidence on Income Inequality in Industrialized Countries." Anthony B. Atkinson and François Bourguignon eds. *Handbook of Income Distribution*. Amsterdam: North-Holland.

Deininger, K. and L. Squire. 1998. "New Ways of Looking at Old Issues: Inequality and Growth." *Journal of Development Economics* no. 57.

Dollar, D. and A. Kraay. 2001. "Trade, Growth, and Poverty." World Bank Working Paper no. 2615.

Halter, D., M. Oechslin and J. Zweimuller. 2014. Inequality and Growth: The Neglected Time Dimension. *Journal of Economic Growth* 19(1).

Khan, Azizur R. et al. 1993. "Household Income and Its Distribution in China." Keith Griffin and Zhao Renwei eds. *The Distribution of Income in China*. St. Martin's.

Knowles, S. 2005. "Inequality and Economic Growth: The Empirical Relationship Reconsidered in the Light of Comparable Data." *Journal of Development Studies* 41(1)

Kravis, Irving B. 1986. *World Product and Income: International Comparisons of Gross Domestic Product*. World Bank.

Krugman, Paul. 2007. *The Conscience of a Liberal*. Norton[『미래를 말하다』. 예상한 옮김. 현대경제연구원. 2008].

Lindert, Peter H. and Jeffrey G. Williamson. 2001. "Does Globalization Make the World More Unequal?" NBER Working Paper no. 8228, Apr.

Lydall, Harold. 1968. *The Structure of Earnings*. Oxford University Press.

Milanovich, Branko. 2003. "Two Faces of Globalization: Against Globalization as We Know It." *World Development* vol. 31 no. 4.

_____. 2016. *Global Inequality: A New Approach for the Age of Globalization*. Harvard University Press[『왜 우리는 불평등해졌는가』. 서정아 옮김. 21세기북스. 2017].

OECD. 2008. *Growing Unequal?: Income Distribution and Poverty in OECD Countries*.

_____. 2011. *Divided We Stand: Why Inequality Keeps Rising*.

_____. 2015. *In It Together: Why Less Inequality Benefits All*.

Ostry, J., A. Berg, and C. Tsangarides. 2014. "Redistribution, Inequality, and Growth." IMF Staff Discussion Note. February.

Piketty, Thomas. 2014. *Capital in the Twenty: First Century*. Harvard University Press[『21세기 자본』. 장경덕 옮김, 글항아리, 2014].

Pritchett, Lant. 1997. "Divergence, Big Time." *Journal of Economic Perspectives* vol. 11, Summer.

Ravallion, Martin and Shaohua Chen. "What Can New Survey Data Tell Us about Recent Changes in Distribution and Poverty." *World Bank Economic Review* vol. 11 no. 2.

Ravallion, Martin. 2001. "Growth, Inequality and Poverty: Looking beyond Averages." *World Development* vol. 29 no. 11.

Reich, Robert B. 2008. *Super-Capitalism: The Transformation of Business, Democracy, and Everyday Life*. Random House[『슈퍼자본주의』, 형선호 옮김, 김영사, 2008].

Sawyer, Malcolm. 1976. "Income Distribution in OECD Countries." OECD.

Sherman, Howard and A. Zimbalist. 1984. *Comparing Economic Systems*. Kluwer.

Smeeding, Timothy. 2002. "Globalization, Inequality and the Rich Countries of the G-20: Evidence from the LIS." Luxembourg Income Study Working Paper no. 320, July.

Stark, T. 1977. "The Distribution of Income in Eight Countries." *Royal Commision on the Distribution of Income and Wealth*.

Stiglitz, Joseph E. 2012. *The Price of Inequality*. W. W. Norton[『불평등의 대가』, 이순희 옮김, 열린책들, 2013].

Todaro, Michael and Stephen C. Smith. 2008. *Economic Development*, 10th ed. Addison-Wesley.

Whalley, John. 1979. "The Worldwide Income Distribution: Some Speculative Calculations." *Review of Income and Wealth* vol. 25.

Williamson, Jeffrey G. 1997. "Globalization and Inequality: Past and Present." *World Bank Research Observer* vol. 12 no. 2, Aug.

_____. 2002. "Winners and Losers over Two Centuries of Globalization." NBER Working Paper no. 9161, Sep.

Wolf, Martin. 2004. *Why Globalization Works*. Yale University Press.

Yanowitch, Murray. 1977. *Social and Economic Inequality in the Soviet Union*. Sharpe.

Xavier Sala-i-Martin. 2002a. "The Disturbing Rise of Global Income Inequality." NBER Working Paper, 8904, April.

_____. 2002b. "The World Distribution of Income: Estimated from Individual Country Distributions." NBER Working Paper, 8933, May.

13장
한국의 불평등

"내가 모은 재산은 모두 여러 사람을 위하는 일에 쓰여야 합니다."
_ 유한양행 설립자 유일한

"우리 아이들에게 정의가 승리하는 역사를 물려줍시다."
_ 노무현, 2002년 민주당 대통령 후보 수락 연설에서

1. 한국의 불평등을 어떻게 볼 것인가?

우리나라에서는 쿠데타로 집권한 군사독재 정권이 숨도 제대로 쉬기 어려울 정도의 철권 통치를 강행하면서 국민들의 기본적 인권조차 억압했고, 따라서 정치적으로는 기대할 수 없는 국민들의 지지 대신 급속한 경제성장을 통해서 구한다고 하는 패턴이 오랫동안 계속되었다. 그리하여 수출입국輸出立國이란 기치 아래 고투자-고성장 정책이 최우선적으로 채택되었다. 특히 한국이 채택했던 개발 전략은 공산품 수출에 중심을 두는 소위 외향적 공업화outward-looking industrialization 방식으로서, 그 성공을 위해서는 후발국이 비교 우위를 가지는 노동 집약적 제조업에서의 저임금이 필수적 조건이다. 또한 저임금을 확보하기 위해서는 저곡가低穀價가 요구된다. 이런 패턴의 종속적 발전 전략이 국가 주도로 다년간 추진된 결과, 자본축적의 급속한 진행에 필연적으로 수반되는 자본주의 고유의 불평등뿐만 아니라 경제의 대외적 종속에서 오는 주변부적 불평등이 중첩되어 나타나는 것으로 한국의 사회·경제적 불평등을 파악할 수 있을 것이다.

그리하여 한국에서 급속한 자본주의적 공업화가 이뤄져 왔다는 데 대해서는 전혀 이견이 있을 수 없으나, 그것은 어디까지나 노동자, 농민, 도시 빈민의 땀과 희생 위에서 이룩된 것임을 간과해서는 안 된다. 이것은 전형적인 '선성장 후분배'의 개발 철학이라고 하지 않을 수 없다. 그러나 역대 정부는 항상 성장만을 강조하고 힘을 쏟았을 뿐, 분배에 대해서는 관심도 없었고, 정책도 없었다. 따라서 그동안 유례없이 빠른 속도로 경제성장이 이뤄진 것을 부정할 수 없으나, 다른 한편 그 그림자도 짙게 드리워졌다. 오로지 효율성과 성장이 숭상된 나머지 형평과 인권은 오랫동안 무시되었다. 고층 빌딩이 들어서고 세계적 규모의 대기업이 등장하게 되었으나 그 과정에서 장시간 노동과 비인간적 대우에 허덕이는 노동자들의 수도 엄청나게 불어났다. 더구나 최근에는 비정규직 규모가 세계에 유례를 찾기 어려울 정도로 엄청나게 커졌고, 그들이 받는 차별은 도를 넘어섰다. 농촌의 빈곤과 부채 누적은 해결하기 어려운 심각한 사회문제다.

장기간에 걸친 군사정부의 극단적 억압에 의해 표면에 나타나지 않고 속으로만 끓고 있던 온갖 문제가 1987년 범국민적 민주화운동의 고양高揚과 더불어 봇물 터지듯이 터져 나오기 시작했는데, 사회·경제적 불평등 문제도 그 많은 문제 중의 하나라고 할 수 있다. 이 문제에 대한 국민과 학계의 관심은 대단히 높아져서 정부로서도 과거처럼 성장만을 강조하면서 이 문제를 덮어두기 어려운 단계에 도달했다. 각종 여론조사에서 국민들은 분배 문제가 대단히 중요한 사회문제라고 대답하고 있고, 또한 우리 사회에서 양극화가 심화하고 있다고 대답하는 사람이 많다는 것은 이 문제의 심각성을 잘 보여 준다.

이 장에서는 우리나라의 불평등 문제를 다루되 논의의 초점을 소득분배 문제에 두기로 한다. 원래 사회·경제적 불평등 문제를 제대로 다루려면 소득 불평등뿐만 아니라 정치적 민주화, 부의 불평등, 계급 갈등, 교육 기회의 불평등, 문화의 문제, 국가의 역할 등 서로 연결된 측면들을 함께 분석하는 것이 올바른 접근 방법이 되겠지만, 그중 일부는 이미 앞의 장에서 다뤘고, 또 어떤 것은 앞으로의 연구 과제로 남겨 두기로 한다. 이 장에서는 논의의 범위를 좁혀 한국의 소득분배 문제만을 취급하기로 한다.

2. 한국 소득 불평등의 실상

한국 소득분배의 불평등이 어느 정도인가를 보기로 하자. 인적 소득분배란 소득의 원천이 노동소득이냐 재산소득이냐 하는 것은 따지지 않고, 다만 가구별 소득의 크기에 따라 불평등이 큰가 작은가를 분석하는 것을 말한다. 일상생활에서 사람들이 소득분배, 소득 불평등 또는 빈부 격차라고 말할 때 그것은 대개 인적 소득분배를 뜻하는 것이며, 분배 문제에 대한 사람들의 관심은 주로 이 문제에 쏠려 있다고 할 수 있다.

소득 실태 조사 자료의 문제

우리나라의 인적 소득분배를 연구하는데 가장 큰 문제는 믿을 만한 소득분배 통계를 구하

표 13.1 | 한국의 소득에 대한 주요 실태 조사

	조사 기관	조사 단위	조사 대상	표본 수	조사 주기	비고
도시가계조사	통계청	가구	비농가	5,200	매월	1인 가구 제외 (노동자 가구만 소득 조사)
농가경제조사	통계청	가구	농가	3,140	매월	1인 가구 제외
가구소비실태조사	통계청	가구	전국	27,000	매 5년	1인 가구 포함 (1991년 이후 매 5년 간격)
사회통계조사	통계청	가구	전국	30,000	매년	1980, 1985, 1988, 1993, 1996, 2000년도 소득 조사
경제활동인구 부가조사	통계청	개인	전국		부정기	모든 임금근로자
임금구조 기본통계조사	노동부	개인	5인 이상 민간 사업체		매년	영세규모 사업체 및 비상용직 근로자 제외
소규모사업체 근로실태조사	노동부	개인	5인 미만 민간 사업체		매년	비상용직 근로자 제외

주: 개인이나 민간 기관이 실시한 실태 조사는 제외되어 있음.

기 어렵다는 점이다. 〈표 13.1〉은 현재 우리나라에서 실시되고 있는 소득에 관한 실태 조사를 요약한 것이다. 이들 자료가 가지는 각각의 한계점 중 주요한 것은 다음과 같다.

첫째, 통계청에서 행하고 있는 실태 조사 중 가구 소득 불평등도를 측정하는 데 가장 널리 이용되고 있는 통계로는 『도시가계조사』 및 『가구소비실태조사』, 『농가경제조사』 등이 있다. 특히 우리나라에서 가장 대표적인 가구 소득 조사인 『도시가계조사』는 도시 가구의 수입과 지출을 조사해 소비수준의 변화를 측정하고 분석하는 데 목적을 두고 있다. 이 자료는 전국 도시에 거주하고 있는 2인 이상의 노동자 가구의 소득을 조사하고 있어 조사 대상에 한계가 있다. 조사 대상에서 농어촌 가구, 가구원의 구성이 가족을 위주로 하지 않는 혼성된 가구(비혈연 자취가구), 단독(1인)가구, 음식점·여관·하숙집 등을 경영하는 겸용 주택 가구 등이 제외되어 있다. 특히 이 자료에서 제외된 1인 가구 중에 대체로 저소득층 가구가 많을 것으로 추측되므로 빈곤 규모를 추정하는 데 한계가 있다.

한편 『가구소비실태조사』는 1991년 이후 5년 간격으로 전국의 모든 가구에 대해 '연간 소득'을 조사하고 있다. 그러나 조사 주기가 5년이기 때문에 소득 불평등도에 대한 최근의 실태를 파악하는 데 시의성時宜性이 떨어진다는 단점이 있다. 이와 같이 통계청의 소득에 대한 실태 조사 중에서 『도시가계조사』는 조사 대상의 한계, 『가구소비실태조사』는 시의성의 한계를 각각 지니고 있다.

『농가경제조사』는 통계청에서 표본 농가의 개황, 수입 및 지출, 자산 및 부채, 노동시간 및 투입 자재 등을 조사한다. 대상 농가 수는 전국 314개 표본조사구 내 3,140가구다. 그런데 이 조사에서는 1단보(약 300평) 미만을 경작하는 가구는 조사 대상에서 제외된다. 이 자료도 역시 농촌의 소득분배 상태를 분석하기 위해서 자주 이용되고 있지만 원래 조사 목적 자체가 다르기 때문에 소득분배를 분석하는 데 이용하기에는 문제가 있다. 표본 농가의 수가 적어서 오차가 클 가능성이 크다는 점 이외에 조사 대상에서 누락된 가구가 대개 저소득 농가 쪽으로 치우쳐 있기 때문에 이 자료를 수정 없이 사용한다면 소득 불평등 추계에 편의(偏倚, bias)가 발생하기 쉽다.

지금까지 한국의 소득분배를 추계한 대부분의 연구는 위의 표본조사 중에서 『도시가계조사』와 『농가경제조사』 자료를 주로 이용해, 각각 도시와 농촌의 소득분배를 추계하고 둘을 결합해 우리나라 전체의 소득분배를 추정해 왔다. 그러나 이 두 가지 자료를 결합해서 우리나라의 소득분배를 정확히 추계한다는 것은 대단히 어려운 일이다. 여러 가지 문제점 중에서도 특히 이 두 가지 조사에서 제외된 가구가 전체 가구의 20%를 넘을 뿐 아니라 이들은 소득분배상 상층과 하층에 위치하는 가구가 많기 때문에 불평등도가 하방편의를 가질 것으로 짐작되기 때문이다. 게다가 도시의 경영자 및 자영업자의 소득을 파악하기 어렵다는 점도 중대한 결점이다. 뿐만 아니라 조사의 정확성, 신뢰성 여부도 이런 종류의 통계에 항상 따르는 문제점이다.

둘째, 노동부의 실태 조사로서 노동자 개인의 임금 소득 불평등을 측정하는 데 『임금구조 기본통계조사』가 이용되고 있다. 그러나 이 조사도 5인 미만 상용 노동자가 조사 대상인 『소규모사업체 근로실태조사』와 마찬가지로 상용 노동자만을 조사 대상으로 하고 있다. 뿐만 아니라 거의 대부분 상용 노동자인 공무원은 노동부의 실태 조사에서는 조사 대상에서 제외되어 있다. 이와 같이 노동부의 실태 조사는 민간 부문의 상용 노동자만을 조사 대상으로 하고 있기 때문에 통계적 대표성이 낮을 수밖에 없다.

한편 최근에 부정기적으로 실시되고 있는 『경제활동인구 부가조사』에서는 모든 임금노동자에 대해 임금 소득을 조사하고 있다. 그러나『임금구조 기본통계조사』의 사업체 조사에 대비했을 때 가구 조사가 부정확하고 시계열이 짧다는 문제 때문에 분석 자료로 이용하는 데 한계가 있다.

이상에서 살펴본 바와 같이 우리나라의 소득에 대한 실태 조사는 특히 조사 대상이 한정되어 있기 때문에 통계적 대표성이 낮다. 그럼에도 불구하고『도시가계조사』는 시의성이 높을 뿐만 아니라 노동자 가구의 가구 소득 및 가구주의 근로소득도 모두 조사하고 있기 때문에 가구 또는 개인 간 소득 불평등을 용이하게 추정할 수 있다는 장점을 지니고 있다. 그리고『가구소비실태조사』는 조사 주기가 5년이기 때문에 최근의 소득분배 실태를 파악하는 데는 적절하지 않지만, 전국의 거의 모든 가구를 조사 대상으로 하고 있다는 장점을 갖는다.

사용 빈도에 있어서는 위의 두 자료보다 훨씬 떨어지지만 가끔 소득분배 추계를 위해 이용되는『국세통계연보』의 경우에도 소득이 충분히 파악되지 않는다는 문제점이 있다. 이것은 우리나라만의 문제가 아니고 어느 나라를 막론하고 조세통계는 소득이 과소 보고된다는 문제가 생기기 마련이다. 특히 고소득층일수록 과세를 회피하기 위해 가능한 모든 합법적·비합법적 방법을 동원해 소득을 은폐한다는 점은 잘 알려져 있다. 또한 면세점 이하 저소득층의 소득도 파악되지 않기 때문에 조세통계는 소득분포상의 양극단에 대해 전혀 정보를 제공해 주지 않거나, 기껏해야 아주 왜곡된 정보밖에 전해 주지 않는다. 이것을 그대로 믿고 소득분배를 추계한다면 자칫 오류를 범하기 쉽다.

이 밖에 아주 오래된 소득분배 자료로서 중앙대학교 사회과학연구소에서 1966년에 농가 971가구와 도시의 779가구의 소득을 조사한 것이 있다. 이 조사는 소득분배를 파악한다는 목적으로 실시된 유일한 초기 통계자료이기 때문에 상당히 중요하며 자주 이용되어 왔다. 그러나 이 자료도 무경지 농가, 단독가구, 음식점, 하숙업을 하는 가구 등이 조사 대상에서 제외되고 있을 뿐 아니라 조사 시기가 1966년 1~3월로 되어 있어 특히 농가의 경우 소득의 계절성을 충분히 감안해 주지 못하고 있다는 점, 농가 소득에서 중요한 非현금 소득이 빠져 있다는 점 등 많은 문제점을 지니고 있다.

중앙대 조사의 결과 나타난 소득 불평등도는 예상 밖으로 대단히 낮게 나타났는데, 그

것이 해리 오시마$^{Harry\ T.\ Oshima}$, 펠릭스 포커트$^{Felix\ Paukert}$ 등의 외국인 학자들에 의해 무비판적으로 인용됨으로써(Oshima, 1970; Paukert 1973) 한국의 소득분배가 상당히 평등하다는 인상을 외국에 널리 알리는 결과를 가져오게 되었다. 포커트의 연구에서는 한국의 소득 불평등이 그 논문에 인용된 수십 개국 중 가장 낮은 편에 속하는 것으로 나왔다. 그러나 이런 결과는 신뢰성 없는 표본조사의 여러 가지 편차가 빚은 것으로서 우리가 통계의 수집과 해석에 얼마나 주의해야 하는가를 잘 보여 주는 사례라고 할 수 있다.

소득분배 개선론

우리나라의 소득분배에 관해 1970년대 중반까지 나온 연구들은 거의 대부분 위에서 열거한 바와 같이 각종 통계자료가 갖는 한계를 충분히 인식하지 못했거나, 아니면 한계를 극복하기 위해 노력했다고 하더라도 충분히 극복하지 못한 채 부정확하거나 왜곡된 추정 결과를 발표하고 있었다고 말할 수 있다. 이들 연구가 안고 있던 공통적인 문제점은 우선 통계자료 자체의 문제도 있었지만, 그와 동시에 통계상 결함을 시정하려는 학자들의 노력 역시 부족했다고 평가하지 않을 수 없다.

이런 통계자료의 제약에 대해 그래도 가장 세심하게 주의를 기울인 연구로는 한국개발연구원^{KDI}의 주학중 박사의 추계를 들 수 있다. 그의 연구는 가장 널리 알려진 것이며, 세계은행에서 매년 발행하고 있는 『세계개발보고서』$^{World\ Development\ Report}$의 부록에 실려 있는 각국의 소득분배 5분위 분배율 중 한국에 대한 것이 그의 추계치와 정확히 일치하고 있었던 점으로 보아 세계은행도 그의 연구 결과를 그대로 받아들인 듯하다. 그는 위에서 열거한 통계자료의 수많은 문제점을 고려해 여러 가지 새로운 가정을 도입함으로써 원래의 자료에 상당한 수정을 가한 뒤 소득분배의 추계를 시도했다. 그가 사용한 자료는 『도시가계연보』와 『농가경제조사』인데 그것을 그대로 이용한 것이 아니라 여러 가지로 손질을 했다. 예컨대 두 조사에서 누락된 가구를 추가시킨다든가, 표본에 나타난 실업자의 수가 실제보다 너무 적을 때에는 그만큼 더 넣는다든가, 조사 대상 가구의 소득 상한선 문제를 완

표 13.2 | 한국의 소득 불평등도 추계 (지니계수)

	전국	농가	비농가	노동자 가구	자영·경영자
1965	0.344	0.285	0.417	0.399	0.384
1970	0.332	0.295	0.346	0.304	0.353
1976	0.391	0.327	0.412	0.355	0.449
1982	0.357	0.306	0.371	0.309	0.445
1986	0.337	0.297	0.342	0.319	-
1990	0.323	0.299	0.324	0.305	-

자료: 주학중·윤주현(1984); Choo(1992).

화시키기 위해 소득 상한선이 몇 년에 한 번씩 조정되고 난 바로 다음 해만을 분석한다든가 하는 식이다.

그러나 이런 조정 과정도 필연적으로 자의적일 수밖에 없다. 예를 들어 새로 추가한 가구나 실업자의 소득을 얼마로 보는가 하는 문제가 생긴다. 여기에는 연구자의 자의가 개입될 수밖에 없으며, 그 결과 추정치도 달라진다. 그러나 주학중이 채택했을 수많은 가정에 대해서는 논문에서 밝히고 있지 않기 때문에 그의 방법의 타당성 여부를 논의할 수 없다. 어쨌든 경제학자로서 통계자료를 취급할 때 기본적으로 필요한 주의를 기울이고 있다는 점에서 이 연구는 과거의 연구에 비해서 진일보한 것으로 높이 평가받아 마땅하지만, 아무래도 부실한 자료의 제약 자체를 뛰어넘는다는 것은 기대하기 어려운 것으로 보인다. 따라서 그의 추계도 사실은 우리나라의 소득분배에 대한 하나의 추측 이상의 것이 아니며 아직까지 어느 누구도 한국의 소득분배가 어떠한 상태인지를 자신 있게 이야기할 수 없는 상황이라고 할 수 있다. 이런 한계를 인식하면서 그의 연구 결과를 보면 〈표 13.2〉와 같다.

주학중이 추계한 우리나라의 소득분배를 보면 소득 불평등이 1960년대 후반에는 감소했다가 1970년대 전반에는 증가했으며, 그 이후에는 다시 감소했다고 한다. 전국의 가구를 농가, 도시 노동자, 도시 자영업 및 경영자 가구의 세 집단으로 나누었을 때, 각 소득 집단 내의 소득 불평등 역시 전체 가구의 그것과 같은 방향으로 움직이고 있다. 세 집단의 소득 불평등을 비교해 본다면, 농가가 상대적으로 평등하고, 도시 자영업자 및 경영자 가구는 상대적으로 가장 불평등할 뿐만 아니라 1976년 이후 불평등도가 크게 늘어났다. 다만 1986년 이후 자영업자 및 경영자 가구에 대해서는 주학중의 분석이 없어서 최근의 변화는 알 수가 없는데, 사실은 이것이 한국 소득분배를 좌우할 만한 중요한 변수다.

한국의 소득분배 추계에서 가장 문제가 되는 것은 믿을 만한 자료가 없다는 점이라는 것을 위에서 지적했지만, 그중에서도 가장 문제가 되는 것은 고소득층에 관한 자료다. 방금 본 바와 같이 자영업자 및 경영자 가구는 한국의 고소득층을 포함하는 집단인데, 이들의 소득 자료가 없고, 소비 자료를 통해 간접적으로밖에 추측할 수 없다는 것은 추계의 큰 약점으로 남아 있다. 예컨대 세계은행의 발라S. Bhalla는 오래전에 한국 소득분배 자료의 문제점을 검토한 뒤 독자적 추계를 시도한 바 있는데, 그에 의하면 최고 20% 계층의 소득 몫은 주학중의 추계치인 45%보다 상당히 큰 49~52%에 달했다(Bhalla 1979).

이 연구 이외에 한국의 소득분배의 추이를 보여 주는 자료로는 『사회통계조사』가 있다. 우리나라에 소득분배에 관한 통계가 없다는 점을 고려해 정부에서 1980년부터 실시하고 있는 사회통계조사 속에 소득 항목을 넣어 소득분배에 관한 조사를 해오고 있다. 지금까지 여섯 차례(1980, 1983, 1988, 1993, 1996, 2000년)의 조사가 행해졌고, 그 결과가 『한국의 사회지표』에 요약, 발표되어 있다. 이 조사의 표본은 3만 가구(초기 1만 7,000가구)에 대해 소득을 조사한 것이므로 적어도 규모에서는 꽤 본격적인 소득분배 자료라고 할 수 있다. 이 조사에 의하면 한국의 소득분배는 1980년 이후 1996년까지는 지속적으로 개선되어 온 것으로 되어 있다. 지니계수를 보면 1980년 0.388, 1985년 0.345, 그리고 1988년에는 0.336, 1993년 0.310, 1996년 0.295 등으로 계속 낮아진 것으로 되어 있다. 그리고 그런 불평등의 감소 추세는 도시와 농촌을 불문하고 나타나는 것으로 되어 있어 소득 평준화의 가능성을 강하게 시사한다. 그렇지만 경제 위기 이후의 자료인 2000년의 지니계수는 0.352로 나타나 소득분배가 상당히 악화된 것으로 나타나고 있다.

소득분배 악화론

앞에서 본 몇 가지 조사 결과와는 반대로 한국의 소득분배가 상당히 불평등할 뿐만 아니라 불평등이 심화해 왔다는 주장이 연이어 제기된 적이 있다. 이들 연구를 하나씩 검토해 보자. 첫째, 1980년대 말부터 중앙대학교에서 나온 일련의 실증적 연구를 들 수 있다. 이들 연구는 주학중이 사용한 자료와 거의 같은 자료를 갖고 몇 가지 다른 분석 방법과 가정에 입각해 한국의 소득분배를 새로 추계한 연구로 김대모·안국신(1987)과 강선대(1990), 안국신·강선대(1990), 안국신(1995)의 연구가 여기에 속한다. 이들 연구는 주학중과 마찬가지로 『도시가계연보』와 『농가경제조사』를 이용하면서도 여러 가지 다른 가정을 도입해 새로운 추계를 제시했다. 예컨대 도시 자영업자의 소득을 따로 추계하지 않고 노동자와 합쳐서 추계한다든가 하는 차이가 있는데, 약간의 방법상 차이가 가져온 결과의 차이는 의외로 상당히 크다. 중앙대의 추계는 주학중의 추계와 현격한 차이를 보인다.

자료의 구체적 해석이나 가정에서 차이가 있기는 하지만 동일한 자료에 기초한 두 개의 연구 결과가 현격한 차이를 보인다는 점은 예상 밖인데, 어쨌든 이들이 추계한 지니계수는 주학중의 추계치보다 대체로 높게 나타났을 뿐 아니라, 특기할 만한 사실은 1981년 이후 한국의 소득 불평등이 심화했다는 결론에 도달함으로써 주학중의 소득 평준화 가설과 정면으로 배치된다는 사실이다. 앞으로 좀 더 깊은 검토를 요한다고 하겠다.

둘째, 이와모토 타쿠야岩本卓也는 고려대 석사논문에서 김대모·안국신의 연구 방법을 기본적으로 채택하면서 약간의 변용을 시도하고 있다(岩本卓也 1989). 예컨대 주학중과 김대모·안국신의 연구에서는 『도시가계연보』의 표본에 들어 있는 실업자의 비율이 실제보다 낮다고 보고 실업자를 추가해서 추정하고 있으나, 이와모토는 이 자료의 가구당 취업자 비율이 오히려 『경제활동인구』에서보다 낮으므로 그런 추가적 작업이 불필요하다고 보아 생략했다. 그리고 가구원 숫자 1인 가구(단독가구)의 소득을 추정해 추가한 점이 이와모토의 독창적 기여라고 할 수 있다. 이와 같은 두 가지 변화는 결과적으로 추계된 소득 불평등을 변화시킬 텐데, 전자는 소득 불평등을 약간 낮출 것이고 후자는 높이게 될 것이므로 그 방향은 미리 알 수가 없다.

〈표 13.3〉에는 『도시가계연보』와 『농가경제조사』를 기초로 해 지금까지 나온 한국 소득분배의 추계 결과가 요약되어 있다. 기본적으로 1976년까지는 여러 가지 추계 사이에 별로 큰 차이가 없으나 1982년 이후에는 두 가지 뚜렷한 흐름으로 갈라진다. 즉, 주학중의 추계에서는 소득분배의 개선이 나타나는 반면, 나머지 연구에서는 악화 또는 불변으로 나타나고 있다. 물론 연구자들에 따라 여러 가지 상이한 가정에 입각한 추정을 하고 있으므로 약간의 차이가 생기는 것은 불가피하지만, 기본적으로 동일한 자료를 가지고 추정한 값이 이 정도로 큰 차이를 보이는 것은 하나의 수수께끼다. 1980년대 한국 소득분배의 방향은 아직 미지수로 남아 있다고 볼 수밖에 없다.

셋째, 불로소득의 팽창에 대한 비판이 많이 제기되었다. 한국에서는 가구별 소득 조사에서 좀처럼 파악되지 않는 각종 불로소득이 급증했고, 이런 불로소득을 소득에 포함시키면 소득분배는 개선된 것이 아니라 악화되었을 가능성이 있다는 것이다. 우리나라에서 가장 큰 불로소득은 뭐니 뭐니 해도 토지에서 발생한다. 한국의 지가地價는 국제적으로 최고 수준에 있고 매년 상승률이 아주 높아서 대규모의 매매 차익 형태의 불로소득이 땅 가진 사람들에게 귀속된 것으로 볼 수 있다.

실현된 자본이득을 추정한 시도로는 이정우의 연구가 있다(이정우 1991). 필자의 추정에 의하면, 토지, 주식, 분양 아파트의 세 가지 자산에서 실현된 자본이득의 규모는 1980년대 초기에는 비교적 적은 — 물론 다른 나라에 비하면 매우 크지만 — 규모였으나 1988년 이후에 공통적으로 급증했다. 1988년 한 해만 해도 토지 매매 차익이 20~30조 원 발생한 것으로 추정되며, 주식 매매 차익이 5~9조 원, 아파트 분양에서 생긴 매매 차익도 1조 원 이상인 것으로 추정된다. 이들 불로소득의 총계가 1988년 한 해에 1,000만 노동자들이 일해서 번 소득인 피용자 보수 53조 원의 절반 내외의 크기라는 점을 생각한다면, 우리나라의 불로소득이 얼마나 심각한지 짐작할 수 있다.

토지, 주식에서 실현된 자본이득이 소득분배에 미친 영향을 필자가 분석한 바는 아래와 같다. 경제기획원이 조사한 한국의 소득분배 지니계수는 1988년 현재 0.336에 불과했는데, 토지 매매 차익의 형태로 발생한 자본이득을 추가시켰을 때 지니계수는 0.386으로 상승했고, 주식 매매 차익까지 포함시키면 0.412로 상승했다. 그런데 이 추계는 1988년의 지

표 13.3 | 한국의 소득 불평등 추계비교 (지니계수)

	주학중 (1992)	김대모/안국신 (1987)	이와모토 (1989)	안국신/강선대 (1990)	안국신 (1995)	이정우/황성현 (1998)
1965	0.344	0.365	-	-	0.272	-
1970	0.332	0.346	-	0.314	0.288	-
1976	0.391	0.408	0.398	0.391	0.346	-
1982	0.357	0.406	0.394	0.385	0.377	0.393
1985	-	0.411	-	-	-	0.384
1986	0.337	-	0.413	0.393	0.377	-
1988	-	-	-	-	-	0.365
1990	0.323	-	-	-	0.402	-
1991	-	-	-	-	-	0.365
1993	-	-	-	-	0.380	-
1994	-	-	-	-	-	0.363

주: 주학중은 비농가, 안국신·강선대는 비농어촌가구, 이정우·황성현은 도시 부문 대상임.
자료: 이정우·황성현(1998, 165, 〈표3〉).

니계수로 경제기획원에서 발표한 0.336이라는 믿기 어려울 정도로 낮은 값을 일단 전제한 뒤 거기에 자본이득을 추가해 계산한 것인데, 토지에서 발생한 자본이득도 비교적 낮은 쪽의 값을 취해 계산했으므로, 이런 점들을 감안한다면 불로소득을 가산한 1988년의 지니계수는 0.412보다 높을 가능성이 다분히 있다.

만일 1988년의 지니계수가 정부 통계처럼 0.33 정도가 아니라 위에서 열거한 여러 연구에서 나타났듯이 0.40 부근의 값이라고 가정한다면 자본이득을 감안한 지니계수는 0.5에 접근할 것으로 추정된다. 더구나 1989~91년에 오면 지가 상승은 1988년보다 더 높고 불로소득도 더 크기 때문에 지니계수는 더욱 높았을 것이다. 0.5 근처의 지니계수라고 하면 세계적으로 보아 그렇게 낮은 수준이 아니므로 한국의 소득분배가 국제적으로 양호하다는 과거의 지배적 평가는 적어도 1980년대 말에 오면 타당성이 재고될 필요가 있다.

한국의 소득분배가 악화했다고 보는 네 번째 논의로는 분배적 정의론에 입각한 주장을 들 수 있다(이준구 1992). 1960년대 이후의 고도성장기에 우리나라의 대기업은 엄청난 속도로 팽창을 거듭했으며 이것은 국민들에게 위화감을 불러일으켜 왔다. 현재 우리나라의 부자의 대명사라고 할 수 있는 재벌들은 대개 지난 20여 년 동안 정부의 여러 가지 특혜와 지원에 힘입어 아주 단기간에 부를 축적했다. 여기에서 소위 정경 유착에 힘입어, 그리고 정당하지 못한 수단까지 동원해 축적한 부가 적지 않다는 것이 문제가 된다. 우리나라의 부자들이 축적한 부가 과연 분배적 정의의 원리에 비추어 볼 때 정당성이 있는 것인가 하는 의문이 제기되는 것이다.

이런 주장과 비슷한 맥락에서 한국의 분배 문제를 비판적으로 고찰한 연구 중에는 대기업으로의 경제력 집중, 기업 내의 불균등한 노사 관리, 열악한 작업 및 주거 환경, 장시간 노동과 높은 산업재해율 등의 요인이 복합적으로 작용해 불평등을 높게 느끼게 만든다는 주장(조순 1989)도 있다.

이상에서 본 바와 같이 한국의 소득분배에 대해서는 활발한 논의가 진행 중이며, 그런 분위기에 맞추어 학계에서도 많은 연구가 나오고 있다. 종래에는 한국의 소득분배가 적어도 1980년대 이후에는 개선되고 있으며, 국제 비교에서도 다른 나라에 비해 결코 손색이 없다는 긍정적 평가가 주류를 이루고 있었으나, 최근에 와서 그에 대한 반론이 만만치 않게 전개되고 있다는 사실을 위에서 살펴보았다.

최근 제기되고 있는 반론의 흐름은 크게 두 가지로 요약할 수 있다. 하나는 종전의 분배 자료를 새로운 가정에 입각해 다시 추계하거나 새로운 표본을 갖고 소득을 조사해 종전보다 높은 소득 불평등도를 찾아내는 연구다. 그리하여 우리는 1980년대 말 한국의 소득 불평등도에 대해 기본적으로 다른 두 가지 추계치를 갖게 되었는데, 하나는 주학중, 경제기획원이 발표한 0.33 정도의 지니계수이며, 다른 하나는 김대모와 안국신, 강선대, 이와모토, 권순원, 김황조의 대략 0.40 내외의 지니계수이다. 이들 후자의 연구 결과는 한국의 소득 불평등이 종전의 연구 결과보다 상당히 높을 뿐 아니라 그중 일부 연구자들은 1980년대 이후 그 값이 높아지고 있다고 주장한다는 점에서 근본적으로 의견의 불일치를 보인다.

또 다른 하나의 반론의 흐름은 토지, 주식을 비롯한 부의 불평등이 대단히 크고, 거기에서 파생되는 불로소득을 가산한다면 한국의 소득 불평등은 종전에 알려진 것보다 훨씬 높을 것이고, 또 1980년대 이후 불평등이 심화되고 있을 가능성이 있다고 하는 주장이다.

이 두 가지 문제는 아직 확실하게 결론이 난 것이 아니고, 앞으로 본격적인 검증 작업이 필요하다. 검증에서 관건이 되는 것은 역시 통계자료다. 그러므로 지금 실시 중인 통계조사를 확충하고, 통계의 신뢰도를 높이지 않으면 안 된다. 소득 및 부의 조사 작업에 각계의 의견을 잘 반영해 믿을 만한 통계를 만드는 작업이 중요함은 물론이거니와 일단 만들어진 통계를 비장해 두지 말고 학자들이 사용할 수 있도록 전면 개방하는 것도 그것 못지않게 중요하다.

경제 위기와 소득분배

1997년 외환 위기로 인해 촉발된 경제 위기는 30여 년간 고도성장을 구가하던 한국 경제에 심대한 타격을 주었다. 정부 주도에 의한 고도성장의 신화가 무너지고 도산 기업이 속출했으며, 구조 조정으로 인한 실업자의 증가, 빈부 격차의 심화 등 위기 상황이 2년 이상 지속되었다. 특히 1997년의 경제 위기 이후 빈부 격차 문제가 경제적·사회적 문제로 부각된 바 있다. 이런 경제 위기가 실제 소득분배에는 어떠한 영향을 주었을까?

앞서 살펴본 바와 같이 사실 1997년 경제 위기 이전의 우리나라 분배 상황은 그다지 나쁘지 않았다(이정우·황성현 1998). 1980년대만 해도 토지 투기 등의 여파로 불평등 심화의 경향이 있었으나, 1990년대에 들어오고 나서는 토지의 거품이 꺼지면서 분배 상황은 분명히 평준화의 방향으로 움직이고 있었던 것으로 추측된다. 이런 소득 평준화와 빈부 격차 해소의 완만한 흐름은 적어도 1997년까지는 계속되고 있었던 것으로 볼 수 있다(이정우·이성림 2001).

그러나 1997년 경제 위기 이후의 상황은 급변해 빈부 격차 심화와 소득분배 양극화에 대한 논란이 제기되어 많은 연구가 쏟아져 나왔다. 경제 위기 이후의 소득분배의 변동을 분석한 연구로는 나낙 카콰니와 손현(Kakwani and Son 1999), 문형표와 유경준(1999), 이정우와 이성림(2001a; 2001b), 최희갑(2002), 정진호 외(2002), 유경준(2003; 2008) 등이 있다.

이 중 대부분의 연구가 조사 대상의 누락 등으로 한계점을 갖고 있는 통계청의『도시가계연보』를 이용해 분석하고 있다. 이정우와 이성림은 전국의 모든 가구, 모든 소득을 조사 대상으로 한 대우경제연구소 패널 자료(1993~98년)를 분석했다(이정우·이성림 2001).

표 13.4 | 유경준이 분석한 도시 가구의 소득 계층별 비율 및 지니계수 추이

(총소득 기준) (단위: %)

	빈곤층	중산층	상류층	지니계수
1982	11.0	66.7	22.3	0.316
1985	11.2	67.4	21.4	0.312
1990	7.6	74.2	18.2	0.273
1997	9.9	71.5	18.6	0.274
1998	12.4	66.8	20.8	0.310
2003	12.3	67.7	20.0	0.299
2007	14.4	62.7	22.9	0.325

자료: 통계청, 『도시가계조사』 원자료, 각 연도, 유경준(2008)에서 재인용.

카콰니와 손현은 『도시가계연보』 자료를 이용해 도시 노동자 가구의 소득과 소비의 불평등을 추정해 소득 불평등이 경제 위기 이후 심화되었다는 결과를 내놓고 있다(Kakwani and Son 1999). 이 연구에서 가장 주목할 만한 점은 소득과 소비의 불평등이 아주 다른 변동 추이를 보여 주고 있다는 점이다. 즉 소득분배의 지니계수는 1997년 0.260에서 1998년 0.293으로 급격한 증가를 보인 반면 소비의 지니계수는 1990년대를 통틀어 거의 변동을 보이지 않는다. 저자들은 이런 소득분배와 소비 분배 사이의 괴리 현상을 상이한 계층 사이의 상이한 저축 행동으로써 설명하고 있다.

문형표와 유경준도 역시 『도시가계연보』 자료를 이용해 도시 노동자 가구의 소득분배를 추정해 소득분배의 불평등이 경제 위기 이후 심화되었다는 결과를 내놓았다(문형표·유경준 1999). 지니계수가 1997년 4/4분기 0.281이었으나 1998년 1/4분기에는 0.322로 급증했고 그 이후 계속 높은 수준을 유지했다.

한편 이정우와 이성림은 대우경제연구소의 패널 자료를 이용해 소득 불평등을 추정한 결과, 역시 경제 위기 이후 지니계수가 급격히 커져 불평등이 심화된 것으로 보고했다(이정우·이성림 2001). 즉, 1997년에서 1998년 사이에 지니계수가 대략 3% 포인트 상승이 있었고, 10분위 분배율도 0.45에서 0.37로 하락해 확실히 불평등 심화가 있었음을 보여 준다. 이 연구에서 주목할 만한 점은 처음으로 중산층 몰락을 지적한 점이다. 즉 경제 위기로 인해 중산층의 규모가 불과 1년 사이에 5~7% 포인트 정도 격감해 '중산층 몰락' 현상이 실제

로 급격히 진행 중임을 실증했다.

최희갑은 『도시가계조사』 자료인 『한국통계월보』와 『도시가계연보』 자료를 이용해 경제 위기 이후의 중산층 몰락으로 인한 소득분배의 양극화를 분석했다(최희갑 2002). 그의 추정 결과에 의하면 한국의 소득분배 양극화는 외환 위기 이전인 1993년 3/4분기부터 이미 시작되었으며, 이정우와 이성림의 연구 결과와 마찬가지로 경제 위기가 소득분배의 양극화 현상을 심화시켰다는 결론에 도달했다.

정진호 등도 1990~2000년까지의 『도시가계조사』 자료를 이용해 도시 노동자 가구의 소득 불평등을 추정했다(정진호 외 2002). 지니계수로 본 소득 불평등 수준이나 변화는 1997년 경제 위기 이전에는 매우 안정적이었다. 하지만 1997년 말 경제 위기가 발생한 이후 지니계수는 급격히 높아진 것으로 나타났다. 즉 1997년 0.284에서 1998년에는 0.321로 이전 시기에 비해 급격히 높아졌을 뿐만 아니라 그 이후에도 1999년 0.321, 그리고 2000년 0.317 등으로 계속 높게 유지되었다.

유경준에 의하면 〈그림 13.1〉에서 보듯이 중산층(중위 60%에 속한 가구)의 소득 점유율은 1997년까지 완만한 증가 추이를 보였으나 외환 위기 이후에는 크게 하락했다(유경준 2008). 이후 약간 상승했으나 다시 감소 추이를 보였다. 하위 20%의 소득 점유율은 1992년을 정점으로 하락 추이가 지속되고 있어 경제성장에 따른 소득 증가 몫이 상대적으로 감소했음을 알 수 있다.

또 그림에는 나타나 있지 않지만 유경준의 연구는 주목할 만한 한 가지 결과를 우리에게 보여 준다(유경준 2008). 그것은 국가 재정의 소득재분배 효과에 관한 것이다. 우리는 11장에서 OECD 국가에서 국가 재정이 시장 소득에 개입한 결과 소득 불평등은 평균 41.6% 개선된다는 사실을 보았다. 우리나라는 어떤가? 유감스럽게도 소득을 재분배하는 국가 재정의 역할은 미미하다. 그러나 이 효과에서 최근 미미하나마 개선의 징후가 나타나고 있다. 유경준의 연구에 의하면 한국에서 소득재분배 효과(시장 소득에 비교한 가처분소득의 지니계수)는 2000년 5.7%, 2004년 6.4%, 그리고 2007년에는 8.8%로 나타나고 있다. 역대 정부에서 소득재분배 효과가 겨우 3%였던 점을 상기한다면 이것은 괄목할 만한 개선이다. 참여정부가 성장을 무시하고 분배에 치중한다, 좌파적이다 등등 온갖 비난을 감수하면서 복

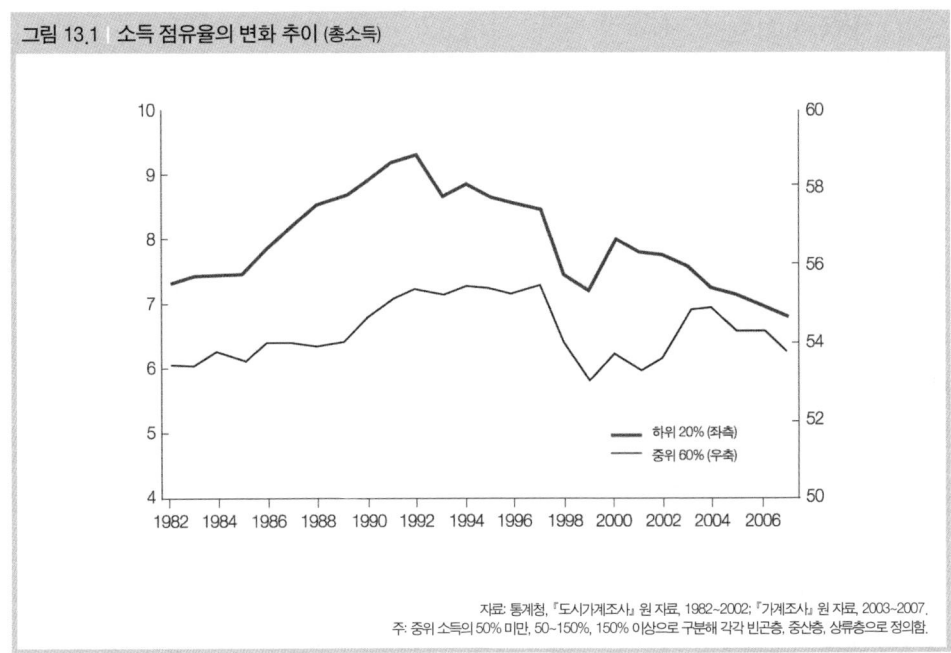

그림 13.1 소득 점유율의 변화 추이 (총소득)

자료: 통계청, 『도시가계조사』 원 자료, 1982~2002; 『가계조사』 원 자료, 2003~2007.
주: 중위 소득의 50% 미만, 50~150%, 150% 이상으로 구분해 각각 빈곤층, 중산층, 상류층으로 정의함.

지 예산을 늘리고, 분배에 신경을 쓴 효과가 조금씩 나타나고 있는 것이다. 그럼에도 불구하고 참여정부는 경제의 양극화 추세를 막을 수 없었고, 우리의 소득재분배 효과는 여전히 선진국에 비하면 부끄러운 수준임을 부정할 수 없다. 다만 우리가 가야 할 방향이 어느 쪽인지를 확실히 말해 준다.

이상의 몇 가지 연구 결과에서 한국의 소득분배는 1997년까지는 대체로 평준화의 방향으로 가고 있었으나 1997년 말 경제 위기 이후 급격히 소득 불평등이 심화했음을 알 수 있다. 이와 같이 소득분배가 1998년에 와서 크게 악화된 데는 경제 위기로 인한 심각한 불황이 큰 원인이 된 것으로 보인다. 이는 다른 나라에서도 불경기 때에 나타나는 일반적 현상이며, 한국만의 현상은 아니다. 소득분배 개선을 위해서는 다른 분배 정책과 더불어 경기 회복의 중요성을 시사해 준다.

소득세 자료에 의한 불평등 추계

최근 한국의 소득 불평등을 추계하는 새로운 방법으로서 종래 쓰지 않던 국세청의 소득세 자료를 이용하는 새로운 경향이 나타나고 있다. 이것은 세계적으로 주목 받은 토마 피케티의 연구 방법의 영향을 받은 면도 있는 것 같다. 과거에는 국세청의 소득세 자료는 신빙성이 그리 높지 않다는 점, 과세표준에서 누락되는 소득이 상당히 많다는 점, 저소득층의 경우에는 소득세 과세 대상이 아니므로 아예 조사에서 빠진다는 점 등의 이유로 소득분배 추계에서 그 다지 자주 이용되지는 않았다. 그러나 가계조사가 갖는 한계 — 최고소득층이 조사 대상에서 빠진다는 점, 본인의 신고나 가계부 기장 방식에 의존하므로 소득의 자의적 누락 위험 등 — 도 있기 때문에 최근에는 소득세 자료가 각광을 받고 있다. 두 자료는 기본적으로 양자택일할 것은 아니고 상호 보완적으로 활용할 필요가 있을 것이다. 소득세 자료가 갖는 중요한 하나의 장점은 먼 과거까지 추적이 가능하다는 점이다. 피케티는 200년 전 나폴레옹 시대 프랑스의 조세 자료까지 분석했는데, 한국의 경우 소득세 자료는 일제 강점기까지 거슬러 올라간다.

한국의 소득분배를 소득세 자료로 추계한 최근 연구 중에는 김낙년(2012), 홍민기(2015)의 연구가 대표적이다. 〈그림 13.2〉는 김낙년이 추계한 소득 최고 1%의 몫을 나타낸다. 이 자료는 1930년대 일제 강점기까지 거슬러 갈 수 있는데 아쉽게도 중간 시기에는 자료가 공백이며, 1980년대 이후 다시 자료가 존재한다. 김낙년의 추계에 의하면 최고 1%의 소득 몫으로 나타낸 한국의 소득 불평등은 크게 봐서 U자형의 모양을 취한다. 해방 전에는 이 값이 17%를 넘었고, 고도성장기 이후에는 7% 수준으로 하락했으나 최근에는 다시 12% 이상의 값을 취한다. 최근 추세를 보자면 1997년 외환위기 이후 한국의 소득 불평등은 명백히 상승 경향이 뚜렷하다. 또 하나 이 연구의 장점은 피케티가 조사한 다른 나라와 비교가 가능하다는 점인데, 〈그림 13.2〉에서 보듯이 한국의 불평등은 과거에는 유럽이나 일본과 비슷한 수준이었으나 최근에 올수록 점차 미국에 접근하면서 불평등 악화 추세를 보인다는 점에서 걱정스럽다.

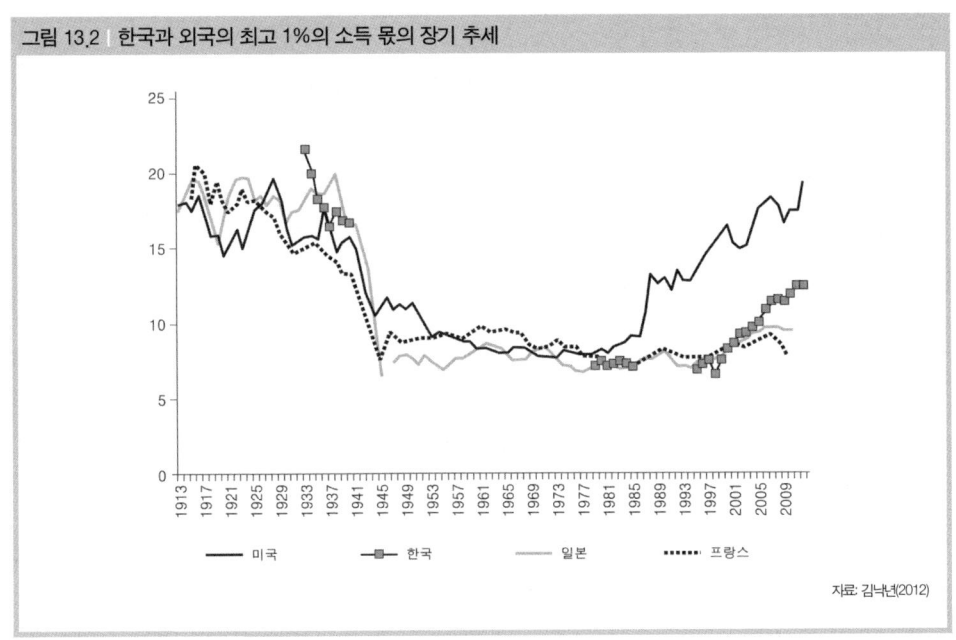

그림 13.2 | 한국과 외국의 최고 1%의 소득 몫의 장기 추세

자료: 김낙년(2012)

국제 비교와 상대적 형평론

우리나라의 소득분배에 관해 또 하나 유의해야 할 점이 있는데 그것은 한국의 소득분배를 다른 나라와 비교했을 때 선진국만큼 평등하지는 않다고 하더라도 후진국에 비해 상대적으로 평등하다는 주장에 관한 것이다. 이런 평가는 주로 외국 학자들에 의해 제시되고 있지만 국내에서도 가끔 그런 주장이 나오고 있다. 예컨대 오시마라든가 포커트의 연구 이외에 세계적으로 주목받은 바 있는 세계은행과 영국 서섹스 대학의 공동연구 보고서인 『성장과 재분배의 동시 달성』Redistribution with Growth(1974)이란 책에서도 한국의 소득분배에 대한 호의적인 평가가 실려 있다. 이 책에서 한국에 대한 부분은 그 뒤 세계은행의 부총재가 된 이르마 아델만Irma Adelman 여사가 집필했는데, 아델만은 한국의 소득분배가 상대적으로 평등하며, 급속한 경제성장이 진행된 1960년대에도 분배가 악화되지 않았다고 주장했다. 그

녀는 한국의 이와 같은 상대적 평등이 농지개혁, 전쟁, 교육 기회의 확대 등의 요인에 기인하는 것이 아닐까 하고 해석했다. 이 연구는 한국의 소득분배가 상대적 형평을 유지하고 있는 것을 세계에 널리 알리는 하나의 계기가 되었다.

그러나 아델만 여사의 상대적 형평론은 그 자체가 자료상, 그리고 자료해석상 적지 않은 문제점을 안고 있기 때문에 그대로 받아들일 수 없는 근거 없는 주장에 불과하다. 아델만 여사의 주장이 가지는 문제에 대해서는 이미 국내에서도 신랄한 비판이 제기된 바 있다(배무기 1976). 애당초 이런 식의 소득분배의 국제 비교는 자료의 신빙성 문제, 자료의 비교 가능성 여부, 소득 개념의 차이, 소득 기간의 차이, 소득 측정 단위의 차이, 불평등 지표의 선택의 문제 등 수없이 많은 문제점이 따르기 때문에 지극히 신중을 기하지 않으면 안 된다. 이와 같은 모든 점들을 면밀히 검토하지도 않은 채 우리나라의 소득분배가 다른 나라에 비해 상대적으로 평등하다고 주장한다면 그것은 성급한 것이고, 더욱이 거기에서 어떤 정책적 결론이 유도된다면 그것은 위험한 결과를 초래할 수도 있다.

국내에서도 역시 우리나라 소득분배의 상대적 형평을 주장하며, 그 원인으로 일제 식민지 지배로 인한 수탈, 전쟁으로 인한 재산의 파괴, 농지개혁, 통화개혁, 농촌 고리채 정리, 부정 축재 환수 등의 요인을 드는 견해가 있다(주학중 1979). 이런 요인 해석은 자칫하면 식민지 지배나 전쟁과 같은 민족적 참화를 본의 아니게 정당화시켜 줄 위험을 내포하기도 하지만, 일방적으로 평등화 요인만 들면서 한국 사회에 내재해 있는 수많은 불평등요소는 간과하고 있다는 비판을 면하기 어려울 것이다.

3. 한국적 불평등의 성격

한국의 분배 상태에 대한 일부에서의 호의적인 평가나 그것을 뒷받침할 만한 통계자료에도 불구하고, 국내의 전반적 평가는 오히려 한국의 소득분배가 상당히 불평등할 뿐만 아니라 최근에는 더욱 불평등이 심화되었다는 주장이 지배적이다. 게다가 앞서 언급했듯이 여러 가지 여론조사 결과를 보더라도 국민의 대다수가 우리나라의 소득분배가 매우 악화했고 양극화가 심해졌다고 믿고 있는 것으로 나타나고 있다. 이와 같이 발표된 통계와 상반된 국민적 인식은 도대체 어떻게 설명될 수 있을까? 이것은 대단히 어렵고 미묘한 문제임에 틀림없다. 그런데 필자의 견해로는 그런 국민적 인식은 통계 수치의 근거는 비록 없을지 모르나 반드시 그만한 현실적 근거가 있는 것이 아닐까 하고 생각한다. 그 근거를 제시해 본다면 다음과 같은 몇 가지 요인을 들 수 있을 것이다.

첫째, 우리나라의 성장 정책의 내용이 소득분배를 불평등하게 만들었을 가능성이 농후하다. 1960년대 초 이래 우리나라가 취한 경제성장 전략의 특징은 수출 주도형 또는 외향적 공업화다. 물론 이런 전략이 고용 증대, 그것도 주로 저소득층의 고용 증대를 가져왔다는 사실을 인정한다면, 이것이 소득분배의 개선에 끼친 기여도 무시할 수 없다. 일반적으로 이런 패턴은 동아시아의 여러 나라에서 발견되며, 그것은 흔히 내향적 개발 전략을 취해 온 남미와 대비해 볼 때 외향적 공업화 전략이 가지는 우월한 성과라고 평가되기도 한다.

그러나 한국이 취한 개발 전략은 일견 타이완, 홍콩, 싱가포르 등 아시아의 네 마리의 용Asian Four Dragons이라고 불리는 국가들이 취해 온 것과 비슷한 전략이지만, 실은 그 내용에 있어서는 상당한 차이가 있었다. 한국이 추구한 외향적 공업화 전략은 대내적으로는 아주 심한 불균형성장 전략이었다. 즉, 농촌보다 도시, 농업보다 공업, 중소기업보다 대기업을 편파적으로 지원, 강화하는 것이었고, 또한 특정 지역에 공업 시설이 집중되는 경향을 강하게 보여 주었으며, 그 과정에서 지역 간, 부문 간, 기업 간, 계층 간 불평등이 심화되어 온 것이라고 볼 수 있다.

이와는 달리 예컨대 타이완의 경우를 보면 농촌의 발전이 도시 못지않고, 대기업보다는 중소기업 위주의 성장 정책을 추진한 결과 소득분배가 선진국 수준을 능가할 정도로 평등하다고 하는 것은 널리 알려져 있는 사실이다. 어떤 사람은 한국의 부국富國 정책에 대해 타이완의 부민富民 정책을 대조적으로 놓고 후자를 상대적으로 높이 평가하기도 한다.

둘째, 한국의 공업화 과정에서 대규모의 이농離農이 이뤄졌는데, 이는 모든 나라에서 공통적으로 나타나는 현상이긴 하지만, 그 속도에서 우리나라는 다른 나라들보다 유별나게 빨랐다고 할 수 있다. 홀리스 체너리Hollis B. Chenery 등에 의한 세계은행의 연구 결과는 그것을 잘 보여 준다(Chenery and Syrquin 1989). 우리는 이런 이농 과정이 소득분배를 불평등화의 방향으로 변화시켰을 것이란 추측을 할 수 있다. 그 이유는 두 가지인데, 하나는 농촌에 비해 도시의 소득수준이 높다는 것이고, 또 하나는 농촌에 비해 도시의 소득분배가 상대적으로 더 불평등하다는 사실에 있다. 이 두 가지 사실은 세계적으로 거의 공통적인 현상이며, 우리나라도 예외가 아니다. 소득수준에 큰 차이가 나지 않는 농경 사회로부터 사람들이 대규모로 도시로 이동해 나가는 상황을 상정할 때, 후자의 평균 소득이 전자를 능가하며, 또한 내부 불평등도 후자가 더 크다면, 당연히 나라 전체의 소득 불평등이 증가할 것이다. 1960년대 초 또는 그 이전의 소득분배 상태에 관해서는 믿을 만한 통계자료가 없어서 확인할 수 없으나, 30~40년 전과 지금을 비교한다면 분명히 소득 불평등이 심화되었을 것으로 추측된다.

셋째, 경제개발의 초기에는 국민들의 관심이 성장에 쏠리지만, 점차 시간이 지나면서 분배에 대한 관심이 높아지고, 불평등에 대한 참을성도 한계에 부딪히게 된다. 경제학자 앨버트 허쉬만은 이것을 '터널효과'tunnel effect라고 부른다(Hirschman 1973). 즉, 차선이 둘로 되어 있는 일방통행의 터널 안에서 차가 막혀 장사진을 이루고 있는 상황을 생각해 보자. 이때 오랜 시간 기다린 뒤 드디어 한 차선의 차들이 앞으로 움직이기 시작하면 그 옆의 차선에서 기다리던 사람들은 이제 자기들 차선도 막힌 것이 풀린다고 기대해 즐거워 할 것이다. 그러나 시간이 지나도 이쪽 차선의 막힘은 풀리지 않고 옆의 차들만 앞으로 나간다면, 사람들은 참을성을 잃고 기대가 오히려 불만으로 바뀔 것이란 것이다.

허쉬만에 의하면, 이런 심리를 경제 발전과 소득분배 사이의 관계에서 찾아볼 수 있다고 한다. 경제가 발전되는 초기에 사람들은 다른 사람들이 부유해지는 것을 보고 자기도 머지않아 돈을 벌 수 있으리란 기대를 갖고 다른 사람들의 부의 축적을 참을 수 있다. 그러나 시간이 지나도 여전히 자신은 가난을 면치 못한다면 사람들의 참을성은 분노로 바뀐다는 것이다. 우리나라의 경우에도 1960~70년대의 고도성장 초기에 서민 대중이 보여 주었던 인내심이 1980년대 이후에는 한계에 도달했고, 불평등에 대한 분노가 팽배해 있는 것이 아닐까 하는 가설이 성립할 수 있다.

넷째, 1960년대 이후의 고도성장기에 우리나라의 대기업은 엄청난 속도로 팽창을 거듭해 왔으며 그것이 국민들에게 위화감을 불러일으키고 있다. 현재 우리나라의 부자의 대명사라고 할 수 있는 재벌들은 대개 지난 20여 년 동안 정부의 각종 특혜와 지원에 힘입어 아주 단기간에 면모를 일신한 벼락부자라고 할 수 있다. 우리나라 재벌들의 부의 축적은 교과서에서 볼 수 있는 근검, 절약, 노력, 창의와 같은 요인도 있었겠지만, 그보다는 소위 정경 유착에 힘입어 단기간에 손쉽게, 그리고 정당하지 못한 수단까지 동원해 획득한 부분이 적지 않다. 그러므로 우리나라의 부자들이 축적한 부가 과연 분배적 정의의 원리에 비춰 볼 때 정당화될 수 있는 것인가 하는 의문이 제기된다(이준구 1992 참조).

재벌들이 치부 과정에서 권력과 밀착해 각종 부정과 비리를 자행한 사례는 헤아릴 수 없을 정도로 많아서, 국민들은 그들이 정당한 수단과 노력을 통해 돈을 벌었다고 인정해 주지 않고 있다. 유명한 '대도 사건'大盜事件 때 값진 보물을 도둑맞은 부자, 고급 관료와 대도大盜를 놓고 어느 쪽이 과연 진정한 도둑인가 하는 질문이 국민들 사이에 유행한 적이 있지만, 그런 에피소드야말로 우리나라의 부유층과 고급 관료에 대한 국민들의 인식을 잘 보여 준다고 할 수 있다. 특히 1980년대 이후 최근까지 여러 차례 일어난 대형 부정사건은 정부와 부유층의 도덕성을 의심하게 만들기에 충분할 만큼 수법이 파렴치했고 규모가 엄청났음이 국회 청문회와 특별검사를 통해서도 부분적으로 드러난 바 있다.

다섯째, 우리나라의 재벌들은 벼락부자이고 그 치부 방법이 떳떳치 못한 면이 많을 뿐만 아니라 세계적 규모로 성장한 오늘에 이르기까지도 여전히 가족 기업의 형태를 고수하고 있다. 미국의 록펠러나 포드, 일본의 미쓰비시나 미쯔이와 같은 대기업이 벌써 오래전에 가족 기업의 형태를 탈피한 것과는 너무나 대조적이라 하지 않을 수 없다. 또한 일본의 대기업 사장 중에는 중산층 정도의 주택에 살면서 생활이 지극히 검소하고 모범적이어서 국민들의 존경을 받는 기업가가 적지 않다고 하는데, 우리나라에서는 유감스럽게도 그런 기업가가 있다는 이야기를 거의 들을 수가 없다. 반대로 우리가 귀로 듣고 눈으로 보는 재벌들은 호화 주택과 고급 승용차, 외제 사치품으로 치장한 특수층임에 예외가 없다. 국민들이 재벌들을 존경하기는커녕 거침없이 매도하는 우리의 사회 풍토도 단순히 못사는 사람들의 시기심 탓이라고만 돌릴 수 없게 되어 있다.

여섯째, 최근 들어 한국의 사회적 이동성移動性이 약화된 측면이 있는 게 아닌가 하는 추측이 가능하다. 즉, 경제개발의 초기만 하더라도 혹시 입지전적인 인물이 있어서 별다른 상속재산도 없고, 뾰족한 학벌 없이도 벼락부자가 되는 일이 더러 있었다. 지금 한국의 재벌에 들어가는 그룹들 중에는 이런 유형이 적지 않다. 그러나 이제는 그와 같은 서부 개척 시대적인 기회는 점차로 봉쇄되어 가는 느낌을 준다. 이제는 재벌의 판도가 거의 굳어져 가고 있고, 재벌의 2세로 경영권이 넘어가고 있으며, 이제 그들과 대적할 만한 신흥 기업의 출현을 기대하기는 매우 어려워졌다고 보는 것이 현실적인 판단일 것이다. 재벌 2세들의 능력이 뛰어난 경우도 있겠지만 지금의 그들이 그 자리에 앉아 있는 주된 이유는 우연히 아버지를 잘 만났다는 사실이다. 이것은 일반 사람들의 눈에 본인이 노력한 대가로서의 정당한 부와 지위의 획득이라고 비쳐지기 어렵다.

부와 지위가 세습된다는 사실은 정치적 민주주의 원칙과도 조화될 수 없다. 우리나라에서도 이제 민주주의적 사고가 점차 보편화되고 있으며, 이런 민주주의를 열망하는 사회 분위기 속에서 여전히 남아 있는 부와 권력의 세습은 어떤 이유로써 합리화해도 결국 광범한 지지를 얻기가 어려운 것이다. 더구나 정치가, 고급 관료, 군부 등 권력층과 재벌이 결합하는 계급 결혼의 패턴이 정착되어 가고 있기 때문에, 국민들의 눈에는 더욱 소외감을 조장할 뿐 아니라 부의 분산이라는 관점에서 보더라도 바람직하지 않은 결과를 가져오고 있다.

일곱째, 어느 정도 부가 축적되면서 돈이 돈을 버는 식의 불로소득 집단이 우리 사회에도 나타나고 있다. 이들은 부동산 투기, 사채놀이, 건물 및 토지의 임대 등 손쉬운 방법으로 큰돈을 벌고 있다. 언론의 보도에 의하면, 이들의 숫자가 1만 명을 넘는다는 이야기도 나오고 있는데, 이런 숫자는 원래 신빙성을 기대하기 어려운 것이긴 하지만 어쨌든 우리 주위에 심심찮게 눈에 뜨일 만큼 수가 불어난 것은 틀림없는 사실이다. 이런 유한계급이 상당한 규모로 출현한다는 것은 사회 전체의 생산적 측면에서도 바람직하지 않을 뿐 아니라, 열심히 일하는데도 불구하고 만년 가난을 벗어날 수 없는 저소득층의 노동 의욕과 생활 의욕을 해친다.

이런 사회에서는 진정한 국민 화합이 있을 수 없으며, 땀 흘려 일하고 저축하기보다는 수단, 방법을 가리지 않는 한탕주의와 배금拜金사상이 만연할 수밖에 없다. 특히 부동산 투기는 집값, 땅값을 터무니없이 올려놓기 때문에 가진 자에게는 더 보태 주지만 그것은 결

부모의 자식 사랑과 삼성의 경영권 승계

이 세상 부모 치고 자식을 사랑하지 않는 부모는 없다. 그러나 사랑하는 방식은 집집마다 많이 다르다. 1904년 노일전쟁 때 노기 마레스케(乃木希典) 육군 대장은 여순 전투에서 천신만고 끝에 승리를 거두긴 했으나 일본군에도 엄청난 사상자가 나왔다. 전쟁에서 자식을 잃은 수많은 부모들이 노기 대장의 귀국 소식을 듣고 항의하러 항구로 몰려갔다. 그러나 그들은 배에서 내리는 노기 대장을 보고는 입을 다물고 말았다. 왜냐하면 노기 대장이 여순 전투에서 전사한 두 아들의 유골함을 안고 배에서 내렸기 때문이다.

유한양행의 창업주 유일한이 1971년 세상을 떠났다. 유언장을 읽어 보니 전 재산인 유한양행 주식 14만 주(현재 시가 2,400억 원)를 사회사업과 교육 사업에 쓰라고 되어 있었다. 1만 달러는 손녀 학비로, 그리고 아들에게는 "대학까지 공부시켰으니 앞으로는 자립해서 살아라"는 말만 남겼다. 그밖에 남긴 것은 구두 2켤레, 양복 3벌, 만년필 1개, 지팡이와 파이프가 있었다. 유일한은 평소에 기업은 국가와 국민의 것이고, 기업가는 관리자일 뿐이라고 말하곤 했는데, 세상을 떠날 때도 그런 철학을 그대로 실천했던 것이다.

세계 1위의 부자 빌 게이츠는 약 500억 달러의 재산 중 자녀 몫으로 1,000만 달러만 제외하고 나머지는 모두 사회에 기부하겠다고 약속했다. 그는 말했다. "상상할 수 없는 규모의 재산이 자식에게 돌아가는 것은 자식에게도 건설적이지 않습니다." 거기에 감동해 세계 2위의 부자 워런 버핏도 재산의 85%인 370억 달러를 자선기금으로 내놓겠다고 약속했다. 버핏의 세 자녀도 아버지의 결정에 흔쾌히 동의했을 뿐 아니라 자기들도 거액의 재산 기부를 약속했다. 부전자전이란 말이 빈 말이 아니다.

노무현 대통령 영결식이 있던 지난 5월 29일 오후 대법원은 삼성의 경영권 승계에 대해 6 대 5로 무죄 판결을 내렸다. 6명의 무죄 주장자 중에는 촛불 재판 개입으로 사퇴 압력을 받고도 버티는 신영철 대법관이 포함되어 있다. 이재용은 1994년 아버지로부터 증여받은 61억 원에 대해 16억 원의 증여세를 물고 나머지 45억 원을 갖고 에버랜드라는 비상장 회사의 전환사채, 신주인수권부사채를 헐값 인수했다. 이재용은 이 과정을 통해 재판 이전에 이미 빌 게이츠의 자녀보다 100배 이상 많은 재산을 갖고 있었다. 1심, 2심에서 유죄판결이 내려진 이 사건에 대해 대법원이 납득할 수 없는 무죄판결을 내림으로써 이재용은 총매출 200조 원의 삼성그룹을 지배할 면죄부를 얻은 셈이다.

이런 교묘하고도 상식 밖의 수법이 무죄라면 감옥 안에 억울한 사람이 너무 많겠다. 우리 사회의 8자 성어 '무전유죄, 유전무죄'는 누구의 책임인가? 법이 정의의 최후의 보루인지, 강자, 부자의 최후의 도피처인지를 심각하게 묻지 않을 수 없다.

이정우, 『한겨레』 2009/06/01

국 못 가진 자의 희생 위에서만 가능한 제로섬 게임zero-sum game이므로 변명의 여지없는 순수한 사회악으로 비난받지 않을 수 없다.

유한계급 중에서 비교적 자금이 풍부한 쪽은 전국 규모의 부동산 투기나 주식, 사채시장에서 활동하는 소위 '큰손'이라 불리며, 자금이 적은 쪽도 한두 채의 빌딩을 가지고 술집, 여관, 호텔, 다방, 사우나탕 등 사치, 향락, 퇴폐 업소를 소유, 임대해 손가락 하나 까닥하지 않고도 노동자들의 몇 배, 몇 십 배의 수입을 올리고 있다. 이런 향락, 퇴폐 업소가 날로 번창하는 것도 국민소득의 증가로 나타나지만, 이것이 사회가 건전하게 발전하는 것이라고는 결코 말할 수 없을 것이다.

여덟째, 사회학에 준거집단準據集團, reference group이란 개념이 있다. 이것은 어떤 개인이나 집단이 자기와 항상 비교하는 기준이 되는 집단을 뜻하는데, 그것은 친구나 경쟁자, 동료, 친척 또는 이웃이 될 수도 있다. 한국의 경우 준거집단을 든다면 아마 그것은 역사적·문화적·지정학적인 이유로 인해 당연히 동북아시아 지역이 될 것이다. 그런데 이 지역에서는 다른 후진국에서 좀처럼 실시되기 어려운 토지개혁이 제2차 세계대전 후 연쇄적으로 이뤄졌고, 소득분배도 비교적 평등한 편이다. 따라서 우리는 자연히 동북아시아 지역의 평등한 소득분배를 당연한 것으로 받아들이는 경향이 있다. 우리가 남미의 극심한 소득 불평등을 보면서 위안을 삼기보다는 이웃의 나라들에 비해 훨씬 불평등하다고 문제를 제기하는 것이 그렇게 이상한 일은 아닐 것이다.

4. 한국의 분배 정책 방향

우리나라의 경제가 최근의 위기 상황 — 투자 부진, 저성장, 노사분규의 빈발, 노동 의욕의 위축 등 — 을 벗어나서 진정한 노사 협력과 국민 화합 위에서 계속 경제 발전을 추진하고자 한다면 몇 가지 민주적 개혁이 이뤄지지 않으면 안 될 것이다. 분배의 평등, 일한 데 대한 정당한 보상, 불로소득의 축소, 빈곤층에 대한 최저한의 생활 보장, 특히 주택 및 교육 문제의 획기적 개선이 제도적으로 보장되어야 한다. 이와 같은 개혁 없이 노동자, 농민, 빈곤층의 자발적 양보와 타협, 그리고 적극적 노동 의욕은 더 이상 기대하기 어려운 단계에 도달한 것으로 보인다.

현재의 경제적 불평등을 축소시키는 것은 시급한 과제이며, 이를 위해 노력해야 할 과제는 대단히 많다. 우리나라 경제의 효율성과 성장을 저해하지 않을 뿐 아니라 오히려 그것을 지탱하면서 분배의 불평등을 축소시킬 몇 가지 정책 방향을 제시하면 다음과 같다. 흔히 성장과 분배는 서로 모순되는 것으로 둘 중 하나를 선택해야 하는 것으로 간주하는 경향이 있으나 다음 절에서 보게 되듯이 성장과 분배는 동행하는 관계이지, 결코 충돌하지 않는다. 사실은 현재 한국의 발전 단계에서는 성장과 분배가 동시에 달성될 여지가 많다. 그렇다면 우리는 당연히 성장과 분배의 두 마리의 토끼를 잡는 일에 관심을 가져야 할 것이다.

첫째, 노동조합의 활성화와 경영 참여의 도입: 우리가 5장에서 본 바와 같이 노동조합은 한편으로는 임금 인상을 가져오지만 다른 한편 노동자들의 발언voice의 창구 역할을 함으로써 회사 내부의 민주화와 평등화에 기여한다. 뿐만 아니라 노동자들의 회사에 대한 애착심을 제고하고, 노동자들의 이직률의 감소, 팀워크의 개선을 통한 생산성 향상 등 긍정적 효과를 가진다. 우리나라에서도 기업가들이 노조를 보는 시각이 최근 다소 개선되고 있지만 아직은 노조를 적대시하는 악습이 많이 남아 있어서 이런 방면에서 기업 측의 시각이 근본적으로 바뀔 필요가 있다. 노동조합의 권리를 인정하고, 기업의 제반 정보를 공개하고, 노사 쌍방이 대등한 입장에서 기업 경영의 내용을 협의해 나가는 것이 경제민주화와 노사 화합을 위해 반드시 필요할 것이다. 장기적으로 노동자들의 경영 참여가 서구의 수준으로 정착될 때 한국의 진정한 노사 화합이 이뤄질 것이고, 그렇게 될 때 비로소 노조 측의 임금 인상 자제, 생산성 향상을 통한 노사의 상생 발전이 가능할 것이다. 특히 한국과 같은 수출 주도형 경제에서는 이 점이 더욱 중요하다. 노사 대타협에 의한 임금 인상 자제와 일자리 창출, 생산성 향상으로 장기간의 고도성장을 이뤄 낸 네덜란드나 아일랜드의 경험이 우리에게 주는 시사점을 깊이 새겨 볼 필요가 있다.

둘째, 기업 공개와 종업원지주제의 확대: 우리나라 대기업 중에는 일부 재벌 총수가 마치 황제처럼 군림하는 폐해가 남아 있다. 총수는 얼마 안 되는 소유 지분으로 전체 그룹을 지배할 뿐 아니라 그룹 계열사 중에는 아직 상장, 공개되지 않은 기업도 상당히 많다. 기업 공개는 부의 분배, 기업 경영의 민주화, 종업원지주제도, 자본과 경영의 분리 등과 관련을 맺으면서 경제민주화의 중요한 하나의 고리로 작용하게 될 것이다. 종업원지주제는 기업 지배 구조 개선, 노동자의 경영 참여를 통한 경제민주주의 실현, 노사 관계 개선 및 노동자 복지 증진 등의 효과를 달성할 수 있는 훌륭한 제도일 뿐 아니라 최근 외국인 지분이 우리 주식시장의 40% 이상을 점하고 있는 현실에 비추어 볼 때 우리나라 기업의 경영권 방어와 주식시장의 건전한 발전을 위해서도 매우 중요한 제도임에 틀림없다.

우리나라에서도 대부분의 상장 기업이 우리 사주란 이름으로 종업원지주제를 시행중에 있으나, 선진국과 같은 노동자의 자본 참여라는 의미보다는 단기 차익을 노린 매매가 많아서 실제로 2~3년 이상 자사주自社株를 보유하는 경우가 드물다. 우리나라 대기업의 소유 집중을 견제하며, 부의 분산을 촉진할 하나의 방법으로 이윤 분배와 종업원지주제의 확대를 적극 검토할 필요가 있다. 1만 개가 넘는 미국의 소위 고高성과 기업들이 종업원지주제를 통해 생산성 향상, 회사에 대한 애착 증가, 매출 및 이윤 성장 등 좋은 성과를 거두고 있음은 우리에게 좋은 본보기가 된다.

셋째, 임금격차의 축소: 우리나라의 학력별, 직급별, 성별, 직업별 임금격차 등 기업 내부의 임금격차는 최근 줄어들고 있는 추세에 있으나 아직은 상당히 크다고 할 수 있다. 적당한 임금격차는 노동의 인센티브를 위해 필요하지만, 과다한 임금격차는 노동자들의 상대적 박탈감을 일으키고 노동능률에도 불리한 영향을 미치므로 전반적 임금격차의 축소가 바람직하다. 경제민주화의 일환으로 기업 내 의사 결정의 민주화, 권력의 하부 이양과 더불어 그에 상응하는 보수의 평등화도 필요하다고 본다. 성별 임금격차의 완화를 위해서도 현재 시행중인 남녀고용평등법의 결점을 보강해 좀 더 적극적인 정책을 도입할 필요가 있을 것이다.

특히 학력별 임금격차의 경우 장기적으로 축소되는 경향이 이어지다 1995년을 고비로 격차가 다시 확대되고 있어서, 우리나라에서도 소위 정보격차 현상이 나타나기 시작하는 게 아닌가 하는 우려를 자아내고 있다. 무엇보다 우리나라에서 심각한 문제는 노동자의 과

반수가 비정규직에 종사하고 있다는 점과, 그들이 하는 일의 내용은 정규직과 별로 다를 바 없음에도 불구하고 절반밖에 안 되는 형편없는 낮은 임금으로 혹사당하고 있다는 것이다. 이런 차별은 어떤 이유로도 정당화될 수 없는 것으로서 개선책 마련이 시급히 요구되고 있다.

넷째, 부富 및 불로소득에 대한 중과세重課稅: 11장에서 살펴본 바와 같이 우리나라의 세제는 직접세보다 간접세 중심으로 되어 있기 때문에 소득재분배 기능이 제한되어 있다. 그리고 근로소득에 대해서는 세원稅源이 그대로 포착되어 꼬박꼬박 세금을 내고 있는 반면, 광범위한 불로소득은 아예 세원으로 포착되지 않거나, 과소 신고되어 있거나, 낮은 세율로 분리 과세되고 있어서 조세의 형평 원리에 맞지 않는다. 재산세의 비중도 선진국에 비해 너무 낮고, 상속세, 증여세도 탈루脫漏의 여지가 많아서 실제 조세수입은 미미하고, 부의 분산 효과가 나타나지 않고 있다. 앞으로 근로소득보다는 불로소득에 중과하는 방향으로 조세제도의 근본적 개편이 이뤄져야 할 것이다. 특히 부동산 보유와 매매에서 발생하는 불로소득은 철저히 밝혀내 조세로 환수함으로써 부동산에서는 아무런 초과이득도 발생할 수 없다는 사회적 인식이 뿌리내리도록 하지 않으면 안 된다.

다섯째, 서민주택의 개선: 우리가 살아가는 데 필요한 기본 수요라고 할 수 있는 식품, 주택, 교육, 의료 등은 각자의 소득과 능력에 관계없이 최소한의 수준이 보장되지 않으면 안 된다. 현재 우리나라에서는 무엇보다 주택문제가 심각하고, 저소득층의 주거비 부담은 과중한 것이 현실이다. 특히 우리나라 사람은 오랜 부동산 투기의 광풍 속에서 온갖 고통을 겪고 살아서 그런지 '내 집'에 대한 강한 집착을 갖고 있다. 그러나 선진국에서는 임대주택에 사는 것을 이상하게 여기지 않아서 영구임대주택의 비중이 상당히 높다. 한국의 영구임대주택 비중은 전체 호수의 3%에 불과한데 선진국에서는 평균 15%에 이른다. 앞으로 우리나라에서도 주택의 기본 개념을 '소유'보다는 '주거'로 바꾸고 영구임대주택의 공급을 꾸준히 늘려 나가야 할 것이다.

그런 점에서 서민 주거 안정을 위해 영구임대아파트를 추가로 건설하고, 쪽방 거주자를 위해서 기존 다세대주택을 매입해 쪽방 거주자 및 기초생활보장 대상자들에게 임대하는 방식 등의 실질적인 주거 안정 대책이 절실하다. 한편 영구임대아파트에 입주해 있는 기초

생활보장대상자들이 관리비 연체 등으로 인해 강제로 퇴출당하지 않도록 끊임없이 관리하는 정책도 주택 건설만큼이나 중요하다.

여섯째, 교육제도의 개혁: 우리나라의 교육은 공교육의 빈곤화, 형식화와 세계적으로 유례없는 사교육의 번창으로 특징지을 수 있는바, 교육이 빈부 격차를 더욱 심화하는 메커니즘으로 작용할 가능성이 크다. 부유하든 가난하든 관계없이 학교에서 동일한 수준의 교육을 받고, 그것으로 교육이 충분하도록 근본적 개혁이 이뤄져야 한다. 미취학 아동부터 고3에 이르기까지 각종 과외에 투입되는 엄청난 인력, 시간, 자원의 낭비와 부모들의 희생은 하루빨리 이 땅에서 사라져야 한다. 가난한 학생이 학교 안팎에서 소외되고 있는 교육계의 부조리는 척결되어야 하고, 교육의 민주화와 참교육이 실현되어야 한다. 1989년 당시 전교조가 취한 방법에서 다소 조급함이 있었음은 비판받을 여지가 있지만, 우리나라 교육의 뿌리 깊은 병폐를 개혁하고자 한 그들의 자세는 높이 평가되어야 하며, 그들이 제기한 문제는 하루빨리 해결되지 않으면 안 된다.

2009년 현재 전교조가 발족한 지 20년이 된다. 그동안 전교조는 공과가 많았다. 교육의 적폐를 해소하고 개혁을 이룬 면도 많지만, 예를 들어 교원 평가를 거부해서 마치 기득권 집단처럼 국민의 눈에 비치고 있는 점은 비판받아 마땅하다. 그럼에도 불구하고 균형 잡힌 눈으로 본다면 전교조의 공이 과보다 훨씬 많다는 점은 부정할 수 없다. 바라건대 전교조도 과감히 내부혁신을 이뤄 국민의 신뢰를 회복하고, 교육개혁의 전위로서 역할을 해주어야 할 것이다.

일곱째, 사회보장의 확충: 위에서 보았듯이 우리나라의 사회보장 지출은 GNP의 8~9% 수준에 불과하며, 이 비율이 20~30%에 달하는 선진 복지국가와는 비교가 되지 않음은 물론 우리보다 소득이 낮은 나라보다도 못한 수준에 있다. 물론 선진국은 우리나라보다 소득이 높다는 점을 감안해야 하지만 이들 선진국의 소득이 1만 달러 수준이었을 때의 사회보장 지출이 이미 GDP의 15% 수준이었다는 점을 참고할 필요가 있다. 그런데 소득 2만 달러인 우리나라의 사회보장이 이렇게 빈약하다는 것은 아무리 해도 변명할 여지가 없다.

노동능력이 있는 사람에게는 고용 기회를 확대함으로써 스스로 자립할 수 있도록 정부의 직업훈련, 취업 알선 서비스가 필요하지만, 노동능력이 없는 가구에게는 최저한의 생활을 보장해 주어야 한다. 국내의 보수파들은 선진국 일부에서 나타난 소위 복지병을 우려해 마치 우리나라에서도 그런 복지병이 있는 것처럼 복지 확충을 반대하고 있다. 그러나 이는 전혀 옳지 않다. 외국의 비만 환자가 다이어트 하는 걸 보고, 빈혈 상태에 빠진 우리가 똑같이 다이어트를 한다면 이처럼 어리석은 일이 어디 있겠는가.

5. 성장이냐 분배냐?

편향된 사고방식: 시장 맹신과 성장 만능

한국 경제에는 다른 나라에서 찾아보기 어려운 두 가지 극단적이고 편향된 사고방식이 지배하고 있다. 하나는 시장 맹신주의인데, 이것은 외환 위기 이후 우리나라에 유행하고 있다. 학계, 재계, 언론계는 물론이고 심지어 시장과 대척의 위치에 있다고 볼 수 있는 관료들조차도 뭐든지 시장에 맡겨야 한다는 사고방식에 깊이 물들어 있다. 한국에서 무슨 문제를 놓고 논쟁을 할 때, 상대방에 대해서 '시장 원리를 모른다' 혹은 '반(反)시장적이다'고 비난하는 것만큼 치명적인 공격이 없다.

그러나 2008년 미국 발 금융 위기가 각종 규제를 지나치게 완화하고 만사를 시장에 맡긴 데서 초래되었다는 것이 명백해졌기 때문에 앞으로 미국은 물론이고, 한국에서도 경제 운용의 근본적 궤도 수정이 불가피하다. 시장 맹신주의는 상당히 후퇴할 것이고, 정부가 경제에 대한 개입을 확대하는 것이 불가피할 것이다. 만시지탄의 감이 있지만 그나마 불행 중 다행이라 할 수 있다.

또 하나는 성장 만능주의라고 부를 수 있는바, 1960년대 경제개발 5개년계획과 더불어 이 땅에 자리를 잡기 시작했다고 본다면 이 사상은 40년 넘는 오랜 역사를 가지고 있다. 이 역시 시장 맹신주의와 겹치는 광범위한 지지층을 갖고 있으며, 우리 국민들은 모두 부지불식간에 이 사상에 깊이 빠져 있다고 해도 과언이 아니다. 얼핏 보면 경제성장은 좋은 것이고, 경제가 성장해서 나쁠 게 있느냐 싶은 생각이 들기 쉽다. 오래전부터 정부는 '선성장 후 분배', 즉 먼저 성장한 뒤에 분배를 해야 한다고 선전해 왔고, 그런 선전이 국민들 뇌리에 깊이 박혀 있다. 일단 파이를 키워 놓은 뒤에 나누어 먹자는 말은 그럴듯하게 들린다.

또한 우리나라에서는 오래전부터 성장과 분배를 대립적으로 놓는 이분법적 사고방식이 워낙 강하게 자리 잡아서 양자는 양립 불가능이오, 반드시 하나를 선택해야 하는 것으로 간주하는 경향이 있다. 과거에는 분배를 강조하면 좌파, 빨갱이로 모는 극단적 반공주의가 오랫동안 진리로 통하다 보니 사람들은 분배보다는 성장을 선택하는 경향이 강하다. 심지어 분배는 성장에 해롭다고 보는 사람도 많다. 그러나 실은 우리나라의 성장 만능주의는 그 도가 지나쳐서 분배, 복지를 지나치게 소홀하게 했을 뿐 아니라 정작 앞으로 더 이상의 성장마저도 어렵게 만드는 단계에 와있다. 편향된 사고방식의 폐해가 이미 극에 달하고 있는 것이다. 성장 만능주의가 오히려 우리를 불행하게 만들고 있다는 점, 그리고 성장을 달성하기 위해서도 이제는 분배에 신경을 써야 한다는 점을 인식해야 한다.

경제학계의 성장/분배 논쟁

지난 40년간 세계에서 가장 빠른 성장률을 자랑해 온 한국에서 성장 지상주의는 뿌리 깊게 자리를 잡았다. 그런 배경에서 참여정부가 성장 일변도의 정책을 탈피해 분배도 중요하다는 입장을 취한 것은 당연히 보수층에 의해 비판의 표적이 되었다. 참여정부는 초기부터 줄곧 보수파 학자들과 언론으로부터 성장 대신 분배에 치중한다는 비판을 받았다. 아마 이들 언론인과 학자들은 오래전에 학교에서 배운 경제학을 그대로 진리라고 믿고 있는 모양이다. 대표적인 이론의 하나로서 상이한 계급 간의 상이한 저축률이 성장률의 결정에 중요한 영향을 준다는 해러드-도머 Harrod-Domar 성장 모델을 보면 소득분배가 불평등할수록 저축률이 높아지고, 따라서 성장률도 높아지는 것으로 되어 있다. 이런 이론을 믿게 되면 분배의 개선은 성장에 오히려 역효과가 나는 것으로 생각하게 되고, 따라서 참여정부가 강조하는 분배개선론은 방향을 틀리게 잡은 것으로 보일 것이다.

그러나 경제학에는 다양한 이론들이 있으며, 분배와 성장 사이의 관계에 대해서도 반드시 일방통행적 이론만 있는 게 아니다. 예를 들어 일찍이 1970년대 세계은행에서 나온 보고서는 재분배를 통한 성장을 강조하고 있었다(Chenery et al. 1974). 그들은 저개발국의 빈곤과 불평등이 성장을 저해한다는 점을 강조했고, 성장과 재분배의 동시 달성이 가능하다는 점을 주장했다. 특히 토지, 인적 자산, 신용에의 접근 등 생산적 자산을 빈민들에게 유리하게 재분배하는 정책을 씀으로써 성장과 재분배를 동시에 달성하는 것이 가능하다는 것이 그들 논점의 핵심이었고, 그래서 그들의 책의 제목도 『성장과 재분배의 동시 달성』이었다. 이런 새로운 주장이 충분히 검증되지 못한 채 1980년대에 들어와 시장 만능주의, 워싱턴 합의The Washington Consensus가 나타나면서 성장 지상주의가 경제학계의 판세를 주도한 것은 여러모로 아쉬운 점이 많다.

그리하여 경제학계에서 분배와 성장의 관계가 다시 조명 받게 된 것은 1990년대 이후의 일이다. 이 시기에 분배와 성장을 보는 새로운 관점이 출현했다. 이 견해는 불평등이 성장에 유해하다고 본다는 점에서 새로운 관점이다(하준경 2005; 이정우 2005).

새로운 관점은 세 개의 이론적 기둥 위에 서있다. 첫째는 조세-재분배 경로다(Alesina and Rodrik 1994). 어떤 나라의 소득분배가 불평등할수록 다수의 가난한 사람들이 있고, 이들은 정부에 대해 소득재분배 정책을 위해서 세금을 많이 거둘 것을 요구하게 된다. 이는 공공 선택 이론에서 나오는 '중위 투표자' 모델로 쉽게 설명된다. 불평등, 과도한 세금, 과도한 재분배는 성장을 저해한다는 것이 이 이론이 함축하는 바이다.

둘째는 사회적·정치적 불안정과 관련이 있다. 어떤 나라의 소득분배가 지나치게 불평등하면 사회적·정치적 불안정이 클 것이고, 그런 나라에서는 투자가 활발히 일어날 수가 없으며 그 결과 경제성장은 저해된다(Alesina and Perotti 1996). 사회적 불안정은 직접적으로 기업가들로 하여금 투자를 꺼리게 만들 수도 있고, 아니면 빈부 격차가 심한 사회에서 발생하기 쉬운 범죄의 예방을 위해 과도한 비용을 지출하기 때문에 간접적으로 투자에 적은 돈이 돌아가도록 만드는데, 어느 경로이든 결국 지나친 불평등이 성장을 저해한다는 것이다.

셋째, 신용 시장이 정보의 비대칭성 문제를 갖고 있는 상황에서 지나친 불평등은 가난한 사람들로 하여금 교육투자를 위한 융자를 어렵게 만들고, 결국 빈민들의 교육투자를 낮춤으로써 성장을 저해하게 된다(Persson and Tabellini 1994; Birdsall and Londono 1997). 가난한 집 아이들은 비록 똑똑하더라도 학자금 마련이 어렵고, 따라서 적정 수준의 인적 자본 투자를 할 수 없게 된다는 것이다.

최근 1990년대 이후 나온 많은 실증적 분석은 대체로 분배와 성장에 관한 새로운 관점을 지지하고 있다. 그러나 아직 만장일치라고 할 수는 없고, 게 중에는 새로운 관점을 부정하는 연구(Forbes 2000)도 있어서 좀 더 결과를 지켜볼 필요가 있다. 그러나 학계의 대세는 분배와 성장이 충돌하지 않는다는 것, 그리고 소득분배의 개선은 특히 인적 자본에 대한 투자를 촉진해서 경제성장에 유리하다는 것이 통설로 인정을 받는 분위기다(Lindert 2004). 최근에는 보수적 기관의 대명사라 할 수 있는 IMF조차도 지나친 불평등은 경제성장을 저해한다는 것, 그리고 불평등을 줄이는 재분배 정책은 경제성장을 저해하는 것이 아니라 오히려 촉진한다는 것(이는 제1장에서 나왔던 성장과 분배가 상충한다는 아서 오쿤의 Big Trade-Off 가설과 상반된다)을 주장하는 보고서를 발표하고 있고(Ostry et al, 2014), 크리스틴 라가르드 IMF 총재도 이런 연설을 하고 있다. 성장과 분배를 보는 눈이 상전벽해라 할 만큼 바뀌고 있다. 이런 분위기에 너무나 둔감한 것이 한국의 경제학계이고, 국민을 옳은 길로 인도해야 할 학자들이 오히려 터무니없는 궤변을 양산해 복지, 분배의 개선을 막고, 잘못된 성장만능주의를 퍼뜨리고 있는 것이 우리의 안타까운 현실이다.

온 나라가 성장 만능주의에 빠져

한국 경제를 둘러싼 논쟁에서 단골 메뉴로 등장하는 것이 외환 위기 이후 계속되는 저투자, 저성장 문제다. 보수파에서는 흔히 참여정부가 지나치게 정치에 몰입해서, 혹은 좌파적 정책을 써서 성장 잠재력을 훼손했다고 비판한다. 그들이 제출하는 정치 몰입이나 좌파적 정책의 증거는 아주 박약한데, 기껏해야 과거사 정리, 종합부동산세 도입 등 별로 근거도 없는 엉뚱한 시비 걸기의 성격이 강하다.

역대 정부는 항상 경제성장의 극대화를 국정의 기본 목표로 내걸었고, 지금까지 한국의 성장률은 국제적으로 비교할 때 아주 높은 편이다. 세계 전체의 경제성장률이 1970년대, 1980년대, 1990년대 각각 5.3%, 4.0%, 2.5%인데, 우리의 경제성적표를 보면 박정희 정부 9.1%, 전두환 정부 8.7%, 노태우 정부 8.3%, 김영삼 정부 7.1%, 김대중 정부 4.2%, 노무현 정부 4.3%다. 즉, 지금까지 한국의 경제성장률은 항상 세계의 평균을 웃돌았다. 초기일수록 성장률이 높았고, 뒤로 갈수록 성장률이 떨어진 것은 경제성장에서 발생하는 일종의 자연스런 현상으로서 한국뿐만 아니라 세계 공통의 현상이다. 학계와 언론은 걸핏하면 '경제 위기' 운운하며 비관론을 양산해 냈지만 한국 경제의 실적은 그런 비관론을 늘 비웃어 왔다.

역대 정부가 성장률 극대화에 매진했고, 조금만 성장률이 떨어져도 경제장관을 문책, 경질하면서 성장률 제고를 독려해 왔기 때문에 우리나라의 경제성장률은 비교적 높았고, 우리나라 사람들의 성장률에 대한 감각 역시 기준이 매우 높은 편이다. 조금만 성장률이 낮아져도 대통령이 참지 못하고, 국민도 참지 못하는 나라가 된 것이다. 이런 국민적 조급성의 토대 위에서 '경제 위기', '국정 파탄' 같은 극단적 표현이 우리에게는 조금도 낯설지 않다. 그러나 외국의 관찰자들은 걸핏하면 찾아오는 한국 경제의 '위기론'을 좀처럼 이해하기 어려울 것이다.

우리가 40년간 성장 만능주의에 경도되어 오로지 성장만을 위해 매진해 오는 바람에 소홀히 한 측면이 적지 않다. 과거에는 주로 자유, 인권, 환경, 물가, 균형 발전 등의 가치가 무시되었다면 최근에 와서는 분배가 주로 논의된다. 보수파는 항상 성장과 분배의 상충 관계trade-off를 전제로 해서 주장을 펴는데, 이 전제 자체가 옳지 않다. 참여정부를 가리켜 분배주의, 심지어 좌파라고 공격하는 사람들은 성장 만능주의의 열렬한 신봉자들인데, 이들의 주장은 너무나 극단적이어서 조그마한 합리성도 찾아보기 어렵다. 경제학의 최근 연구를 보면 얼마든지 성장과 분배가 양립, 동행할 수 있음이 속속 밝혀지고 있다. 특히나 우리나라처럼 양극화가 사회 안정을 위협하고 있는 상황에서 분배를 무시하고 성장만으로 양극화를 해결할 수 있다는 보수파의 사고방식은 틀렸을 뿐 아니라 위험하기조차 하다.

성장 만능주의의 결과

한국이 오랫동안 성장 만능주의에 빠져서 얼마나 분배와 복지를 무시해 왔는가 하는 사실은 여러 가지 증거를 통해서 볼 수 있다. 첫째, 정부 예산이다. 예산을 크게 보아 경제 예산, 복지 예산으로 나눌 때, 대부분의 나라에서는 복지 예산이 경제 예산보다 크다. 그러나 유독 한국만은 오랫동안 경제 예산이 복지 예산을 압도해 왔다. 그러던 것이 복지를 중시해 복지 예산을 매년 크게 늘려 처음으로 경제 예산을 추월한 것이 참여정부 때의 일이었다. 참여정부 초기에 복지 예산이 20%였는데, 임기 말에는 28%로 높였다. 그래도 복지 단체나 시민 단체에서는 사회복지가 턱없이 부족하다고 불평인데, 그 반대편에 있는 보수파들은 이를 호되게 비난해 왔다. 보수 언론에서는 참여정부가 복지에 치중해 성장의 발목을 잡았다고 줄곧 비난했는데, 이는 전혀 근거 없는 주장이며 틀려도 이것만큼 틀린 이야기가 없다.

다른 나라는 어떤가? 한국이 속한 OECD 평균을 보면 복지 예산이 55% 정도, 경제 예산이 10% 정도로서 양자는 아예 비교가 안 된다. 선진국 중에서 비교적 복지를 경시하는 미국의 숫자를 봐도 55 대 10이다. 세계적 추세가 그런데, 한국만이 복지 예산보다 큰 경제 예산을 장기적으로 유지했었으니 우리나라의 예산 구조가 국제적 관점에서 볼 때, 얼마나 기형적이었던가를 알 수 있다. 그리고 분배가 성장의 발목을 잡는다는 비난이 얼마나 터무니없는가를 알 수 있다. 이제는 우리도 세계 표준에 가까이 가야 한다.

둘째, 취업 구조 문제다. 한국은 취업자 중에서 자영업자의 비중이 엄청나게 높아서 자영업자와 가족 종사자를 합하면 전체 취업자 중 37%까지 올라간 적이 있는데, 최근에는 이보다 조금 낮아지긴 했으나 여전히 세계 최고의 비율이다. 다른 나라에서는 이 비율이 대개 10~20% 정도다. 왜 한국에서는 자영업자가 이렇게 많을까? 그것은 한국이 분배, 복지를 무시하고 성장 일변도의 정책을 써왔기 때문이다. 복지 예산이 부족하니 자연히 교육, 보건, 보육, 복지 등에 일자리가 없고, 이런 일자리에서 일해야 할 사람들이 각자 살 길을 찾아 몰려간 곳이 자영업이다. 그리하여 식당, 빵집, 술집, 다방, 미장원, 이발소, 택시, 게임룸 등등 한 집 건너 또 한 집이 있을 정도로 무수히 많은 자영업자가 치열하게 경쟁하는 구조가 되어 버렸다.

자영업자들은 경쟁자가 너무 많다 보니 다들 장사가 안 돼서 울상이다. 2004년에 식당 주인들이 장사가 너무 안 된다고 솥을 들고 나와서 시위를 벌인 적도 있는데, 어디 장사 안 되는 게 식당뿐이겠는가. 손님 기다리는 택시 줄은 끝없이 길고, 골목마다 거리마다 넘쳐나는 게 자영업자다. 그래서 모두 장사가 안 되고, 몇 달 하다가 포기하고, 그 자리에 또 다른 장사가 들어서고를 반복한다. 그러다 보니 장사 잘되는 것은 인테리어 업자뿐이라는 이야기가 나올 정도인데, 그나마 인테리어 업조차 경쟁자가 너무 많아 장사가 안 된다는 지경이니 더 할 말이 없다. 자영업자들의 고통은 이제 하늘을 찌르고 있다.

　선진국의 취업 구조는 우리와 크게 다르다. 소위 공공 부문에서 일하는 사람이 우리는 전체 취업자 중 5%밖에 안 되는데, 스웨덴에서는 30%나 된다. 스웨덴은 사회민주주의 국가라서 우리와는 비교가 안 된다고 하는 사람이 있다면 우리가 많은 점에서 추종하는 모델로 삼고 있는 미국을 보자. 미국에서 공공 부문 일자리가 15%이니 우리의 공공 부문이 얼마나 작은가를 알 수 있다. 이것도 결국 우리가 추종해 온 극단적인 성장 만능주의, 복지 경시의 결과다.

　셋째, 복지를 무시하다 보니 애 한 명 낳아서 키우는 데 너무 비용이 많이 든다. 병원, 보육 시설, 학교 등등 국가에서 별로 도와주지 않으니 개인 호주머니에서 모든 문제를 해결해야 하고, 그러니 애 키우는 비용이 너무 많이 드는 것이다. 그 결과 나타난 것이 애 안 낳기 현상이고, 우리나라의 출산율은 단기간에 세계에서 유례를 찾아보기 어려울 정도로 급격히 떨어져서 이제는 합계 출산율이 1.2명으로서 세계 최하가 되고 말았다. 이는 다른 말로 하면 부모들이 애 낳기가 겁이 나서 '출산 파업'을 벌이고 있는 셈이다.

　저출산은 무엇을 의미하나? 이는 머지않은 장래에 우리나라에서 한창 일할 연령대 인구가 부족하다는 것을 의미하고, 이것이 경제성장에 치명적 장애 요인이 될 것이라는 것은 긴 설명을 요하지 않는다. 물론 저출산 및 고령화 현상은 현재 많은 나라에서 공통적으로 나타나고 있긴 하지만 그 속도가 우리나라만큼 빠른 나라가 없다. 이것이 장기적으로 우리나라의 경제성장 전망을 어둡게 만들고 있다. 우리가 경제성장을 계속 하기 위해서도 출산율을 대폭 높여야 하며, 이를 위해서는 젊은이들이 출산 파업을 끝낼 수 있도록 보육, 교육, 복지 등에 대폭 투자를 확대하지 않으면 안 된다. 이미 많이 늦기 때문에 방향 전환은 한시가 급하다. 더 이상 분배, 복지가 성장의 발목 잡는다는 틀린 이념에 빠져 자충수를 두지 말고 근본적으로 생각을 바꾸어야 한다.

정상적 나라로 가자

이제야말로 40년 성장 만능주의를 반성하고, 정상적인 나라를 만들어야 할 때다. 우리가 선진국이라 부르는 나라들이 보편적으로 존중하는 중요한 가치들 — 인권, 자유, 환경, 복지, 평등, 연대 등 — 을 우리도 이제는 소중히 여기면서 시간이 지나면 성장만으로 이 모든 문제가 해결될 것이라는 막연한 낙관이 얼마나 위험한 생각인가를 똑바로 인식해야 한다.

40년 동안 우리 머리를 지배해 온 '선성장 후분배'의 철학을 이제는 폐기해야 한다. 분배와 성장이 동행한다는 인식, 분배를 통한 성장이 얼마든지 가능하다는 세계 보편적 인식을 가질 때다. 언제까지 성장에만 매달려 인류 보편의 가치들을 뒷마당에 방치할 것인가? 극단적인 성장 일변도로 치달아 온 대가를 우리는 이미 톡톡히 치르고 있다. 세계 최다 자영업자들의 고통과 세계 최저 출산율이 이미 경제성장의 발목을 잡고 있다. 이제 성장을 하기 위해서도 분배, 복지에 눈을 돌려야 한다. 성장 만능주의가 오히려 우리를 불행하고 만들고 있는 것이 명백해진 이상 하루 빨리 생각을 바꾸어야 한다. 더 이상 성장만을 부르짖을 게 아니라, 분배와 성장이 동행하는 정상적인 나라로 가야 한다. 양극화가 날로 심해지고 출산율이 떨어지는 상황에서 우리에게 남은 시간이 그리 많지 않다.

참고문헌

강선대. 1990. "한국의 계층별 소득분배와 그 결정 요인에 관한 연구." 중앙대 경제학박사 학위논문.
강신욱 외. 2006. 『우리나라의 빈곤 및 불평등 관련 지표 변화 추이: 주요 OECD 국가들과의 비교』. 한국보건사회연구원 정책보고서(2006-53).
경영사학회 엮음. 1994. 『유일한 연구』. 유일한연구편집위원회.
권순원·고일동·김관영·김선웅. 1992. 『분배불균등의 실태와 주요 정책 과제』. 한국개발연구원.
김낙년. 2012. "한국의 소득집중도 추이와 국제비교, 1760-2010: 소득세 자료에 의한 접근." 『경제분석』(한국은행) 18권 3호.
김황조. 1992. "개인별 소득의 결정 요인과 정책 과제." 『한국 사회의 불평등과 형평』. 나남.
박종규. 『우리나라 소득 불평등의 추이와 원인 및 정책목표』. 한국금융연구원 연구보고서. 2017.
배무기. 1976. "아델만의 한국 소득분배 평등론의 검토." 『경제논집』(서울대경제연구소), 12월.
새로운 사회를 여는 연구원. 2014. 『분노의 숫자: 국가가 숨기는 불평등에 관한 보고서』. 동녘.
안국신. 1995. "한국의 경제 발전과 소득분배." 『경제발전연구』 제1권.
유경준·김대일. 2002. 『외환 위기 이후 소득분배구조 변화와 재분배 정책 효과 분석』. 한국개발연구원.
유경준·최바울. 2008. "중산층의 정의와 추정." 한국개발연구원 재정·사회정책동향 2008년 상반기, 2-1호.
유종구. 1987. "한국 도시 가구의 복지후생 불평등도." 『산업과 경영』(연세대) 10월호.
윤기중. 1997. 『한국 경제의 불평등 분석』. 박영사.
윤진호. 2005. "소득 양극화의 원인과 정책대응 방향." 서울사회경제연구소 엮음. 『한국 경제: 세계화, 구조 조정, 양극화를 넘어』. 한울.
이정우. 1991. "한국의 부, 자본이득과 소득 불평등." 『경제논집』(서울대 경제연구소) 9월호.
_____. 2015. "성장이냐 복지냐" 『내일을 여는 역사』 58호(봄호).
이정우·이창곤 외. 2015. 『불평등 한국, 복지국가를 꿈꾸다』. 후마니타스.
이정우·황성현. 1998. "한국의 분배 문제: 현황, 문제점과 정책 방향." KDI정책연구 (I·II).
이준구. 1992. 『소득분배의 이론과 현실』 제2판. 다산출판사.
정진호·황덕순·이병희·최강식. 2002. 『소득 불평등 및 빈곤의 실태와 정책 과제』 한국노동연구원 연구보고서, 4월호.
조순. 1989. "한국에 있어서의 형평의 제문제." 『경제학연구』(한국경제학회) 12월호.
주학중. 1979/1982. 『한국의 소득분배와 결정 요인』 상/하. 한국개발연구원.
주학중·윤주현. 1984. "1982년 계층별 소득분배의 추계와 변동요인." 『한국개발연구』 3월호.
최희갑. 2002. "외환 위기와 소득분배의 양극화." 『국제경제연구』 제8권 제2호.

하준경. 2005. "경제양극화의 문제점과 대응방안: 경제구조적 측면을 중심으로." 『정책연구』(국제문제조사연구소) 114호.

홍민기. 2015. "최상위 소득 비중의 장기 추세, 1958-2013년." 『경제발전연구』 21권 4호.

황수경 외. 2017. 『소득분배와 경제성장』. 경제·인문사회연구회.

이와모토 타쿠야. 1989. "한국의 소득분배와 이에 영향을 미치는 자산분배 분석." 고려대 석사학위논문.

Alesina, A. and D. Rodrik. 1994. "Distributive Politics and Economic Growth." *Quarterly Journal of Economics* 109(2).

Alesina, A. and R. Perotti. 1996. "Income Distribution, Political Instability, and Investment." *European Economic Review* 40(6).

Bhalla, Surjit. 1979. "The Distribution of Income in Korea: A Critique and a Reassessment." mimeographed. World Bank.

Birdsall, Nancy and Juan Luis Londono. 1997. "Asset Inequality Matters: An Assessment of the World Bank's Approach to Poverty Reduction." *American Economic Review* 87/2, May.

Chenery, Hollis B. and M. Syrquin. 1989. *Patterns of Development, 1950-1983*. World Bank.

Chenery, Hollis et al. 1974. *Redistribution with Growth*. Oxford University Press.

Choo, Hakchung. 1992. "Income Distribution and Social Equity in Korea." KDI/CIER Joint Seminar, Apr.

Forbes, K. L. 2000. "A Measurement of the Relationship between Inequality and Growth." *American Economic Review* 90/4, Sep.

Hirschman, Albert O. 1973. "The Changing Tolerance for Income Inequality in the Course of Development." *Quarterly Journal of Economics* vol. 87 no. 4.

Kakwani, Nanak and Hyun H. Son. 1999. "Economic Growth, Inequality and Poverty: Korea and Thailand." mimeographed.

Leipziger, Danny M., David Dollar, Anthony F. Shorrocks and Suyong Song. 1992. *The Distribution of Income and Wealth in Korea*. World Bank.

Lindert, Peter H. 2004. *Growing Public: Social Spending and Economic Growth since the Eighteenth Century* 2 vols. Cambridge University Press.

Oshima, Harry T. 1970. "Income Inequality and Economic Growth: The Postwar Experience of Asian Countries." *Malayan Economic Review*, Oct.

Ostry, Jonathan D. et al. 2014. "Redistribution, Inequality, and Growth." IMF Discussion Note SDN/14/02.

Paukert, Felix. 1973. "Income Distribution at Different Levels of Development: A Survey of Evidence." *International Labour Review*, Aug.-Sep.

Persson, Torsten and Guido Tabellini. 1994. "Is Inequality Harmful for Growth?" *American Economic Review* 84/3, June.

Renaud, Bertrand. 1976. "Economic Growth and Income Inequality in Korea." World Bank Staff Working Paper.

찾아보기

ㄱ

가격 지지 제도　383
가계 자산　271
가내 하청　368
가변자본(variable capital)　306, 309
가부장제(家父長制, patriarchy)　219, 224, 226, 227
가사 노동　47, 213, 216~218, 226, 227
가족 기업　499
가족 임금(family wage)　227
가처분소득(可處分所得, disposable income)　24, 43, 48, 49, 351, 383, 391, 413, 438, 442, 492
간접세　383, 386, 406, 408, 409~411, 505
강선대　486,489
개발도상국　347, 425
개별 임금률 방식　168
개인소득　24, 184, 185, 189, 334, 385
개인소득세　385, 409, 411
갤브레이스, 존(John K. Galbraith)　44, 333
거대한 U-Turn　441
거셴크론, 알렉산더(Alexander Gerschenkron)　116, 118
건강보험　154, 369, 389
건설족(建設族)　280, 284, 285

게이츠, 빌(Bill Gates)　23, 261, 263, 441, 501
게티, 폴(Paul Getty)　26
격차 사회　436
결과의 평등　19, 20
경기변동　164, 304, 311, 402
경상 소득(經常所得)　48, 49, 343, 344, 346
경영 참여　396, 503
"경제 이론의 제2의 위기" 연설　36, 305
경제적 소유(economic ownership)　147
계급 결혼(階級結婚, class marriage)　253, 264, 265, 500
계급 관계　101, 120, 146, 147, 149
계급 구조　113~115, 119, 127, 147, 184, 316, 441, 446
계급의식　140, 142, 226
계층별 소득분배(階層別 所得分配, size distribution of income)　38, 61, 165, 459
고든, 데이비드(David M. Gordon)　140, 225
고르바초프, 미하일(Mikhail S. Gorbachyov)　450
고용 차별(employment discrimination)　214, 217, 223, 238
고용 할당(quota)　233, 234
고용기회균등위원회(EEOC: Equal Employment Opportunity Commission)　229

고용보험　154, 369
고이즈미 준이치로(小泉純一郞)　436
고전파경제학(古典派經濟學)　33, 35, 215, 295
고전파적 저축 가설(classical savings hypothesis)　313, 316
고전학파　33, 34, 294, 302
고타강령비판　16
고트샬크, 피터(Peter Gottschalk)　440
고프, 아이언(Ian Gough)　399
골드버그, A.(A. Goldberger)　193
공공 부조(公共扶助, public assistance)　369, 370, 389~391, 396, 415
공공재(public goods)　172
공급 측 경제학(supply-side economics)　398
공리주의(utilitarianism)　28, 29, 376~378
공산주의　16
공정 기회의 원칙　30
공정고용관행위원회(FEPC: Fair Employment Practices Committee)　228
공정으로서의 정의(justice as fairness)　29
공짜 점심(free lunch)　404, 405
공짜 점심의 수수께끼(free lunch puzzle)　405
과밀 가설(crowding hypothesis)　219, 222
과부의 항아리(widow's cruse)　314, 315
과세 최저한도　385, 390, 391
과잉 교육(over-education)　108
관료적 통제(bureaucratic control)　142
관료주의적 직무 구조　113, 118
관습(custom)　130, 133~135, 139, 264, 265, 331, 333, 336
괴다트, T.(T. Goedhart)　340
교역재(traded goods)　421
교육 기회　99, 115, 207, 383, 394, 479, 496
교육개혁　115, 122, 506
교육투자의 수익률　94, 102, 103, 106, 115, 145, 205, 510
구매자시장(buyer's market)　449
구체적 평등주의(specific egalitarianism)　45
국가계획위원회(Gosplan)　450
국민기초생활보장법　342
국민기초생활보장제도　369, 370
국민부담률　414, 415
국민연금　154, 369, 389
국유 기업(國有企業)　430
국유화　270
국제노동기구(ILO: International Labour Organization)　37, 38, 178, 472, 459
굴뚝 산업(smoke stack industries)　441
궁핍화 가설(immiserization hypothesis)　82
권순원　272, 274, 489
귀속 임대료(歸屬賃貸料, imputed rent)　47
규모의 경제(economies of scale)　56, 186
균등화 격차(均等化隔差, equalizing differences)　19, 92, 93
균분대등소득(均分對等所得, equally distributed equivalent level of income)　74~76
균일 분포(uniform distribution)　79~81
균형(equilibrium)　34, 99, 203
그래믹, D.(D. Gramick)　449
그레이, 존(John Gray)　297
그린우드, 대프니(Daphne T. Greenwood)　258
그릴리케스, 즈비(Zvi Griliches)　184, 195, 196, 204, 205
극빈층　27, 37, 328, 332, 335, 347, 348, 356
근로소득(earned income, 노동소득이라고도 함)　42, 48, 49, 51, 95, 101, 128, 174, 190, 192, 205, 334, 452, 482, 505
글린, 앤드루(Andrew Glyn)　176
금주법(禁酒法, The Prohibition Law)　263
금지적 세율(prohibitive tax rate)　371

급진파 경제학(急進派經濟學, radical economics) 37, 39, 90, 101, 102, 112~115, 119, 129, 140, 142, 184, 225
기능적 소득분배(functional distribution of income) 38
기대 효용 198, 199
기본 소득(basic income) 393
기본 수요(基本需要, basic needs) 45, 393, 394, 472, 505
기본 수요 접근(basic needs approach) 459, 472, 473
기업 공개 503
기업 특수적 기능(firm specific skills) 130, 131, 134, 156
기회의 평등 19, 20
긴티스, 허버트(Herbert Gintis) 101, 103, 112~115
김대모 486, 489
김대중 284
김대중 정부 280, 290, 511
김미숙 239
김영삼 284
김영삼 정부 279, 280, 511
김장호 179
김정희 216
김황조 179, 489

ㄴ

나성린 409
나트렐라, V.(V. Natrella) 258
난쟁이의 행렬 25
남녀고용평등법 218, 242, 243, 504
남상섭 179

남존여비 사상 213
내부노동시장(內部勞動市場, internal labor market) 129~131, 133~137, 139, 141, 142, 156, 226, 235
네 마리의 용(Asian Four Dragons) 497
네웨이핑(聶衛平) 448
노기 마레스케(乃木希典) 501
노동 분배율(노동소득 분배율) 176, 304, 311, 317, 319, 320, 322, 323, 383
노동강도 307, 403
노동소득(勞動所得, earnings, 근로소득이라고도 부름) 51~53, 89, 95, 98, 127, 165, 166, 175, 176, 184, 185, 189, 192, 193, 201, 202, 205, 207, 248, 261, 272, 294, 301, 317~320, 323, 343, 433, 435, 451, 479
노동소득 함수(勞動所得函數, earnings function) 94
노동시장 분단(勞動市場分斷, labor market segmentation) 93, 140~142, 144, 150, 152, 225, 226
노동시장 이전의 차별 213, 217, 222, 239
노동시장 차별 214, 237
노동시장의 단층 구조(斷層構造) 150~152
노동시장의 이중구조화 142
노동의 동질화 141, 143
노동의 행렬(labor queue) 107, 108
노동조합 39, 108, 131, 138, 141, 156, 160~170, 174~176, 178, 179, 184, 224, 227, 307, 311, 383, 397, 441, 503
노멘클라투라(Nomenklatura) 448
노무현 501
노무현 정부 279, 285, 511
노브, 알렉(Alec Nove) 448
노조 가입률 160, 176
노태우 정부 279, 280, 284, 511

누진세율 383, 385, 386, 388
니체, 프리드리히(Friedrich W. Nietzsche) 297

ㄷ

다운즈, 앤서니(Anthony Downs) 382
단일 임금률(표준 임금률) 168
단일세(單一稅, single tax) 298, 299
단체협약 170, 396
달톤, H .(H. Dalton) 65
담합주의(談合主義, corporatism) 403, 404
대공황 35, 164, 257, 304, 345, 395
대도 사건(大盜事件) 499
대수 분산(對數分散, log variance) 64~66, 73, 179, 434
대수 표준편차(對數標準偏差, log standard deviation) 64, 179
대수 정규분포(對數正規分布, log normal distribution) 191, 192, 203
대약진운동 454
대중 교육 113, 116, 117
대처, 마거릿(Margaret Thatcher) 398
대체 비용(代替費用, replacement cost) 271, 249
대체탄력성(代替彈力性, elasticity of substitution) 301, 302
던롭, 존(John T. Dunlop) 139
던컨, 비벌리(Beverly Duncan) 239
던컨, 오티스(Otis D. Duncan) 239
던컨 지수 239, 240
덩샤오핑(鄧小平) 455
데니슨, 에드워드(Edward Denison) 89, 102, 176
데스탱, 지스카르(Giscard d'Estaing) 434

데이비스, H. T.(H. T. Davis) 63
델릭 방식 341
델릭, H.(H. Deleeck) 341
도덕적 유인(moral incentive) 450
도박 31, 140, 199, 200, 329, 366
도수(度數, frequency) 21, 64
도수 분포도 21, 27
도시 비공식 부문(urban informal sector) 368
도시재개발 353, 368
도어, 로널드(Ronald Dore) 90, 91, 116~120
도이처, 아이작(Issac Deutcher) 447
독점 임금 효과 167, 174, 179
독점도(獨占度, degree of monopoly) 310~312
동일노동 동일임금(equal pay for equal work) 154, 167~169, 235
동일임금법(Equal Pay Act, 1963) 228
동질화(identification) 82, 141, 226
동화작용(同化作用) 113
되링거, 피터(Peter B. Doeringer) 137, 139, 140, 143, 225
D-인자(D-factor) 193, 206

ㄹ

라오, D.(D. Rao) 194
라운트리 방식 329~331, 358
라운트리, 벤자민(Benjamin S. Rowntree) 53, 327~331, 333, 335, 339, 358, 364
라이덴(Leyden) 방식 340, 341, 358
라이돌, 해럴드(Harold Lydall) 39, 135, 193, 206, 312, 433, 437
라이벤슈타인, 하비(Harvey Leibenstein) 172
라이트, 에릭(Eric O. Wright) 115, 146, 148~150, 307

라이히, 마이클(Michael Reich) 140, 225
라파로비치, 로렌스(Lawrence E. Raffalovich) 177
랑게, 오스카르(Oscar Lange) 310
램프만, R. J.(R. J. Lampman) 256, 257
러너, 아바(Abba P. Lerner) 311
러셀, 버트런드(Bertrand Russell) 304
런시만, W. G.(W. G. Runciman) 334
레더, M.(M. Reder) 316
레빈슨, C.(C. Levinson) 176
레이건, 로널드(Ronald W. Reagan) 229, 231, 232, 235, 398
레이야드, 리처드(Richard Layard) 109, 110
레인, 데이비드(David Lane) 451
레인워터, 리(Lee Rainwater) 339
로드릭, 대니(Dani Rodrik) 400, 402, 403
로렌즈 곡선 65, 68~73, 80, 84
로렌즈 지니 53, 54
로빈슨, 조앤(Joan Robinson) 36, 304, 305
로에라, 호아킨 구스만(Joaqun Guzman Loera) 23
로이, A. D.(A. D. Roy) 192
로저스, J. D.(J. D. Rodgers) 379, 381
록펠러, 존(John D. Rockefeller) 269, 499
롤링, 조앤(Joanne K. Rowling) 23
롤즈, 존(John Rawls) 15, 28~32, 75, 77, 376, 458
루빈슈타인, W. D.(W. D. Rubinstein) 189, 263
루스벨트, 프랭클린 델러노(Franklin Delano Roosevelt) 228, 229, 467
루이스, 그레그(Gregg Lewis) 164, 165
루이스, 아서(Arthur W. Lewis) 323
루이스, 오스카(Oscar Lewis) 365, 366
룩셈부르크소득연구(LIS: Luxembourg Income Study) 349, 437, 438, 440

리우(Pak-Wai Liu) 110
리즈, 앨버트(Albert Rees) 128
리카도, 데이비드(David Ricardo) 33, 294, 295, 297, 298
리카도파 사회주의(Ricardian socialism) 297, 298
린더트, 피터(Peter H. Lindert) 404, 405

ㅁ

마셜, 앨프리드(Alfred Marshall) 15, 166, 299
마오쩌둥(毛澤東) 220, 454
마이너스 소득세(NIT: negative income tax) 271, 390~392
마이너스 자본세(negative capital tax) 270
마이어, 토머스(Thomas Mayer) 192
마크업(mark-up) 311, 312
맑스, 칼(Karl Marx) 16, 63, 81, 146, 148, 150, 215, 225, 294, 295, 297~300, 305~309, 313, 327
맑스경제학 34, 37, 129, 297, 306, 310, 344, 452
맑스학파 149, 219, 225, 226
매캘리스터, D.(D. McAlister) 203
매콜리, A.(A. McAuley) 453
맥코맥, 개번(Gavan McCormack) 280
맬서스, 토머스(Thomas Malthus) 33, 296~298
맹모삼천지교(孟母三遷之敎) 91
머리, 찰스(Charles Murray) 195, 391
머튼, R. K.(R. K. Merton) 334
메도프, 제임스(James L. Medoff) 171, 175
메이휴, K.(K. Mayhew) 128
멘칙, P.(P. Menchik) 265
모르간, J. N.(J. N. Morgan) 55
모리슨, 크리스티앙(Christian Morrison) 52, 422

무력 국가(power state) 394
무지(無知)의 베일(veil of ignorance) 29, 31
문형표 491
문화적 상속(cultural inheritance) 186, 194, 206
문화적 자본(cultural capital) 206
문화혁명 446, 448, 450, 454
물질적 유인(material incentive) 450
뮈르달, 군나르(Gunnar Myrdal) 350
미나미 료신(南亮進) 320
미드, 제임스(James E. Meade) 186, 206, 270, 393
미셸, 로렌스(Lawrence Mishell) 176
미쓰비시 499
미즈코우스키, 피터(Peter Mieszkowski) 175, 390
미쯔이 499
미크, 로널드(Ronald L. Meek) 35
민권법(Civil Rights Act, 1964) 228
민서, 제이콥(Jacob Mincer) 91, 94, 95, 111, 221
밀, 존 스튜어트(John Stuart Mill) 92, 93, 129, 215, 222, 298
밀라노비치, 브랑코(Branko Milanovic) 429, 430
밀러, H. P.(H. P. Miller) 192
밀렛, 케이트(Kate Millet) 227

ㅂ

바그와티, 자그디쉬(Jagdish Bhagwati) 103, 401, 403
바닥으로의 경주(race to the bottom) 401~403, 426
바보세 388

바우어, P. T.(P. T. Bauer) 18, 420
박세일 178, 237, 240
박영범 178
박인원 409
박정희 정부 279, 280, 511
박탈 지수(deprivation index score) 334
박훤구 178
반(反)고전파경제학(anti-classical economics) 35
반더빌트, 코넬리우스(Cornelius Vanderbilt) 263
반물량 방식(半物量方式) 330
반자립적 피용자(半自立的 被傭者, semi-autonomous employees) 147
발, 로이(Roy Bahl) 411
발라, S.(S. Bhalla) 485
발로우, 로빈(Robin Barlow) 266
발언(voice) 171, 503
발이 가벼운 자본(footloose capital) 402
배무기 178, 322, 358
배분적 효율(配分的 效率) 172
배준호 409
배진한 323, 324
배키 사건(California University v. Bakke) 233
배키, 앨런(Allan Bakke) 233
버그만, 바바라(Barbara Bergmann) 222
버틀리스, 게리(Gary Burtless) 392
버핏, 워렌(Warren E. Buffett) 23, 468, 501
베르그송, 아브람(Abram Bergson) 452
베리, 앨버트(Albort Berry) 421, 423, 424
베버리지 보고서 335, 395
베버리지, 윌리엄(William H.Beveridge) 398
베어록, 폴(Paul Bairoch) 429
베이컨, R.(R. Bacon) 419
베커, 게리(Gary S. Becker) 91, 96~98, 101,

102, 205, 219
베커만, W.(W. Beckerman) 346, 419
벳치, C.(C. Betsy) 102, 127
변동계수(變動係數, coefficient of variation, 변이계수라고도 함) 65, 66, 73
변이계수(變異係數, coefficient of variation) 65, 424
보상 격차(compensating differences) 19, 92, 93
보스킨, 마이클(Michael J. Boskin) 165
보울리, 아서(Arthur Bowley) 317, 364
보울리의 법칙 317, 364
보울스, 새뮤얼(Samuel Bowles) 101, 102, 112~115
보울스, 폴(Paul Bowles) 403, 404
보이스베인, C. H.(C. H. Boissevain) 192
보험원리(insurance principle) 381, 382
복권 198, 199, 202
복지 개혁 398
복지국가(welfare state) 20, 39, 375, 376, 394~398, 400, 403~406, 415, 432, 437, 438, 440, 506
복지국가의 위기론 395, 398
복지병(福祉病) 414, 507
봉급(salaries, 화이트칼라의 보수) 26, 27, 93, 106, 110, 118, 139, 311, 317, 433
부(wealth, asset) 42~46
부가 급여(附加給與, fringe benefits) 46, 47, 96, 138, 334, 451
부가가치세 387, 407, 408, 410
부동산 불패 신화 283, 285
부동산 투기 280, 283~285, 287~289, 500, 505
부르귀뇽, 프랑수아(Francois Bourguignon) 52, 422
부스, 찰스(Charles Booth) 327, 328

부스, 폴(Pauls B. Voos) 176
부스지마 구니오(毒島邦雄) 23
부유세(富裕稅, wealth tax) 251, 259, 268, 269
부차적 취업자(副次的 就業者, secondary breadwinner) 228
분단 노동시장(分斷勞動市場, segmented labor market, stratified labor market) 102, 128, 129, 140, 142~144, 150~152, 192, 219, 226
분단 지수(分斷指數, segmentation index) 144
분배적 정의 27~30, 32, 488, 489, 499
분할 지배 전략 226, 243
분할 지배(divide and rule) 114, 140~142
불가능성의 정리 347
불로소득(不勞所得, unearned income) 33, 248, 280, 282, 283, 287, 454, 487, 489, 500, 502, 505
불변자본(constant capital) 305, 306
불평등 지표(不平等指標) 42, 52, 60~62, 65, 66, 68, 73~76, 78~80, 345, 434, 459, 461, 496
불확실성 104, 130, 156, 197
뷰캐넌, 제임스(James Buchanan) 381, 382
브라운, 찰스(Charles Brown) 172, 384
브라운, J.(J. Brown) 204
브레이버만, 해리(Harry Braverman) 141, 226
브론펜브레너, 마틴(Martin Bronfenbrenner) 38
브리튼, J.(J. Brittain) 189
블라인더, 앨런(Alan S. Blinder) 189
블루스톤, 배리(Barry Bluestone) 140
블루칼라 노동자 128, 167, 173, 174, 317, 452
비(非)경쟁 집단(non-competing groups) 93, 129, 191
비경쟁 집단의 가설 92, 93
비경상 소득 48

비교역재(非交易財, non-traded goods) 421
비노커, A.(A. Vinokur) 453
비담합주의 403, 404
비등 가치(比等價値, comparable worth) 235
비례 효과의 법칙(Law of proportionate effect) 203
비례적 평등 28
비법인 기업소득 318
비인지능력(非認知能力, non-cognitive ability) 190
비정규 경제(irregular economy) 140
비정규직 150, 154~156, 478, 505
비중요성의 중요성(The importance of being unimportant) 166
빈곤 문화(the culture of poverty) 365, 366
빈곤갭(poverty gap) 346, 350, 351, 363
빈곤과의 전쟁(The War on Poverty) 112, 137
빈곤선(貧困線, poverty line) 55, 329, 330, 338, 339, 341, 342, 345, 346, 350, 351, 356~358, 361~363, 369
빈곤의 문턱(poverty threshold) 334
빈민촌 15, 327, 328, 353~356, 366~368, 441
빈부 격차 21, 38, 78, 288, 350, 356, 395, 396, 427, 457, 479, 490, 506, 509

ㅅ

사교육 506
사교육비(私敎育費) 122, 356
사기 효과(士氣效果, morale effect) 162~164
사람 수를 세는 방식(head count) 345
사망률 승수(死亡率乘數, mortality multiplier) 250
사업소득(business income) 48, 316, 435
사이먼, 허버트(Herbert Simon) 135, 393
사이먼스, 헨리(Henry Simons) 43, 44, 46
사적 보험(private insurance) 381, 382
사차로풀로스, 조지(George Psacharopoulos) 109, 110
사치세(luxury tax) 387
사치품 329, 387, 494
사회 안전망(social safety net) 351, 415
사회·경제적 배경(socio-economic background) 102, 114, 115, 118, 119, 184, 206
사회계약(social contract) 29, 30, 58, 382
사회보장(social security) 39, 43, 48, 112, 254, 334, 335, 343, 369, 383, 389, 391, 393, 395~398, 400, 401, 403, 406, 411~415, 435, 438, 506
사회보험(social insurance) 154, 369, 382, 389, 396, 415
사회적 합의 58, 396
사회적 후생(social welfare) 76, 376, 379, 380
사회주의 15~17, 20, 37, 39, 44, 69, 89, 218, 228, 299, 303, 310, 344, 394, 398, 400, 419, 423, 424, 430, 433, 446, 448, 451, 454, 460, 461
사회후생함수(社會厚生函數, social welfare function) 72~76, 78, 435
산술적 평등 28
산업예비군 225, 226, 307
산업의 이중구조화 142
산재보험 369, 389, 396
살라이마틴, 하비에르(Xavier Sala-i-Martin) 422, 424, 425, 430
삶의 질 59, 396, 427
3대 차별 448
3불 정책(三不政策) 121
삼성 23, 264, 501

3중 경제(tri-partite economy) 140
상대가격(相對價格) 58, 307
상대적 과잉인구 219, 225, 226
상대적 박탈(relative deprivation) 333, 334, 336, 504
상대적 분배율(relative income shares) 161, 175, 189, 294, 295, 300~302, 306, 307, 311, 312, 315~320, 322, 324
상대적 빈곤 332~339, 341, 351, 357, 360
상대적 임금 효과 160~162, 164, 165, 168, 170, 175, 178, 179
상속 42, 44, 184~189, 191, 194, 207, 250, 251, 260, 263, 265~267, 269, 270, 278, 316, 375, 387, 388, 447, 446, 449, 451, 500
상속 패턴 265
상속세(inheritance tax) 251, 252, 269, 387, 388, 505
새는 물통(leaky bucket) 실험 77
새뮤얼슨, 폴(Paul Samuelson) 303, 304, 428
새천년 발전 목표(Millenium Development Goals) 347
샌델, 마이클(Michael J. Sandel) 32
샌포드, C. T.(C. T. Sanford) 270
생산관계 140, 146, 313
생애 소득(평생 소득) 196, 197
생애 주기(life-cycle) 19, 49, 184, 187, 189, 260, 261, 270, 316
생애 주기 가설 196, 197, 260, 261
생존 임금 298, 327
생활양식(style of living) 138, 333~335
서로우, 레스터(Lester C. Thurow) 106~108, 131, 304, 380, 381
선별(選別, screening) 가설(신호 가설이라고도 함) 104, 105, 108, 109, 111, 112, 118~120, 223

선성장 후분배(先成長後分配) 11, 414, 457, 478, 508, 514
선임권(先任權, seniority) 131, 134, 170
섯클리프, 밥(Bob Sutcliffe) 176
성명재 411
성백남 179
성장 일변도(成長一邊倒) 38, 415, 458, 508, 512, 514
성장 지상주의 12, 280, 459, 473, 508, 509
성장과 분배 288, 324, 446, 457, 472, 478, 479, 492, 495, 497, 503, 507, 508, 510~512, 514
성장과 재분배의 동시 달성(RWG: redistribution with growth) 459, 472, 509
성장 회계(成長會計, growth accounting) 89
세계 체제론(world system theory) 419
세계은행(World Bank) 37, 38, 272, 274, 347, 421, 428, 430, 456, 472, 483, 485, 495, 497, 509
세계화 156, 400, 401, 403, 404, 419, 425~428, 430, 442
세궁민(細窮民) 352
세대 간 이동성(世代間 移動性, inter-generational mobility) 52
세수(稅收) 282, 283, 285, 383, 385, 386, 388, 411
세전 소득(稅前所得, pre-tax income) 42, 43, 45
세제(稅制) 283, 284, 385, 407
세후 소득(稅後所得, post-tax income) 42~45, 385
센, 아마르티아(Amartya K. Sen) 20, 336~338, 341
센의 빈곤 지표 346, 347, 350, 351, 363
소고용주(小雇傭主) 147
소득 가득력(所得稼得力, earning power) 186, 192

소득 이전　72, 78~81, 345, 346, 380, 382, 389~392
소득 측정 단위　55, 496
소득 함수(所得函數, earnings function)　109, 145, 149
소득분포도　24, 50, 64
소득 분할(income sharing)　343
소득의 효용 함수　198, 200, 201
소득의 후생 함수(厚生函數)　339
소득재분배　54, 77, 80, 276, 346, 374~376, 378, 380~383, 385~391, 394, 396, 406~408, 410, 413, 415, 422, 492, 509
소득정책(所得政策)　58
소비력(消費力)　45
소상품생산(小商品生産)　147, 148
소여, 말콤(Malcolm Sawyer)　433~438, 452
소콜로프, 나탈리(Natalie Sokoloff)　227
손다이크, R.(R. Thorndike)　192
손현　490, 491
솔로우, 로버트(Robert Solow)　304, 317, 393
솔토우, L.(L. Soltow)　52
송호근　143, 178, 179
쇼록스, 앤서니(Anthony F. Shorrocks)　185, 254~256
수렴 클럽(convergence club) 가설　403, 404
수요 효과(需要效果, demand effect)　161, 163, 164
수요독점　224
수익률 승수(收益率乘數, yield multiplier)　251
순수 공공재(pure public goods)　380, 381
순이익 균등의 가설　92
순자산(純資産, net worth)　249, 264
순저축(純貯蓄, net savings)　44
슐츠, 시어도어(Theodore W. Schultz)　91, 93
슐츠, 찰스(Charles M. Schulz)　23
슐츠, 조지(George P. Schultz)　128
스라파, 피에로(Piero Sraffa)　304
스미딩, 티머시(Timothy Smeeding)　349, 438, 440
스미스, 아담(Adam Smith)　19, 33, 92, 93, 128, 129, 295, 296, 327, 385
스미스, J. D.(J. D. Smith)　256~258
스타크, T.(T. Stark)　435~437
스탈린, 이오시프(Iosif Stalin)　451, 452
스태그플레이션(stagflation)　397, 398
스토우퍼, S. A.(S. A. Stouffer)　334
스톨퍼-새뮤얼슨(Stolper-Samuelson) 정리　428
스판트, 로널드(Ronald Spånt)　258
스펜스, 마이클(Michael Spence)　104, 223
시계열 자료(time-series data)　254, 259, 422, 461
시들랜드, 핀(Finn E. Kydland)　288
시어즈, 더들리(Dudly Seers)　459
시장 실패(market failures)　375, 395, 399
시장 소득(market income)　49
시카고학파　50, 51, 91, 95, 101, 166, 171, 196, 198, 201, 221, 343, 404
신고전파경제학(新古典派經濟學)　33~36, 128, 141, 166, 294, 304, 305, 310, 376
신고전파종합(新古典派綜合, neoclassical synthesis)　35
신고전학파　62, 295, 300, 302, 304, 316
신보수주의(neo-conservative)　398
신신고전학파경제학(neo-neoclassical economics)　35
신영철　501
신우파(新右派, The New Right)　397
신자유주의　398, 430
신중간계급(新中間階級, new middle class)　148
신호(signal)　104, 105, 109, 119, 223

신호(signalling) 가설(선별 가설이라고도 함)   104, 223
실현 가치(實現價値, realization value)   249, 271
실현된 자본이득(capital gains)   281, 487
심상달   409
10분위 분배율   60, 61, 68, 491
싹쓸이 사회(Winner-Take-All Society)   441
쌍봉 분포(twin-peaks distribution)   80, 81

ㅇ

아델만, 이르마(Irma Adelman)   495
아동노동억제법(Child Labor Deterrence Act, 일명 하킨 법)   426
아리스토텔레스   28
아이그너, D. J.(D. J. Aigner)   223
아이치슨, J.(J. Aitchson)   204
아인슈타인, 알베르트(Albert Einstein)   23
아파라트(Apparatus)   447
악순환/호순환 설   223, 403
안국신   486, 489
암몬, 오토(Otto Ammon)   191
암스덴, 앨리스(Alice H. Amsden)   307~309
애더런트 사건(Adarand Constructors v. Pena)   231
애로우, 케네스(Kenneth J. Arrow)   104, 220
애트워터, W. O.(W. O. Atwater)   329
앳킨슨 지수   74~76, 78, 434, 438
앳킨슨, 앤서니(Anthony B. Atkinson)   18, 39, 53, 74, 75, 187, 188, 197, 255, 256, 404, 435
야노비치, M.(M. Yanowitch)   451
양극화 지수   78, 83~85
양극화(bi-polarization)   78~83, 85, 426, 428,   441, 479, 490, 492, 493, 497, 511, 514
어수봉   179, 240
엇팅, J. E. G.(J. E. G. Utting)   55
에드워즈, 리처드(Richard C. Edwards)   140, 225
에지워스, 프랜시스(Francis Y. Edgeworth)   203, 222
X-효율(X-efficiency)   172
엔트로피(entropy)   66
엘리트주의적 접근 방법(elite approach)   98
엥겔 방식   330, 331, 357
엥겔계수   330, 354, 355, 368
엥겔스, 프리드리히(Fridrich Engels)   215, 218
역U자 가설(逆U字假說, inverted-U hypothesis)   273, 308, 309, 324, 459~461
역진성   407~410
역차별(逆差別, reverse discrimination)   233
연대(連帶, solidarity)   17, 115, 141, 169, 375, 389, 514
연령 지니(age Gini)   53, 54
영양의 박탈(nutritional deprivation)   333
오노 아키라(小野旭)   320
5분위 분배율   60, 61, 483
오샨스키, 몰리(Mollie Orshansky)   330
오시마, 해리(Harry T. Oshima)   483, 495
오차(誤差)의 승수 법칙(乘數法則)   203
오코너, 샌드라(Sandra D. O'Connor)   231, 232
오코너, 제임스(James O'Conner)   399, 402, 403
오쿤, 아서(Arthur Okun)   15, 77
오퍼, G.(G. Ofer)   453
와그먼, 바넷(Barnet Wagman)   403, 404
와일스, 피터(Peter J. Wiles)   111
와텔, 하워드(Howard Wachtel)   102, 127
왕조적(王朝的) 관점(dynastic view)   53
외부노동시장(external labor market)   129~131,

134, 136, 156, 226, 235
외향적 공업화(outward-looking industrialization) 478, 497
요람에서 무덤까지 395
요코이 히로미(橫井弘美) 320
우연 이론(偶然理論) 202, 204
우울한 과학(dismal science) 296, 297
울튼, N.(N. Oulton) 187
울펀슨, 제임스(James Wolfensohn) 430
울프, E.(E. Wolff) 257
울프슨(Wolfson) 지수 83~85
위대한 사회(The Great Society) 프로그램 137
워싱턴 합의(The Washington Consensus) 509
원초적 상황(原初的 狀況, original position) 29~31
월리스, 마이클(Michael Wallace) 177
윌리엄슨, 제프리(Jeffrey Williamson) 461
월핀, 케네스(Kenneth I. Wolpin) 110
웡(Yue-Chim Wong) 110
웨버 사건(Kaiser v. Weber) 233
웨버, 브라이언(Brian Weber) 233
웨일즈, 테렌스(Terence J. Wales) 109, 110
웨지우드, J.(J. Wedgwood) 265
웰치, 피니스(Finis Welch) 111
위계적(位階的) 직무 구조 113, 114, 142
위계질서 37, 113, 135, 201
위를 향한 경주(race to the top) 401
위협 효과(威脅效果, threat effect) 161~164
윌렌스키, 해럴드(Harold L. Wilensky) 402, 403
윌리엄슨, 올리버(Oliver Williamson) 156
윌리엄슨, 제프리(Jeffrey G. Williamson) 429
윌슨, 윌리엄(William J. Wilson) 350
유경준 490~492
유동적 과잉인구 225
유량(流量, flow) 42, 268

유리천장위원회(Glass Ceiling Commission) 212
유리 천장(glass ceiling) 212
유산 과세 388
유산 취득 과세 388
유일한 262, 265, 501
유전적 상속 186, 194
유한계급 500
유한양행 262, 265, 501
6·25전쟁 353, 368
윤석범 358
의료보험 381, 396
이건희 23
2교대(second shift) 227
이농(離農) 497
이성림 274, 362, 490~492
이승만 정부 279
ER(Esteban & Ray) 지수 81, 82, 85
이와모토 타쿠야(岩本卓也) 486
이윤 분배율 177, 312, 314~316
이윤 압박(profit squeeze) 176
이재용 501
이전 지출(移轉支出, transfer payments) 390
이정우 179, 274, 362, 487, 490~492
이중 노동시장(二重勞動市場, dual labor market) 137, 141, 162
이중희 358
이직률(離職率, quit rate) 130, 172, 450, 503
이질화(alienation) 82
2차 노동시장(secondary labor market) 130, 137~139, 144, 145, 162, 226
제2차 세계대전 35, 54, 132, 141, 160, 164, 176, 226, 257, 261, 312, 317, 320, 335, 394, 396, 398, 400, 428, 441, 502
2차적 빈곤(secondary poverty) 329
이태헌 179

이효수 150~152
인간자본(人間資本, human capital) 이론
　　　　90~96, 100~105, 108, 111, 112, 114, 115,
　　　　118~120, 127~129, 145, 150, 160, 198,
　　　　201, 205, 207, 219, 221, 222
인구/빈곤 정책연구소(Center for Population,
　　　　Poverty and Policy Studies) 437
인민공사(人民公社) 220, 454
인성(人性, personality) 193
인적 소득분배(人的 所得分配, personal
　　　　distribution of income) 38, 39, 186,
　　　　459, 479
인지능력(認知能力, cognitive ability) 91, 103,
　　　　190, 193, 205
인플레이션(inflation) 14, 57, 58, 279, 344, 397
『일반이론』(1936, 케인즈) 35, 311, 314
일반적 훈련(general training) 131
일시소득(一時所得, transitory income) 50, 207
일시해고(一時解雇, lay-off) 145
1차 노동시장(primary labor market) 137~139,
　　　　144, 145, 162
제1차 세계대전 177, 317
1차적 빈곤(primary poverty) 328, 329
임금 가이드라인 383
임금 경쟁(wage competition) 106
임금 등고선(賃金登高線, wage contour) 139
임금 분산도 166~168, 174
임금 차별(wage discrimination) 214, 217, 220,
　　　　237
임금 표준화(賃金標準化, wage rate
　　　　standardization) 160, 168~170, 173,
　　　　174
임금 표준화 전략 168~170
임금 프리미엄 219
임금격차 108, 128, 134, 136, 139, 160,
　　　　163~165, 167~170, 172, 174, 179, 189,
　　　　221, 236, 237, 240, 428, 452, 455, 504
임금격차(임금 분산) 효과 160
임병인 413
임창호 358
입직구(入職口, port of entry) 129, 134
잉여 원리(surplus principle) 296
잉여가치 299, 305~307, 309, 448
잉여가치설(剩餘價値說, theory of surplus value)
　　　　305
잉여가치율(剩餘價値率, rate of surplus value
　　　　혹은 착취율搾取率, rate of exploitation)
　　　　306~310
잉여노동시간 306

ㅈ

자가 생산(自家生産) 47, 334
자가소비(自家消費) 420
자니스 마덴(Janice F. Madden) 224
자본 논쟁(資本論爭, capital controversy) 36,
　　　　303, 304
자본 분배율 302
자본과징(資本課徵, capital levy) 270
자본소득(capital income) 42, 175, 185, 202,
　　　　294, 301, 318~320, 442
자본손실(capital losses) 46
자본의 물신성(物神性, fetishism) 307
자본이득(capital gains) 46, 269, 281, 487
자본이전 44
자본이전세(資本移轉稅, Capital Transfer Tax)
　　　　269
자수성가 189, 261, 264, 266, 269
자원(resources)의 총가용량(總可用量) 334

자유방임주의(laissez faire) 398
자유주의(libertarianism) 28~30, 32, 37, 115
잠재 능력(capabilities) 337, 338
잠재적 과잉인구 225
잠재적 자본이득 281
장기파동(長期波動, long cycle, long wave) 141
장자상속(長子相續, primogeniture) 265, 270
장지연 239
장창원 178
장현준 358
재개발사업 353
재력 조사(財力調査, means test) 391, 393
재벌 263, 264, 488, 499, 503
재분배 효과 268, 385, 388~390, 394, 406~408, 411, 413
재산세(財産稅, property tax) 268, 287, 288, 387, 388, 408, 409, 505
재산소득(이자, 이윤) 27, 42, 48, 49, 127, 184, 187, 189, 248
재산소득(財産所得) 272, 294, 318, 320, 343, 455, 479
저량(貯量, stock) 42, 268
저비용 식단(low-cost food plan) 331
저임금 노동자(marginal workers) 25, 27, 137, 138, 170, 172, 441
저출산 513
전교조 506
전두환 정부 279, 280, 511
전물량 방식(全物量方式) 330
전수조사(全數調査, 센서스) 249
전쟁 국가(warfare state) 394
전환점 이론 323
전환점(turning point) 324, 440
절대적 빈곤 327, 328, 331~339, 341, 357, 358, 360, 363

절대적 임금 효과(absolute wage effect) 163, 164
절약형 식단(economy food plan) 330, 331
점유(possession) 147, 188, 472, 492
접근 기회(access) 99, 472
정규분포(正規分布, normal distribution) 190~192
정당화(legitimation) 기능 400
정률세(flat tax) 386
정몽구 23
정몽준 23
정보격차(digital divide) 441, 504
정보의 비대칭성 510
정부의 실패(government failures) 399
정상 소득(正常所得) 343, 344, 346
정상상태(定常狀態, stationary state) 296, 298
정진호 412, 490, 492
정책적 빈곤선 341, 342
정체적 과잉인구 225
제도학파 127, 129, 140, 171, 225
제도학파경제학 44, 139, 160, 225, 303
제로섬 게임(zero-sum game) 502
제록스 261
제수이트, 데이비드(David Jesuit) 349
젠센, A.(A. Jensen) 193, 195
젱크스, 크리스토퍼(Christopher Jencks) 184, 193, 204, 206, 207
조세 부담 269, 289, 385, 406, 408, 409, 412, 414, 415
조세 부담의 귀착 407, 408
조세 회피(租稅回避, tax avoidance) 255
조세의 재분배 기능 407
조지, 헨리(Henry George) 282, 286, 295, 298~300
존스, 존(John Jones) 215

존스, 톰(Thomas Jones Woodward) 26
존슨, 린든(Lyndon B. Johnson) 112, 230
존슨, 해리(Harry G. Johnson) 38, 175, 206, 316
종신 고용(終身雇傭, lifetime employment) 132, 133
종업원지주제 503
종합부동산세(종부세) 285, 286, 289, 290
종합소득세 251, 268, 407, 408
종합토지세 284
주변 경제(peripheral economy) 140
주변(periphery) 144
주변부 자본주의(周邊部 資本主義) 115, 473
주요 사회재(主要社會財, primary social goods) 31
주택담보대출비율(LTV: Loan to Value) 288
주학중 271, 483~487, 489
준거집단(準據集團, reference group) 502
준고정비용(準固定費用, quasi-fixed cost) 131
중심 경제(core economy) 140
중심(core) 144
중심극한정리(Central Limit Theorem) 203
중위 소득(median income) 21, 24, 26, 83, 332, 360, 362, 423
중위 투표자(中位投票者, median voter) 169, 509
중위값(median) 21, 351
증여세 388, 501, 505
지능지수(IQ) 102, 114, 190, 193, 195, 205
지니, 코라도(Corrado Gini) 68
지니계수(Gini ratio, Gini coefficient) 53, 68~73, 75, 78, 80, 252, 254, 259, 271, 272, 274, 347, 351, 363, 412, 413, 422~424, 430, 434, 436, 438, 442, 456, 459, 461, 485~487, 489, 491, 492

지대 추구 행위(rent-seeking activity) 287
지대세 282, 283, 286
지배력(control) 44, 45, 147, 224, 312
지브라, R.(R. Gibrat) 203
지역균형선발제 121
직무 경쟁(職務競爭, job competition) 모델 106, 108, 131
직무 구조(job structure) 102, 113, 127~129, 134, 136, 141, 142, 151, 201
직무 등급(job classification) 168
직무 사다리(job ladders) 134
직무 신호(職務信號, job signalling) 모델 104
직무(job) 92, 106, 108, 130, 133, 134, 137, 138, 144, 150, 152, 160, 162, 168~170, 192, 215, 222, 235
직무군(職務群, job clusters) 139
직무급(job rates) 168
직무평가(job evaluation) 134, 235
직업 분리 지수(occupational segregation index) 239, 240
직업훈련 91, 112, 137, 138, 369, 506
직접세 386, 388, 406~408, 411, 412, 505
집계(aggregation) 301, 304, 311

ㅊ

차등(差等)의 원칙(difference principle) 30, 32
차별시정조치(Affirmative Action) 230~234, 243
차액지대론(差額地代論) 296, 297
착취(搾取, exploitation) 16, 34, 102, 114, 146, 201, 218, 224, 227, 305, 309, 429, 448, 454
착취율(搾取率, rate of exploitation) 306, 309

참교육 120, 123, 506
챔퍼나운, D. G.(D. G. Champernown) 204
철밥통(鐵飯鍋, iron rice bowl) 455
체(filter) 104
체계적 차별(systemic discrimination) 229
체너리, 홀리스(Hollis B. Chenery) 497
총부채상환비율(DTI: Debt to Income) 288
총생산함수(aggregate production function) 300, 304
최빈값(最頻値, mode) 21, 64
최소치최대화 원칙(最小値 最大化 原則, maximin principle 29, 30~32, 75, 77, 458
최저생계비 329, 330, 339~342, 345, 356~358, 360~363, 369~371, 385
최저임금제 39, 383, 384
최희갑 490, 492
추돌(追突, bumping) 모델 107, 108
충격 효과(shock effect) 171
충성 142, 170, 172, 450
취향(taste) 가설 219
치스윅, 배리(Barry R. Chiswick) 100

ㅋ

카울링, 키스(Keith Cowling) 312
카첸슈타인, 피터(Peter J, Katzenstein) 401
카콰니, 나낙(Nanak Kakwani) 490, 491
카포네, 알(Alphonse G. Capone) 263
칸, L. M.(L. M. Kahn) 165
칸트, 이마누엘(Immanuel Kant) 28
칼도어, 니콜라스(Nicholas Kaldor) 186, 295, 313, 314, 316
칼도어-파시네티 정리 315, 316
칼라일, 토머스(Thomas Carlyle) 297

칼레버그, 아르네(Arne Kalleberg) 177
칼레츠키, 미하엘(Michael Kalecki) 204, 295, 310~312, 315
캅테인, 야코뷔스(Jacobus C. Kapteyn) 203
캐슬스, 프랜시스(Francis G. Castles) 401
케언스, J. E.(J. E. Cairnes) 92, 93, 129
케인, G. G.(G. G. Cain) 223
케인즈, 존 메이너드(John Maynard Keynes) 33, 35, 311, 314, 315, 317
케인즈 경제학 35, 398
케인즈 혁명 35
케인즈주의 399
코시긴, 알렉세이(Aleksey N. Kosygin) 450
코너, W.(W. Conner) 448
콘드라티에프, 니콜라이(Nikolai Kondratieff) 141
콜, W. D.(W. D. Cole) 55
콥–더글라스(Cobb-Douglas) 생산함수 302
쿠즈네츠, 사이먼(Simon Kuznets) 273, 308, 317, 319, 324, 460
크래비스 방식 318, 319, 422
크래비스, 어빙(Irving B. Kravis) 318, 319, 322, 421, 422
크루그먼, 폴(Paul Krugman) 303, 441
클라크, 존 베이츠(John Bates Clark) 302, 303
클라크, 킴(Kim Clark) 172
클라크, S.(S. Clark) 346
클린턴, 빌(Bill Clinton) 232
킬패트릭, 로버트(Robert W. Kilpatrick) 339

ㅌ

타우브만, 폴(Paul J. Taubman) 109, 110
타운센드, 피터(Peter Townsend) 332~335, 338

타일 지수 66, 67, 424, 434, 438
타일, 헨리(Henri Theil) 66
탈세 250, 269
탈숙련화(de-skilling) 141
터널효과(tunnel effect) 498
템플, 윌리엄(William Temple) 394
토건 국가(土建國家) 280, 285
토막민(土幕民) 352, 353
토빈, 제임스(James Tobin) 45, 390
토지 가치세 282, 286
토지 과표 현실화 284
토지 보유 과세 284
토지 이전 과세 284
토지개혁 472, 502
토지거래세 285
토지보유세 282, 283, 285, 286
통계적 차별(statistical discrimination) 219, 223
퇴장/발언(退場/發言, exit/voice) 모델 171, 172
투자 소득 42, 43, 251, 435
툴록, G.(G. Tullock) 381, 382
특별소비세(2008년부터 개별소비세로 이름이 바뀜) 387, 408, 410
티드먼, 니콜러스(Nicolaus Tideman) 282

ㅍ

파글린 지니 53, 54
파글린, 모턴(Morton Paglin) 53, 54, 197
파급효과(波及效果, spillover effect) 161~164, 166
파레토, 빌프레도(Vilfredo Pareto) 62
파레토 분포 136
파레토의 법칙 62
파레토최적(Pareto optimum) 62, 378, 379
파레토최적 재분배(Pareto optimal redistribution) 379, 380
파시네티, 루이지(Luigi L. Pasinetti) 314, 315
판매자시장(seller's market) 449
페레스트로이카(perestroika) 450, 454
페이스, M.(M. Fase) 204
페치먼, 조지프(Joseph Pechman) 390
펜, 얀(Jan Pen) 24, 25, 27
펠프스 브라운, 헨리(Henry Phelps Brown) 139, 177, 312, 316
펠프스, 에드먼드(Edmund Phelps) 223
평균 대수 편차(MLD: mean log deviation) 424
평균 소득 21, 22, 24~27, 50, 65, 72, 74, 75, 105, 218, 332, 339, 351, 354, 356, 360, 362, 368, 422, 441, 498
평균값(mean) 21, 442
평등주의(egalitarianism) 16, 20, 28, 29, 31, 32, 166, 377, 440, 452, 473
평등주의적 접근 방법 98
평생 소득(平生所得, lifetime income) 49, 51~53, 95, 96, 196, 197
포드 499
포스트 케인지언(post-Keynesian) 36, 294, 295, 303, 304, 313~315
포춘(fortune) 186
포커트, 펠릭스(Felix Paukert) 483, 495
폰투손, 요나스(Jonas Pontusson) 405
폴라로이드 261
폴라첵, 솔로몬(Solomon Polachek) 221
표준 분배(standard distribution) 433
푹스, 빅터(Victor Fuchs) 332, 350
풍요 속의 빈곤(poverty amidst plenty) 44, 333
프라그, B. M. S.(B. M. S. van Praag) 339, 340
프레스콧, 에드워드(Edward C. Prescott) 288
프레스트, A. R.(A. R. Prest) 18

프레슬리, 엘비스(Elvis A. Presley) 23
프로크루스테스(Procrustes) 24
프리드먼, 밀턴(Milton Friedman) 15, 20, 50, 77, 166, 175, 198, 200, 201, 204, 282, 371, 390, 391, 393
프리먼, 리처드(Richard B. Freeman) 170, 173, 175, 179
프릿쳇, 란트(Lant Pritchett) 428
프티부르주아 146~149
플래스먼, 플로랜즈(Florenz Plassmann) 282
플레이셔, B.(B. Fleisher) 177
피구, A. C.(A. C. Pigou) 15, 65, 191, 192
피구의 역설 191
피구-달톤의 이전 원칙(移轉原則, transfer principle) 65, 66, 73, 78, 345, 346
피오르, 마이클(Michael J. Piore) 137, 139, 140, 143, 225
피케티, 토마(Thomas Piketty) 322, 462~464, 466~470, 494
필요노동시간 306
필요의 사회적 결정(social determination of needs) 333

ㅎ

하게나스, A. J. M.(A. J. M. Hagenaars) 339
하방(下放)운동 448
하버드학파 171, 172
하베리, C.(C. Harbury) 188, 265, 266
하스펠, 에이브러햄(Abraham E. Haspel) 110
하이에크, 프리드리히(Friedrich August von Hayek) 310, 393
하층계급(下層階級, underclass) 146, 350, 366, 367, 441
하토그, J.(J. Hartog) 192
하트만, 하이디(Heidi Hartman) 226
학교교육(schooling) 91, 92, 94, 95, 107, 113, 114, 117, 120, 131, 193, 194, 197, 205, 217
학교교육 모델 95
학력 사회(credential society) 106, 108, 152
학위 인플레이션 117, 120
학위병(學位病) 116, 118
학위주의(學位主義, degreeism, credentialism) 104
한계 노동자(marginal workers) 169
한계 투자 수익률 176
한계 평가(marginal valuation) 380
한계까지 성장(growth to limits) 401
한계생산력설(限界生産力說) 300~305
한계생산물의 가치(VMP: value of marginal product) 301, 304
한계원리(marginal principle) 296
한계효용 이론 377, 378
한승수 408
항상소득(恒常所得, permanent incom) 50, 51, 95, 201, 204, 207, 343
해러드-도머(Harrod-Domar) 성장 모델 508
향진 기업(鄕鎭企業) 430
허쉬, B. T.(B. T. Hirsch) 175
허쉬만, 앨버트(Albert O. Hirschman) 171, 498
허핀달(Herfindahl) 집중 지수 312
헌법적 계약(constitutional contract) 382
헤른슈타인, 리처드(Richard J. Herrnstein) 193, 195
헤이건, E.(E. Hagen) 192
헬러, 피터(Peter S. Heller) 407, 408
현장 훈련(現場訓練, on the job training) 95, 107, 111, 130, 131, 133, 138, 172, 197

현재 가치 52, 94, 95
현진권 409, 413
호지스킨, 토머스(Thomas Hodgskin) 297
호크만, H. H.(H. H. Hochman) 379, 381
홀, 로버트(Robert Hall) 133, 386
화이트칼라 노동자 167, 174, 317, 452
『화폐론』(1930, 케인즈) 35, 314
확률 이론 202, 204
환산 척도(換算尺度, equivalence scales) 42, 55, 56, 332, 335, 341, 358, 440

횡단면 자료(cross-section data) 89, 96, 415, 461
후발성(後發性, late development) 가설 116~119
후진타오(胡錦濤) 457
후쿠야마, 프랜시스(Francis Fukuyama) 17
훈련 가능성(trainability) 107, 108, 131
훼리, 존(John Whalley) 421, 424
흐루쇼프, 니키타(Nikita S. Khrushchov) 452
히친스, D. M.(D. M. Hitchens) 265, 266